2024 首届中国广播电视精品创作大会文集

首届中国广播电视精品创作大会组委会 ◎ 编著

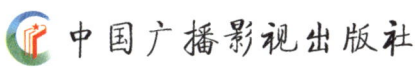

中国广播影视出版社

图书在版编目（CIP）数据

2024首届中国广播电视精品创作大会文集 / 首届中国广播电视精品创作大会组委会编著. -- 北京：中国广播影视出版社，2025. 1. -- ISBN 978-7-5043-9332-6

Ⅰ. G222.3-53

中国国家版本馆CIP数据核字第2024C7Q932号

2024首届中国广播电视精品创作大会文集
首届中国广播电视精品创作大会组委会　编著

出 版 人	纪宏巍
责任编辑	王丽丹　邢秋萍
装帧设计	王　璐　米若兰
责任校对	马延郡

出版发行	中国广播影视出版社
电　　话	010-86093580　010-86093585
社　　址	北京市西城区真武庙二条9号
邮　　编	100045
网　　址	www.crtp.com.cn
电子信箱	crtp8@sina.com

经　　销	全国各地新华书店
印　　刷	鸿博昊天科技有限公司

开　　本	787毫米×1092毫米　1/16
字　　数	780（千）字
印　　张	37.75
版　　次	2025年1月第1版　2025年1月第1次印刷

书　　号	ISBN 978-7-5043-9332-6
定　　价	180.00元

（版权所有　翻印必究·印装有误　负责调换）

衡量一个时代的文艺成就最终要看作品。推动文艺繁荣发展，最根本的是要创作生产出无愧于我们这个伟大民族、伟大时代的优秀作品。

精品之所以"精"，就在于其思想精深、艺术精湛、制作精良。

文艺创作方法有一百条、一千条，但最根本、最关键、最牢靠的办法是扎根人民、扎根生活。

——习近平在文艺工作座谈会上的讲话（2014年10月15日）

卷首语

  在金秋送爽、硕果累累的美好时节，首届中国广播电视精品创作大会圆满落下帷幕。本次大会的成功举办，不仅为广播电视行业提供了一个交流学习、共谋发展的平台，更为推动行业高质量发展注入了新的活力和动力。在此，我谨代表国家广播电视总局，向所有参与和支持本次大会的各位领导、业界同仁、专家学者表示衷心的感谢。

  本次大会以"书写伟大时代 精品奉献人民"为主题，既是对广播电视行业深入学习贯彻习近平新时代中国特色社会主义思想创新实践的大展示、大检阅，也是对深入贯彻落实习近平文化思想和党的二十届三中全会精神的深化认识和自觉践行，对于激励广大广播电视工作者勇担使命、锐意创新，创作更多无愧于时代、无愧于人民的精品力作具有重要意义。

  作为国家广播电视总局与北京市人民政府联合举办的行业盛会，本次大会内容丰富、形式多样。1场开幕式暨主论坛+12场平行论坛和相关配套活动，汇聚全国广播电视行业的智慧与力量，与会嘉宾围绕各领域热点焦点话题展开了深入研讨交流，金句频出。为了全面总结首届中国广播电视精品创作大会的丰硕成果，更好地促进经验交流与分享，我们汇聚了各位同仁、专家学者及行业精英的真知灼见与宝贵经验，出版这本文集，共同探索新时代广播电视精品创作的新路径、新方向。

  让我们携手并进、共同努力，以更多精品、更广传播、更佳体验的生动实践，切实担负好新时代新的文化使命，为推动文化繁荣、建设社会主义文化强国作出新贡献！

中央宣传部副部长
国家广播电视总局党组书记、局长
曹淑敏

目录
CONTENTS

01 开幕式暨主论坛　001
开幕式　002
主论坛　010

02 平行论坛　047
台长论坛　048
剧集论坛　088
动画论坛　128
重温经典论坛　156
广播电视新闻论坛　186
纪录片论坛　216
综艺节目论坛　276
文学 IP 影视化论坛　324

微短剧论坛	368
超高清视听科技发展论坛	408
影视文旅论坛	450
广播节目论坛	478

03 配套活动　521

北京之夜	522
政策信息发布和交流会	526
创投会	566
纪录片提案大会	574
电视剧创作大师班	576
北京纪实影像周系列活动	584
"科影融合　AI 赋能——AIGC 与视听产业发展"交流讨论会	592
"北京到底有谁在"创作行	594

01

开幕式暨主论坛

开幕式

主论坛

时　　间 | 10月11日 9:00—11:40
场　　地 | 郎园 Station 仓酷
主办单位 | 国家广播电视总局、北京市人民政府
承办单位 | 北京市广播电视局

开幕式
领导致辞

胡和平
中央宣传部分管日常工作的副部长

曹淑敏
中央宣传部副部长,国家广播电视总局党组书记、局长

殷 勇
北京市委副书记、市长

领导致辞

胡和平

中央宣传部分管日常工作的副部长

很高兴和大家相聚北京，共同参加首届中国广播电视精品创作大会。首先，我谨代表中宣部，向本届大会的举办表示热烈的祝贺！向前来参会的全国广播电视和网络视听界的朋友们表示诚挚的欢迎！

10年前，习近平总书记主持召开文艺工作座谈会并发表重要讲话，深刻阐述和科学回答了在新的历史条件下如何繁荣发展社会主义文艺的一系列重大问题，成为中国文艺发展史上具有标志性意义的里程碑。2023年10月，党中央召开全国宣传思想文化工作会议，正式提出了习近平文化思想，在新征程上高举起我们党的文化旗帜，为推动新时代文化建设提供了强大的思想武器和科学的行动指南。在总书记思想指引下，广播电视行业主动服务融入党和国家工作大局，深入实施新时代精品工程，登高原、攀高峰，主题主线创作生产取得显著成效，原创作品创作水平不断提高，全媒体产品日益丰富，涌现出一大批沉实厚重、出新出彩的优秀作品，为激发全民族创新创造活力、丰富人民精神文化生活作出了积极贡献。

党的二十届三中全会聚焦建设社会主义文化强国，作出了深化文化体制机制改革的重大部署，鲜明提出优化文化服务和文化产品供给机制，为推动文化繁荣发展指明了前进方向，为开创广播电视工作新局面提供了重要遵循。本届大会以"书写伟大时代 精品奉献人民"为主题，既是践行总书记重要讲话精神的再集结再出发，也是对深入贯彻落实习近平文化思想和党的二十届三中全会精神的新动员新部署，对于激励广大广播电视工作者担负使命、开拓进取，创作更多无愧于时代、无愧于人民的精品力作，具有重要的意义。在此，我愿意分享几点体会。

第一，聚焦首要任务，推出更多传播习近平新时代中国特色社会主义思想的创新之作。总书记思想是当代中国马克思主义、二十一世纪马克思主义，是中华文化和中国精神的时代精华。以中国式现代化全面推进强国建设、民族复兴伟业，迫切需要用党的创新理论凝心聚力。广电视听具有直观生动的特色优势，希望大家以"头条""首屏首推"建设为抓手，充分运用媒体融合发展成果，创作更多接地气、有生气的理论节目，推出更多把握时代主题、展现复兴气象的视听作品，展示好总书记思想的真理力量和实践伟力，让党的创新理论更加深入人心、更好落地生根。

第二，**厚植人民情怀，推出更多满足人民群众精神文化新期待的倾情之作**。人民的需要是文艺存在的根本价值所在。当前，我国文化供给的主要矛盾已经由"够不够"转向"好不好"，人民群众期待更加充实、更为丰富、更高质量的精神文化生活。广播电视是满足人民精神文化需求的重要渠道。希望大家坚持以人民为中心的创作导向，把镜头对准群众、让百姓成为主角，用心用情去感受那些源自基层的文化脉动，捕捉那些充满烟火气息的感人瞬间，记录那些鲜活而富有生命力的实践场景，创作生产更多人民群众喜闻乐见的优秀作品，推动人民精神文化生活不断迈上新台阶。

第三，**坚定文化自信，推出更多赓续历史文脉、谱写当代华章的经典之作**。5000多年的中华文明是当代中国文艺的根基，也是文艺创新的宝藏。这些年，广播电视行业坚持古为今用、推陈出新，努力把中华文化元素与现代节目形态有机结合起来，创作出了《典籍里的中国》《中国诗词大会》等一大批彰显中华美学精神、展现中华审美风范的精品佳作，为巩固文化主体性、推动文化传承发展贡献了力量。希望大家再接再厉，深入挖掘中华优秀传统文化的宝贵资源，不断探索实现创造性转化、创新性发展的新路径，推出更多熔铸古今、汇通中西的文化成果。

第四，**树立全球视野，推出更多增强中华文明传播力影响力的匠心之作**。党的二十届三中全会作出构建更有效力的国际传播体系重大部署，这是提升国家文化软实力的重要举措。讲好中国故事、传播好中国声音，助力全面提升国际传播效能，既是广播电视工作者的职责所在，也为行业创新发展提供了广阔空间。希望大家主动作为，积极开展国际交流合作，注重理念创新、技术创新、载体创新，打造更多具有中国风格、中国气派的高品质的视听作品，把中国话语和中国叙事转化为精彩的画面和声音，用价值和思想、故事和情感触动国际受众的心灵，更好地塑造可信、可爱、可敬的中国形象。

最后，预祝首届中国广播电视精品创作大会取得圆满成功！

曹淑敏

中央宣传部副部长，国家广播电视总局党组书记、局长

今天，我们隆重举行首届中国广播电视精品创作大会，共同推动广播电视精品创作生产传播。我代表国家广播电视总局，向各位领导来宾表示诚挚的欢迎，对北京市委、市政府的大力支持表示衷心的感谢。

习近平总书记强调，推动文艺繁荣发展，最根本的是要创作生产出无愧于我们这个伟大民族、伟大时代的优秀作品。近年来，广电视听行业深耕内容建设，推出了一大批思想精深、艺术精湛、制作精良的精品力作，有力服务了党和国家大局，服务了人民群众。我们要全面贯彻落实党的二十届三中全会精神和习近平文化思想，努力繁荣创作，以更多精品、更广传播、更佳体验的生动实践，切实担负好新时代新的文化使命，书写伟大时代，精品奉献人民。这里，我谈几点认识，与大家共勉。

一、坚持守正创新

"守正"就是要坚守"传播党的声音、服务人民群众"的初心使命，坚持正确政治方向、舆论导向、价值取向，用精品传递权威信息、回应社会关切，用精品传播主流价值、引领社会风尚，用精品传达真情实感、愉悦滋养心灵。"创新"就是要顺应信息技术的迅猛发展和传播格局的深刻变革，勇于创新，敢于突破。信息技术极大拓展了创作生产时空，催生了新业态新模式，呼唤理念、内容、形式、手段等全方位创新，需要组织、引导、生产、管理等全链条变革。我们要推动广播电视和网络视听内容和传播深度融合、协同发展，文化与科技融合创新，不断打开创新空间。

二、推动精品迭出

遵循不同门类、不同题材的特点和规律，体系化规划策划，让各类精品规模化涌现。新闻类节目，要强化时效性、权威性，推出更多鲜活的新闻报道，创作更多像《中国智慧中国行》等富于说服力、感染力的理论节目，推出更多像《向前一步》等聚焦

群众关切的民生节目。电视剧要推出更多像《问苍茫》等革命历史题材的优秀作品，推出更多像《人世间》《山花烂漫时》《我的阿勒泰》《繁花》等打动人心的现实题材作品，推出更多像《三体》等不同类型的优秀作品。文艺节目要创作更多像《中国节日》《歌手2024》等影响力大、广受欢迎的节目。纪录片要推出更多像《何以中国》等有深度的作品。动画片要打造更多特色鲜明、深受少年儿童喜爱的作品。微短剧要提正减负、丰富题材，走精品化道路。我们要坚持"自上而下"的组织力和"自下而上"的创造力相结合，每年重点抓一批，以重点带整体，源源不断推出丰富多彩的精品。

三、推动更广传播

传播力决定影响力。2024年以来，我们采取了一系列举措，加强全媒体传播，让好作品有更大影响力。推动网络剧、微短剧上大屏，推动"台网同播、多台联播"。《漫长的季节》《我的阿勒泰》等19部网络剧进入电视大屏，其中9部"台网同播"，也就是卫视和网络视听平台同时播出；3部电视剧"多台联播"，其中《大海道》就在5家卫视和2个网络视听平台同时播出；20多部微短剧在省级卫视播出。推动大屏小屏相互赋能、长短视频相互协同，让优秀作品多形态呈现、多层次宣推、多渠道触达，全国广播电视新媒体联盟、"视听新时代"短视频矩阵发挥了积极作用。加强内容资源整合聚合，开办了"重温经典"频道和专区，频道用户已超过5880万户，专区点播量超过1.3亿次。截至10月11日，"重温经典"频道已经进入超过1.6万家养老机构，10月底将达到近2万家。我们将充分发挥"内容＋网络"的独特优势，汇聚并推动更多优质内容直达基层、直达用户。同时，坚持"走出去"和"请进来"相结合，大力加强国际交流合作，打造中国视听品牌，引进播出境外优秀作品等。

四、强化科技赋能

推动先进技术全面赋能精品创作、传播、服务和体验。加快超高清端到端全链条发展，我们已在北京、上海、广东三地实施"超高清先锋行动计划"，并将示范带动全国加快发展。到2025年底，将新开播13个央视和地方卫视超高清主频道；2027年，超高清频道将达到50个左右，头部网络视听平台年新增节目中超高清占比大幅提升，全面推进大屏小屏超高清化。有关项目已纳入国家"两新""两重"支持范围。深化电视套娃收费和操作复杂治理，持续巩固开机看直播、有线电视和IPTV取消开机广告、收费包大幅压减等成果，加快推进"一个遥控器看电视"、电视机机顶盒一体化，早日彻底解决电视操作复杂问题。加强生成式人工智能创新应用，建设行业数据资源平台，打造行业大模型，推动内容生产力变革。

五、构建活力生态

体系化加强行业生态建设，加快调整不适应发展的法规制度，完善有利于精品迭出的体制机制。优化备案立项审查工作，适应创作规律和市场变化，工作前移，提高质效，降低风险。加大政策和资金扶持力度，优化推优工作，做到减量提质。完善产业政策，支持各类市场主体发展，推动内容全产业链提质升级。坚持出成果和出人才相结合，实施"飞天—星光""金声"等计划，系统培养行业各类青年人才、骨干人才。坚持繁荣发展和规范管理相结合，健全综合治理体系，完善政策法规、标准规范、技术手段、体制机制，加大知识产权保护力度，打击侵权盗版行为，营造良好环境。

希望大家在大会上充分交流分享，汇聚众智众力，推出更多精品，为推动文化繁荣、建设社会主义文化强国作出新贡献。

最后，预祝大会取得圆满成功。谢谢！

殷 勇

北京市委副书记、市长

今天我们相聚在北京朝阳区的郎园 Station，共同迎来首届中国广播电视精品创作大会的隆重开幕。首先我谨代表北京市政府向大会的召开表示热烈的祝贺，向长期以来关心支持北京文化建设的各界朋友表示衷心的感谢。

习近平总书记指出，衡量一个时代的文艺成就最终要看作品。广电视听作品以其独特魅力记录着历史变迁，彰显社会进步，传递文化情怀。北京作为全国文化中心，为广播电视精品创作提供了丰厚的沃土。这里有一流的专业院校院团，他们成为影视创作的摇篮。在北京发展的视听科技企业超过 2200 家，超高清内容年生产能力超过 3000 小时，视听产业的规模超过 5000 亿元，约占全国的 1/3，一批叫好又叫座的影视作品丰富了广大群众的精神生活。

面向未来，我们将认真贯彻落实习近平文化思想，把促进广电精品创作作为首都文化建设的重要内容，不断扩大高品质的文化供给。我们将进一步讲好中国故事、北京故事，在推动新时代首都发展中找准选题，从群众生活的点点滴滴中汲取营养，打造广电精品创作的新高地。我们将进一步传承好文化根脉，深入推进北京大视听建设，用视听语言讲述源远流长的古都文化、丰富厚重的红色文化、特色鲜明的京味文化、蓬勃兴起的创新文化，塑造文化传播的新标杆。我们将进一步发挥科技创新的优势，推动人工智能、虚拟现实等技术的更广泛应用，促进广电视听与文旅、体育等深度融合，加快培育首都文化产业发展的新动能。

同志们，朋友们，声电光影记录辉煌，精品创作引领发展。热诚希望各位嘉宾利用首届中国广播电视精品创作大会这个平台交流经验、深化合作，也热诚地欢迎大家来北京创作、生产和投资。

今天，我们这个活动所在的这个区域，原来是北京的一家市属企业的工厂大院，我们按照新版的城市总体规划开展城市更新，在这里聚集了一大批影视产业企业。过去行业里也有一个流传的消息，说北京不鼓励拍电影电视剧，后来我们认真查阅了相关的规定，发现没有任何成文的条款约束大家在北京开展影视创作的活动。为了进一步释放信号，鼓舞大家进行高品质的创作，我们特别出台了在北京拍摄影视作品的服务手册，还出台了有针对性的支持措施。我们很高兴看到，新的作品已经在不断地呈现，像早期的《精英律师》，随后的《玫瑰的故事》；最近还有一部电视剧，就是以我们今天开会所在的朝阳区的区名命名的《一路朝阳》。我们借这个机会做一个推广，希望大家一起努力共创首都广电行业繁荣发展的美好未来。

最后，祝首届中国广播电视精品创作大会取得圆满成功。谢谢大家。

主论坛
更多精品　更广传播　更佳体验

心怀"国之大者"　攀登精品高峰——在全国文化中心建设中展现"北京大视听"新作为
天下大事　看东方卫视
台网深度融合下的芒果精品创作实践
新时代　新文化　新传播
超高清赋能精品创作
触摸时代　感受共振
制作精品　扬帆内容新时代
抵达文艺精品创作的目的地　走进人民的心坎里　留在岁月的长河中
关于创作精品的六点感悟
《中国广播电视全媒体发展报告（2024）》发布
《2023—2024 广播电视大屏收视数据报告》发布

主论坛

心怀"国之大者" 攀登精品高峰
——在全国文化中心建设中展现"北京大视听"新作为

王杰群

北京市广播电视局
党组书记、局长

春华秋实，岁物丰成。非常高兴与各位来宾相会郎园 Station，相聚首届中国广播电视精品创作大会，以精品为约，聚创作之力，启发展新篇。首先，我谨代表北京市广电局，对出席本次论坛的各位来宾致以诚挚的欢迎！向长期以来关心支持首都广电发展和"北京大视听"建设的各界朋友表示衷心的感谢！

习近平总书记主持召开文艺工作座谈会并发表重要讲话的 10 年来，广电创作释放出全新的能量，绽放出巨大的活力，开辟出广阔的天地，正在为这个阔步走向民族复兴的伟大民族提供源源不竭的精神动力与凝聚力。首都广电坚定不移从习近平总书记重要思想、重要论述、重要指示中锚定价值旨归和发展方向，牢牢把握广电"二三四"工作定位，全面落实国家广播电视总局关于进一步深耕内容建设的部署要求，立足北京文化沃土和文艺创作热土，打造"北京大视听"文化品牌，推动各领域内容创作全面繁荣，着力打造彰显时代特色、中国精神、北京风格的标志性成果，为全国文化中心建设赋予光影亮色。

坚持在举旗帜上下功夫，增强价值引领力。紧扣主题主线，保持高光聚焦，《认识你真好——习近平总书记的书单》《人民的领袖——毛泽东的130个瞬间》《档案里的中国》《京津冀·瓣瓣同心》等百余部优秀作品迭出，《鲲鹏击浪》等多部作品获中宣部中央文化产业发展专项资金资助，《认识你真好——习近平总书记的书单》以 5.15 亿浏览量刷新理论节目热度新高。

坚持在聚民心上下功夫，增强内容创作力。倾听群众呼声，不断丰富精品内容供给，3年来备案电视剧370余部，299部网络视听作品入选广电总局各类推优评奖活动，居全国首位。《觉醒年代》《父辈的荣耀》《欢迎来到麦乐村》等10余部作品荣获"五个一工程"奖、飞天奖、金鹰奖、星光奖。《我的阿勒泰》实现破圈传播，《玫瑰的故事》中"北京到底有谁在"点燃打卡热潮。《黄河安澜》等29部纪录片入选广电总局"十四五"纪录片重点选题规划，3年来《冰雪冬奥村》《大运河奇缘3》等32部电视动画片入选广电总局年度和季度推优。

坚持在育新人上下功夫，增强人才发展力。厚植高质量发展人才根基，建立"京琅琊"行业人才建设机制，吸引300多位行业名家参与遴选。首次设置广播电视技术职称评审权限，48家企业入选全市首批人才引进重点推荐单位。与广电总局研修学院实施人才战略合作，共建视听人才学院。

坚持在兴文化上下功夫，增强精品创新力。深刻理解和把握"两个结合"的重大意义，坚持从中华文化宝库中萃取精华、汲取能量。打造北京中轴线题材网络视听系列节目，《登场了！北京中轴线》全网综合话题阅读量超27亿次，融媒体触达34亿次，热搜热榜850个。汇集运河沿线8省（市）广电合力，启动大运河题材网络文化节目《闪耀吧！大运河》创作，深入10座城市探寻运河文化魅力。纪录片《长城长》多层次展现长城文化底蕴、民族精神，为北京段长城留下了珍贵的时代影像。微短剧"首亮微光"扶持计划吸引项目申报157部，跟着微短剧去旅行·"短剧游北京"活动征集项目72部。

坚持在展形象上下功夫，增强国际传播力。连续三届承办中非媒体合作论坛，习近平主席向第五届论坛致贺信，45个非洲国家代表出席今年举办的第六届论坛。《我的阿勒泰》成为首部入围戛纳电视剧节最佳长剧集竞赛单元的华语剧集，以10种语言向全球190多个国家和地区传播，覆盖受众约1亿人。《欢迎来到麦乐村》被坦桑尼亚总统授予"促进中坦友谊特别贡献奖"。推出全国首个省级视听国际传播专项政策，北京优秀影视剧海外展播季覆盖30余个国家和地区，国际传播专项资金奖励扶持项目473个，覆盖24种语言、129家机构，2019年以来平均每年资助近3000万元。

党的二十届三中全会着眼建设"两个文明"相协调的现代化，提出深化文化体制机制改革的重大任务，为我们在新起点上推进广电视听发展、加强精品内容建设提供了根本遵循，指明了前进方向。我们将坚持以习近平文化思想为指引，牢牢把握"两个结合"的根本要求，始终心怀"国之大者"，坚持首善标准，始终坚持以人民为中心的创作导向，坚持出成果和出人才相结合、抓作品和抓环境相贯通，奋力展现"北京大视听"精品创作新作为，为全国文化中心建设提供有力支撑，为铸就社会主义文化新辉煌作出新贡献。

一、着力建强"北京大视听"精品创作生产服务"聚能环"

一是进一步加大投入支持力度。切实用好北京广播电视网络视听发展基金、国际传播专项资金等财政资金,坚持扶优扶强,打造旗舰作品,持续跟踪保障。2016 年至 2023 年,北京广播电视网络视听发展基金平均每年资助项目 8000 余万元,累计扶持奖励作品 1061 部,其中电视剧 209 部、电视纪录片 115 部、电视动画片 89 部、广播电视节目 141 部、网络剧 37 部、网络电影 105 部、网络微短剧 21 部、网络动画片 60 部、网络纪录片 43 部、网络综艺及专题节目 241 部。2024 年,北京广播电视网络视听发展基金总规模将增长一倍,扶持力度创新高。发挥北京市超高清视听产业发展支持资金带动作用,计划每年投入 5000 万元支持运用超高清视听技术开展优质内容创作,单个项目最高 500 万元。**二是进一步完善创作拍摄服务**。不断完善影视摄制服务机制,动态更新服务指南、取景地清单、政策汇编,完善"北京风景"数字影像库,为剧组在京拍摄提供信息咨询和 1000 多个点位的拍摄协调服务。**三是进一步增强平台机制效能**。充分利用中国广播电视精品创作大会、北京文化论坛、北京网络视听艺术大会等各类活动平台,开展交流研讨、创作实践、项目路演等活动。有效发挥 330 个账号协同联动、触达 10 亿粉丝的"视听北京传播矩阵"作用,做好对优质项目的全媒体宣推。

二、着力树牢"北京大视听"精品创作生产引导"风向标"

一是强化方向引领。始终坚持社会主义先进文化发展方向,强化政策集成、宣讲辅导、典型引领,办好政策解读会、创作指导会、精品研讨会,引导文艺创作者深入生活、扎根人民,用心用情搞创作。**二是强化人才建设**。精心实施"北京大视听"人才三年行动计划,着力打造"京琅琊"人才品牌矩阵,抓好文化艺术、科技创新、经营管理、新闻宣传、国际传播等专项人才队伍培育,构建"选育管用"九层生态体系,以"实践导师制""百名专家到企业""人才津冀行"特色品牌活动为支撑,形成文艺人才培养发展"闭环链"。**三是强化阵地管理**。持续巩固深化文娱领域综合治理成果,进一步加大对微短剧、网络直播节目等新业态的前置引导和综合治理力度,组织北京广电视听领域重点协会做好行业自律工作,共建共享风清气正、向好向新的内容创作生态。**四是强化科技赋能**。牢牢把握全国率先开展超高清视听全产业链优化升级贯通试点机遇,引导精品创作与超高清视听、人工智能、虚拟现实等技术创新双向赋能,加快培育沉浸式视听体验等新业态新应用,深化与不同艺术门类的有机融合。

三、着力用好"北京大视听"精品创作生产组织"加速器"

一是抓好题材引导。不断完善"北京大视听"文艺创作生产规划机制,以重大主题为经线、以重要节点为纬线,横纵交织形成题材坐标系,以重点选题、重大项目为关键点和着力点,增强引领示范作用,带动重大现实题材、重大革命和历史题材、新时代发展题材、国家重大战略题材、爱国主义题材、青少年题材、军事题材、北京题材的创作生产。**二是抓好源头创新**。实施"新时代新北京""首亮微光""短剧游北京"等主题创作计划，密切与文联、作协等部门的联动合作，大力发掘好剧本、好项目、好团队，扶持金种子、好苗子、潜力股，精心培育体现国家水准、首都气派的优秀作品。**三是抓好跟踪管理**。重磅发布"北京大视听"精品项目片单，坚持清单化管理、台账式推进，做好重点作品的全流程服务指导工作。进一步深化市区联动，更好发挥产业园区的承载和赋能作用，吸引更多领军企业和顶尖人才来京发展壮大。

首都广电方兴未艾，大有可为。北京开放包容，充满生机活力。首届中国广播电视精品创作大会在京举办，是对"北京大视听"发展成果的充分肯定，也是对我们的莫大鼓励和鞭策。我们愿与各方携手合作，深入贯彻习近平文化思想，全面落实党的二十届三中全会精神，不断开辟"北京大视听"精品创作新天地，在全国文化中心建设大局中施展更大作为，着力实现更多精品、更广传播、更佳体验。真诚期待各界嘉宾在这场盛会上分享真知灼见，共谋发展，共筑未来！

天下大事　看东方卫视

方世忠
上海市委宣传部副部长
上海广播电视台（上海文广集团）
党委书记、台长、总编辑

推进主流媒体系统性变革，是我们广播电视媒体必须回答好的新时代重大改革命题。按照党中央决策部署，在中宣部、国家广播电视总局的指导下，上海广播电视台勇闯改革深水区，已经在 9 月 25 日召开了台（集团）改革发展大会，正式发布了《解放思想　系统变革　追求卓越　全力打造更具国际影响力、技术创新力和产业竞争力的新型主流全媒体集团行动方案》（以下简称《改革行动方案》）。我们明确，未来五年，上海广播电视台将全面实施"新闻立台、文化兴台、融合强台"的核心战略，大力精简精办频道频率，更加聚力新闻主业，深耕媒体优势领域，重构文化创投体制机制，实施金声人才计划，致力于用 AI 重塑媒体技术底座，加快推进智能化、超清化和移动化，全力打造主流媒体系统性变革的上海样本。

《改革行动方案》发布后，观众听众和业界学界都非常关心，一度冲上热搜榜。上海广播电视台宣布精简精办频道频率改革，整合关停低效低质的四个电视频道和四套广播频率，大力推进媒体深度融合，组建全新的新闻融媒体中心和第一财经全媒体集团。可以说，这是上海台媒体的一次结构性改革。我们选择"瘦身"就是为了更好地"强体"，我们就是要按照党的二十届三中全会提出的构建适应全媒体生产传播工作机制和评价体系的新要求，将"好钢用在刀刃上"，重构媒体资源的配置模式和内容价值的评价方式，实现媒体人力资源的结构优化，让新闻媒体的优质和新质生产力，向电视主频道汇聚，向移动主平台转型，在更融合的传播平台、以更优质的视听内容、用更贴心的受众服务，面向广大观众和听众，做优做强上海广播电视台视听公共服务。

任何时候无论走得多远，我们都不能忘记为什么出发！我们始终坚守"意识形态、公共服务、技术产业"三大属性，做强新闻主责主业，这既是上海广播电视台的立台之本，也是上海广播电视台的优势所在。在新一轮发展中，我们更大力度实施"新闻立台"战略，重点聚焦时政新闻、财经科创、社会人文、国际传播等四大优势领域，全面提升新闻主业的核心竞争力，按照"更都市、更综合、更国际"的特色定位，全力打响"天下大事 看东方卫视"新闻品牌。下面，我重点围绕锻造上海广播电视台四大新闻制播特色，跟大家做个分享。

一、大都市的新闻视角

壮大主流思想舆论，是新闻媒体重要政治责任。在众声喧哗的互联网时代，更需要我们主流媒体保持专业专注、追求卓越，找好选题、讲好故事，努力将主流媒体的权威性、专业性、时效性做到极致，不断提升传播力、引导力、影响力和公信力。上海广播电视台充分发挥上海作为世界观察中国的窗口，中国链接世界的纽带作用，聚焦提升新闻报道的锐度、态度、温度，做强做优东方卫视《看东方》《午间30分》《东方新闻》《今晚》等覆盖早、中、晚、夜全时段日播新闻节目，每天长达4.2小时，大力宣传习近平新时代中国特色社会主义思想，立体呈现上海推进首创性改革、引领性开放，建设"五个中心"、强化"四大功能"的火热实践。我们全力打造"聚力高质量阔步新征程""中国式现代化奋进者"等专题专栏，创制播出《这就是中国》《思想耀征程》等重点理论节目，推出《顶级投资人》《一探》等特色财经节目，深入解读国家战略之中的"上海使命"，生动展示中国式现代化的"上海样本"。

二、双循环的新闻链接

提升国际传播效能，是新闻媒体肩负的重要使命。面对复杂多变的国际环境，更需要我们主流媒体改革创新国际传播机制，特别是坚持百姓视角、共情呈现、人性张力、文明底色，构建中国话语和中国叙事体系。上海广播电视台依托上海作为国内国际双循环战略链接的功能优势，举全台之力建设上海广播电视台国际传播中心，深耕海外记者站点网络，用好国际社交媒体平台，构建多渠道、立体式、新样态的对外传播格局。我们着力贯通内外宣、大小屏、中英文，全力打造"ShanghaiEye"这一国际传播超级视频IP，推出《直通达沃斯》、《世界会客厅》、*Why China*、*TOP Destination*等国际传播短视频，创制播出《何以中国》《行进中的中国》《永远的行走：与中国相遇》等海派特色纪录片，讲好中国故事、彰显上海精彩，2023年海外总粉丝数超1000万，海外总覆盖量4.78亿，海外传播量突破10亿。

ShanghaiEye 2023 年海外传播数据

三、融媒化的新闻表达

回应人民群众关切，是新闻媒体为民初心所在。面对全媒体大变革和新科技大挑战，更需要我们主流媒体勇于打破传统广电惯性思维，强化融合发展理念，真正让每一篇报道、每一部作品、每一个镜头给群众以温暖和力量。上海广播电视台坚持台网并重、智能引领、移动优先、首发原创，突出轻量化、富网感、能共情、有声量，率先推出《民生一网通》《大城小事》《夏令热线》等全媒体在线直播民生节目，创新打造"这里是上海""ShanghaiEye 爱上海"等城市文旅短视频 IP。同时，上海广播电视台加快智能化、超清化、移动化，率先推出 AIGC 集成工具箱 Scube 和第一财经专业智能体"星翼"大模型，用 AI 提升新闻内容生产力，在广电总局领导下全力推动东方卫视 4K 超高清频道于 2025 年三季度上线，着力打造自主可控的综合视频平台"看东方"、综合音频平台"阿基米德"、新闻垂类平台"看看新闻"、财经垂类平台"第一财经"等重点新移动端平台，作为新闻主力军全面挺进主战场。

四、全天候的新闻直播

导向正确、播出安全，是新闻媒体坚守的生命线。上海广播电视台始终牢记"字字千钧、秒秒政治、天天考试"这 12 字要求，全力保障新闻团队 24 小时高效运转，每天保持电视端新闻直播总时长 10 小时以上、广播端新闻直播总时长 20 小时以上，新闻移动端日均浏览量达 2 亿次以上，在省级广电媒体中保持新闻栏目数量、播出时长和传播影响"三个第一"。2024 年 9 月中秋假期，75 年来最强台风"贝碧嘉"登陆上海，打破了多年的"魔都结界"，上海广播电视台第一时间集结全台新闻精锐力量，推出全天候、全媒体、大版面、大直播 30 多小时，70 多路记者奔赴防汛抗台第一线，直击台风实时走向，回应市民关切问题，发挥了"风向标""定音鼓"和"压舱石"的重要作用。上海广播电视台主流新闻媒体的功能价值得到了充分彰显，也得到了广大市民的点赞。

　　我们坚信，无论传播格局怎么变，"内容为王"的黄金定律不会变，只要我们主动拥抱全媒体和新科技，坚持改革不停步，用心创作好作品，就一定会更好赢得观众和听众。

　　天下大事，看东方卫视，让我们一起见证上海广播电视台"梦想的力量"！

台网深度融合下的芒果精品创作实践

龚政文

**湖南广播影视集团有限公司（湖南广播电视台）
党委书记、董事长、台长、总编辑**

非常有幸参加首届中国广播电视精品创作大会，这是一次行业的盛会，感谢大会的邀请，使我有机会向各位汇报湖南广电近年来在视听精品创作上的一些心得体会。按照论坛主办方的建议，我重点就湖南广电双平台深度融合下的内容精品生产和传播机制作分享。在各级领导的关心支持下，经过多年奋斗，湖南广电目前有在全国地方广电中处于头部地位的湖南卫视，有居于全国长视频平台前三的芒果TV，湖南卫视直属湖南广播电视台，芒果TV是上市公司芒果超媒的核心平台，在湖南广播影视集团（湖南广播电视台）党委的统一领导下，双平台深度融合、一体运行。有人说，与其他传统广电比，我们多了个芒果TV；跟互联网平台比，我们拥有湖南卫视。这是湖南广电的幸运。这样的平台结构，使我们的精品创作与传播形成了独特打法，构筑了一定的比较优势。我把它概括为"一纲四目"。

一纲：以高度的政治站位担当新的文化使命。10年前，习近平总书记在文艺工作座谈会上指出："衡量一个时代的文艺成就最终要看作品。推动文艺繁荣发展，最根本的是要创作生产出无愧于我们这个伟大民族、伟大时代的优秀作品。"[1] 2023年，在文化传承发展座谈会上，习近平总书记郑重提出："在新的起点上继续推动文化繁荣、建

---

[1]《习近平在文艺工作座谈会上的讲话》（2014年10月15日），https://jhsjk.people.cn/article/27699249，2024年12月13日访问。

设文化强国、建设中华民族现代文明,是我们在新时代新的文化使命。"[①]2024年3月,习近平总书记考察湖南时强调悠久的历史文化、厚重的革命文化、活跃的现代文化,是湖南增强文化软实力的丰富资源和深厚基础。勉励我们要更好担负起新的文化使命,使湖湘文化在新时代实现新发展、呈现新气象,在建设中华民族现代文明中展现新作为。我们深刻认识到,作为党媒国企,湖南广电在建设中华民族现代文明中担负着重要使命。湖南广电的精品创作,就是在不断领会和落实总书记这些重要指示下展开的。我们形成了集团(台)党委统一决策部署,台长兼任总编辑,编委会、宣管部专司内容调度的组织指挥系统。我们提出,构建芒果"新闻大片"、芒果"理论大片"、芒果爆款综艺、芒果电视剧、芒果"纪录大片"、芒果电影大片的精品内容矩阵。2020年以来,我们开始实施年度主题创作机制,每年确立一个主题呼号,牵引全年重点新闻宣传和文艺创作。从2020年的"脱贫攻坚三部曲"、2021年的"庆祝建党百年交响乐",到2022年的"奋进新时代洪波曲"、2023年的"新征程上谱新篇",再到今年的"中国式现代化光明行",5年来共推出了71个重点内容项目,囊括广播影视内容全形态,打造了"新闻大片"《总书记来信》《盛世修文》,电视剧《问苍茫》《麓山之歌》《日光之城》,理论片《十讲二十大》《当马克思遇见孔夫子》,综艺节目《声生不息》《歌手2024》,纪录片《中国》《岳麓书院》《中国官箴》等作品,让湖南广电大小屏、各端口持续充盈社会主义先进文化、精品文化。

"四目",就是作为执行精品大片战略的绝对主力,深度融合的双平台做到了四点。

一是管理一体化,让精品战略能如臂使指、无缝贯通。双平台通过深度融合,在战略协同、资源打通、系统化布局方面建立统筹协调、良性互动机制。双平台虽然是两个党委,但领导班子骨干成员双向进入。成立双平台共同组成的综艺立项委员会和电视剧立项委员会,统一立项和调度重点文艺项目。正在谋划双平台进一步全面融合的方案。

二是驱动双核化,增厚了总体投入规模,摊薄了单平台投入成本。主流媒体如何与实力雄厚的商业平台和汪洋大海般的大众创作者竞争?我们的体会是必须保持专业性、高门槛、高品质。这就需要高投入。但近年来,传统广电收入下降,生存已然不易,精品创作投入乏力。我们提出,压缩管理成本,减少非生产性开支,厉行节约,习惯过紧日子,但对精品大片生产要舍得投入。这方面,我们做到了"大钱大气、小钱小气"。5年来全集团(台)主题创制共投入资金28.9亿元。重点项目由集团为主投入,芒果TV跟投或以采购的方式共摊成本。纪录片《中国》三季共投入1.6亿元,双平台共同投资,各投50%。双平台对电视剧联采联购,降低了购剧投入。

---

① 《在文化传承发展座谈会上的讲话》(2023年6月2日), https://jhsjk.people.cn/article/40067929, 2024年12月13日访问。

三是团队协同化，释放出强大的内容生产力。湖南卫视、芒果TV双平台目前共有8个节目内容主理人赛道，49个节目自制团队，24个影视自制团队和39家"新芒计划"战略工作室。其中湖南卫视团队26个，芒果TV团队86个。虽然团队分属两大平台，但在运行机制上已实现创意提案、评估立项、编排宣传和制作生产上的全面打通，并根据项目生产需要，随机融合，相互转化。比如，在湖南卫视立项的《歌手2024》主要执行团队来自芒果TV，芒果TV网综节目《乘风2024》主要宣传团队来自湖南卫视，而导演团队、艺人统筹则由两个平台的主力混编。在随时可以融合的同时，双平台团队又根据各自渊源和特长，保持着相对稳定的创作类型。湖南卫视团队在主题性晚会、季播节目、重大活动内容创制上担当主力；芒果TV团队则更多承制网综、纪录片等品类，二者各展所长，统分自如，形成合力。

　　四是传播融合化，让精品力作曲高声远。创作生产只是第一步，传播才是更重要的。幸运的是，双平台有着较强的传播力、影响力。目前，湖南卫视在广电总局大数据和索福瑞中保持全天收视第一，芒果TV的独播综艺节目流量保持长视频平台第一，有效会员超7000万。以双平台为主的融合传播，是大小屏同向发力、链路通畅的传播。集团重点内容项目由湖南卫视、芒果TV统筹编排，统一宣发，同步传播，实现了1+1＞2的乘数效应。《歌手2024》台网同步播出期间，带动35个一、二线城市总收视率上涨15%，湖南卫视8.1%的电视观众是节目开播前长时间未观看过电视直播频道的"新"用户，节目全网点击量1585.4亿次，其中芒果TV站内13期节目播放量38亿次。

　　这样一种融合传播，不但在国内产生了良好的传播效应，而且提高了国际传播的效力。湖南广电的精品内容，本身有着海外受众喜爱的艺术形式、青春活泼的调性、共鸣共情的价值内核，经由国际化平台的助力而蜚声海外。2024年，我们通过实施"芒果出海2024行动"计划和芒果TV国际版App"倍增计划"，芒果TV国际版App海外下载量从2023年的1.3亿上升到2.1亿，其中欧美地区新增下载量占比为5.3%，《歌手2024》带动用户增长1853万，国际版App全年实现2.6亿下载量的目标不成问题。《歌手2024》《乘风2024》《中餐厅》《花儿与少年》等都在海外出圈。联合国教科文组织两次点赞《歌手2024》，加拿大驻华大使馆、《华盛顿邮报》都主动予以呼应，法国、韩国、一些非洲国家大使纷纷来湖南广电寻求合作。

　　展望未来，湖南广电将深入学习贯彻习近平文化思想，认真贯彻落实党的二十届三中全会精神，坚守文化使命，创新体制机制，培育顶尖人才，加大综合保障，让芒果内容精品创作在建设中华民族现代文明的伟大征程中贡献更多力量。

新时代　新文化　新传播

王仁海

河南广播电视台
党组书记、台长

2024年国庆前夕，河南卫视被党中央、国务院授予全国民族团结进步模范集体称号，并作为14个集体代表之一上台领奖。这是对河南台精品创作、融合传播的高度肯定，更是激励鞭策。近几年，河南台深入学习贯彻习近平文化思想，旗帜鲜明提出了"新时代 新文化 新传播"的发展定位，坚持"融合传播、转型发展、有用有效"的理念，匠心守护初心，精品奉献人民。

一、创造新文化，塑品牌更领风尚

精品创作的根本是创造属于这个时代的新文化。在实践中，对于新文化的特征，我们有以下思考。

新文化是价值观正确的，以弘扬社会主义核心价值观为底色，体现主流价值、传承红色基因、引领社会风向、激荡爱国情怀。新文化是思想深刻的，具有映照历史、洞悉时代、体察现实、启迪未来的价值，用思想的温度感染人、用精神的力量凝聚人。新文化是大众共鸣的，契合当下人民群众的价值取向、审美趣味、生活期盼，特别是把握当代年轻人乐于接受、主动参与、积极传播优秀中华文化的移情性，以喜闻乐见的视听方式呈现，使人民的精神生活更加充盈。新文化是审美高级的，思想更先进、艺术更精湛、技术更前沿，不仅可以广泛流行，更能够成为永恒经典。新文化是样态创新的，在题材立意上创新视角，在视听表达上创新维度，在融合传播上创新手段。

做好新文化，我们提出并践行新现实主义创作手法，把习近平总书记的重要讲话精神落实为一个个精品内容、一个个创新创意，用引领性的作品讲好中国故事、传播好中国声音。一是站稳人民立场，关注百姓、贴近现实，用精美的画面、滚烫的文字、共情的表达、炽热的情怀，创作了《总书记的回信》《从延安到红旗渠》等融媒体作品，实现亿量级传播，让主流思想直抵人心。二是坚持创新表达，创新从来都不是一件求稳的事，这是一个打开自己、突破已有、影响他人的艰辛过程。秉持"让文化有画面、让技术有思想、让视觉有灵魂"的创作理念，"中国节日"系列节目已制播 4 季 28 期，全网观看量突破 1400 亿次，海外传播量超过 7000 万次，《唐宫夜宴》《洛神水赋》《凤鸣朝阳》成为家喻户晓的文化 IP，外交部发言人及 70 余家驻外使领馆多次向全球推介。中华优秀传统文化的丰厚底蕴始终是创作的底气所在，我们没有止步于"中国节日"系列节目出圈的影响力，更潜心于实施文化多品牌战略，持续推出《中国节气》《中国家宴》《常识中国》《一片甲骨惊天下》等节目，全方位诠释传统文化的更多维度，增强民族自豪感、文化自信心。三是升级视听形态，积极探索"传统文化＋前沿科技"融合创新，推出虚拟现实电影《唐宫夜宴》《隐秘的秦陵》，通过全息扫描、虚拟引擎等技术，让观众以第一视角沉浸式游览体验盛唐气象、秦陵秘境，打开了文化创新传播的新领域。虚拟现实电影《唐宫夜宴》被评价为"未来电影发展的新方向"，作为中宣部选定的重点项目在金砖国家影视文化交流活动中参展。

二、开拓新传播，要影响更要认同

牢记习近平总书记"主力军全面挺进主战场"的指示，在守住广播电视宣传阵地

截至 2024 年 10 月 11 日，大象新闻客户端总下载量和日活量

的同时，更多地向移动传播倾注力量。河南台前瞻布局，提出"台就是端、端就是台"的理念，及时上线大象新闻客户端，实行全台重点内容在客户端首发、音视频资源向客户端汇聚。目前，大象新闻客户端总下载量1.6亿、日活量10万+，综合传播影响力居省级媒体自建移动平台头部。用互联网思维办《阳光少年报》，实现全国发行量超150万份，成为融媒体时代传统媒体创新发展的现象级产品。实施广电媒体人大V孵化计划，打造出10个千万级、多个500万级账号为引领的新媒体集群，形成精品传播的长尾效应。组建大象国际传播中心，以YouTube、Facebook等海外社交媒体平台为基站打开外宣格局，增强全球对中华优秀传统文化的认可、对中国现代文明的认同。

三、担当新使命，敢改革更敢引领

新闻宣传出彩和文化传播出圈背后是以改革创新为底层逻辑的。适时而动、调整架构，释放生产力，抓住供需矛盾，下好广电供给侧改革先手棋，实施新闻资源集约作战、文艺资源一体化运营，培育了"中国节日"系列节目等一批精品创作生产团队。全面实施项目制、工作室制，对有潜力形成全国影响的项目给予全生命周期的支撑服务，做强头部内容。因地制宜改革薪酬，激发原动力。绩效分配向宣传一线倾斜，骨干创作人员收入水平超过中层正职，有贡献的中层正职超过台领导。每年向双一流高校招才引智，破格提拔一批"90后"走上关键岗位，让有才华、有闯劲的年轻人挑起大梁。顺势而为跨界新技术，焕发创造力。以数字化、移动化、智能化为方向，建设算力中心、播控中心，搭建"大象元"AI应用平台，研发大象AIGC智能工具集，在推出《唐宫夜宴》《隐秘的秦陵》两部虚拟现实电影的基础上，探索科技与文化融合的全新样本、前沿应用。

纵观河南台近几年的发展，我们最深刻的体会是，河南台的创新发展之路，就是贯彻落实习近平总书记指示要求的实践之路。落实总书记"两创"的要求，才有了"中国节日"系列节目的广为传播、广泛影响；落实总书记"塑造主流舆论新格局"的指示，才有了新闻融合传播指数连续3年稳居省级媒体前列的成果；落实总书记系统性改革的要求，才有了河南台不断向前，经营创收逆势增长，闯出了"以优质内容生产打造品牌、以移动互联传播扩大品牌影响、以品牌效应带动产业发展"的新路。未来如何更好地发展，我们也有很多积极的思考，比如：对文化节目，能否不断自我更新，跳出观众的审美疲劳？虚拟现实能否带来高层次视听体验，成为新的发展方向？精品节目能否通过影视剧跨界传播成为"超声波"？如何打造优质内容的全新呈现方式？今天参加会议也是一种很好的学习，希望能从各个方面得到更多的启示。

沈从文先生说"好看的应该长远存在"，生产更多人民群众爱看的节目是我们的本分。伟大的时代需要伟大的作品，河南广播电视台将深入贯彻落实习近平文化思想，努力创制既尊重个性又引发共鸣、既有中国特色又被世界认同的视听精品，用心书写我们这个伟大的新时代！

超高清赋能精品创作

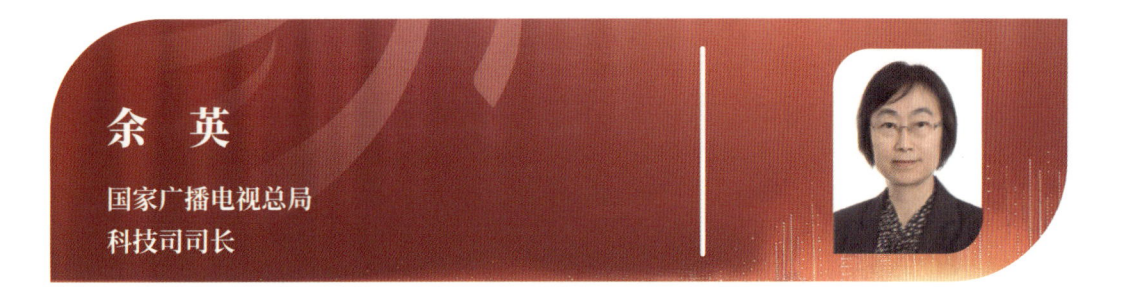

余 英
国家广播电视总局
科技司司长

一、超高清如何为精品添彩

超高清技术主要是从视频的像素数量、动态流畅度、明暗层次、色彩的丰富度以及色彩和亮度的平滑度五个维度综合提升画面的细腻度，提升视觉体验。伴随超高清应运而生的三维声技术，也可以产生身临其境的听觉体验。

超高清的超高分辨率使我们对视频的构图和细节的处理具有更大的自由度，能够更精细地刻画纹理、图案、场景的细节，增强视觉的沉浸感。高帧率也让创作者可以更加自由地快速摇移镜头，捕捉复杂的运动，展现更有动感的视觉效果。高动态范围允许在接近人眼感知极限的范围内表达明暗变化。这赋予创作者在光影刻画和氛围渲染时更大的创作自由度，让作品更具视觉冲击力。广色域技术基本涵盖了自然界呈现的颜色，和高动态范围技术组合应用，能够为创作者提供更加丰富的色彩表达手段，无论是绿草繁花还是璀璨星空，都能生动还原。更高的量化精度能够为创作者提供更加精细的色彩控制能力，减少色阶断层、色阶过渡不均匀等现象，提升作品的整体品质。通过模拟声音在三维空间的传播特性，三维声技术会使作品的音效更加立体、生动和个性化。

通过广电总局超高清实验室的评测数据，可以看到每一项技术指标对超高清的品质呈现都至关重要。综合应用好各项指标的超高清，也将为视听作品带来主观感受上质的飞跃。

二、发展超高清是一个必然的选择

发展超高清既是为了更好地满足人民群众的需求，也符合信息科技发展的规律。信息科技从诞生到发展，本质上都是为了更好地解决人与人、人与物、物与物的交流，信息的表达向着"更多、更真、更美"方向演进，信息的传递向着"更远、更快、更广"方向演进。当前，整体呈现网络视频化、视频超高清化、超高清沉浸化的发展趋势，需要强调的是没有坚实的超高清基础，也不能走好、走稳沉浸式视听的发展之路。

发展超高清将有力带动文化产业、信息基础设施建设、电子信息制造、多个垂类行业应用，也是我们行业追赶超越国际领先水平、实现高质量发展的必由之路。

超高清和沉浸式，视听综合了视觉和听觉的核心技术，在电子及信息消费领域产业带动力强，已成为国际新一轮技术产业竞争的战略要地。我国也在"十四五"发展规划和2035远景目标中明确提出要发展超高清。近期，国家也将超高清列入了"两重""两新"支持范围。

三、超高清下一步将怎样为精品作品赋能

从2016年起，我们就在布局超高清相关技术研发及标准化工作，经过持续的创新发展，我们已经实现了从无到有的跨越，无论是从节目制作时长、播出时长，还是自主超高清核心技术的研发应用，产业链各环节都取得了突破性进展。但也需要看到，我们和先发的国家相比，在超高清频道数量、网络视听平台超高清占比、超高清核心自主技术市场占有率等方面还存在不小的差距，还没有建立起覆盖全链条的超高清质量管理机制，超高清产业生态还不健全。

造成这些问题的主要原因是产业链上下游不协同、端到端各环节不贯通。在内容生产环节，由于超高清制作的时间成本、经济成本都明显高于高清节目，同时播出需求少，导致超高清内容制作意愿不高、作品数量少。在播出环节，由于超高清节目购买及传输成本高，超高清内容投放量不足，收视吸引力不强，难以形成收益回报。在传输环节，由于网络容量不足，导致高成本的超高清节目制作出来传不下去或者被低码率劣质传输。在用户终端环节，还有为数不少的机顶盒电视机不支持超高清，或者技术质量良莠不齐。经过层层折扣，可以说我们国家的用户大多数没有获得真正的超高清体验，难以形成超高清的收视习惯和消费意愿，损害了产业生态。

我们的发展思路是既要重点突破，又要全链贯通。在内容生产方面，广电总局将按照"制作一批、修复一批、引进一批"制定扶持政策，鼓励引导优质超高清内容创作生产，同时将通过科技创新和规模效应实现降本增效。对新制作的电视剧，我们提出2025年年底前在超高清频道播出，以及在网络视听平台首页首屏播出的电视剧、网络剧，基本实现按照超高清标准提交完成片。考虑到超高清制作周期长，广电总局和地方广电局将针对超高清电视剧审查开辟绿色通道。广电总局还修订并在今天发布《电

视剧母版制作规范》，对采用超高清开展电视剧制作给予指导。对纪录片，2024年起各项评优评审及扶持工作将向超高清倾斜。到2026年一季度，不再支持非超高清纪录片参加评优推优。2025年年底前，总台和9个即将开播的地方卫视超高清频道首播的纪录片，基本实现原生超高清化。修复经典是超高清内容的重要来源，广电总局今天也同步发布视频修复增强技术相关标准，对通过修复和后期增强手段生产的超高清内容技术质量予以规范。在引进节目中，我们还将形成超高清为常态、非超高清为例外的引进剧政策导向，通过科技创新、人才培养、试点带动、规模拉动等，我们会快速实现降本增效。

在频道播出方面，截至2025年年底，计划扶持包括总台电视剧、纪录片频道，以及北京、上海、江苏、浙江、广东、湖南、山东、四川、深圳卫视等在内的13个优质4K超高清卫视主频道开播。2027年，要有超过50个优质超高清频道，头部网络视听平台的新增节目中超高清占比超过65%。对超高清频道，我们侧重于满足用户的基本收视需求，培养用户的超高清收视习惯，对网络视听节目，将侧重于满足差异化收视需求，培养用户的超高清消费习惯。

在传输网络方面，将推动扩容改造，统筹标清关停、高清普及、超高清发展，满足规模化超高清频道的传输需求。终端方面，在国家有关部门的支持下，广电总局已推动在多部门联合印发的《推动文化和旅游领域设备更新实施方案》中，鼓励超高清电视机机顶盒推广普及和智能化更新迭代，推动超高清机顶盒更新获得有关资金支持，2027年全国有线电视和IPTV基本实现超高清全覆盖。

在全链贯通方面，广电总局已联合工信部、文旅部、中央广电总台、地方党委政府等，围绕优化内容供给、提升网络承载、突破关键技术、加快终端置换、做好产业支撑、推动垂直应用、规范产业秩序、强化区域协同等建立了协同工作机制。我们已在北京、上海、广东实施超高清先锋行动计划，开展端到端全链条贯通发展试点工作，我们正在推动建立跨部门、多层级、端到端超高清技术指标体系和质量认证机制，全力构建全链条贯通发展的超高清产业生态。

我们既有先进自主技术支撑，也有超大规模的市场牵引，更重要的是我们有集中力量办大事的制度优势，我们有信心、有能力、有条件推动我国超高清实现整体跃升！

触摸时代　感受共振

侯鸿亮

东阳正午阳光影视有限公司董事长
中国电视剧制作产业协会会长

非常荣幸能够在此次论坛上，与大家分享我对电视剧精品创作的一些思考和见解。我们深知，文艺创作是艰辛的创造性工作，科技发展、技术革新可以带来新的艺术形式，但艺术的丰盈始终有赖于生活。尤其是在艺术门类互融互通，表现形式交叉融合，文化产品海量供给，受众各取所需，在电视剧不可避免地受到越来越多冲击和挑战的今天，电视剧工作者更应该树立创作精品的志向，与观众一同成长、一同进步，才能满足观众的需求。

任何时代的文艺都是因时而兴，乘势而变，触摸时代，感受共振。树立精品创作的意识，需要主动地深入生活，到群众中去，切身感受时代的脉搏。中国式现代化的伟大进程，既是一卷宏伟史诗，也是穿过我们身体的细碎时间，作为文艺工作者，我们既是观察者，也是重要的记录者。2024年是正午阳光成立的第10年，这10年间，正午阳光一方面在不断开拓，在古代、近代、现代、当代的各个题材领域都推出了代表作品；另一方面，我们也在不断地以艺术的、审美的、形象的方式为时代精神赋形，探索主旋律创作的无限可能。

从买下版权，到2024年2月初第三部收官，《大江大河》系列的创作也历时整整10年。这一系列作品的精髓在于对一个前所未有的变革时代，在深度、广度、高度三个维度的深入挖掘。《大江大河》的创作，源于原著作者阿耐对改革开放的深刻洞察，弥补了历史叙事的死角。剧中，四个主要人物如同四根坚实的柱子，支撑着对国营、集体、民营及外资经济形态的深刻描绘，展现了改革者们的奋斗、觉醒与蝶变。这份"深"不仅体现在对经济领域的全面剖析，更渗透于对社会生活、政治变革乃至精神面貌的细致刻画，深刻地挖掘了一个时代的精神。我们花了10年的时间做完了这个系列，做到了有始有终，就是想以电视剧为笔、为册，去做一个时代的记录者，响应"为时代画像、为时代立传、为时代明德"的创作实践要求。《大江大河》系列跨越时空和年龄，老一辈寻味情怀与岁月，年轻人则从中理解父辈，认同当下，致敬奉献。

此外还有3部由广电总局命题，在总局指导下完成的主题创作。2021年年初播出的《山海情》，通过一个局部展现了人类历史上规模最大、力度最强的脱贫攻坚战。用导演孔笙的话来说，这部戏最重要的特点就是"实"，我们实实在在地讲述了一个关于民生民情的故事，这个"实"是真实的"实"、现实的"实"，也是踏实的"实"。尽管筹备时间仓促，但我们仍尽最大的努力，深入挖掘扶贫题材中波澜壮阔的历史图景。剧中展现出的中华民族团结互助、共克时艰的深厚情谊，加深了国内外观众对中华民族共同体意识的理解与认同。自2021年首播以来，不仅在国内赢得了广泛赞誉，更在国际舞台上大放异彩，成功吸引了全球50多个国家和地区的观众，展现了强大的国际传播力。2024年9月2日，习近平主席在中非合作论坛峰会上会见科摩罗总统阿扎利时，称《山海情》为"中国西部地区脱贫攻坚历程的真实写照"。足见想要文化出海，就要有足够的文化自信，扎根本土，让故事独具东方韵味，用情感的共鸣搭建国际的桥梁，让国剧成为中华文化强有力的名片。

电视剧《山海情》剧照

2022年年底播出的《县委大院》，虽然有了《山海情》的经验，但也有新的难题，它不像《山海情》那样有明确的原型，中国目前有1000多个县，可以说浩如烟海，我们在创作时陷入了没有方向没有抓手的困境，所以就需要我们在实践上投入更多的时间和精力。好的剧本是用脚踩出来的，在广电总局的协调、安排下，编剧王小枪和联合导演毛毛，分别前往江西省大余县、湖南省衡南县挂职，历时数月，切身感受基层干部的工作生活，并成为他们的一员，积极参与基层工作的方方面面，积累了丰富的素材，这帮助我们更好地设计人物、组织故事、落地细节。《县委大院》在叙事上近乎白描，从县委书记到"村官"，个个人物都有血有肉、可亲可感，他们都有进退两难时的迷茫、焦头烂额时的疲惫，更有面对问题时的拼搏奋进，最终收获"光明"的前景。我们追求用最质朴的手法，展现最真挚的情感，完成了一部"大巧若拙"的作品。

计划在2025年上半年开机的《生命树》，以充满理想主义的两代巡山队领袖为核心，以此铺陈群像，塑造了一批为了守护青海生态面貌付出了青春、汗水甚至生命代价的人物形象。这是正午阳光第一部将重点聚焦于人与自然关系的作品，既是一次叙事美学的创新，也是一次极大的挑战。

2024年10月下旬播出的《小巷人家》，则是我们对年代题材的深度开拓。故事开始于充满时代气息的20世纪70年代，横跨二十载春秋，这是中国现代化进程中一个至关重要的转折点。剧中，苏州小巷的两代主角们迭代成长，以娓娓道来、温柔可亲的口吻追忆时代之蓬勃。我们非常期待剧集播出后，能够引起各个年龄层观众的集体共鸣。

除了作为创作者，2024年4月，中国电视剧制作产业协会赋予了我会长的新身份。接手工作以来，协会新一任的领导班子，在广电总局的带领下，积极开展国际交流，倡导行业自律，维护合法权益，组织行业调研，了解产业现状；针对近年来，特别是古装电视剧的美术设计不断发生舆情事件的现象，在2024年6月举行的第一次会长办公会议中，通过了成立美术工作委员会的提议，现已得到总局的批准，在本次大会上，将会宣布正式成立；同时，协会的各个委员会也在充分发挥职能作用，服务从业人员和制作机构，团结凝聚行业力量，努力推动电视剧事业高质量发展。

我们生在这个时代，见证它拔节生长，勇立潮头，我们也将不断探索不断尝试，为时代再赋新篇。期待着在上级领导部门，行业各组织、单位，影视剧创作者的共同努力下，共同书写属于这个时代的华彩篇章。

制作精品
扬帆内容新时代

孙忠怀
腾讯公司副总裁
腾讯在线视频首席执行官

今天非常荣幸来到首届中国广播电视精品创作大会，跟大家进行交流。大会的主题是"更多精品，更广传播，更佳体验"，我觉得这三句话很好地概括了广电事业的发展趋势。我国现在已经是广播电视和网络视听内容生产的大国，整个网络视听的用户规模超过 10 亿。过去两年，随着整个行业进入高质量增长的新阶段，"提质减量"成为共识。在广电总局和各地方广电局的指导下，各个品类的优秀作品开始不断涌现，可以说百花齐放。一方面，精品佳作肉眼可见地增多了，很多高质量的文艺作品火爆出圈，创作水位不断拉升；另一方面，文艺作品的题材越来越多元，类型越来越丰富。

以腾讯视频为例，2024 年年初收官的经典剧集《繁花》，是一部改编自荣获茅盾文学奖的严肃文学作品的电视剧，无论在审美上还是制作上，都达到了很高的水平；暑期档推出的《庆余年》（第二季）、《玫瑰的故事》，也是观众期待已久的口碑佳作；而刚刚获得豆瓣 9.4 高分评价的《山花烂漫时》则是一部现实题材的主旋律作品，它改编自真人真事。这些作品属于不同的类型，但都取得了不错的成绩。像《繁花》《玫瑰的故事》，分别跟上海、北京的文旅联动，掀起了一股城市文旅热潮，跨界的放大效应非常明显。这说明整个行业不是进行单点突破，而是整个创作生态的突破。作为从业者，我们感到很振奋。

腾讯视频是一家长视频平台，我们每年要生产大量内容，包括剧集、电影、动漫、综艺。这么多的作品，要想稳健发展，关键是好内容的支撑。

习近平总书记指出，要坚持以人民为中心的创作导向，推出更多增强人民精神力量的优秀作品。好内容往往有广泛的群众基础，从人民中来，到人民中去，能够引领社会风尚，承担文化价值。只有制作精品，传播精品，才能让广大用户对我们建立信任，对行业建立信心。也只有制作精品，传播精品，才能真正走入人民，服务人民。

腾讯视频的使命感，就是要持续用美好内容打造美好平台。如何减少平庸，增加精品，是我们一直在思考的。

在内容上，首先就是品质和创新。 好作品需要新质的表达方式。人民群众对文化产品的要求，不再仅仅停留在娱乐层面，而是期待更多文化与精神内容的供给。现在行业大的趋势是创作上从数量到质量的转变。可以说，文化产品的精神深度，已成为观众筛选作品的重要标准。无论是剧集、综艺、动漫还是纪录片，在我们筛选立项的时候，除了要满足观众的娱乐需求，要有一个好故事，还要进一步挖掘作品的精神力量和文化内涵。

其次就是全面拥抱多元题材。 对平台来讲，我们必须不断丰富内容供给，丰富不同的题材，增加不同的风格，只有这样，才能满足广大人民群众多样化的需求。

在这个基础上，精品内容往往会有破圈的效果，能够引领社会风尚，承载文化传播价值。我们要坚守中华文化立场，提炼展示中华文明的精神标识和文化精髓，加快构建中国话语和中国叙事体系，讲好中国故事、传播好中国声音。这是我们网络视听创作的重要使命。好作品要能够传承中华文化，打动人心，走向世界。

首先，增强中华文明传播力、影响力，好作品是关键。 对创作者来讲，就是要用最新的艺术手法，现代的表达方式，来激活我们的传统文化资源。尤其是在当下，在中华文化的传承与发展过程中，文化作品扮演着至关重要的角色。比如，最近在我们平台刚刚结束热播的纪录片《布达拉宫》，它讲述了布达拉宫关于民族文化创造、传承、守望的几个故事。这部纪录片的细节非常饱满，在对技艺传承的叙事中，追古溯今娓娓道来，实现了文化的跨时空联结。这部片子受到欢迎，恰恰就是文化的魅力。

对腾讯视频来讲，中国文化符号和中式美学不仅为艺术创作提供了丰富的素材和灵感，也成为我们打造文化 IP 的重要依托。比如我们 2024 年热播的大剧，无论是《庆余年》（第二季）、《长相思》（第二季），都是在中国的传统文化中汲取养分。在动漫这个内容类别中，传统的中国美学风格更成为我们内容在国际市场上的独特优势。比如《剑来》，这部作品有着中国古典文化构建的世界观。

其次，要推动中华文化走向世界。 通过展示中华文化的价值观和审美意识，可以让全球观众对中国文化产生兴趣和好奇心，进一步加深对中华文明的理解与认同。我们有很多原创 IP 是面向全球发行的，目前已经有 300 多部作品在海外发行，覆盖 200 多个国家和地区。近年来，许多中国影视作品和动漫作品，都受到了国际观众的热烈欢迎。像动漫《龙族》《斗罗大陆》等作品成功发行至海外平台，剧集《三体》《漫长的季节》《繁花》更是屡获海外大奖。其中《三体》作为一个享誉世界的 IP，不但开创了中国电视剧市场的科幻类型，更是成功发行至日本、北美等多个国家和地区，赢得全球观众的喜爱，是近年来中华文化海外传播具有标志性意义的文化现象。这证明，只要具备高质量的制作和有力的表达，中华文化的独特魅力能够在全球范围内得到广泛的认可和喜爱。

作为主流的长视频平台，我们也有责任、有义务通过好的作品推动中华文化的全球传播。

当下，我们的行业正处于技术大变革的前夜，AIGC 大模型等新的技术对网络视听行业的影响是非常全面的，可以说覆盖了从内容的制作端到产品端的整个链条。要想让我们的文艺作品能够传播得更远更广，就需要积极拥抱新技术，在全世界范围内的技术竞争中脱颖而出，引领产业的未来。

长期以来，腾讯视频把艺术与科技驱动置于战略的核心位置，目前，我们平台自研的 AIGC 技术已经形成了一定的生产力，服务于广大的创作者和用户。除了赋能影视制作，在推动人工智能技术的应用上，我们更重视用户体验和实用的方向。通过领先的音视听技术，来提高广大用户的观看体验。接下来，我们将坚持用户为本，科技向善，和各位同行一起努力，让传统文化得以传承，让好的作品得以传播。

抵达文艺精品创作的目的地
走进人民的心坎里　留在岁月的长河中

李　路

导演、影视制作人
第 34 届电视剧"飞天奖"优秀导演

非常荣幸参加首届中国广播电视精品创作大会并与各位进行交流。2024 年是我从事电视行业的第 35 个年头，这期间我做过导演、电影厂的生产厂长、省级电视剧制作中心主任和影视公司的经营管理者，投资、制作了千余集电视剧，最近十几年又回归到自己的老本行做导演。摸爬滚打了大半生，见证了影视产业的繁荣发展和不断升级，作为一名仍活跃在创作一线的老兵，深感今天倡导精品化创作，是对广大从业者的一次鼓舞和激励，更是对中华文化赓续传承的践行。

"以文化人、以艺通心"，文艺作品在影响世道人心方面责无旁贷，随着时代的不断发展和人民精神生活追求的多元化、国际化，电视剧作为最喜闻乐见的大众艺术形式愈加要发挥出不亚于"灵魂工程师"的重要作用，因此，我们不能唱衰电视剧的创作和播出，因为它一直都是我们精神文化生活的刚需，精品化创作势在必行。我本人在选择题材和创作方向时也始终以"贴近人民、观照当下"作为一个重要原则，《老大的幸福》《坐 88 路车回家》《人民的名义》《巡回检察组》《人世间》等都是在火热的时代生活里应运而生的，也是结合我自己的所思所想有感而发的创作。今天就谈谈我对精品创作的三点感悟。

一、精品化创作的目标

每当着手创作一部剧时，我都会反复问自己几个问题：要拍给谁看？要表达什么主题？和当下的联结点是什么？我为什么要创作这部作品？跟以往的作品相比突破在哪里？当然，我也会给自己立一个很高的目标，那就是：不只是拍一部剧，而是力争要做成这个时期、同类题材的一种文化现象级的作品。这个目标很难，并非都能实现，但方向引领细节，细节决定成败，只有立起目标，才有实现的可能，只有方向和目标想明白了，才能保证每一场戏、每一个人物、每一个细节、每一句台词都能服务于主题不跑偏。那么精品创作的目标是什么？

（一）品质为先、兼顾市场

影视剧市场需要满足不同层级、不同年龄、不同群体的欣赏需求，当下有个常用词叫"赛道"。但我认为每个赛道都应该品质为先，兼顾思想性和艺术性，不要让某些赛道沦为低品质的代名词，更不能让劣币驱逐良币。每个赛道都应该涌现出更多令人赏心悦目的同时更能感受真善美的作品，而不是昙花一现的"快消品"。"有意思"的同时再多追求一些"有意义"，这一点应该成为我们每一个创作者具备的文化自觉。

（二）不止步于即时满足的情绪价值，更要追求深远的情感价值

在过去一两年进行剧本创作时，我几乎每次都会听到大家说，我们要"满足观众的情绪价值"，但我认为精品创作不能止步于满足情绪价值，更要追求共同、深远、长期的情感价值，要用闪耀着人性光芒、散发着文化内涵、感性抒发和理性思辨相结合的作品来提升思想、滋养心灵。2024年夏天，我国首款3A游戏《黑神话：悟空》火爆全网，成了联结各个年龄层的精神交汇点，更带动了多地历史文化名胜的出圈、出海，除了创作团队多年付出的心血得到认可和回报，我们也从中再一次看到了经典文学作品和经典艺术形象的永恒魅力，其创作过程非常值得我们学习和借鉴。所谓"经典"，是经得起时间检验的作品、经过历史选择的最具价值的作品、是能彰显文化自信、平视世界的底气。我们在新时代里，应该勇于尝试新形式、新角度、新类型，多创作一些能为子孙后代留下来的、无愧于"作品"这个称呼的电视剧。

二、精品化创作没有套路和捷径

每一次创作都是一次全新的历程，没有模板和套路，更没有捷径。以下几点也是我在今后创作中要时时提醒和鞭策自己的。

第一，要有情怀。 有情怀的内容才会被载入史册，"情怀"不是喊口号，而是要自觉担负起一种责任，有勇气啃最难啃的骨头、走少有人走的路，自觉地在作品中表达对国家和民族的爱，力争用好故事、好影像记录时代、记录人民，为历史留下负责任的痕迹，这也是我一直推崇的文艺工作者的使命感。

第二，要有担当。 担当需要眼光和胆识，要有完成某类题材某些话题的勇敢探索，让观众感知到对时代和社会的叩问，但又不能越过传播红线，既不回避矛盾又能体现温暖，这才是中国式的温暖现实主义。以《人世间》改编为例，这部120万字的鸿篇

巨制展现了人们在时代巨变中经历的困境等,在改编初期很多人不看好,但我坚持要做这个选题并将"温暖"调整为全剧的底色,因为改革开放的成就离不开每一个干部和群众的隐忍和奋斗,我们应该有让世界看到普通中国人身上的骨气、勇气和底气的作品,应该用作品去讴歌最平凡、最无私的大多数人。

第三,要有定力。导演必须是一个多面手,他应该是剧本主题意义的阐释者、他需要成为演员的一面镜子,他更是集体创作团队的组织者。在过去的十二年里,我导演的作品只有五部,《人世间》之后的三年里我没有拍戏,信息时代的知识更迭是飞速的,而每个人的知识储备是有限的,不可能不经过时间的沉淀、知识的更新,就能源源不断地输出精品。因此,作为创作者,我们要永远保持敏锐的洞察力,做一个终生学习者,永远不能脱离火热的现实生活,永远要有发自内心的表达冲动,永远保持不慌不忙的定力,永远要做个有艺术良心的创作者。带着敬畏和尊重创作出来的作品,观众都能在作品的点点滴滴中感受到,并形成全民共情的观剧热潮。

三、行业健全发展是精品呈现之母

近年来,中宣部、广电总局和各级主管部门在创作引导、资金扶持、人才培养、产业管理等方面的力度不断加大,"土肥大物则产,水深大鱼则游",作为一线创作者,我们希望看到传统电视台和新媒体播出平台的共同繁荣,希望看到长视频和短视频的百花齐放,希望拥有更加多元的创作题材,希望拥有良性竞争的秩序和公正客观的评价体系,因为这是一个我们深爱并为之付出青春和心血的行业,这是一个持续给观众带来欢乐、温暖和感动的行业,也许暂时面临着不少的挑战和困难,但越是艰难处、越是修心时,少一些戾气、多一些感恩,少一些跟风、多一些引领,充分运用优质的传播渠道和手段,将历史和时代的滚滚洪流化为更多的精品力作。抱团取暖、相濡以沫,才能共同守护好我们的立足之本、梦想之地!

再次感谢本次大会给行业提供如此高规格、高质量的交流平台,江山代有才人出、长江后浪推前浪,我期待和大家一起张开双臂拥抱更美好的明天,谢谢大家!

关于创作精品的六点感悟

仲呈祥

著名文艺评论家

作为一个从新时期到新时代，在党和人民培养教育下的老观众和一个普通的文艺工作者，我深深感到，这次广电战线的首届中国广播电视精品创作大会，根本的经验就在于一条——学习好、领悟好、践行好习近平文化思想，学习好、领悟好、践行好10年前习近平总书记在文艺工作座谈会上的重要讲话。因为这次讲话与毛泽东同志在延安文艺座谈会上的讲话是一根红线、一脉相承，是新时代中国共产党人把马克思主义的文艺观中国化、民族化、时代化的最新成果，是我们出精品的理论指南和行动准则。作为一个在这条战线从事了差不多半个世纪的老人，我有六点感悟：以文化人、以艺养心、以美塑象，重在引领、贵在自觉、胜在自信。

一、要坚持以文化人

习近平总书记倡导培根铸魂、立德树人。文化是用来化人的。我们身处中国式现代化建设的宏伟大业当中，文化既可以化人，也可以化钱，但是重在化人，要把人的素质化高，然后靠高素质的人去保障社会经济的全面协调可持续发展。我们不反对化钱，要追求物质文明与精神文明的协调发展，但是不能一味化钱，更不能为了化钱就牺牲人的素质提高，甚至于败坏人的素质。将来低素质的人就有可能把发展起来的经济吃光、花光、消费光，这不是中国式的物质文明与精神文明相协调的现代化，我们应当引以为戒。

二、要坚持以艺养心、以艺通心

因为人是区别于其他动物的高级形态的精神动物，是有精神世界的。人在政治的方式、经济的方式、历史的方式、哲学的方式、宗教的方式之外，还必须兼有艺术及审美的方式把握世界，这是马克思主义的基本原理，我们要靠艺术去养出高尚的精神境界。艺术当然也要养眼，优秀的艺术也要通过养眼进而养心，使我们视听感官的快感上升为精神上的美感。这是非常重要的一条原则，也是中华审美精神的要义。刘勰在《文心雕龙》里说，真正的鉴赏活动，鉴赏主体首先要进入虚静。虚静者就是要养心也。因此我们不能满足于养眼，甚至止于养眼。毋庸讳言的是我们甚至看到了少数的作品连养眼也谈不上，它堕入了花眼乱心，败坏人的素质，这是我们更要旗帜鲜明地加以反对的。

三、要实现以美塑象

必须在艺术审美创造上坚持以美塑象，要按照马克思所指出的按照美的规律塑造人物形象，也就是习近平总书记再三强调的要继承和弘扬中华审美精神。要弘扬中华审美在艺术思维上强调的八个字——托物言志、寓理于情；在审美结构上强调的八个字——言简意赅、凝练节制；在审美宗旨上强调的八个字——形神兼备、意境深远。我们一定要强调知情意行的统一，"行"，也就是优秀传统文化中王阳明的"知行合一"观里的"行"，凸显了中华审美的实践品格。我们必须坚持以美塑象，反对以丑为美，反对美丑不分。

四、要做到坚持引领

要以引领为先，处理好引领与适应的关系。艺术工作者是人类灵魂的工程师，要担负起传播文明的神圣职责，因此要反对消极顺应，提倡积极适应。要践行毛泽东同志当年讲的，在普及的基础上提高，在提高的指导下普及，也就是习近平总书记反复强调的，一定要把适应与提高结合起来，这也是党的二十届三中全会所强调的，一定要把出作品与出人才相结合，把抓创作与抓环境相贯通。我特别为"贯通"两个字叫好，毋庸讳言的是我们常常重视了抓创作，忽略了抓环境。

文化环境的有待净化已经是时代和人民的呼唤，因为只有净化了的文化环境才能够真正实现对人民的引领。无数事实都告诉我们，净化环境是十分重要的。

五、要做到贵在自觉

所谓贵在自觉，就是要自觉地意识到文化的特殊使命，意识到精神文明建设与物质文明建设必须相协调的重要意义和它是中国式现代化的一大特色。我们一定要在引领之后，自觉地用文化化人、养心，以美塑造形象。

六、归结到胜在自信

习近平总书记指出,文化自信是一种最基本、最深沉、最持久的力量。创作精品的根本源于我们对中国特色社会主义文化,对中华民族优秀传统文化,对中国共产党领导我们创作的革命文化和对新时期、新时代以来所创造的社会主义先进文化充满了自信,我们一定会迎来新时代精品创作的更大繁荣。

《中国广播电视全媒体发展报告（2024）》发布

祝燕南

国家广播电视总局广播影视发展研究中心主任

由国家广播电视总局部署、总局发展研究中心负责组织研究编撰的第19部行业年度报告——《中国广播电视全媒体发展报告（2024）》即将出版。这里，我从三个方面与大家交流分享。

一、广电视听服务大局有为、有力、有效

2023年至今，全国广播电视工作全系统全行业发生显著变化。广播电视和网络视听"两大业务"一体推进，意识形态、公共服务、技术产业"三大属性"统筹把握，广播电视网、IPTV、OTT和互联网"四个层次"分类施策，各方面工作都取得了新进展新成绩。

一是强化重大议题传播力，引领主流舆论新风尚。 广电视听形成了线上线下融合、大屏小屏联动、长短视频互补、艺术技术并重的宣传格局，为奋进新时代凝聚了强大力量。《认识你真好——习近平总书记的书单》在全国33家卫视播出，累计观看户次6100万，全网话题阅读量超过5亿。2023年成立的全国广电新媒体联盟成为网上宣传"联合舰队"，100家成员单位的账号矩阵总粉丝量已达27.6亿，亿级传播成为常态，推动主流话语触达主流人群。

二是全方位描绘新时代画卷，精品内容彰显文化深度与广度。 2024年上半年，取得发行许可的电视剧41部1255集，网络剧76部1718集，网络电影114部，网络微短剧323部7518集，网络动画片317部4336集。《幸福草》《山花烂漫时》《大海道》等主题创作传递丰厚的时代气息；《繁花》《南来北往》《我的阿勒泰》等现实题材展现生活原色；"中轴线"系列节目、《中国》系列纪录片打造国风新潮流；《网络视听年度盛典》《声生不息》等系列节目拓展综艺与重大主题融合创新；"跟着微短剧去旅行"创作计划先后发布了3批推荐目录59部作品，《我的归途有风》《一梦枕星河》等微短剧突出地方特色，带动取景地成为文旅打卡新地标。多类型精品持续涌现，丰富了人

民精神文化生活。

　　三是坚持人民广电为人民，"双治理"成效愈加显著。 治理电视"套娃"收费和操作复杂工作是政治工程、民心工程、系统工程。全国已经有八成以上的有线电视、IPTV家庭用户实现了开机看直播，20万家酒店、1100万间客房实现了"便捷看电视"；5.6亿有线电视、IPTV和互联网电视终端，收费包压减50%以上，超过2亿电视用户初步实现了一个遥控器看电视。2024年8月，全国电视直播频道用户活跃率比去年同期提高10个百分点。"重温经典"频道于2024年2月1日在全国推出，截至9月底，累计收视用户数超5800万。

　　四是行业发展步入"品质飞跃"和"结构优化"双重驱动期。 高清超高清频道建设持续推进，中央和省级电视台全部实现高清化播出，地市台频道高清化率超过98%。2023年批准撤销频道42个、频率19个，调整优化频率频道31个，以"精简"促"精办"。这项工作将持续推进。国家应急广播体系建设取得新进展，全国已建成省、市、县级应急广播平台1995个，主动发布终端352万个，全年播发紧急信息207万次。广电视听产业规模稳定增长，2024上半年全国广播电视服务业总收入6683.57亿元，同比增长7%。其中，实际创收5892.53亿元，同比增长6.65%。传统广播电视机构总收入2784.44亿元，网络视听服务机构总收入3899.13亿元。

　　五是创新讲好中国故事，构建全球对话新平台。 服务中国特色大国外交，2024年5月30日、31日，在中阿、中突元首的共同见证下，国家广播电视总局分别与阿联酋媒体委员会、突尼斯国家广播电台签署了合作协议。截至2024年8月，中国电视节目已覆盖所有与中国建交的53个非洲国家，取得常态化规模化播出的重大突破。

二、直面机遇与挑战

　　一是当今世界变乱交织，风险挑战层出不穷，舆论战、认知战空前激烈。 我国广播电视和网络视听作为受众广泛、深入人心的信息载体，必将进一步成为凝聚共识、汇聚民心的重要力量。充分发挥视听内容形式丰富、情感联结、文化融通的优势，更好担负起新的文化使命，广电战线责无旁贷。

　　二是科学技术颠覆式创新，新质生产力浪潮奔涌。 科技与经济、文化、政治空前融合，技术领域的颠覆性创新正以更快节奏和更高密度涌现。广电视听技术产业属性突出，新一代信息技术成果已深入应用于行业各环节、全流程。加快适应信息技术迅猛发展新形势，是广电视听全面数字化转型和高质量发展的必然要求。

　　三是深化文化体制机制改革，主流媒体系统性变革任务紧迫。 学习贯彻落实《中共中央关于进一步全面深化改革、推进中国式现代化的决定》精神，广电视听领域改革要坚守"传播党的声音、服务人民群众"的初心使命，把握三大属性，锚定三大工作方向，坚持深度融合、协同发展理念，加快推动大融合、大聚合、大整合，实现高质量集约化发展。

三、以深化改革促进行业高质量发展

一是"构建适应全媒体生产传播工作机制和评价体系，推进主流媒体系统性变革"，建设具有强大影响力和竞争力的新型主流媒体。打造新型主流媒体是媒体融合的战略目标。经过全行业实践与探索，广电新型主流媒体已呈现"全媒体、超高清、强智能"的基本特征。加速向全媒体功能体系转型，要求我们不仅要在内容生产上实现深度融合，更要通过优化组织架构实现协同发展。要加强跨地区、跨层级的资源整合，推动形成全国范围内的广电视听一体化合作发展新格局，实现资源共享、优势互补，共同提升主流媒体的影响力与竞争力，牢牢占据舆论引导、思想引领、文化传承、服务人民的传播制高点。

二是"建立优质文化资源直达基层机制"，努力推动广电视听产品和服务深入基层、惠及群众。要围绕通过优化内容供给结构，推出一大批反映时代精神、贴近百姓生活的广电视听作品，开展跨屏、跨网、跨终端的综合传播服务，实现优质内容的广泛覆盖和精准推送，丰富人民日益增长的精神文化需求。要推动"双治理"与行业发展的顶层设计相衔接，从技术上、制度上彻底解决"套娃"收费和操作复杂等问题，把这项牵引性带动性的系统工程做得更稳重更厚实更扎实，更好地提升群众的满意度和获得感。

三是"探索文化和科技融合的有效机制，加快发展新型文化业态"，完善广电视听科技创新体系。持续加强关键技术研发、完善技术标准体系、搭建综合应用平台，推进人工智能等技术在广电视听领域的深层次融合应用。要聚焦重点工程、重点工作、重要项目，加快推动超高清端到端全链条优化升级，加快全国有线电视网络整合和广电5G建设一体化发展，建设"特色鲜明、技术先进、安全可靠"的新型广电网络，形成新质传播覆盖力和制作生成力，推动传统广电视听生产力向新质生产力的有机转换。

四是"构建更有效力的国际传播体系"，打响中国视听品牌，提升国际传播效能。从内容供给角度，打造具有鲜明中国特色、时代特征、国际视野的视听精品，丰富全球文化市场，有效传播中国声音。从传播机制角度，拓展传播渠道，构建中央和地方、网上和网下、内宣和外宣协同联动的传播格局。从传播效能角度，提升营销推广与市场开拓能力，优化新媒体传播矩阵，重视新型"出海"内容形式，以更加灵活多样的方式触达全球受众。

《2023—2024 广播电视大屏收视数据报告》发布

袁 敏
国家广播电视总局广播电视规划院院长

中国视听大数据（CVB）是由中宣部指导、国家广播电视总局部署建设、国家统计局唯一批准的、以大数据方式进行统计调查的传播效果评价系统和领先科技平台。CVB 收视分析基于全国超 4 亿有线电视、IPTV 和互联网电视用户的数据基础，为行业在精品创作、节目编排、受众分析、营销策略等方面提供了重要管理抓手和决策依据。

CVB 数据显示，2023 年以来，广电总局系统谋划、高位推动、多措并举，全国广播电视和网络视听平台大小屏的收视情况均实现突破性拉升。

第一，广电总局系统谋划、强力推进电视"套娃"收费和操作复杂治理工作，持续发力丰富电视大屏内容供给，带来电视大屏活跃繁荣新态势。

据 CVB 统计，"双治理"工作开展以来，电视大屏直播用户活跃率自 2023 年 8 月起逐月提升，至 2024 年 2 月首次超越过去 3 年同期水平，6 月至 8 月实现连续攀升，持续保持近 4 年同期最高，"双治理"工作有效激活了大屏收视需求。

同时，广电总局为了进一步增强优质内容供给，2024 年 2 月 1 日正式推出"重温经典"频道。截至 9 月底，频道收视用户数超 5800 万，累计收视时长突破 11 亿小时，引发全社会、全行业"重温经典、致敬经典、传承经典"的视听新风尚。

2024 年 8 月，广电总局发文部署丰富电视大屏内容工作，强调要提升电视大屏优质内容创新和供给能力。据 CVB 统计，截至 9 月底，大屏首播节目总时长达 367 万小时，电视剧、纪录片等节目的首播时长较去年均有上涨。

第二，广播电视精心做好主题宣传，在重大时间节点、重要时刻彰显凝心聚力的强大力量。

2024 年，广电总局继续深入实施"创新理论传播工程"，唱响理论宣传电视"大合唱"。《平"语"近人——习近平喜欢的典故（第三季）》今年以来在 39 个频道广泛排播，累计收视高达 4 亿户次；《认识你真好——习近平总书记的书单》累计收视 6100 万户次；《思想耀征程》累计收视 6300 万户次，传播效果优异。

国庆节前，在多个频道并机直播的《功勋——国家勋章和国家荣誉称号颁授仪式特别节目》综合收视份额达 37.416%，《铭记：烈士纪念日向人民英雄敬献花篮仪式》综合收视份额达 27.633%，展现出电视大屏在重大时刻发挥出的强大收视号召力。

此外，2024 年巴黎奥运会期间，赛事直播在电视大屏的观看户次远高于直播 App，其中 8 月 3 日大屏观看 5.53 亿户次，单场赛事最高收视率达 9.614%，是 2021 年东京奥运会的 1.3 倍。

第三，近两年内容建设成果不断涌现，呈现"精品多、传播度广、创新性强、美誉度高"的突出特点。

广电总局深入实施广播电视和网络视听高质量发展工程，精品佳作不断涌现。《山花烂漫时》首播期间，收视率、到达率、忠实度在同期热播剧目中均列首位。国庆期间热播的《日光之城》，收视率在同期黄金时段电视剧中高位领跑；《大海道》五台联播，有效扩大传播声量，综合收视率位列地方卫视黄金时段电视剧第一。

此外，"影视内容"与"文旅"跨界融合出新出彩。如《我的阿勒泰》完播后一周，阿勒泰地区接待游客同比增长 70%，成为"文学+影视+文旅"梦幻联动的优秀典范。湖南卫视开创大芒微短剧主题带，播出《一梦枕星河》《有种味道叫清溪》等微短剧，挖掘苏州、清溪村的当地特色，助推旅游打卡地破圈传播。

近年来，广电总局努力构建广电视听国际传播现代化体系化新格局。国务院新闻办公室、国家广播电视总局自 2024 年 3 月起策划实施的"视听中国 全球播映"活动，精选《三体》《欢迎来到麦乐村》《我的阿勒泰》等节目在全球广泛播出。这些节目不仅在国内取得了优异收视效果，在国外同样收获大批观众。如《歌手 2024》海外社交媒体平台累计播放量超 3370 万次，覆盖美国、马来西亚、新加坡等国家的观众超 3 亿。

第四，广电总局持续深化媒体融合发展，推动大屏小屏联动，实现从"相加"到"相融"，努力构建全媒体传播体系。

2024 年 8 月 1 日，广电总局印发《关于丰富电视大屏内容进一步满足人民群众文化需求的意见》，提出"推动优秀网络视听作品在电视大屏播出"。《声生不息·宝岛季》《登场了！北京中轴线》《风起东方》《故宫里的大怪兽之洞光宝石的秘密》《我家是个博物馆》在大屏和网络平台均取得优异融合传播效果，实现了小屏向大屏反向供给的成功实践。

回顾近两年大屏一系列收视成绩，一系列亮眼的收视数据，体现了电视大屏实实在在的传播影响力。近年来，CVB 已经构建起立体完整的视听传播价值洞察分析引擎和综合评价能力，我们将向千行百业充分展示电视媒体的价值传播承载能力，以准确收视数据反映真实传播效果，从而让电视媒体机构盘活资源，释放价值，贡献 CVB 的数智力量。

02

平行论坛

—— 台长论坛
—— 剧集论坛
—— 动画论坛
—— 重温经典论坛
—— 广播电视新闻论坛
—— 纪录片论坛
—— 综艺节目论坛
—— 文学 IP 影视化论坛
—— 微短剧论坛
—— 超高清视听科技发展论坛
—— 影视文旅论坛
—— 广播节目论坛

台长论坛

转型与创新：我们的时代使命

时　　间	10月11日 14:00—16:30
场　　地	郎园 Station 仓酷
指导单位	国家广播电视总局、北京市人民政府
主办单位	国家广播电视总局宣传司、北京市广播电视局
承办单位	北京广播电视台

领导致辞

董 昕

国家广播电视总局党组成员、副局长

非常高兴与大家相聚在台长论坛。我谨代表国家广电总局，向本次论坛的举办表示热烈祝贺！向各位领导、嘉宾表示诚挚欢迎！向关心支持广电事业发展的上级单位和兄弟部门表示衷心感谢！

党的二十大指出，高质量发展是全面建设社会主义现代化国家的首要任务。党的二十届三中全会从强国建设、民族复兴的战略高度，进一步作出深化文化体制机制改革的重大部署。这为新时代新征程文化改革发展提供了根本遵循，指明了前进方向。高质量发展是当前和今后很长一个时期广播电视和网络视听工作的主题。本次论坛以"转型与创新：我们的时代使命"为主题，聚焦广电主流媒体，深化系统性变革、实现高质量发展，非常重要，也很有意义！

广播电视台是党的重要宣传思想文化阵地，是深化广电行业体制机制改革的重点，也是实现广播电视和网络视听高质量发展的重要支撑。新的信息技术迅猛发展，传播格局、舆论生态深刻变化，广电正处在攻坚克难、转型发展的关键阶段。我们必须深刻学习贯彻习近平文化思想，坚定发展信心，保持战略定力，把握广电"二三四"工作定位，系统性深化改革，推动实现高质量发展，建强守好这片重要阵地。在这里，与大家分享三点体会。

一、坚守初心使命，做优新闻舆论，巩固"立台之本"

广播电视台是党的喉舌，做优新闻舆论是我们的立身之本、主责主业。要强化新闻立台，推动资源配置向新闻类节目倾斜，提高新闻采编能力、直播报道能力、深度报道能力，掌握先发权，增强新闻宣传时效性、吸引力、感染力。要充分发挥电视化、大众化、通俗化特色，平实务实、高效精准地做好党的创新理论宣传。各台开办了很多深受欢迎的电视理论节目，要再接再厉，推出更多理论好声音。要办好民生类节目，近年来大家推出的一批优秀节目，及时回应民生热点、百姓关切，受到政府和群众的

欢迎，充分发挥了连心桥的作用。要持之以恒地办好这类节目，用强大的主流舆论和正能量强信心、聚民心、暖人心、筑同心。

二、坚持视听特色，深耕内容建设，壮大"兴台之基"

习近平总书记强调，融合发展必须坚持内容为王。好内容在哪，观众就在哪。广播电视以视听见长，要充分发挥这一特点，以内容优势赢得发展优势。要抓精品，"重温经典"频道开办以来，深受观众欢迎，收视率不断攀升，充分证明经典作品到什么时候都不会过时。我们要把推动创作更多优质内容作为工作重心，努力登高原、攀高峰，打造更多经得起人民检验、历史考验的精品佳作。要坚持百花齐放，除了新闻节目，还要繁荣文艺节目、纪录片、动画片等各类节目，更好地满足群众多层次多样化收视需求。同时，加强台网联动联制联播，推动大屏小屏深度融合、协同发展、共进共赢，让好作品进入好时段、好平台，有好传播、大流量。

三、深化系统变革，创新融合发展，走好"强台之路"

党的二十届三中全会明确提出：构建适应全媒体生产传播的工作机制和评价体系，推动主流媒体系统性变革。主流媒体系统性变革首先是一场深入骨髓的自我革命，我们要勇于刀刃向内，破除不适应新质生产力要求的各种体制机制障碍，释放出发展的动力和活力。要鼓励不同层级广播电视台差异化发展，推进频道频率专业化、特色化、品牌化发展，精简精办频道频率。要顺应数字化、网络化、智能化趋势，一体化推进"借船出海"和"造船出海"，做优做强广电新媒体，构建广电全媒体传播体系，推动主力军全面挺进主战场。

风劲好扬帆，奋进正当时。让我们以习近平新时代中国特色社会主义思想为指导，学习贯彻习近平文化思想，开拓创新、锐意进取，深入推进广播电视媒体转型发展，打造具有强大传播力、引导力、公信力和影响力的新型广电主流媒体，为强国建设、民族复兴伟业作出更大贡献！

最后，预祝本次论坛圆满成功！谢谢大家！

主题演讲

守正创新　向新求质
以系统性变革构筑首善媒体新优势

余俊生

北京市委宣传部副部长
北京广播电视台党组书记、台长

春华秋实，岁物丰成。很高兴在这个收获的季节与大家相聚北京，共话未来、共谋发展。党的二十届三中全会就"深化文化体制机制改革"作出新的战略部署，为推动视听内容创作生产从"高原"向"高峰"跃升，开创精品迭出、爆款频出、人才辈出的崭新局面提供了有利契机。作为首都主流媒体，北京广播电视台坚持以习近平文化思想为引领，认真贯彻落实党的二十届三中全会决策部署，全力推进系统性变革，全面提升创作生产质量水平，不断擦亮"首善媒体、大美品质"的文化品牌。

一、聚焦引领力，巩固壮大主流思想舆论阵地

我们坚持不懈用习近平新时代中国特色社会主义思想凝心铸魂，努力构筑强信心、聚民心、暖人心、筑同心的主流舆论态势，策划推出了《认识你真好——习近平总书记的书单》《新时代首都发展巡礼》《我是规划师》《向前一步》等一系列融思想性和艺术性于一体的视听力作，充分展现新时代首都发展的历史成就和巨大变革，广泛凝聚奋力谱写中国式现代化北京篇章的坚定信心和强大力量。《认识你真好——习近平总书记的书单》生动讲述总书记与经典著作结缘的故事，实现了思想厚度、理论深度、交流广度、创新力度的有机融合，节目主话题阅读量超 5 亿。目前，我们正在拍摄制作《习近平总书记的书单》第二季《书山有路》，计划于 2024 年 11 月播出。在刚刚过去的 2024 年国庆节期间，我们策划推出了两档大型融媒体直播《我的北京我的家》和

《北京，焕新！》，采用"演播室直播＋融媒行动＋新媒体特色产品"报道方式，细述北京75载焕新路，激发深厚质朴家国情怀，创造了全网触达超6亿人次的传播佳绩，这两档节目也助推了2024年国庆小长假北京文旅市场的繁荣火爆。同时，我们大力助推好声音成为最强音、正能量拥有大流量，积极参与全国广电新媒体联盟协作共享平台建设，2024年以来共推荐转载稿件1600余篇，《局处长讲政策》《中轴十二时辰》等优质内容在更高平台上实现了更广传播、更好效果、更大价值。

二、聚焦创新力，用心锻造广播电视文艺精品

我们围绕精品创作这一重点任务，抓改革、促创新，大力实施内容提升、品牌打造计划，制定出台《内容创优奖惩办法》《新媒体内容生产标准》等制度方案，确定近30个台级种子选题和10余个精品培育项目，完成两轮全频道改版升级工作，有效推动全台各端口内容生产能力和质量水平显著提升。一方面，存量内容稳中求进，《养生堂》《档案》《法治进行时》《一路畅通》《教育面对面》《打开文化之门》等品牌节目的市场地位进一步巩固，逐步构建形成了以康养、文化、科教、交通等为重点的多元化内容矩阵。另一方面，增量内容向新求质，《博物馆之城》《专精特新研究院》《大先生》等一大批高品质节目深受关注、广获好评，《鲲鹏击浪》《向前一步》《觉醒年代》《北上》《卡酷大计划》等自制电视剧、音乐剧、舞台剧一经推出即取得了不俗的市场表现。纪录片《长城长》围绕习近平总书记关于长城保护传承的重要讲话和重要回信精神，立体呈现长城文化带建设成果，充分彰显长城的文化魅力、精神意象、时代价值，全网阅读量超6亿。纪录片《中华》第一部《龙的传人》突出习近平总书记阐明的中华文

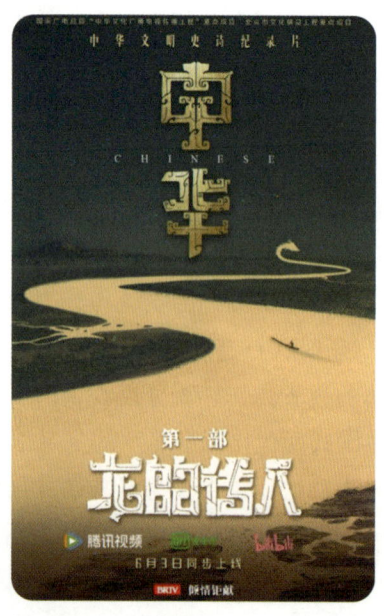

北京广播电视台自制纪录片《长城长》和《中华》

明五大特性，溯源中华文明的根脉、血脉、文脉、命脉，展现中华文明的鲜明特质和独特形态，入选广电总局"中华文化广播电视传播工程"重点项目。近几年，全台共有300余件次作品获得省部级以上奖项，其中10部作品获"五个一工程"奖和全国电视文艺"星光奖"，中国新闻奖、中国广播电视大奖获奖数量连续几年名列省级各类媒体前茅。

三、聚焦传播力，深度激发融合发展内生动能

我们直面转型升级过程中的深层次矛盾和关键性问题，着力推动构建与发展新质生产力相适应的新型生产关系，持续加大深化供给侧结构性改革力度，2020年以来已累计关停7套有线调频频率和4套数字付费频道，撤销合并6个频道频率，为集中精力办好主频道主频率、重点节目栏目和新媒体平台腾挪了空间资源、集聚了创新力量。在稳步做好频道与公司一体化经营工作的同时，我们积极探索事业中心企业化试点改革，大力推进组织架构重组、业务流程优化和薪酬体系调整。2021年年底，我们启动了工作室建设工作，目前已挂牌成立了超体文化、小猪快跑等15家工作室。这些工作室面向市场谋生存、求突破、出精品，创制了《大使的宝藏家宴》《最美中轴线》等一系列重磅节目，打造了"北京卫视京选"淘宝直播、抖音"金声计划"项目、成长勋章青少年铁人三项赛等多个品牌活动，开辟了全台节目创新、经营创收、人才培养的新基地。随着各项改革举措的全面落实，全台媒体融合发展展现出崭新气象。目前，我们构建形成了以"北京云"市级技术总平台为统领、以"北京时间""听听FM"主客户端为引擎、以"京视健康""卡酷""京8"等客户端为侧翼、以融媒账号矩阵为助力的"1+2+4+N"融合发展格局，客户端和账号用户粉丝总量已达4亿。2024年3月，我们和专业机构专业公司共同成立北京台人工智能融媒创新实验室，现在全台各内容生产部门已全面接入台内自主研发的AI智作平台。国庆节期间，我们在《北京新闻》首次推出AI系列短视频节目《国庆，我问了AI一个问题》，通过AI绘制不同风格的北京标志性建筑，以"鲜明的反差感""熟悉的陌生感"引发人们对新时代首都发展的关注和热议。

精品创作，贵在传播思想、反映时代，贵在用心用情、精益求精，贵在顺应发展、创新突破。北京广播电视台将坚持首善标准，发扬首创精神，全面提升内容生产质量和精品创作能力，自觉扛起"自我现代化"和"助推现代化"双重使命，为广播电视行业高质量发展，为建设贯彻落实习近平文化思想首善之区和全国文化中心贡献主流媒体力量。

以系统性思维推进精品化生产

葛　莱

江苏省广播电视总台（集团）
党委书记、台长、董事长

坚持思想精深、艺术精湛、制作精良，不断推出讴歌党、讴歌祖国、讴歌人民、讴歌英雄的精品力作，这是习近平总书记的谆谆教诲。在实践中我们的体会是：精品生产是一个系统工程，必须强化系统思维，多点发力，做到立于"思"，精于"艺"，长于"技"。

一、要立于"思"

在第 28 届电视文艺"星光奖"，江苏台的《中国智慧中国行》荣获了优秀电视综艺节目奖。一档理论节目，收获"观众席"和"评委席"的双重认可，给了我们很大鼓舞和激励。我们深切地感到，创作精品内容，要突出思想引领，传播时代强音。

一是找准"思想"与"视听"的融合点。 我们把理论传播摆在精品创作的突出位置，用视听化、通俗化的方式去传播党的创新理论，让理论"掷地有声"，让传播"润物无声"。2018 年，我们推出理论节目《马克思是对的》，旨在解读"为什么马克思主义行"；2023 年，我们推出理论节目《中国智慧中国行》，重在进一步诠释"为什么中国化时代化的马克思主义行"。目前，我们正在打造另一部重点理论节目《文耀中华》，用"以文化人、以艺通心"的手法去阐释习近平文化思想。我们还推出自然纪录片《连接世界的中国湿地》，用世界自然遗产保护与修复的"中国样本"，生动展现习近平生态文明思想的实践伟力。创作纪录片《东方智慧》，通过中医药这一独特视角，开启一扇了解中国智慧、感悟人类命运共同体理念的窗口。

二是挖掘"记忆"与"情感"的交汇点。历史记忆承载着厚重文化和情感积淀。我们用光影和镜头，挖掘珍贵记忆，深情书写一部部"影像史书"。在淮海战役胜利70周年之际推出纪录片《淮海战役启示录》，在抗美援朝战争胜利70周年之际推出纪录片《伟大的胜利：抗美援朝启示录》，在习近平总书记参观盐城新四军纪念馆不久，推出纪录片《铁军：新四军的故事》，在庆祝中华人民共和国成立75周年之际，推出系列纪录片《雨花忠魂》。我们就是用这样一部部作品，着力引导人们"勿忘昨天的苦难辉煌，无愧今天的使命担当，不负明天的伟大梦想"。《毛泽东诗词故事》《毛泽东书信故事》是纪念伟人诞辰的一瓣心香，呈现的是思想的深度、历史的厚度、情感的温度。《外国人眼中的南京大屠杀》《南京之殇》《铭记》《见证》等相继在重要年份的国家公祭日推出，引发人们铭记历史、珍爱和平、自立自强的强烈共鸣。

三是把握"个体"与"时代"的共振点。我们以一个个新时代的奋斗者为主体，记录火热生活，反映人间冷暖。获第28届亚洲电视大奖的《了不起的赶路人》，全程跟拍行进在中国大地上的货车司机，以"在路上"的旅程展现中国的发展之变。获得第33届中国新闻奖一等奖的《溜索女孩的人生之桥》，通过长达15年对怒江大峡谷"溜索女孩"成长历程的跟踪报道，不仅展示了一个普通人在时代洪流中不懈奋斗与华丽蝶变的轨迹，更深刻反映了国家脱贫攻坚与乡村振兴战略的巨大成就。

二、要精于"艺"

在第28届亚洲电视大奖评选中，我们的另一部作品《子夜外卖》荣获最佳社会关怀类节目奖。这个系列的作品聚焦星夜奔忙的外卖骑手这一独特群体，为观众铺展开当代中国充满烟火气、人情味的奋斗图景。这样的作品之所以会诞生，来自我们台的创新创意大赛。近年来，我们积极推进平台、机制建设，着力促进视听作品创作水平的提升。

一是聚智聚力激发创新创意。《你所不知道的水韵江苏》《非来不可》这些热播的节目，都是我们台创新创意大赛中的获奖项目。我们把年度征集和日常征集相结合，2024年又新增了"定制征集"，让创意需求方和创意提供者"双向奔赴"。创新创意大赛还吸引了高校的关注。2023年，南京大学一位来自台湾的同学向我们投了一个策划案《老家新设"记"》，讲述的是海峡两岸寻乡、寻根、寻梦的亲情故事，在台内被评为一等奖，经过我们共同的打磨，最终纳入了中央网信办的年度"双重大"项目。第一期短视频已经上线，被全网推送。

二是精准扶持助力创意孵化。我们设立创新研发基金，出台相关扶持办法，从创制、创新、创优、创收多维度综合评估项目，为优秀项目提供资金支持，推动创意高效落地。如《老开心啦》是我们新推出的一档乐龄陪伴式节目，也是一个媒体服务平台，在获得台内的研发扶持资金后迅速上线，短短两个月便赢得了很好的传播反响。

三是系统保障推动创意落地。我们制定了电视剧、纪录片、动画片、微短剧以及网络视听产品的创作生产工作方案，明确重点项目，实施挂图作战；实行重大项目全台"一盘棋"工作机制，为核心项目匹配顶尖团队；建立作品统一发布体系，为好作品安排好平台、好时段、好版面，积极参与全国广电新媒体联盟的联动传播，不断丰富大屏内容，强化跨屏互动。

三、要长于"技"

2024年"十一"前夕，我们承办了由中国记协和江苏省委宣传部共同主办的"印象中国"2024短视频征集展示活动。在作品分享会上，有一条特别的AIGC短片惊艳亮相。这条短片是我们把全球征集到的5000多部作品"喂"给AIGC智能体，智能体自动地生成高频词，自动地匹配恰当的画面和音乐。这可以说是我们强调"创意制胜与科技赋能相结合"创作理念的一个具体体现。

我们强化技术工具的系统应用。成立人工智能融媒应用中心，研发和集成了百余款的智能生产工具，体系化地运用于精品内容创作。从《中国智慧中国行》的XR视觉盛宴到《新质生产力在江苏》的全AI创作的MV；从《启航！大运河》的千年运河重现到《大宋喵喵志》的AI智能动画生成；从《且上书楼》让画中人栩栩如生动起来到《穿越时空看巨变》灵动呈现时代变迁，先进技术带来了全新的非凡的视听体验。

我们重构视听创作的技术底座。正在与知名高校深度合作，研发面向融媒体应用的多模态大模型，重点突破数字人智能建模、三维对象智能建模以及视频智能生成等领域，重构媒体深度融合、内容创新生产的技术底座。我们开发"AI江苏"智能体，新闻智能体助手"苏小闻"、旅游智能体助手"苏小游"、政务服务智能体助手"苏小服"等，将为精品内容的生产注入新的活力。

深入践行习近平文化思想，强化系统思维，勇攀精品高峰，我们广电人永远在路上。

奋力走好广电媒体转型变革路

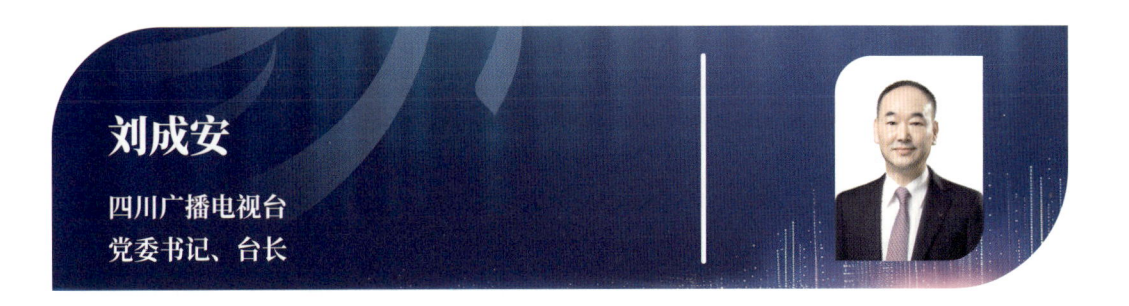

刘成安

四川广播电视台
党委书记、台长

党的二十届三中全会作出"构建适应全媒体生产传播工作机制和评价体系，推进主流媒体系统性变革"的战略部署，为媒体融合的未来指明了方向，也对我们广电媒体转型发展、高质量发展提出了更高的要求。

一、转型变革既要坚持顶层设计又要摸着石头过河

加强顶层设计就是要用互联网思维主导资源配置，全方位推进观念理念、组织架构、管理体制变革，进而实现系统性变革。

2020年，我们启动了川台历史上覆盖范围最广、涉及人员最多、调整幅度最大的融合发展改革，提出"出作品、出人才、出效益、树品牌"总目标。围绕这一目标，对全台组织架构进行深度调整，把优化资源配置与淘汰落后产能有机结合，通过增设、撤并与整合，机构由37个精简为27个，减少比例达27%。2024年年初，按照"二三四"工作定位，围绕巩固提升传统广播电视，开拓创新推进媒体融合，整合、聚合形成发展合力三大工作方向，我们在2020年改革基础上开展了新一轮媒体融合发展改革，进一步推进"中心化、集群化、市场化"，形成"八中心、四集群、一大部"的全新组织架构体系，更好适应分众化、差异化传播趋势。

摸着石头过河就是要在新的竞争格局中，大胆试、勇敢闯，走出一条媒体融合发展新路。

2022年年初，我们突破机制障碍，成立四川观察合创新媒体发展有限公司，在全国较早用市场手段运营新媒体。四川观察新媒体矩阵，包括客户端、抖音号、快手号、微博、B站均由这家公司运营。台层面充分放权，只管两点：一是内容和导向；二是营业收入和人均利润。其余的人权、事权、财权全部下放公司。公司当年实现盈利，去年营收已突破1亿元，利润1000万元，四川观察已经初步具备自我造血功能。

当前，移动互联网已成为主战场。广电媒体要在主战场上生存、发展，迫切需要熟悉、精通移动互联网的年轻人才走上更重要岗位、承担更重要职责。我们打破论资排辈、身份限制的隐形台阶，用6年时间实现了干部年轻化，截至2024年10月，四川台163名中层干部中，"80后"占比达45.7%，中层正职"80后"占比25%，卫视5名班子成员全部为"80后"。青春之力量，已经成为推动四川台转型发展、高质量发展的重要力量。

二、转型变革要抓住主要矛盾和矛盾的主要方面

不同的时期，不同的阶段，广电媒体面临的主要矛盾在不断变化。目前，供给与需求之间不平衡、结构不合理即我们的供给不能满足人民群众日益增长的精神文化需求，已成为广电媒体的主要矛盾。一方面频率频道数量过多、产能过剩，无效供给太多，供大于求；另一方面结构上大量的内容还是以传统的大屏思维制作生产，人民群众爱听爱看的优质节目不多。人员结构上，从事传统广播电视内容生产的员工比例太高，组织架构、生产方式落后。

供给侧也就是我们自己是矛盾的主要方面。需求侧我们无法改变，但供给侧的我们必须通过革自己的命来适应需求、满足需求。因此，四川台这几年主要从推进供给侧结构性改革着力，推动转型发展。

一是以精品化推进内容供给侧改革。优质内容生产能力是广电媒体的最大优势，也是参与市场竞争的核心竞争力。我们一方面优化内容生产资源配置，坚持精简精办，先后关停合并了4个频率频道；一方面坚持"内容为王"，聚焦重大现实题材、革命题材、历史题材、考古题材，实施以纪录片、广播剧、影视剧等为载体的精品创作工程，着力打造体现巴蜀气派、中国精神的原创文化视听精品。

现在，以四川台的体量和能力，像湖南、上海、浙江、江苏这些兄弟大台一样高举高打，大投入、大制作，用投入巨大的综艺节目等来维持品牌价值和社会美誉度，我们做不到，也没必要，我们在小而精、小而美、小而专上下功夫。《总书记走在巴山蜀水间》《一江清水向东流》《川渝春晚》《又见三星堆》《故乡几万里》等作品产生了良好品牌效应。

二是以打造移动传播平台推进结构性改革。我们无法在传统赛道上弯道超车，但可以在新赛道、新领域有所作为。目前，主流媒体的传统播出平台已不再是群众接受信息的唯一途径，越来越多的受众聚集在以今日头条、抖音、微博、视频号为代表的移动互联网平台。面对这个客观事实，我们从2017年开始集全台之力打造旗舰移动传播平台——四川观察。2020年，四川台抓住短视频、直播的风口，在"造船出海"（建设自有客户端）的同时，果断"借船出海"，在全国主流媒体中较早地开设了"四川观察"抖音号、视频号及微博，通过突破地域限制、观察世界热点的传播策略，粉丝数在8个月左右由200万爆增至4000万，成为现象级传播案例。目前，"四川观察"已构建起涵盖客户端及抖音、微博、视频号、B站等在内的全媒体传播矩阵，成长为移动互联网主战场上，全国主流媒体第一方阵排头兵。四川台以新媒体为主阵地、大小屏互动的全媒体传播体系逐步成型。

三是以"流量和效果"为标准推进评价体系改革。 延用多年的收视率收听率调查已不能完全精准体现主流媒体在全媒体时代的真实传播力。把频率频道的节目在移动互联网的传播力、影响力作为重要考核指标的同时，我们从2022年开始启动传播力考核评价改革，以"四川观察"为试点，实施内容传播创新提质行动，以内容有益、有趣为底线，以受众爱听爱看即效果为目标，构建新的评价体系，考核标准向平台日活量、阅读量、转发量、评论数等多维指标倾斜，打造更多兼具正能量和大流量的优质融媒精品。根据2024年7月、8月以及9月中宣部主流媒体传播力评价通报，"四川观察"在抖音、微博等第三方平台的传播力均排名全国省级媒体第一。

三、转型变革同样需要外部政策赋能激活内生变革动力

推进主流媒体系统性变革，关键是要抓主要矛盾和矛盾的主要方面，深化媒体自身的变革，但同时影响、制约媒体改革的外部环境也很重要。这几年，四川台在经营收入、利润、员工收入等方面，基本上实现了良性循环，四川财政也给了四川台很大支持，但是一些影响长远发展的问题还没解决。我认为广电媒体面临的很多问题大部分要靠我们自己去解决，但有些问题超出了媒体自身的能力和权限，亟须通过外部政策的优化调整帮助解决。比如，广播电视长期免费向社会提供精神文化产品，围绕中心工作承担了大量只有社会效益没有经济效益的公共服务职能（含新闻宣传）。

公共财政应不应该向为社会提供公共服务的广播电视机构提供基本的财政支持是一个老问题，也越来越成为影响各级广播电视台生存发展的新问题、大问题。何以解忧？唯有改革。我们期望能够借全面深化改革的东风，积极争取将广播电视基本公共服务纳入各级财政扶持范围，纳入政府购买公共服务目录，鼓励广电媒体向社会提供更多高质量高水平的公共文化服务，以更多的精品节目，更好满足人民群众日益增长的精神文化需求。

在推进主流媒体系统性变革新征程上，四川台将继续以习近平文化思想为指引，认真贯彻党的二十届三中全会精神，持续推进主流媒体系统性变革，为推动广播电视和网络视听高质量发展贡献力量。

深化体制机制改革
激发吉林广电高质量发展内生动力

刘铁铎

吉林省委宣传部副部长
吉林广播电视台党组书记、台长

吉林广播电视台坚持以习近平新时代中国特色社会主义思想为指导，贯彻落实习近平文化思想，深刻领悟"两个确立"的决定性意义，不断增强"四个意识"，坚定"四个自信"，坚决做到"两个维护"，坚定不移从总书记重要思想、重要论述、重要指示中锚定发展方向。按照国家广电总局部署，牢牢把握"二三四"工作定位，系统性推进视听领域变革。

一、"变"——用互联网思维改变传统老台基因

从同一个餐厅用餐开始改变。在一起吃饭是表象，"一群人、一条心"才是吉林台走出困局的法宝。广播电视机构无论是大而强、还是小而精，想要长线发展都需要将员工团结起来，上下一条心。

从工作环境开始改变。 下决心用互联网思维改变传统基因，先从硬件环境入手。将新闻中心改造成具有网感的创意分享空间，打造具有互联网公司气质的办公环境；将旧有超市改造成"爱上吉林会客厅"，在充满松弛感的书香和咖啡香气中，为员工的工作和生活加满能量。同时，提供参观吉林广电大厦的"通关文牒"，让办公环境可以像打卡景点一样时髦和新潮；此外，将全新的智能全媒体中心安装上满屏的 Z 世代网言网语，通过优化环境激发员工的创新思维；最后，创新打造"吉林广电说"IP，一年来近百名一线编辑记者走上讲台分享，让干成事的人讲给要干事的人听。第一期"吉

林广电说",我们邀请了3位80多岁的前辈来到现场,讲述老一辈广电人的奋斗故事,激励新一代广电人突破困局、创造新的成绩。

从机制体制开始改变。全力推进"一一二三"工作格局。第一个"一"是打造一个聚焦新媒体的核心平台——吉祥新闻。2024年6月,吉林台整合全台与新闻、新媒体、技术等相关的11个部门,联合组建吉祥新闻中心,整合人员超过800人。以"吉祥新闻"为统一IP,同步推进平台整合。面向全国公开竞聘吉祥新闻召集人、副召集人,打破资历、身份等隐形台阶,一批"90后"走上管理岗位。10月8日19:45,点亮吉林广电大厦"吉祥新闻"标识,代表着吉林广播电视台这个成立于1945年、拥有79年历史的老台守正创新,持续突破。第二个"一"是成立一个产业化、市场化主体——吉林广电集团,此事已经得到省委批复,2024年年底前挂牌。"二"是在传统赛道和新赛道形成双轮驱动格局,走到产业链中去、走到市场中去,用"算出来 干出来 拿回来"思维谋划"广电+"新电商、文旅服务、政务服务等8大板块。一年来,全台广告收入占比由2023年的86%下降到72%,产业收入占比由2023年的14%上升至28%。"三"是精简三个频道、频率,撤销一个电视频道、撤销一个广播频率、撤销一个付费电视频道,电视频道精简率达到25%。

从应用新质生产力开始改变。2024年9月26日,我们面向全球发布吉祥新闻"嗯呢"人工智能实验室,正式入局AIGC。9月26日,对吉林来说是一个特殊的日子。2018年9月26日,习近平总书记到吉林松原查干湖考察,对于在松原工作过的我而言是特别难忘的特殊日子,因此也把入局AIGC这样具有开拓性意义的时间节点定在了这一天。我们在AI架构搭建、AI技术融入媒体生产等方面积极与吉林大学、意大利特伦托大学、深圳来画公司等高校、企业开展合作,在发布会现场推出AI硬件翻译器Panda,AIGC文娱小镇项目、基于文旅题材的AIGC手游项目、文旅新媒体大模型等。吉林台将把传统媒资音频、视频资源变成训练大模型的数据资产,将其作为广电媒体转型的法宝。

二、"提"——"以人民为中心"提升品质品位

提升卫视品位。吉林卫视积极转型文旅频道,坚决进行广告整治,彻底去除医疗广告,断臂求生,从全国省级卫视不良广告前3名,到现在违法违规率为"0",实现绿色播出。吉林卫视加大自制节目力度,大幅增加人参相关节目,创作并大频次排播《人参讲堂》《人参食纪》《长白山》《松花江》等,增加历史文化类纪录片,制作《听冰雪的声音》《滑雪场的夏天》《早安吉林》《吉林宝藏》等多类型融媒体节目。2024年9月,美兰德省级上星频道融合指数排行榜,吉林卫视排名全国第9,比2023年提升9位。

提升台网合作层次。总局要求"推动优秀网络视听作品在电视大屏播出""逐步推

动台网广泛建立协同合作机制"。吉林台落实总局要求，与爱奇艺开展合作，《恰好去远方》2024年8月21日首播、10月9日收官，均列美兰德晚间黄金档电视节目融合传播指数榜第2名。近期我们与爱奇艺多次进行深度互动，从独家大屏版权播出《恰好去远方》《话说山海》，到参与投资《燃烧的月亮》，下一步将共创共播共享，打造台网合作样板。

提升新闻立台水准。落实总局"广播电视台要进一步强化新闻立台，推动广播电视媒体资源向新闻类节目倾斜"部署，吉林台近期增加新闻节目体量，2024年9月16日推出午间新闻节目《正午吉林》，新闻节目覆盖全天时段。

提升区域合作力度。省内方面，2024年9月26日，我们召开了全省电视新闻融合通联工作交流会，发出全省电视台联合发展倡议，各市县纷纷响应。在省际合作方面，打造"交换四季"文旅IP，吉桂、吉陕"交换春天"、17省（区、市）"交换夏天"、四川、安徽、天津、苏州四省市"交换秋天"，与省外媒体实现了资源互换、流量叠加。

三、"弄"——敢于斗争 敢闯敢拼

这三个"干"字拼在一起，我们命名它为"ké"。第一个"干"，代表按照国家广电总局部署不折不扣地干；第二个"干"，代表在吉林省委、省政府坚强领导下，在省委宣传部直接领导下奋勇争先地干；第三个"干"，代表3000名吉林广电人锐意改革、雷厉风行地干。电视台现在就需要有"弄"的精神，不能只想不做。

与束缚发展的体制机制"弄"。将频道广告经营权由分营调整为统营，废除事业部体制，电视剧购买权由统一经营放归给频道自由选择。

与群众不满意的现象"弄"。改变吉林卫视二十几年没有监督类节目的状况，2024年7月，在卫视频道和吉祥新闻推出民生监督类栏目《民声》，坚持用新闻的力量为民发声，聚焦百姓"急难愁盼"的难点、堵点问题，及时回应民生关切。目前已经播出10期，百姓满意度高，省委、省政府充分肯定，彰显了广电人的价值。

跟舒适圈"弄"。提倡"少开会、上一线、懂业务、亲自干"作风，在首届滑冰马拉松近-30℃的冰面上、在全国两会北京演播室的日日夜夜、在省际交流的每个现场，台领导和员工吃在一起、住在一起，业务指导、带头示范。

吉林台刚刚组建的人工智能工作室叫作"嗯呢"，在东北"嗯呢"是一种态度，代表有应有答，代表志同道合，代表言出必行。吉林台将以首届中国广播电视精品创作大会为契机，在国家广电总局领导下，与全国广电媒体抱团取暖、共创共享，一群人、一条心、一起拼、一定赢！

守正创新　锻造精品
担负起新时代的文化使命

吕 芃
山东广播电视台党委书记、台长
山东广电传媒集团党委书记、董事长

在所有工作当中我们重点抓好宣传，在宣传当中我们重点抓好作品，在作品当中我们重点抓好精品，因为精品是"牛鼻子"、精品是"压舱石"，也是检验我们工作的最终标尺。

2020年以来，我们有1件作品荣获第十六届精神文明建设"五个一工程"奖，20件作品荣获中国新闻奖，8件作品荣获中国广播电视大奖，5件作品入选国家广电总局全国广播电视新闻"百佳"名单，28件作品入选国家广电总局年度推优，73件作品入选季度推优。2024年，我们有1件作品荣获全国电视文艺"星光奖"，3件作品获得提名，纪录片《大河之洲》国际版荣获全球纪录片最高奖泰利奖"两金一银"。能够取得一点成绩，得益于我们深入贯彻落实习近平文化思想，得益于中宣部、国家广电总局、山东省广播电视局的大力关心支持，也得益于我们始终做到"五个坚持"。

一、坚持找准选题，紧扣时代脉搏

我们的精品创作始终紧紧围绕习近平新时代中国特色社会主义思想这一主题主线，紧扣时代脉搏，传递时代呼声。

我们聚焦党的创新理论。 制作推出全国首档交互式电视理论节目《跟总书记学方法》，该节目深入挖掘习近平新时代中国特色社会主义思想中蕴含的方法宝藏，入选国家广电总局2023年第三季度创新创优节目。

我们聚焦黄河流域生态保护和高质量发展。策划推出大型文化节目《黄河文化大会》《行进中国黄河篇》等，《黄河文化大会》深入挖掘黄河文化蕴含的历史价值和时代精神，全面展示黄河文化的深厚底蕴与独特魅力。该节目连续推出两季，均入选国家广电总局年度创新创优节目。

　　我们聚焦中华优秀传统文化创造性转化和创新性发展。策划推出《城子崖》《大汶口》《武梁祠》等多部精品纪录片，《城子崖》讲述了几代考古工作者对城子崖遗址的发现、发掘以及对城子崖遗址研究、保护的故事，入选国家广电总局2022年度优秀国产纪录片。推出《戏宇宙》《中国礼 中国乐》《国学小名士》《超级语文课》等文化综艺类节目，其中四档节目入选国家广电总局"中华文化广播电视传播工程"重点项目。

　　我们聚焦经济宣传。创作推出《"无钢"济钢重返500强》《盐碱地上大豆金黄》等新闻报道作品，《"无钢"济钢重返500强》讲述了济钢集团从陷入生死困境到因时因势调整发展思路，前瞻性布局新兴产业，重返中国企业500强的蝶变历程，该作品荣获第33届中国新闻奖一等奖。

二、坚持精益求精，追求极致呈现

　　我们秉持"精益求精、追求极致"的理念，笃定恒心、倾注心血、精雕细琢、反复打磨，陆续推出了一部部精品"大片"。

　　纪录片《大河之洲》摄制组为全景式呈现黄河三角洲的新时代风貌，记录自然界的磅礴伟力，爬冰卧雪、风餐露宿，拍摄行程超10万公里，用心用情拍摄每一个镜头，记录每一帧画面。

　　纪录片《长山列岛》摄制组在长岛蹲守了整整1年，摄制组成员忍受严寒、克服晕船，用镜头记录了这片中国北方岛屿上人与海的故事，成为了真正的媒体"闯海人"。

　　为创作纪录片《大泰山》，导演组人均阅读书籍50本以上，摄像组平均在外拍摄300个工作日以上，用4K超高清画质、极致化镜头呈现了泰山四季的气象万千，以生动的故事阐释了泰山蕴含的丰富精神内涵。

三、坚持创新表达，讲好中国故事

　　一是我们注重用年轻人喜爱的艺术语言和表达方式，推出更多与年轻人同频共振、具有吸引力和亲和力的精品佳作。比如，戏曲创演节目《戏宇宙》将经典戏曲作品用时下年轻人喜欢的形式重新演绎，形成传统与当代融合的全新创演作品，探索出样态丰富的"戏曲+"创演模式，《戏宇宙》（第二季）荣获第28届电视文艺"星光奖"。

　　二是我们注重技术与内容生产、技术与艺术创作紧密融合，将以人工智能为代表的新技术、新应用不断运用在节目内容生产中。比如，《黄河文化大会》（第二季）首创全流程、全沉浸式虚拟拍摄，将高精度XR录制专用屏幕与普通屏幕无缝衔接，搭配虚拟服务器，做到拍摄色彩高度还原，让"行走大河上下"从一句节目口号变成可视可感的场景。

四、坚持融合传播，放大声势声量

我们坚持"小屏率先发力，大小屏联动，全网整合推送"，充分运用新媒体平台加大宣传推广力度，精准打造适合不同平台传播的爆款产品。知名文化IP《国学小名士》打造推出的《三分钟49句带"月"诗词》《5分钟127句带"花"诗词》《人类最长飞花令》等短视频连续刷爆网络。《中国礼 中国乐》节目围绕山东济南排爆英雄张保国女儿准备从警的"成人礼"展开重点策划，推出多版本的短视频《薪火相传！排爆英雄张保国的女儿长大后穿上警服》，全网总传播量超7.02亿，入选国家广电总局2022年度优秀网络视听作品。

五、坚持深化改革，激发创造活力

我们之所以能够源源不断创作出一大批精品力作，还得益于着力破解深层次体制机制障碍，为人才成长、精品创作提供了丰沃的"土壤"。

一是建立人才激励机制。倡导全体员工立足学习成才、立足岗位成才、立足实战成才、立足转型成才，建立领军人才、拔尖人才、"七类人才"评选激励机制，真正营造"凭本事吃饭、用成绩说话、靠贡献发展"的人才成长良好生态。

二是完善生产创作机制。按照作品生产周期和创作规律，提前策划选题，反复进行论证。对确定的重点选题，列出责任人、时间表、路线图，定期进行调度，为一线创作人员排忧解难，让他们心无旁骛地进行创作。

三是实行揭榜挂帅机制。将确定的重点项目面向全台揭榜招标，让各个创作团队公开竞争，谁提交的方案好、创意好、执行能力强，谁就有资格"挂帅出征"。

下一步，山东广播电视台将继续深入贯彻落实习近平文化思想，认真贯彻落实党的二十届三中全会精神，进一步深化文化体制机制改革，更好担负起新时代的文化使命，用心用情用功用力创作推出更多思想精深、艺术精湛、制作精良、传播力影响力大的精品力作，用奋斗书写无愧于伟大时代的广电华章。

讲好丝路故事
勇攀丝路文化新高峰

张连业

陕西广电融媒体集团（台）
党委书记、董事长、台长

改革创新、精品创作，是一个永恒的主题，也是关乎生死的惊险一跃。我清晰感受到广电人铿锵前行的脚步，有党的二十届三中全会精神的指引，有习近平文化思想的引领，有系统的顶层设计，有涌现的实践创新……一场系统性变革正向我们走来。

一、我们的实践：登高原 攀高峰 打造丝路文化 IP 新集群

陕西是中华民族和华夏文明的重要发源地之一，是古"丝绸之路"的东方起点，也是首届中国中亚峰会的举办之地。多年来，我们守正创新，用好自身的文化资源禀赋，努力在丝路文化精品 IP 打造上登高原、攀高峰。

在丝路精品 IP 打造方面，我们始终坚持以下三个方向。

一是坚守初心，在久久为功中实践互联互通新路径。我们于 2014 年启动的大型丝路主题全媒体跨国活动"丝路万里行"，11 年间 9 次穿行亚欧大陆，探访了 53 个国家和地区的 200 多座历史名城，累计行程上百万公里，已经成为具有国际影响力的全媒体跨国文化品牌活动。"2024 丝绸之路万里行·繁荣之路"，我们以"1+N"模式，会同吉林广播电视台，联手中国一汽，67 名队员、18 辆红旗车，中法、中塔两线并进，累计 78 天，行程 2.9 万公里，推出 600 小时跨国移动融媒大直播，沿途开展 10 场文化经贸交流活动，签约经贸意向合同 1000 多万元。

二是开放包容，在文艺交流中奏响美美与共新乐章。我们创办的国际化文艺项目

《丝路春晚》，打造"一带一路"文化艺术交流互鉴、美美与共的国际平台，通过中国与世界的和鸣来强化丝路沿线艺术的表现力，让人们看到中华文明与世界文明的多彩互动，节目在全球互联网平台共收获超 63 亿人次传播量，受到广泛好评；我们正在打造全国首档文化探索类音乐综艺节目《陕北民歌·遇见》，推动陕北民歌与全国及"一带一路"沿线国家特色文化"遇见"，强调"文化寻根和时代化表达"，第一季节目参演嘉宾包括腾格尔、陈丽君等全明星阵容。节目于 2024 年年底播出。

三是**守正创新**，在文明互鉴中打造中国故事新范本。我们面向"一带一路"沿线国家观众，精心制作季播节目《中国·考古》，通过考古现场实地沉浸式体验和考古发现背后的故事揭秘相结合的叙述方式，向观众讲述源远流长的中华五千年文明。第一季节目新媒体端总传播量 11.3 亿人次，入选 2023 年度广播电视创新创优节目。目前，《中国·考古》第二季即将播出。

二、我们的思考：主力军要有主心骨

在以上精品创作实践中，我们深刻感受到，牢牢坚定以下主心骨，才是主力军应该有的模样。

一是举旗定向。举党的旗帜、定舆论的导向，不仅体现在内宣上，更体现在国际传播上。我有幸参加国家广电总局组织的专题培训，深刻感悟到国际传播的战略性、持久性、规律性。我们将更好发挥陕西国际传播中心的职能，推动在美国 FAST 流媒体平台开设陕台频道的合作项目落地，在注重事实传播的过程中实现价值传播。

二是人民至上。中国式现代化是物质文明与精神文明相协调的现代化。人民群众"富肚子"的问题已经得到历史性解决，"富脑袋"的工作永远在路上，宣传思想文化战线责无旁贷。我们要践行人民至上理念，把人民群众精神粮食安全的主动权牢牢把握在手中。

三是技术支撑。人工智能影响最大的是视听领域，地方广电缺乏原始创新的能力，但必须跟上场景创新的节奏。联合高校打造视听技术研究院，研发应用技术，赋能精品生产，是可行的路径选择。目前，陕台原创的"VR/AR+"沉浸大空间技术已经孵化落地。

三、我们的打算：以系统性变革为精品创作提供强大支撑

按照党的二十届三中全会"推进主流媒体系统性变革"的要求，目前，我们正在实施新一轮改革，为精品创作提供全方位支撑。

一是机制创新。我们启动了资源整合、机构重组、薪酬考核、队伍建设、奖惩容错"五位一体"改革，努力推动"三个转型"，即以"全面移动优先"为导向的平台转型，以精品产品为支撑的传播转型，以"围绕主业做强产业"为目标的经营转型。

二是机构创新。改革的第一鼓，我们敲在内容生产主业板块上。突出意识形态、新闻宣传，予以全额保障；突出互联网，做精垂类内容，做优公共服务。根据实际情况，先期关停两个频率、一个频道。中层干部职数由 67 人降为 41 人（重新竞聘上岗），减少 26 人。132 名同志周末两天逐一竞聘演讲，110 多名评委现场打分，近 1000 人次谈话推荐。新提拔"上"的干部 29 人；脱离岗位"下"的干部 38 人，其中包括 11 名正处级干部。

三是系统变革。后续我们将按照"稳中求进，以进促稳，先立后破"原则，跟进开展产业板块（涉及 21 家企业）、行政管理板块（涉及 10 多个部门）的系统性改革。向改革要出路，向改革要效益。我们深切感受到，改革是必须迈过的门槛，只要做足功课，改革也没有想象中的那么难。

有基础、有困难、有期待，这是我们广电人的今天。自信自立、改革创新、再现荣光，这是我们广电人的明天。我们将继续在汲取中华文化给养中进一步深化系统改革和精品生产战略，努力为文化强国建设作出陕西广电新的更大的贡献！

建设性舆论监督助力超大城市现代化治理

管 洪

重庆市委宣传部常务副部长
重庆广播电视集团（总台）
党委书记、台长

近日，重庆市城市管理局召开了"大气污染与建筑垃圾规范处置约谈会"，会议一开始，集体组织收看重庆卫视《今日关注》的两期节目：《灰尘满天　为何久拖不治？》和《漫天尘土的建筑垃圾处置场》。在约谈会现场，重庆市城市管理局表示，已经对节目中反映的问题依法给予行政处罚，以此警示教育全市建筑工地、运输企业。

《今日关注》是重庆电视台在市委的坚强领导和直接推动下，于2024年1月1日推出的一档舆论监督节目，节目针对党中央明令禁止、群众深恶痛绝的问题，结合民生热点和群众急难愁盼，开展建设性舆论监督报道。截至2024年10月10日，已播出176期，取得明显成效。

一、建设性舆论监督赋能社会治理

习近平总书记于2024年4月考察重庆时强调，"重庆是我国辖区面积和人口规模最大的城市，要深入践行人民城市理念，积极探索超大城市现代化治理新路子"。[1]我们认为，开展建设性舆论监督报道，正是主流媒体参与社会治理的重要途径。

---

[1] 《习近平在重庆考察时强调　进一步全面深化改革开放　不断谱写中国式现代化重庆篇章》（2024年4月24日），http://www.qstheory.cn/yaowen/2024-04/24/c_1130124635.htm，2024年12月13日访问。

社会治理千头万绪，如何主动、准确介入，发现问题，推动发展，这需要媒体具备敏锐的新闻洞察力。

2024年重庆遭遇有史以来的"最长夏季"，39℃以上的高温天气达到了70多天，森林防火形势也十分严峻。为此，《今日关注》从8月初开始，先后播出了3期节目。记者通过暗访调查的方式，走访重庆全境三分之二的区县，在8个区县发现了森林防火检查站管理有漏洞、封山令执行不到位、工作人员工作作风松散等问题。

新闻播出后，迅速引起相关区县的高度重视，在抓好整改的同时，还制定了更为详细的工作制度。

开展建设性舆论监督报道，目的是解决问题。《今日关注》2024年4月报道重庆永川和大足两区交界处，一座耗费大量资金建设的大桥，完工4年多却一直没有通车。记者调查后发现，两个区的交通部门都端着身段，沟通不主动、互相不买账，导致大桥建而不用。节目播出后，在记者的追踪、协调和沟通下，两个区的相关部门坐到了一起，厘清问题症结。新闻播出后的第8天，红炉大桥正式通车。这样的切实整改，赢得当地群众交口称赞。

二、建设性舆论监督能提升政府效能

《今日关注》把群众反映强烈却长期得不到解决的问题作为报道重点之一。这类选题往往涉及基层政府、单位工作人员不作为、乱作为等情况。曝光这些内容，有力督促了基层政府改进工作作风，提升政府的服务效能。

2024年5月和8月，《今日关注》记者深入重庆市多个区县的行政服务中心进行暗访，先后播出了3期节目。真实反映了当地个别干部工作拖沓散漫、缺乏责任心的状况。

这一系列报道不仅监督到人、监督到事，更监督到制度的不落实。重庆市委组织部据此专门下发文件，对《今日关注》报道涉及的全部六起案例逐一通报，责令相关区县整改工作作风；纪检监察部门也积极介入，逐一问责。

三、建设性舆论监督助力民生改善

习近平总书记2024年4月在重庆考察时指出："中国式现代化，民生为大。"[①]《今日关注》的一个重要作用就是聚焦群众急难愁盼，通过舆论影响力和媒体公信力，倒逼问题解决，增进民生福祉。

---

① 《习近平在重庆考察时强调　进一步全面深化改革开放　不断谱写中国式现代化重庆篇章》（2024年4月24日），http://www.qstheory.cn/yaowen/2024-04/24/c_1130124635.htm，2024年12月13日访问。

8月初，重庆彭水县连湖镇遭遇暴雨，当地回龙村六组的饮水池被泥石流掩埋。可1个多月过去了，水池一直没有清理维修，村民们只好在山上自己寻找水源。记者在采访中询问负责此事的镇领导，对方却表示：他正在休假，甚至认为"村民自己想办法也是办法"。

新闻播出后，彭水县迅速采取措施，为村民新修了一个饮水池，并对相关工作人员进行了问责。

四、建设性舆论监督推动媒体改革

党的二十届三中全会提出"推进主流媒体系统性变革"。变革既要从宏观架构上推进，也要从细微处入手。《今日关注》开展建设性舆论监督，就是要在新闻实践中寻找突破口，提升主流媒体的传播力、引导力、影响力和公信力。目前，重庆41个区县的融媒体中心也开办了《今日关注》栏目，共播出节目3000多期，重庆市区（县）两级反映问题的整改率达到了96%以上，"1+41"市区两级舆论监督体系更加完善。

开播10个多月，《今日关注》受到市委、市政府的充分肯定，通过主动发现问题、解决问题，有力推动了重庆超大城市治理，在社会各界也引发热烈反响。据中国视听大数据（CVB）显示，截至2024年10月8日，《今日关注》在重庆本地平均收视率1.65%，收视份额7.39%，收视率、收视份额在重庆地区同时段所有频道排名第1，全网总播放量超过了4亿次，成为一档现象级新闻栏目。同时，我们很欣慰的是，没有因为监督报道，引发一起被报道单位的投诉和反映，更没有引发一起网络负面舆情。

我们将继续努力，积极探索建设性舆论监督的新理念、新思路、新路径、新载体，为现代化新重庆建设贡献更多媒体力量！

用人工智能谱写美妙视听

蔡伏青
广东广播电视台
党委书记、台长

我们常说，广电因技术而生、因技术而兴。信息技术迅猛发展推动媒体格局、表达形式、传播方式发生深刻变化，给广电媒体带来新的重大挑战的同时，也带来了创新发展的重大机遇。党的二十届三中全会通过的《决定》中，多次提到"人工智能"，强调要"加快适应信息技术迅猛发展新形势""完善生成式人工智能发展和管理机制"。这充分彰显了党中央对以人工智能新技术推动宣传思想文化事业高质量发展的高度重视。在数字技术变革的语境下，人工智能凭借强大的技术优势，已为媒体全方位探索生产、运营、管理的未来带来了无限可能。

近年来，广东广播电视台在推动媒体人工智能技术的创新应用方面做了不少积极的探索和有益的尝试。一方面，主动布局人工智能，运用先进技术赋能媒体内容创作、管理、运营；另一方面，面对人工智能技术在媒体行业应用存在的风险和挑战，我们努力探索应对措施和治理路径。几年探索下来，总的感受是：降低了成本，提高了效率，提升了体验。

一、布局人工智能创新应用研究，打造创新应用生力军

2020年，广东台与国家广电总局广科院联合共建"超高清5G融媒研究院"，积极参与国家广电总局中长期科技研究计划，探索人工智能等新技术在媒体中的创新应用。2022年，我们成立融媒技术创新应用工作室，积极探索人工智能等新技术在电视新闻

生产和管理中的创新应用,并成立了"元媒实验室"。与腾讯公司加强"混元实验室"合作,挖掘人工智能技术媒体应用场景。2024年,我们又成立了广东金视幻影数字传媒有限公司,开展人工智能应用软件开发、硬件销售。与广东工业大学等组建了"岭南文化数智化传播研究院",专门从事AI产品研发。通过一系列的布局和推动,我们在人工智能的创新应用包括技术开发、产业运营等方面打下了较好的基础。

二、用人工智能赋能艺术创作,用技术书写艺术

人工智能技术的升级更迭不断促进高质量叙事的转化和升级,赋能节目创作和制播,提升受众体验。通过积极运用文生文、文生图、文生视频、图生图、图生模型等技术,我们实现了高效建模和虚拟场景设计,提高了工作效率,降低了沟通成本。比如,在2024年的巴黎奥运会期间,我们打造了AI数字人,首次用于播报奥运奖牌榜。这个数字人采用2.5D的先进合成技术,对主持人形象和声音进行采集,建立主持人模型,合成AI人形象。这个节目制播了40期,取得了较好的社会效益和经济效益。又比如,广东卫视在国庆期间,制作播出了一部历史人文纪录片《葛洪》,片中大量使用了文生视频、图生视频的AI技术,塑造1700年前的晋代社会人文风貌,全片采用人工智能技术进行配音,在2024年国庆节晚间黄金档播出,取得很好的收视效果,在同时段全国卫视节目排名第4,纪录片类型节目排名第1。近年来,我们在春晚、综艺、歌曲等节目中,一直在探索使用AI技术,均取得不俗的效果。广东卫视春晚元宇宙项目荣获第四届数字互动与元宇宙行业创新大赛"最佳元宇宙展演创新应用奖"。全国首档融合AI、AR技术的大型城市地标融媒歌会《"花开春正好"春日绽放歌会》以新技术加持赋能国潮文化的创新传扬,采用了前沿的VR180°3D技术,录制全国首个线下沉浸式观看的8K全实景VR歌会,吸引2.5万人现场参与,全网单场融合传播量超过5亿。这些节目也受到了年轻人的喜爱,一些年轻人在节目评论区赞叹道:现在的广东卫视真潮!

新技术在节目生产、播出分发中的创新应用,提供了互动性、沉浸感、个性化更强的视听体验,有效提升了广播电视端收视收听率。2023年至今,在广电总局大数据全国省级综合卫视收视率排行中,广东卫视收视率跃居前4,地面频道频率收听收视份额牢牢占据本省市场的龙头地位。

三、用人工智能加持新闻生产,打造年轻态新闻作品

广东卫视在新闻生产中多方探索人工智能技术应用。早在2019年,就搭建了基于5G+AI技术的智能试验平台,将人脸识别、语音识别等智能技术应用到新闻生产中,为文稿和视频编辑提供智能辅助服务,实现智能收录、智能拆条和智能标签化,为新媒体碎片化内容提供快速生产和分发服务,并在日常新闻制作,尤其是全国两会等重

大报道任务中进行了成功实践。新闻报道创新性采用"数字人+元宇宙"快速生产流程，应用AI技术打造数字人主播"AI小强"，在全国两会宣传报道中推出AI数字主播节目《数说两会》《AI主播解码报告》，应用AI技术打造年轻态两会作品《AI了新广东》；2024年，广东卫视在全国两会报道中还首次引入AIGC（人工智能生成内容）创作工具和基于大模型的视频制作辅助技术，极大地提高了内容创作效率，助力收视率和融合传播力双提升，《广东新闻联播》在广电总局大数据中已跃居全国卫视同时段节目收视排名第3。

四、用人工智能拓展音频应用场景，站上"耳朵经济"新风口

声音识别、处理、分析、重建等人工智能技术为拓展音频应用场景提供了无限可能，"耳朵经济"成为新的风口，为媒体转型发展、文化传承保护、社会公益宣传开辟了新的路径。2023年年底，我们推出了"AI声值"产品，通过深入分析和精确模拟特定人的声音特征，训练合成全新AI声音，打造粤语AI声音服务。目前该产品已广泛应用于"粤听"客户端的《醒晨早报》等多个节目中。2024年3月，"珠江之声"和"音乐之声"两个频率正式使用"AI声值"服务，推动传统媒体向数字化生产转型升级。

此外，我们还用人工智能辅助媒体号矩阵管理，支撑服务全台300多个外部平台账号，有效地提高了生产效能，降低了运营、审核以及管理的成本；用人工智能"秒鉴"服务审核，提高节目内容审核中对敏感人、图像、字符、图标、声音的识别能力，降低人工审核漏镜率，为内容安全筑牢"防火墙"。

人工智能是引领这一轮科技革命和产业变革的战略性技术，具有带动性很强的"头雁"效应。主流媒体只有加快适应新技术新应用，才能大踏步赶上时代浪潮，牢牢占据舆论引导、思想引领、文化传承、服务人民的传播制高点。接下来，我们将按照这次会议要求，进一步坚持技术革新，推动节目生产、内容分发系统迭代升级，建立有利于新技术使用、新应用创新的体制机制；充分利用人工智能技术发展新质生产力、建立发展新优势；在推进媒体深度融合、建立全媒体传播体系过程中发挥其应有的作用，进一步用人工智能谱写美妙视听！

坚持新闻立台　　优化内容供给

龚荣生

江西广播电视台（集团）
党委书记、台长、董事长

　　党的二十届三中全会对"优化文化服务和文化产品供给机制"作出专门部署。这是满足人民群众日益增长的精神文化需求的现实要求，也是广电媒体服务文化强国建设的优先任务。我们常说，"好内容才会有好市场"。广播电视和网络视听归根结底是给人看、给人听的，"更多精品、更广传播、更佳体验"是我们共同的追求。

　　江西台深入贯彻习近平文化思想和习近平总书记考察江西重要讲话精神，在国家广电总局指导下，坚持"思想+艺术+技术+平台"的融合创新，以长远心态专注于优质内容的可持续供给。

一、推进"主题唱响工程"，壮大主流舆论声量

　　树牢新闻立台的鲜明导向，围绕中心、服务大局，深化"首页首屏首条首推"建设，改革升级快速响应、上下联动的融媒报道机制。近年来，江西台的中国新闻奖等全国大奖获奖数量逐年上升，关键在于做好了三件事。

　　一是精策划。策划是增强新闻传播力的法宝。我们紧扣主题主线，推出《贯彻落实习近平总书记重要讲话精神系列访谈》《对标一流看江西》《"一带一路"上的江西故事》《找到家乡第一个党支部》等新闻策划。2024年9月21日至10月1日，在国家广电总局大力支持和全国同行积极参与下，在江西井冈山启动"追寻光辉足迹——庆祝中华人民共和国成立75周年红色文化传播全媒体行动"。"红传行动"集结了33

家省级广电媒体，11 天接力探访了全国 100 多个革命圣地和红色地标，受到广泛好评。国家广电总局《广电视听评论》认为："壮大主流舆论声势，为庆祝中华人民共和国成立 75 周年营造了热烈舆论氛围。"

二是重影响。坚持"全国有影响、受众有反响"的传播才是效果好的传播，推动江西正面宣传在大台大网"天天新、天天见"；《白鹤之约》《乡村梦想家》等节目被中宣部、国家广电总局重点扶持，在多家境外媒体播出；《3·15 特别报道》连续 8 年为消费者维权，调查报道点击量屡次破亿，有力督促问题企业整改；问政节目《赣问》转办问题线索 2.5 万条，7 天回复率和办结率均达到 95% 以上，网民点赞过亿次。

三是强管理。把精品创优、冲击大奖作为"台长工程"，每年举办两次"创意英雄会"；落实意识形态工作责任制，深入实施"画龙点睛想标题""火眼金睛纠差错""查隐患 找不足 强基础"等活动，不断提升作品质量和宣传水平。

二、推进"融合传播工程"，建强媒体平台矩阵

积极应对互联网主战场的舆论斗争和市场竞争，主动捕捉媒体消费者的去向与动向，加快基础资源、核心能力与"互联网"和"科技"两大变量的融合赋能，努力"在网上再造一个江西台"。

一是抓平台建设。坚定推进"今视频"的区域传播平台建设，打造"今视智媒""今视超媒"。2024 年以来，"今视频"被全国广电新媒体联盟表扬 56 次，38 次上榜联盟 TOP 10，13 次跻身榜单前 3，24 次被全国推送，蝉联全国广电媒体融合典型案例，有望 2024 年年内实现日传播量过亿、总粉丝数过亿、年营收额过亿等战略目标。数据显示，受"今视频"等强势平台的带动，2024 年上半年，江西台新闻融合传播指数、短视频传播指数位列省级台"第一方阵"。

二是抓融媒直播。直播是电视的第一语态，是广电的传播优势。我们仅江西都市频道 1 年就有大小网上直播 1500 多场。2022 年，吉安一位两岁女孩被碎玻璃扎进眼球，抢救途中遇上南昌的晚高峰拥堵。我们全程直播社会各界的接力救援，引发 4000 多万网友关注。当前，我们加快"长天新闻"建设，实现突发热点事件 40 分钟内开通直播、全国重大事件 24 小时内赶赴现场、相关制作及运营审核人员 7 天 24 小时全天候待命，"火线开播"成为"长天常态"，"月月有千万级爆款"成为"长天现象"。2024 年 8 月 5 日，一位半岁的患癌男婴呼吸衰竭，急需转运北京。我们的实时直播吸引 5300 万人次观看，全网点赞突破 100 万，话题讨论度破亿，筹措近 200 万元善款。

三是抓技术支撑。2023 年以来，江西台落实国家广电总局治理电视操作复杂等工作要求，加大技术研发和投入，江西 IPTV 全网率先实现一键开机看直播，有效推动用户回流和收视增长。2024 年电视大屏的月活跃率创下近 4 年峰值，江西卫视全国收视率明显增长。当前，江西台聚力智能化、超清化、移动化发展，将"问知"智能知识

助理等专利技术、4K 超高清转播车系统等新质装备，融入创新创意创优活动，推动内容生产各领域百花齐放。"基于 AI 大模型的新一代智能媒资应用平台"入选 2024 年深度融合技术创新与应用案例。

三、推进"精品筑峰工程"，繁荣优质文化供给

江西的创作优势是"一红二绿三好人"，"红色""绿色""古色"是我们的特色资源，也是精品创作的优先选题。在 2024 年全国广播电视新闻"百佳"推优中，江西台获得 6 个奖项。

一是以最高标准打造"红创高地"。 成立红色文化创作和传播中心，系统推进全国红色文化创作和传播高地建设，推动《闪亮的坐标》《闪耀东方》《跨越时空的回信》《跨越时空的旋律》等红色节目 IP 化打造，《可爱的中国》《邓小平小道》《信念树》等红色大剧不断涌现。

二是以系列作品深耕"绿色赣鄱"。 围绕长江文化、绿色文化，用好生态资源优势，打造《白鹤之约》《中国鹤》《中国森林歌会》《老表们的新生活》等关注生态保护、乡村振兴的重点节目；上线《与江西的 100 次乡遇》《我的江西我的村》等特色节目，助力江西文旅市场全面复苏。

三是以创新手段展示"赣风古韵"。 引入 VR、AR 等技术应用和表现手法，推出《中国礼·陶瓷季》《此生只为你》《穿越千年的陶阳里》《海昏侯很忙》《了不起的江西名人》等宣传江西传统文化的经典作品。其中《中国礼·陶瓷季》刚刚获评中华文化广播电视传播工程重点项目。

四是以平实视角塑造"江西好人"。 把握宣传规律，以平视思维、平等互动、平易叙述创新典型报道，推出了《泪别龚全珍》《章金媛：心跳不停止 永远不退休》等典型报道。

五是以优质活动活跃江西文旅。 坚持"广电 +"和"+ 广电"，江西文博会、广电动漫展、"遇见乾隆瓷"沉浸式数字光影展等活动吸引观众和消费者 30 多万人次，一系列品牌活动带动广电集团营收和利润保持了稳定增长。

面对智能技术迭代、传播方式变革、媒体竞争加剧的时代考验，江西台愿与全国同行一道，更好担负起新的文化使命，为以中国式现代化全面推进中华民族伟大复兴贡献广电智慧和融合力量。

立足大湾区　讴歌新时代
做好国际传播　讲好中国故事

陈家成

广州广播电视台
党委书记、台长

10年前，习近平总书记在文艺工作座谈会上发表重要讲话；2023年10月，习近平文化思想正式提出。广电，作为建设社会主义文化强国、建设中华民族现代文明的重要力量，应当也肯定能大有所为。我们更加深刻地认识到，作为中华文化的重要内容载体和传播渠道，广电肩负重任，我们使命光荣。广州广播电视台深学细悟习近平文化思想，坚持广电"二三四"工作定位，积极探索广电精品创作传播新途径的实践。

一、立足粤港澳大湾区，以时代佳作培根铸魂

2023年4月，习近平总书记与法国总统马克龙在广州举行非正式会晤时，是这样介绍广东广州的："广州是中国民主革命的策源地和中国改革开放的排头兵。1000多年前，广州就是海上丝绸之路的一个起点。100多年前，就是在这里打开了近现代中国进步的大门。40多年前，也是在这里首先蹚出来一条经济特区建设之路。现在广州正在积极推进粤港澳大湾区建设，继续在高质量发展方面发挥领头羊和火车头作用。"[1]

习近平总书记上述重要论述，是我们精品创作的定位指针。自开台以来，广州台就一直聚焦南粤改革开放热土，以影视精品为时代画像、为时代立传。我们始终坚持

---

① 《习近平同法国总统马克龙在广州非正式会晤》，https://jhsjk.people.cn/article/32659710，2024年12月13日访问。

以人民为中心的创作导向，记录、展现、传播广东广州的岭南文化、海丝文化、红色文化、改革开放和新时代文化，先后创作五个"三部曲"。"改革开放三部曲"[《外来妹》（高清修复）、《头啖汤》、《新山海经》]，生动讲述改革开放、脱贫攻坚、乡村振兴路上的时代故事。"文化传承三部曲"（《复活的王国》《何以岭南 古粤探源》《华堂焕彩》），从考古发掘探源地域文明，以记录见证历史。"生态文明三部曲"（《湿地的力量》《我和我的邻居》《植物园的力量》），记录湾区生态文明建设，展示和谐共生美丽样板。"文明互鉴三部曲"[《海上来客》、《康熙与路易十四》（中法合拍）、《阳光之路》（中阿合作）]，拓展国际合作，颂扬文明交流互鉴与和平发展的永恒主题。"儿童成长三部曲"（《点点星光》《画布上的起跑线》《无音之乐》），关注留守儿童和自闭症儿童、智障儿童，传递爱与力量。同时，把被周恩来总理誉为"南国红豆"的粤剧精选10部，打造"4K粤剧电影精品工程"。这些作品先后获得"飞天奖"、"金鹰奖"、"金鸡奖"、"五个一工程"奖等重大影视奖项，其中在"金鸡奖"评选中，5部作品获得2个大奖、5个提名奖，一批纪录片作品也多次获总局推优。

总局部署了"跟着微短剧去旅行"创作计划，我们积极响应，启动剧本征集，面向全台乃至园区企业青年骨干，"向人征文本，以文本征人"，孵化出微短剧产品《无人知是贵妃来》《今年七十五》、剧本《把种子送到远方》《跟着房东去扒龙船》《嘻哈狮王》等，储备了近50个"种子"创意，发掘了一批有创意、有能力的青年编剧、导演人才，接下来将进一步探索内容与市场的链接方式。

二、坚持技术赋能，让艺术技术深度融合

广东广州是超高清视频产业发展的先行地，广州台用好这一先发优势，2020年开播国内城市台首个免付费收看的4K超高清频道，两个园区（花果山和媒体港）获授中国（广州）超高清视频创新产业园区，同时陆续关停4个频道，自主技术研发创新取得突破，在内容生产和精品创作中及早全面采用"超高清＋高清"制作的方式，以实战推动人员队伍转型发展。

依托4年前起步的超高清频道和产业园区，结合频道频率精简精办，我们正在总局领导下全力推动4K超高清频道实现全国覆盖。我们深化文化、时尚、体育、科技等IP品牌打造，陆续推出20多个原创"内容＋产业"IP项目，如行走湾区的文化创意节目《一城烟火一城诗》、获得第28届"星光奖"提名的少儿科创节目《实验室奇妙夜》等，尤其是时尚、体育与超高清技术可以说是天作之合，比如每年的"广东时装周"、广州国际龙舟邀请赛，以及接下来湾区将举办的"十五运会"等重大赛会，都是最适合用超高清技术予以呈现的。我们将扎实推进平台生态与内容生态建设的相互促进，探索全网全屏超高清文化产品的生产传播新模式。

目前，我们正在探索文化与科技深度融合发展的路径，尤其是强化以人工智能为

代表的新一代信息技术融合应用。比如4K超高清AIGC动画长片《百草仙踪》，综合运用风格迁移、文生/图生视频等手段，实现动画制作降本增效，探索动画长片制作系统性运用AIGC"真人拍摄、风格迁移"技术，努力融合4K时代广电媒体基因优势与AIGC技术创新优势。

同时，我们积极响应国家文化数字化战略，利用好超高清园区的中国广电5G核心网南部大区中心节点资源，建设超高清算力中心，把握数字化发展新机遇，助力文化强国建设。

三、探索国际传播有效方式，用文化文艺连心交心

总结这些年的实践，在创作和传播理念上，我们探索走过三个"进阶"：从以"中国故事、中国表达、中国传播"传递"中国价值立场（社会主义核心价值观）"，到以"中国故事、国际表达、国际传播"传递"中国价值立场"，进而走向以"国际故事、国际表达、国际传播"，共同倡导弘扬"全人类共同价值"。

和大家分享一个故事，2017年，我们选取珠江入海口的一座法式灯塔，打算拍摄一部关于守塔人的纪录片。随着背景调查的不断深入，挖掘出了300年前第一艘直航中国的法国商船"安菲特利特号"的传奇故事，三年磨一剑，我们创作出第一部4K超高清大型纪录片《海上来客》。2020年年底，在第四届中国—柬埔寨广播电视年度定期合作会议上，总局将《海上来客》作为国产纪录片代表作品拷贝赠予柬埔寨新闻部，在柬埔寨译制播出引发热烈反响。2021年，作品举行中法线上观影交流，法国前总理拉法兰专门发来贺信。

对这个题材进行深挖，联合法国团队共同打磨，又诞生了4K超高清纪录电影《康熙与路易十四》，讲述中法两国科技、商贸、思想文化交流的历史，献礼中法建交60周年。2024年5月，作品在第十届法国中国电影节、第77届戛纳国际电影节全球首映，国庆首日在香港公映，都引发热烈反响。目前影片陆续走进中山大学、清华大学、北京外国语大学、北京大学展映。作品诠释了"文明应互鉴而非必冲突""文明因交流而多彩，因互鉴而丰富"的重要理念，为推进中国特色大国外交提供了有说服力的历史注脚。

我们积极参与总局组织的中阿、中非、中国—东盟视听国际交流合作——我们与卡塔尔驻广州领事馆联合策划，2025年"郑和下西洋620周年"之际将推出4K纪录片《阳光之路》，这是中阿合作重点项目；我们的儿童电影《点点星光》走进非洲；多渠道、多层次、浸润式面向世界讲好中国故事、湾区故事、广州故事，为中国话语体系的影像构建与对外传播理论研究提供案例。

广州台是城市台，在各位先进同行面前，我们"苔花如米小"，但"也学牡丹开"。我们将和广大同行一起，在习近平文化思想指引下，切实扛起新时代新的文化使命，不懈探索，再建新功！

文化+科技
加快培育媒体新质生产力

彭 勇

长沙市广播电视台（集团）
党委书记、台长、总编辑、董事长

近年来，长沙广电深入学习贯彻习近平总书记关于媒体融合发展的重要讲话精神，着力提升新闻舆论传播力、引导力、影响力、公信力，坚定"文化+科技"融合发展路径，加快培育媒体新质生产力。

一、持续创新内容，巩固壮大主流舆论

多年来，长沙广电不断提升精品创作能力，从家喻户晓的电视剧《雍正王朝》到全网热播的纪录片《守护解放西》，持续推出高品质的视听内容。

一是让好声音奏响最强音。我们创办的融媒体深度调查栏目《总编辑调查》，围绕重大主题，总编辑带队到基层一线调研采访，创办3年多时间，推出了20多个专题、200多期节目，全媒体播放量过亿。《"链"出新质生产力》《关键核心技术是怎样炼成的》被"学习强国"全国平台专题推荐。同时，栏目组编著的《高质量发展故事——长沙深度调查》一书由人民出版社出版，广受好评。《总编辑调查》的创作实践，让我们找到了一条融媒体时代主流宣传的创新路径。

二是让正能量产生大流量。中广天择传媒与央视、卫视和各大网络平台合作，推出了40多档主旋律精品节目。其中，纪录片《守护解放西》以年轻态语境讲述基层民警的真实故事，"冒热气"的题材、"接地气"的表达火爆出圈，成为现象级作品，全季播放量超过13亿次，稳居B站纪录片排行榜的榜首，相关话题阅读量超百亿次。如

今，坡子街派出所火遍全网，前往打卡的游客络绎不绝，充满烟火气的解放西成为长沙城市文化新地标，从线上火到了线下。同时，城市人才纪录片《我的梦想我的城》全网互动曝光量超 8 亿次；《你好，儿科医生》等 8 部纪录片先后被总局评选为年度优秀网络视听作品，擦亮了"正能量、天择造"品牌。此外，"星视频"全网粉丝量超 3000 万，在索福瑞跨平台账号传播指数榜中排名前 4。长沙政法频道"F 视频"发布的《高速交警上演生死营救》短视频，短短 1 小时浏览量破亿，相关话题迅速登上同城热搜，全国 40 多家主流媒体账号转发，产生了积极舆论反响。

三是让城市台走出国际范。长沙广电着力讲好中国故事，广电国际传播中心的新媒体账号在五大海外社交平台影响广泛。我们打造了纪录片《走出去》《越山海》《长沙一分钟》等国际传播作品。其中，《长沙一分钟》传播覆盖 200 多个国家和地区，入选"学习强国"号创意榜优质专题策划，提升了城市国际传播效能。长沙是联合国教科文组织评选的国内首个世界"媒体艺术之都"城市，从 2018 年起，长沙广电连续 7 年执行"一带一路"青年创意与遗产论坛活动，持续增强了城市美誉度和国际影响力。

二、加快平台升级，构筑融合发展生态

长沙广电持续探索媒体融合、平台转型路径，运营了"我的长沙""中国 V 链"两大融合平台。

我的长沙：AI 赋能美好生活。"我的长沙"融媒体平台实现了政务服务移动端、城市服务聚集端和新闻资讯触达端的"三端合一"。目前，总用户量超过 2800 万，远远超过了长沙的城市人口。平台聚合了 122 家单位的各类城市服务 2000 多项，构建了覆盖市、区县和街道、社区的四级服务体系。同时，平台与各行各业携手打造了住在长沙、交通出行、教育入学、医疗健康、金融保险、法律咨询等 16 个服务专区，累计服务市民 8 亿人次，被广电总局评为媒体融合典型案例。

中国 V 链：打通知识产权服务全链路。中广天择建设运营的"中国 V 链"版权保护及交易平台，为腾讯等公司开展大模型研究提供视频算料，累计完成超过 30 万小时的算料交易。当前，微短剧成为广受欢迎的新文化业态，"中国 V 链"依托 AI 技术和专家资源，推出了微短剧在线审核服务平台，实现剧片预审把关、全链路溯源流转保护，大幅缩短了网络剧片的审核周期，助推微短剧业态的健康发展。

三、强化科技赋能，培育新型产业项目

科技赋能催生文化新业态，长沙广电深入探索"文化+科技""广电+文旅"融合发展，加快培育媒体新质生产力。

一是赋能文化新业态。我们打造了红色青春剧场《恰同学少年》，把 VR、AR、全息影像、动态捕捉、光影等全媒体技术应用于沉浸式文旅演出，受到年轻观众的热捧。

节目全年累计演出 770 多场，接待观众 8.5 万人次，打造了新型文化业态和消费模式，形成了红色剧"一票难求"的文化现象。

二是赋能内容新表达。AI 技术在新闻传播领域发展迅速，正在改变传媒行业的生态格局。主动拥抱科技、创新表达形式是主流媒体的应有之义。长沙广电在 2024 年两会报道中推出了 AI 虚拟主播"常小星"，与网民互动问答；刚开播的长沙文旅频道打造了 AI 数字主播"诗远"，为游客提供在线文旅攻略和景区智能服务。

三是赋能服务新场景。长沙广电推出的人工智能手语播报系统，已经在全国 460 多家电视台、融媒体中心安装应用。目前上线的第三代手语数字人"心语"，全面拓展政府网站、政务大厅、医院、银行、社区等公共服务场景，提供全方位的无障碍信息服务。我们牵头编写了全国首个 AI 手语的省级地方标准，在总局的信任和关心之下，正在参与国家标准《信息技术手语数字人技术规范》的编制。

当前，数字技术发展一日千里，媒体转型升级方兴未艾。长沙广电将深入学习践行习近平文化思想，在国家广电总局的指导下，坚定不移推进媒体深度融合、加快平台转型升级、创作更多精品力作，为行业高质量发展贡献城市台的智慧和力量。

五个"突围蝶变"
在深融深改中实现高质量发展

高文鸿

内蒙古自治区党委宣传部副部长
内蒙古广播电视台党组书记、台长

2024年是中央提出媒体融合发展战略的第十年。首届中国广播电视精品创作大会恰逢其时，我们备受鼓舞。党的二十届三中全会要求"推进主流媒体系统性变革"，这一目标告诉我们，轰轰烈烈的媒体融合上半场刚刚落幕，更加精彩的下半场已开启。在变革中如何凤凰涅槃般重生？这需要我们阔步迈进高质量发展"超融合"的新阶段。

近年来，内蒙古台紧紧围绕国家广电总局"二三四"工作定位，按照"政治铸台、新闻立台、改革兴台、融合强台、经营壮台、开放办台"六大办台理念，以滚石上山、爬坡过坎的拼劲，做大做强"奔腾融媒IP+"全媒体传播体系，探索并走出一条西部民族地区省台"小而精、小而专、小而美、小而强"融合蝶变的高质量发展之路。

一、机制的"突围蝶变"：激活主引擎

机制是盘活全局的关键钥匙，全媒体传播体系建设的重点是要用系统思维、协同理念，实现从单一融合走向多元融合，从"新闻+"走向"视听+"，从单一链路走向全链路融合。

我们重构组织架构，开展全台史上最大一次机构融合改革，重组32个部室中心，大胆起用66名年轻处级干部，设立集指挥、调度、生产、管理等于一体的融媒体传播中心。

我们强化顶层设计，大刀阔斧、脱胎换骨式推进改革，连续4年出台4版《媒体深融改革方案》，落实通报、考核、奖惩机制。

我们精办垂类赛道，破壁旧有体制，打通传统端与新媒体端，搭建起"1+N"传播运营模式，各中心"背着大屏做小屏"，实现频道、赛道"双道"运营，传统端、新媒体端"双端"发力。

同时，落实绩效考评倒逼机制。目前在绩效总额中新媒体发稿量超过传统端，新媒体人稳稳站在广电舞台C位。

二、平台的"突围蝶变"：夯实主阵地

全媒体时代，得平台者得天下，必须树立起"台即是端、端即是台"的理念，唯有破壁生产流程，武装起自己最强大脑，才能奔赴全媒体传播体系的星辰大海。

内蒙古台新媒体的主阵地是奔腾融媒客户端，我们的Slogan是"奔腾视界，一往无前"。这几年我们以"犯其至难、图其至远"的信念，对内，紧紧围绕"造船出海"破题，凝聚全台人员做奔腾融媒，唱响各平台"协奏曲"，强力推动阵地、内容、流程、队伍、技术、发展向新媒体的"六转"，实现"你就是我、我就是你"真融深改。对外，紧紧围绕"借船出海"破题，横向联动央媒、省媒、商媒，纵向联动市媒、县媒，汇集微博、公众号、视频号、抖音号、快手号、头条号、B站等矩阵，形成网台联合、制播联合、区域联合、多屏联合传播新格局。

目前，奔腾融媒已经成为全区第一新闻传播、视音频、直播互动、服务大众"四个第一"平台，2023年被评为"TV地标"全国优秀新媒体客户端，2024年被总局评为十大优秀新媒体客户端，特别是去年入选广电总局全国广电新媒体"百家联盟"，组织参与"美丽的草原我们的家"等系列活动和产品推送。

这一广电"联合舰队"为我们挺起了精品创作的"脊梁"，插上了传播腾飞的"翅膀"。

三、内容的"突围蝶变"：驰骋主战场

主流媒体变革的成功与否，一个重要指标就是我们的视听产品究竟好不好看？受众爱不爱看？有多少人在看？"内容为王"永远是关键，传播力、引导力、影响力、公信力始终是"王道"。

内蒙古台秉承"广电出品必是精品"理念，始终抓好"首屏头条工程"，推动新思想传遍千家万户；时政新闻实现"短实新"，对《内蒙古新闻联播》进行时尚化改版，联播每天收视人群节节攀升，突破30万人大关。

全面落实总局关于回归大屏、丰富荧屏的举措并下足功夫，聚焦重要时间节点，每年推出2—3组大型融媒体直播报道，先后举办《再唱赞歌给党听》《康庄大道》《根脉》《大国治沙》等8组大型全媒体直播行动，推出一批像《跨越时空的青春对话》《居然收到一匹马》等千万+、亿级流量的爆款产品，让正能量实现了大流量。

我们高举"弘扬中华文化"大旗，高站策划、全网铺排《开卷有理》《馆长　请亮宝》《歌从草原来》《时光·拾光》《根脉》《铸魂》《大国治沙》等40多档精品节目，充分诠释中华优秀文化；深耕"中华文化符号"标识，长城、黄河、龙图腾是中华民族的重要文化符号，并且与内蒙古这片热土息息相关，在全国各省台中我们首次全力打造大型文化综艺节目"中华文化三部曲"：《长城长》《黄河魂》《中华龙》，入选中宣部《习近平文化思想实践案例》。

我们用心淬炼"内蒙古台出品"，会聚中国顶级文化名家，梁晓声、钱文忠、葛剑雄、单霁翔、蒙曼、郦波等化身文化解读官，赓续中华文脉，有形有效有感讲好铸牢中华民族共同体意识故事。

3年来，内蒙古台有近500件作品获国家和自治区奖励，其中8件作品获评中国新闻奖，23件作品获总局创新创优奖，《雷蒙帮忙团》获评全国媒体融合十大创新案例，《开卷有理》《长城长》等荣膺中国广播电视大奖、中华文化传播工程奖、中华文物传播精品工程奖以及"星光奖"提名奖等。

四、经营的"突围蝶变"：拓展主渠道

营销突围要"抢滩风口"，必须推动媒体从传统单一盈利模式向多元化盈利模式转变。内蒙古台针对传统广电经营大幅度下滑现实，以断臂求生的勇气，破解二类广告"魔咒"，创新"广电+政务+商务+服务"模式，加强与盟市、旗县、企事业单位及社会团体等合作，与100多家单位签订战略合作协议，与伊利集团、金徽酒业等近10家上市公司深度战略合作。

拓展"广电+活动"营收，栏目活动化，线下活动常态化、活动品牌化，实现节目内容生产的O2O模式，推出"千年胡杨·百年姻缘"胡杨婚礼、草原上的马拉松等品牌活动，做出新领域、新项目的变现增量。

创新研发IPTV产品，持续智能化升级播控平台。

同时，全部停播违规二类广告。大幅度开源节流，全面推行成本和利润核算。在全国创收普遍乏力背景下，内蒙古台连续3年营收逆势上扬，走出一条在挑战中绽放自我、收获希望的向阳之路。

五、队伍的"突围蝶变"：建强主力军

媒体竞争关键是人才竞争，媒体优势核心是人才优势。要通过人事制度、薪酬制度及评价激励机制改革盘活、激活、用活人才，让想干事的有机会、能干事的有舞台、干成事的有地位、不干事的有危机。

内蒙古台秉承"对内选才挖存量、向外引才拓增量、全面育才盘活量"思路，多层次、多渠道推进"奔腾人才"计划，实施人才引进策略，公开选拔主持人、新媒体、编程、包装等专业人才200多人，为紧缺人才开辟免笔试的"绿色通道"；连续开展两届10个垂类的"首席人才"评选活动，营造"比学赶超"良好氛围。

跨部门组建以年轻人才为主的奔腾"青"骑兵战队，服务重大宣传项目，实现高效调度、精准作战。主动应局、躬身入局，成立人工智能媒体融合创新工作室，打造AIGC高质量发展新高地。

按照"优劳优得、多劳多得、少劳少得、不劳不得"原则，深入推进薪酬管理机制改革，建立向融合发展一线倾斜、以贡献论英雄的长效机制。

剧集论坛

熔铸古今　贯通中外　攀登文艺高峰

时　　间	10月11日 14:00—17:00
场　　地	郎园 Station 准点剧场
指导单位	国家广播电视总局、北京市人民政府
主办单位	国家广播电视总局电视剧司、北京市广播电视局
承办单位	中国电视剧制作产业协会

领导致辞

朱咏雷

国家广播电视总局党组成员、副局长

今天我们迎来广播电视行业的一次盛会。记得2023年曾经在厦门举办第一届中国电视剧大会，很多人对那次聚会交流记忆犹新。2024年我们举办首届中国广播电视精品创作大会，电视剧行业又有了更高层次、更大范围的交流机会，也希望大家可以充分利用这一时机，深入探讨、相互激励，共同努力推动中国电视剧的繁荣发展。

习近平总书记在文艺工作座谈会上作重要讲话10周年来，电视剧领域牢记嘱托，激情奉献，创作推出《大江大河》《觉醒年代》《山海情》《跨过鸭绿江》《县委大院》《我们这十年》《功勋》《人世间》《去有风的地方》《狂飙》《三体》《问苍茫》等一大批优秀的作品。2024年以来，又有《繁花》《我的阿勒泰》《山花烂漫时》《大海道》《日光之城》等作品热播，可以说是百花齐放，春色满园。这些成绩的取得，是广大电视剧工作者深入学习贯彻习近平文化思想，以崇高的职业精神和坚韧不拔的创作耕耘结出的硕果。

党的二十届三中全会通过《中共中央关于进一步全面深化改革　推进中国式现代化的决定》，当前和今后一个时期，是以中国式现代化全面推进强国建设、民族复兴伟业的关键时期，我们电视剧工作者要抓住机遇，振奋精神，全面深化改革，奋力推动电视剧高质量发展。

要实现电视剧高质量发展，需要努力践行习近平文化思想，坚持以人民为中心的创作导向，完善政治性、艺术性、社会反映、市场认可相统一的评价体系；坚持好作品进入好平台、好时段的基本理念，继续提高主题创作的组织化程度，大力推动现实题材创作。我们既要组织好主题创作，也要鼓励个体多样化的创作，让文艺创作的百花园绚丽多彩、生机盎然。

要实现电视剧高质量发展，需要健全文化产业体系和市场体系，完善文化经济政策，坚持出成果和出人才相结合，抓作品和抓环境相贯通，改进文艺创作生产服务、引导、组织工作机制。我们要上下同心、群策群力，贯彻落实好《关于丰富电视大屏

内容　进一步满足人民文化需求的意见》相关举措，使得一剧多星、联购联播、打通大屏小屏，鼓励优秀引进剧播出等重要政策措施真正落地见效。

要实现电视剧的高质量发展，还需要探索文化和科技融合的有效机制，加快发展新型文化业态。总局已经制定超高清发展的战略规划，2024年、2025年全国将陆续推出14个超高清同播的电视频道，电视剧是其中播出量最大的节目类型，所以我们希望明年陆续推出的14个超高清频道播出的电视剧特别是首播的电视剧，要实行超高清制式的播出。这对电视剧的制作提出了挑战，也提供了机遇。

我们做了统计，现在电视剧前期的拍摄都是用超高清技术，但是后期的制作因为播出原来没有超高清的要求，所以多数没有用超高清的方式，所以我们也希望大家要及时地了解这个信息。今天上午主题论坛上，国家广电总局科技司司长余英同志，就超高清的发展战略做了讲解。我们希望广大的电视剧工作者，从导演开始，摄影、美术设计，甚至演员，都要尽快学习掌握超高清的标准。从现在起开机拍摄的电视剧，就要以超高清的格式来制作，在这方面不可犹豫、不可懈怠。原因就是需求方发生了变化，2025年开播的14个超高清频道，都是全国主要卫视的超高清频道，以及中央电视台的主要频道，有这方面的需求，所以大家的拍摄供给也要跟上。

要实现电视剧高质量发展，我们需要不断深化文娱领域综合治理，加强职业道德、职业精神的建设，加强经纪人专业化、规范化的建设，加强青年编剧导演和经纪人培训教育。要坚决抵制"天价片酬"、阴阳合同、偷逃税、追星炒星炫富等不良现象，营造风清气正、公平健康的创作生产环境，形成老带新、新促老、名作迭出、名家辈出的新的发展格局。

同志们，书写伟大时代、精品奉献人民，这是电视剧工作者的使命责任，也是创作拍摄的强大动力，让我们一起努力，以精品创作共同来创造电视剧事业的辉煌，谢谢大家！

王杰群

北京市广播电视局党组书记、局长

很高兴以创作之名、以剧集为约，与大家一起走进首届中国广播电视精品创作大会，走进郎园 Station。在此，我谨代表北京市广电局，向本次论坛的成功举办表示诚挚的祝贺，对各位领导和嘉宾的莅临表示热烈的欢迎！也借此机会，向长期以来关心支持全国文化中心建设和"北京大视听"发展的各界人士表示衷心的感谢！

10月象征着收获和希望。10年前的10月，习近平总书记主持召开文艺工作座谈会并发表重要讲话，为新时代文艺发展锚定航向。2023年10月，全国宣传思想文化工作会议正式提出习近平文化思想，为我们担负起新的文化使命提供了强大思想武器和科学行动指南。近年来，北京市广电局牢牢把握广电"二三四"工作定位，着力繁荣精品创作，丰富人民群众精神文化生活，不断提升"北京大视听"品牌的牵引力、驱动力和影响力，生动构建"选题多元、题材多样、故事多彩、叙事多姿"的创作格局，推出《觉醒年代》《我的阿勒泰》《玫瑰的故事》等一大批标志性作品。

我们坚持用心规划，让好选题脱颖而出。不断完善"北京大视听"精品生产引导和组织机制，以重大题材、重要节点牵引选题规划，带动重大现实题材、重大革命和历史题材、新时代发展题材、国家重大战略题材、爱国主义题材、青少年题材、军事题材、北京题材的创作生产，精心培育具有大国气象、首都气派的优秀作品。《觉醒年代》《父辈的荣耀》《欢迎来到麦乐村》等十余部作品荣获"五个一工程"奖、"飞天奖"、"金鹰奖"。

我们坚持用情扶持，让好苗子茁壮成长。锚定重要奖项，坚持扶优扶强，不断强化北京广播电视网络视听发展基金、国际传播专项资金的引领示范作用，推动好剧本向好作品转化。2023年，北京广播电视网络视听发展基金共资助电视剧、网络剧、微短剧42部，资助金额6000万元。2024年，基金总规模增长一倍，计划对剧集资助1亿元。支持剧集创作与技术创新深度融合，北京市超高清视听产业发展支持资金计划每年投入5000万元，支持运用超高清视听技术开展优质内容创作，单个项目最高资助500万元。

我们坚持用功服务，让好团队轻装上阵。着力打造"活力广电"北京服务，落实服务包和服务管家制度，实现剧集审批事项一图读懂、一键直达、一网通办。不断完善影视摄制服务机制，为剧组在京拍摄提供1000多个点位服务。精心实施"北京大视听"人才三年行动计划，打造"京琅琊"人才品牌矩阵，为剧集创作提供强有力人才支撑。

阔步新征程，我们比以往任何一个时代都更有条件破解"古今中西之争"，也比以往任何一个时代都更迫切需要一批熔铸古今、汇通中西的文化成果。借此机会，有三个方面与大家共享。

一、要有敢领风骚的创作自信，薪火不断、弦歌不辍

从动画电影《长安三万里》，到国产游戏《黑神话：悟空》，再到破圈剧集《繁花》《我的阿勒泰》，它们都有一个发光发热发亮的文化"内核"，透射出中华优秀传统文化的强大吸引力、生命力。我们的剧集创作，必须坚定文化自信，铸牢中华优秀传统文化的"根"和"魂"，对历史文化底蕴进行细颗粒度的开掘，寻找具有持续生命热度的内容和元素，让作品从感官层面的"养眼"上升到直抵心灵的"入心"，打造永恒经典。

二、要有善开先河的创作勇气，守正不渝、创新不止

伟大时代呼唤新的艺术视野、新的审美风尚、新的创作表达。应运而生的《繁花》《我的阿勒泰》等作品，以清新的气韵、全新的质感、创新的律动扑面而来。我们的剧集创作，必须以打破陈规的胆识和拓展边界的勇气，敢于让传统与现代碰撞，让中华美学精神与当代审美追求相遇。要以科技之翼赋能文化之魂，以新质生产力的加持拓宽剧集创作的边界，不断打造沉浸互动式体验和跨界融合式传播。

三、要有兼容并包的创作态度，博学不穷、笃行不倦

勇担新的文化使命，必须更加积极主动地学习借鉴人类创造的一切优秀文明成果，以优秀作品为文化繁荣兴盛提供充沛的源头活水，为中国式现代化进程注入昂扬向上的精神力量。我们的剧集创作，既要"向上生长"也要"向下扎根"，既要"向内修行"也要"向外绽放"，史诗般呈现中国式现代化、构建人类命运共同体等宏大主题和人类命题，为讲好中国故事、推动文化出海找到新路径。

首都广电方兴未艾，大有可为。新征程是充满光荣和梦想的远征，剧集创作重任在肩、前路浩荡。我们要深入学习贯彻习近平文化思想，自觉担负新的文化使命，致力于党的二十届三中全会擘画的宏伟蓝图，坚持以人民为中心的创作导向，坚持出成果和出人才相结合、抓作品和抓环境相贯通，努力改进文艺创作生产服务、引导、组织工作机制，为推动文化繁荣、建设文化强国、建设中华民族现代文明出精品、著华章，一道开创中国剧集创作高质量发展的美好明天，奋力跑好新时代文艺创作的接力棒。

主题演讲

从好看的剧到好剧：剧集创作的高质量发展

尹 鸿
中国文艺评论家协会副主席、
清华大学教授

非常荣幸参加这一盛大的活动，我作为有一定专业基础的观众来分享近年来对剧集发展的感受。其实大家都能意识到，近年来剧集创作取得了巨大成就。不同类型、不同题材、不同风格的作品不断涌现，出现了越来越多受到专业人士、文化界人士、普通观众都认可的好剧。

今天讲的问题不是"好看的剧"和"好剧"之间的对立，而是让更多好看的剧，变成更加优秀、更好的剧。无论是减量提质，或降本增效，其目的不仅要有"高原"，而且要从"高原"到"高峰"。

我把这些好看的剧分三大类：一是流行题材，包括犯罪、古偶、战争、苦情、职场，这些戏因为各种不同的标准，界限不一定很清晰，但大致可以看到作品流行的题材；二是流行类型，包括悬疑、军事动作、武侠、青春苦恋、商战、权斗宫斗、家庭伦理；三是流行风格，如强假定、强情节、强戏剧性、强奇观性、强煽情性、强流量性。

这些好看的剧为整个剧集行业发展奠定了基本盘。一年三百六十五天，老百姓天天要看剧，天天要有精神文化层面的享受，这些作品不仅是培养剧集观众、剧集用户的基本盘，也造就了行业的基本结构。但仅仅好看还不够，好看也是动态变化的。所谓的流行有一个最大的特点：今天的需求被满足后，明天就会有新的需求。流行的特点就是"过眼烟云"。

因为有了之前的成功经验，我们在创作生产时容易一拥而上，导致需求减少、供给增加。近几年几乎所有真正的现象级作品，没有一部是当时的流行作品、流行题材、流行类型，它们全部都找到了新的突破口，走出了创作舒适区，找到了自己独特的创作角度和优势。最后大家会发现，我们如果模仿一些好看的剧，慢慢就会取法其上，仅得其下，会越来越肤浅、越来越同质化、越来越悬浮，甚至有时候会走向狗血。

我们一度会创作出当时观众非常喜欢，艺术成就也比较独特的一些作品。但是大量的跟风作品出现后，为了区别于其他同类作品，会越来越极致化，用一些更强硬的方式试图让自己脱颖而出，于是走向创作的歧路。

这些年出现了很多好剧，树立了一些新的标杆，其中没有一部是当时的流行题材，甚至也不是当时流行的叙事方法。同样是反黑题材，《狂飙》不一样；同样是新年代剧，比如改革开放四十多年来的新年代剧，《繁花》不一样，在风格、题材、人物、类型等方面都不一样。它们恰恰是因为不一样而成为好剧，当然不一样只是其中的一个条件，更重要的是这些剧都体现了创作上的一些新特点。

如果我们还是用"思想精深、艺术精湛、制作精良"这三个标准来判断的话，在这三个标准当中，如果艺术不精湛不可能成为一部思想精深的作品，因为它所有的思想是依赖于艺术的载体表达的。在刚才提到的作品中，最突出的一个特点就是走出了编故事、编戏剧性的创作模式。但事实上好的作品，它的故事情节、人物命运都是由人物本身来推动的。这些作品都是以人为本，用人物驱动故事、驱动情节，而不是让人物成为情节和故事的一个功能性的标识物。

这也为优秀演员提供了机会。有些优秀演员在某些作品中无法塑造出让观众共情的人物，而在我们提到的这些作品中，他们能唤起观众深刻的共情。即使我们忘记了作品的情景或故事，但那些人物仍深深铭刻在我们的记忆中。这些年来，一些剧集塑造了一系列艺术形象，这些形象将留存在文化艺术的长廊中，成为这个时代的重要记忆。因此，"以人为本"解决了创作中长期未解决的问题。包括为什么近年来有许多作品要从文学，尤其是有深度的人物文学中改编。核心在于这些作品不是按故事塑造人物，而是按人物塑造故事，因此提供了丰富的人物形象。

制作精良不多展开。戏剧是被呈现出来的艺术，不是讲述或描写出来的，因此每个环节和细节都会对观众产生巨大影响。曾经的剧集观众可能对制作精良的要求不高，只要讲述一个故事，充满争吵、斗争、冲突和动作，便能满足观众。但近年来我们注意到，观众对优质剧集的审美要求越来越高，如《漫长的季节》《我的阿勒泰》《繁花》等作品，不仅呈现唯美画面，更展示了人物、情境、时代和生活细节。这一切的呈现都得益于技术水平的提升，尤其是人工智能和后期技术的发展，为剧集制作提供了更多工具和赋能。现在，我们可能用比过去更少的成本，达到更好的呈现效果。

最后是思想精深。最基本的真善美的价值是作品都会具备的。但是还有几个深度——人性的深度、社会的深度、历史的深度，甚至有哲学的深度。一部作品的成功，背后都来自这些"深度"对观众的触动，无论是正面人物还是反面人物，他的人性的深度本身就是征服观众最重要的力量。《觉醒年代》对国家、祖国、人民的情感深深植根于当时的时代背景。这种情感源于人性最基础的愿望——希望过上有尊严的生活，这一基本起点帮助所有人物建立了深厚的人性维度。

当然包括社会深度。《不完美受害人》对一些社会敏感题材进行了非常细致深入的剖析；《县委大院》表达了在中国复杂的社会环境之下，怎么做好基层的政治治理、社会治理、乡村治理。这些深度都来自创作者对生活新的认知。

第一，向时代要主题。任何一个时代都会有一个时代的需求。一部剧有天时、地利、人和，一部剧集有一部剧集的"命"，这个"命"在一定时候是时代。好莱坞电影《阿甘正传》的剧本储存了十到二十年，当时机合适时，这个作品就成为世界上最优秀的电影之一。向时代要主题是创作生产者怎么样理解这个时代和时代所需、时代所盼、时代所忧虑和时代最敏感的东西。

第二，向生活要题材。故事和戏剧性一定不是编出来的，最好的故事都是从生活当中来。因为前不见古人，所以我们对古人的想象，都来自我们对今天生活的理解。

第三，向人物要故事。所有的故事都是由人物命运构成的，人物命运是由他的动机和他的身份、遭遇、情境所决定的，而不是因为有了一个故事，所以需要一个捣蛋的、一个对立的、一个吵架的、一个煽情的人物。核心的故事情节一定是由人物来推动的，由人物自身的组织性来推动。

第四，向观众要表达。观众在不断改变，现在有越来越多不同的观众。向不同的观众要不同的表达，向变化的观众要变化的表达，因为变化是社会当中最常见的主题。

第五，向内心要情感。创作者如果感动不了自己，也感动不了别人。回到剧中，哪怕是坏人、反面人物，都有反面人物角色规定的情景。

第六，向创新要突破。所有好剧都不是按照流行的方式创作的，因为有前面的铺垫，才使得它们有了创新、有了底气。

承百代之流　会当今之变
打造熔铸古今、汇通中西的精品佳作

夏晓辉
中央广播电视总台影视剧纪录片中心
副召集人、党委副书记

2024年是习近平总书记主持召开文艺工作座谈会并发表重要讲话10周年。10年来，在讲话精神的指引下，中国电视剧从数量转向质量、从"高原"迈向"高峰"，走上了深耕精品创作的高质量发展之路，值得我们深刻总结。

今天论坛的主题有两个关键词："古今"和"中外"，它们搭建起了纵向和横向两大时空坐标，指引我们该如何去把握历史与当下的关系；如何去看待民族与世界的关系；如何以鲜明的中国特色、中国风格、中国气派屹立于世。

作为电视剧创制播出的国家队，中央广播电视总台（以下简称"总台"）影视剧纪录片中心自觉担负起新的文化使命，从习近平总书记重要思想、重要论述、重要指示中找灵感、找思路、找启迪，推出了一批体现中华文化精髓、反映中国人审美追求、传播当代中国价值观念的高峰之作。自2020年起，我们开创了"大剧看总台"片单发布活动，被视为行业发展的高光缩影和风向标。在四届活动中，总台共推出了百余部质量上乘、风格各异的精品力作。从第一届的《觉醒年代》，到第二届的《人世间》、第三届的《狂飙》、第四届的《繁花》，每一届的片单上都出现了该年当之无愧的"剧王"，以及众多爆款之作。这些国剧精品在总台全媒体平台播出后，撑起全年数十亿计的观众规模，代表着中国电视剧在思想和艺术上达到的高峰。

伴随着精品爆款的大量涌现，国剧出海数量逐年增长，推进了中国故事的国际传播，其中总台大剧发挥了重要作用。《风起陇西》登陆欧美、日韩、澳洲、东南亚等多个地区，赢得国际市场的高度认可；《人世间》开拍仅一个月，就被迪士尼预购海外独家发行版权，进一步拓宽了国产剧出海类型；央视版《三体》提供了与美国好莱坞完全不同的叙事手法和美学表达，在全球科幻剧市场占据重要地位；《我的阿勒泰》在戛纳国际电视节大放异彩，写下海外涉疆宣传的"妙笔"。这些作品将中国故事转化成春风化雨、润物无声的影像，向世界彰显了中华文化的持久魅力，以及中国式现代化的广阔前景。

结合这些年总台电视剧发展的经验，回答刚才的问题：我们如何在精品创作中熔铸古今、汇通中西？如何把跨越时空、超越国度、富有永恒魅力、具有当代价值的文化精神弘扬开来？我想从以下三个方面与大家一起探讨。

其一，激活传统基因，发扬民族特性，打造植根中华文化沃土的优秀作品。十年间，总台持续从中华优秀传统文化中选题、解题，推出彰显中国特色、中国风格、中国气派的精品力作。继《大秦赋》之后，我们正全力开发《大汉赋》《大唐赋》等历史大赋系列，希望通过展现中华民族的高光时刻和精神标识，来昭示我们的文明基因、传承文化风骨。此外，《雪中悍刀行》《风起陇西》《大唐狄公案》《莲花楼》《清明上河图密码》《长安的荔枝》等剧集，将传统古典意蕴与当代审美趣味相融合，展现亘古不变的共通情感，同时利用 AI、VR 等新技术，让沉淀千年的传统文化更为可触、可感。《我的阿勒泰》则以细腻的笔触，描绘了新疆阿勒泰地区的多元文化风貌，剧中蒙古族、哈萨克族、汉族的生活场景交织呈现，不仅反映了各民族文化的独特魅力，更凸显了它们在特定地域环境下的和谐共融。

以上这些作品蕴藏着中华文明的历史传承、民族特性、审美精神，表达着中国人对自然、世界、历史和未来的看法，使中华优秀传统文化这块"传家宝"，成为当代世界舞台的"新时尚"。

总台打造中华优秀传统文化电视剧

其二，书写时代主题，聚焦社会生活，以"历史性""人民性"和"现实性"拓展主旋律创作。"两个结合"的提出，将原有的空间向度扩展到了时间向度，为文艺创作打开了全新的天地。我们的作品主题，应当是历史与现实的深度结合，是对时代发展各阶段、全方位的画像、立传、明德。我们要坚持重大革命题材的守正创新，构建精神谱系的"压舱石"。我们更要坚持重大现实题材的共情共鸣，打造凝心聚力的"助推器"。十年来，围绕改革开放40周年、新中国成立70周年、中国共产党成立100周年等重大主题，总台先后原创自制了10余部重磅作品，如《激情的岁月》《跨过鸭绿江》《大决战》《山河锦绣》等；同时联合业界优质机构与平台，推出了《觉醒年代》《问苍茫》《大江大河》《超越》《麓山之歌》等精品佳作，以艺术之笔描绘党史、新中国史、改革开放史、社会主义发展史，构筑起新时代中国电视剧的文化基石与精神家园。

除了展现为民族谋复兴的"国之大者"，我们同时还要书写为人民谋幸福的"民之关切"。十年来，总台电视剧深入生活、扎根人民，从世间百态中探寻生命底色，从火热生活里提炼人生真谛，将人民的呼声与热望、奋斗与梦想化为一段段生动鲜活、直抵人心的故事。"人民"不再是一个空洞的口号，而是通过用心用情的创作，化身为有血有肉的角色。他是《人世间》中守望着平民尊严和荣光的周秉昆；她是《我的阿勒泰》中将颠簸的生活过得闪亮的张凤侠，她是《繁花》中要做自己的码头的汪小姐。

这些作品通过扎实的"历史性"、深刻的"现实性"和饱满的"人民性"，突破了主题概念化、题材模板化、叙事套路化的局限，为主旋律的拓展和主流价值的传播，打开了新的空间。

其三，尊重艺术个性，坚持多样化表达，以创新理念和新质科技为影视创作赋能。众所周知，艺术个性是一部作品的灵魂所在。越有个性的剧作，辨识度越高，越富有魅力。《人世间》中温情悲悯的命运基调，是它的个性；《我的阿勒泰》中散文诗般的故事节奏，是它的个性；《繁花》中让人逐帧流连的视听语言，是它的个性；《三体》里富有史诗感的科幻影像，也是它的个性；还有《觉醒年代》中的木版画叙事，《狂飙》中的三幕式结构……如何保护这些珍贵的艺术个性，让每部作品都能散发独一无二的气质？这就要求我们以开放包容的态度，充分尊重艺术表达，鼓励呵护每一次创新；从艺术理念、表现手法、叙事节奏、美学精神、影像风格各个层面用功发力；借助5G、AI、4K/8K等新质科技为创作赋能，最终实现"各美其美"的个性化和"美美与共"的多样化，构筑中国影像的"万花筒"。

踏上新征程，习近平总书记提出了建设中华民族现代文明的重大命题，这是中华民族历史上的伟大实践，也是人类文明史上的创新创造。作为新时代的文艺工作者，我们每个人都应当树立大时代观、大影视观，努力打造更多熔铸古今、汇通中西、各美其美、美美与共的精品佳作，用艺术创造赓续历史文脉、谱写当代华章，奋力攀登属于我们这个时代的文艺新高峰。

低调地去做高调的内容

王晓晖
爱奇艺首席内容官

剧集是大众的艺术，是视频行业最璀璨的一颗明珠！尽管人们今天的休闲选择如此丰富多元，但是大家对剧集还是有一种特殊的情愫，它仍然是引发全社会最大共鸣的艺术形态。

2024年是习近平总书记在文艺座谈会上的讲话发表10周年，近年来，在总书记重要讲话指引下，在广电总局"新时代精品工程"扶持引导下，爱奇艺的精品创作取得了丰硕成果。自2020年以来，爱奇艺出品的《破冰行动》《人世间》《风吹半夏》《狂飙》等11部作品先后荣获"飞天奖""金鹰奖""白玉兰奖"等27项行业最高奖项；以《我的阿勒泰》《平原上的摩西》为代表的剧集作品，实现了戛纳电视剧节、柏林国际电影节中国电视剧作品提名零的突破。

作为整个影视产业的核心，精品内容始终决定着我们这个行业的高度、深度和温度。总结之前的经验、教训，我们认为，还是应该用低调的创作态度，去做出更多高格调、高审美的内容。

首先，低调的创作态度，需要创作者戒除浮躁、拒绝跟风、战胜胆怯，"两耳不闻喧闹事，一心只扑百姓情"，耐得住寂寞，相信长期主义的价值。创作者要"发时代之先声"，要洞察时代、洞察社会、洞察人性，了解我们的观众在看什么、喜欢看什么、应该看什么，保持内在的坚定和清醒。

一要戒浮躁。现在快节奏生活，催生了快节奏的剧集；碎片化的生活，带来了碎片化的内容。心态浮躁，急于求快、求成功、求变现，成为创作的一种弊病。艺术创作是一场马拉松，而非短跑。梁晓声先生用了八年的时间写就了《人世间》，创作者们又花了四年多的时间完成了它的影视化改编，编剧王海鸰、王大鸥、导演李路等主创人员用温暖现实主义的笔触，调亮了原著底色，给观众带来了触及灵魂的感动。艺术创作，必须警惕浮躁情绪的侵蚀，学会慢下来，去挖掘那些隐藏在生活缝隙中的真实与美好。

二要戒跟风。 一位设计大师曾说："创意并不是让人惊异它崭新的形式和素材，而应该让人惊异它居然来自看似平凡的日常生活。"剧集创作也是如此。《对手》在谍战题材中加入琐碎的生活日常；《风吹半夏》以"女性视角+钢铁行业+时代大潮"，让传统的创业故事有了新的味道和层次；《狗剩快跑》把轻喜剧应用到抗战题材。这些作品都是在传统题材中谋创新，在似曾相识的故事中给观众焕然一新的视角和观感。

三要戒胆怯。 创作中不能求安逸、求舒适，要勇于走出舒适区域，勇敢地去触碰过去不敢写、不会写和写不好的题材和领域。《狂飙》《三体》都是跳出舒适圈去书写时代，《不完美受害人》也是直面敏感的社会话题。勇敢的创作者，应该学会带着使命感去创作，既要用温暖现实主义弘扬真善美，更要用批判现实主义鞭挞假恶丑。

影视艺术创作具有长周期、高投入的特点，好戏都是磨出来的。创作者要有"板凳要坐十年冷"的决心、毅力，俯下身子低调地去创作。革新前夜需要蛰伏而不是张扬。要让自己的作品发光，我们就应该隐身于生活的烟花中，静心地观察世界、体味生活。这也需要行业生态中的各方，相信长期主义的价值，让竞争回归理性，让注意力回归创作，给创作者更多的时间和空间，共同营造出适合精品孕育成长的良好环境。

其次，是高调的创作追求。 作品要有高格调、高审美，摆脱低级趣味，给观众带来精神的愉悦。2024年，8集迷你剧《我的阿勒泰》在推动"文化润疆"、赋能新疆文旅、促进民族融合、讲好中国故事等方面所产生的巨大能量是我们始料未及的。这部剧也促使我们不断地总结反思，怎样去创作高格调的好内容。

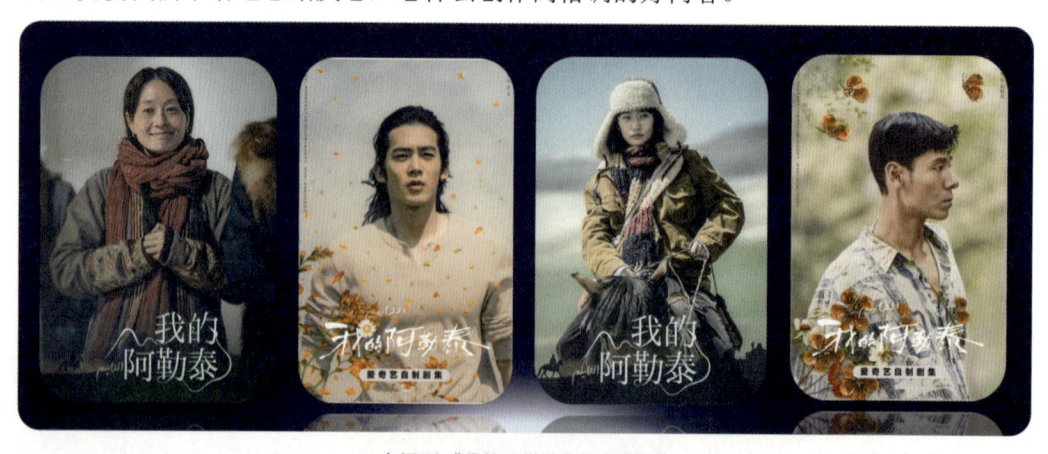

电视剧《我的阿勒泰》人物海报

一是要以"真"高调。艺术的真实来源于生活的真实，生活中的真实体验、创作中的真诚表达，都是作品触动人心的关键。很多人都说《我的阿勒泰》在选角上特别幸运。撑起这份幸运的，是剧组在选择演员时，以角色为依据的坚持，演员在考量项目时，以故事为导向的笃定。大家都摒弃了"急功近利"的想法，反而因为"求真"而互相成就。

二是要以"拙"高调。艺术创作从来不缺聪明人、巧功夫，但是现实主义的创作，必须回到创作的原点去思考。什么叫现实主义？不伪饰，不矮化，不溢美，提出真问题，面对真现实。《我的阿勒泰》由散文集改编而来，缺乏叙事主线。编剧和导演并没有刻意创造太多的故事情节，而是坚持了"看山还是山"的创作初心，客观地、从容地讲述了几个平凡的普通人追求真我的故事。这也呼应了李娟稚拙、达观、幽默，充满生活质感的文字母本。现实题材创作应当学会守拙，还原再还原。

三是要以"慢"高调。剧情紧凑、节奏明快，几乎成为现在通行的创作法则。剧集要在第一集抓住人，不断地通过钩子留住人。《我的阿勒泰》一反常态，从剧集创作的"法则"中跳脱出来，用"慢"去治愈因为生活的快而带来的精神内卷。

低调地去做高调的内容，并非易事。从单个项目来说，需要创作者从自我之境、他我之境到真我之境的成长演进；需要机构或平台强大的中台团队去保障创作者的艺术追求。从整个行业来看，需要主管部门、行业组织、平台企业等生态各方的共同努力，需要政策、经济、技术、人才等方方面面的不断加持。

我们清醒地看到我们的影视产业基础薄弱，优质的创作力量欠缺，产业规模与影视大国强国相比还很有限，这是不得不面对的现实。但是政策的不断向好、生成式 AI 的应用以及中国文化在海外影响力的不断提升，也为我们提供了很好的机遇。精品是对时代变革的回应。个体经验与时代变迁的交汇处，往往是孕育伟大文艺作品的丰饶之地。繁荣剧集创作，应当努力保护创作者的积极性，充分释放自下而上的创作活力，用源头活水去激发产业发展的澎湃动能。

"艺术是最伟大的，无论用何种方式，它最终将难以计数的伟大观念送入观众心底。"我们将继续俯下身子，扎根生活，潜心笃定，创作更多高格调的好内容，不负时代，不负观众，不负使命！

初心与坚守

赵依芳

中国电视艺术家协会微短剧专业委员会会长
中国电视剧制作产业协会常务副会长
华策影视集团创始人、董事长

华策集团创业32年，一直秉承"一群人、一条心、一辈子、一件事"作为长期专注坚守、匠心前行的企业文化理念，始终专注精品内容创作，到目前为止共创作出品了300多部长篇电视剧作品，今天企业已发展成为以影视内容为核心，涵盖内容生态、内容科技、文创基地、影视职业教育四大板块的综合性传媒集团。

我从事广电影视文艺工作已有40多年，今天用我从业40多年最深刻的体会和感悟，分享我对中国影视内容创作及产业的初心和坚守的"变与不变"。

一、坚守头部精品内容创作

10年前，习近平总书记在文艺工作座谈会上的讲话指出："衡量一个时代的文艺成就最终要看作品。推动文艺繁荣发展，最根本的是要创作生产出无愧于我们这个伟大民族、伟大时代的优秀作品。"[1]作为影视企业，第一要坚守的就是要做出好内容。30多年来，华策集团在众多行业伙伴的支持下，创作了一系列极具口碑又热播出圈的优秀影视作品，如时代报告剧《我们这十年》、乡村振兴治愈剧《去有风的地方》、重大革命历史题材剧《外交风云》《绝密使命》《绝境铸剑》、反映北京年轻人新时代奋斗

---

[1] 《习近平在文艺工作座谈会上的讲话》（2014年10月15日），https://jhsjk.people.cn/article/27699249，2024年12月13日访问。

故事的《一路朝阳》，还有电影《万里归途》《出走的决心》《刺杀小说家》等一批高口碑的热播精品内容，同时我们也一路收获了 40 多个国家级影视奖项，包括全国"五个一工程"奖、"飞天奖"、"金鹰奖"、"白玉兰奖"等。

目前华策正在集全集团之力重点开展重大历史题材电视剧《太平年》、抗战胜利 80 周年献礼剧《我们的河山》、首部狱侦题材扫黑反腐剧《势在必行》、弘扬中华优秀传统文化古装精品大剧《国色芳华》《家业》和电影《狂野时代》《刺杀小说家 2》等各重大题材和精品项目的研发创作拍摄。

二、坚守国际传播的文化使命

华策是最早一批带动"华流出海"的影视机构，从 20 世纪 90 年代初在海外节展"摆地摊"开始，我们就认定影视作品的国际销售和播出是中华文化的国际传播，不是简单的商品买卖。也正是抱着这样的初心，我们的国际业务团队几十年如一日地奔波于全球的影视节展和主要国际市场，逐渐收获了全球市场的认可。从早年的《三生三世十里桃花》《致我们单纯的小美好》到今天的《我们这十年》《去有风的地方》《外交风云》等在全球热播，中国电视剧的海外市场价格也从每集几百美元到几千美元，到现在 10 万美元以上，我们见证、参与、引领了中华影视文化在世界舞台上的崛起。

30 多年来我们已累计将 15 万小时作品发行欧洲、北美、拉美、东南亚、中亚、非洲、中东等全球 200 多个国家和地区，覆盖"一带一路"国家和地区，我们的出口销售额持续占全国影视作品出口份额的 1/4。自主运营的海外新媒体账号传播矩阵"华剧场"涵盖 20 多个语种，海外订阅用户超 4000 万，成为中华文化国际传播的重要窗口。

三、坚守对人才的重视和培养

我们坚信，广电视听行业高质量发展，广播电视精品内容的创作，人才队伍的建设是核心中的核心。华策创立发展以来，始终坚持挖掘、扶持、培养优秀影视人才。近两年，华策推出优秀青年人才计划、卓越制片人成长计划，致力于构建广电视听行业头部人才的"人才圈"，卓越制片人成长计划入选了广电总局深化人才发展体制机制改革创新案例。

为了行业全产业人才的专业升级，华策创办全国首家影视职业技术学校——浙江华策影视技工学校，开设影视摄影摄像、影视化妆、动画制作、播音主持、影视表演与制作、人工智能技术应用等 10 多个热门专业，现已高质量完成 4 届招生，在校生超千人，生源遍及全国 18 个省，目前正筹建五年一体制的职业技师学院。集团与浙江传媒学院还合作创办了全国首家混合所有制本科教育改革试点"华策电影学院"。我们希望通过"艺术+科技""学校+产业""课堂+片场"融合培养模式，为行业人才可持续规范化高质量发展提供长期支持保障。

四、坚守对行业生态的良性赋能

我们认为，一个高质量可持续发展的产业，一个高质量可持续的精品创作环境，必须有非常好的行业生态。华策持续举办多项国内国际影视行业交流活动，如中国电视艺术创新峰会、香港国际影视展华语内容国际传播论坛、国际艾美奖评奖活动，成立华策影视育才基金等。

在人工智能科技浪潮汹涌而来的今天，华策集团坚持科技驱动、创意领先，2023年成立 AIGC 应用研究院并设立专项产业基金，自主研发了"有风"大模型开发剧本评估助手、编剧创作助手、智能翻译助手等一系列智能工具，并于 2024 年通过国家生成式人工智能备案，有力赋能行业的高质量发展，有力赋能创作者的高质量、高效率创作。

2024 年年初，我们着手打造浙江省大视听产业重大项目——中国·桐庐富春江影文旅教融合示范区，集万人影视职业学院（筹办中）、全球最前沿的高科技驱动影视创制中心、"三江两岸"世界级影文旅目的地于一体。已于 6 月动工建设，2025 年 9 月将迎来首批新生入学，基地正式投入使用。华策同时投资建设运营国家文化出口基地——中国（浙江）影视产业国际合作区、长三角国际影视中心（上海）等影视科技文创产业平台，赋能行业生态健康可持续发展。

我们坚守了 30 多年的专注与不变，坚守了 30 多年的耕耘与创新，我们期待未来在大家的继续支持帮助下，持续坚守、持续奋斗，与行业同行，创作中华民族伟大的影视作品，创作中华民族现代文明的时代史诗，不负时代、不负使命、不负热爱、不负坚守！

做时代的代言人和记录者

赵冬苓
山东大学文学院教授、编剧

感谢邀请我来做这个主题发言。和在座的各位相比，我实在是太老了，老得已经不应该出现在这里。但事实上，我仍然保持着很大的工作量，一年三百六十五天，基本上全年无休，每天工作五小时，至少写一万字，每年写成大概一到两部长剧和一到两部短剧。比如今天的行程：我上午从济南出发，午饭安排在火车上，到会上做了这个发言以后，晚上返回。我这样做并不是为了给大会的主办方省钱，而是不想耽误明天的工作。我这么努力，一来是源自对工作的热爱，二来，我想也许一部分原因就是老了，知道只争朝夕。

接到大会的邀请，我一直在想讲什么，最后决定谈一谈我对于现实主义创作的理解。

我自写出第一部影视作品至今已经三十多年。以前还会写一些历史题材的作品，近些年，我把全部的精力都用来创作现实题材，所以，对现实主义的创作有一些自己的心得，在此与大家分享。

一、现实主义创作，使命感很重要

一个作家，应该成为时代的代言人，时代的记录者。我总觉得自己很幸运，这一生经历过许多事：我六七岁的时候经历了三年生活困难时期，十二三岁的时候经历了"文革"，十五岁上山下乡，后来回城又经历了整个改革开放的全过程，直到今天，我们在共同经历着改革开放的新时代。每每想起这些，我总有种使命感，不希望自己的作品只是商品，它还应该是历史的记录者和见证人。作家不应该只是随波逐流，不能只是乘势挣些钱谋生，作家应该是清醒的人，在历史的记录上留下些印迹，这是时代对我们的呼唤，也是我们作为作家和艺术创作者的价值所在。

二、现实主义创作，生活很重要

当年在延安文艺工作座谈会上毛主席就提出文艺工作者要深入生活，深入群众；10年前，习近平总书记在文艺工作座谈会上，再次谈到了深入生活的重要性。我觉得，生活，对现实主义创作尤为重要。我今年已经七十一岁，但只要开始创作一部新的作品，我仍然坚持要去采访，2024年我受山东省公安厅的邀请，创作一部反映警察生活的电视剧，当时我膝盖半月板撕裂正在治疗当中，刚能行走我便去采访。我事先提了一个条件：不要让我爬楼。但到基层派出所公安局，不爬楼怎么可能？就这样，我拖着一条伤腿爬上爬下，走了五六个公安局和派出所，目前，这部作品正在创作中，平台比较看好，更重要的是，邀请我去创作的公安部门评价很高。我的感受是，只要深入生活，总会有新发现，哪怕当日情景不存在了，到事件发生地站一站也会有感觉。生活，是现实主义创作全部的灵感源泉、真实根本，离开生活，创作也将枯竭。

三、现实主义创作，角度很重要

这几年我创作了一些难度比较大、力度也比较大的作品，总会有同行来问我：你不怕审查吗？你怎么敢这样写？我的体会是：不能说创作的禁区不存在，但如果自缚手脚，天花板只会越来越低。只要你找到一个恰当的角度，会发现创作的空间还够你辗转腾挪，而且，一个创作者，不应该只在舒适区里写作，如果写作对自己不构成挑战，创作也就没了意义。

我以自己一个不太成功的作品为例。我曾经写过一部作品，名叫《因法之名》，是写纠正冤错案件的。大家一听这个题材，就可以想象创作的难度，但这个题材是我自己选的，我对它有兴趣，我觉得这些故事值得被书写。它的难度在于敏感性：纠正冤错案件当然是好的，但冤错案件是谁造成的？可以这么说，如果一个案件是冤错案件，那么公检法都曾经犯了错误，而公检法还要参与审查这部作品。我开始完全找不到切入点，把自己写崩溃了好几次，并对自己的创作能力产生了严重的自我怀疑。在最困难时，最高检一位检察官的话给了我极大的启发，他说你不要把公检法割裂，好像是今天的公检法在纠正昨天的公检法，公检法是一个整体，今天的公检法是从昨天的公检法发展而来的。这让我看到了可能，在那样一个时期，之所以有许多冤错案件产生，你不能只归因于个人品质，好像有几个坏人在故意整人，在很大程度上，它是由于我国当时的法律还不健全造成的。比如，大多数的冤错案件，都产生于1998年以前，为什么是这个年份？因为我国的《刑法》《刑事诉讼法》，在 1997 年进行过大修，1998 年生效，修改以前的《刑事诉讼法》，对被告人的权利缺乏更多的保护，而在修改以后，冤错案的发生率就大大降低了。尽管我们把一个错案的产生归因于某几个人，让观众的情绪有更好的宣泄口，可能在商业上会取得更大的成功，但我们还是要尊重事实，尊重法律，《因法之名》全剧没有一个坏人，但错案还是产生了。这样的表达，更为真实和有力量。这部剧的审查不能说容易，但最终还是通过了，我想，我们创作者的客观和善意，审查部门也看到了。

善意，这个词对现实主义创作很重要。如果你进行现实主义创作，不可能对现实没批评，没批判。如果你对应该批评批判的地方视而不见，那你就不配称为现实主义创作。我们热爱这个国家，热爱这个时代，我们盼着它好，因此对那些必须来到你笔下的东西，要有客观的表达，要充满善意。如果你对这个国家、这个时代以及正在发生的历史进程充满了善意，审查部门会感受得到，他们也会和作品共情，并尽可能帮你保留更多的东西。

四、现实主义创作，表达很重要

如果我们要进行现实主义创作，那么就应该在作品中有自己的表达，而不能只满足于歌功颂德。有些东西，你觉得可能无法表达，你可以不写，但来到你笔下的，都应该是真实的，它是你对生活真实的观察和真实的体验，是你真情实感的表达，如果没有这些，那宁可高高兴兴地写一部纯商品的作品，挣些钱也好。有些创作者以过审难为理由而回避表达，我觉得这只是偷懒的借口。我的感觉，空间比我们想象得要大得多。

比如我创作的《警察荣誉》，在 2022 年，近 30 万人在豆瓣上打出了 8.5 分，自上而下都把它当成一部比较成功的主旋律作品，其中，处处充满了我的观察、表达。比如基层派出所工作的困境、情与法的矛盾、对很多不法现象法律没有办法，在许多时候警察只能和稀泥。警察不再是高大上的英雄，他们追小偷到死胡同里，当小偷掏出刀时，警察不是扑上去，而是转头就走，第二天想个别的办法再抓到他；主人公奋勇擒拿坏人，得到的不是表扬，而是领导的批评。领导甚至说了很多看上去政治不正确的话，比如，人家一个辅警，一个月才两千多块钱，你想让人家把命搭上？再比如，我宁可天天到禁闭室给你们送饭，也不愿意年年到墓地给你们上坟。这些台词，写时我都捏着一把汗，担心最后留不下来，事实上它都过了，最终原汁原味地呈现在观众面前，并引起热烈的讨论。我想，这就是真实的力量，表达的力量。这些台词是从生活中来的，并且符合人情，大家都感受到了。

再以我创作的《父辈的荣耀》为例，这部作品开始是当任务接的。当我到大兴安岭采访时，我看到了林业工人的艰苦生活。他们的收入和他们的付出严重不匹配。很显然，如果我就这样直给表达的话，一来它很可能过不了审，二来我觉得它没有价值。我一直找不到切入点，直到我碰到了两棵树，那是两棵曾经并肩长在一起树龄完全一样的树。2015 年，我国停止商业采伐，在这个地方举行了一个仪式，伐倒了其中一棵，并立了一个牌子，牌子上写着"最后一棵树"。五年过去，躺下的那棵还保持原样，站着的那棵已经粗了一轮。这就是深入生活带来的馈赠，在那一刹那，我找到了角度。停止商业采伐，也就意味着我们国家和自然的相处模式和过去有了质的变化，从向自然的索取到养护自然，和自然和谐相处。而这个变化之所以能发生，是以几代林业工人的巨大牺牲为代价的。林业工人的艰苦生活在这里有了另外的意义，也有了另外的表达方式。我们在选取素材时也做了精心的取舍。我和那些林业工人谈了那么久，我当然知道封闭的、捉襟见肘的生活会给他们带来局限和某些弱点，但从开始我就决定只写艰苦生活中人性的美好。这并不是曲意奉承或为了过审，而是我由衷地觉得，在付出那么大牺牲的一群人面前，我更多地看到的是他们之间相濡以沫的深情和人性的美好，而对他们的弱点，我觉得和他们的牺牲比起来，一个外人任何的批评都是求全责备。

　　以上就是我这些年创作中的一些体会，不一定正确，但保证真实。我一直觉得自己是个很幸运的人，经历过很多事情，自己的兴趣就是自己的职业。年轻时写作的想法还很多，现在只为了一件事，就是热爱。为了热爱我还会继续写下去，我会努力，也期待在座的后来者努力，共同创作出更多的精品力作，记录下这个不凡的时代，让我们的后代在检索这个时代时知道，噢，有这样一群记录者。

浅谈影视美术背后的历史文化与意识形态的属性

韩 忠

著名美术设计师

随着影视行业的不断发展，观众对影视作品的要求也越来越高。而在这些要求中，美术方面的呈现无疑成为观众观影体验中不可或缺的一部分。

前段时间，我在参加活动时遇到了一群年轻小伙伴。当时，他们并不知道我是美术师，我问他们喜欢看什么样的作品时，他们脱口而出说"美术好的"。

这次偶遇让我深刻感受到了观众已经不再是单纯地追求剧情和演员表演，他们更加注重作品的整体呈现效果，美术和画面也成为影视作品中的重要组成部分。因此，作为影视美术工作者，我们不仅要具备扎实的美术功底和审美眼光，还要紧跟时代潮流和适应观众需求的变化，不断创新和突破。我深知美学风格对影视作品的重要性，因此每次在接到项目时，我都会查阅那个时代前后大量的历史资料，了解作品所处的时代背景和文化背景，也会横向比较，从中提炼出独特的美学风格。

我曾经参与拍摄过央视版的《三国演义》，那时的创作态度更谨慎，所有资料都出自汉代的文献和出土的文物。在《军师联盟》创作过程中，我就尝试了一种新的美学风格。我深入研究了当下观众的审美需求，从中提炼出了"建安风骨，魏晋遗风"的美学风格。这种风格以洒脱、飘逸为特点。为了营造出这种氛围，我们在场景设计、道具制作等方面都进行了精心打造，力求营造出那个时代的风貌和气息。

而在同样是三国题材的电视剧《风起陇西》的创作中，我则更加深入地挖掘了中国绘画中的语言和审美，提出了更加中国、更加东方的"疏可走马，密不透风"的美学方向。这种风格以简约、大气为特点，强调线条的流畅和色彩的和谐。在场景设计上，我们注重营造出一种古朴、典雅的氛围。我让工作人员把场景里面的花都摘掉，加强影像风格的统一性。因为福建一带出土的古代兵器坑，没有达到文保标准，但我们感觉有很高审美价值。因此，我们把这些兵器拍回来进行酸洗磨制，最后在剧中使用了300件这样的兵器，来还原那个时代别致的韵味。

在创作历程中，我始终将历史资料的甄别与筛选视为基石与准绳。历史资料是影视作品创作的源泉与依托，唯有精准、真实地再现历史背景与人物风貌，方能铸就兼具说服力与感染力的佳作。这部戏播出之后，有些细心的观众反映有日本文化的味道，但又找不到确切证据。其实在唐宋时期，中国与日本之间存在着密切的文化交流，但二者之间的差异十分显著。纵观中国五千年的辉煌文明史与三千年的政权更迭史，中国文化与日本文化虽同属东方文化体系，日本政权体系萌生于隋代，唐宋时期璀璨的文化之光迸溅到了日本四岛，在那里生根发芽，故而中国与日本的文化基因中确有着相似之处。由于古代政权更迭频繁，战乱连绵，导致相关的历史资料相对稀缺。一些美术师在进行创作时，或许会本能地查阅一些日本的资料，但若缺乏审慎的甄别与筛选，便容易陷入"倭风"的误区。例如，今天的人们所采用的坐姿是垂腿式，但在宋代之前，人们普遍采用的是跪坐式；在宋代之前，士大夫阶层通常不穿裤子而穿裙子，穿裤子甚至会被视为蛮夷之举，这主要是出于骑马的需要；另外，宋代人因服饰原因行走方式是趋步而行。中国的生活方式是分餐制，之后才逐渐演变为聚餐制。中国的筷子上方为方方，下方为圆形，寓意着"天圆地方"，而日本的筷子则整体圆润且尖细，更便于食用鱼类。这些方面确实存在着相同的文化 DNA，若不对这些细节进行细致入微的甄别，确实容易误导观众。越是深入了解，我们越能深刻感受到汉文化的自信与独特魅力。

作为一名影视美术工作者，我深知自己的责任和使命。在创作过程中，我不仅要注重作品的艺术性和观赏性，更要注重作品的意识形态和社会价值。

我有一个习惯，在创作上将自己置于历史水平面之下，而不是以俯视的角度进行创作。在拍摄《觉醒年代》时，我们融合了现实写实性与版画元素，因为版画在我党前期宣传中发挥了举足轻重的作用，其制作便捷、传播范围广。在创作初期的主创讨论会上，我们最初的想法是尝试打造一个小型的文艺复兴，展现多家之言的时代。然而，通过深入的学习与探讨，我们意识到这样的格局过于狭隘。我们更应当致力于历史的真实还原，聚焦于革命先贤为何要创立新的政党、建立新中国，这才是我们作品的主题所在。我们对近代史进行了深入的学习和思考，在清朝灭亡后，中国的未来之路充满了不确定性。当时，中国存在着多达3000个党派和各式各样的军阀割据，真可谓"百年魔怪舞翩跹"。中华民族将要走向何方？当时主要分为三种体制："复辟帝制""君主立宪"和"联邦共和"这三种体制都会将中国引向更深的苦难，唯有马克思主义才能更符合中国国情。从而深刻地领悟到，中国需要共产党，中华民族更需要共产党。

通过对中国近代史的了解，我们逐渐明白，"风花雪月"绝非《觉醒年代》应有的基调。如果作品沉溺于这样的氛围，那么建立新政党的意义何在？为了深化这一认识，我们搜集了大量资料供主创团队研讨。我们发现，那个时代的北京城破败不堪，老百姓的生活困苦至极，帝国主义殖民的沉重压迫如影随形。因此，我们决定还原那个民不聊生的社会环境，让一群面带愁容却意气风发的革命先贤在这样的背景中向我们走来。导演采纳了我的建议，从河北运来了170车黄土，营造出"晴天一身土，雨天一身泥"的真实场景，这样的环境不仅让演员们更容易入戏，也让观众能够身临其境地感受到那个时代的艰辛与不易。在这样的环境中孕育出的星星之火，无疑更具震撼力和感染力。

经过对近代史的深刻钻研与反思，我越发坚信影视剧创作不仅不应游离于意识形态之外，反而应当成为意识形态的载体，致力于捍卫政权诞生之初的合理性与合法性。这一理念在全球范围内均有体现，好莱坞的主流电影更是在无形中传递着其背后的意识形态，在鼓吹西方文化优越性的同时，往往忽视了其他文化的独特价值与贡献。这种做法，不仅缺乏对其他文化的尊重，更可能引发文化冲突与误解，是一种危险且愚蠢的行为。

此时此刻，我深刻感受到了当前国剧的发展态势和观众需求的变化。作为一名美术工作者，我将继续注重作品的艺术性和观赏性，更加精益求精做好本职工作，更加注重作品的意识形态和社会价值，努力建立社会主义美学观和美学价值观。中国绘画界有一种说法，"中国画离西方绘画越远越好"，这何尝不能成为中国影视美术工作的一种思考方向。

高标准和规范化的母版制作　助力电视剧产业繁荣发展
——《电视剧母版制作规范》解读

解　伟
国家广播电视总局广播电视
科学研究院总工程师

今天以"高标准和规范化的母版制作，助力电视剧产业繁荣发展"为题，向大家介绍《电视剧母版制作规范》标准的技术历程和目前的进展情况。

目前行业中使用的《电视剧母版制作规范》是 2021 年年底发布的，2022 年 4 月正式执行。

这个标准制定的背景实际上是源于两个问题，当时主要是要解决：

第一，电视剧制作单位和电视剧发行机构之间的矛盾。这个矛盾出现在电视剧进行制作和交换的时候。由于大家交换的文件格式、音频参数、图像压缩编码等参数不一样，电视剧制作部门为了适配不同电视剧的播出机构得生产各种各样的电视剧版本，实际上造成了极大的人员浪费和资源浪费。

由于电视台机构使用编码参数不一样，图像质量不一样。即使电视剧厂家或生产制作单位花了很大功夫去制作各种各样的电视剧版本，结果质量可能还达不到要求。

第二，当时电视剧内容普遍出现了一些注水现象。比较常见的是每集开播时有一些前情回顾，前情回顾的时长到底有多长、到底播什么内容，这些没有相应的技术手段和规范，所以急需通过有效的手段进行规范和管理。

基于这个前提，广电总局希望在短时间之内制定出一个技术标准。因此 2021 年，在广电总局领导的部署和指挥下，由广电总局广科院、各电视台、各后期制作单位共同制定完成了我国第一个电视剧的技术标准，这也是我们国家第一次通过技术手段来支撑电视剧的文艺创作。

标准自实施应用以来，对电视剧的生产和制作起到了比较关键的作用，对电视剧母版的时长、署名、图像、声音等进行了技术量化和统一规范，保证了电视剧制作机构、版权方和内容播出平台，在母版制作和交换时采用统一的参数和封装格式，提高了生产效率。通过加强标准引领，大幅度提升了电视剧制作水平和规范化水平。

标准不但解决了电视剧拍摄技术层面的有规可依，还在规范电视剧播出时长、署名、解决注水、争番排位方面做到了有章可循。通过标准化的管理，有力整顿和规范了市场秩序，保障了行业健康有序发展。

在电视剧生产制作过程当中起作用的同时，《电视剧母版制作规范》还有一个很重要的作用，那就是依托本技术标准完成了国家电视剧版本存储体系的建设工作，首次也是历史性地对电视剧进行体系化存储，通过建立国家级的公益性高质量电视剧版本存储体系，一方面极大提升了我国电视剧现代化管理水平，另一方面对我国优秀电视剧的文化传承和保护发挥了不可替代的作用。

这是我们已经建成并正式投入使用的国家电视剧版本存储体系系统。它由多个子系统构成，它的存储规模、存储容量和存储时间都可以达到电视剧百年存储的要求。目前我们已经存储电视剧 483 部，共 12400 多集，每一天、每一个时刻都在不停地往里面增加电视剧。

整个存储的过程实际上是非常清晰明了的。制作机构完成制作后，由省广电局和广电总局来完成它的审核工作，交由电视台的播出机构进行正常播出。播出后的电视剧内容可以在我们的版本库进行存储，在存储之前还需要进行自动化检测，用技术手段对每一部电视剧、每一集电视剧、每一帧画面进行技术检测，通过技术检测的电视剧就可以正常存储到我们的版本系统里面，实现百年存储。

当前广电总局正在全力推进端到端的超高清的全链条发展，加快内容频道、平台网络、终端设备的全面升级。这一举措也是为了全面提升超高清电视的整体质量和用户体验，满足人民群众日益增长的文化需求。

作为超高清内容的重要组成部分，电视剧的超高清化发展显得尤为重要。推动超高清电视剧的发展，不仅能够丰富观众的观看选择、提升观看体验，还能促进整个产业链的升级和技术创新。

有鉴于此，在 2024 年年中，广电总局就启动了《电视剧母版制作规范》的标准修订工作，结合超高清发展技术需求，对文本进行了全面修订。

整个修订的过程是以新技术为驱动，全面提升视觉和体觉体验的，主要包含三个方面。

第一，去除了电视剧版本制作中高清的相关内容。这一点说明什么呢？目前或者以后我们电视剧的母版要全部超高清化，完成高清向超高清的过渡，率先实现电视剧源头 100% 超高清化，这是我国电视剧走向高质量发展的一个重要标志。虽然只是电视剧母版的超高清化，实际上它意味着从拍摄、制作、存储、后期、特效等方面，前面的源头全部需要超高清化。

第二，增加了 HDR Vivid 技术标准要求。HDR Vivid 是高动态范围的一个技术标准，可以为我们的电视节目提供更高的动态范围和更丰富的色彩空间，使画面更加生动和逼真，带来更加沉浸性的观看体验。

第三，增加了 Audio Vivid 技术内容。Audio Vivid 是三维声，是一种立体声，它通过先进的音频处理算法提供更为立体和真实的音效，增强观众的沉浸感。

为什么我们要将这两项技术增加到我们的母版技术里面呢？实际上 HDR Vivid 和 Audio Vivid 是我国目前在音视频领域最新的科技成果，也代表着我国的音视频领域在这两个方面最高的科技水平。传统的 HDR，我们一般使用的是 HDR10、HLG，或者是杜比 Vision，这些都是国外的产品或者技术，Audio、杜比的 DTS 等也是一样，也都是国外的技术。

经过这些年的沉淀，双 Vivid 的标准在产品性能和技术先进性上已经可以赶超国外同类先进标准。所以在这次修订过程中，我们将两个拥有自主知识产权的技术标准引入，一方面是强力支撑我国自主知识产权的技术标准，另一方面也是利用先进的科学技术使我们的电视剧制作呈现出更强的艺术表现力。

新标准的修订过程要坚持高质量的引领，主要体现在三个方面。

一是推动技术创新和应用。采用先进的制作技术、格式，有助于推动行业的技术创新和应用，加速我国电视剧制作的技术进步和发展。在电视剧的生产制作过程中，我们希望用最新的科学技术来高位推动电视剧发展，赋予电视剧创作人员更多的想象张力和想象空间，包括创作空间。

二是进一步强调电视剧母版的规范化和标准化。通过明确的系统技术指标和制作流程，全面提升电视剧的母版质量，从而带动和引领全行业实现高质量的发展目标。

三是提升观众的体验感和满意度。一方面，高质量电视剧的母版不仅是技术上的突破，更是对观众负责的体现，对图像、声音质量的高质量要求，也是为了给观众提供更清晰、更真实、更具沉浸感的观看体验。另一方面，采用新的标准可以提升国产电视剧的国际竞争力和文化影响力。高质量的创作电视剧具有更强的竞争力，更容易获得观众和市场的认可，不仅有助于提升作品的品牌价值，还能促进文化内容的国际传播，拓展海外市场。同时，高质量的母版制作为多平台、多屏幕适配和内容再利用打下坚实的基础，延长了作品的生命周期，可以实现更大的商业价值，形成更加多元开放的市场格局。

总之，广电总局对电视剧母版制作规范的修订不仅是顺应技术发展的趋势，还为行业高质量发展指明了方向，通过引入先进的音视频技术，提升制作规范，有力推动电视剧超高清数字化水平，为观众带来更加优质的视听体验，促进行业的繁荣发展。

剧集论坛 | 02 平行论坛

圆桌对话

圆桌对话一

论创作的初心和自我修养

王伟
- 《问苍茫》导演

梁振华
- 北京师范大学教授
- 《问苍茫》《欢迎来到麦乐村》总编剧

于小千
- 《日光之城》《漫长的季节》《扫黑风暴》编剧

雷佳音
- 第34届"飞天奖"优秀男演员

宋佳
- 《山花烂漫时》主演

向真
- 北京广播电视台主持人

115

向真： 各位都在各自领域有着突出成绩，也相信你们有非常多的创作心得想跟大家分享。这一轮的话题为"论创作的初心和自我修养"，先回溯一下，各位进入到这个行业是什么契机？有什么故事可以分享？这么多年来，创作的初心有没有调整？或对自己的初心有没有新的感受？

宋佳： 大家好，我是演员宋佳，分享一下入行的初心。我在上海戏剧学院时，老师建议我从事这个行业，毕业后我就开始入行拍戏。一路走来虽然懵懵懂懂，但学校的老师给了我很多指导。他们不仅教我表演技巧，更重要的是，帮我建立了对表演的敬畏之心，让我懂得了作为演员应有的自信、审美观和人格修养。这些教诲一直伴随着我，成为我演艺生涯中的重要指引。

向真： 是否可以理解为，今天的创作态度或价值取向，都是从老师那里学习到的？

宋佳： 确实如此。老师们的教导一直在我心中，成为我前行的重要方向。敬畏之心是我一直秉持的创作态度，无论角色大小、无论表达方式如何变化，它让我更加尊重角色、合作者和观众。

向真： 它一定是一以贯之的，敬重了自己的角色，就是在敬重观众，也是在敬重表演这项艺术。接下来，请雷老师分享一下您进入行业的初心。

雷佳音： 其实我最初进入这个行业并没有太多的想法，主要是为了生活。后来进入戏剧学院学习，老师们对我产生了深远的影响。上大学时老师特别希望教育我们成为艺术家，我们也有这样的愿望，但是入剧组拍戏后，发现与目标渐行渐远。直到最近有了一些收获，逐渐找到了自己的方向。虽然现在我还不敢奢求成为艺术家，但我始终希望成为一名好演员，通过我的努力，让大家看到演员的工作是一门真正的艺术。

向真： 于小千老师作为编剧，用文字构建世界，身边不乏精彩的故事，能分享一下您进入这个行业的契机和初心吗？

于小千： 我最初是因为对编导专业的热爱而选择了这个行业。虽然编导和编剧有所不同，但我在学习过程中逐渐发现了对编剧工作的兴趣和热情，凭借着对行业的热爱和勇气，从门槛低的剧目开始写起，一点点磨炼手艺、寻找机会。和其他编剧的经历相似，从有活就接，到逐渐有一点选择的余地。我始终保持着对编剧工作的热爱和初心，希望能够通过我的努力，为这个行业贡献一份力量。

向真： 梁老师在影视行业有着多重身份，是教师、学者，也是编剧、制片人。能分享一下您进入这个行业的初心吗？

梁振华： 我最初是学习和研究汉语言文学、中国当代文学，后来留在大学任教。有一次上课时我问学生是否看过小说《红楼梦》，举手的人不到 1/3，我追问是否看过电视剧《红楼梦》，大约有 70% 的人举手。在教学过程中我发现，从文字时代向影视时代的转变，视听媒介变成一股不可阻挡的潮流。我希望能够通过编剧的身份，将文学与影视相结合，印证文学在这个时代不仅没有消亡，而且生命力越来越强大。近年来，影视界对文学更加尊重、热爱，一步步把文学界的精英人士纳入创作中，作为编剧和文学从业者，我感到非常开心。

从个人角度看，我的经历确实颇为特殊。在涉足影视编剧之前，我还曾担任过 8 年的纪录片撰稿人。这些不同的身份，都对我的创作提供了帮助。文学研究教会我研究的思路，文学从业给我文学的基座，纪录片给我影像的启蒙。除此之外，我在进入大学之前，还曾有过 8 年的美术学习经历，让我对色彩、构图、形象感等视觉元素有了更为敏锐的感知力。我所有的经历都变成一个编剧的灵感和资源，选择编剧是命运的安排。

向真： 王伟导演当初进入导演领域是什么样的初心，有什么特别的故事？

王伟： 我进入这个行业比较巧合，是从 2017 年《白夜追凶》开始入行的。但实际上，我 16 岁就开始学剪辑，做剪辑师，到了 22 岁，在地方拍栏目剧、微电影，做了 6 年导演之后，才拍了《白夜追凶》。最初选择这个行业，纯粹是出于好奇。进入这个行业后，我逐渐产生了热爱，并希望将其作为自己的职业。当时对民间影视从业者来说，成为职业导演的门槛非常高。很多科班毕业的年轻导演都很少有机会独立拍片。我们赶上了好时代，很多机遇都与时代息息相关。

我们这一代人伴随互联网的发展成长，从 2G 时代到 3G、4G 时代，从做短片、微电影的内容到制作网络剧。当时网络剧的投资相对较小，传统行业和正规军尚未涉足这个领域，我们才有机会从零开始，从几万块钱的投资做起，逐渐发展到几十万、几百万甚至几千万的投资规模。一路走来，坚持到最后，在新生代导演中站稳了脚跟。但对正规的影视行业来说，我只是拿到入场券，未来仍然充满挑战，因为时代赋予你的机会不会重来。因为我是非专业导演出身，所以更加谨慎，每一次都全力以赴，即使在能力范围内结果可能并不理想，但也不能因为没有努力而导致结果不佳。

向真： 王伟导演是一位非常有特点的导演，特别严格，追求细节，这一点在《白夜追凶》中也有所体现。因为作品是最真实的反映，能够充分展现创作者的创作态度和水准。您的严谨的创作态度是如何形成的？

王伟： 我认为这与人的性格有关，人的性格也与其成长经历密切相关。我非常珍惜进入这个行业的机会，由于对自己没有太多自信，只有通过反复琢磨、仔细研究给自己安全感，我相信勤能补拙。随着后续几部作品逐渐得到行业的认可，这对我来说既是动力也是压力。我曾很谦虚地说我不是专业的、我不太懂，但后来发现身上已经贴上了职业导演的标签，所以要努力培养自己的责任感。这种责任感包括匠人精神，对作品负责、对观众负责；还需要有职业精神，对出品方、所有合作的主创以及演员负责；还有社会责任感，这是作为导演应该具备的、最重要的自我修养。

社会责任感是每个行业都应该具备的，在影视行业尤为重要。因为我们是做文化传播的行业，影响范围广、持续时间长。这是一种新的媒介，唐诗、宋词、古诗文、绘画等形式可以流传几百年甚至上千年，从19世纪开始，影像的传播方式产生后也会传承几百年上千年。因此，责任感非常重要，可能我现在还没有做到，但是我心中对这个行业充满敬畏。

向真： 梁老师刚才提到了不同职业和身份之间的相互给予和激发。但人的精力是有限的，您是如何保证自己在每一个身份、每一个领域都能高水准地持续输出的呢？您是如何进行自我修养的提升的？

梁振华： 我觉得有几点跟大家分享：第一点，有探索的兴趣；第二点，有研究的立场。有些编剧和导演喜欢在自己热衷的领域深耕，也有些创作者喜欢在不同领域体验。这两种没有高下之分，我可能属于后者。

这些年我创作的每个题材，如《问苍茫》《欢迎来到麦乐村》《风吹半夏》，还有更早的《神犬小七》，每个题材都相差很远。在对某个题材有兴趣去探索时，要做的就是用全部力量去研究、钻研和对话。刚才王伟导演提到的匠人精神，举个例子，我们两人集中创作了四个半月，经常为了史料当中的某个细节吵一个通宵。有一天晚上我们达成了一致，第二天早上我来上班时，发现导演把我的细节改掉了。但经过两个小时的劝解，我们发现虽然各自追求立场不同，但对作品细节的重视和较真程度是一样的。所谓的研究精神，就是每个人都不能在自己的专业领域里妥协。

另外，我也想传递一个创作者关于手艺的理念。在进入剧本、进入每一场戏、进入戏剧的结构、进入台词时，要拼命去琢磨怎么把作品雕琢得更好。我们写好每句台词、每一场戏、每个剧本，就是对行业最大的贡献。

向真： 在影视创作中，每一个环节的每一个岗位上都会面临要突破的难题。常说剧本是一剧之本，所以接下来想请于小千先生分享一下，您这几年创作的《日光之城》《漫长的季节》都是现实题材的剧目，未来有没有特别想尝试、想拓宽的其他题材？

于小千： 希望未来能有合适的契机和项目去尝试一下历史剧，站在当代人的角度回头看一个特定的历史时期和特定的人物。希望能够穿越千百年时光的长廊，找到在人物、心情、理解上的共情和共振，通过我们的笔触传达给大家。

向真： 您认为作为编剧需要具备的自我修养，以及不断提升自我修养的方法都有哪些？

于小千： 面对新的项目或创作时，我首先会保持自我警醒的心态。每次创作都是一段崭新的冒险，不能用过去的经验框住它，而是要在这些崭新或相对熟悉的题材里找到重新激发创作兴奋的点。很重要的一点就是要永远对创作有敬畏感，永远保持鲜活的心态来面对创作。另外，要面向鲜活的生活，热爱生活，并对生活做出自己的回应。

向真： 创作总是要带给人们希望。任何一个剧本的鲜活都是通过演员来呈现的，想请雷佳音分享一下，每次接到新角色时，最大的挑战是不是过往的自己？

雷佳音： 是的，因为观众对你越了解，给你的空间就越小。我们经常想尽各种办法突破，但雷佳音就是雷佳音，演员要用自己的情感、自己的认识去打开角色。演员一直在寻觅好剧本，只有好剧本、好角色才有可能突破，否则演员只能演自己认识到的东西。演员离开角色什么都不是，只能靠角色对自己的帮助，才有可能进步。

向真： 有再强的塑造能力，也需要有人指引和提示。你觉得作为演员，必须具备的自我修养是什么？

雷佳音： 感受生活、走进生活。我生活中爱看书，但不好宣扬。只有和比你厉害的人交往才能进步，那些书的作者都比你有水准，把他们当朋友，买回家看就可以进步。而且要回归生活，我喜欢逛菜市场，可以给我安全感。因为演戏演到最后，要去掉神性、找人性，要脚踏实地去掉神性，而人性就从生活中来。我们都谈热爱，但究竟有多热爱就是要看能否坚持，可能5年看不到成果，但20年就能体现出来，坚持做到了就会有反馈。

向真： 说到坚持，宋佳这些年也是一直坚持在创作一线，想请你分享一下《山花烂漫时》的创作感受。

宋佳： 没有想过有一天可以塑造张老师，开始时我无比忐忑，不敢相信。但拿到剧本后，我看到的是一个很扎实的文本，后来了解到制作人带着团队从 2020 年就开始采风、调研，前后写了近 3 年的时间，我在文字当中可以感受到那些力量。作为演员，拿到这样的文本，又遇到像导演那么严谨的、对创作本身内心是如此纯粹的创作团队，演员就是站在巨人的肩膀上，他们给了我很大的信心。创作是集体的创作，不是任何人单独拎出来可以独自创作的。众人拾柴火焰高，我作为演员觉得自己是幸运的，更应该感恩和敬畏这件事。

在塑造张老师的过程中，导演的要求非常精细，认真地研究衬衫是高一厘米还是短一厘米，整个过程给我很多安全感和信心。演员遇到什么团队非常重要，好演员有很多，但有时候运气好，整个创作团队都在给你力量，没有理由不去认真投入。所以整个创作过程也非常纯粹，要对得起这么好的文本，要对得起整个创作团队的初心。

我与张老师之间，存在着一种深刻的情感共鸣。张老师坚持了 16 年，她的精神力量无比动人，当我深入了解她的事迹时，也心潮澎湃。在剧集和文艺作品的创作中，我更加倾向于呈现那些具有鲜明人格魅力和时代价值的楷模形象。回顾我入行 20 余载的历程，心中充满了感慨。台下众多前辈中的许多人都曾是我职业生涯中的重要合作伙伴，他们一直是我的学习榜样。因此，我深感自己能够走到今天这一步，是极其幸运的。更重要的是，我对这份事业充满了热爱。

向真： 《山花烂漫时》是用张老师的视角，让我们看到那些困在大山里的女孩子们故事的点点滴滴。作为演员在整个拍摄过程中，有哪些瞬间会让你觉得特别触动？

宋佳： 非常多。相信每一个演员都是感性的，换成别人也一定有一样的感受。很多观众反馈说，整个戏看完又哭又笑。我深深知道，感动是因为张老师，而不是我。让观众感动的是张老师，她是那么伟大和无私，是一个闪闪发光的、可以引领很多人、给大山里很多女孩儿点燃一盏灯的人，她在用生命做这件事。能够有更多的人通过这部剧了解张老师，热爱她，这就是整个创作团队的初心。

向真： 作为演员，该具备的自我修养都有什么？

宋佳： 扎根生活。雷佳音说进菜市场，我帮他总结一下，就是离人近。演员演的就是人，来自生活中活生生的、真实的人，所以要去生活中汲取营养和灵感。演员的光环是角色，好好生活，从生活中汲取能量。

向真： 这一轮的嘉宾涵盖了编剧、导演、演员，我们坚信你们会坚守初心，不断提升自我修养，奉献更多优秀的作品。

圆桌对话二
新质生产力促进剧集精品创作

王磊卿
· 上海文化广播影视集团有限公司副总裁

周 海
· 湖南卫视党委委员
· 芒果超媒党委委员、副总经理

苏 晓
· 柠萌影视董事长

王 娟
· 腾讯在线视频副总裁

谢 颖
· 优酷副总裁

向 真
· 北京广播电视台主持人

向真： 本轮对话会聚了来自播出平台与制作公司的嘉宾，我们将共同探讨新质生产力如何推动剧集精品创作的新篇章。首先，请王磊卿先生分享。近日，上海广播电视台宣布了一系列新的改革举措，明确指出未来五年将聚焦"SMG in AI"战略，致力于打造全新的主流媒体集团。在此背景下，您认为新质生产力在推动传播效果、用户关系及创作本身实现质的飞跃方面，除了技术层面的贡献，还将发挥哪些作用？

王磊卿： 这个问题非常宏大。起初，我们可能觉得新质生产力更适合由技术部门来探讨，而我们作为艺术创作人员，对此的见解或许不够全面。但我对新质生产力的理解，与集团的新战略紧密相连。

"SMG in AI"只是其中一部分。集团未来的发展方向，围绕新质生产力的培育，主要有三点：智能化、超清化、移动化。通过媒体的深度融合，实现高质量发展。因此，推动新质生产力发展，在于做好这"三化"，并以此为基础，实现精品创作的目标。

在"SMG in AI"框架下，用 AI 重塑技术底座，提高工作效率，通过大数据构建新的评估体系，让剧集决策更加科学。AI 极强的学习能力，意味着未来将具备更强的纠错能力。人自身的知识有一定局限，而 AI 的纠错功能，可以在未来剧本创作阶段及时发现问题。AI 还可以作为所有创作者的重要补充。每个艺术创作者的创作联想能力都是有限的，但 AI 能够提供的想象力是无限的，在一定程度上可以进行补充。目前，上海广播电视台正在尝试建立 AI 应用集成系统"Scube"（智媒魔方），主要应用于新一轮的内容生产，未来将更多地赋能综艺节目，并对影视生产产生更多价值。

在超清化方面，中国的剧集市场即将迈入超高清时代。虽然之前觉得还有很长的路要走，但今天的会议让我感觉这个时代正加速到来。2025 年下半年，东方卫视的综合频道将全面进入 4K 超高清播出。之前，大家对此有不少疑虑。超高清产品的成本比高清产品高出 1.2 倍到 1.4 倍，市场尚未成熟，技术标准也未完全确立。此外，超高清内容的制作周期会更长，包括审查时间在内，比现有电视剧的出品和播出时间要长得多。但是今天会议后，随着一系列政策措施和规范要求的出台，行业正在克服困难，勇敢迎接超高清时代的到来。无论是传统的大屏电视，还是小屏的互联网平台，我们都应该共同建设超高清市场，给创作者信心。他们是内容创作的主力军，只有大家共同努力，才能形成一个庞大的市场。做好超高清化、智能化、移动化这"三化"工作，中国剧集未来的发展一定无可限量。

向真： 接下来有请周海先生进行分享，芒果 TV 有着超强的创新能力和运营能力，想知道在电视剧精品战略持续推进的背景下，如何看待近年来创作者和用户之间关系的演变？

周海： 创作者与用户之间的关系经历了一个转变过程。在过去，影视剧平台及内容创作者主要基于自身对平台和创作本体的理解来提供内容和创意。然而，随着社交媒体和网络媒体互动的日益增强，创作者现在能够及时获取用户对产品和作品的反馈。很多创作者在项目播出时，会实时关注各社交平台的反馈，用户反馈的信息不仅涉及内容孵化、道具情节等方面，还提供了许多真实有用的信息。例如，我们有一个项目，项目还在后期制作中时，有些观众就给平台提供了非常详细的方案，其中包含了他们对项目的深入认知。这种认知为创作者带来了强烈的互动感。这种互动既是一种服务方式，也是共同的成长过程，对整个内容生产业态起到了强有力的支撑作用。

向真： 您觉得微短剧会给长剧带来什么样的挑战？

周海： 一方面，湖南广电和芒果 TV 目前正在积极推进微短剧创作，并成立了专门的团队，综艺团队和原有的影视剧长剧团队也参与其中。微短剧是我们的战略方向之一，会创造更多平台性的微短剧产品。就微短剧与长剧之间的竞争和压力而言，可能会有一些变化。过去，微短剧常被视为"三保一快"的白日梦，即保姆、保安、保洁和快递员等群体的娱乐方式。但从 2023 年到 2024 年，受众群在不断拓展，内容创新快速迭代，影响也越来越大，这种碎片化的娱乐消费方式，符合当下观众的消费行为。

对长剧来说，有两点需要注意：一是微短剧正在占据一部分 B 级剧、A 级剧的创作空间；二是微短剧对用户的快速反馈，以及用户心理的重视，也值得长视频团队学习。市场上已经有了相应的长视频团队利用这些因素做出很好的产品，微短剧和长剧可以互为补充，共同作为平台内容产品提供给用户，对影视整体的发展各有其独特的作用。

此外，目前微短剧已经度过了初期的野蛮生长阶段，正在逐渐走向规范和精品化。最终的发展形势尚难以预测，但用户的反馈、制作方的努力以及政策方面的扶持，都将推动微短剧展现出其应有的面貌。

向真： 苏晓先生作为制作公司代表，当下面临什么样的挑战，柠萌有什么具体的措施去应对？

苏晓： 从制作公司的视角来看，在当前的市场环境下，我们确实在经营上遇到了一些困难，包括项目毛利的下降、产能的缩减等。这些问题我每天都在面对，同时也在积极寻求突围之道。

首先，坚持走精品战略，只有制作精品才能找到出路。市场上的竞争越来越激烈，平台中腰部以下的产品越来越难以获得关注，成为无效产能。然而精品内容却能够创造商业价值，为平台带来可观的商业收入，甚至有可能突破原有的天花板。2023 年的

《狂飙》，2024 年的《繁花》《玫瑰的故事》《庆余年》（第二季），这些作品带来了惊喜，给平台带来很大的商业价值，也给整个影视制作行业带来信心。这与电影行业的情况相似，虽然很多电影投资是亏本的，但每当有作品突破 30 亿、50 亿票房时，就会给整个行业带来信心。因此，只有坚持做精品，影视制作行业才有出路。

其次，行业需要资金的支持。现在制作公司普遍面临资金短缺的问题，主要依赖视频网站、电视台等平台提供的资金。只有平台赚钱了，制作公司的日子才会好过。因此，除了提供优质的产品，我们还需要积极寻求更多的投资渠道。与三五年前相比，现在流向这个行业的资金确实有所减少。我们需要主动出击，不能仅仅依靠平台来维持生计。无论是项目融资、公司融资，还是政府支持的有条件的企业上市融资，都是我们可以考虑的方向。我所在的中国电视剧制作产业协会最近也在积极与各大银行沟通，希望能为更多制作公司提供融资渠道。

最后，平台和制作公司需要共同建设一个良好的生态环境。平台和制作公司既是甲乙方的关系，也是上下游的关系，更是鱼和水的关系。2024 年全行业电视剧和网络剧的生产规模大约在 200 多部，与前些年相比已经有所下降。但这个规模不能太小，因为它是我们双方共同赖以生存的土壤。如果没有足够的土壤，精品也无法孕育出来。我们需要共同努力，不断创新，给更多年轻人提供机会。我们不应该只是简单的猎手，挑选大的项目来做，而应该本着长期主义的精神，去做一个好的种地人。我们要寻找一块肥沃的土壤，好好培育它，春天播种、秋天收割，让土壤越来越肥沃，这样制作公司才有可能越来越好。

向真： 制作公司与平台之间的关系确实颇为微妙。大家有着出精品的共同追求，但有时候关注点可能存在差异。下面请王娟女士分享一下腾讯视频的策略。2024 年，腾讯视频推出了《繁花》、《玫瑰的故事》、《庆余年》（第二季）等多部爆款作品，接下来也将继续加大头部大剧的投入，并引入更多的 TOC 合作模式及备受关注的后验激励机制。这样的策略对中小制作方的生存空间有何影响？如何确保数据的透明度？是否考虑过创作者过于依赖数据可能带来的结果？

王娟： 我们一直在强调长期主义。2024 年，腾讯视频播出了多部优秀的爆款作品，这些作品的成功并非一蹴而就。据不完全统计，从研发到播出，这些作品都经历了至少 5 年的周期。这背后是主创团队以及平台在资金、空间、服务、播出等多方面的支持和付出，共同构成了一个作品从零到一的孵化过程。对平台来说，要想收获好的爆款作品，就必须有这样的耐心和定力。

互联网平台并非线性播出平台，而是一环套一环，确保平台的持续发展。实际上，平台每年的排播已经到了不能再减量的程度。但是减量不减质，观众的口味是不断发生变化的。在这个链条上，我们需要提前三到五年研发面向用户的产品和作品，确保作品能够触动用户的心灵，触及他们的价值观。在这方面，既要敢赌也要敢冒险，要尝试以前没有做过的事情。因为成功的作品一定是之前没有见过的，这是平台在选择投资和制作项目时最重要的考量点。

　　后验机制也是应运而生的。我们会从多个维度对所有项目进行评估，包括剧本的质量、人物的精彩程度、艺术性的追求以及主创团队的创新能力等。同时，我们也会关注成本和效益的平衡，以及在艺术上的加分项。由于视频平台主要是以 TOC 收费为主的商业模式，因此我们必须回答一个问题：为什么用户愿意付费看这部片子？为什么用户愿意持续给互联网视频平台充值、续费并持续消费电视剧？我们需要把这些转化为数据上的分析。这个过程中，平台会对看重的剧目进行投资。但是从去年开始，在一些小切口、创新赛道甚至在头部作品上，采用了后验激励机制，鼓励制作方与用户共同承担风险，共享收益。2024 年运转下来，凡是与我们签订了后验协议的项目，都获得了一定超期的额外回报，甚至有些项目实现了以小搏大的效果。比如《猎冰》的制作团队，虽然规模不大，但因为作品的播出效果非常好，也获得了非常好的回报，这让他们更有动力继续与我们合作。

　　对好的项目，我们会持续投入。希望全行业能够一起振兴、一起坚守，关注用户的长期诉求，共同成长和担当。目前，我们已经将用户画像、完播率、播出指数等数据开放给片方，让他们可以实时在后台关注用户的行为，更好地理解用户的观剧行为。这是一种运营能力，也是新质生产力。

向真：非常感谢王娟女士的分享，她所提供的实操性经验对我们的日常创作具有很高的借鉴价值。接下来，请谢颖女士分享一下优酷在与优秀青年人才合作方面的经验。我们注意到，优酷一直致力于多元化创作，这是否意味着一定的冒险性？

谢颖：确实如此。长视频行业常谈长期主义，我自 2019 年加入优酷以来，已经感受到了行业的周期性变化。在这个周期中，最恒定的因素就是人，包括导演、编剧、演员和优质制作公司的创作力量。优酷一直非常有社会责任感，很早就开始致力于培养行业的源头活水，针对新导演和新编剧陆续推出五大长期战略。我们的"百川编剧大师班"，与刘和平老师的编剧协会合作，为行业输送新鲜血液，还联合成都文旅推出了"拔萃·编剧计划"，进一步拓宽编剧人才的培养渠道。此外，"海纳国际青年导演发展计划""新号角青年导演扶持计划"也都旨在从导演层面为行业人才库持续造血。

　　2024 年上半年播出的《新生》是申奥导演的作品，而我们与他的渊源可回溯到 14 年前。当时他还没毕业，凭借其优秀的作品脱颖而出，与优酷正式签约，成为"中国首批优秀网络原创签约学生导演"。直到现在，申奥导演还保存着当年的签约证书。后来，我们投资了他人生的第一部电影《受益人》和第二部电影《孤注一掷》，而他则把剧集首秀给了我们的《新生》，这充分印证了优酷与新生代创作者的"双向奔赴"。2024年我们"少年幻"单元的《少年白马醉春风》是《少年歌行》的系列作品，这部剧的编剧周木楠，原先是优酷的员工，他利用业余时间写小说，觉得写作比上班有意思，就专职写小说。《少年歌行》的成功影视化，让他完成了从作家到编剧的转型。这些故事，都展示出我们平台对青年人才的发掘、孵化、共创好内容的价值。

当然，这里面都存在风险，但平台的价值就在于将风险降到最低。比如，我们搭建起以老带新的桥梁，以"传帮带"模式为青年充电赋能。2024年，曹保平监制、算执导的《边水往事》，张艺谋监制、吕行执导的《雪迷宫》，都是电影大咖带领新锐创作者共创佳作的范本。同时，我们也会在投资、IP、宣发等方面给予新生代导演、编剧全周期的滋养和资源扶持。

我们不是在做风投，而是要做产投。这件事不是一蹴而就的，也不能拔苗助长，但它非常有价值，值得我们长期做下去。

向真： 刚才的分享让我们深刻感受到，新质生产力的新技术、新模式只是其中一部分，更重要的是人。无论在哪个岗位、哪个流程，都需要有创新精神、坚守精神的人，才能源源不断地高质量输出，才有可能创造出精品剧集。让我们共同期待未来中国电视剧产业蓬勃发展，也共同为打造更多新时代的精品剧集而努力！

动画论坛
新时代新动力　开创中国动画新辉煌

时　　间	10月11日 14:00—16:30
场　　地	郎园 Station 橙色空间
主办单位	国家广播电视总局宣传司、北京市广播电视局
承办单位	北京广播电视台卡酷少儿卫视

领导致辞

李忠志

国家广播电视总局宣传司司长

在这秋高气爽的时节，很高兴与大家欢聚一堂，共同展望新征程上中国动画事业繁荣发展的美好前景。在此，我谨代表国家广播电视总局宣传司，向一直以来关心和关注中国动画发展的专家、学者，以及社会各界人士致以由衷的感谢，向在座热爱动画的朋友们表示热烈的欢迎！

党的二十届三中全会指出，中国式现代化是物质文明和精神文明相协调的现代化，要求增强文化自信，激发全民族文化创新创造活力。动画是文化繁荣的重要内容、文化产业的重要组成部分、文化出海的重要载体，具有巨大的发展潜力和广阔的发展前景。同时，动画还是以未成年人为重要收视群体、深受未成年人喜爱的文艺样态，直接影响和塑造着未成年人的审美和价值观。面对新时代新的文化使命，面对促进未成年人健康成长的时代使命，我们义不容辞、重任在肩，既有信心也有雄心。

中国动画走过百年历程，成就辉煌。特别是新时代以来，在以习近平同志为核心的党中央坚强领导下，我国动画事业焕发新的生机活力，取得历史性发展成就，《冰球旋风》《大山里的"梦之队"》《敦煌的故事》《中国奇谭》等一大批作品受到人民群众欢迎喜爱，在中华文艺百花园中绽放绚丽光彩。

党的二十届三中全会对深化文化体制机制改革作出重要部署，为我们在新的历史起点上推动动画高质量发展提供了根本遵循。为了落实好有关要求，借此机会，我提三点建议，与大家共勉。

第一，坚持价值引领，为中国动画注入强大的精神力量。 习近平总书记指出："在新的起点上继续推动文化繁荣、建设文化强国、建设中华民族现代文明，是我们在新时代新的文化使命。"[①]中国动画要坚定文化自信，高扬社会主义核心价值观旗帜，始

---

① 《在文化传承发展座谈会上的讲话》（2023 年 6 月 2 日），https://jhsjk.people.cn/article/40067929，2024 年 12 月 13 日访问。

终把社会效益放在首位，弘扬真善美、传递正能量，推出更多"有筋骨、有道德、有温度"的优秀动画作品。要坚持创造性转化、创新性发展，在策划选题、塑造形象、设计情节时，做到既有当代生活的底蕴又有传统文化的血脉，提高中国动画、中国故事的文化辨识度。

第二，艺术与技术相结合，开创中国动画新境界。聚精会神搞创作、精益求精出精品，是文艺工作的中心环节。动画"高质量发展"之"高"，首先就体现为作品质量之"高"。要积极运用新技术、新手段创新艺术表达和呈现方式，实现内容与形式有机融合、艺术与技术相映生辉，推动中国动画展现更有内涵、更有潜力的新境界。要拓展中国动画的创作空间，在中华文化元素、中华美学精神与现代科技发展和技术革新的融合与碰撞中，用富有鲜明中国气派、中国风范的精品传递中华文化的气韵和神采，塑造更多为世界认知的中国动画形象。

第三，作品和产业相促进，打造有国际影响力的中国动画品牌。品牌战略是产业发展成熟、深度开拓市场的重要战略手段。提高中国动画传播力、影响力、竞争力，要在打造精品力作的同时，树立品牌理念、强化品牌标识、维护品牌形象，不断提升产业化水平。广电总局将进一步完善政策措施，促进上中下游全产业链条协调联动发展，鼓励培育企业服务机构，完善支持服务举措，支持市场主体发展壮大。鼓励支持资源开发，探索多种商业模式，开拓新领域新赛道，大力拓展"动画+"，如"动画+文旅""动画+教育""动画+服务"等，开创动画产业的一片蓝海。

百舸争流，奋楫者先；千帆竞发，勇进者胜。有以习近平同志为核心的党中央坚强领导，有艺术理想高昂、艺术追求远大的广大动画工作者，有各级党委政府和社会各界的重视支持，相信中国动画事业的明天一定会更好，一定能创作出无愧于我们这个伟大时代、伟大国家、伟大民族的优秀作品。

马 黎

中国动画学会会长

金秋十月丰收的时节，我们迎来了首届中国广播电视精品创作大会在北京的隆重召开，会议深入贯彻落实习近平文化思想和党的二十届三中全会精神，落实习近平总书记在文艺座谈会上的重要讲话精神，以全行业、精品化、大联动拉开了中国广播电视全行业高质量发展的新征程。围绕"更多精品、更广传播、更佳体验"主题，包括动画在内的二十多场专项活动，触达广播电视精品创作的方方面面，由此我们可以强烈感受到广播电视精品创作正在成为行业重大共识，创新创作的动力活力得到前所未有的激发。在这极为重要的时刻，中国动画高质量发展专场论坛也拉开了序幕，我们相聚于此，进一步提高认识、开阔思路、对接行业资源、展望未来发展的新图景，实在是意义重大、机会难得。在此，我谨代表中国动画学会对论坛的召开表示热烈的祝贺，对本次大会为动画搭建的平台表示衷心的感谢，对支持动画发展的方方面面的力量表示崇高敬意。

动画是深受人民群众喜爱的艺术形式，它是造梦的艺术，是人们童年回忆中最色彩缤纷的内容。作为一种生成动态影像的技术手段，如今借力新视听，动画已经深度参与到数字媒体时代的人类生活中，与社会发展密切交织，相互影响。走过百年之路的中国动画，深耕中华优秀传统文化，聚焦时代主题，艺术水平创新能力紧逼国际前沿，呈现量质齐升的好局面。在中国广播电视和网络视听奋力书写着中国式现代化的精彩实践和高质量发展的路上，与其他艺术门类一样，动画片的童心烂漫与寓教于乐、还有火爆"出圈"的动画作品与不断倍增的产业规模，共同构成国产动画蓬勃发展的大气象、大趋势。深受百姓欢迎的佳作频频问世，《长安三万里》《中国奇谭》《大运河奇缘》《家有灶君》《敦煌的故事》等让中国传统文化有了新的表达样态，《熊出没》《大头儿子》《喜羊羊》系列作品越来越会讲故事，《幸福路上》《大王日记》《天天成长记》《下姜村的绿水青山梦》《大山里的梦之队》让观众从动画里看到中国新农村的模样，《我们的奥运》《冰球旋风》《围棋少年》《左手上篮》《少年英雄小哪吒》等，体育和文旅中炫动着动画的新形态……

动画人以自己的方式讲述着中国人追梦、筑梦、圆梦的故事，不仅丰富着人民群众的精神文化生活，还为世界了解中国、认知中国打开了一扇窗。

新时代呼唤新作为。随着经济社会发展的不断推进，人民群众对包括动画在内的文化产品的质量、品位、风格等的需求更高。面对精品时代的呼唤，中国动画要以匠心致敬初心，以更多精品奉献人民。面向未来，中国动画行业要自觉把文化使命扛在肩上，坚定文化自信、坚持价值引领，高扬社会主义核心价值观的旗帜，弘扬真善美、传递正能量。还要深刻把握我们所处的历史方位，把动画艺术创作融入火热的生活，找准选题、讲好故事、打造精品。在此，我提三点建议。

首先，以精品创作为引领，全面提升动画作品的艺术品质和价值内涵，打造更多经典 IP，拉长产业链，提升竞争力。

内容为王，动画更是如此。要吸引人，感染人，没有好的内容是不行的，面向未来是文艺精品时代，无论是何种艺术类型，无论是大屏小屏、荧屏或银幕，精品才是硬需求！电影、电视剧、综艺、纪录片、动画片，"都要跟上时代发展、把握人民需求，以充沛的激情、生动的笔触、优美的旋律、感人的形象创作生产出人民喜闻乐见的优秀作品，让人民精神文化生活不断迈上新台阶"。[①]何为精品，就是那些有价值有温度、好听好看的艺术品，艺术的最高境界就是让人动心，让人们的灵魂经受洗礼，让人们发现自然的美、生活的美、心灵的美。

为什么华强方特的《熊出没》系列很受欢迎，是不断提高的品质、品格和讲故事的水平，还有不断创新的技术与艺术的融合。前不久《黑神话：悟空》风靡全球，外国人看得都陶醉了，市场响应程度令人振奋，在成功的背后，多年的蛰伏和对品质的极致追求是它一鸣冲天的法宝。

只要有好作品，人民群众就会受欢迎，市场也好，政府也好，都会支持，这一点我们还要多做努力。为此，我们还需要深入生活、提升学习能力、开展学术研讨和国际交流，打开思路，乘势而上！我们动画还要跟相关的各行各业，历史传统、现代、国内、国外，以及其他领域展开交流合作，相互学习，扩大视野，使我们的创造力得到更大提升。

其次，希望动画产业能够加强创新驱动，不断提升自身的核心竞争力。我们要加强技术研发和人才培养，推动动画产业与互联网、大数据、人工智能等新技术、新产业的深度融合，打造更多具有自主知识产权和核心竞争力的动画品牌和 IP。我们还要注重艺术与技术相结合，开创中国动画新境界。随着科技的进步和全球化的深入发展，

---

① 《习近平在文艺工作座谈会上的讲话》（2014 年 10 月 15 日），https://jhsjk.people.cn/article/27699249，2024 年 12 月 13 日访问。

动画创作和传播的手段更加多样化，动画市场的空间更加广阔。特别是近年来，国产动画在游戏领域的跨界融合也取得了显著成果。现在人工智能越来越火，我们动画是人工智能应用的最好领域，要想办法在人工智能领域深度交融，进而赋能我们的产业，这是中国动画提升自己的不二选择，或许这样能够成为中国动画实现弯道超车的最好机遇。希望我们共同努力，探索出一条新质生产力的发展道路。

最后，要打造优秀的人才队伍。高水平的人才队伍是高质量作品的根本保障。

习近平总书记指出，文艺是铸造灵魂的工程，文艺工作者是灵魂的工程师。好的文艺作品就应该像蓝天上的阳光、春季里的清风一样，能够启迪思想、温润心灵、陶冶人生，能够扫除颓废萎靡之风。"凡作传世之文者，必先有可以传世之心。"广大文艺工作者要高扬社会主义核心价值观的旗帜，充分认识肩上的责任，把社会主义核心价值观生动活泼、活灵活现地体现在文艺创作之中，用栩栩如生的作品形象地告诉人们什么是应该肯定和赞扬的，什么是必须反对和否定的，做到春风化雨、润物无声。要在文艺创作上追求卓越，而且要在思想道德修养上追求卓越，更应身体力行践行社会主义核心价值观，努力做到言为士则、行为世范。

人才是动画产业发展的核心要素之一。我们要共同努力锻造一支优秀动画人才队伍，未来要特别关注动画人才的培养和引进。我们要加强与高校、职业院校等教育机构的合作，推动产学研融合发展，让更多具有创新精神和实践能力的动画人才脱颖而出。同时，我们也将积极引进国际优秀的动画人才和团队，为中国动画的国际化发展提供更加坚实的人才保障。鼓励和支持动画创作者在题材、风格、技术等方面的创新和探索，推动中国动画作品的多样化和个性化发展。同时，也要加强动画作品的市场推广和营销人才的培养，努力提高中国动画的知名度、影响力和产业竞争力。

人才培养，人才要向人工智能时代的思维与应用聚集，过去是传统的动画的天地，未来如果不与新技术结合就可能像胶片相机等传统产业一样被淘汰，动画转向了人工智能时代的新发展新应用，这方面人才培养也迫在眉睫。

动画高质量发展不止步于此，还有许多工作亟待我们共同努力，在社会发展的关键时期、在技术变革的伟大时代交出我们动画人的答卷。我也特别期待各位嘉宾、朋友们能通过这次论坛活动，深入交流、碰撞思想、共谋发展。让我们携手并进，共同推动中国动画事业在新时代迈上新的台阶，为建设社会主义文化强国、铸就中华文化新辉煌贡献我们的智慧和力量！

| 主题演讲 |

葫芦里卖的什么药

姚忠礼

国家一级编剧
《葫芦兄弟》编剧

我们如果把中国动画比作世界动画史上一串美丽的葫芦藤,那么美影厂的一部部作品无疑是这葫芦藤上结出来的硕大果实。

中国动画走过百年历程,一部美影厂的历史,就是半部中国动画史。《大闹天宫》《小蝌蚪找妈妈》等享誉世界影坛的经典作品,是美影厂第一个黄金时代的代表作。到了1979年,向中华人民共和国成立30周年献礼的我国第一部彩色宽银幕动画影院片《哪吒闹海》的横空出世,与后继的《三个和尚》《雪孩子》《九色鹿》《黑猫警长》等,则拉开了第二个黄金时代的大幕。而以《葫芦兄弟》《邋遢大王奇遇记》为标记的动画系列片的诞生,让第二个黄金时代熠熠生辉。

今天,我们回顾这段历史,不禁会问:"葫芦里卖的是什么药?"探讨这个问题之前我们首先要讨论"为什么要卖葫芦药"。

《葫芦兄弟》是中国第一部剪纸系列片。之所以说是第一部,是因为在1984年以前中国的动画片大凡是艺术短片,间或有动画影院片。到了20世纪80年代,中国的电视机普及了,而且国门大开,国外的大量动画片涌进来了,那时候我们就感觉到,我们中国动画一定不能丢失这个阵地,我们也要拍系列动画片。《葫芦兄弟》由此诞生。

一、做好动画就先要做好剧本

"剧本剧本,一剧之本。"故事内容是否引人入胜,故事情节构思是否巧妙,是否能够让观众满意，决定了动画片是否能够受市场的欢迎、观众的喜爱。一部好的动画作品要通过剧情中的影视语言和思想内涵来达到引人深思的目的。

在创作《葫芦兄弟》时，由于对系列片剧本创作缺乏经验，想要写出一个情节精彩的好故事，需要花非常多的时间构思，也是一个考验与挑战。

二、主题思想是动画的灵魂

《葫芦兄弟》初衷是想要传达"兄弟团结，其利断金"的教育意义。七兄弟的本领各不相同，但本领再强，单打独斗也不能取得胜利，唯有团结才能让他们战胜妖精。主角不是所向披靡的，他们一定有弱点，只有团结才是力量，唯有团结才能战胜困难。

三、好的动画片要有好的角色设计和戏剧冲突

拍系列动画片，我们在写《葫芦兄弟》时，开始还不是从主角开始写的，我们当初的感觉就是要写好主角，先要写好反角。"道高一尺魔高一丈"，所以我们感觉到，一定要塑造两个强大的对手——蛇精、蝎子精。为了把这七个兄弟塑造好，我们不是写他们本领多么大，我们是写他们的弱点，而且都被蛇精和蝎子精发现了。于是，他们就被妖怪逼到了生死的关头。我们的作品之所以受小朋友喜欢，是因为我们的对手那么强大，我们的英雄都有弱点，他们都在悬崖边上，绝地反击，这样故事才精彩抓人。

四、巧妙的章回体结构和浓烈的情感是做好动画的关键

《葫芦兄弟》有着和章回体小说相似的叙事结构。章回体小说的三大特点是分章叙事、标题点目、设置悬念。在每一集，我们往往会设置一些悬念，引发观众的好奇心，促使他们继续看下回分解。这种手法使得动画情节紧凑、引人入胜。

以前的动画或幽默、诙谐，或是突出动作场面，《葫芦兄弟》则注重情感呈现，其中包含了三条重要的感情线：穿山甲牺牲、七兄弟反目、爷爷牺牲。用情感塑造人物是成熟编剧的标志。情感是否动人，看你能不能让我"泪目"。我们打破了动画片不死人的传统规律，因为这两个人物的牺牲，会给孩子们留下最深刻的印象——"为有牺牲多壮志"。

《葫芦兄弟》中牺牲的穿山甲

五、好动画的流传离不开好的主题音乐

《葫芦兄弟》主题歌《小小葫芦娃》的歌词创作只用了一小时。这首传唱至今的时代金曲，就是我凭借脑子里一瞬间蹦出来的灵感，一口气写出来的。要说波折只有一

点，我把写好的歌词初稿交给作曲家吴应炬老师，他研究一番后问："能不能加两个象声词，有童趣，也符合歌曲活泼、昂扬的特色？"于是我想了想，就加上了"叮当当咚咚当当"，像是葫芦风中摇摆，互相碰撞，又像是葫芦落在地上，复又弹起的声音。如今看来，就是这句"叮当当咚咚当当"为这首歌注入了灵魂。

说了这么多，那么我们葫芦里卖的究竟是什么药呢？是文化自信和与时俱进。

文化自信是根。动画是一个综合艺术，真正成功的还不仅仅是动画艺术家，我们是跨界的，《小蝌蚪找妈妈》来自齐白石的画，《牧笛》来源于李可染的画，我们的《哪吒闹海》来自张仃先生的画，还有张乐平先生的《三毛流浪记》。我们把中国那些非常优秀的艺术作品，都嫁接到我们的动画里来，这就是文化自信。中国的传统文化是做动画取之不尽用之不竭的宝库，我们有非常丰富的历史，中国动画一百年了，中国动画不输给任何一个国家。

与时俱进是魂。时代是不断发展和进步的，《葫芦兄弟》的诞生正是跟随了时代的潮流，顺应了历史的发展方向，所以我们有了系列动画片。当今动画也迎来了新的机遇，人工智能的出现，游戏产业的结合都是时代的新方向，动画和游戏是一对孪生兄弟。如何与时俱进，让动画这棵葫芦藤顺着时代的新架子生长，向上向善，汲取新的阳光和雨露，就成了当今新的时代问题。这个问题将由年轻一代来书写。

我相信中国动画的明天会更好，踏实前行，故事自有答案。

拓展动画：智能媒体时代的动画教育

王 雷
中国传媒大学
动画与数字艺术学院院长

今天，我很荣幸能够在这里与大家分享中国传媒大学动画与数字艺术学院在智能媒体时代下的动画教育探索与实践。

中国传媒大学动画与数字艺术学院自 2001 年成立以来，始终走在动画教育的前沿。作为国内最早设立动画学院的大学，我们不断推动动画与数字媒体艺术的创新发展，培养了大批优秀的艺术人才。学院自成立以来，始终致力于将最新的技术与最优秀的艺术教育结合起来，以应对日新月异的行业发展需求。2022 年至 2024 年，我们连续三年蝉联全国动画专业第一，这充分证明了全体师生的努力与成就。我们始终坚信，只有不断追求行业前沿，才能在动画教育领域保持卓越地位。

近年来，我国动画产业迅速发展，出现了大量精品力作。产业发展为动画教育提出了新的要求。在高校，我们时常听到动画企业对高端人才的迫切需求。然而在实践中我们看到，动画教育的发展速度在近几年出现了明显的放缓趋势。究其原因，我们认为是随着动画产业水平的提高，对人才水平的要求水涨船高，然而部分高校的教学模式仍停留在培养加工制作人才的初级阶段。

动画教育面临的挑战，随着智能媒体时代的到来被进一步加速了。美国动画工会 2024 年上半年的一项调查认为，到 2026 年，1/5 的影视动画从业人员的岗位将被 AI 替代。随着 AI 技术的迅速崛起，动画制作流程中越来越多的环节被自动化，这为动画教育带来了新的挑战。如何在这样的变革中保持创新与艺术表达，培养适应智能传媒时代的动画人才，是我们必须面对的问题。我们认为，智能媒体时代动画教育的关键词是"创新、创作、交叉和跨界"。

一、聚焦培养能创造新的艺术风格、叙事形式的动画创新人才

AI 可以通过庞大的训练数据集实现已有风格的重现与融合，但人类的优势在于原创力与情感共鸣，特别是在深层次的故事讲述和情感表达上。智能时代的动画人才需求，核心一定不会是培养重复已有风格的工具性的低端人才。具备创新能力，才算是拿到了与人工智能竞争的入场券。

二、聚焦培养具备从 0 到 1 能力的动画创作人才

AI 非常擅长完成重复性强的脑力劳动，而动画制作中的众多环节都属此列。2023 年以来，各种替代动画制作重复劳动的技术层出不穷。未来动画制作人才的生存空间将进一步被缩窄。然而在创意、策划、叙事、视听语言等前期创作领域，AI 模型与人类艺术家的差距巨大，且很难在短期内赶上。因此我们认为，未来的动画制作岗位的增长空间已不大，动画教育应进一步聚焦于前期创作人才的培养。

三、聚焦培养兼具艺术与技术素养的交叉动画人才

AI 技术不光能画画、做视频，也能编程写软件，这也大大降低了动画行业技术开发的门槛。这为我们培养兼具艺术与技术素养的交叉性动画人才提供了新的可能。以我们学院为例，去年我们就自己训练了水墨视频生成模型，并制作了全球首部 AIGC 水墨武侠动画短片《龙门》，这充分展示了掌握 AI 工具的艺术家未来发展的无限可能。我校党委书记廖祥忠教授在担任动画学院院长时，提出了"人文为体、科技为用、艺术为法"的办学理念。AI 时代之前，一个人同时具备人文素养、艺术修养、技术能力，并非易事。但是在 AI 时代，人机协作组成的"超级个体"，将可能出现更多的交叉性人才。

四、聚焦培养能在其他相关领域工作的跨界动画人才

我们也认识到，动画创作的未来不再仅限于传统的电视动画、电影动画、网络动画的形式。今天的游戏作品、新媒体作品中已有大量动画内容。在大小屏幕之外，沉浸式体验、虚拟现实（VR）、增强现实（AR）等新兴技术为动画创作开辟了广阔的天地，为观众提供了更加丰富多样的体验方式。这些新技术的应用，使动画从平面的视听作品扩展到更加沉浸的空间体验和更加交互的叙事体验，使观众能够身临其境地感受到故事的魅力。以我们学院为例，近年来，我们的师生作品不光有像《姜子牙》这样的动画电影，有像《消失的她》这样的实拍电影，有像《天下一统》《东方有猫》等新媒

体沉浸空间作品，也有像《火山的女儿》这样在市场上取得成功的游戏作品。我们深感，这些领域之间的边界在日渐模糊。我们也认为，未来的动画人才理应具备在相关领域内开展创作的跨界能力。

在传统媒体时代，动画教育曾经是"美术＋电影"的简单相加。在数字媒体时代，动画教育的核心是培养兼具艺术与技术素养、兼具产业思维的数字动画人才。在智能媒体时代，我们深知单一的技能已经无法满足现代动画的需求，因此，我们将继续探索新的教学模式，创新教学内容，确保我们的学生具备创新能力，能在快速变化的时代灵活应对各种挑战。我们致力于让学生具备跨学科的综合能力，使他们能够在动画、游戏、VR/AR等多个领域中找到各自的发展方向。

在这个变化的时代，我们将尤其重视与产业的密切合作。通过引进高水平的行业专家，与动画企业联合开展科研创作攻关，确保我们的教师能够紧跟行业发展的步伐，将最新的知识和技能传授给学生。

更加重要的是，我们还特别关注动画创作中的文化内涵和社会价值。动画不仅是一种娱乐形式，更是一种重要的文化传播手段。在培养学生的过程中，我们将更加注重引导他们深入理解和传承中华文化，通过动画作品将中国故事和价值理念传递给全世界。这不仅是我们学院的使命，也是我们每一位动画教育工作者的责任。

最后，我要感谢所有在座的各位对动画教育的支持与关注。正是因为有大家的共同努力和支持，我们才能在动画教育的道路上不断前行。让我们一起携手，共同迎接智能媒体时代的挑战与机遇，为中国动画的未来贡献力量！

深耕精品创作　积聚国漫力量

方　凌

央视动漫集团副总经理
央视动漫影业（北京）有限公司
董事长、总经理

很高兴受邀参加首届中国广播电视精品创作大会，也很感谢组委会能特别安排这场动画主题的论坛，这充分说明动画作为广播电视视听艺术的一种独特形式，受到了社会各界越来越多的关注和期待。

在中国电视动画诞生的 40 年里，我们在国家政策的引导和扶持下，随着电视媒介、互联网科技、数字技术的变革，获得了长足发展。正是因为电视的普及、电视动画的出现，才让动画最直接和便捷地进入寻常百姓家，培养了最广泛的收视人群，形成了社会大众对中国动画的普遍认知；同时也支撑着动画行业不断吸纳从业者、教育者，出现了专业的动画学科和院校，培养了动画人才……这些都奠定了中国动画发展的基本盘，支撑着这个行业蓬勃发展。

如今，时代的发展给我们提出了更高的要求。党的二十届三中全会提出加强文化强国建设，将进一步深化文化体制改革和文化创新，通过不断推陈出新，满足人民日益增长的精神文化需求。央视动漫集团将把繁荣文化事业和文化产业作为使命，深耕精品创作、聚力国漫发展。在此，分享几点我们的发展实践和思考。

一是坚定地做电视动画的耕拓者，强化价值引领。从我们 1982 年推出中国第一部电视动画《小黑驴和小花鹿》至今，央视动漫始终专注于国产动画原创，动画产量从 20 世纪 80 年代每年几十分钟发展到现在每年 7000—10000 分钟，广泛采用二维、三维、三渲二以及 AIGC 等各种制作手段，涉及剪纸动画、偶动画、水墨动画等多种表现形式，覆盖童话、现实、教育、神话、历史、科幻、文化等广电总局备案动画的八大题材类型。我们已经积累了300多部、10余万分钟版权的动画作品，而且每年还在持续推出新作。

目前，国内电视动画的目标受众主要是青少年，所以除了保证作品产量和内容丰富性，作为中央广播电视总台下属的动画创制运营机构，央视动漫坚守国家队的责任担当，"引领成长、塑造未来"，为孩子们持续推出绿色优质的动画内容，润物无声地为青少年系好人生第一粒扣子。

《中国视听大数据收视年报》披露的2023年收视率靠前的电视动画，多数具有浓厚的文化属性和教育意义，注重儿童的思想教育和身心健康。其中，全年收视率最高且唯一收视份额破10%的动画片《故事奶奶2》，以及排在第二位的《丝路传奇特使张骞》都是由央视动漫创制出品的。

二是坚定地做国产原创动画的守护者，深耕精品创作。"精品"是刻在央视动漫的基因里的。20世纪末央视提出"精品大片战略"，陆续推出了4部经典动画大片（《西游记》《哪吒传奇》《小鲤鱼历险记》《美猴王》），其中《哪吒传奇》最高收视率达7.06%，超过了《米老鼠和唐老鸭》，衍生图书销量超过同期的《哈利•波特》。《小鲤鱼历险记》登上美国专业少儿频道尼可罗丁。《美猴王》登上迪士尼亚洲频道。我们中国动画不仅在国内引起轰动，还在世界上广为传播。

这充分说明，我们的孩子不是不喜欢我们的中国动画，而是我们的动画要出精品，要讲好中国故事。我们有光辉灿烂的历史、博大精深的文化，如果我们能讲好这些故事，打造具有中国精神、中国文化、中国价值、中国力量的动画作品，观众一定会喜欢和支持国产动画。

近几年，在广电总局的大力支持下，央视动漫陆续推出"中国梦"、"一带一路"、建党百年、青春旋风、传统文化等多元题材、多年龄段受众的动画作品，比如获得"星光奖"的《丝路传奇》《林海雪原》《冰球旋风》，还有入选了广电总局"中国经典民间故事动漫创作工程"的《百鸟朝凤》《中国神话故事》等，从选题策划、创制作到播出，都得到了总局的全过程指导，也让我们坚定了深耕精品原创动画的信心。

三是坚定地做中国动画品牌的锻造者，挖掘精品价值。中国动画要做大做强，必须有我们响当当的动画品牌。但是，精品不一定是品牌，因为动画精品还要经过持续打造和广泛传播，才有可能成为品牌。但称得上品牌的，一定是经过观众和市场检验的精品。近年来，央视动漫在坚持精品战略的同时深入推进品牌战略，确立并实施了国内品牌战略"大头+"和国际品牌战略"熊猫+"。

"大头儿子"是我们重点打造的国民亲子动画品牌，至今已经快30年了，已经推出系列动画片千余集、动画大电影6部、百集真人情景剧2部、驻场人偶舞台剧4部、儿童音乐剧全国巡演近百场，每年持续打造动漫贺岁片，还有周更短视频……

从国际品牌"熊猫+"来说，十年来央视动漫配合国家政治、外交和文化交流活动的整体部署，以国宝熊猫的动画形象和合作国家的知名动物或卡通形象为双主角，陆续推出"熊猫和和"国际合拍系列动画片，累计发行至全球100多个国家和地区，并在英国BBC的少儿频道、俄罗斯儿童频道、葡萄牙国家广播电视总台、新西兰电视台等落播，形成了广泛的国际品牌影响力。

但是，锻造动画品牌要持之以恒、久久为功，现在，央视动漫还在持续打造"大头儿子"和"熊猫和和"的动画新作，很快将要推出文旅主题全新系列《新大头儿子和小头爸爸——带你看中国》，以及为庆祝2024年中法建交60周年打造的合拍项目《熊猫和高卢鸡》。

四是坚定地做行业良好生态的赋能者，积聚国漫力量。中国动画要源源不断地出精品，出品牌，离不开良好的行业生态，离不开各界力量的支持参与。作为央视动漫，非常希望能在其中发挥作用。2024年8月，我们在总台举行的动漫创新项目发布会上，与中国科协、出版集团、国家文物局、中央美院、航空工业集团、爱奇艺、腾讯视频、三体宇宙等共同启动了国漫经典共创计划，希望聚焦名著典籍、红色经典、文物经典、国画经典、武侠经典、科幻经典六大方向，联合社会各界力量共创共投，打造国漫新精品、塑造国漫新品牌。

为了庆祝新中国成立75周年，我们还将在上海、重庆等地举办国漫经典大展，集中展示新中国成立以来中国动画事业的发展历程和辉煌成就。

在回顾过去的同时，我们还面向第二个百年奋斗目标，实施了"2049：打开生活的无限可能"智绘中国梦原创动漫征集计划，以"畅想新中国百年的美好生活"为主题，遴选具有未来感、科技感、时尚感的动漫卡通形象和故事创意。我们将从近400份来自专业的动画创作者、有潜力的爱好者，甚至天马行空的孩子们的作品中，找到我们动画创作的灵感源泉，成就新的精品和品牌。

相信在我们共同的愿景和努力下，中国动画的精品创作之路一定会越走越宽广。同舟共济扬帆起，乘风破浪万里航，中国动画行业定将驶向更壮阔的天地。

传承中国学派　讲好中国故事
——以《中国奇谭》为例，重塑上美影的现代动画叙事

彭 勇
上海美术电影制片厂有限公司
党委副书记、常务副总经理

2023年1月，由上海美术电影制片厂（以下简称"上美影"）主导创作与B站共同出品的动画艺术短片集《中国奇谭》上线播出。全网总播放量突破3.2亿，B站评分高达9.9分，豆瓣评分最高9.6分，激起了业内外对国创动画的热烈讨论与反响共鸣。该项目在内容创作与商业开发上的一系列卓有成效的工作，使项目基本实现了"两个效益"的统一。

一、缘起：根植于"中国学派"美学理念的内容创新

2022年，上海美术电影制片厂迎来建厂65周年，上美影始终在思考如何传承与弘扬上美影前辈大师们缔造的"中国学派"。在这样的契机下，《中国奇谭》于2020年年底孵化萌芽。

动画短片一直是上美影创作的重要组成部分；我们一般用艺术短片去做一些形式或思想上的探索。上美影首创的水墨动画、木偶动画、剪纸动画等多种表现形式的动画作品都发轫于艺术短片的创作，诞生了《小蝌蚪找妈妈》《神笔》等一批脍炙人口的经典动画短片。考虑到当下观众的观看习惯，单独推出一两部短片作品无法形成规模效应，也很难承载中国动画百年来蕴育的艺术精髓。因此，艺术短片集是最好的呈现形式。

"民族化"风格一直是一代代中国动画创作者的艺术初心和探索方向。每个人对

"民族化"都有自己不同的理解。上美影在《中国奇谭》的创作上不拘泥于狭义的中国符号，尝试用现代观念和技术手段解读、呈现中国美学。8部短片都有上美影过去的创作印记和致敬元素，有继承、有发展、更有创新。

《中国奇谭》中的 8 部短片

在表现手法上，既有上美影经典的水墨、剪纸与木偶动画风格，也有三维制作、三渲二等创新性技术手段转化和发展，且有多部作品都呈现出多风格融合的特征。在音乐上，《小满》的主题音乐用了尺八和雅乐琵琶等源自唐代的礼仪性乐器，中段的童谣部分引入唐代乐舞的音调和节奏，呈现出穿越千年的唐代宫廷礼乐；《鹅鹅鹅》整部作品在民族曲风为基底的前提下，穿插了板鼓、小锣等京剧中常见的打击乐器，与西洋打击乐架子鼓带来的强烈节奏感中西融合又相得益彰。在内容上从古代故事到科幻想象，从乡土眷恋到唯美爱情，从生命母题到人性思考——将优秀文化内涵寓于丰富想象，故事的内核最终都扎根于人的深邃情感与美好向往。以"志怪"为题材，不仅是考虑到其能承载中国传统文化的奇幻式想象，更是折射出当下每个人纷繁复杂的内心世界，包括追求、恐惧、欲望等，希望能引发观众的共鸣与思考。

《中国奇谭》的成功得益于多种因素的叠加，有上美影数十年来积累下的丰富创作经验，也有我们完善的创作分工机制和优良的国企制度保障，但最根本的还是得益于上美影始终秉承的创作理念和对中华传统文化的自信底气。

今后，随着AI工具的诞生与成熟，如何将上美影现有的内容美学动画优势转化为产业能量，将IP、作品与算力、算法相结合，缩短创作周期与成本——这将是上美影在AIGC命题上突破的关键和机遇。

二、宣发：开放合作下的商业化逻辑

除了在创作上给予导演们极大的自由发挥空间与宽松氛围，上美影在宣发上也十分注重弘扬中国文化，没有商业化逻辑支撑的创作模式始终是空中楼阁。

《中国奇谭》作为实验性动画，在商业运营模式的机制探索上也不断摸索创新。早在孵化阶段，营销团队便深度介入，从市场开发的角度引导布局自创作生产到宣发合作的整体方向与运维流程，形成动画项目产业生态链的有效闭环。同时，《中国奇谭》作为一个崭新的IP，对发行端有着较高的要求。为此，上美影深入挖掘与呼应动画剧情，设计推出《小妖怪的夏天》便签夹、《鹅鹅鹅》套娃等周边，受到观众的喜爱。

在宣发阶段，考虑到西游故事背景深入人心，以及《小妖怪的夏天》的故事基调和叙事方法更能引发当下年轻人的情绪共鸣，通俗性和艺术性结合得比较好，我们把这个故事放到开头，最终成功获得了大家的关注与喜爱。

三、未来：发挥版权运营的长尾效应

《中国奇谭》在内容上的广度与深度，为做大做强动画IP宇宙提供了难得的机遇。2023年的上海国际电影节前夕，《中国奇谭》第二季和《小妖怪的夏天》大电影宣布正式启动。第二季由9个故事组成，除部分作品由前作导演执导外，还邀请了更多新锐导演加入。动画电影《小妖怪的夏天》由短片导演於水继续担任电影版导演，《中国奇谭》系列总导演陈廖宇担任大电影的监制和艺术总监。

未来，围绕"大IP开发"战略，上美影将继续打造多样化融合东方文化底蕴的现代动画作品，探索一条独具中华文化特色的IP开发路径。除了《中国奇谭》系列作品，上美影正努力打造多部全新的动画作品，旨在向世界展示"中国学派"独特的艺术风格。一是积极整合内外部资源，大力推动"中国经典民间故事动漫作品"开发创作。挖掘中国传统节日习俗和饮食文化的《节日里的中国》系列第一季已完成前期孵化。二是在广电总局的指导与支持下，上美影正推进3D系列动画《新阿凡提的故事》（暂定名），该片基于原版《阿凡提的故事》进行新创作，展现传统智慧与网络科技生活的融合、当代新疆丰富的风土人情，探讨在现代化进程中如何保护和传承传统文化。此外，还有已进入中后期制作阶段的首部彩色水墨动画长片《斑羚飞渡》，彰显民族精神的2D动画电影《燃比娃》等作品。

未来，上美影将在继承前辈优秀传统的同时持续发力，从内容端与品牌端双向探索传承"中国学派"的新形式、新道路。

动画融新意　文化焕新颜
——中国电视动画的传承与创新

罗　昕

湖南金鹰卡通传媒有限公司（频道）
党委书记、执行董事（总监）

习近平总书记强调："中华文化是我们提高国家文化软实力最深厚的源泉，是我们提高国家文化软实力的重要途径。"[①]中国动画，是中华文化的最佳传播载体之一，我们必须不遗余力推进动画高质量发展，用文化和科技融合的方式，锚定动画行业的新质生产力。金鹰卡通卫视开播20年以来，见证了中国动画的跋涉与超越，也感受到品牌和产业升级中的艰辛和不易。

近两年，大家最常说的一句话就是"IP为王"。纵观全球动画的创作，爆款的核心就是IP的搭建。IP成功背后更深层次的逻辑，是文化的折射与传承。我们可以看到海外一些知名的动画IP，如《鼹鼠的故事》《小猪佩奇》等，在制作过程中运用了很多本土化元素，再用新颖的方式重新进行诠释，让传统文化焕发新活力。

目光回到国内，可以发现中国动画史上三次"破圈"的作品，都来源于对《西游记》的传承，从中国第一部长篇动画《铁扇公主》，到第一部彩色长篇动画《大闹天宫》，再到打开国产动画电影新篇章的《大圣归来》，甚至最近的游戏《黑神话：悟空》的火爆。传统文化传承的故事与精气神，形塑了国人的价值观，是爆款IP生成的土壤。

金鹰卡通也一直以"文化传承"为本，打造了一系列脍炙人口的动画作品。例如

---

① 《加强文化遗产保护传承　弘扬中华优秀传统文化》，https://jhsjk.people.cn/article/40216491，2024年12月13日访问。

《杨家将》就取材于中华传统民族故事，重现了杨六郎忠孝仁义的家国情怀和不畏强敌的民族气概，获得了第 28 届"星光奖"优秀电视动画节目提名。

我们还从大众耳熟能详的传统民间故事、神话故事中取材，打造《八仙过海》《细说国宝》等作品，一经播出，在 4 岁至 14 岁核心观众全国网同时段平均收视率，稳居全国省级卫视第一，衍生图书一经上线也销售火爆。

我们时刻谨记"以精品引领行业发展，以精品奉献人民群众"。在媒介融合与视听技术发展日新月异的当下，我们要努力做到"有魂、有梦、有胆、有为"。

诚然，在中国做电视动画并非易事，存在投入资金大、回报周期长、技术人才缺乏等问题，所以找到新质生产力是重中之重。习近平总书记强调，新质生产力是创新起主导作用，特点是创新，关键在质优，本质是先进生产力。作为平台和传播机构，金鹰卡通摸索出一些创新手段，尝试缩短 IP 孵化的周期。

一、拥抱新技术，抓住弯道超车的最佳机会

2023 年，AI 技术正飞速发展，这是挑战，也是机遇。面对欧美、日韩积累上百年的动画 IP，中国动画如果要实现弯道超车，需要通过新技术来实现。近年来，金鹰卡通的动画创作中，一直探索用新技术重构"成本、质量、效率"的关系。

例如，《23 号牛乃唐》第三季，之前苦于资金、技术等限制，很难大批量生产，而 2024 年以来，我们利用"AI 三维模型骨骼动画生成技术"让大批量生成高质量短剧集成为可能，节约成本之余，还加快了制作进度。同时，2024 年年底我们将播出动画片《小小守艺人》，这是国内首部 AI 辅助创制的水墨电视动画长片，入选了广电总局 2024 年第一批重点动画项目。我们用 AI 技术辅助中国水墨画的制作，让孩子们从国风创作中感受中国文化的美。

二、结合平台优势，用立体、多元的传播新手段，进行升维辐射

首先，推行"动画 + 综艺"超级传播模式。金鹰卡通核心 IP 形象是麦咭，其实麦咭动画片的剧量并不多，但是为什么在孩子对麦咭比较熟悉呢？这要归功于我们的综艺节目。通过《疯狂的麦咭》这档金鹰卡通王牌综艺让孩子能够更加快速了解麦咭这一 IP 形象以及 IP 赋予他们的精神价值。2025 年，我们将加大这一品牌综艺的投入，配合麦咭线下乐园的营销推广，将麦咭这一 IP 形象不断深化，创造更大的品牌价值。

其次，"长短交织"的跨媒传播模式。以前，优质动画片靠量取胜，但现在随着短视频的兴起，大家对内容的注意力和耐心都在降低，我们要适应这种需求的变化，用新技术、新方式实现"长变短"，用短视频手段传播长视频内容。长短有效结合，达到最佳传播效果。

以经典动画《23 号牛乃唐》为例，我们积极布局推进"动画 + 音频 + 新媒体矩阵"

的传播方式，丰富和深化"牛乃唐"品牌内容传播，用短视频反哺长视频，形成合力，转化商业品牌价值。同时，我们打造了"牛乃唐"音频故事，大受欢迎。未来，还计划在打造"牛乃唐"真人舞台剧和数字人等方面发力，提升品牌形象，丰富内容池。

最后，动画创作与产业布局的相辅相成。我有一对双胞胎女儿，从她们小学同学的衣食住行里，就能看到动画 IP 产业的力量——孩子们追逐的"谷子"，是潮玩二次元衍生品，怎样让新一代的孩子了解中国动画，让中国的动画 IP 形象伴随她们成长，必须做大做强中国动画的行业影响。

金鹰卡通也一直与多家动画行业头部公司探索"产创融合"的合作。动画行业只有盈利了，赚钱了，这个行业才能良性健康地发展。在金鹰卡通，高质量的动画片一直有很高的收视率，很多动画形象也深入孩子内心。未来我们也希望和同行一起探索更多线上线下多维度推广的新模式。

2024 年，金鹰卡通在尝试"动画＋综艺＋玩具"的打造路径，塑造爆款动漫 IP，开设全年玩具衍生综艺，强平台强助力潮玩销售。目前，金鹰卡通已与"中国玩具之都"澄海玩具协会达成战略合作，10 月合作推出"玩具之夜"晚会，后续将探索更多新路径，加快打造全产业链亲子生态旗舰。

线下，我们还与多地文旅机构合作，打造电视动画 IP 主题乐园——麦咭乐园。以长沙为中心，已落户北京、广州、珠海、江西萍乡等地，我们以电视节目的拍摄为宣传载体，成为众多亲子家庭的时尚打卡地。我们也欢迎各大公司的动画 IP 形象入驻乐园，和我们强强联手，打造全新的乐园模式。

习近平总书记强调："教育引导群众特别是青少年更好认识和认同中华文明，增强做中国人的志气、骨气、底气。"[①]中国动画是中华文明的精华投影，我们需要传递怎样的精神和价值观给下一代，取决于我们的创作。中国人，就应该打造具有中国特色的爆款动画，传承上下五千年的瑰宝文化。

金鹰卡通愿意真诚地用平台的优势，为动画行业的发展出一份力，也愿意用芒果的媒体资源和影响力，与在座各位高手探索动画 IP 传播和产业合作新模式。

希望未来和大家一起，以想象力锚定新质生产力，开创中国动画更美好的未来！

---

① 《习近平主持中共中央政治局第三十九次集体学习并发表重要讲话》，https://www.gov.cn/xinwen/2022-05/28/content_5692807.htm，2024 年 12 月 13 日访问。

中国动画发展之路

于 洲
追光动画
联合创始人、总裁

追光动画成立于 2013 年 3 月,"追光"的名字取自夸父追日的故事。追光成立时的使命是"融合科技与技术,不断创造前所未有的卓越作品"。追光团队秉承"中国团队,为中国观众,做中国故事"的初心,立志创作基于中国文化、世界一流水平的动画电影。

追光动画"新文化"系列作品《长安三万里》

在发展初期，追光的前三部作品选择合家欢类型，但这个赛道很拥挤，作为一个新厂牌，又做原创作品，毫无疑问遭遇了商业失利，但积累了宝贵经验。2016年《小门神》上映后，我们及时调整了作品方向：强类型、重情感、年轻向，转向中国经典传说和传统神话的改编，完成了《白蛇》系列、《哪吒重生》《杨戬》等几部作品。2023年暑假，追光动画第8部作品、新文化系列开篇之作《长安三万里》上映。该部作品的开发始于2020年年初，立项时我们就确立了创作关键词：唐风、诗意、壮美、考究，力图展现盛唐的恢弘气象、诗人的群像风采和唐诗的美妙意境。

关于《白蛇》系列。2019年1月，《白蛇：缘起》在国内上映，取得了4.7亿票房的成绩，成为商业和艺术成功的里程碑作品。2021年7月，日语配音版在日本上映，获评当年"最受日本观众喜爱动画电影"第2名。2021年7月，《白蛇2：青蛇劫起》在国内上映，12月全球上线Netflix（10种语言配音），上线1周跃居全球外语片播放量第3位，并在全球播放量前10保持了3周，3周内播放时长超过2000万小时，观众超过1000万人，目前海外观众超过4000万人。白蛇第三部《白蛇：浮生》于2024年暑期上映，最近我们在海外发行，在YouTube上发了预告片，海外的观众反馈非常热烈，希望在自己的国家可以看到。

现在追光动画的作品有三大系列：以白蛇为代表的"新传说"系列，基于民间传说的创新故事；以哪吒为开篇的"新神榜"系列；"新文化"系列。

我们仰望千百年来中国文化中广为尊崇的闪光人物和经典作品，尊重历史，以具有高度艺术表现力的动画电影形式，向当下的年轻观众、家庭观众讲述他们的故事，传承和展现中国文化在当代的自信和力量。

2023年10月，全国宣传思想文化工作会首次提出了习近平文化思想，再次强调了"着力赓续中华文脉，推动中华优秀传统文化创造性转化和创新性发展"，这对追光团队多年来的创作实践是极大的鼓舞，也是追光未来的发展方向。追光团队将继续努力，踔厉前行，继续为广大中国观众和全球观众创作出具有中国文化特色和时代精神的优秀作品。

繁荣之中 未来之前
——创造国产动画的新生机

崔 超
腾讯在线视频动画
内容制作部总经理

近年来，以党的二十大精神和习近平文化思想为指引，文艺领域开启了繁荣发展的新篇章。其中，动画产业作为文艺创新的前沿，以独特的美学吸引力与快速迭代的创新技术，展现出了蓬勃生机。在全球化语境下，极具特色的国风动画形成了独树一帜的文化美学风格，在海外的热度持续升温。

目前，中国动画产业总产值已突破2200亿元，年播超过200部作品，产业规模持续扩大，产业价值不断提升。腾讯视频作为动画产业的重要参与者，不仅聚焦精品化，推动内容品质升级与产能提升，更是作为新技术的倡导者和践行者，不断打造国产动画的新高地。

腾讯视频在动画领域十年如一日地耕耘，逐渐积累起了一些优势，取得了些许成绩。在商业平台中，腾讯视频动漫在自制数量、头部内容覆盖率、用户规模等维度都长期保持行业第一。口碑方面，《画江湖之不良人6》成为2023年豆瓣评分最高的动画剧集，2024年推出的《剑来》也以9.2的开分领跑市场口碑。截至2024年10月，2024年豆瓣开分9分以上的6部高口碑动画中，腾讯视频共有5部作品上榜。根据云合的数据，2023年在国漫内容中集均有效播放榜单（霸屏榜）中，腾讯视频制播的作品包揽了前10。

稳固的行业地位和持续刷新的好成绩，得益于我们始终保持着战略定力。今天，我想从三个方面，来和大家分享我们这一路的思考。

第一，带着使命感去创作。我们常说，平台越大，责任也越大。这里的责任既是文化责任，也是社会责任。优秀的传统文化是根脉和瑰宝，要讲好中国故事，就要抓到传统文化的神韵与精髓。基于此，腾讯视频在动画内容创作中，一方面，将传统文化元素融入叙事，以东方哲思为作品构筑内核；另一方面，运用东方美学特色，为艺术表达提供美学支撑。像以故宫为题材的《故宫里的大怪兽》系列、融合非物质文化遗产的《狐桃桃和老神仙》，充满中式哲思的《剑来》、水墨风作品《镖人》等，都在引导年轻人关注并传承传统文化，建立新时代的审美自信延伸到对生活方式的自信。

除了承担文化责任，我们在创作上一贯坚持的原则就是传递正向价值。我们相信，只有贴近主流价值观，作品才能立得住、传得远。尤其针对小观众群体，我们推出了很多寓教于乐的少儿动画，来陪伴孩子们健康快乐成长。

第二，让好内容驶向无限可能。我们希望好的内容，不仅要服务好我们的用户，更要作为文化交流名片，在更大的舞台中闪耀。在国内，我们创投的近40部少儿动画均在全国电视台播出，例如《故宫里的大怪兽》系列登陆央视少儿频道，《超级小熊布迷》覆盖五大少儿卫视，《我的同学是美人鱼》第一季也成功登陆金鹰卡通、卡酷少儿等超100家主流电视台。在海外，我们的内容成功发行至全球许多国家和地区，例如《动物神探队》《呼叫超级土豆》《小企鹅的冒险》等IP远输美、英、法等国家，《镖人》被日本媒体誉为"世界级水平的中国动漫精品"。

第三，坚持做难而正确的事。产业要获得长远的繁荣发展，就需要我们主动去迎接一些挑战。

首先，从技术和艺术两方面着手，填补行业空白。技术方面，我们致力于通过创新技术应用提升制作工艺，推出了首部全流程采用虚幻引擎5制作的国产动画《遮天》；艺术方面，我们近几年一直在大力孵化原创题材，打造《我的同学是美人鱼》《左手上篮》《太素》等原创作品，进一步延展动画类型边界。

其次，以AIGC技术和专业人才为双支柱，夯实工业体系。传统的制作流程相当费时费力，而在当下，AIGC正以前所未有的速度革新影视工业流程。作为一个具有技术基因的平台，我们已经逐步将AIGC能力嵌入动画生产链条，在多个环节为2D及3D动画制作提质增效，引领创新的新浪潮。技术之外，我们也通过发起中国青年动画导演扶持计划，为动画公司提供技术培训，为动画行业培养更多专业人才。

动画是一个充满想象力的产业，也是声画表达与技术创新的最佳练兵场。作为主流制播平台，腾讯视频致力于通过对全产业链的布局，提升动画的内容表现力、产业竞争力与国际影响力。未来，我们也将继续以科技与艺术为核心驱动力，为促进动画精品创作贡献自己的力量。

探索全球化背景与多元产业链下的中国原创发展之路

李豪凌
哔哩哔哩动画中心
总经理

对内容，B 站承担的角色是多元的。我们在成为内容生产方之前，先是一个承载内容，服务用户的平台。我们的平台因动画而生，年轻的观众也因为对动画的热爱而聚集到 B 站。为了这群爱好动画的年轻人，2017 年我们开设了"国创"专区，开始制作、出品属于 B 站的国创动画。

"有 B 站，就有动画。"至今，B 站已累计出品了 270 余部原创动画作品，平均每年都有 50 部至 60 部。在投入方向上，我们坚持品质优先。比起量产，我们致力于仔细打磨每一部作品，渴望做出让观众满意、让用户信赖的精品之作。

除了作品本身，如何挖掘动画更大的价值也是行业和我们共同面对的课题。目前 Z 世代人群规模达到 3.28 亿人，这些用户有极强的传播与消费势能。他们重视精神体验，更愿意为兴趣与情绪消费。2024 年大家从身边应该都已经感受到了他们衍生出的丰富的消费形态及消费文化。谷子经济、IP 线下沉浸等全新的商业发展模式，都让行业看到了产业链多元化的可能。这些用户热衷社交分享，在线上与线下均有极高的参与热情，不仅是作品的自来水，更能带动消费，跨行业联动，创造更大价值。

例如，2024 年我们的动画《时光代理人》3 周年企划，举办了国内首个原创动画 IP 主题音乐 LIVE 巡演。通过全国 6 城，每场千人规模的线下巡演，串联动画内容、音乐歌曲、周边销售、舞台表演等。通过一场巡演激活了多个领域的商业价值，让动画不止是动画。

就是抱着这样的行业思考，B 站正在加强内容创作生产、粉丝深度运营、产品及活动多元开发的完整产业链，既有全面覆盖的规模优势，也有垂类用户的深度特点。

创作动画是前端开发，而激活 IP 的内容矩阵是不可或缺的后端保障。时至今日，我们动画的授权 IP 总数已累计近 200 个，合作品牌数量也超 500 个，品类覆盖我们衣食住行的各个维度，日化、餐饮、3C 数码、游戏、汽车、景区、商超……授权次数累计超过 1600 次。

在以优质的内容服务粉丝的同时，我们也秉持着"MADE BY BILIBILI, MADE FOR GLOBAL"的理念，以创造具有世界影响力的内容为己任。我们的愿景，是让中国原创的动画受到世界的欢迎。

截至 2024 年 10 月，我们的"MADE BY BILIBILI"动画作品已经在北美、欧洲、东南亚、日本和俄罗斯等全球 190 多个地区和国家发行，登上了包括 Netflix、Crunchyroll、VIKI、Laftel 等海外主流平台。

2023 年、2024 年连续两年，包括《时光代理人》在内的作品首映礼在亚洲、北美、欧洲等多地成功落地，并且逐步实现了全球同步跟播。我们的作品，跨越语言和文化的差异，受到了广大海外观众的喜爱。

2023 年 10 月，我们还与日本富士台达成战略合作，设立了专属 B 站国创的频道"B8station"，专注播放 MADE BY BILIBILI 国创作品，这是国内视频平台第一次与日本主流电视台达成频道合作，为国产动画剧集在国际市场的出海打下了坚实基础。

为了实现"MADE FOR GLOBAL"的长远目标，我们从企划、制作、发行等全链路环节布局，着眼全球用户。我们携手海外头部公司，结合海外动画产能，通过多维度的业务开发，持续打造更国际化、多元化的内容。2025 年即将上线的原创动画《凸变英雄 X》也受到了海外青睐，SONY 旗下的 Aniplex 也已提前以投资的形式，真金白银参与到了这个项目中来，并积极推动作品的全球化。

中国动画这几年的发展有目共睹，所以我们才有勇气让行业走出去。这两年，B 站以展商的身份参与了拉斯维加斯授权展、东京授权展、法国戛纳电视节和新加坡亚洲电视论坛，向全球的客户展示并推荐优质的国产内容。同时，我们也直面全球观众，"MADE BY BILIBILI"作为动画厂牌，2024 年首次在全球最具人气的漫展之一"美国洛杉矶动漫展"上举办了发表会，现场到来的海外粉丝之多也让我们对未来更有信心！

未来，B 站将持续致力于出品优质内容，弘扬中华文化。我们坚信，优质华语内容会成为未来国际市场的主流。B 站也承诺将为此不懈努力，作出更大的贡献。

重温经典论坛
是什么力量让经典作品历久弥新

时　　间	10月12日 9:30—12:00
场　　地	郎园 Station 仓酷
指导单位	国家广播电视总局、北京市人民政府
主办单位	国家广播电视总局宣传司、电视剧司、传媒司，北京市广播电视局
承办单位	中国电视艺术委员会、中国广播电视网络集团有限公司

领导致辞

杨国瑞

国家广播电视总局党组成员、副局长

很高兴参加"重温经典论坛"。首先，我代表国家广播电视总局，对各位领导、嘉宾的到来表示热烈的欢迎，对大家多年来对广播电视工作的关心支持表示诚挚的感谢！

为深入学习宣传贯彻党的二十大和二十届一中、二中、三中全会精神，进一步促进广播电视精品创作，国家广播电视总局联合北京市人民政府共同主办首届中国广播电视精品创作大会。大会特别策划举办"重温经典论坛"，旨在回顾近年来优秀视听作品创作取得的成就，总结开办"重温经典"频道丰富电视大屏方面的好经验、好做法，探讨电视艺术经典的现实意义和时代价值，更好满足广大观众的精神文化需求，推动广播电视行业高质量发展。

自2024年2月1日正式开播以来，"重温经典"频道受到社会广泛关注，迅速吸引大批观众，用户规模保持快速增长。截至9月底，"重温经典"频道用户规模达5635万户，收视人群超过2亿人。频道收视率始终位列上星频道前列。据统计，频道全天时段收视率最高位列全部上星频道第九、地方卫视第一。频道开播后，已累计播出2700余集电视剧、动画片和纪录片等经典节目，一大批穿越时代、共情当代的优秀经典作品播出后受到了广大人民群众的热烈欢迎。为切实办好"重温经典"频道，广电总局专门制定了频道运行管理办法，从政策保障、节目储备、节目编播、传输覆盖、宣传推广、可持续发展等方面建立了相应的工作机制，通过积极创新拓展业态和服务，推动实现频道良性循环和可持续发展。

"重温经典"频道以高品质视听经典吸引观众回归大屏，有效遏制了有线电视用户流失，有力彰显了电视"双治理"的突出成果，充分展现了广播电视改革创新、生态优化和高质量发展的崭新气象。为更好推动经典视听作品创作、传播，在此，我提出三点倡议。

一是要珍视经典。经典作品反映着一个国家、一个民族、一个时代文艺创造的最

高水平。改革开放以来，我国视听文艺创造硕果累累，涌现了大量脍炙人口的优秀作品。但实际上，很多经典作品经过一次或几次播出后便束之高阁，观众想看也难以看到，非常可惜。经典之所以成为经典，在于它既能反映时代精神、标识时代特征，又能对后世产生积极而深远的影响。比如《闯关东》展现的自强不息、坚韧不拔的精神品质，《士兵突击》传递的不抛弃、不放弃的人生信条，《亮剑》塑造的敢于斗争善于斗争的"亮剑"精神，都可以在历史的长河中不断地欣赏解读，历久弥新。希望整个系统、行业都积极支持"重温经典"频道建设，一起"打捞"经典，更好地满足人民群众精神文化需求。

二是要传承经典。 凡是传世之作、千古名篇，必然是笃定恒心、倾注心血的作品。经典的背后是创作者深入生活、扎根人民、克服困难、敢于创新、精益求精的价值追求，比如《红楼梦》的参演人员用近一年的时间去跟随红学家研究原著、分析角色，像大观园里的姑娘们一样，苦练琴棋书画，培养角色气质，正是这样的精神和追求，才让一个个人物仿佛从书里走出来一样。比如电视剧《老农民》的编剧为了把中国农民的特点刻画得到位，深入农村，用5年时间走访了6个省，采访了200多位农民，积累了丰富的素材，正是因为下足了功夫，写出的故事才让人感觉真实厚重。这些经典作品里蕴含的艺术品格和精神内核，是我们行业的优良传统，是我们的根基与底气，值得我们去传承、去追随、去赶超。

三是要创造经典。 时代是出题人，在中国式现代化的新征程上需要创造新的辉煌，我们要在波澜壮阔的时代洪流里，创造属于这个伟大时代的新经典。希望广大文艺工作者按照"找准选题、讲好故事、拍出精品"的重要要求，深入生活、扎根人民，为人民抒怀，为时代放歌。广电总局也将不断完善鼓励引导精品创作的机制和政策，重点抓好彰显社会主义核心价值观主题作品创作，抓好弘扬中华优秀传统文化、彰显中华民族现代文明的作品创作，力争推出更多电视剧、网络剧、动画片、纪录片、广播电视和网络视听文艺精品佳作，促进不同题材类型精品规模化涌现，创作生产出无愧于民族、无愧于时代的经典作品。

最后，预祝本次"重温经典论坛"圆满成功！

于 军

北京市人大常委会党组成员、副主任

很高兴在北京最美的金秋与大家相聚一堂，共襄广电行业盛会，共绘视听发展新篇。首先，我谨代表北京市委市政府，对出席本次平行论坛的各位来宾致以诚挚的欢迎！向长期以来关心支持北京文化建设和首都广电事业发展的各界同仁表示衷心的感谢！

中华民族伟大复兴进入关键时期，文化越来越成为强国建设、民族复兴的强大支撑。广播电视作为触达最广泛、受众最普及的文化样式，在丰富人民精神世界、增强人民精神力量方面发挥着不可替代的作用。北京作为全国文化中心，始终把推动广电事业发展作为首都文化建设的重要内容，坚持守正创新，持续引领示范，推出一系列优秀广播电视作品，有力彰显了首都风范、古都风韵、时代风貌。其中，《渴望》《情满四合院》《觉醒年代》等京产经典作品，以其隽永深长的思想和艺术价值，铸就了一代代观众心中的文艺丰碑。

本次重温经典论坛作为首届中国广播电视精品大会的平行论坛之一，既是中国广播电视人的一次温暖集会，也是对中国广播电视经典作品的一次重温和集萃，在巡礼过往的基础上昭示行业未来所向。借此机会，提三点期望，与在座各位共勉。

一是坚守人民立场，以精品力作奋力书写新时代华章。文艺是时代前进的号角。新时代的伟大实践，为广电人提供了不竭的精神滋养和创作源泉，为广播电视精品创作提供了丰厚沃土。新时代的广电人，要始终坚持以人民为中心的创作导向，紧扣时代，扎根人民，深挖北京文化富矿，努力将源远流长的古都文化、丰富厚重的红色文化、特色鲜明的京味文化、蓬勃发展的创新文化熔于一炉，坚持为时代立传、为人民立言，打造更多无愧于时代、无愧于人民、映照我们这个伟大时代的经典之作。

二是坚定示范引领，建设贯彻落实习近平文化思想的首善之区。北京将深入实施《关于推进新时代首都影视产业高质量发展的若干措施》等一系列政策，深入落实"新时代新北京"创作计划，不断提升影视拍摄服务水平，统筹用好各类引导扶持基金，擦亮"北京大视听"文化金名片，持续做好首都文化这篇大文章。北京将以更加开放包容的姿态，更加务实有力的举措，更加热情暖心的服务，真诚欢迎更多优秀广电文艺工作者在北京追梦、筑梦、圆梦。

三是坚持创新为要，激发广电创新创造活力。创新创造是文化的生命力，是文化繁荣发展的活力源泉。我们将深化首都文化体制机制改革，全面实施北京市超高清视听先锋行动计划，加快推动媒体深度融合发展，不断创新文化业态，着力培育发展新动能，激发首都广电创新创造活力，积极营造健康的文化生态、活跃的文化环境，推动精品涌现、人才辈出，形成文艺精品和文化环境相互生成的生动情景，推动广播电视在改革中转型，在创新中提质。

真诚期待各位嘉宾在这场论坛上共叙经典、共谋未来。我们坚信，在大家的共同努力下，中国广播电视必将迎来它最好的时代。同时，热烈欢迎各界同仁来京投资兴业、共谋发展。我们愿与大家一道，为开创广播电视更加美好的未来共同努力！

最后，预祝本次盛典圆满成功！谢谢大家！

主题演讲

向经典作品致敬　向艺术高峰攀登

李京盛
中国广播电视社会组织联合会
副会长

重温经典频道的开办，丰富了当今的电视荧屏，为电视台提供了更多的优质节目资源，在得到观众喜欢的同时，也为今天的精品创作，提供了众多成功的范例和难得的学习机会。

重温经典是一次向经典作品的致敬。它再次见证了优秀作品的恒久魅力，也让我们看到了优秀作品具有的跨越时空的思想穿透力、价值引领力和艺术感染力。

重温经典是一次向现实主义精神和浪漫主义情怀的创作方法的致敬。经典中凝结的这一创作理念，奠定了中国电视剧的基本创作规律和整体艺术风貌，为今天的精品创作提供了丰富的借鉴。发扬这一优良传统，也是重温经典的重要意义与价值。

重温经典是一次向前辈的致敬。在这批经典作品中，有些是中国的第一代电视剧编剧、导演和演员们的心血之作和成名之作，凝结着他们的艺术才华，显示着他们的创作功力，浸透着他们对艺术的热爱与执着。

重温经典是一次向经典中所记录的时代的致敬。在这些经典作品中，有中国革命的历史风云，有新中国建设时期的蓬勃气象，更有改革开放时代的发展历程、社会变迁和百姓的生活轨迹。今天，我们既可以把它们当作文艺作品来欣赏，也可以当作一部当代中国的发展历史来回顾，唤起过来人的美好温馨记忆，也让年轻人从中认识到中国改革开放成果的来之不易。

重温经典是一次向中国文化的致敬。经典作品中体现出的中国风格和中国气派、中华意蕴和中华美学，它们渊源有自，都是根植于博大厚重的中华民族优秀文化之中。是中华优秀传统文化之魂，赋予了经典作品中气韵生动的血脉与多姿多彩的风格和样式。

什么样的作品可以称为是经典作品？是什么力量能够让经典作品历久弥新？我认为有四个维度，可以帮助我们认识经典、理解经典和学习经典，从而创作出能够被后人称为经典的当代之作。

一是记录了社会和时代发展变迁，具有鲜明的时代印记和生活烙印，具有深刻的认识价值和教育意义的作品；二是颂扬真善美，表现人的美好理想、美好情感和美好心灵，书写出了人性光辉的作品；三是对观众具有审美提升力和艺术感染力，能够陶冶情操、抚慰心灵、增强人民精神力量的作品；四是塑造了鲜活的典型艺术形象，为中国影视人物画廊增添了新的光彩的作品。这四点，可以说是经典作品所应具有的共性特征。

今天我们重温经典，对当下的电视剧创作，也具有指导意义。比如，在新的时代环境下，如何让精品创作既能在当下受到观众喜爱，又能够在未来时光中成为新的经典；如何把追求爆款与精品生产的规律相结合；如何克服创作上的浮躁和急功近利的心态；如何厘清在创作中出现的一些困惑和难题。向经典学习，这些问题，都可以从中找出答案和获得启发。

比如近年来的话题性创作曾经一度是较为流行的创作模式。因此，抓话题、找话题、开发话题，成为一种创作倾向。其中不乏一些成功的市场爆款之作。但也有些作品，急于迎合大众情绪，未经深思熟虑，未能深入剖析话题中所反映的更深层面的社会、人生和心理问题，只求以"短平快"方式，来引发市场关注，而忽视了艺术创作中需要探寻和解答的人生终极意义。在流行话题与艺术需要关注的创作主题之间，还缺乏一种更深层次的构建与关联。这些作品，与精品和经典之间，显然还有很大距离。

再比如，如何把握好影视作品的大众化、市场向、娱乐性与作品的精神高度、文化内涵与艺术价值之间的关系，也是当今在精品创作中需要重视的问题。有观点认为，大众性必然会带来精神、文化和艺术向商业的妥协，还有观点认为，坚持了精神、文化和艺术的属性，就会带来市场反响上的曲高和寡。这些问题和疑惑，其实都可以在以往成功的经典作品中找到答案。

总之，创作出新的精品和经典之作，是今天影视同行共同面临的时代责任和艺术使命。让我们一起努力，创作出更多将来也能够成为经典的作品。

接地气的文艺作品会更有生命力

王茜华
北京人民艺术剧院
国家一级演员

非常有幸能参加这次研讨会，感谢主办方给了我一个向各位专家学习、请教、交流的机会。我今天着重以我参演的"飞天奖"作品《当家的女人》和《岁岁年年柿柿红》这两部戏为基础，把这些年拍戏的一些经历、感悟和一些创作心得跟各位行家说说，算是抛砖引玉吧……

今天我想谈的主题是"接地气的文艺作品会更有生命力"，演了这么多年戏，很多人都说喜欢我演的戏，我问为什么？他们都会说，因为你演得很"接地气"，这看似简单的三个字，当你真的静下来想的时候，会发现其中蕴含道理。"接地气"，"地气"是什么？是人气！就是贴近生活、反映现实、关注民生，让观众在剧中看到自己或身边人的影子，感受到真实的情感和生活的温度。不追求华丽的场景、夸张的情节和虚幻的想象，而是以朴实的手法展现普通人的喜怒哀乐、悲欢离合，这种贴近生活的表现方式，使得观众能够产生强烈的共鸣，从而更容易沉浸在剧情中，与剧中人物同呼吸、共命运……

记得2000年我拍《当家的女人》时，当导演定下我演女主角时，也到了饭口。她看我一直没动筷子，就问我为什么不吃，我说："减肥。"导演说："你演这个角色不是林黛玉，是一个在农村里里里外外的'一把手'，那么瘦弱，怎么有力气撑起一个家？"我想想也对，我在农村里见过的能干的女人没有太羸弱的。于是第一次在正常吃饭的愉悦心情下，我拍完了整个作品，出来的形象也真实可信！当然这只是一方面，毕竟演女主角的机会难得。为了演好这个角色,我自己也是拼了。记得有一场砖厂背砖的戏,道具师怕我压坏身体,就在筐子的表面放了几块砖做样子。我一背觉得轻飘飘的没有感觉,于是让道具师加砖,最后换成了满满的一筐,甚至比真正的工人背的还多。等我再背上时心里已经有些后悔,太沉了!但碍于面子,我只有咬着牙背了起来,完成一天的拍摄,晚上回宾馆浑身疼,一看肩膀上都是淤青……后来在看片子时,我觉得是值得的。正因为是真实,在那一刹那,眼神和肢体的表现都十分准确,那不是演出来的,是自然流淌出来的表情。似乎在那一刻背的不是砖,是对家庭的责任、对命运的抗争。还有,戏中要求我开手扶拖拉机,可能在座的有人开过,在农村那种路况想驾驭手扶拖拉机,还要边演戏说台词,还要有"老师傅"的那种从容不是件简单的事情。其实有很多方法可以解决,比如找替身拍近景……可我觉得如果不是自己开,对角色的表现和完整性是有损失的,于是就提出来要自己练、自己开……

我爱人曾对我说:"在扮演一个角色时,就像用手去捧水,即使你使劲儿地、小心翼翼地并拢手指,还会有水漏出去。如果不用心去体验角色、寻找生活细节、全心地去为剧本中的人物活一次,等你演完这部戏,水也流干了。"

虽然受了不少苦,但这点点滴滴的生活细节,造就了张菊香这个接地气角色和典型形象。当然,我也得到了很大的回报。不但获得了"飞天奖"最佳女演员奖,也受到了很多观众的喜欢(农村的比较多)。特别让我难忘的是我在东北拍戏,观众跑几十里到拍摄现场要见见我(女的比较多,男的估计不好意思),其中有一个人,让我印象很深。她是附近几十个村里唯一的女村主任。正是看了《当家的女人》这部戏,在村主任竞选时,她才有"张菊香能选村主任,我怎么就不能?"的勇气,并一举获选,带领着全村人走向致富路……

所以我觉得一部接地气的好剧,不仅在于能够给观众带来娱乐和放松,还能够引发思考、触动心灵,甚至对社会产生积极的影响……转眼二十多年过去了,电视台还经常重播这部剧,也从侧面证明了接地气的电视剧作品的生命力。

作为一个演员,都想尝试扮演各种角色,体验多彩人生。当然因为《当家的女人》的定性,大部分体验的是农民姐妹的人生。

有人说"演戏就是在别人的人生中流着自己的眼泪",但我个人还是在扮演各种角色的过程中有所收获、有所感悟。也觉得这辈子活得很值得,行走过很多人的人生轨迹和心路历程。

可能是因为杀手这类角色不接地气,所以一直没有这种类型的片约。于是我就想,索性我就把"农村姐"进行到底——塑造一个有几十年跨度的人物。于是就有了我们创作了三年的剧《岁岁年年柿柿红》。

在塑造杨柿红这个角色时,我把握了一条宗旨,这个女人的一生就像是柿子,年轻时的青涩,中年时的橙黄,老年时红彤彤的温暖。年轻时不谙世事,有父母的呵护,任性，脾气犟，个性突出。经历了嫁人风波后和在父母家就不一样了，特别是丈夫去世后，家庭的压力，生活的责任，孩子的呵护，慢慢把柿红的青涩磨去，棱角磨圆。到了老年，孩子们长大成材，农村生活安逸，呈现出了温暖的红色。她放弃了外出打工的机会，拒绝了情感示好，亲历了各种磨难……她也有过想离开的时候，但走容易，留下来才需要勇气。为了给这个家和孩子们撑起一片天，她四十年如一日地坚守在这片土地上。正像冬天时我们看到柿子树上仅剩的那几粒柿子，柔软、温暖，也是最甜的……我自己觉得，这种温暖、柔软和甜蜜就是坚守的力量。

这部剧播出后，很受广大观众的喜爱，也有不错的反响。最让我感动的是，我们拍摄地长武县宣传部部长，给我发来一条视频。视频中的广场上有一块大屏幕，人们都顶着酷暑，不顾蚊虫叮咬，上万人集中在广场看这部电视剧，我当时特别感动，由此我就在想文艺作品是服务老百姓的，那老百姓到底喜欢看什么呢？

这部戏还有一个插曲，我们另一个拍摄地富平县，几十年来全县柿饼收入7个亿左右，这部戏播出后，一时间"富平柿贵"。我在2023年见到富平县县委书记时，他表示全县柿饼年收入达到60个亿了，也算我们为扶贫作出的贡献吧！正是我们这种接地气的创作和坚守，《岁岁年年柿柿红》获得了第32届"飞天奖"的优秀电视剧奖。前几天还有电视台在重播，这是不是一部电视剧的生命力呢？

所以说，接地气的电视剧作品，以后依旧是我的创作方向。因为我始终觉得为了追求商业利益，过度迎合一些观众的低俗趣味，情节荒诞离奇、脱离现实、制造噱头、炒作话题……在短期内可能会吸引一些观众的眼球，但缺乏真实情感和深刻内涵的作品，往往难以长久地留在观众的心中。而接地气的电视剧能够真实地反映社会现实、展现人性的复杂性和多样性、传递积极的价值观念。不仅能给观众带来娱乐和享受，更能够让观众在欣赏的过程中得到启发和教育，对生活有更深刻的理解和感悟。最后，期待未来的电视剧创作中，涌现出更多接地气的优秀作品，更多鲜活的人物，为广大观众带来更多的精彩和感动。

重温经典魅力　　打造时代精品

王 隽
上海电影集团
党委书记、董事长

提到经典，我们总有神圣而又亲切的感觉。几乎每个人的成长都离不开这样或那样的经典的滋养；经典的世界，是我们的"艺术故乡"、是我们的"精神家园"。

作为文化内容的提供者，我们对经典抱有一种特殊的敬畏和多重复杂的情感。第一重，任何创作起步酝酿之初，创作者、投资者、运作者总是志存高远，希望拿出优秀的作品，存留于历史，沉淀为经典，真可谓是"为伊消得人憔悴"；第二重，创作历程波折不断，崎岖坎坷，难点迭出，不免让人生出"蜀道难，难于上青天"的慨叹；第三重，越是困难，越想追求，坚信"千淘万漉虽辛苦，吹尽狂沙始到金"；第四重，一旦克服障碍，修成正果，赢得赞誉，又有"一日看尽长安花"的愉悦。

在这里，我们要特别感谢广电总局，感谢中国广电集团，感谢"重温经典"频道，感谢所有的播出平台，你们的努力使得亿万观众得以在不同时代寻找到坚实的精神慰藉、温暖的情感共鸣、向上的文化情操！弘扬经典，重温经典，也让创作者一次又一次受到激励，享受到因创造经典而带来的快乐。

上海电影集团与新中国同龄，再过1个月，我们将迎来75周年生日。作为中国电影不可忽视的重要力量，上影在银幕上和屏幕上奉献了同样的精彩。1981年，上影成立了专门从事电视剧创作和运营的公司。在过去的40年里，上影的创作者推出了300多部电视剧、500多部集美术动画。当年风靡大江南北的电视剧《围城》、家庭伦理类电视剧《孽债》、弘扬英雄主义气概的电视剧《亮剑》、讲述民族深情大义的电视剧《国家孩子》，以及今年广受关注、呈现改革开放大潮和上海海派特色的电视剧《繁花》，都凝结着上影人的禀赋与心血、体现着上影人的眼光与魄力。在美术动画领域，厚实的积淀与传承，更使得上影集团成为最重要的动画片提供者。9月4日，"广电时评"发布"重温经典"频道动画收视榜单：上海美影的《哪吒闹海》《大闹天宫》《天书奇谭》等7部作品位列收视率前十，在收视率前三中占到两部。

上影的这些优秀作品，有不少已诞生超过半个多世纪，有许多进入国内重播率、收视率最高的行列，这让我们深切地体会到，影视经典与其他类别的经典一样，它不是转瞬即逝的口碑和赞誉，不是简单的规模与体量，更不是一时的市场流量和追捧。经典的形成和沉淀，在于它既是时代的写照和记录，又承载了超越时间和地域的情感与思考。它所蕴含的思想高度、文化内涵、艺术审美，具有永恒的魅力。它最后的审片者，一定是"历史、时间、人民"。

人们不断重温经典，因为每次欣赏如同初看，历久而弥新。在今天观念多元、审美多样、文娱多彩的环境中，在各种短剧、短视频内容良莠并存，抢占人们大量剩余时间的情势下，重温经典，更可以帮助我们再次深深呼吸，感受不同时代经典作品传递的时代气息、思想气息、英雄气息、生活气息、艺术气息，获得精神能量、情感共鸣。重温经典，理所应当成为今天人们追求高品质生活的"精神刚需"。

多年来，上影人引以自豪的是，人们到访上影、参观上海电影博物馆时经常说出这样一句话——"我是看着上影的作品长大的""我是看着美影动画长大的"。这种赞誉，从侧面凸显了重温经典对于塑造人文情操和人文精神的特殊意义。对我们而言，便是一种常在的压力、激励、鞭策。

经典代表着一个时代的思想脉络、文化高度、艺术水准，映射着它产生的时间、空间和情感。每个时代都需要属于它的经典，也都创造着属于它的经典。如何打造新时代的新经典，我们认为，必须要把握"五个度"。我们是这么思考的，也是这么实践的。

一要把握创作初心的价值尺度。 追求真、善、美，给人以光明、温暖、希望，这样的文艺作品，才有力量、才能赢得观众。凡是经典，只有触动人们的内心，提供价值的选择，才能被人们在内心深藏。对创作者来说，应该始终牢记"凡作传世之文者，必先有可以传世之心"。

二要有扎根生活的真诚态度。 好作品是盛开的生命之花，离开培育它的土地，就会枯萎。深入生活，不是套话，而是至理名言。"生活就是人民，人民就是生活"，经典是在生活的大地上滋生的，是生活给予真诚创作者的馈赠。

三要把握方向的时代高度。 文艺是时代前进的号角。作品，因把握时代脉搏而拥有时代光芒；经典，因反映所在的时代而超越所在的时代，它既属于历史，又属于当代；既书写当代，又映照未来。

四要把握勇于突破的创新锐度。我们上美影厂有句入厂门后前辈们经常提点的话——"不重复别人、不重复自己"。每部经典，都是一次艺术样式、题材或手法的超越和尝试。时代在变、审美在变、技术在变、环境在变，没有创新，难免趋于庸常，很难想象能够成为经典。习近平总书记说，广大文艺工作者要有学习前人的礼敬之心，更要有超越前人的竞胜之心，增强自我突破的勇气。领风气之先，历来是文化艺术工作者突出的精神追求。创新是文艺的生命。

五要有弘扬优秀传统的开掘深度。上美影是"中国动画学派"的诞生地，正是当年取材、取法于中国传统的优秀题材、审美意境、技法手段，才成就像《大闹天宫》这样能够立足于世界的民族动画精品。传统不是"旧纸堆"，而是创作经典的"宝葫芦"。

重温经典是人民的需要，创造经典是文艺工作者的使命。上影和上影人将本着自信、自觉、自省、自立的人文思想和创作精神，不懈努力，打造具有思想穿透力、审美洞察力、形式创造力的不会过时的作品。我们最近发布了2024年至2026年的首批片单，有16部作品，正在加紧推进电影《千里江山图》、《密档》、系列动画剧《中国奇谭2》、水墨动画电影《斑羚飞渡》、电视剧《真相大白》等的创制，我们正怀着敬畏之心、竞胜之心，与创作者、合作伙伴一起，续写上影新的精品篇章。

我们真诚希望，与在座各位和全国同行一起，打造属于我们这个时代的经典。

我的经典电视艺术作品观

仲呈祥
中央文史研究馆馆员
著名文艺评论家

如果说，首届中国广播电视精品创作大会在中国广播电视发展史上是一次首创，称为"首届"，那么我认为重温经典论坛，以及重温经典频道的开办在中国广播电视发展史上也是一次重要的首创。重温经典论坛是在国家广播电视总局和北京市人民政府指导下，认真贯彻执行党的二十届三中全会提出的坚持以人民为中心的创作导向，就必须"把出作品与出人才统一起来，把抓创作同抓环境相贯通"，这正是抓创作和抓环境相贯通的一次有成效的实践。因此，借此机会，我想把我在党和人民的教育下，从事了四十余年电视艺术创作工作的经验、体会、甘苦向大家从实招来。

我的经典文艺作品观：

第一条，经典必须经历史和人民检验，才能成立。重温经典频道的剧目都是经过广播电视总局把关推出来的，都是经过历史和人民检验的。我常常在剧作的研讨会上说，一部作品刚刚开播便称为经典，那不是实事求是。它是否成为经典，尚待历史的检验、人民的检验。这就是习近平总书记强调的一定要坚守历史的、人民的、艺术的、美学的评判。

第二条，所有的经典都必须顺应时代的反映、人民的召唤。当年，毛泽东发表《在延安文艺座谈会上讲话》之后，曾委托胡乔木同志征求郭沫若同志、茅盾同志的意见，郭老就提出了主席的讲话是"有经有权"，所谓"有经"就是有经典性的、永恒性的结论，这里面最重要的就是他代表中国共产党阐述了党领导文艺在处理文艺与时代的关系和与人民的关系上的经典性的、永恒性的结论。因此，我们在检验经典作品时必须以历史的尺度和人民的评价来加以衡量。经典是反映它产生的时代的，又是超越它产生的时代的，它具有内在的精神高度、文化内涵、人文精神和艺术价值，它足以使我们这个民族铭记历史，洞察今天、预见未来。因此，经典一定要经受住历史和人民的检验。

第三条，从经典产生的角度来看，从新时期到新时代中国电视艺术精品产生的实践来看，证明了必须贯彻好广电总局提出的十二字：找准选题、讲好故事、拍出精品。最前面的四个字是"找准选题"，这非常重要。这就是鲁迅先生当年告诫当时还年轻的沙汀、艾芜这批年轻作家所说的"选材要严，开掘要深"，一定要找准题材，要实现题材资源的最佳配置。比如，《红楼梦》这个选题拍摄过很多次，为什么王扶林导演的87版成为经典，经受住了检验呢？因为自1984年开始，当时的老电视艺术工作者在阮若琳、戴临风的带领下进行创作。王扶林是很认真的，我当时跟他住在陶然亭公园，全国选出来的演员，请李希凡等红学家讲课，讲了整整半年。他配置了《红楼梦》这个题材资源，努力实行最佳配置。我们常常讲物质生产要实行资源的配置，实际上精神资源配置在某种意义上比起物质生产更为重要，一定要用好资源。现在长征题材拍了那么多，为什么王朝柱写的《长征》已经经得起历史和人民检验成为了经典，现在我们还要重拍长征。陈晋同志领衔又在重写，那就要实现资源新的开发和配置，这是十分重要的事情，一是要找准，二是要挖深。

第四条，资源配置好了之后，接下去的就是创作生产力诸因素的优化组合。这也是极为重要的，因为广播电视艺术作品常常不同于文学创作，它是集体创作。广播电视艺术作品是编、导、演、摄、录、美、化、服、道、音、美人才的通力合作。强强联合，才能保证作品的思想精深、艺术精湛、制作精良，才有可能成为精品流传下来。因此在我看来，从新时期到新时代反复证明了实现创作资源的最佳配置，与实现创作生产力诸因素，也就是编、导、演、化、服、道、摄、录、音、美人才的强强联合，是出精品，产生经典的必备条件。

第五条，重温经典频道开播，是带有标志性、里程碑意义的事件。它表明了中华民族在新时代新的文明水准，因为一个民族对民族文艺经典的态度，体现了这个民族的文明水准，标志着这个民族在新的历史条件下向着精神高度攀登的自觉性和自信力。因此，我衷心地祝愿重温经典频道越办越好，它为我们中华民族的新时代培养了深刻而不肤浅、沉稳而不浮躁、幽默而不油滑、典雅而不媚俗的群体性的欣赏心理和文明习惯，作出了新的贡献。

圆桌对话

圆桌对话一
经典作品创作与经典人物塑造

高长力
- 国家广播电视总局
  电视剧司司长

刘家成
- 著名导演
- 第 32 届中国电视剧飞天奖
  优秀导演奖获得者

胡智锋
- 中国电视艺术家协会副主席
- 北京师范大学教授

张国涛
- 中国高校影视学会
  副会长兼秘书长
- 中国传媒大学研究员

林 卉
- 中国传媒大学
  口述历史研究中心执行主任

李星文
- 知名剧评人

171

李星文： 今天圆桌论坛部分分成上下半场，围绕经典作品创作和经典人物塑造，上半场主要是电视剧，下半场是综合的，有纪录片、文艺节目、综艺节目。经典作品的创作和经典人物的塑造，首先得从创作者开始，我们首先请刘家成导演发言。刘家成导演是京味剧创作的代表人物，2024年总局的重温经典频道开播以后，电视剧是主力军，在一百多部经典电视剧中，京味剧占比不低，早期的《四世同堂》，中期王朔的《编辑部的故事》，刘家成导演和王之理的作品《情满四合院》等。

刘家成： 我觉得作为精品剧创作有三个重要元素：一是核心内容，就是剧本；二是表现手段、拍摄的方法；三是人物塑造。京味剧有一席之地，首先文化有特色，观众越来越喜欢，中国文化是一条大河，地方文化是大河支流，源源不断地给中华文化这条大河注入充足的水流。可喜的是2024年我们能够看到《去有风的地方》《我的阿勒泰》等有很多地方特色的剧越来越受欢迎。我觉得京味文化也一样，我们拍京味剧表达的主题也很厚重，要表达北京文化中和而不同的社会观，与人为善的道德观，但是采用的方法是一种非常平和的、平民的、非常具有烟火气的表现形式，不是高高在上的价值灌输，观众就能接受，只有感染人才能打动人。

最关键的是第三点人物塑造，现在很多电视剧仍然有这个问题，反面人物大放光彩，而正面人物不受大家欢迎的原因是：一到我们塑造正面人物时就容易束手束脚，老想把正面人物塑造得高大上，远离人间烟火。这一定得不到欢迎。早在2014年我们拍《情满四合院》时，就注意到这一点。所以傻柱这个人物的设定，既有北京人的那种情怀，那种仗义，那种爷们儿，知恩图报但是有仇必报。有胡同小人物那种得理不饶人的劲头，是典型的京片子，三大爷骗了他，把答应给他提亲这事忘了，他收人礼后第二天也能做出扎轮胎、拔气门芯这些坏事，坏得那么可爱、那么生活、那么真实。秦淮茹也是，有观众反映她自私，但她的自私是为了生存，为了让自己的孩子生存下去，她有一种爱的依托，她觉得这个人可以依赖、可以托付。我们还塑造了院里很多主要的人物，一大爷倔强不善于沟通，二大爷官迷，三大爷财迷，但是这些都不是我们刻意往人物身上贴这些缺点，他们就是一种特定典型环境下的典型人物，这些人物抓准了，有我们刚才说的叙事手段加上人物的准确性，这些角色就能立住。包括央视一套刚刚播完的《海天雄鹰》，侯勇饰演一个有经验的军人，但是他面对家庭和困难——老父亲瘫痪、儿子脑瘫，在百万年薪的诱惑下，他也动摇了，也写过转业报告。他的妻子也不是一上来就是识大体、顾大局的传统军嫂形象，他在这个过程当中是渐变的，所以这些人物的准确性能够成就一部剧的成功。昨天大师班上还有人要我多讲讲如何创造爆款剧。我们先静下心来，别背包袱，先搞精品剧，因为在我理解中精品剧未必是爆款剧，但是爆款剧一定是精品剧。

李星文： 我们知道家成导演的代表作《情满四合院》，被某些观众开玩笑叫作"禽满四合院"，我原先有点奇怪，为什么真情满四合院，还有一个禽兽四合院？何玉柱代表真情与正能量的部分，一大爷、二大爷、三大爷，以及他那些自私的儿女们，带有一定禽兽属性的这些人物，他们代表的其实是一种戏剧冲突。如果没有正能量可能这部戏导向就不够正确，如果没有这些戏剧冲突，它就不够好看，今天家成导演给了我们一个完满的解释。接下来请三位研究者发言。三位学者都是阅片无数，有非常精深的见解，请胡智锋老师聊一聊关于经典作品创作与经典人物塑造的见解。

胡智锋： 我要祝贺重温经典，作为国家广播电视总局推出指导的一个重要的全新专栏，它播出的效果大家已经看到，表达了今天的人对过往中国电视艺术精品的一种态度，也反映了时代和人民的这种期待和诉求。总体说来我对电视艺术经典的看法，除了上述几位大家的表达，就是三个高：一是高艺术成就，二是高覆盖度，三是高话题度。

第一，高艺术成就是我们经常讲的思想精深、艺术精湛、制作精良，所有经过时间、经过历史、经过人民检验的这些经典之作，无一不具有这样的"三精"特质，只有这样它才称之为高艺术成就。大家经常讲的《红楼梦》（87版）、《闯关东》，这些是毫无疑问的经典之作，因为在思想性、艺术性和制作精良方面都是大家公认的。

第二，高覆盖度。高收视率、高关注度和高的人群收视，表达了人民喜闻乐见的程度。只有大多数的人喜闻乐见，耳熟能详，它才称之为经典。这是高覆盖度。

第三，高话题度。话题度包括了政治性、社会性、文化性几个方面，也就是说它或是重大的政治议题，比如说长征、抗战、抗美援朝等重大政治性内容，或是具有社会性，比如反腐、扶贫，特别是像子女教育、家庭伦理，这些社会性议题也是老百姓普遍关注的话题。还有文化性，比如说文化传承，我们从古到今的文化遗存，我们当代的文化时尚等，刚才讲的《去有风的地方》，包括刘导的《情满四合院》，都带有浓浓的文化意味，它代表对某个地域或某个场景文化价值的一种追求，这些构成了一个话题。可能是一个时期也可能是长期的人们关心的话题，所以在我看来，高艺术成就、高覆盖度和高话题度，应该是经典作品的品质和品相所在。

李星文： 谢谢胡老师，关于创作规律、文化规律、传播规律都说到了，说得非常全面和精彩。胡智锋老师已经把"三高""三精"都说完了，我想听听张国涛老师还能说些什么。

张国涛： 今天我是抱着学习的态度来的，学习的题目叫作"价值的再实现——经典作品的学术观察"。

在我看来，经典其实是一个价值的实现问题，经典肯定是创作出来的，但更多是传播出来的。为什么？因为很多作品在创造在传播，但是只有一部分，极少一部分才能成为经典，为什么？这些经典作品不像新闻一样，新闻播完就入库了。经典作品播完之后当时会实现一个高关注度的价值，但是在漫长的历史长河中它还会实现它的价值再释放再实现。比如说我们叫重温经典，为什么叫重温经典？因为温度。价值释放的温度肯定不如播放时高，那时候叫爆款、叫热播，后来叫重温，因为价值释放是一个慢的过程，从价值链上来讲叫"长尾效应"，只有这部分作品实现了长尾效应。

刚才关于经典作品的特点，胡老师总结了"三高"。我觉得除了"三高"还有"两跨"——跨时代、跨空间。换句话讲，一个是跨时间，一个是跨区域，它一定是在时间当中历练而成的，它不是在一个小的区域来实现，而是在更广大的区域，比如现在我们看文学作品，除了看文学名著，还要看欧美经典，将来我们的作品肯定也会走向世界。另外还有两个长：一个是价值链长；另外一个是美誉度长，有收视率，在变现的过程中实现美誉度的增长。

既然是价值，就有价值的构成。我总结了一下，一是历史与时代的价值，对历史题材电视剧来讲是历史价值，比如革命历史题材电视剧、历史正剧，让我们看到历史的深度、历史的广度。现实题材我们则看到现实生活的广度、深度，这是时代的价值，这是作品的认识意义。

我觉得更重要的第二点是艺术作品的特点，因为艺术作品是以情动人，更重要的是提供情感价值，当然我们也称之为情绪价值。这种情感价值，就说明这部作品肯定有一个地方打动了人心，而且不止打动了一个人，是打动了一群人、一代人甚至几代人。时代在发展，但是人的情感、人性是永恒的，真善美永远是我们的追求，这是情感的价值。

最后一点是审美价值，从艺术上来讲它得有一个审美的提升力，除了有认识意义、教育意义，还有什么？人们的生活中有向善向美的追求，所以从功利的角度来讲，其实我们的审美是功利的。但是所有的欣赏、所有的传播都是功利的。任何一个作品在任何一个时代、任何一个场合、任何时间的传播，一定满足了观众的有用性，或给观众提供了有用性。或是一种价值的满足、一种精神的满足，或一种情绪的满足，希望这些经典作品给我们提供认知上的满足。

李星文：刚才胡老师是"三高"和"三精"，张国涛老师是"两跨"和"两长"。接下来的林卉老师是口述史专家，中国电视剧如果和中国电影比的话，在理论建构或理论书籍的数量，包括历史记载的书籍数量总体少一些，林卉老师做了很多扎实的工作，对20世纪50年代至70年代几乎没有留下影像资料的中国电视剧做了很多抢救发掘和研究。有人把作品拍出来了，也有人研究作品了，我们还要把它记载下来传承下去，这方面您有什么看法？

林卉： 口述历史是通过访谈的方式，帮助一些老人把他们的人生经历记录下来。一方面我们得到了宝贵的精神财富，受访对象本人在晚年也得到更多表达的机会，这是人文关怀的体现；对受众来说，他们在读、听、了解这些故事时，不单学到了里面的专业知识，也体验了另外一种完全不同的人生。这两方面结合后，就成为我们的行业财富。

聚焦到电视剧口述史领域，首先感谢仲呈祥老师，若干年前，是他鼓励我开始中国电视剧口述史的研究，并一步一步走到今天。胡智锋老师和张国涛老师是我所在的中国高校影视学会的领导，学会这么多年也一直在帮助我研究创作。我的上一篇有关口述史的文章发表在艺委会的《中国电视》杂志上，在口述史领域阐述中国早期的电视剧史，而期刊当时为我这篇文章专门开了一个专栏就叫"口述历史"，我受到了极大的鼓励，那个时候就想，希望有一个机会可以回馈这个行业。所以2024年年初，艺委会给我打电话说，我们可以一起开展一个《重温经典·主创谈》的项目，我当时的感觉是，时候到了。

昨天晚上我细数一下，这大半年时间里完成了哪些作品的访谈，有《四世同堂》《红楼梦》《西游记》《末代皇帝》《济公》《苍天在上》《新白娘子传奇》《历史转折中的邓小平》《士兵突击》《幸福向花儿一样》等，这些作品的主创都接受了访谈。这过程中我用了一些小小的办法，比如说个人访谈中不会请大家只谈自己的作品创作，还会谈他们身边的其他人。像许镜清老师在谈《西游记》作曲的过程会谈到杨洁导演、阎肃老师等前辈跟他的合作，我们熟悉的《天宫迅音》等美好旋律诞生的背后，其实是有很多故事的。周寰导演谈到他剪辑《苍天在上》时，致敬了上海电影界当年一个特别著名的剪辑师傅正义，他也是电影《八千里路云和月》的剪辑师，后来到北影厂工作后，在87版《红楼梦》的剪辑中也发挥了巨大的作用。通过周寰导演的讲述，我把这部分内容记录下来，特别感动。再比如我采访游本昌老师时，他发现我对中国电视剧史有挺多了解，所以很自然地跟我谈到了中国电视艺术委员会的创始人、著名导演金山老师在他们合作中的细节，也是很珍贵的资料。

我和这些老师沟通交流时，请他们不光谈自己的创作手法，也谈一谈自己的人生经历、人生感悟等。京剧名家李维康老师唯一参与的电视剧作品就是《四世同堂》中韵梅这个角色，她给我讲了当时整个班子如何在剧组现场深入了解生活，在一线怎么体验当时的人物角色，老一辈怎么带动她，怎样在艰苦的环境下完成这个角色演绎，给我很多感触。特别是李维康老师最后很真诚地对我说，你们年轻人工作忙的同时一定要注意身体，我觉得那一刻她根本没有把我当外人，深切地觉得在这个行业中我们找到了更多的位置。

我一直认为，对经典作品，老观众会觉得常看常新，但是对很多年轻观众来说经典作品也是新作品，他们也是第一次看。这些经典作品优质的方面为观众带来新的作品鉴赏的基础，给大家带来启迪、带来解惑、带来引导。中国电影史的研究已经有非常多的成果，但是聚焦到电视剧史研究过程中，希望能有更多空间，让我们不但能在台前采访，也能有更多研讨机会，有更多图书以及其他研究成果的产出，为行业作更多的贡献。

最后我想说，采访到的这些老前辈的故事也是中国电视剧人的故事，同时也是一个个活生生的中国故事。我最近在做一些努力，希望把这些故事传播到"一带一路"国家和地区，传播到阿拉伯地区，传播到欧洲，2024年我还会想办法在英国讲述这些故事。希望靠我们一个个个体的努力，有更多这样交流的机会，能把具体、生动、优美的中国故事一点点传播出去，传播开来。

李星文： 林卉老师做的口述史的研究记录，我觉得是一件特别有功德的事情。今天场下坐着仲（呈祥）老师和三位发言者都是传媒大学学者，最后做总结的高长力司长，也是传媒大学毕业生。

高长力： 我是传媒大学资深校友，全程参加了重温经典频道的开办过程，有很多感慨，今天总结一下，有三个勿忘：勿忘人民，勿忘经典，勿忘情怀。

第一，勿忘人民。就是我们不要忘记观众。恐怕很多人都没有仔细研究过今天谁在看电视，我是研究过的，现在5亿多电视观众里相当大的比例是中老年观众，这些老年人其实是我们的铁杆观众，但是我们很多人往往忽视他们的精神需求，因为他们没有广告号召力，没有消费能力，就忘记了满足他们的观赏需求。还是总局领导在调研中敏锐地发现一个重温经典的专区突然间回看率非常高，所以提出要创办重温经典频道。现在这个频道收视率、首播时段列在所有卫视之前，只是还没有超过央视频道，说明中老年观众有非常大的收视需求，当然也有很多年轻观众看完以后很感慨，了解了父辈，而且非常受打动。勿忘这些观众，特别是观众群里边的铁杆——老年观众。

第二，勿忘经典。我们播了这么多作品才发现，原来我们有这么多好的作品，电视剧从1958年的《一口菜饼子》，到现在已经66年了，生产了大量优秀的电视剧。我们在中国传媒大学跟学生交流，那场交流我形容是一个大思政课加上大专业课。大思政课就是这些作品对他们的思想深度、情感培养都起到了非常重要的作用。大专业课就是我们搞创作的人从这些经典里面学到了创作规律，所以经典真的是好东西。

第三，勿忘情怀。这个频道没有广告，没有商业模式，也没有政府资助，怎么样能够把它办下去，靠的是各方面人的情怀。我是这个机制里内容组的组长，很好听的一个头衔，实际上活很难干，主要工作就是到处去"乞讨"，向大家要这些好作品的版权，请大家能够支持免费捐赠，非常感谢这些捐赠的机构。因为这些好作品都是他们手里最有价值的东西，都是他们重要的收入来源，但是他们能够为了这个频道，为了人民，为了经典，捐献出来。在场下王隽总说他们上影集团捐赠了 20 多部优秀的动画片，说是看我的面子，实际上是看观众的面子，她才作奉献，还有中央广播电视总台捐赠了近 30 部电视剧。所以虽然这个活很难干，但是为了人民，为了经典，我也愿意继续做这个卑微的"乞丐"。大家手里有什么好的作品请都捐献给这个频道，谢谢大家。

李星文：感谢高长力司长的发言和他适时的"广告"，他也解释了重温经典频道为什么开办以来，收视率、收视份额一直在往上走，关注群体像滚雪球一样越来越大，看来它有非常庞大的群众需求作为基础。

刚才高司长提到"首席内容官"的活非常辛苦，也是因为有了高司长的辛勤努力和付出，有了大家的支持才让更多的普通观众能够免费，并且没有广告地享受一部又一部经典作品。这个频道不仅受中老年群体的喜爱，我和我身边的很多朋友也都非常喜爱重温经典频道。因为通过经典作品，虽然我们可能有代际的差异，但是一部部优秀的作品展现了时代的魂、生活的根和人性的美，这些都是共通的，也是永恒的，再次感谢重温经典频道给我们带来的经典作品和经典人物。

圆桌对话二
经典作品的传承与传播

滕俊杰
- 上海市文联副主席
- 国家一级导演
- 曾 16 次获"星光奖"

陈 真
- 广电总局阅评组副组长
- 纪录片代表作《黄河》《布达拉宫》《人民至上》

汪文斌
- 西安交通大学新闻与新媒体学院院长
- 中央广播电视总台融合发展中心主任

杨 晖
- 上海唯众传媒股份有限公司创始人、董事长
- 资深媒体人
- 创办《开讲啦》等节目

李东珅
- 甘肃省文联副主席
- 纪录片《中国》总导演

李星文
- 知名剧评人

李星文：上一场是电视剧单元，这一场不好说是什么单元，因为在台上就座的有纪录片导演、专家，还有文艺节目和综艺节目的权威，还有学者，也有戏曲艺术片非常有创作成就的导演，我们就把各个艺术门类都聊一聊。滕俊杰主席，您多年来除了创作很多大型的文艺晚会之外，在超高清电影、电视方面也非常有研究，近十年主要精力花在戏剧（戏曲）电影的导演创作上，《霸王别姬》《捉放曹》《锁麟囊》《这里的黎明静悄悄》等经典作品的摄制都用了 3D、全景声、8K 等最新技术，并在国际上多次获得重要奖项。您在如何把新科技用到经典传承中去这方面有什么心得？

滕俊杰：我整个职业生涯近 40 年，前 30 年做电视，后 10 年除了做电视，还参与了近 10 部戏剧电影的拍摄，这些电影不少在 CCTV-6 电影频道播出，还有纪录片。我认为经典作品其实是一种记忆坐标。所谓经典作品，就是当你回望文艺作品系列时，它是你的第一记忆、第一喜爱。纵观以往的电视剧长廊，我会想到《渴望》《亮剑》，我会想到《琅琊榜》《人间世》《繁花》等。这些作品会随着时间的推移，对整个岁月产生浸染、融汇、穿透效应。从这个角度来讲，我们老祖宗留下了许多有独特价值的经典作品。例如，我们的国粹京剧就有这样强大、经典的 IP 功能，价值连城。

这几年我带着上海电视台、上影集团、上海京剧院、中国戏曲学院等出品方组成的电影团队，在国家京剧电影工程的指导下做了一些努力，选择的剧目从《霸王别姬》《萧何月下追韩信》，到《贞观盛事》《捉放曹》，以及刚刚举办首映式、张火丁主演的《锁麟囊》，都是经典，都有几十年、上百年历史。如《捉放曹》在 200 年前余派老生余叔岩先生就开始演了，这些作品流传到今天仍然光彩照人。

如何对待它？我率领团队遵循"四个词、八个字"，即激情、格局、创新、坚持的准则，硬核加持，全力以赴。

面对经典作品，第一，必须充满激情，要发自内心热爱它，没有激情等于零。激情很重要，激情甚至比知识更重要。只有用不灭的渴望和英雄的梦想致敬经典、传承传播好经典，才对得起昨天、今天和未来。第二，要有格局。既要看脚下，更要看天下，不能只盯着自己的"一亩三分地"，不能陷入心理学术语中的"乡村维纳斯"认知中，严防目光短浅、小富即安、得过且过、沾沾自喜，一定要有更高的标准、顶格的追求。第三，要有创新意识。如果电影创作只是"平移舞台"，那就是电视录像，就是多一个复制品，而这，我的电视团队早已录播完成了。既然拍京剧电影，那么，作为词根的电影，就要为词干的京剧充分负责，就要在尊重京剧的前提下，从电影逻辑、运镜赋能，到娴熟运用最新科技理念和手段，从而拿出属于大银幕魅力的视觉、听觉新效果，而决非只是走过场。这一切，都要有守正创新的新质意识。第四，要坚持。其实，戏剧（戏曲）电影拍的人不多，是一条比较孤独、寂寞的赛道。但是，我们既然参与了，就要有一种"此战选我，选我必胜"的勇气和担当，就要咬紧牙关"死磕"到底，不惜"豪饮孤独当美酒",自己给自己加油,竭力为时代作出文化贡献。在国家大环境的持续支持下,我们坚持了10年,用一万小时以上的时间,拍摄、完成了10部长片电影,有些已经在大银幕上引起了人们的热切关注,例如,2014年5月美国洛杉矶杜比剧院对我们的电影很关注,专门出资请3D全景声京剧电影《霸王别姬》到每年奥斯卡颁奖地杜比剧院做大型首映礼,美国国会图书馆、哈佛、哥伦比亚大学等6所全美名校联合举行隆重仪式,收苤了这部电影的拷贝和海报。联合国维也纳总部有4000多名外交官。2018年5月,维也纳联合国总部请我们的《霸王别姬》《萧何月下追韩信》做一次为期一周的3D电影放映,并把联合国最重要的会议厅拿出来,举办了一场大型的中国京剧讲座。近期,法国国家电影资料馆正式收苤了我导演的另外两部3D京剧电影《贞观盛事》《曹操与杨修》。由上影厂、中国戏曲学院、上海广播电视台和首都京胡艺术研究会最新出品、张火丁主演的8K京剧电影《锁麟囊》,2024年6月17日,上海国际电影节首映仪式盛况空前,连连加场,供不应求,成为公认的本届上海国际电影节票房"黑马"。2024年11月5日,《锁麟囊》将在巴黎举行首映礼,这是2024中法文化年的重要内容之一。这些,都给了我们信心和鼓舞。这几年,我们迈出了传承、传播中国经典文化的几大步,接下来,我将率团队继续蹄疾步稳地朝前走。至于上述提出的"激情、格局、创新、坚持"四个词,也许同样适用于今天正迎风击浪、奋力拼搏的中国电视制作战线,让我们共勉!

李星文： 戏曲电影是一个孤独的赛道,需要坚持,有时候甚至需要咬牙,但也是一片幸福的蓝海,它可能没有那么多条条框框,是大有可为的一个地方,所以呼吁在座的年轻创作者也加入戏曲电影的拍摄,到蓝海里驰骋一番。接下来请杨晖,他既会做文艺节目也会做综艺节目,节目登上总台央视,在B站播得也很好。综艺节目这种贴近大众的文艺形式破圈已经很不容易,而文艺节目破圈就很难,严肃的文化节目破圈更难,请杨晖聊一聊你的破圈心得。

杨晖： 作为一个创作者,要对经典本身有自己的理解,谈到经典,我内心感受最深刻的就是一个词:生命力,经典是可以穿越时空具有生命力的。还有一个词叫"当下",所有的经典都是从当下开始,作为一个创作者,思考更多的是怎么立足当下创作出能够穿越时空的作品,它可能在未来成为经典,是可以留给未来的作品。从这个意义上讲我有几点体会。

第一,守住初心非常重要。今天媒体做内容非常辛苦,大家投入的精力、投入的智力,可能跟它的产出和获得差距很大,并不像我30年前成为一名电视工作者时,有那样的获得感。当我作为一家民营媒体机构的一号位,面临市场压力会更大,但是我的体会就是如果你真的能够守住初心,能够坚信内容为王,我们是有出路的。当我们为央视制作《开讲啦》《中国中医药大会》这样的节目，为山东卫视做《超级语文课》这样的节目，当我们能够把很多对内容的理解影响越来越多年轻人时，这个时候能够感受到我们工作的价值，能够感受到文艺作品的生命力和魅力。从创作的角度来讲，思想性是第一位，如果我们的作品、我们的节目没有价值观，或者没有正向传播价值的能力，这些作品就是垃圾。很多人说无害的作品就是有益的，但在我看来，今天这样一个争夺眼球的时代，如果作品不能够影响人心，它就是有害的，因为它耽误了我们的时间。

第二，文化性。很多人说做电视，尤其做综艺没有文化，我想这恰恰是我们作为文艺节目或综艺节目的创作者自身需要加强的地方，山东卫视出品、唯众传媒制作的《超级语文课》这档节目，让家长、孩子们发现中国文化以及母语的魅力，我们能够用电视的形式影响更多人爱我们中国文化，爱我们的语文。很多人说如果当初有这样的语文老师那该多好，这就是我们作品的魅力。

从文艺创作的角度，我们这些年也做了很多晚会。2021年，清华老年合唱团演唱的一首《少年》刷遍全网，那是我们为央视网络春晚策划的一个节目，我想我们应该怎么诠释青春？是用年龄诠释吗？不是，是用精神来诠释，用心态来诠释。从这个意义上讲，我也从自己的工作中获得了非常多的能量，让我们能够在长达30年的时间里一直在一线坚持做节目，而且可以每天跳着舞去上班。所以，文艺作品的艺术性以及创新性是我们能够为未来留下经典非常重要的能力。

从创新角度来讲，拿《少年》来说，它在2021年这样一个特殊时期，所有中国人都面临很大挑战时，人们内心的某种精神、清华人的精神和《少年》这首歌的精神给大家带来很多能量。在艺术创作上我们把一首有rap的歌进行了改编，今天的《少年》几乎都是以我们的版本为蓝本，这是我们对文艺作品的二度创作，在创新性上面体现出担当。

最后我想讲的是，真正好的经典作品一定是具有大众性的。如果说我们创作时有强烈的精英情结，觉得好像是给我们自己看或给某一类人看，这和垂类是两回事，我们在创作的心态上对受众的敬畏，对市场的洞察非常重要。从这一点上来讲，文艺的大众性是毋庸置疑的。

第三，传播性。如果我们的作品不具有影响力，不能够通过电视媒体、新媒体和网络实现更多的传播，同时我们不能吸收更好的科技手段和新媒体的经验，不能与时俱进的话，我们的初心可能会因为缺乏持续的创新能力而受到影响。所以，作为一个创作者，我希望能够在自己的热爱里一直成长，也希望能够用更多作品留住经典，传播经典，更多地创作经典。

李星文： 不但要用语言诠释青春，还要用精神诠释青春，这可能也是她从业30年依然如此青春的奥秘。陈真老师是一位纪录片专家，他提倡用纪实美学来破除当下纪录片创作当中一些不太好的现象，请您给我们详细聊一聊。

陈真： 纠正一下，没有不太好的现象。只是因为今天来参加精品大会，同时参加重温经典论坛，我特别同意刚才仲老师说的，我认为重温经典应该是这个精品大会最重要的论坛，为什么？因为这不是目的，成为经典是我们要追求的目标，所以我觉得这个特别重要。

我从大学一毕业就从事电视工作，电视人有一个隐痛：我们怎么能成为经典。为什么？你看文学作品，诗歌都有经典，《红楼梦》几代人都在看，经久不衰，历久弥新。音乐，一个莫扎特，一个柴可夫斯基，他们的作品不停地被演奏，百听不厌。只有电视剧播完就很少再见到它。我曾经当过一年央视综合频道编辑部副主任，电视剧播完了再也见不到了，没人买第二轮第三轮，这是我们的一个隐痛。重温经典频道一开，终于知道电视也是有经典的，也能打造经典，我们一直关注这个频道。

纪录片能不能成为经典，什么力量让经典历久弥新？对纪录片来说，是真实。电影最早就是真实的。1895年的《工厂的大门》《园丁浇水》，这些都是纪实类的，但是随着电影的发展纪实慢慢让位给剧情了，但是纪实类纪录片成为经典在中外电影史上也是非常多的。我们中国有没有成为经典的？我觉得有，但看了看重温经典频道节目单，还是剧类占较大的比重，包括王隽说的动画片，但纪录片相对偏少，有东珅导演的《河西走廊》。但是有很多我个人认为是很好的，尤其是改革开放以来出现的好的纪录片没有看到。

我每次看到那些老纪录片时就特别感动，为什么？刚才仲老师说经典两个标准：第一，经得起历史和人民的检验。历史是什么？时间，过了多年你再看还是好的，那就是经典。第二，当然是人了，我们几代观众都认可，一代观众认可不行。就像现在网民认可了，老观众不认可，那也不灵，不能算经典。

纪录片中有《望长城》，它开创了中国纪录片完全用纪实语言来反映时代、反映人物的先河。后来上海电视台开了一个《纪录片编辑室》，一个礼拜播一次，也是以相当大的体量播的纪录片，《东方时空》开始叫《生活空间》，后来叫《百姓故事》，讲述老百姓自己的故事，这些都是能成为经典的。这就是纪录片的魅力，这是纪录片成为经典的基础，因为它记录的是真实的历史、真实的时代、真实的人物。这些东西当时间过去以后它不会再生、不会复制、不能复制，这就是价值。我觉得将来经典纪录片应该成为我们电视经典里一个非常重要的部分。

接下来我们怎么做经典，有些专家提出来说，现在纪录片有点脱实向虚，很多纪录片画面更美了，特技更多了，但是它的真实品质下降了。我觉得要走深走实，走中国特色的纪实道路，这是守正创新要守正的一部分，我们要坚持这个传统，这也是成为经典的重要道路。

李星文： 开论坛最好的一个现象就是有来有往，如果发生讨论效果会非常好，陈真老师已经把这个话头抛出来了，非常想听李东珅导演阐述一下纪录片创作的一些心得体会，回应一下脱实向虚这件事。

李东珅： 在精品大会聊经典是挺有趣的事。作为创作者，精品是能追求的，经典是追求不了的，没有人创作之初就能做一个经典，这是做不到的。时间和历史的加持对一个片子来说非常重要。我是学数学的，如果我们回看一下历史里的那些片子，或今天可以被称为经典的片子，有一个充分条件——时间，就是历史的验证。它的必要条件有两点：一是真诚；二是具有当时时代的引领作用。

我非常同意陈真老师的观点，如果自己人生有机会，一定会拿着摄像机用更长的时间拍摄一部记录今天的作品，更重要的是得有态度，否则就是历史资料。新影厂有那么多历史资料非常有价值，但是很难说是一部经典作品，因为它没有态度，只是记录而已。所以我更多地关注一些历史题材的纪录片，把自己定位成一个做历史题材的人。

第一，历史题材在真诚这件事情上也很难的，因为你会在不同的时期，随着你的成长对一件事情的态度发生变化。十年前看一件事是这样看的，今天可能是那样看的，但这不重要，只要你在当时发自内心表达了自己的认知，这一点非常重要。有了这一点，真诚不真诚观众一眼就能看出来。所以首先是真诚，哪怕自己的认知当时不那么正确、不那么完美也可以。第二，是引领和创新。创新很难，现在我也不知道《河西走廊》未来算不算经典，因为在长时间的验证下有可能。2014年10月，片子即将播出时，播出平台合作方领导专门给我打电话说："不行啊兄弟，片子拍成这样怎么对得起甘肃人民？"我今天不是讲他的判断是否对，因为他讲这部片子跟他以往看过的片子不一样，打破了他视觉的习惯或认知的常规。这种创新要不要继续？我觉得要，但是一定要承认创新是有风险的，在很多时候创新会因为跟这个时代跟过往经验的不同而被观众质疑和讨论。我不知道在清朝时，《红楼梦》刚写出来有没有人讨论觉得它不够好，但是我觉得它是有引领作用的。如果一个作品在这个时代不能引领其他的作品或往前走得多一点，它不太可能成为经典。所以，经典有两个充分必要条件，必要条件是真诚和创新引领，充分条件是时间。

另外很重要的一点，就是每部作品都有自己生命，从它离开我们创作团队的那一天，它就是一个独立的生命体，它会经历自己被讨论、被成长、被宣传、被批评，都是正常的。所以作为一个创作者来说，努力做好每一部作品，力求每一部作品都成为经典。

李星文： 没想到在《河西走廊》开播之前创作者都很忐忑。"真诚地表达自己的认知"，我觉得这句话非常适用于纪录片的创作。接下来我们请汪文斌做总结，创作者结束的地方就是学者开始的地方，请您对经典传承和传播这一主题做理论上的解读和升华。

汪文斌： 谢谢各位的分享，给我们非常宝贵的启迪，可以说是"听君一席话，胜读十年书"。经典作品就是这样，每个人都跟它有讲不完的故事、说不完的话题，经典也是这样一种作品，每次重温重读它时都有新的发现、新的惊喜，可以说它不会一次穷尽它所要表达的内容，而是让你不断去读，不断去重温。

我们在人生的过程当中都有这样的经历，年轻上大学时，因为有人告诉你说这是一本经典的书，就会去图书馆借出来。我们往往读不下去，觉得很晦涩很难懂，因为我们的人生经历、文化，让我们不能真正领悟它、读懂它。后来在人生岁月之中我们会不断听到人们提到这些经典，提到这些经典中的片段，它的人物，它的语言，让我们产生强烈的共情与共鸣。因此重新回过头来再读这些经典，每次读它时真的觉得有了新的发现，又读懂了一些，又领悟了一些人生的智慧、情感的慰藉，所以你越多读它越能读懂它、领悟得也越多。这个过程中我们的思维能力、精神的境界都会不断提高。所以经典成为陪伴我们人生成长的一笔巨大财富，可以说在每个阶段都给我们新的启迪，总局开办重温经典频道，意义和价值非凡。

如果说开卷有益，我觉得开机应该可以做到比开卷更有益。因为影视传播的特点让经典的传播可以更加直观，更加吸引人，更加引人入胜，更加广泛，为受众所喜爱。在碎片化、快消费的时代，一个必然的趋势是人们会更加渴求经典，更加渴求富有营养的或高营养的经典作品，所以一定去寻找这样经典的频道，所以说重温经典频道就是一个宝藏频道，它为我们提供了非常重要的资源，非常宝贵的资源。我现在在大学正在跟总局相关部门，包括歌华有线，谋划推动重温经典进校园。如果说经典对社会大众具有巨大的意义和价值，对于正在启蒙阶段的大学生、年轻学者则更加意义非凡。在他们人生最开始时就能给他们最有营养的精神食粮，这个作用非常巨大，所以我们也得到了西交大领导的支持，正在策划开设"走进经典——与大师对话"的课程以及广播电视和网络视听经典作品赏析的课程，希望在座的各位大家能够走进我们的课堂，帮助学生一起赏析这些作品，从中领悟习近平总书记所讲的"隽永的美，永恒的情，浩荡的气"，对学生来讲价值极其巨大，这应该是我们做得非常有意义、有价值的事情。再次祝愿重温经典频道越办越好，再次感谢国家广播电视总局，感谢各位领导，期待我们重温经典进校园，给我们大学生、年轻学者带来最为宝贵的精神财富。

李星文： 汪老师提出了致敬重温经典频道，同时他也提了一个要求，开机有益要超过开卷有益，这是个不容易完成的任务。同时他也建议经典作品进校园，线上线下，一起来完成经典的传承，这都是非常好的建议，经典作品的传承和传播需要每个人的共同努力，让我们携手共进，让经典作品在新时代焕发出新的更绚烂的色彩。

刚才两个圆桌对话让我们再一次感受到经典人物和经典作品的塑造，以及经典作品的传承与发展、传承与创新。刚才几位嘉宾都谈到一部经典作品真的可以让人常看常新，每次看都有不同的体会，这是经典的力量，也是经典的魅力，而经典频道对经典作品的传承创新、传播发展提供了一个最为重要的舞台和载体，期待经典频道越办越好，推动涌现更多优秀作品。

广播电视新闻论坛

融合发展 创新驱动：新时代广电新闻人的探索与实践

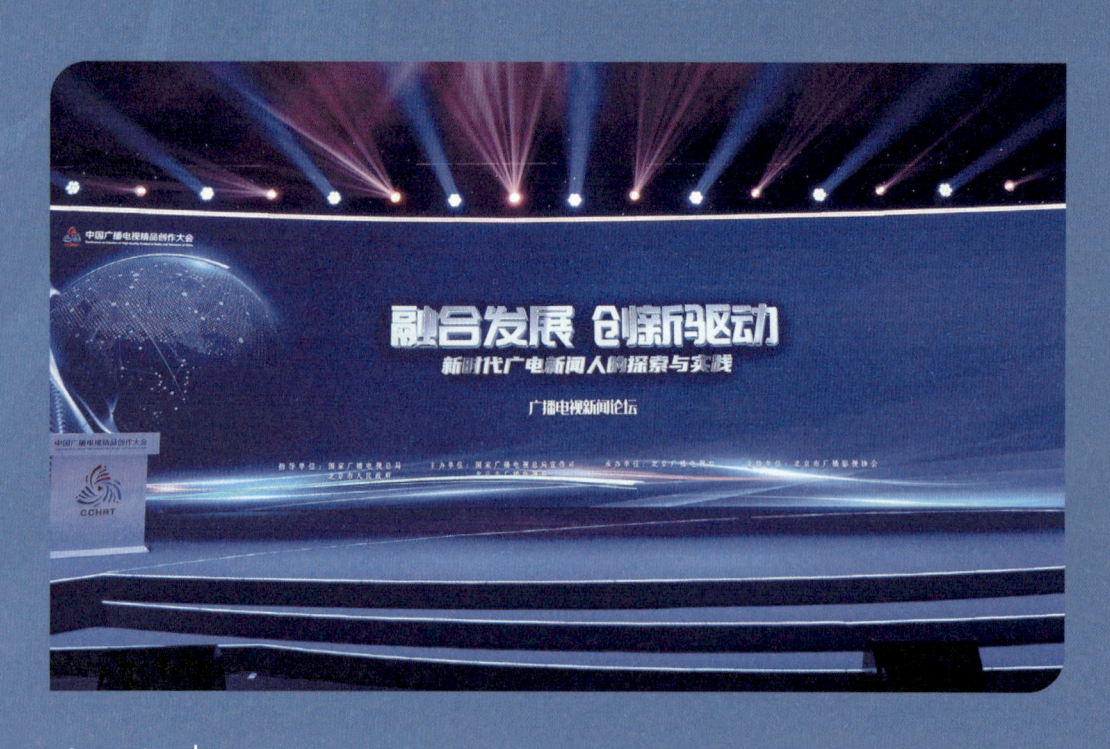

时　　间	10月12日 9:00—11:20
场　　地	郎园 Station 准点剧场
指导单位	国家广播电视总局、北京市人民政府
主办单位	国家广播电视总局宣传司、北京市广播电视局
承办单位	北京广播电视台
支持单位	北京市广播影视协会

领导致辞

董 昕

国家广播电视总局党组成员、副局长

做好党的新闻舆论工作、营造良好舆论环境，是治国理政、定国安邦的大事。无论媒体格局、舆论生态怎么变化，巩固壮大主流思想舆论、增强人民精神力量始终是我们的神圣职责和使命。党的二十届三中全会对做好广播电视新闻舆论工作提出许多新课题，全行业要学习好实践好习近平文化思想，展现新气象新作为。借此机会，我提几点建议，与大家共勉。

一、唱响主旋律，传播正能量好声音

要深入实施"头条工程""首页首屏首推建设""创新理论传播工程"，策划制作内容鲜活、形式新颖的理论节目、短视频，让党的创新理论宣传更有生气、更见神采。要坚持新闻立台，推动资源配置向新闻类节目倾斜，提升新闻报道能力，开展小切口、大主题的系列报道，持续做强正面宣传、经济宣传、典型宣传，多用家常话同群众共情共鸣，不断提振信心、鼓舞干劲。

二、打好主动仗，稳妥做好热点引导

热点易发多发是当前舆论环境的一个显著特征，开展热点引导是一项常态化工作。要提升定调引领能力，针对社会关切加强议题设置，把好时度效，做到及时引导、深度引导、有效引导，充分发挥主流媒体"定音鼓""风向标"作用，为党和国家工作大局提供有力舆论支持。要当好桥梁纽带，办好民生服务类节目，推动解决老百姓关心的现实利益问题，密切党和政府同人民群众的血肉联系。

三、挺进主战场，拓展网络舆论阵地

习近平总书记指出，谁掌握了互联网，谁就把握住了时代主动权。要坚持技术驱动，用互联网思维主导资源配置，建设一批有影响力的广电新媒体平台。既要坚持"造

船出海",探索打造全国性和区域性广电联合新媒体平台,支持省级广电新媒体平台整合资源、差异化特色化发展,也要坚持"借船出海",进一步深化全国广电新媒体联盟品牌建设,推动全系统全行业传播载体整合聚合,用主流声音引领网络舆论。

四、当好主力军,建强新闻舆论队伍

习近平总书记指出,媒体竞争关键是人才竞争,媒体优势的核心是人才优势。广播电视新闻工作者要增强党性意识、站稳人民立场,树立为国立言、为国发声的时代担当,练就过硬本领、忠诚奉献人民。要深入实施广播电视新闻质量提升工程、新闻百佳作品评选、全媒体人才培育等工作,完善激励扶持举措,培养造就一支政治坚定、业务精湛、作风优良、党和人民放心的全媒体新闻舆论队伍。

伟大事业需要凝聚伟大力量。让我们以习近平新时代中国特色社会思想为指导,牢记党的新闻舆论工作的职责使命,坚持以人民为中心的工作导向,尊重新闻传播规律,创新方法手段,不断提高广播电视新闻舆论传播力、引导力、影响力、公信力,为强国建设、民族复兴伟业凝聚精神力量,提供有力支撑。

最后,预祝本次论坛圆满成功!谢谢大家!

吴 兢

中国记协党组成员、书记处书记

在全党全国兴起学习宣传贯彻党的二十届三中全会精神热潮之际,很高兴在金秋时节与大家相聚在这里,共同参加首届中国广播电视精品创作大会——广播电视新闻论坛,以"书写伟大时代 精品奉献人民"为主题,围绕凝聚新闻宣传队伍、巩固壮大主流思想舆论、交流研讨、分享学习、促进合作、助力创新,必将为推动新时代新闻舆论工作高质量发展发挥积极作用。

广电媒体是新闻传播矩阵的重要部分,是服务党和国家工作大局的重要力量。党的十八大以来,广电媒体坚持以习近平新时代中国特色社会主义思想,特别是习近平文化思想为引领,团结带领广大新闻工作者,深入宣传习近平新时代中国特色社会主义思想的生动实践和丰硕成果,持续巩固壮大奋进新时代的主流思想舆论,努力成为主流价值的引领者、社会进步的讴歌者、中国故事的讲述者,以精品创作的丰富成果,为党和国家事业发展凝聚起强大的舆论力量,营造出良好的舆论氛围。

新时代新征程,新发展新任务,广电媒体更要有新气象新作为,更好满足人民群众对美好视听生活的新期待。在这里,我谈几点思考与大家共勉。

一、凝心铸魂、引领导向,担当文化建设新使命

宣传好、阐释好习近平新时代中国特色社会主义思想,特别是习近平文化思想,是新闻战线的首要政治任务。高举思想旗帜,提高政治站位,着力加强对这一重要思想的完整、准确、全面、鲜活解读,充分发挥广电媒体的特色优势,提升思想分量、创新话语表达,推动党的创新理论"飞入寻常百姓家"。

二、深化改革、聚力精品,构建系统性变革新机制

党的二十届三中全会就推进主流媒体系统性变革等作出了明确部署,坚持改革创新,以内容建设为根本、先进技术为支撑、创新管理为保障、做优服务为抓手,进一

步挖掘潜力、催生动力、激发活力，释放广电媒体的新闻生产力，让视听产品正能量更加充沛，主旋律更加高昂，以广电媒体自身的高质量发展更好服务党和国家新闻事业高质量发展。

三、增强"四力"、锤炼作风，厚植队伍建设新优势

无论媒体形态怎么发展，报道形式怎么创新，"脚力、眼力、脑力、笔力"始终是新闻工作者必须修炼的基本功。持续加强队伍建设，激励引导广大新闻工作者在增强"四力"上当模范、在提高业务上下功夫，采写出更多服务经济社会发展、反映人民群众福祉、展现普通劳动者奋斗状态的精品力作，大力唱响时代主旋律，传播中国最强音。

中国记协是党领导的全国性人民团体，是党和政府密切联系新闻界的桥梁、纽带。牢记习近平总书记殷切嘱托，建设新时代"记者之家"，是我们肩上沉甸甸的责任，也是我们心中不懈的追求。中国记协深入贯彻落实习近平总书记指示要求，各项工作在守正中创新，在创新中发展，充分发挥中国新闻奖、"好记者讲好故事"、"记者之家"大学堂等品牌引领作用，获得了广大新闻单位和媒体同仁的认可。

下一步，我们将坚持以习近平新时代中国特色社会主义思想为指导，深入贯彻落实习近平文化思想，牢固树立以新闻工作者为中心的工作导向，把党中央要求、新闻界需求和记协优势更好结合起来，努力建设更有温度、更有活力、更有影响的新时代"记者之家"，为凝聚全社会团结奋斗的强大精神力量作出新贡献。

最后，祝本次论坛圆满成功！谢谢大家！

主题演讲

为时代立传　为奋进聚力
——北京广播电视台做好重大主题报道的探索与实践

边　建
北京广播电视台
党组成员、副总编辑

做好重大主题报道是主流媒体的政治责任和重要任务。当前，世界百年未有之大变局加速演进，中华民族伟大复兴进入关键时期。同时，传媒生态深刻重构，受众需求日益多元，舆情形势错综复杂。习近平总书记指出"必须坚持巩固壮大主流思想舆论，弘扬主旋律，传播正能量，激发全社会团结奋进的强大力量"。[①]主流媒体要坚决贯彻落实总书记的指示要求，在新时代勇担新的历史使命，做好重大主题报道，为时代立传，为奋进聚力！

党的十八大以来，伟大祖国的沧桑巨变，京华大地的生动实践，为讲好新时代中国故事，做好重大主题报道提供了丰富、鲜活的素材。但是我们的报道工作还不尽如人意。存在样态老套、创新不足、缺少精品等问题。

为了加强和改进重大主题报道，近年来，北京广播电视台积极探索实践、改革创新，形成了一些经验和方法。

一、坚持高位策划，挖掘小切口展开大文章

谋定而后动。唯有策划先行，才能保证重大主题报道守正创新。北京台的重大主

---

① 《习近平：胸怀大局把握大势着眼大事　把宣传思想工作做得更好》，https://jhsjk.people.cn/article/22634049，2024 年 12 月 13 日访问。

题报道由总编辑亲自调度，制订年计划、月计划，邀请专家学者参与选题、破题、制作、把关，跨部门成立攻坚团队，压茬推进，逐一落实。

2024年3月，经过紧张、周密的策划准备，北京台推出通俗理论节目《认识你真好——习近平总书记的书单》，以书籍为载体，以经典为桥梁，生动讲述总书记与经典著作结缘的故事，通过对话访谈，促进文明交流互鉴，深入阐释习近平文化思想。作品不仅得到了主管部门、权威专家等的盛赞，也受到年轻受众的喜爱，让党的创新理论"飞入寻常百姓家"。

2024年"十一"期间，北京台完成了5天17场大型融媒体直播《我的北京我的家》。策划阶段，我们反复讨论怎样通过讲好百姓故事来讴歌中华人民共和国75年来取得的伟大成就。记者走进田间地头，采访平谷区农民熟练地通过电商平台销售农产品，引出当地发展如何依托中欧班列融入"一带一路"国家战略，推动地区发展，促进农民增收。我们所在的郎园Station前身是一个纺织厂，直播节目展现了4位老员工重访这里的寻根之旅，从他们的亲身体验和无限感慨中折射出新时代百姓生活的变化，以及城市更新所焕发出的活力。北京"16+1"区轮番谈发展，"秀"成就，汇聚可感可知的"北京经验"，展开了一幅城市高质量发展、人民生活幸福的"实景图"。

我们将策划的原则总结为"三讲"，就是讲故事、讲经验、讲道理，三者要有机统一。"故事"于细微处见真章，"经验"要紧扣首都功能定位，核心是聚焦习近平新时代中国特色社会主义思想这一根本的"道理"。

二、坚持融合传播，激发正能量实现大流量

首先是重大主题报道要实现好的传播效果必须创新！新理念是指要以融媒体思维打造具有互联网基因的产品。2023年我们参与了北京市委宣传部组织的系统总结回顾党的十八大以来首都发展成就的大型融媒体报道《新时代首都发展巡礼》。我们以产品运营思维组织策划、生产和宣推。"生态治理"和"精神文明建设"两个专题推出了H5《雨燕带你看大北京》，采用SVG技术的《北京生态海拔图鉴》、与达人共创的说唱MV、直播连麦、动漫短视频等丰富的产品形态，匹配多元的受众需求，两个报道全网阅读量超过10亿人次。

其次是新语态，要转文风，走好新时代传播的群众路线。《市民对话一把手》是北京台有18年历史的品牌栏目。2024年，该栏目再次走出演播室，委办局负责人到基层直接与群众交流——水务局局长走进"23·7"特大暴雨受灾居民家中了解重建情况，民政局局长在养老机构体验老年餐，"商务局局长七口喝光一碗热豆汁儿"，这些图文视频都引发了网友热议，生动地解读了北京市政府工作报告。

最后是新技术，要用技术赋能传播。生成式人工智能是当前最具革命性、引领性的科学技术之一。北京台跨中心成立了"AI智绘坊"工作室，建立了以项目为牵引的多部门协同工作机制，探索AI在新闻生产中的应用。2024年国庆节期间，首次在主新闻栏目推出系列AI新闻产品《国庆 我问了AI一个问题》，在一分钟的时间里，让长安街"一路生花"，让中轴线"甜"起来，用漫画风格去描绘城市的活力，带领受众以全新视角去感受首都发展变化。这一AIGC产品获得了1000多万人次的点阅量。

三、坚持首善标准，讴歌新时代打造新经典

文章合为时而著，对时代风云最好的记录就是打造反映时代的经典。

打造经典要厚积薄发。2024年是邓小平、习仲勋为"爱我中华，修我长城"题词40周年，北京台精心制作了大型人文历史纪录片《长城长》，全面阐述中华文明"五性"。5月14日，习近平总书记给自发守护长城、传承长城文化的延庆区八达岭石峡村村民回信，我们在不到一周的时间里，抓紧修改、完善、制作，于5月20日将该纪录片提档播出。《长城长》是30年来第一部北京出品的、全景展示长城文化和长城保护的纪录片，全网阅读量达6.12亿人次，两端传播效果显著。之所以能够快速反应是因为我们有备而来，这是我台多年来关注、研究、挖掘、记录长城保护的成果，可以说是念念不忘，必有回响。

打造经典要千淘万漉。习近平总书记在文化传承发展座谈会发表重要讲话一周年之际，我们推出了精品力作《中华——龙的传人》，该片是八年磨一剑，调研海内外专家，遍访全国16个省、市、自治区，数易其稿，单集文案平均超过12万字，素材成片比达150比1。

打造经典要久久为功。近几年，北京台共有300多件次作品获得省部级以上奖项，其中，10部作品获"五个一工程"奖和全国电视文艺"星光奖"，中国新闻奖、中国广播电视大奖获奖数量连续几年名列省级各类媒体前茅，这离不开我们持之以恒，尊重规律，培养队伍，鼓励创优。

展望未来，中国式现代化气象万千，首都发展日新月异，做好重大主题报道恰逢其时，使命光荣，责任重大！我们将继续秉持首善高标准，笃行不怠，锐意创新，为谱写中国式现代化北京篇章凝心聚力，为建设中华民族现代文明贡献力量！

打造媒体转型的硬核力量

——安徽台新闻生产传播的系统重塑与价值再造

吴文胜
安徽广播电视台
党委书记、台长、总编辑

党的二十届三中全会提出，要构建适应全媒体生产传播工作机制和评价体系，推进主流媒体系统性变革。这为我们进一步强化新闻立台，提升生产传播能力，建设新型主流媒体指明了方向和路径。

一、对全媒体时代广电新闻的理解认知

全媒体时代，广电新闻的作用和价值不是弱化而是更加凸显，这是一项必须做好而且应该做好的工作，既是政治要求，也是应尽职责。在传统收视的"三驾马车"（新闻、电视剧、综艺）中，电视剧、综艺内容已经高度市场化，视频网站成为其首播首发平台，唯有新闻才是广电媒体在互联网舆论场发挥主流声音、主流价值的独特优势所在，是必须着力加强培育和锻造的核心竞争力之一，也是广电媒体生存之本、使命所系和价值所在。

全媒体时代，不是对辉煌时期传统广电新闻模式的复写与扩张，而是一次系统重塑和深刻改造，以实现质的根本提升和量的有效扩展。在与网络媒体争夺用户的直接交锋中，传统广电新闻需要建立适应移动互联网传播的组织方式和工作机制，形成集约高效的融媒新闻生产传播体系，提升广电新闻的时效、品质和规模。

以传播力、引导力、影响力、公信力为价值导向、衡量标准，以互联网思维和信息技术应用系统贯穿全过程、各环节，推动新闻生产传播和受众服务系统重塑，更好

扛起新时代新闻传播的使命担当。坚持以传播力为先导的"四力"评价标准，强化用户思维和效果导向，加强新技术应用，推动数字化赋能和信息化转型，实现服务受众能力大幅跃升。

二、对全媒体时代广电新闻的探索实践

顺应全媒体竞争新要求，积极探索适应全媒体生产传播工作机制，促进广电新闻系统重塑、价值提升。

（一）立足产品力，促进新闻生产提升质效

首要任务坚持首要标准。围绕习近平新时代中国特色社会主义思想和总书记重要讲话指示批示精神，持续推出政治性、思想性与艺术性相得益彰的专栏专题，用一篇篇精品力作展现总书记的思想伟力和人格魅力。上级有关部门专文表扬：《安徽新闻联播》报道用鲜活事例生动展现习近平总书记领航掌舵的人民领袖形象。

主题宣传展现生动实践。坚持"顶天立地"策划选题，"大题小做"讲述故事。2024年8月，推出特别策划《改革向前·奋进者》（6集），生动讲述新时代新征程江淮大地的改革之策、创新之举、发展之效，在卫视黄金档播出，全网传播量过亿次。

经济宣传突出深度报道。聚焦"此时此刻的安徽""热气腾腾的发展"，深入解读经济增长背后的政策效能、创新效应和市场逻辑，《安徽新闻联播》经济报道占60%以上。

民生宣传彰显百姓视角。精心选点选人讲故事，把新闻故事化、故事人物化、人物情节化、情节细节化等叙事方式落实到新闻报道中。2024年7月，推出"我身边的改革"专栏，运用小切口，展示"微改革"，受到中宣部表扬。

（二）立足传播力，促进优质内容破壁出圈

推进频道频率新媒体化。以"大小屏同步、一支队伍服务多个平台"为思路，推动频道频率向全媒介传播平台升级。依托名牌新闻栏目《第一时间》，打造新媒体矩阵，做深电视新闻、做快网络新闻、做精电视直播、做全移动直播，每天三档新闻直播栏目同步网络直播，经视频道由"地面"变身"全网"。"安徽交通广播"微信公众号连续4年位居新榜中国微信500强榜单前3。2024年9月18日，肥东县发生4.7级地震，安徽交通广播第一时间进行全方位密集报道，公众号10万+作品达30件，位居各新媒体之首。

创新全媒体传播策略。丰富全媒体报道形式，根据不同类型活动制定相应的传播策略。如对重大会议活动报道，通过全程、全媒、全效的组合拳，产生了良好的宣传效果。2024年全国"两会"宣传，得到中宣部、总局表扬17次，创历年新高。

提升全媒体直播能力。将新闻直播作为推进全媒体全渠道传播的新阵地、大小屏采编团队协同作战的练兵场。2024年6月，在广电总局指导下，发起并联合中部省台，

实施《"'智'造中国调研行"大型融媒体直播》，展示中部地区以"智造力"释放新质生产力，相关话题持续4天霸榜抖音热搜，在线观看超2734万人次，单条短视频《安徽向空逐"新质"》全网播放量5172万次，受到总局肯定。

（三）立足组织力，推动流程再造组织变革

重塑组织架构，打造融媒新闻产品线。探索全媒体、大中心、一体化运营模式。谋划整合大时政领域有关频道频率和新媒体资源，形成大时政领域"频道＋频率＋新媒体"内容策划、生产、传播、运营一体化运行机制，全面提升重大宣传策采编能力和全媒体传播能力。

重组业务方式，激活采编团队创新力。加强全媒体新闻内容的生产传播组织协同，通过"主题宣传集中策划""编委会专题调度"，构建常态化主题宣传的融合生产指挥机制；强化资源跨部门、跨单位、跨平台整合，推进重大主题报道从单一生产线向"链主领衔＋基地分布式生产"转变。

重建技术底座，建设移动采编云平台。以新技术推动生产流程再造，建设集成智慧媒体技术底座，打造集"策、采、编、审、存、发、评"于一体的智能化、数字化融媒体云端采编平台，推动新闻采编从传统的"离线生产"向"复合生产"转型。

重整内外资源，建立开放式协同机制。以时政新闻客户端"安徽视讯"为抓手，建立"技术共享、内容共创、界面共办、形象共推"省市县媒体联动机制，目前已有全省112家市县融媒入驻。2024年夏天黄山市遭遇特大暴雨期间，"安徽视讯"通过该机制迅速将防汛报道采编触角延伸至防汛一线的各个县、镇、村，其中"暴雨中的宏村一切安好"的视频，在全网引发了对"古建筑防水设计"的关注与热烈讨论，播放量突破1亿次。

以大片敬时代　以精品致未来
——湖南台新闻精品创作特色

罗迎春

湖南广播影视集团有限公司（湖南广播电视台）
党委委员、副总经理、副台长

在新闻精品生产方面，碰上了好时代，也得益于湖南台新闻立台政策，只要有好创意，不论是在省内、省外，甚至跨国拍摄，只要在年度预算之内，台新闻中心就可以快速自行组织生产，没有烦琐的立项程序。这是湖南卫视精品大片源源不断出现的根本原因。

10年来，湖南广电共获得中国新闻奖60多个，其中台新闻中心获得"中国新闻奖"作品40多件，一等奖13个。新闻中心的专题栏目《新闻当事人》目前改版为《首发》。全栏目只有11个记者编辑，近几年获得11个"中国新闻奖"，其中一等奖3个，包括《冰河忠魂》《总书记来信》《中国医生》。

按我们自己的分类，这些获奖作品大部分是"新闻大片"。湖南台"新闻大片"有以下五个特性。

一是紧扣时代之问的"新闻性"。用"新闻大片"讲述国之大者和省之大计是湖南广电新闻的鲜明风格。近几年围绕习近平总书记重要思想，紧扣湖南重大决策，推出了一系列主题鲜明的"新闻大片"，包括《国之大者》《惟有登攀》《为有牺牲》《党史上的今天》《田野上最闪亮的星》《给青年的信》《长沙雄心》等几十部。

习近平总书记的每一次重要讲话，国家每一个重大活动和重要纪念日，湖南每一项重要决策，都是我们挖掘"新闻大片"的"富矿"。我们会深挖会议精神，深入理解关键句和关键词，确定"新闻大片"创作方向。

从2020年开始,湖南广电连续五年坚持"一年一主题",做实主流宣传。2020年"脱贫攻坚三部曲",2021年"庆祝建党百年交响乐",2022年"奋进新时代洪波曲",2023年"新征程上谱新篇",2024年"中国式现代化光明行",精品创作覆盖新闻、文艺全品类。

二是恢宏精致的"大片感"。 坚持用做电影和电视剧的态度拍新闻,从技术设备到团队配置,再到时间投入,我们都坚持"专业主义"。叙事手法突破传统,借鉴影视、文学等表现手法,在叙事、画面、音效等方面大胆探索。在创作态度上追求极致,为采访上天入地、奔赴异国他乡;为采访爬冰卧雪、日夜蹲守,甚至经历生死一瞬的惊险。在节目细节上追求"不惊人则不罢休",对画面、文字、音乐的无限追求,是"新闻大片"的标配。不厌其烦地打磨细节,是"新闻大片"的常态。在传播上努力汇聚合力,从播出时机的精心选择,到传播渠道的协同发力,都是"新闻大片"成功不可或缺的因素。

与传统电视新闻专题相比,"新闻大片"拍摄风格更多样,叙事方式更多元,视听元素更丰富;与纪录片相比,"新闻大片"新闻性更强,写意性更强,叙事性更强。与网络短视频相比,"新闻大片"更精致,也具备反复传播、常看常新的潜力。

三是厚重深沉的"情感化"。 我们努力追求感人至深,甚至催人泪下的新闻效果,强调"三极致"原则的情感实践。第一,以极致任务为抓手,在确保报道真实性的同时,赋予了新闻报道更多的人文情感。第二,借极致环境展现矛盾,如实还原人物与自然环境间的矛盾与冲突。第三,于极致细节处见真章,捕捉新闻事件中那些充满温情的人物和故事场景。

四是引领风气的"青春态"。 从年轻用户的感知角度出发,传达新时代的正能量,是"新闻大片"目标定位。第一,人物选择"青春态",尽量选择35岁以下的青年人作为中国故事的讲述者。第二,题材选择"青春态",尽可能选择具备"知识性""时代感",能够给年轻人带来"神秘感"和"新鲜感"的好内容。第三,语态表达"青春态",彻底抛弃原来创作习惯中刻板而生硬的说教味和"空话套话",转而使用新型的、年轻化的、生动灵活接地气的语态和亲近自然的表达形式。

五是咬定目标不放弃的"职业精神"。 我们有很多金点子,往往因为执行中碰到困难就放弃了。精品创作最考验执行力,要坚持打攻坚战,啃硬骨头。我想跟大家分享一下《这一步走了73年——马英九回湘祭祖寻根》背后的故事,这条4分钟的消息入围了2024年中国新闻奖消息类一等奖。

消息类一等奖好比奥运会100米短跑的金牌,含金量最高。我们每年要写上万条消息,但几乎找不出角逐大奖的消息,消息有点像靠天吃饭,题材可遇不可求。我们拿了很多大片一等奖,但一直有个未了的"消息梦"。

马英九回湖南祭祖,我判断具备搏大奖的某些条件,为了把握机会,我们找到了中宣部港澳台局，港澳台局非常支持。

我们施展平生所学来做这条消息，文稿改到当天下午两点半。因为很多素材是 4K 的，编辑网络背不动，一条 4 分钟的消息，4 个小时才制作完。

精品创作最缺的是机会，必须始终保持进取的姿态。这条 4 分钟的消息很有泪点，能够深深打动人。不消极，敢打善打主动仗，2024 年我们应该能圆"消息梦"。

一体多维：推进广播电视新闻传播系统性变革

印永清

天津海河传媒中心副总裁

党的二十届三中全会指出："构建适应全媒体生产传播工作机制和评价体系，推进主流媒体系统性变革。"面对传播格局深刻变化，天津海河传媒中心率先在全国省级媒体中整合了广播、电视、报纸、网络等所有主流媒介，构建新型主流媒体。基于上述背景，我从广播电视新闻融合创新传播的角度，向大家汇报四方面的探索。

一、一体多维，双向进入

"一体多维"的"一体"指的是包括传统广播电视新闻部门和新媒体单元在内的全媒体传播体系一体化运作，包括信息、素材、内容数据、价值取向一体共享。"多维"指的是具体而不同的媒体呈现维度，比如广播、电视、自主客户端的新闻，按各自规律完成内容生产、传播、运营。彼此"不是谁替代谁的问题，是迭代和优势互补的关系"。

"双向进入"指的是广播电视新闻内容生产人员逐步实现"一岗双责"，在保证广播电视媒体高质量发展的同时，负责传统媒体和新媒体相向进入，融合发展。关键是既要避免用传统媒体的思维和流程来生产新媒体内容，也要避免用新媒体的思维和流程来做传统媒体。必须清醒认识到"你就是我，我就是你"是战略层面的统一，是在互联网思维和数据方面的一致。操作层面，要实事求是，探索和再造传统媒体和新媒体间"融而有统，合而有别"的柔性生产流程和全媒体考核机制，实现"此涨彼涨"。

天津海河传媒中心获得"中国新闻奖"一等奖的广播消息《东丽中学家属院唯一公共厕所为"迎检"被街道强拆》，就是突出了现场的典型音响，"一声胜千字"，凸显了官僚主义、形式主义的危害性和非人性。而获得"中国新闻奖"三等奖的广播新媒体图文报道《志愿者是新冠治愈者：我淋过雨，想为别人撑起一把伞》，与作者采制的同题广播报道相比，标题、语言、结构都不一样，改写的报道充分适应了新媒体图文传播的用户体验。电视新闻部的"友城天下行"连续报道大屏影响广泛，但移动端的新媒体报道一般只突出一个点。奥运会新媒体的报道是捕捉共情的瞬间，比如4×100米接力冠军运动员王长浩回津吃面的一个镜头，就因为传递自豪和乡情的情绪价值而成为播放量上亿的爆款。

二、围绕主线，突破头部

融合的目的是推进主流媒体实现系统性变革，推动主力军进入主战场，在广播电视新闻和互联网主阵地上生产传得开、叫得响的头部内容，实现"新内容为王"。

天津广播电视新闻围绕主题主线所做报道不再只是主观评价。通过津云客户端自主研发的"热点新闻监测系统""传播力分析系统"等大数据分析，倒逼员工提高"脚力、眼力、脑力、笔力"，讲好故事，努力让正能量形成大流量。

2024年春节前夕，习近平总书记考察天津，提出了"四个善作善成"重要要求。电视新闻部精心策划推出《京津冀 十年同心向未来》特别节目和《友城天下行》全媒体节目，分别围绕京津冀协同、共建"一带一路"倡议，天津缔结友好城市50周年等主题，深入一线，事实说话，反响热烈。短视频《焰火耀星空，共祝祖国好。欢乐京津冀一起过大年》《盘头大姨忙过年，龙年新发型来啦》，分别以阅读量3180.7万次、4125.4万次，荣登全国广电新媒体联盟宣传"爆款"TOP10。

近年来，天津新闻广播在微信公众号上加大原创新闻深度报道，传统AM/FM端发挥广播快速反应的优势，新媒体端超越了广播瞬息即逝的劣势，专题报道《跨国企业缘何去而复返》入选2023年广播电视百佳的优秀经济新闻，"一地200亩耕地成为垃圾填埋场"等调查报道引起广泛关注，推动了问题依法查处。微信公众号影响力排名常年居全国新闻广播首位，也是天津最具影响力的主流媒体公众号之一。

三、再造流程，创新机制

广播电视新闻生产的新机制新流程，是媒体深度融合的制度成果。近年来，通过创新流程，广播新闻部一档每年直播的"市委办局长年终系列访谈——向群众汇报"节目，被改造成为声、屏、报、网联动的融媒体大型系列新闻活动，网下网上产生重大影响。过去传统广播节目的传播链很短，嘉宾进入直播间做完节目也就完成了传播闭环。改造后的流程变为：第一步，委办局长们首先郑重在《天津日报》书面汇报一年工作中的成绩和存在问题，让群众知情并监督。报纸和互联网随后刊发直播预告；第二步，在广播、"津云直播"访谈中接受人大代表、政协委员及百姓询问和建议，记者的暗访报道也随直播播发；第三步，直播前后接受群众对委办局工作的网络打分；第四步，主流媒体和网络媒体进一步报道直播结果。整个活动成为城市政治生活中的一件大事和网络热点，成为"走好全媒体时代群众路线"的一次成功探索。有关部门特别刊登专文充分肯定这一媒体融合的成果。

四、造船借船，打造智媒

改革的最终目标是建立自主可控的新媒体平台，连接和积累用户，沉淀数据，提供增值服务，建立"新闻＋政务服务商务"的运营模式。这个过程就是"造船"。

目前，我们中心所属的津云客户端技术层面不断迭代发展，包括智能版块的开发运用。但技术创新特别是人工智能大模型正在引发新一轮内容生产传播方式的巨变，我们需要"造船""借船"并举。"借船"就是通过运作微信、微博、抖音等商业平台账号，完成内容生产者在观念、产品、流程、运营等方面的提升和借鉴，特别是提高创新能力。目前，津云客户端在当前中宣部对全国地方主流媒体新媒体考核的两个月中，分别列全国第五和第三，津云微信公众号也在第十名左右，整体朝"轻前端、分众化、富生态、智能型"演进。

织密协同"一张网" 跑出融合"加速度"

边宇峰

河北广播电视台（集团）
副总编辑

很荣幸与大家分享北京、天津和河北三家媒体汇报携手合作、协同融合的全媒传播实践。

紧紧把握京津冀协同发展和媒体融合发展两个国家战略叠加机遇，十年来，京津冀三家媒体凝心聚力、聚势聚智、协同生产、协同传播，构筑起京津冀区域媒体的向心力。如果用一句话来总结：十年时间，我们织密了协同"一张网"；十年实践，我们跑出了融合"加速度"。

一、协同生产"加速度"，议题设置能力增强

（一）主题宣传品牌化

在2014年京津冀协同发展上升为国家战略的开端之年，三地媒体从广播端最先走出协同生产第一步——联合推出全国两会特别直播节目《对话京津冀》，在北京台设立直播间，邀请三地全国人大代表、政协委员和政府官员代表，围绕京津冀协同发展的热点问题说合作、谈协同。随着媒体融合进程的推进，节目从广播访谈迭代升级到全媒访谈，成为受到广泛关注的主题宣传品牌，新华社在报道全国两会宣传亮点时曾作为创新案例介绍。2019年，三台新闻广播在京津冀协同发展五周年时又推出全媒报道《春天的脚步》，联合采访组深入雄安新区、天津港、北京城市副中心，全面呈现京津冀协同发展的最新成果。《春天的脚步》由此成为京津冀协同发展每个周年的特别采访

行动,又一个主题宣传品牌由此诞生。

(二)精品策划常态化

面对媒体传播的深刻变革,仅仅是重要时刻、特殊节点的携手合作已经不能满足转型、转场的需求,三台的协同脚步在加快、领域在拓展。河北台秉持"无全媒不生产、无融合不传播"的核心理念,与京津两台携手推出"行走"主题采访,百级规模的系列报道《行走长城》和播发音视频报道近400篇的《行走大运河》都产生良好的社会反响。同样以"大运河"为选题,北京台推出"故事化"大型主题采访行动《我家住在运河边》,以京津冀为基本依托,联合全国众多广电媒体参与,进一步推动京津冀媒体融合向纵深发展。

(三)创意作品全媒化

在京津冀协同发展上升为国家战略10周年之际,三台联合推出了大型全媒体特别行动——《京津冀 十年同心向未来》,三台采编播人员共200多人参与其中。以"同心"为内核,高站位谋划、宽领域协作,在"雄安之眼"搭建演播室,三地主播同台主持、专家学者深度解读;以"创新"为底色,28个精品视频,追求极致表达;以"技术"为助力,裸眼3D、虚拟技术大数据发布,视效惊艳;以"共享"为牵引,宣推同步,短视频、H5、AI绘画同时在三台新媒体矩阵推送,全网点阅量超过1.3亿次,30条话题词登上微博同城热搜。

二、协同传播"加速度",渠道拓展成果显著

(一)以"京津冀之声"为抓手,打造全能阵地

2021年2月26日,由北京台联合天津台、河北台携手打造的区域广播频率和融媒体平台京津冀之声开播。作为京津冀协同发展的宣传主阵地和信息服务窗口,京津冀之声紧密对接三地广电媒体,推进"权威信息发布、发展成就展示、创新协作推进、民生福祉服务"四大平台功能建设,并创建了信息、资源、广播节目互联共享机制、品牌活动共同策划组织机制。目前京津冀之声已成为京津冀协同发展的有力宣传舆论阵地。

(二)以"矩阵构建"为突破,放大传播声量

京津冀三地媒体在推进媒体深度融合的进程中打造出"北京时间、津云、冀时三个自主客户端+第三方社交媒体合作账号"的新媒体传播矩阵,并强化了京津冀协同发展内容建设和发布机制。每逢联合行动或遇有重要新闻,三台协调联动能够实现多渠道、多形态的快速传播,形成裂变传播效应。大运河"申遗"成功10周年之际,三台联合推出的《"河之端"自驾体验式运河沿线大型融媒体直播》,三台新媒体矩阵发布后,吸引62家海内外媒体转载转发,总点击量超1000万次。

（三）以"京津冀广电新媒体协作体"为引领，提高合作层级

2023年7月，京津冀三家广电媒体在雄安新区举行京津冀融媒宣传合作座谈会，首次将京津冀三地媒体合作上升到台级全面战略合作层面。2024年年初，三台落实广电总局关于推进广电新媒体建设部署，共同发起成立京津冀广电新媒体协作体，区域广电新媒体运营能力、主流价值影响力进一步提升，一张具有鲜明区域协同特色的广电新媒体传播网由此形成。

三、协同创新"加速度"，多维联动质效提升

随着京津冀三地媒体构建起更加紧密的战略伙伴关系，探索更多维度、拓展更多渠道、创新更多形态的协同合作已经成为大家见面讨论最多的话题。

（一）提升创意水平，推出一批高质量报道

全力抓好"头条工程"，围绕"中国式现代化的先行区示范区""世界级先进制造业集群"等重大主题，联合开展"走基层"采访行动，共同加强"首页首屏首条"建设。聚力抓好"联播工程"，三地广播电视联播节目开办固定专栏——"协同发展进行时"，及时发布权威信息、做好政策解读，并就各自谋划的主题报道提供支持，为京津冀协同发展造声势、添动力、强信心。

（二）强化资源融通，生产一批高流量产品

在过去的十年中，天津台基于曹火星创作的《没有共产党就没有新中国》而创作的《同唱一首歌》大型主题活动、河北台组织策划的《京津冀京评梆戏曲擂台赛》，三地联动、合力推进，产生了良好社会反响和示范效应。强化三省市优势资源融通和横向交流协作已成为大家的共识，在打通节目资源、创办各类晚会和创意各种活动等方面都有成熟的合作基础和强烈的合作意愿，一批优质合作成果呼之欲出。

（三）树立开放思维，打造一批"媒体+"项目

2024年年初，京津冀携手推出"欢乐京津冀 一起过大年"主题活动，三地数十名记者深入采访京畿大地的浓郁年味儿，提供过年游玩"打卡地"，推介三地卫视春节晚会，讲好三地群众团圆故事，助力三地消费市场复苏。活动成功举办带给三地更多启示，京津冀地缘相接、人缘相亲、经济相融、文化相通，三地媒体依托"媒体+文旅""媒体+演艺""媒体+消费""媒体+产业"等运营模式，延伸触角、扩大领域，建立经营和发展合作机制，为主流媒体绿色发展、高质量发展探索新路径。

进一步深化协同与融合，是未来京津冀媒体发展的主旋律。在已经取得丰硕成果的基础上，携手传播"好声音"、唱响发展"协奏曲"、书写融合"大文章"，最终达成"1+1+1＞3"的成效，既能各美其美，又能美美与共，是三家媒体共同奋斗的目标。

《雷蒙帮忙团　接诉即办　办给你看》
——老牌电视栏目的媒体融合创新

雷　蒙

内蒙古广播电视台
首席记者

我是内蒙古广播电视台的雷蒙，是民生服务和监督类电视新闻节目《雷蒙帮忙团》的记者和主持人，我从一个省级电视台地面频道日播民生新闻的角度，汇报一下体会。

我们这类电视节目，虽然也曾是当地收视率高、影响力大的栏目，但随着新媒体的冲击和电视受众的减少，栏目的生存空间也越来越小。于是我们转换思维方式，不把新媒体只看作竞争对手，而是当作更灵活更广泛的传播渠道，当作助力电视传播的新手段、好帮手，开办了媒体融合节目《雷蒙帮忙团　接诉即办　办给你看》。

我们帮助煤炭老板要回工程款、要工钱。甚至在帮忙催要民间借贷欠款，要回的资金小到几千元大到几百万，一年下来金额有几千万之多。帮很多人解决了"急"和"难"，为什么能取得这么好的效果呢？

为什么国企经理和区长能随时接我电话，还特别重视呢？

鄂尔多斯市准格尔旗为了尽快让大项目落地，大力整顿当地征地乱象，出台统一的征地政策，3天内要向每一户居民传达这个政策。我们拍摄的《准格尔旗征地：公正严明　一视同仁》在快手、抖音、视频号、奔腾融媒、准格尔融媒和各街道社区、苏木嘎查微信群广泛传播，播放量超过200万次，准格尔旗总人口36万人，3天内做到了家喻户晓，为征地工作的推进提供了便利。

"雷蒙帮忙"账号，反映的都是老百姓"急难愁盼"的事，这些事主要集中在农村土地、居民社保、农民工工钱、购房买车、邻里关系以及法院执行等方方面面。有超过 80% 的报道对解决问题起到了明显的推动作用。

《雷蒙帮忙团》每周一到周五晚 7 点到 9 点，在内蒙古广播电视台奔腾融媒客户端和快手平台直播。根据直播节目内容精剪成 30 分钟的节目，每晚在内蒙古电视台经济生活频道播出。同时拆分成七八条短视频，在快手、抖音、视频号、今日头条"雷蒙帮忙"账号上发布。每场直播收看人数三四十万人，实时在线两三万人，电视播出收视率名列前茅。账号开播一年半以来，发布短视频近 5000 条，播放量超过 7 亿次。

我们的直播名为"雷蒙帮忙不添乱"，直播方式是视频连麦，当场解答、当场核实、当场连线、当场协调，线上帮忙线下办事，件件落实。我们的定位是"接诉即办，办给你看，看实效、看故事、看情怀、看导向"。虽然我们的工作方式仍显笨拙，但已感受到媒体融合的巨大能量。其实，直播连线、电话答疑的方式并不新颖，但我们最核心的竞争力是"管用"。解决问题，才能正面引导舆论、凝聚正能量、减少网络舆论内耗、营造清朗网络空间。在内蒙古有句话叫"有事找雷蒙"，就是对我们团队最大的鼓励和鞭策。

我们的节目为什么"管用"呢？

一是坚持以人民为中心。团队做民生服务和监督节目已有 20 多年，熟悉国家法律法规和民生政策，了解群众心理和社会现实。我们的电视栏目《百姓热线》《雷蒙行动》《雷阵语》以及《雷蒙公益》，不仅获得过 6 次"中国新闻奖"、中央网信办和国家广电总局的表彰和奖励，当地观众更是耳熟能详。我们访遍了各地各级政府部门、企业单位，赢得了广泛的信任和支持，能够调动整合各方面的力量。以人民为中心，走好网上群众路线，为民"帮忙不添乱，说理办实事"，引导群众听党话、感党恩、跟党走。

二是创新监督报道方式。"帮忙不添乱"，"接诉即办、办给你看"。"看"就是监督，"看"就是帮忙。出发点是帮忙，而非找碴儿；落脚点是解决，而非曝光；方式是引导，而非发泄。不以势压人、不逞口舌之快、不标榜自己为正义的化身。就事论事，通过解决一件件小事参与社会治理、贡献媒体力量，以社会主义核心价值观滋养人心、帮助公众。

三是借助媒体融合力量。我们选择在快手平台直播，是看中了快手的调性和在北方基层群众中较高的普及率，利用平台算法的机制，实现了目标群体的精准传播。在抖音平台，使目标人群周边形成舆论圈。在视频号上，更是实现了特快专递般的靶向传播。

四是利用主流媒体优势。我们在电视端的播出，在我台奔腾融媒客户端的直播，有官方媒体背书，真实可信，客观公正，引导有力。我们不抢眼球，不博流量，只求解决问题的实际效果。不管视频播放量有多大，问题解决了就会下架。

五是发挥品牌节目的作用。除了老牌电视栏目的品牌效应，主持人和"名记者"的作用也很关键。比如，当你一个电话打给对方，人家怎么知道你是谁？晚上下班时间，人家为啥还要听你啰嗦？为啥你说的话，人家就得当回事？我当记者、干主持20多年，几乎每天都在一线采访和主持，跑遍了内蒙古每一个旗县和各单位各部门，我的声音语调人们都能听得出来，再加上岁数大资格老、名声不错不惹人烦，各方面总是会给面子的。

当然，以上只是战术层面的因素，最重要的是我们是党媒记者，我们有着党委政府的认可和支持，有着广大群众的信任和喜爱，尤其是有着内蒙古广播电视台这样坚强的后盾。

我今年58周岁了，回望记者生涯，并不是总有重大选题和急难险重的报道任务。更多的是日复一日的采访、报道和播出，这是水滴石穿、润物细无声的宣传和引导，是每天都帮忙、每天有贡献的积累，这也是我们老记者存在的价值和意义。

改革"改革的报道"

杨川源
浙江广播电视集团
首席记者

作为一名蹲点记者,今天跟大家交流的是近两个月,我与蹲点团队正在认真思考、努力推进的一项工作:**改革"改革的报道"**。

深入学习宣传贯彻党的二十届三中全会精神,是当前和今后一个时期全党全国的一项重大政治任务。在媒体深度融合的发展背景下,改革的报道亟须进一步强理论、重实践,讲时效、有深度,让全会精神在通俗化、生动化、具象化的传播中引发共鸣。改革的报道怎么做才能创新创优,更有推动力?全会一闭幕,浙江广电川源蹲点工作室就在中国改革开放的先行区温州,第一次特邀了省委改革办的干部,并第一次跨省联动安徽、重庆蹲点记者,与浙江全省十二个基层观察点一起专题研讨"改革的报道怎么做?"之所以要"破圈"要"联动",正是因为当前我们作为基层记者普遍存在对改革概念模糊、重点不明确、缺乏问题视角等问题。研讨中大家一起分析了省内外优秀改革报道的具体做法,逐渐厘清了做好改革报道必须明确的三个问题。

问题一:改革报道的选题在哪儿?

提到日常工作中"改革报道"的选题来源,很多记者脱口而出:接任务。随后就是"翻文件"和"填采访"。这样"三步走"的采访流程,往往直接导致改革报道走进了从"文件"到"稿件"的循环,经常给人"照本宣科""以偏概全"的感受。看起来是报道传不开,实际上却是不知不觉拉大了改革和群众间的距离。

改革是具体的，生动的。川源蹲点团队连续三年获得"中国新闻奖"一等奖，关注的主题从"基层治理改革"到脱贫攻坚中的"教育体制机制改革"，再到"数字化改革"，清一色都是"改革"，而表现的形式却是一根水管、一片鸭棚、一条山路、一次送别、一组倒查等。抓到改革的好选题，我们要锻炼自己具备三个视角。

第一，问题视角。"改革报道"里的改革，不能一干就成。也不等同于"部门报道"。要将改革放在经济社会发展的历史进程中去判断去观察。常问自己：这个改革是为了解决什么问题？能不能解决？承认困难，直面问题，才能让改革的报道更可信、更客观、更容易产生推动力。

第二，基层视角。需求、需求、还是需求，不去基层，就不知道改革是什么。改革报道不能只当"瞭望台"，还要从"文件"到"场景"，让目标"有手、有脚"。让改革与群众期盼相连，与攻坚场景相连，才能推动人人都是改革者，处处都有改革劲。

第三，效果视角。"改革报道"要有穿透力，就不能自己下结论，要让群众评改革。向新语态、轻量化的融合传播加速转型。2023年我们在大屏专栏《川源蹲点观察》转文风的基础上，创新推出了新媒体专栏《一瞬间》，就是要探索重大理论的群众解读法，这个尝试得到了国家广播电视总局的大力支持，并入选总局创新理论传播扶持项目。2024年我们正在进一步将《一瞬间》作为党的二十届三中全会精神基层宣传的主阵地，让改革报道打通"最后一米"。

问题二：改革报道的价值在哪儿？

党的二十届三中全会中明确提出："把社会期盼、群众智慧、专家意见、基层经验充分吸收到改革设计中来。""改革报道"的最大价值是"连接器"和"推进剂"。改革是浙江的底色，近年来，浙江政务服务改革推出一系列重大改革，攻坚阶段，更需要凝心聚力。改革的报道是浙江媒体人的"硬菜"。这些年来，我们追踪改革进程，推出相当一批具有很强社会影响力、推动力的"改革报道"。关键一招正是：紧扣攻坚期，向"试点""先进"要方法。其中，我们团队获得第32届"中国新闻奖"一等奖作品《数字化改革之道》就是在浙江全省全面加强数字化应用落地的改革攻坚期，蹲点改革"黑马"如何上下贯通，拆掉部门"围墙"，为民办实事的改革路径。在基层彷徨时，为改革正音、鼓劲，以"时度效"释放主流媒体的改革推动力。

问题三：改革报道的方向在哪儿？

党的二十届三中全会提出了三百多项重要改革举措，涉及社会生活的方方面面，然而我们发现很多日常的"改革报道"都是"干部采访+工作场景"，甚至看不到群众。"实施者"视角让报道变得"单向""冰冷"。改革为了群众，改革依靠群众，改革的成果要让群众共享。好的"改革报道"要能"看得更远"更要"走得更近"。为了"看得更远",我们启动了与浙江省委改革办的联合,从政府视角为"改革报道"提建议、提需求,消除陌生,及时联动;为了"走得更近",我们在全省范围内,结合十二个基层观察点的经济社会发展特点,策划启动了首次《改革在身边》蹲点报道大赛,鼓励市县记者扎根基层,当好政策宣传员。

改革关键在人,改革的报道关键在人。只有从解决实际问题出发的改革,才是真改革;只有瞄准发展,反映基层群众需求的"改革报道",才有生命力。川源蹲点工作室作为浙江广电集团全面深化媒体融合改革的抓手,改革"改革的报道",看起来改的是报道,其实改的是我们自己。只有融合重塑,创新实干,才能以传播力先行推进高质量发展,用新闻的力量为中国式现代化建设,注入凝心聚力的改革新动能。

小舞台演绎新闻巨能量
——安吉县融媒体中心工作汇报

施月素

安吉县融媒体中心
党委书记、主任

安吉县融媒体中心在2014年和2021年进行过两次体制机制改革。2024年9月，又开启了第三次体制机制改革，对原三定方案进行优化，紧紧围绕新闻主业，对编委会下辖科室进一步合并重组，将人员力量、业务重心等从广播、电视、报纸等传统媒体向新媒体全面倾斜，发挥"爱安吉"新闻客户端、"安吉发布"微信公众号等新媒体平台的新闻舆论主阵地作用，进一步做大做强新媒体。

目前，中心内部实行党委统一领导下的编委会、经管会、行管会三线管理，编委会抓新闻主业，经管会抓产业经营，行管会抓行政保障。现为县属正科级公益二类事业单位，按国企实质运行，自收自支。目前员工496人，平均年龄38岁，班子成员10人。

近年来，安吉媒体融合发展取得了一定的成绩，中央深改办专题信息刊发安吉媒体智慧融合经验，国家广电总局授予安吉融媒体中心全国广播电视媒体融合先导单位，浙江省委、省政府授予安吉融媒体中心全省改革创新成绩突出集体荣誉等。

一、围绕中心，唱响时代最强音

（一）主题宣传凝心聚力

俗话说"题好文一半"，主题报道是百姓喜闻乐见、提升新闻传播性的一大利器。我们围绕中心工作，每年精心推出上百个主题报道，以"小切口"反映"大主题"，第一时间展现干部群众干事创业的精气神。2022年推出主题报道103个，2023年112个，

2024年截至目前已有75个。

2024年上半年，聚焦经济发展，推出《路演2024》《开题2024》《"新"向未来再出发——企业家面对面》等主题报道；聚焦青年入乡发展，推出《我在安吉做村咖》《青年入乡来》《我在安吉有点TIAN》等主题报道；围绕2020年3月30日习近平总书记来安吉调研重要讲话精神，连续4年相继推出《习习春风里》《春风又绿苕溪畔》《不负春光不负人》《写在春天的答卷》《又见春和景明新》等主题报道，持续反映安吉干部群众在总书记"再接再厉、顺势而为、乘胜前进"勉励下不断前进的故事。

（二）县外宣传量质并举

在对外宣传上瞄准大媒大网、首页首屏、头条重栏，专门成立外宣外联部，密切对接上级媒体，对适合的选题第一时间安排记者采制上送，每年在省媒以上对外传播条数均超过1000条。2021年至2023年，央视《新闻联播》和中国之声刊播条数均居全省县级媒体第一；2024年截至目前，中心在央视《新闻联播》刊播安吉新闻18条，暂居全省县媒第一，中国之声和浙江之声用稿分别为49条、235条，排名全省县媒第一。

（三）精品创优卓有成效

始终将新闻创优作为媒体能力展现、群众认可信服的评判标准之一，在日常采访中注重挖掘最鲜活、最具亮点的新闻。如获得第31届中国新闻奖的作品《安吉有个矛盾终点站》，选取了两个基层矛盾调解故事，翔实解读了矛调中心"一站式受理、一揽子调处、全链条解决"的运行模式，展现了安吉"把问题解决在基层、把矛盾消除在萌芽状态"的典型做法。我们2024年又有5件主创或参与的新闻作品参评第34届中国新闻奖，1件作品参评"中国广播电视大奖"。在2023年度"浙江新闻奖"和"浙江省广播电视节目奖"评选中，我们共获得14个奖项，其中一等奖6个，取得历年最好成绩；并连续6年获得"浙江新闻奖"（广播电视部分）和"浙江省广播电视新闻奖"一等奖，为全省县级媒体唯一。

二、融合发展，新闻产业两不误

（一）借势借力，主动谋划数智化新平台

创新成立安吉两山转化数字研究院，联合华为、阿里等12家互联网头部企业，集合了大数据、物联网、区块链等专家顾问，形成"两山智库生态圈"。主动参与县域智慧城市、城市大脑、公共数据平台建设，形成了"顶层设计—建设运营—安全运维"一体化能力。这一优势让我们能够在全国较早推出县级融媒体智慧管理平台、县级媒体新闻客户端及"自说自画"视听评议系统，一线记者和特邀评论员每年通过视听评议系统对所有新闻进行深度评论5500条以上。

（二）受众第一，打造老百姓喜欢的融媒圈

整合媒体资源，全方位建设声屏报网、两微一端、抖音视频号等新闻传播矩阵，让新闻通过各种传播渠道覆盖用户，已在58万人口县域黏合受众175万，其中"爱安吉"App是最主要的新闻客户端，也是中宣部示范项目，注册用户36万，日活率2.5%，集"新闻+政务服务商务"于一体，年资金流水已超1.5亿元。该App推出"云豆子"支付功能，将全县公务人员变成"爱安吉"新闻客户端用户；推出云享吉市网上商城，与"饿了么"平台、山姆超市形成数字商圈，"饿了么"上线4个月，平台浏览量超10万；推出"云工益"系统，吸引全县1240个工会组织、近10万会员入驻；截至目前，"爱安吉"新闻客户端已集成各类政务商务服务应用50余个。

（三）双向赋能，推动文创产业快速转型

融媒体的文创产业大多依赖于政府新闻宣传合作和举办活动，一旦财政"过紧日子"，融媒体就"一损俱损"，市场化转型势在必行。2024年，安吉县融媒体从被动到主动，迈出了市场化的第一步。政府鼓励消费，我们就谋划了农产品交易、以旧换新展会；政府鼓励夜经济，我们就谋划"安吉夜市"品牌；政府推广"安吉白茶"品牌，我们就谋划安吉白茶开采节。这些活动政府提供场地，融媒体做宣传推广，有实实在在的经济效益，实现双赢。

三、养培育用，筑起人才新高地

（一）坚持以本土人才再造为主、以优秀人才引进为辅

中心10余年来坚持实行导师帮带制，经验丰富的记者言传身教，对新入职的员工实行一对一的导师帮带，帮助新记者快速成长；实行星级员工制，对业务能力突出、综合素质较好的员工进行星级评定，两年聘任一次，促进员工自我提升。同时柔性引进高端人才，如在"爱安吉"新闻客户端的研发过程中，集团就柔性引进海归博士进行研发，不仅帮助我们顺利推出了产品，还帮助我们培养了一大批技术人才。

（二）坚持以工作室共同提高为主、以个人优秀能力彰显为辅

打造"十分"海报工作室、"遇见安吉"工作室、"源"视频工作室、梅地亚小黄人团队等一批行业知名品牌，让优秀个人借助工作室平台更加彰显能力，让团队成员快速成长，如"飞手穿越"文化工作室，一个技术人才带出了20人的固定队伍，为中心网络视听作品制作提供了大量帮助；"遇见安吉"工作室，以清新的表现形式走进美丽乡村，不仅带火了一批网红打卡点，还培养出了一支文艺小分队；"十分海报"工作室全方面对标新华社"海报突击队"，中心海报制作队伍快速成长。

（三）坚持以绩效考核导向为主、基本待遇为辅

中心持续10余年，每年都会根据实际情况对规章制度进行修改，自第一次体制机制改革后，就在内部打破身份限制，实行全员绩效考核，实现同工同酬，建立"以实

绩为导向"的薪酬分配制度，按月度、季度、年度对员工工作业绩进行全面量化考核，根据考核情况发放考核奖励。同时，在员工职级晋升、干部提拔、评优评先等工作中，注重以实绩实效评价干部能力作风情况，营造良好用人导向的干事风气。

纪录片论坛
纪录的责任与创新的力量

时　　间	10月12日 9:30—12:00
场　　地	郎园 Station 橙色空间
主办单位	国家广播电视总局宣传司、北京市广播电视局
承办单位	北京广播电视台

领导致辞

朱咏雷

国家广播电视总局党组成员、副局长

很高兴与大家相聚在"首届中国广播电视精品创作大会"纪录片论坛，我谨代表国家广播电视总局对本次论坛的举办，表示热烈祝贺！向广大纪录片工作者和关心支持中国纪录片事业的各位领导、朋友表示衷心感谢、热烈欢迎！

纪录片是"国家相册""时代影像志"，肩负着镌刻时代记忆、激荡家国情怀、传承优秀文化的使命。党的十八大以来，新时代的中国纪录片创作题材不断丰富、制作水平不断提升、精品创作不断涌现、播出时长连年增长、国际传播能力不断增强，行业呈现出新面貌，事业发展进入新阶段。总局对纪录片高度重视，通过"记录新时代"工程、国产纪录片发展专项资金、出台《关于推动新时代纪录片高质量发展的意见》等举措，在政策、资金、项目等方面推动纪录片事业向高质量发展迈进。党的二十大提出，"坚持以人民为中心的创作导向，推出更多增强人民精神力量的优秀作品"，在强国建设、民族复兴新征程上，纪录片承担着更重要的文化使命。本次论坛以"纪录的责任与创新的力量"为主题，探讨交流在新形势新条件下纪录片如何守正创新、担当起新时代新的文化使命，很有意义。在这里，我提五点建议，和大家共勉。

一是聚焦伟大时代，讲好中国故事。 习近平总书记指出："文艺是时代前进的号角，最能代表一个时代的风貌，最能引领一个时代的风气。"[①] 作为时代的记录者，纪录片工作者要自觉担负起记录伟大时代的光荣使命。要把现实题材纪录片创作作为重中之重，更加自觉主动地深入生活，扎根人民，通过纪录片为人民抒怀、为时代画像、为国家留史，讲好新时代中国故事，凝聚奋进新征程、建功新时代的强大力量。

二是打造精品力作，弘扬中华文化。 纪录片具有鲜明的文化属性和重要的文化价值，优秀的文化类纪录片深受大众欢迎和喜爱。纪录片工作者要坚持"文以载道"，努

---

① 《习近平在文艺工作座谈会上的讲话》（2014年10月15日），https://jhsjk.people.cn/article/27699249，2024年12月13日访问。

力推出一批思想精深、艺术精湛、制作精良的优秀作品，展现中华文化魅力，传承中华文化基因，推动中华优秀传统文化创造性转化、创新性发展，以文化人、以文育人，增强当代中国人的文化自信。

  三是坚持科技赋能，推动超高清化。广播电视因技术而生、因技术而兴，技术发展对广电具有深远影响。总局把加快发展超高清作为一项重要的战略任务，正在布局建立全链条贯通的超高清产业生态体系，纪录片是其中重要的板块。今天，我们将发布首批超高清修复纪录片片单，同时启动纪录片超高清修复计划。总局将以超高清为方向，扶持纪录片创作播出，用更多有震撼力的纪录片视听作品满足人民高品质视听需求。

  四是聚焦融合创新，积极破圈出彩。网络时代的纪录片创作和传播要因时而变、因势而变，适应网络传播和网民需要，不断创新表达语态、传播方式，更加关注年轻人需求，吸引更多观众特别是年轻人的关注和共鸣。总局正在推进丰富电视大屏工作，鼓励加强台网联动、融合传播，纪录片是其中的重要内容。要进一步加强纪录片台网联制联播，让更多优秀纪录片在大屏小屏同步播出，更多更好地为广大人民群众贡献精品佳作。

  五是加强国际传播，展示中国形象。纪录片是不同文明交流对话的桥梁、对外讲好中国故事的重要载体。近年来，优秀国产纪录片在海内外深受欢迎。要进一步加强纪录片领域国际交流，支持优秀国产纪录片和制作机构参加境外高水平节展，鼓励中国电视媒体、制作机构与境外机构加强合作交流，鼓励扶持中外合拍更多"中国题材、国际表达"的优秀纪录片，展示可信、可爱、可敬的中国形象。

  党的二十届三中全会对深化文化体制机制改革作出重要部署，为推动文化繁荣、建设文化强国指明了前进方向。纪录片事业发展空间广阔、大有可为，也必当大有作为。希望各位同仁能把握机遇、开拓创新，进一步加强沟通合作，共同推动新时代纪录片事业创造新辉煌！最后，预祝"首届中国广播电视精品创作大会"纪录片论坛圆满成功！

霍志静

北京市委宣传部副部长、北京市电影局局长

金秋北京是收获的季节，北京市和中宣部刚刚联合成功举办了北京文化论坛，现在我们又在这迎来首届中国广播电视精品创作大会，非常高兴与大家相聚在这个充满青春活力的文化产业园区，共同探讨中国纪录片的创作和传播。

郎园 Station 分别承载了北京国际电影节和正在进行的广播电视精品创作大会的主会场功能，已经成为北京最能够体现国家影视产业繁荣发展，同时也是最受影视人欢迎的文化空间之一。在这里，我谨代表中共北京市委宣传部对出席本次活动的各位来宾、专家学者和媒体朋友们表示诚挚的欢迎，对国家广电总局长期以来对北京工作的大力支持和有力指导表示衷心感谢。

纪录片伴随着电影的诞生而诞生，经过百余年的发展，已经成为传承历史、传播文化、记录时代的重要载体。当前国家纪录片已经形成了主题广泛、题材多样、类型丰富、制作精良的生动局面，在传承中华优秀传统文化，促进文明交流互鉴方面发挥了独特作用。北京是全国文化中心，也是纪录片创作和生产高地，首都广大纪录片工作者始终以习近平文化思想为指引，坚持以人民为中心的创作导向，特别是近年来在国家广电总局"记录新时代工程"的引导下，用心用情深入开展纪录片创作，先后推出了《人民的领袖——毛泽东的 130 个瞬间》《长城长》《黄河安澜》《一路百年》《京之轴》《看不见的顶峰》等一系列聚焦时代主题，讲好中国故事，传承中华文化，具有北京特色的优秀纪录片作品。北京市委宣传部和北京市广电局高度重视纪录片创作引导扶持和传播推广，每年都会通过宣传文化引导基金以及广播电视网络视听发展基金资助和扶持大量纪录片作品的创作，2023 年还联合中国电影家协会和中国传媒大学发起了中国纪录电影的放映计划，在北京挂牌了一批纪录电影的专门放映厅，为纪录电影传播拓展平台和培养观众，我们对纪录片的支持力度是一直在持续加大的。当前，世界之变、时代之变、历史之变交织，新时代如何用真实的影像讲好中国故事是每一个纪录片人的使命和责任，我们衷心期待广大纪录片创作者在新时代背景下敏锐捕捉

生活，积极作为，为推动纪录片的高质量发展作出新的更大的贡献。

在这里和大家分享我们的三点期待。

一是勇担记录使命，讲好中国故事。 热忱欢迎广大纪录片创作者，从新时代的现实生活当中萃取选题，提炼素材，将镜头聚焦中国式现代化的火热实践，用记录的真实力量进一步展示社会发展、百姓故事和时代风貌。

二是拥抱技术变革，积极创新和突破。 当前人工智能、超高清、AR 等新技术飞速发展，对内容创作、摄影设备和视效后期产生深远影响，北京作为全国文化中心和科技创新中心，这方面的资源具有独特优势。近年来，我们积极发挥北京资源优势，推动文化和科技的深度融合和创新，2024 年出台了一系列的政策举措，推出《关于推进新时代首都影视产业高质量发展的若干措施》，制定实施了《北京市超高清视听先锋行动计划（2024—2026 年）》《北京市关于支持超高清视听产业高质量发展的若干措施》，等等。近期市委市政府将出台《关于推动文化新质生产力发展的若干措施》。我们希望通过这些政策的出台，更好地惠及影视作品的创作，特别是惠及纪录片作品的创作，也希望纪录片能够成为更好地展现视听体验，呈现更大的视听震撼的作品载体。

三是强化国际视野，深化文化交流。 纪录片在国际交流方面具备独特优势，我们要进一步发挥纪录片在文化交流方面的积极作用，加强和改进北京新视听国际传播工作，鼓励支持纪录片的中外合拍国际合作，搭建交流互鉴平台，推动更多中国纪录片、北京纪录片走向世界，让全球更多观众能够感受到中国文化独有的魅力，通过纪录片这一文化载体感受到中国文化的独特性。

源远流长的古都文化、丰富厚重的红色文化、特色鲜明的京味文化、蓬勃兴起的创新文化，北京的四个文化应该说相互辉映，多元发展，为纪录片创作提供了肥沃的土壤和丰富的素材，我们热切欢迎和支持广大纪录片工作者在北京创作，同时期待更多彰显中国力量和中国精神的优秀纪录片不断涌现，特别希望今天的论坛能够成为大家碰撞思想、激发灵感的新契机和新平台，最后预祝本次论坛取得圆满成功，也预祝首届精品创作大会取得圆满成功。

图书发布

《2024 中国纪录片发展报告》发布

赵 捷
国家广电总局广播影视发展研究中心
战略研究所所长
中广联合会纪录片委员会会长

2023 年国产纪录片在现实观照中拓宽视野广度，在多元探索中坚持守正创新。"思想＋艺术＋技术"的融合让纪录片创作亮点频出，海内外交流合作不断深入让纪录片国际化水平日益提升，多题材、多类型、高质量发展格局更为清晰，宏大主题、文献历史、社会纪实、国际传播等纪录片精品力作全方位汇聚起奋进新征程、建功新时代的强大力量，展现了新时代中国的新气象新面貌。

一、创作生产：记述多彩中国故事，书写新时代万千气象

2023 年，国产纪录片创作者坚持以党的二十大精神和习近平文化思想为引领，以"讲好中国故事"彰显时代精神，在现实观照中拓宽视野广度，在多元探索中坚持守正创新，一批独具创新特色的纪录片精品力作汇聚了奋进新征程、建功新时代的强大力量。

（一）宏大主题纪录片：致广大而尽精微

众多主题主线作品都更加注重"致广大而尽精微"的视野格局，《通向繁荣之路》《智能时代》《北京 2022》《一路百年》等展示国家形象，彰显时代情怀，创新叙事视角。宏大主题之下，一个个具体生动的故事被细致勾勒，个人命运和时代历程、个体抉择和全球视野兼具，作品定位与格局更为高远宏阔的同时，又拥有鲜活的人性温度和充沛的现实力量。

（二）文献历史纪录片：见历史、见信念、见品格

文献历史纪录片整体创作注重历史回响与古今对话。挖掘文献历史、遵循艺术规律、联通历史和现实，积极纵深开掘文献历史成为将党史研究的最新成果转化为纪录片审美创造的内在驱动力。如何让作品成为一部"见历史""见信念""见品格"的影像"历史书"，是创作者一直思考的核心问题。2023年的文献历史纪录片如《从瑞金出发》《穿越烽火》《忠骨》等越来越注重在"讲历史"的同时，为艺术表现形式赋予创新意识，在内容发掘上一改过去一些文献纪录片的"编年体"呈现方式，转变了讲历史时"见事不见人"，有全景没有细节的固定模式，更新了"讲历史""讲故事"的方式，借助纪录片视听语言的综合运用，在创新视角下完成了对历史的解读与建构。

（三）人文纪录片：为文化"两创"注入能量

人文纪录作品在呈现人文发展的历史画卷和未来图景的同时，特别注重用影像为中华优秀文化创造性转化、创新性发展注入能量。《寻古中国》匠心续写中华文明时代进步，《美术里的中国》（第三季）深入提炼现代经典美术作品中的文化标识和时代意义，《大泰山》从自然、哲学、国际等不同维度对泰山进行多层次全方位解读，《大运河之歌》深入挖掘大运河承载的文化价值与精神内涵……这些优秀作品的创作者越来越注重以东方美学形式传达中华文化意境之美、中国精神底蕴之厚、中华情感承载之深。

（四）社会纪实纪录片：捕捉普通人的高光时刻

深入现实生活、提炼诗意表达，社会纪实类作品在捕捉普通人的高光时刻中传递了时代精神。潜入社会深处，敏锐地捕捉正在发生的变化，为时代留下极具代表性和象征意义的一幅幅肖像，是创作社会纪实类纪录片的使命和追求。2023年，《我的温暖人间》《闪闪的儿科医生》《看不见的顶峰》《奇妙之城》（第二季）等纪录片讲述普通人的真实故事，为进入"大片时代"的纪录片发展前景提供了另一种方向。

（五）自然科学纪录片：对标国际讲好全世界的共同课题

自然科学类纪录片在"讲好我们的生态文明故事"上对标国际、不断求新。生态文明既是中国课题，也是世界课题。中国自然科学类纪录片如《国家公园：万物共生之境》《黑鹳的春天》《雪豹和她的朋友们》《走进西藏·高原之歌》《零碳之路》等在2023年以鲜明的全球化视角和独具中国特色的文化神韵，兼容耳目一新的立意与生动叙事，显著增强了视听综合美感和观赏性，以纪录片形式展现出中国生态文明建设进入新高度。

（六）国际传播纪录片：创新话语表达，促进文明交流互鉴

国际传播纪录片创新话语表达，促进文明交流互鉴，呈现出共建人类命运共同体的温暖诉求，为"讲好中国故事、传播好中国声音"贡献智慧与力量。《诗约万里》（第

二季）用诗歌诠释了"友谊""生命""梦想""勇气""和平""归来""初心"七个主题。作品弃置了用单一语种制作产品，再编译成其他语种的常规生产流程，而是构建了中、英、西、法、阿、俄六语种协同工作机制，用六个语种来进行节目策划、生产、制作和宣发，强化全平台全球传播覆盖。《当法老遇见三星堆》结合最新的考古发现，把两大文明的相同和不同、已知与未知，运用平行蒙太奇的结构方式进行对照展示，引人深思。

二、行业管理：在新时期新技术背景下坚持守正创新

近年来，我国纪录片的发展环境、技术条件、传媒生态和文化消费需求结构发生了深刻变革，产业环境的改善推动着纪录片高质量发展。目前我国纪录片生产投资形成电视媒体、网络平台、民营制作机构等差异化共同发展的格局，电视台的生产投入仍处于行业发展的主力地位，网络平台的投入规模占比快速上升为第二大主体，成为行业重要支撑点，对新时期新技术条件下的纪录片行业管理提出了新挑战。

广电行业积极推动国产纪录片等优秀视听节目进入互联网主战场主阵地，为建设网络视听主流媒体夯实内容基础。广电总局加强统筹规划，坚持守正创新，加强内容和平台建设，着力建设视听新型主流媒体。建强制作机构、拓展播出平台、深化融合传播、强化主题展播、改进评论推广，加强国际交流与合作。广电行业遵循纪录片发展的特点和规律，实行以管理保导向，以管理促发展。广电总局统筹安全与发展，一手抓管理，一手抓发展，创新和完善现有政策和管理制度，强化服务引导，推动繁荣纪录片内容创作生产，实施重点选题规划、节目精品战略，通过加大资金扶持力度、实施国产优秀纪录片推荐制度、强化政府评奖等引导方式，推出更多精品力作，促进纪录片高质量可持续发展。

（一）发展政策供给日趋完善，为纪录片高质量发展夯实基础

近十多年，广电总局先后有 4 个纪录片专项文件出台，体现出行业主管部门对完善纪录片行业治理的思路和促进繁荣发展的决心。经过不断完善，广电总局逐步形成以 4 个专项文件为引领，引导扶持覆盖前中后期全流程，集选题规划、项目扶持、人才培养、季度推优、年度评优、展播宣介、播出调控等一系列举措在内的发展政策体系，持续构建服务、保障、管理"三位一体"的工作机制，广电行业综合运用政策手段，以政策推力激发纪录片发展活力，并形成从中央到地方，从党政部门到视听媒体同频共振、形成合力的良好局面，推动纪录片行业健康有序发展。

部分省市如北京、四川、广东、山东等将纪录片高质量发展作为建设文化大省强省的重要内容，地方政府高位布局，出台纪录片专项政策或利用文化产业政策、专项资金等重点扶持一批适合多平台播出的重大纪录片项目或精品工程的创作生产，服务地方经济文化社会发展。

(二）聚焦创作生产，实施纪录片重点选题规划

做好重点选题规划是广电总局当前和今后一个时期引领创作、催生精品的重要抓手，为纪录片创作锚定方向，对进一步优化题材结构，完善创作布局，形成覆盖重要时间节点、主题主线鲜明突出的规划格局具有重要意义。《关于推动新时代纪录片高质量发展的意见》（广电发〔2022〕7号）（以下简称《意见》）提出要突出规划引领，做好纪录片重点选题规划，持续丰富、优化重点选题和精品项目库，形成谋划一批、创作一批、播出一批、储备一批的创作生产格局。加快通过选题规划的持续带动和有效引导，不断凝聚行业共识，确保纪录片工作围绕中心服务大局，为新时代注入强大精神动力。

（三）实施精品战略，扶持纪录片推优评优

《意见》在繁荣创作生产上，提出要"加大精品扶持引导力度"，采取一系列推动创新、扶持创作的有力举措，鼓励、引导纪录片行业创作推出一批广播电视和网络视听优秀作品，以精准扶持带动精品创作，为新时代的精品创作指明方向。广电总局积极开展纪录片精品创作扶持工作，强化纪录片围绕主题主线创作生产，明确推优评优主题；以内容推优扶持为抓手，培育孵化产业链各环节；严格推优扶持评审标准，发挥引领导向作用；优化推优流程，建立稳定的工作机制。自2011年广电总局发布《关于推荐优秀国产纪录片的通知》，组织开展纪录片推优评优工作以来，这项政策至今已经连续实施了13年。13年来，这一政策不断完善优化，逐步建立起覆盖全产业链的政策体系。截至2023年，国家广电总局共推荐了季度优秀片目48批次，合计近2000部。年度评优项目设作品、人才、栏目、机构4类12项，从每年获得季度推荐的优秀作品中评选产生，予以资金扶持。

三、产业平台：网络纪录片用户画像呈现突出特点

近年来，网络纪录片佳作频出，口碑和影响力持续提升，部分纪录片在年轻人群体中广受好评，纪录片正成为贴近青年、影响青年的重要视听文艺样态。

（一）内容特点展现突出创作趋势

一是美食题材纪录片依托较好口碑，已形成系列化。如爱奇艺的《下饭江湖3》，优酷的《江湖菜馆5》，腾讯视频的《风味人间5》,B站的《人生一串4》，芒果TV的《傲椒的湘菜3》等。新作领域，美食题材内容显露出"美食+"及地域化、垂直化创作趋势。二是历史人文类纪录片如《中华通史纪事等》推陈出新，传承中华文脉。三是现实题材纪录片如《和陌生人说话》《我的时代和我》在口吻上平易近人，叙事上生动鲜活，立体式呈现不同人生阶段、不同生活境遇、不同认知习惯的不同群体的生活、工作、学习状态，尽显人生百态。四是自然科普类纪录片方面各大平台延续了对自然界多样性的深度探索，展现了生物多样性和自然奇观的壮丽景象。

（二）平台布局细分主题赛道

各平台依据自身优势推出各具特色的纪录片细分主题。西瓜视频稳定输出节目，法治系列表现强势；B 站精品网生节目破圈，布局新产能开发；腾讯视频自制纪录片表现亮眼，深耕美食、访谈赛道；优酷短视频信息流拉动短篇纪录片有效播放；爱奇艺人文历史类节目霸屏；芒果 TV 主旋律节目汇集，自制屡获"优秀国产纪录片"。爱奇艺公布了涵盖社会现实、历史人文、美食青春、自然探险、品质文化五大赛道的二十个重点项目。优酷以"AI 技术""纪实剧""时代热点"为布局重点，围绕"传承·复兴""苍穹·家园""烟火·味道""如果·AI""时代·人生"五大主题展开内容铺陈。腾讯视频纪录片继续文化探索之旅，从美食文化、历史文化、人文智识等维度，为用户打开更广阔的世界。

（三）网络纪录片受众分析

综合各平台用户画像和第三方研究报告，网络纪录片整体呈现出以下特征：一是男性用户比例总体高于女性用户；二是"00 后""95 后"为主要用户；三是一、二线城市用户偏爱网生纪录片；四是大学生为主要人群。五是高黏性、爱分享；六是具有较高消费意愿。典型传播案例为《闪闪的儿科医生》《守护解放西》《最是烟火慰平生》，其受众兼具以上特点。

（四）网络纪录片受众特点与趋势

一是年轻化趋势明显。年轻人是网络纪录片的重要受众群体，接续出现的网络纪录片"热款""爆款"，既反映出年轻一代追求内容多样性和深刻性的审美取向与价值认同，也展现出网络纪录片创新发展的丰富样态。二是注重风格多元化。年轻群体是网络纪录片的核心用户群体，尤其是其中的人文偏好用户，他们对内容的真实性要求较高，美食偏好用户更青睐轻松浪漫风格。就两性差别来看，男性偏好理性风格，女性更加追求轻松浪漫。三是偏爱短平快节奏。年轻人对新鲜事物充满好奇，对网络纪录片中的创新元素和多元题材表现出浓厚兴趣，其短小精悍的制作也将精准契合年轻人利用碎片化时间自我充电的需求。四是个性化需求强烈。受众兴趣爱好广泛、注意力稀缺、追求品牌化精品化的特点促使网生纪录片进阶发展。五是求知欲增长，喜爱深度内容。新世代观众的求知欲增长促进了当下纪录片市场发展，越来越多的年轻人倾向于在互联网上学习提升自我，泛知识类视频内容崛起，纪录片作为泛知识领域的头部内容，正成为年轻人学习新场景。此外，这届年轻人希望在浩瀚的互联网世界保持独立思考的能力，他们首要关注的是内容背后的思想立意，他们拒绝"填鸭"和刻板说教，而是追求立体化表达，给予他们足够的思辨空间。

四、产业发展：投融资与盈利模式分析

在当今影视产业多元化发展格局中，纪录片作为展现真实世界、探索人文深度的

独特艺术形式，其资金来源与盈利方式正经历着前所未有的变革与创新，对深入剖析当前纪录片制作背后的资金来源渠道进行多维度探讨具有重要意义。

（一）当前纪录片的资金来源和盈利方式

一是政府资金与联合出资。纪录片产业在中国受到政府的高度重视，尤其是在涉及重大历史题材、政策宣传以及国际传播项目上，中宣部、广电总局和各地方政府通常会提供专项资金支持。这些资金不仅用于支持纪录片的制作，还涵盖了前期策划、拍摄、后期制作、宣传推广等多个环节，确保了政府的宣传目标能够通过高质量的纪录片内容得以实现。政府资金补助通常以专项拨款、项目立项支持、联合出资等形式出现。二是商业项目。商业项目通常由企业赞助或通过市场需求推动，帮助纪录片制作公司实现盈利，从而支持更大规模的政府和公益项目，减少对政府资金补助的依赖。商业项目的客户来源主要包括政府机构、电视台、企业等。三是版权销售和联合投资。版权销售和联合投资不仅是对内容版权的有效利用和市场化变现，还能够通过合作方的资源共享和风险分担，最大化纪录片的传播影响力和经济效益。版权销售涵盖了国内外的电视台、网络平台等多个渠道，包括为电视台出售播映权的方式，与网络视频平台（如爱奇艺、腾讯视频、优酷等）通过会员分账、流量分账、广告分成等方式合作。四是通过纪录片节展运营、影视相关内容制作、与多个行业定制化合作等形式，纪录片公司近年来开始寻找多元化的市场合作机会。例如，纪录片节展运营，通过门票收入、展位费、注册费、纪录片版权交易等商业活动，节展运营机构能够获得可观的收入。

（二）纪录片的资金来源和盈利方式的改善建议

优化政府资金资助方式。首先，考虑采取定点资助与直通车申报相结合的方式，确保资助资金的精准投放。当前"撒胡椒面式"的资助方式往往导致资源分散，通过建立对过去资助项目的有效评价体系，政府可以评估项目的实际效果，作为未来资助决策的参考。其次，建立"白名单"制度，将那些长期以来在创作和海外播出方面表现优异的团队列入"白名单"，提供更为快捷的申报通道，减少中间环节。这种方式可以避免地方台内部筛选的冗长流程，使优秀项目不被埋没。最后，扩大资助的申报范围，将高校和社会力量纳入其中。这将有助于提升整个行业的创新能力和国际传播水平，促使更多高质量的纪录片项目得以实施，从而更好地服务国家的宣传和文化传播目标。

加强对民营企业的政策支持。首先，简化税收优惠政策，使其更易于操作，确保公司能够准确和及时地享受这些优惠，特别是在企业所得税和增值税方面。这将有助于减轻民营企业的财务压力，促进其稳定发展。其次，通过文化产业基金、社科基金等途径，对民营企业的重大项目提供专项资金支持。例如，像《华夏文明五千年·影像辞典》这样的大型文化工程，政府应鼓励民营企业参与，并给予相应的资金扶持。最后，在政府的各类奖项和项目扶持政策中，通过在政策上倾斜，鼓励更多民营企业参与国家重大文化题材的创作，提升整个行业的多样性和竞争力。

减轻企业的运营负担。首先，为了支持纪录片制作公司在当前经济形势下的可持续发展，政府可在税收政策方面给予更大的优惠力度，特别是在企业所得税、增值税等方面，帮助企业缓解盈利不高的困境。其次，考虑提供租金补贴或为文化创意企业提供低成本的办公场地，以减轻企业的租金压力，将帮助企业在淡季或项目减少的情况下保持运营稳定，为纪录片行业的持续发展提供必要的支持。

五、队伍建设：纪录片人才培养与协同发展机制探索

纪录片人才队伍建设直接关系到行业的创新力、竞争力及可持续发展能力。在推动内容创新方面，优秀人才的新颖视角、深刻洞察力和独特的叙事方式决定着纪录片核心内容的独特性和深度。2023年中国纪录片人才队伍建设呈现诸多亮点，为纪录片行业持续繁荣发展奠定重要基础。

（一）纪录片人才体制机制改革不断深入

当前纪录片人才分布范围较高，覆盖体制内、互联网平台、制作公司、个人创业、高等院校等，从作品产出及行业影响力等因素看，体制内人才队伍占主导地位。在当前媒体融合背景下，传统广播电视行业一方面着力推动增加高品质内容供给；另一方面则进行瘦身健体、降本增效，适应现代传播分众化、差异化和全媒体发展趋势，以各地广播电视台为例，多年来各台强化全媒体运营，纪录片创作生产管理及相应人才体制机制改革也在推进中。从节目制、栏目制到中心制、项目制、工作室制，乃至公司制等社会化市场化经营模式，多地走出了不同经营管理道路。一是"工作室制"被广泛采用，融合了多种模式的主要优点，具备突出的管理创作优势。其一，有助于形成选题策划创作的长期机制，利于形成"传帮带"的人才培养模式。其二，长期机制体现在一种生产风格，包括对选题的选择、对选题的深入、影像呈现的方式和作为媒体观察的角度，呈现出一种价值观或者说对纪录片某种品类的选择。二是以"项目制"练兵，在实践中提升人员技能素质。在这一过程中探索不同人才的优势技能，以人为本，各有所长，统筹为项目产出服务。

（二）创新开展扶持引导，强化激励引领作用

主管部门高位布局开展创作人才扶持。国家广播电视总局公示2023年度国产纪录片及创作人才扶持项目评选结果，确定优秀系列长片类、优秀系列短片类、优秀理论文献片类等13类，《通向繁荣之路》《寻古中国》等130个优秀作品、人才、栏目和机构拟获评2023年度国产纪录片及创作人才扶持项目。其中共10部作品相关优秀导演24名（仅计公示人员数量，不计等），共5部作品相关优秀撰稿8名，共5部作品相关优秀摄像12名（仅计公示人员数量，不计等），旨在发挥优秀创作人才示范引领作用，进一步激励创作者争优创先，同时，广电总局层面的扶持项目评选结果公示进一步发挥撬动作用，多地相应配套资金政策进一步扶持纪录片及其人才队伍发展。

多环节开展创作人才培训助力成长成才。落实"记录新时代"纪录片创作传播工程中关于纪录片人才培养工程的相关要求，持续加强对青年纪录片创作人才的引导，广电总局研修学院自 2021 年起连续举办了三期"纪录片全流程训练营"（截至 2024 年 8 月），该活动联合新鲜提案真实影像大会、纪录中国共同推出，同时也作为"新鲜提案优才计划"的重要组成部分，旨在进一步挖掘和培养更多复合型、具有全局视野、一专多能型纪实影像创作人才。

"党建＋业务"融合，党建引领发挥战斗堡垒作用。广播电视和网络视听行业的第一属性是意识形态属性，当前纪录片行业团队越来越重视党建引领业务融合，开展党建活动，注重队伍建设、思想学习和理论应用，更好地服务于纪录片主题主线创作。例如，通过学习党史、党的创新理论而汲取到坚韧和不屈不挠的精神力量，使之在创作中得以一以贯之。在学习中将党和国家的大政方针政策、治国理念思想作为理论工作，深刻认识政治站位和区域发展的重要意义，在创作实践中进行统一的融会贯通。基于《中国共产党纪律处分条例》，敢于开展自我革命，以党员标准严格要求团队成员，对有酒驾醉驾等行为的违规党员进行及时严肃处理，以严明纪律锻造具有底线思维的纪录片铁军。

（三）加强协同发展机制探索聚集人才资源

近年来，国家广电总局积极推动建立纪录片跨区域协作机制，相关部门主动作为，引导各方积极联动，发挥全国"一盘棋"的优势，形成了显著的协同效应。例如，纪录片《京津冀·瓣瓣同心》开创三地协作模式，在创作过程当中，无论是内容形式还是运作机制方面都进行了一些有益的尝试和探索，在纪录片人才培养方面获得探索累积，助力加强京津冀三地媒体间交流合作，京津冀三地开始汇聚、团结越来越多的制作力量，聚集更多人才、资源和传播平台，凝心聚力拍出好作品，努力打造三地文化协同发展高地。《万桥飞架——山水间的人类奇迹》也是此类协作机制的一次成功实践，促成了上海电视台和贵州电视台的携手创作。东西两个团队的碰撞，人才之间的沟通协作交流互鉴，让纪录片摄制绽放创新光彩，也为纪录片的高质量发展提供一种可供学习的创作模式。

（四）进一步加强纪录片人才队伍建设

一是要坚持纪录片创作和人才培养的长期主义。长期主义的核心在于打造纪录片创作的核心竞争力，培养团队及人才对一个题材精准的判断力和如同信仰般坚持的毅力，策划在前，保持敏锐度和前瞻性，打造后续纪录片导演的成长路径不能仅仅依靠"传帮带"，要让人才在拍摄过程对题材产生了浓厚兴趣和探究态度，同被拍摄对象建立起一种浓郁的感情，进一步明确纪录片创作的初心使命。

二是细化对纪录片人才的分类扶持。要同时注重对内容创作人才和经营人才的培养。加强培养内容创作方面的全流程人才，应当为人才提供鼓励创新和自由表达的工作环境。当前纪录片人才倾斜创作人才，缺乏对经营人才的关注，应当加强对纪录片经营人才的挖掘和培养，进一步延长产业链，例如培养具有多元文化视野、掌握谈判技巧、熟悉国际文化产业贸易的经理人人才，能够进一步推动中国纪录片实现更有效力的国际传播。要进一步细化分工角色扩大扶持表彰覆盖面，例如关注新人导演表彰、将剪辑纳入扶持表彰范围等。

三是要优化创收绩效考核机制进一步激励人才。应当建立更加科学合理的绩效考核制度，真正让创作劳动体现在绩效上，多劳多得、少劳少得，不唯资历、唯职称、唯编制等因素论，形成更加合理的利益分配机制为人才队伍培养、人员工资福利待遇争取更多的经费，这一点需要跟创收模式进行一致性的磨合，根据实际情况进一步打通利益分配模式和生产经营模式之间的堵点。

六、国际传播：构建更有效力的纪录片国际传播体系

近年来，伴随中国纪录片产业的发展，国际合作已成为推动本土纪录片跨文化交流与理解、扩大国际影响力的重要途径。不少中外联合摄制纪录片精品成功产出，向世界呈现了中国的民族精神，展示了中国的大国形象，为中外联合摄制纪录片的创作提供了丰富的经验，为未来纪录片的国际传播提供了积极的参考价值。中国纪录片中外合作模式也日益多元，在合作模式上科学发展，在创作观念上不断更新，在题材类型方面日趋丰富，美学风格日益多种多样，取得了多方面的成果，但是同时也在市场销售、创作机制、内容生产等方面存在一些有待改善的问题，这不仅需要政府层面对纪录片国际合作进行支持，还需要纪录片行业协会层面的培训提升，而且纪录片制作公司也有必要拓展国际销售能力，提升国际联合制作能力。

（一）纪录片国际合作的主要模式

一是国际联合制作。联合制作是最常见的国际合作模式，中国的纪录片机构与国外的制作团队，如国外导演、编剧、摄影师等纪录片生产机构联合摄制，由两国或多国联合制作，共同创作纪录片，由于纪录片制作过程中合作国别的多元性往往具有跨文化、跨地域的传播特点，因而也形成了共同讲述"中国故事"的丰富图景。二是国际版权的销售与发行。培育纪录片市场是实现市场价值的有力保障。中国纪录片的市场价值主要通过电视播出、出售播映权、影像与网络点播、出售版权、电影放映等途径实现。三是国际节展推广，即中国纪录片作品通过相关机构参与国际影视节展，如戛纳电视节、阳光纪录片节等大型节展活动，纪录片机构由此积极地展示和推广这些作品，吸引国际发行商、媒体和合作伙伴的关注。四是国际合作展映。通过在国外举办展映活动或与国际文化机构合作组织相关展映活动，以此搭建一个可供纪录片制作单位与国外合作交易的"桥梁"，以此促进行业交流，促进中国纪录片的传播销售，提升中国纪录片在国际市场的知名度和影响力。政府鼓励并支持国际合拍项目，通过外

交渠道和国际平台，促进中国纪录片的国际传播。

（二）纪录片国际合作面临困难挑战

一是在市场销售方面，国际销售扩展范围有限。文化背景及话语体系之间的差异导致作品传播效力有限，触达率和接受度不够理想，削弱传播效果。二是在制作方面。国际联合制作规则模糊，尽管国际市场对中国纪录片有需求，但目前中国市场上的高品质纪录片，尤其是能够在国际市场上占据一席之地的作品非常少，其中很重要的问题在于制作方面。三是在内容方面，国际化的制作水平有待提高。目前，国内能为播出平台提供纪录片的制作公司只有数十家，而纪录片发达的国家，相关制作公司往往有两三百家，同时存在大量独立纪录片制作人。因此，日播栏目会遭遇片源难题，眼下的原创纪录片片源远未达到电视播放机构的需求。国外市场不仅关注纪录片的拍摄质量，还注重内容的深度和全球视角，这需要中国团队在制作过程中更加注重国际市场的需求。

（三）纪录片国际合作高质量发展对策建议

政府需要持续性地推进文化外交与纪录片的国际推广，纪录片行业协会需要有效地思考文化折扣的影响进而制定针对性的措施，而纪录片公司则应重视国际主流媒体和社交网络的力量，并主动与符合国际市场规则的发行公司建立市场化合作。

一是在政府层面加大支持力度和资金投入，积极开展文化外交与推广平台，如中国联合展台等的建设，制定国际合作框架开展政策与规则指导。二是在行业协会层面，要积极组织跨文化培训活动与交流，积极开拓国际市场合作，组织会员单位定期参加国际纪录片节展和市场推广活动，制定必要的纪录片行业标准推动质量提升。三是在公司和社会组织层面，要进一步提高国际联合制作能力，培养熟悉国际市场销售和合作流程的专业团队，进一步拓展国际销售渠道，加强与国际发行平台、电视台以及新媒体合作，尤其是与非英语国家的媒体合作，扩展中国纪录片的全球影响力。四是要进一步丰富专业培训和系统化教育。目前国内缺乏专门培养纪录片国际传播人才的培训机构，对此应考虑建立产学研结合的培养体系，通过学术研究和实践操作相结合的方式，为行业输送高质量人才。在高校体系中考虑开设并建强国际传播专业，该专业应涵盖跨学科内容，包括国际政治学、跨文化交际学、传播学等，并且需要有实战经验的专家加入教学。对于业内人士，需要开设专班培训，提供专业知识内容和市场操作方面的培训。专班课程应分不同门类方向，综合培养学生的专业能力和市场化操作能力。

七、节展经验：中国纪录片节展的市场化运营经验探究

党的二十届三中全会强调要深化文化体制机制改革，优化文化服务和文化产品供给机制，提升市场机制作用，以促进文化创新、资源优化配置和高质量发展。中国（广

州）国际纪录片节的市场化和国际化运作推动了中国纪录片产业在全球舞台上的广泛传播与商业价值的提升，新鲜提案·黎里真实影像大会探索出了一条以文旅融合推动地方经济与文化发展的新路径，标志着中国纪录片产业在市场化进程中的重要突破。

（一）市场化运营和管理的发展历程

市场化运营和管理是中国（广州）国际纪录片节（以下简称"广州纪录片节"）和新鲜提案·黎里真实影像大会（以下简称"黎里影像大会"）成功的关键因素。广州纪录片节的前身是2003年创办的广州国际电视纪录片学术研讨会，13个国家和地区的147部纪录片报名参加，依靠政府的财政支持逐步扩大规模。随着纪录片市场的不断发展，2013年广州纪录片节开始转型，由广东环球瑞都影视传媒有限公司接手运营，将单一的学术研讨会活动转变为涵盖评奖、预售、培训、论坛等多个板块的综合性文化盛会，还设立了"纪录片商店"等平台，为国内外纪录片提供了展示与交易的机会，大力推动了版权交易与市场对接，使得广州纪录片节能够更加独立地运作，逐步减少对政府资金的依赖。

黎里影像大会于2016年在苏州东山镇创办，最初依托当地政府的支持，以纪录片产业为切口，推动文旅小镇的建设，创办初期政府的政策与资金扶持为大会的顺利开展提供了重要保障。之后随着政府支持力度的减弱，2018年，苏州哲群文化传媒有限公司、苏州广电文化传播有限公司、国广东方网络（北京）有限公司三家成立了苏州致真东方文化传媒有限公司，大会开始市场化运营，在资金使用和运营管理上具有高度的自主性和灵活性，能够根据市场需求调整策略，更有效地整合各方资源。2020年，黎里影像大会迁址至黎里古镇，通过与地方政府和文化机构的合作，推动了黎里古镇打造成为纪录片小镇，并设置了提案、论坛、新鲜潮、新鲜推介、新鲜放映等活动板块，累计面向全球征集提案1219部，180部优秀提案入围大会，并通过后续制片服务、资金扶持等多种形式，助推优秀提案入围国际纪录片节展。

在市场化运营机制的推动下，广州纪录片节和黎里影像大会都积极探索多元化的收入来源，广州纪录片节通过展位费、注册费、门票收入及版权交易等多种商业活动，成功补充了资金来源的同时还推动了与行业内外企业的合作，为大会带来了更多商业机会。黎里影像大会通过举办手机纪录片大赛、纪录片训练营等活动获得利润，并将这些收益反哺到大会的持续运营，还通过与黎里古镇合作，推动了文旅产业与纪录片产业的深度融合。

（二）提案大会与版权交易平台建设

广州纪录片节和黎里影像大会的提案大会和版权交易平台，分别通过国际化和专业化的模式，为中国纪录片产业的国际化与市场化提供了重要推动力。

广州纪录片节"中国故事"国际提案大会于2016年创立，旨在解决"中国故事"项目在制作过程中面临的人才、资金和渠道三个主要难题，搭建国际融资、制作、发行的产业平台，让更多的中国纪录片走出国门，实现国内和国际纪录片产业各个环节的资源共享。黎里影像大会则通过严格的筛选和高标准的评审机制确保入围项目的高质量与创新性，大会邀请了20—30名国内外知名纪录片人、行业专家和学者组成评审团，大会还鼓励创作者在纪录片的表现形式和叙事方式上进行创新和探索，越来越多的参评作品开始采用虚构故事与纪录拍摄相结合的混合型纪录片形式，有效拓展了纪录片内容形态的边界。

行业认可也是两家大会取得成功的重要因素。广州纪录片节广泛与国内社会机构、播出平台和媒体合作，如与全国高校影视学会建立合作，设立"大学生大赛"单元，吸引了大量学生参赛并参与纪录片节活动；电视台如央视纪录片频道（CCTV-9）和科教频道（CCTV-10），网络平台如爱奇艺、腾讯视频、优酷、B站等为纪录片节进行宣传。黎里影像大会与B站合作，连续多年设立"哔哩哔哩新鲜之选"奖金，为优秀提案提供资金支持；大会还与江苏省广电协会、中广联等机构保持紧密合作，这些机构通过提供政策指导和资源支持，并逐步扩大其在行业内的影响力。

（三）政府和各行业大力支持节展发展

政府和各行业的支持在广州纪录片节和黎里影像大会的发展过程中起到了初始的运营保障作用。广州市政府为广州纪录片节自创办以来进行长期财政支持，不仅帮助广州纪录片节在运作初期克服了资金短缺的困难，还为其日后的市场化转型奠定了基础。黎里影像大会创办初期同样依赖于江苏省广播电视局和东山镇地方政府的财政扶持，东山镇在民国时期是重要的电影外景基地，东山镇政府希望通过文化切口打造文旅小镇，使得大会能够在初期吸引到一批重要的参与者和资源，为其后来的市场化运营打下了坚实的基础。

（四）开展广泛国际合作拓展市场

广州纪录片节与黎里影像大会通过广泛的国际合作，与全球知名纪录片节建立联系，推动了各自品牌的国际化发展。

广州纪录片节聘请国际顾问团队在全球范围内进行推广，自2013年首次与国际纪录片机构开展合作以来，2023年的第20届中国（广州）国际纪录片节共与40多个节展机构达成不同方面的内容合作，并与CAT&Docs、Split Screen、Taskvoski Films等多家国际发行公司设立方案推优，英国谢菲尔德国际纪录片节、新西兰边锋电影节、地中海欧洲纪录片市场、达卡纪录片提案大会、曼谷国际纪录片节、塞尔维亚纪录片影人协会等节展代表出席广州纪录片节。为进一步扩大国际影响力，广州纪录片节的团队通过参加全球各大纪录片节和市场，以及社交媒体宣传等方式，持续推广节庆品牌，并为国际参会者提供高水平的志愿者服务，树立了良好国际口碑。黎里影像大会与阿姆斯特丹国际纪录片节（IDFA）签署了合作协议，设立"新鲜实验室"板块，专注于创新和新技术应用的纪录片；与世界科学与纪实制作人大会合作，设立"新鲜潮"

单元，展示国际纪录片行业的创新案例；还与意大利、法国、英国、德国、亚太地区以及其他多个国际纪录片节展的合作，通过联合举办活动、互派代表和专家等形式，进一步推动了中国纪录片的国际化发展。

（五）挑战与应对

广州纪录片节与黎里影像大会在快速发展的同时，也面临着资金和人力资源压力、商业价值不完善、国际参会人员数量较少等多方面的挑战。

首先，随着政府财政支持的逐步减少，两家大会都面临着较大的资金和人才压力。为此，需要吸引更多企业赞助和商业合作伙伴，拓展多元化的收入来源和探索更多创新性的商业模式，并加强专业团队建设，通过引入高端人才和提升内部培训来提高团队的专业能力。

其次，当前纪录片节展中仍然存在注重形式的环节，这些环节虽然提升了节展的仪式感和文化氛围，但对实际交流和合作的促进作用有限。为了更好地实现商业价值，建议将更多资金和资源投入能够直接促进交易和合作的实际环节中，增强节展的市场导向性。例如，可以减少对高规格仪式和接待活动的投入，将资源集中在项目对接、版权交易、投融资洽谈等实质性环节。两家大会可以通过提高对市场需求的敏锐度，优化项目评选和推广流程，确保入选作品更具市场潜力。此外，还可以通过扩大目标受众群体，吸引更多准专业者和纪录片爱好者，确保节展的可持续发展。

最后，国际参会人员数量较少。为此，需要通过加强国际沟通，提供更具吸引力的参会条件和保障措施来增强国际纪录片从业人员的参会意愿。如提供便捷的参会流程，以及定制化的服务和支持，打消国际纪录片从业者的顾虑，并强化品牌宣传和国际合作力度，确保国际参赛作品与参会人员的比例更加平衡。

主题演讲

总台纪录频道高质量发展的制播方法论

李向东
中央广播电视总台影视剧纪录片中心副召集人
中国电视剧制作中心有限责任公司
执行董事兼总裁

中央广播电视总台影视剧纪录片中心是精品纪录片创制和传播的"国家队",近年来,在总台党组的领导下,坚持以习近平新时代中国特色社会主义思想为统领,深入学习贯彻习近平文化思想,按照总书记提出的"奋力实现艺术水准和群众满意度'两个有所提高'"的重要要求,坚持以人民为中心的创作导向,"努力打造国内顶级、世界一流的纪录片生产播出平台",深入实施"创精品、占高地、塑品牌"的战略理念,纪录频道的专业性、精品化、影响力稳步上升。频道收视连续两年创开播以来新高,进入全国上星频道前二十,实现了从专业频道向大众主流频道的历史性跨越。总结感受和体会,我简要归纳为这些关键词:胸怀大局、坚持原创、价值引领、国际传播、合作共赢。

一、聚焦主题主线,坚持"三性统一",不断夯实总台纪录片业界龙头地位

作为国家媒体,总台纪录频道首要职责就是在重大事件、重要节点、重大主题宣传中不缺位、出精品、有声势。多年来,我们始终胸怀"国之大者",坚持下先手棋、超前谋划,紧扣主题主线谋篇布局,力推思想性、艺术性、观赏性有机统一的精品纪录片,积极彰显"纪录片国家队"的"使命必达"。

比如,围绕新中国成立75周年,在烈士纪念日播出《三大战役》,全景展现这场关乎中国前途命运的大决战,生动阐释中国共产党为什么能这个深刻命题。2024年国庆长假播出《新中国——平凡而闪光的足迹》,聚焦不同领域的杰出人物,展现一代又一代中国人不懈奋斗，汇聚起一个波澜壮阔、灯火灿然的新中国。围绕建党百年主题的《敢教日月换新天》创新采用"政论情怀、故事表达"，以百余个党史故事串联出百年画卷。纪念习仲勋同志诞辰110周年文献纪录片《赤诚》生动讲述了将"党的利益放在第一位"的习老一生伟大经历，鲜活呈现老一辈无产阶级革命家的革命精神、品德风范和人格魅力。

总台围绕"新中国成立75周年"策划纪录片《三大战役》

此外，围绕2022年北京冬奥会、香港回归25周年等主题，纪录频道相继推出《飞越冰雪线》《从北京到北京》《见证香港故宫》等一批脍炙人口的作品。

二、主打总台出品，强化价值引领，彰显为国家述史、为时代立传、为人民抒怀的使命担当

纪录频道聚力打造总台出品的原创精品，形成题材广泛、内容多元、品质上乘的内容矩阵，以思想精深、艺术精湛、制作精良的作品，夯实"大片看总台"的公众认知，打造"满屏皆精品"的传播格局。

原创纪录片《航拍中国》，首次实现以全航拍方式，对包括港澳台在内的34个省级行政区域全覆盖，集中展现新时代中国形象、中国文化和中国之治。第一季刚播出时，即因"脚不沾地"的全程航拍而引发轰动。收官篇的第四季，则收获超过61亿的全网总触达量、话题阅读量和微博短视频播放量，全网热搜达330个。可以说，《航拍中国》深刻改变了中国纪录片空间叙事话语。

在中华优秀传统文化创造性转化、创新性发展的实践中，纪录片也以创新的方式呈现独特魅力。知名IP《如果国宝会说话》，通过千余件文物，以微纪录片的方式生动讲述"上下八千年"历史，努力"让文物'活起来'"。受到习近平总书记称赞的《"字"从遇见你》，从小小的汉字里解析蕴含中国古代智慧、宇宙观和人生哲理的文化密码。《大敦煌》《大运河之歌》《定风波》等则解读中华文化标志的内涵，展现出生生不息的历史文脉。

观照历史文化的同时，我们也从不缺乏对社会现实的极大关注。《理想答案 仅供参考》讲述默默奋斗、努力拼搏的平凡百姓故事，《你听见了吗》直面家庭亲子沟通障

碍,《我不是笨小孩》将镜头对准阅读障碍症患儿,《我们如何对抗抑郁》聚焦抑郁症患者……我们以真诚、温情、专业的态度和视角走进这些群体,了解他们的困难与渴望,引导全社会给予理解、关爱和支持。

这些丰富多元的节目不胜枚举,它们满足了广大受众不同层面的文化和精神需求,构建起纪录频道的原创精品矩阵,也形成了频道核心竞争力。

三、深化国际传播,促进文化交流,做好人类命运共同体的构建者和推动者

总台纪录频道坚持"中国故事、国际表达、中国价值、全球视野"理念,探索运用外国受众可以理解、乐于接受的方式和语言,通过国际合拍、合作传播等举措,为讲好中国故事、推动各国文明交流互鉴、构建人类命运共同体,积极履职尽责。

我们与法国合拍的纪录电影《北京人:人类最后的秘密》演绎距今近百万年的中国史前史故事,展示关于人类起源的最新科研成果。该片在联合国教科文组织总部举行超前首映式,在法国电视2台播出,并在第十一届中法环境月开启国内展映。我们联合法国、德国、美国出品的《野性四季:珍稀野生动物在中国》,拍摄了多种中国国宝级珍稀野生动物。从2020年至今,节目在法国、德国、美国、西班牙等多国主流媒体播出,获得国内外34个重量级奖项,向国际社会成功展示了中国生物多样性保护和生态文明建设成果。我们联合法国、日本共同出品《月背之上:太空变革的黎明》,以中国登陆月背为线索,首次向全世界展示中国在月球探索中的重要角色以及对人类未来的影响。节目在2023年法国总统马克龙访华之际,在法国电视台和总台纪录频道联动首映,之后在瑞典、葡萄牙、波兰等13个国家陆续展播。法国发行量最大的报纸《费加罗报》评价称"这部史无前例的纪录片揭开了月球在太空探索中的决定性作用"。

党的二十届三中全会提出了建设社会主义文化强国、提升国家文化软实力和中华文化影响力的重要要求。进一步繁荣纪录片产业、提升业界整体实力和竞争力,业界同仁应该更紧密合作,共同拓展纪录片高质量发展的平台、渠道和空间。总台纪录频道将与大家进一步扩大在信息互动、作品创投、合作拍摄、联合播出等方面的合作,与大家共享发展机遇,共创优秀作品,共同为推动中国纪录片产业繁荣发展贡献力量。

汇聚纪实力量　逐光向新而行

王　勇
北京广播电视台纪实科教频道
副主任

我发言的题目是"汇聚纪实力量　逐光向新而行",更想说的是新和变。在广播电视行业面临转型的今天,做一个纪实频道不容易,做一个有收视率有传播力的纪实频道更不容易。党的二十届三中全会指出,要推进主流媒体系统性变革。今天,我从实际出发,围绕纪实频道的生存和发展,通过系统性变革,实现传播力和生存力的突破进行分享。

"用心记录世界"指的是北京台曾经的纪录片频道,"点亮智慧人生"指的是曾经的科教频道,在北京广播电视台融媒改革的大背景下,2022年9月21日这两个频道合二为一上星播出,成为当下北京广播电视台的第三个上星卫视纪实科教频道。

一、实现"系统性变革",我们始终坚持,纪实必须扎根人民、服务中心大局

2024年科教频道始终坚持重大报道的内容蓄力、创作思维的革新、情感共鸣的沉浸、历史探寻的厚重、深入热点的洞察等。争创优质头部产品是我们永恒的使命。我们始终坚持,纪实必须扎根人民。纪录片不只是阳春白雪的艺术品,更要服务大局。

为落实党的二十届三中全会精神,我们创新推出了全国首个政企对话纪实观察类节目《局处长讲政策》。当前,推动经济高质量发展就是大局。习近平总书记在《求是》杂志发表的重要文章《当前经济工作的几个重大问题》,文章指出,民营经济对经济社会发展、就业、财政税收、科技创新等具有重要作用。要从制度和法律上把平等对待

国企民企的要求落地，从政策和舆论上鼓励支持民营经济和民营企业发展壮大。北京是经济高质量发展重要阵地，国家级高新技术企业、专精特新"小巨人"企业和"独角兽"企业数量均居中国城市首位。在北京的 260 万家经营主体中，我们发现，虽然北京市连续 7 年出台了 1500 余项营商环境改革举措，但是有些企业并没有切实享受到这些红利，有些甚至面临着破产的风险。这里面主要有两个问题，一是企业对政策不了解；二是委办局之间政策衔接不顺畅。为了打通上述两个堵点，在市发改委的指导下，频道策划了《局处长讲政策》这一纪实观察节目，搭建全国首档政府与企业直接沟通的"服务"平台。

我们通过记录来扎实调研。参加节目录制的局处长感慨"节目的纪录片是真实的大型行业调研会"，导演组电话采访两百多家企业，线下调研了一百家企业，涵盖医药健康、氢能制造、商业航天、消费文旅等涉及国计民生的经济领域，从中选出 20 家企业，进行数月的纪实拍摄，记录民营企业的真困难。我们通过纪录片的拍摄，最终打动了很多委办局的领导。北京多家委办局的领导与企业进行面对面的政策解读，集体出动为企业纾难解困，如此规模的纪实拍摄，在全国尚属首次。局处长们在纪实现场掷地有声的承诺使民营企业负责人如沐春风。

我们的纪录片，已经帮助有的企业拿到了 5000 万元的政府基金支持，这让很多企业创始人兴奋得连呼"没想到，真的没想到！"他们表示这不是一场秀，而是记录实实在在解决问题的过程。

经济发展不只体现在企业的发展数据上，更关乎万家灯火的民生冷暖。我们认为纪录片不仅要纪录伟大时代，更要关照社会民生。

二、实现"系统性变革"，就是提升频道的辨识度，深植首都四个中心建设的独特属性

我们围绕"纪实+科教"的定位，将科教频道原有的法治、科创、人文、康养、教育等多元的垂类板块与纪实频道的创作风格和创作理念相融合。

北京作为全国的政治中心，2024 年频道的纪实类节目充分体现政治站位。频道精心策划推出系列融媒国际传播节目《书山有路——习近平总书记的书单》，旨在通过总书记读过的书籍，创新阐释习近平文化思想的精髓，展现总书记大国领袖和大党领袖的光辉形象。

在习近平总书记主持召开学校思想政治理论课教师座谈会 5 周年之际，频道制作推出了《超级思政课》节目，深入宣传习近平总书记对学校思政课建设的重要指示。2024 年，正值邓小平同志诞辰 120 周年，我们倾情制作了系列节目《小平，您好》。节目不仅是对邓小平同志波澜壮阔人生的一次深情回顾，更是对他为我国革命、建设、改革事业所作出的卓越贡献的生动展现。与此同时，在红军长征出发 90 周年的重要历

史节点上，我们精心策划并推出了大型纪录片节目《长征永远在路上》。节目通过讲述长征路上的感人故事，再现那段艰苦卓绝的奋斗历程，向世界讲好中国故事，展示中国革命的艰辛与伟大。

在习近平总书记提出京津冀协同发展战略10周年之际，我们与河北、天津两家电视台的纪录片创作团队合作，全景展现京津冀协同发展历史进程的大型纪录片《京津冀：瓣瓣同心》，书写习近平总书记引领推动京津冀协同发展的非凡历程。

北京作为全国的文化中心，我们始终将创作深深植根于中华优秀传统文化中。我们历时3年、精心打造了大型纪录片《黄河安澜》，该片入选广电总局"十四五"重大选题项目；在北京人艺建院70周年之际，联合推出10集纪录片《我在人艺学表演》等精品力作。

北京作为科技创新中心和国际交往中心，频道始终围绕北京顶级的科技创新资源，开拓崭新视角的科学纪录片领域创作。我们拍摄过一棵叫作"树坚强"的树，每年酒泉发射神舟载人飞船，"树坚强"距离发射点仅有几百米，次次被烧焦，却次次顽强生存下来。从2011年到2024年，频道深耕中国航天资源12年，也记录了"树坚强"一次次的浴火重生。我们从此切入创新纪录片的独特视角。我们推出纪录片《天地大往返》。从火箭转运到燃料加注，从航天员出征到火箭发射，再到太空对接与返回舱返回，每一个重要时间节点都被精心捕捉，凝聚成对中国航天事业深情回望的珍贵画面。

三、实现"系统性变革"，不是修修补补，而是蝶变重生。要努力实现端就是频道，频道就是端

在媒体融合的大潮中，任何频道都已无路可退，在党的二十届三中全会精神指引下，频道在平台突围、转型、破局的发展轨迹与融合路径要更为清晰。

自2024年7月起，纪实科教频道新媒体整体指标不断突破自我。周播放量自7月的2.17亿，目前单周最高已达到9.66亿，提升了345%，每月播放量达到30亿。千万播放量短视频由每周7—8条提升至15—18条，提升率约为120%，其中单条最高突破1亿。爆款作品从年初的每周3—4条，稳定在2024年9月的每周12—15条，最高单周爆款为20条，提升率约413%。

为了实现端就是频道，频道就是端，频道组织融合实现蝶变重生。

我们紧跟时代步伐，充分利用新媒体平台的广泛覆盖与精准触达能力，精心布局了一个多维度、立体化的宣发矩阵。其中，纪录片《黄河安澜》凭借其深刻的主题和精良的制作，在全网范围内引发了广泛的关注和热议，阅读量约5.15亿次。《局处长讲政策》节目以实用为出发点推动大小屏一体化全媒体传播。邀请当期节目企业家代表与专家共话企业发展难点、痛点，通过权威解答增强互动性。

未来已来，北京广播电视台纪实科教频道将继续坚守"纪实+科教"定位，以"五力",即内容影响力、平台链接力、新媒体运营力、综合服务力和技术引领力为重要目标,生产出更多具有首善媒体气质和水准的精品力作。"用心纪录世界,智慧点亮人生",我们始终坚守初心,用高品质的作品致敬新时代。

精品化　国际化　超清化
——上海广播电视台推动纪录片高质量发展的若干实践分享

王立俊
上海广播电视台纪录片中心主任

自 1993 年中国第一个以纪录片为名的电视栏目《纪录片编辑室》在当时的上海电视台开播，历经 30 年的探索与深耕，海派纪录片已经成为上海的一张文化名片。近年来，上海广播电视台秉持追求卓越的精神，以打造具有中国审美和人文气质的纪录片创制高地为目标，瞄准"精品化、国际化、超清化"方向，接续推出一系列优秀作品，不断彰显海派纪录片在新时代下的使命和担当。

一、精品化：追求卓越，为人民而创作

精品化，首先是深耕 IP，做时代的记录者。2024 年国庆之际，我们用 3 年时间拍摄制作的 4K 纪录片《叶尔羌河》在东方卫视播出了。其实早在 12 年前上海开始对口支援新疆的喀什 4 县之后，我们就制作了大量喀什题材的纪录片。从 2012 年的《喀什四章》到 2016 年的《喀什传说》，再到今天的《叶尔羌河》，接续的创作形成了"南疆"三部曲。我们用镜头展现了喀什老城区从破旧土房到如今网红民宿、旅拍景点的变化，通过讲述生动的南疆故事，展现了上海对口援建以来，特别是新时代以来的崭新变化。

此外，我们还在不断打造更多的 IP。大型纪录片《大江南》正在江南多地加紧拍摄，将和之前的《大上海》《诞生地》一起成为解读"海派文化、红色文化、江南文化"的"上海文化"三部曲。"我们的国家公园"系列从 2021 年开始，已拍摄了青海三江源国家公园和武夷山国际公园，目前第三季正在各地紧张拍摄中，最后将呈现《东北

上海广播电视台摄制的 4K 纪录片《叶尔羌河》

虎豹·我们的国家公园》《海南·我们的国家公园》以及《大熊猫·我们的国家公园》3部 8K 超高清纪录片。

精品化，也体现在关注生活，做社会的思考者。前不久，我们推出了一部 7 集纪录片《前浪》，通过近两年的跟踪拍摄，以细腻的笔触和深刻的洞察，描绘了老年群体的真实生活图景，引发社会对老龄化问题的多元思考。在片中我们可以看到老年人的情感需求、阿尔兹海默病患者的照护困境、异地监护制度实施中的现实难题、失能失智老人的照护等话题，从情感、心理、生理、社会处境等多方面，揭示人口老龄化所带来的问题，并寻求解决之道，也反映出上海积极应对老龄化社会的探索实践。纪录片播出之后，火爆全网，无数观众、网民盛赞主流媒体的良知和社会责任感，也引发无数年轻人理解身边的老年人、关照身边的老年人。

精品化，还体现在跋山涉水，做"四力"的践行者。前面提到的《叶尔羌河》创制团队，3 年间不但阅读了上千万字的文献，更是分 20 批次交替出发，进行每次为期一个月的拍摄。他们的足迹遍布雪山、冰川、高原、峡谷、牧区、绿洲、戈壁、沙漠。从 -30℃的雪域高原，到 40℃的塔克拉玛干沙漠；从海拔超过 5000 米的高原国门，到藏在群山之间、驱车十几个小时才能抵达的小村落，总行程超过 15 万多公里。她们用最苦的行动丈量叶尔羌河流域，用最笨的办法换回了一部精品，也向我们展示了匠人精神。

二、国际化：走向世界，为中国而创作

过去，我们抱着学习先进与满足观众多样化收视需求的态度，在纪录片国际合作

方面更多的是"引进来"。在文化自信的激励与文化自强的鞭策下，我们开始更多地"走出去"，通过联合创制、海外播出的方式，不断提升海派纪录片的国际声量。例如，《行进中的中国》第一、二季，我们分别与英国雄狮电视制作公司、Discovery联合制作，选取了中国在过去10年里的真实案例，进一步向世界介绍真实的中国和中国治理经验。《永远的行走：与中国相遇》是我们与国家地理频道共同打造的外宣纪实融媒体项目，通过记录国际知名探险家的徒步中国之旅，看中国、读中国、懂中国。即将推出的《文运中国》通过两位外籍主持人的第一视角，展现古今文化、中外文明的交流与互鉴；《对话东盟》则是从社会、经济、科技、生态、人文交流五大领域展现中国与东盟在过去30年的交往。

同时随着国际化经验的积累，我们也在不断地完善国际传播策略。例如，上海崇明东滩在2024年成为上海首个世界自然遗产，我们就抓住这个节点，在沙特举办了8K生态环保类纪录片《东滩，鸟类的家园》先导片的全球首发仪式，并与"绿色沙特""绿色中东"倡议形成呼应，引发了当地观众的深切共鸣。2024年11月我们将与BBC Studios签署合作备忘录，在联合出品、共同创制、节目交易、人员培养、技术培训等方面形成长期紧密的合作关系。

三、超清化：技术革新，为未来而创作

当前，上海广播电视台正通过积极推动超高清内容创制，加快培育媒体新质生产力。从2019年开始，我们就基本实现了4K超高清拍摄，同时已经完成《草原，生灵之家》和《武夷山·我们的国家公园》两部8K纪录片，《东滩，鸟类的家园》《我们的国家公园》第三季、《梦行怒江》等新一批8K纪录片也正在创制中，海派纪录片在自然生态题材方面的超高清制作品牌上开始初显头角。我们还在编写相关的"超高清内容制作规范手册"，进一步为未来的超高清制作标准化、流程化打下坚实基础。

回顾过去、展望未来，中国纪录片正在进入一个新时代，我们愿与诸位一起携手共进，接续书写好中国纪录片事业的新篇章。

用纪录片做好"三个文化"传播的思考与实践

章红伟
湖南广播电视台金鹰纪实频道总监

首先分享三个小片段。

1275 年秋,元军逼近长沙,岳麓书院的老师尹谷劝学生逃离,学生们却跟着老师和丁壮留了下来,守军虽然不足 3000 人,但守了 3 个月。进入冬季,弹尽粮绝,这群岳麓学子几乎都殉国于长沙天心阁下。他们用青春的生命,注解着岳麓书院坚贞的信念。

2023 年 9 月 9 日的北京,大雨。天安门人民英雄纪念碑南侧,早上 8 点,长长的队伍开始缓缓移动,进入毛主席纪念堂,献上鲜花和崇敬,深深鞠躬。这条被习近平总书记称为"思念的河",从 1977 年 9 月 9 日毛主席逝世一周年至今已流淌了 46 年。

2012 年,在习近平总书记和当地党委政府的关怀下,赵淑梅等老人从西海固移民到弘德村。十年后,这群老人在扶贫工厂朗读诗歌、直播带货,日子过得越来越好。赵淑梅还有个愿望,学会说普通话、写自己的名字,想去北京。最终,他们真的去了北京,去了天安门。

这些片段来自我们拍摄的纪录片《岳麓书院》《人民领袖毛泽东》《弘德村的诗与远方》。

2024 年 3 月,习近平总书记考察湖南时强调"悠久的历史文化、厚重的革命文化、活跃的现代文化"是增强文化软实力的丰富资源和深厚基础。而以纪录片传播"三个文化",正是近年来湖南金鹰纪实卫视念兹在兹、耕耘不辍的创作方向。

一、用纪录片传播悠久的传统文化，关键在于梳理文化渊源，使之获得当下的文明认同

岳麓书院，是中华文明弦歌不绝的一个缩影，点亮着理学、船山学、洋务思潮、辛亥革命、新民主主义革命……我们创制《岳麓书院》，其根本点就在于梳理湖湘文化千年流变、归纳中华历史文化根脉与源流。

我们通过二僧办学、书生抗元、朱张会讲等感人的故事，讲述了岳麓书院历经千余年形成的"传道以济斯民"的家国情怀，"求仁履实、经世致用、知行并发、实事求是"的精神内核，展现了中华传统文化百折不挠的骨气、自强不息的品格，以及坚韧卓绝、历久弥坚的强劲生命力。这些能与当下相通的精神追求，使广大年轻观众能够对传统文化形成文明认同，进而主动接受其内核与实质。

有网友评价"不看《岳麓书院》，不识湖湘文化，不知中国文脉"。

二、用纪录片传播厚重的红色文化，重点在于挖掘文化融合，使之获得当下的价值认同

红色文化，不是外来文化，而是植根于中华优秀传统文化融合形成的新文化。

岳麓书院最后一任山长王先谦，办了一所新式学堂"时务学堂"；时务学堂里有杨昌济和蔡锷两位学生；杨昌济任教湖南第一师范时有位学生叫毛泽东，蔡锷任教云南陆军讲武堂时有位学生叫朱德；后来的"朱毛红军"，大家就都知道了。

岳麓书院的庭院里，高悬着宾步程校长书写的"实事求是"匾额，这所古老书院成为党的实事求是思想路线的策源地，也是"第二个结合"最早、最生动的明证。

我们摄制了《天下书院半湖湘》，通过大量历史细节，可以看到党的革命初期，很多革命活动都在书院进行，大批革命家都有书院教育背景，湖南书院孕育了湖湘文化心忧天下、敢为人先的精髓，延伸融合出了红色血脉。

从2018年毛泽东同志诞辰125周年，到2023年毛泽东同志诞辰130周年，我们倾力打造了文献纪录片《中国出了个毛泽东》《人民领袖毛泽东》，短视频《那一年，我与毛主席》，书写了一部特别的"伟人故事书"，记述了以毛泽东同志为代表的中国共产党领导人"人民至上"的革命情怀与革命文化，既有经得起历史考验的档案留存价值，又有立足于新时代语境的现实传播价值，真正弘扬了厚重的红色文化，丰富了年轻人价值追求的基本单元，从而获得了他们的价值认同。

三、用纪录片传播活跃的现代文化，就必须深入文化重构，获得当下的审美认同

现代文化是活跃的，活跃到有一群年轻的粉丝粉的是一位就义于120年前的伟男子。《我们的谭嗣同》自发地让更多年轻人去了解、纪念谭嗣同，重构了历史人物类纪录片的表达方式，与年轻人同频共振。

现代文化是活跃的，活跃到有一群年老的弘德村村民，像赵淑梅那样有着新时代的诗与远方，他们对党感恩，对生活充满期待，他们也构成了"活跃的现代文化"的重要组成部分。

近年来我们创作了《小镇青年》《书店与菜市场》《日出之食》《夜长沙》《我们的国潮》《青春中国》《大地锦绣》《新山乡巨变》等成系列、有规模的当下题材精品纪录片，很好地反映了新时期活跃的现代文化，这些不说大话、空话、套话的片子，坦诚、共情、机位低移，细微之处见真章，获得了年轻观众的审美认同，形成了金鹰纪实青春纪录的鲜明风格。

这些年我们创制了"书院系列""伟人系列""青春系列"，树立起了芒果派纪录片的良好品牌，也获得了星光奖、金鹰奖、中国广播电视大奖以及广电总局季度、年度推优等100多个国家级奖项。

2024年我们依然紧扣"三个文化"策划创制重点纪录片，即将推出大型历史文化纪录片《左宗棠收复新疆》、革命文化纪录片《党和人民的骆驼——追寻任弼时的足迹》、现代文化纪录片《中国加速度》。

经过这些年的创作实践，我们对讲好"三个文化"的故事有三点创作心得：一是放到宏阔的历史与时代背景中讲故事，既结合当下视角，又不回避其历史的复杂性与局限性；二是放到民心向背中讲故事，把故事放到人民的选择、历史的选择中去讲，这样更经得起时间的考验；三是放到丰富的人物与历史细节中讲故事，要避免陷入空洞的概念和枯燥的说教，要将人物与故事放置在大量可感知、可共情的生动场景，精品诞生在细微之处。

当我们将对纪录片的执着深埋内心，将对细节的追求深埋内心，将对品质的要求深埋内心，将对真实的敬畏深埋内心，那我们就能讲好"三个文化"的故事，创作"三个文化"的精品，做好"三个文化"的传播。

纪录片论坛 | 02 平行论坛

从天府走向世界：深耕特色人文题材 铸造精品纪录佳鉴

李金亮

成都市广播电视台党委委员、副台长

　　纪录片是一个国家、一个民族的集体相册，是时代的影像志。党的二十大报告为建设社会主义文化强国指明新方向、锚定新坐标。其中，通过纪录片推动中华优秀传统文化发展，实现文明互鉴是纪录片高质量发展的必由之路。成都，是一座历史文化名城。近年来，成都市广播电视台坚持深耕地域特色人文题材资源，依托精品纪录片这一重要抓手和载体，积极创新并挖掘天府文化、巴蜀文化以及中华文化的独特魅力，不断探索文化脉络，致力于与世界进行深度对话，展现中华文化的博大精深与独特魅力。

　　纪录片作为时代镜像的价值，不仅记录历史，更启迪未来，是连接过去与未来的桥梁。《蜀·风流人物》是我台推出的历史名人文化系列纪录片，该系列纪录片将天府文化置于中华文明与全球历史文化的大背景之下，深入挖掘历史文化名人、遗址、事件等题材，展现成都在文化保护传承方面的创新与实践。通过场景再现、探源生活轨迹等方式，回望中华文明五千多年的发展历程，展示先贤巨匠所代表的创造精神和中国智慧，从而打造具有成都特色的"现象级文化IP"，大力弘扬中华优秀传统文化，向全球观众展示中华文化的博大精深、巴蜀文化的独特神韵以及成都的城市魅力。目

成都市广播电视台《蜀·风流人物》
纪录片之《草堂杜甫》《司马相如》

247

前，《蜀·风流人物》第一季——《杜甫》与《司马相如》两部纪录片已完成拍摄制作并在中央广播电视总台播出。其中，《草堂杜甫》荣获第32届中国电视金鹰奖（电视纪录片）提名、国家广电总局2024年第一季度优秀网络视听作品等五项殊荣；《司马相如》在央视开播首日便跻身全国热播电视纪录片融合传播指数榜前五，播出当天全媒体触达超千万人次，视听总时长近亿。2024年，我台将继续策划推出《蜀·风流人物》第二季——《薛涛》与《杨升庵》两部纪录片，并计划在2025年推出第三季《陆游》与《诸葛亮》两部纪录片。

成都市广播电视台一直有着纪录片创作的优秀传统，从20世纪90年代起，我台先后推出《忠贞》《冬天》《三节草》《空山》《平衡》《婚事》等一批具有国际国内影响力的优秀纪录片，涌现出梁碧波、彭辉等纪录片领域的行业领军人才。

近年来，我台围绕"出精品、出人才、出效益"目标，在纪录片生产传播体系建设上系统性发力，全面提高创作生产力、全力拓展行业影响力、国际传播力。近日，我台国际传播中心制作的双语纪录片《穿越千年的对话 三星堆—金沙文明对话玛雅文明》在墨西哥城卡兰萨博物馆和阿根廷布宜诺斯艾利斯大学举行了宣传推广活动。三星堆、金沙与玛雅文明虽远隔千里，却共显人类创造力与智慧。这场跨越时空的文化对话，是两大古文明的碰撞与交流，也是全球不同文化相互理解、尊重与合作的象征。

镜头语言无国界。纪录片是文明交流互鉴的重要载体。我台从熊猫、美食、三星堆—金沙遗址等成都文化符号出发，将千年古城深厚的历史文化与现代化国际化的都市面貌完美结合，以中国辉煌璀璨的文化为载体，策划制作《天府文化对话世界》《跟着诗歌去旅行》《文明的回响：中华文明对话希腊文明》《中法"漆"遇记》等系列双语纪录片，并有针对性地进行国别精准传播。我们通过新加坡、曼谷、柏林、拉巴特等近20个中国文化交流中心，向全球55个国家100多个海外文化经贸交流机构、商协会发布，依托国家驻外机构渠道助力，取得了良好的传播效果，开拓了城市形象融合传播的新路径。

纪录片是时代的见证者。我台的纪录片创作始终坚持在"纪录与传承中华优秀传统文化"和"促进城市形象的塑造与传播"上，共同发力。2023年10月，成都举办2023年世界科幻大会之际，我台策划制作科幻大会官方纪录片《科幻之都》，展示城市科幻与科技共生发展，建设"中国科幻之都"的生动实践。2024年8月，历时3年拍摄制作的成都大运会官方纪录片《国家记忆：成都大运会》，在央视中文国际频道黄金时段《国家记忆》栏目首播，从赛事侧和城市侧，全景式呈现成都"以赛谋城"的大运故事，向世界呈现中国开放之胸怀，展示新时代中国形象和风采。

文艺是最好的交流方式。作为"国家相册"，纪录片肩负着传承历史、传播文化、记录现实、观照社会的职责使命。我台的纪录片创作始终坚持"以人民为中心"的创作导向，用现实主义态度进行多元化创作，从灿烂的文明和悠久的文脉中汲取营养，古为今用,精心打磨思想精深、艺术精湛、制作精良的优秀作品,在对中华优秀传统文化的创造性转化、创新性发展中实现面向未来的创造。

人文山水　时光峰峦
——在纪录片镜头中认知新贵州

施　索
贵州广播电视台卫视中心
内容生产运营部副主任

在过去的很长一段时间里，贵州都被严重低估了。尽管它拥有丰富的自然资源和深厚的文化底蕴，但世界对贵州的认知往往局限于贫困和落后。为了打破外界对贵州这一刻板印象，让更多的人了解这个"中国宝贝"，近年来，贵州卫视积极围绕贵州省委省政府文化强省的战略定位，打造了一条具有浓郁地方特色的文化节目带。我们致力于用高质量的节目内容，向世界展示一个真实、多元、充满魅力的新贵州，让观众在领略贵州山水自然的同时，也感受到贵州深厚的文化底蕴和蓬勃的发展活力。接下来，从五个方面来分享我们的制作心得。

一、要求"新"，更要从"心"

拍贵州的纪录片，拍什么，以怎样的形式呈现，这是我们最重要的课题。这两年市场上纪录片创作挺火，也不断涌现题材求新、形式创新的佳作。但于我们而言，立足本土、发挥优势的"本心"是首要坚持的。尽管身处祖国西南腹地，但贵州在地质地貌、自然人文上都有着独一无二的资源禀赋，党的十八大后，贵州的跨越式发展和贵州人民身上所展现出的奋斗精神更是中国式现代化的典型缩影。我想，这些就是我们要拍的，当镜头对准高耸在贵州高原上的上万座桥梁，对准扎根苗乡深处、保护古老稻种的侗族大哥，对准在"村BA""村超"赛场上肆意挥洒汗水的卷粉店老板和建筑工人们，这片子，就成了。

如果要用一个词来概括贵州卫视纪录片的创作理念,那就是贵州省委提出的"人文山水 时光峰峦"。人文,是贵州深厚独特的文化底蕴;山水,是贵州引以为傲的自然景观;时光,是贵州历史变迁的时代见证;峰峦,则是贵州人民感恩奋进、勇攀高峰的精神体现。这四大元素相互交织、相互映衬,正是贵州文化的内核,也是我们一系列纪录片建立的底层逻辑。

二、敢于求变,勇于破局

2023年,贵州卫视与上海东方卫视纪录片中心联合制作了纪录片《万桥飞架——山水间的人类奇迹》。这是国内首部突出"中国奋斗"主题、立足国家站位、全面反映贵州桥梁建设历史成就与战略价值的大型纪录片。我们以桥为点、以路为线,以贵州的交通之变和社会发展变化,彰显中国精神、体现中国价值、展现中国力量,具有强烈的时代气息。"从万桥飞架看中国奋斗"概括了这些超级工程的精神内涵和重大意义,赋予了这部地方题材纪录片以中国视角和时代价值,这一次极为重要的"破题",为我们彻底打开了创作思路。

同时,注重立意创新。在讲述桥梁建设的故事时,不仅关注了工程本身的艰巨性、复杂性和建造工艺,更关注了背后的人文精神和文化内涵。通过展现桥梁建设者们的艰辛付出和无私奉献,传递了贵州人民、中国人民不畏艰难、勇往直前的精神风貌。

此外,《万桥飞架——山水间的人类奇迹》还实现了东西协作的创新尝试。上海的同事们从纪录片宏观主题出发,把握总体结构和故事框架。贵州卫视的团队则发挥本土优势,深入挖掘人物故事,多渠道、多角度呈现丰富内涵。既借"山外"视角观察贵州,发掘故事的新鲜感,又立足本土,保障故事的"泥土香",东西部两个团队的碰撞形成了创新思维,双方资源的共享、优势的互补,最大程度地挖掘和弘扬了贵州桥梁建设蕴含的时代价值。

在第28届中国电视文艺"星光奖"的评选中,《万桥飞架——山水间的人类奇迹》成功荣获优秀电视纪录片奖。

三、区域题材,全国视角

人文纪录片《这一站,贵州》是贵州卫视2022年起推出的另一个纪录片IP。目前,前两季节目已播出完毕,两季节目新媒体播放量突破8亿,成为近年来贵州卫视纪录片的代表作之一。《这一站,贵州》(第一季)立足于贵州优良的自然生态环境和喀斯特山地所孕育的独特文化,从小切口、小人物入手,通过"山、水、屋、洞、饰、桥、歌、未来"8个主题,串联出"阅尽千山,开启无限"的贵州魅力地图。而第二季则以"发现贵州 理解中国"为主题,立足贵州"因国而生、为国而立"的历史主线,以贵州文物、文化作为标志性元素。立足时代议题,从全国视角来审视贵州,将贵州的故事置于全国的发展大局中来讲述，为观众呈现一个文化层次丰富、多元、开放的立体贵州形象。

两季节目虽立足贵州却不局限贵州，我们以西南见全域，从贵州这一局部的地理空间和文化历史的切片中，观察中华文明的发展脉络和内在肌理，向世界展示更加可爱、可敬的中国形象。

四、紧跟时代，融媒传播

在互联网时代，传统纪录片的传播方式面临着巨大的挑战。为了适应这一变化，贵州卫视积极探索创新传播方式，让传统纪录片在互联网上焕发新的生机。我们建立了与纪录片同名的新媒体账号；与《这一站，贵州》的主嘉宾开展合作，在B站上推出了纪录片同名系列短视频，以符合互联网传播逻辑的方式，将贵州的故事和文化传递给更多的观众。

两年来，贵州卫视出品的纪录片全网传播量已突破 30 亿。节目的相关短视频不仅在网络上引发了热烈的反响，更让贵州的故事和文化得到了更广泛的传播和认可。这无疑让外界对贵州的了解更加深入和全面。这种创新传播方式的应用，为我们今后的文化传播工作提供了新的思路和方向。

五、持续深耕，未来可期

除了《万桥飞架——山水间的人类奇迹》《这一站，贵州》，贵州卫视还打造了同样聚焦贵州桥梁建设与社会发展的纪录片《越山河》，关注苗族非遗文化的《叙非遗——苗艺》，展现贵州地方美食的《贵州盛宴》等多部具有贵州独特风格的纪录片作品。让观众通过纪录片的镜头，了解贵州独特的自然人文资源和社会经济、人民生活的巨大变化，认识新的贵州。

2024 年，我们将继续坚持"人文山水 时光峰峦"的创作方向，深入挖掘贵州的独特元素，继续推出贵州味浓郁的纪录片作品。与美国制作团队合作，聚焦中国"村BA"的发源地贵州台盘的国际传播项目《热辣"村BA"》、以贵州新老民族节庆活动为切入口的《这一站，贵州》（节日篇）都在紧张制作中。

最后，借用中国现代桥梁之父茅以升先生的一句话结束今天的汇报，也借此表达内容创作者的初心与决心。"人生一征途耳，忽深谷，忽洪涛，幸赖桥梁以渡。桥何名欤？曰奋斗。"

在B站 让更多的年轻人爱上纪录片

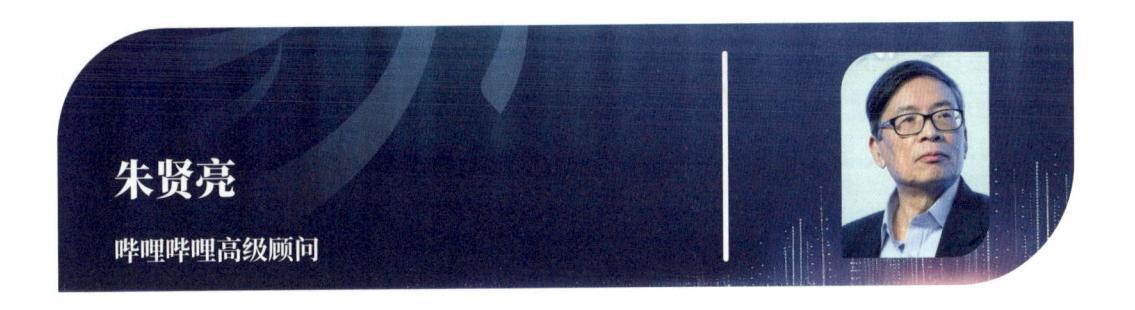

朱贤亮
哔哩哔哩高级顾问

纪录片无声无息地记录着一个时代的脉动，虽然我可能是B站年纪最大的纪录片从业者，但我以及B站，始终致力于让更多的年轻人爱上纪录片。

一、以"更多"为目标

为什么纪录片能够吸引年轻人？它以其真实、客观的记录方式，展现了世界的多样性和复杂性。对于充满好奇心和探索欲的年轻人来说，纪录片提供了一个了解世界、启发思考的途径。

B站被用户亲切地称为"百科全书式的网站、没有围墙的图书馆，成长道路上的加油站""创作者的舞台"。如果说B站是内容的海洋，Up主和用户是水手和船客，那纪录片就是海洋里的灯塔。在B站这样一个充满活力、以年轻人为主要用户群体的平台上，我们的目标是和用户一起成长，做大做强，追求"更多"。这意味着我们要不断丰富纪录片的类型和内容，提供更多元化的选择，满足不同用户的需求。让每一个用户都能在这里找到他们感兴趣的纪录片。

B站作为国内最大的纪录片出品方和播出平台之一，自2016年起，累计播出5000余部纪录片剧集，累计出品了超过150部纪录片，获得海内外超过250个奖项。2023年，有超过1.62亿人在B站观看纪录片。我们希望通过不断的努力，让越来越多的年轻人加入纪录片观影队伍中来，让更多的年轻人了解到纪录片的魅力。

播放量是衡量纪录片影响力的一个重要指标。2017 年，B 站出品的呈现市井生活的美食纪录片《人生一串》开创和发展了极具时代特色的网生新派纪录片，截至 2024 年 10 月，三季累计播放量近 7 亿，居 B 站自制纪录片前列；医疗急救纪录片《中国救护》、"反美食"纪录片《奇食记》等自制纪录片播放量也均破亿。我们希望通过不断的创新和努力，让更多的年轻人通过观看纪录片，了解世界，思考人生，让纪录片成为 B 站的一个重要窗口。

二、为"更多"做努力

纪录片作为 B 站泛知识品类中的重点内容，在 B 站内容生态中有着十分鲜明的特点。2020 年，《但是还有书籍》播出后斩获豆瓣评分 9.4，让互联网时代的观众再次领略到"书籍"的魅力，荣获第 30 届中国电视金鹰奖最佳纪录片奖；2021 年，《小小少年》荣获第 27 届上海电视节白玉兰奖最佳系列纪录片奖，这是国内网络平台出品的纪录片首次被授予该奖项；2022 年，"全华班"打造的自然人文题材纪录片《众神之地》成功开创了国产自然纪录片新篇章。2024 年，《两岸家书》《文物守护人》《是坏情绪啊，没关系》以及最近热映的纪录电影《里斯本丸沉没》等节目进一步体现了 B 站纪录片的社会责任、价值观和行业意识。此外，B 站纪录片也在国际交流领域积极探索，推出了《未来漫游指南》《决胜荒野系列》《星际杀手》等头部作品。B 站已累计将 20 余部、200 多集原创纪录片发行至全球市场。优质内容是吸引用户的关键，我们仍会坚持不断挖掘和制作优质的纪录片内容。

B 站制作的纪录片：《但是还有书籍》《小小少年》《惟有香如故》《历史那些事儿》《国宝迷踪》

年轻人是 B 站的核心用户群体，纪录片要通过"年轻化表达"来吸引他们，用年轻人喜闻乐见的方式来呈现纪录片，比如《人生一串》《历史那些事儿》《国宝迷踪》，使用了更生动的语言、更有趣创新的叙事方式、更具吸引力的视觉风格，得到了青年用户的口碑好评，让他们在观看纪录片的过程中，感受到乐趣，获得启发。

传播也是纪录片很重要的一环。自 2022 年起，B 站把每年 5 月第一周定为纪录片开放周，所有用户可以免费观看 B 站纪录片片库中的优质作品，涵盖自然、社会、科学、美食、探险等丰富主题，鼓励用户通过纪录片等形式汲取知识，感受未曾经历的真实，领略未曾抵达的世界。2023 年，B 站纪录片推出了探照灯计划、恒星计划、亚洲青年映像计划等"孵化器"项目，扶持青年创作者和内容创作机构，为他们开创更广大的舞台。2024 年，B 站纪录片推出了"泛纪实计划"，为普通创作者搭建更为灵活的纪实内容创作平台。

除了线上的内容推广，B 站也举办了各种线下落地活动，加强了纪录片和观众的联结互动，吸引了更多的纪录片爱好者。

如今，纪录片已经成为 B 站的第二大专业内容品类，对 B 站的意义更在于顺应和推动着中文互联网从碎片化娱乐内容向知识化内容发展，B 站将持续坚持纪录片精品化路线，积极构建良好的网络内容传播环境，坚持人才扶持计划，持续创新和探索平台端国际传播的方式方法，不断加强纪录片对外传播和覆盖，将中国的优质内容传得更深更远。在 B 站，我们有责任也有信心，让更多的年轻人爱上纪录片，让更多的年轻人在这里找到他们的精神家园。

生活新观察

——以纪录片的方式回应社会情绪

韩 芸

优酷纪录片总经理

一、回应社会情绪：纪录片的力量

2024 年，优酷纪录片换了全新的 slogan——"历史不停，但生活向前"。历史人文一直是我们的核心赛道，我们有着全网最全最优质的历史纪实内容矩阵，也有一大批高黏性高品质的用户群体。2024 年，优酷纪录片在坚持投入历史人文内容的同时，又扩容了生活方式的内容赛道，除了吸引更多的年轻用户，也想以这样的方式来回应社会情绪。在今天这个海量信息时代，个体的负面情绪特别容易被放大和传播，除了常规的疗愈方式，我们观察到，纪录片所具备的探索、共情和解答功能特别契合大众的心理需求。真实的力量总是直抵人心，纪录片正用理性温暖的方式抚慰着大众的焦虑。

作为连接个体情感与社会议题的桥梁，纪录片内容的核心就是关注大众在关心什么。通过数据可以看到，经济、教育、就业、医疗等依然是社会热点。而我们的后台数据显示，用户近年在认知需求、娱乐需求、审美需求和情感需求上产生了巨大变化，更理性的选择、更少量的耐心、更实用的价值、更迫切的视野和知识获得感，成为大部分人的追求。基于以上的统计，优酷的纪实内容布局也发生了新的变化，尝试用镜头开启生活新观察，用作品回应当前最强烈的社会情绪、热点议题，与时代共鸣。

二、经济篇：《万物经济学》的启示

我们与经济学家薛兆丰老师联合策划制作探访体验纪实节目《万物经济学》。经济，无疑是当下最受关注的社会热点，然而全球经济环境下行，人们不得不在迷雾中思索诸如就业、买房、股市、养老等生活选择。所以我们尝试以个体故事为载体，将经济学原理应用于现实。我们走访了义乌、横店、大理和东莞等地，以创业、AI 等话题切入，以社会学的方式做田野调查，以经济学的方式给出价值判断。我们选择的拍摄对象都是普通人，更重视生活经验，而不是抽象理论。我们看重发展和变化，而不是某个最终结局。例如，打工与创业、躺平与内卷，我们会解释每一种选择背后的代价和可能的结果，但不给出评判。正如节目倡导的：寒冬来临时，我们不去解释为什么天气冷了，那是复杂的经济学问题。但我们会说我们需要穿几件衣服可以抵御寒冷。有了解法自然就能减轻人们面对经济压力时的焦虑感，同时提供积极的正向引导。正所谓"模型冰冷、土地温热"，就像我们的用户反馈的那样"节目完全颠覆了我对经济学的看法，生活中的问题，经济学真的会给你答案。今天还有那么多的普通人在追求上进，深入思考，默默奋斗，这让我感到非常受鼓舞"。

三、教育篇：《他乡的童年 2》的探索

在经济之外，我们还把视线投向另一个社会热点：教育。《他乡的童年》是一部全球视野下深刻探讨孩童教育与成长的纪录片。它从第一季跨越芬兰、日本、印度等多个国家，到第二季再出发，走进新加坡、德国、法国、泰国、新西兰五个国家的课堂、校园、家庭，展示了不同文化背景下的教育理念与实践。我们不想仅仅做对各个国家教育方法和当前教育实践的线性展示，而是将其融入本国的地理条件、本土文化、民族历史、社会形态当中。我们希望回答的绝不仅仅是"哪个国家教育模式最好"这种二元对立的问题，而是探索自由与天性、规则与秩序的边界，鼓励关注孩子的个性发展与心理健康，同时也缓解家长对孩子未来教育路径选择的迷茫与焦虑。

我们也注意到，在节目第一季与第二季间隔的这几年时光里，关于教育选择的社会情绪也在发生微妙的变化。第一季播出时，有用户立刻决定带着自己的孩子移民芬兰。但在今天人们的选择更务实也更冷静，所以我们的内容呈现上也更多地强调借鉴与反思。

如果说童年是教育的起点，那就业就是阶段性的重要节点。习近平总书记强调，在全面建设社会主义现代化国家新征程中，职业教育前途广阔、大有可为。优酷纪录片即将推出关注职业教育与就业择业的纪录片《一技之长》，讲述"中国人自己的职教故事"。教育分流的背后不仅是个人与家庭的选择，更是社会评价体系的调整。职校生，这个规模庞大的年轻群体的真实故事需要被看见、被传播，从而引发用户思考更适配的教育选择。

四、生活篇：多维度的关怀

除了经济和教育，我们也在多维度地观察世界，理解生活。经典 IP《我的时代和我》第三季即将播出，希望通过网球运动员郑钦文、青年舞者张翰等时代人物的故事带给观众榜样的力量。未来，我们还将携手知名学者刘擎教授推出纪录片《万物都有哲》，直面中年失业、职场 PUA 等大家关心的话题，开出一剂"生活哲学良方"，用哲学的智慧为日常生活赋予深度和温度。此外，绿色生态也是我们关注的重点。优酷今年播出的纪录片《寻护者》展现了中华穿山甲保护全过程，讲述了保护者的努力与成果，唤醒社会对穿山甲现状认知，节目的热播也推动了社会对生物多样性保护的关注。正在推进中的纪录片《地球修复师》围绕减负、再生、科技创新等绿色生态可持续议题进行探索，倡导将绿色永续发展变成可践行的生活方式，从而对生态文明教育与民族的永续发展贡献智慧与力量。

每一个微小的绿色行为，都是对这个星球未来的贡献。而每一个不同维度的生活观察与思索，则带给我们不同的疗愈和启发。

最后，我们期待和更多优秀的创作者一起持续投入优质内容创作，以真实引发思考，以理性缓解焦虑，以温暖生发希望。无论环境如何变化，总有纪录片一路同行。

网络纪录片的投资和收益

宁玉琪
爱奇艺纪录片中心总监

我们出品的即将上线的内容，不全是爱奇艺投资的，但都是爱奇艺策划的，大概有 40 个项目。我们采用比稿的方式选择团队，专注于市场项目，遵循风险投资的方向进行投资。我们通过会员收入体系来创造会员价值，并采用分账方式实现资本回收。这些项目的成本大约在 8000 万元，通常在一年半到两年的时间内能够收回成本，收回成本的比例约为 30%。2011 年，我们推出了付费会员服务。2017 年，我们实施了会员分账模式。这种分账并非简单地将会员收入的一部分或百分比分配给合作方，而是根据用户观看时长来直接分配收入。例如，如果用户观看一个小时的独家内容产生了一块钱收入，我们会直接将这一块钱收入给到合作方。因此，很多内容的分账收入实际上超过了平台的会员收入。因为分账收入是后项收入，而创作是需要前期资金支持的。对一二百万元的资金需求，我们或许还能设法筹措，但当制作成本高达 2000 万元时，就需要更多的资金支持了。在 2021 年，我们在广东和陕西，联合国有资本和民营资本，共同投资了大约 8000 万元的项目，其中 6000 万元左右来自青创资本，为创作提供了必要的资金支持。这一模式至今已经运行了大约三年时间。

按类型分析整体回收情况，从直观数据可以看出，美食类项目基本在第一年就能实现回收，但到了第二年和第三年，年化衰减现象比较严重。对历史类项目，由于投资规模较大，之前投入了大约 1000 万元的成本，第一年能回收 70%，不过一般也能在一年半到两年内完成回收。历史类项目的长尾年化表现较好，因为我们的纪录片采用永久分账方式，只要作品在线，就会持续产生分账收益，这对资方回收资金来说非常重要。2024 年我们开始涉足新的类别，预计其爆发力将介于美食和历史之间。关于如何保障资方资金安全或降低风险，我们采取了以下策略：依据平台数据和市场分析来制定内容策略，通过赛道划分品类生产，确保内容的针对性和市场适应性；在运营阶段，拉长运营周期，通过长时间的曝光来增加内容的触达率，从而实现更好的回收效果。我们如何合理化规模并控制成本？在制作历史类题材时，我们曾一度认为投入越多，内容质量就越好。然而，如果不考虑整个市场的回收能力和容量，回收仍然无法得到保障。因此，我们现在根据市场需求来确定成本，只要内容损耗或收入损耗小于成本结余，从商业模式上来说就是可行的。在具体实践中，2024 年上线的《两宋沉浮三百年》这个节目，我们用"实景+AI+虚拟拍摄"的方式，制作了大约 3000 张 AI 生成的动图，成本节约很多，还对内容产生了积极影响。

另外一个方式就是把网络的观影权永久地留在爱奇艺，会员只是其中一部分的收入。我们现在所投资的项目，把电视版权以及 IP 化权利大多给到合作方，所以在这一部分的广告收入、发行收入、IP 化收入能够加速资本的回收。

我们前三年一直做的一个 IP 就是"下饭 IP"，里面有很多内容，2024 年某省要把这个 IP 落地到美食文化街区。我们也做地方文旅，即地方文旅版的 IP 下的美食内容，所有这些回收都将直接返还给投资方。在历史题材方面，2024 年要做《中华史记》《一本历史书》和《中国传说》，会和教育、文旅还有更多的多元化产品做一些探索。

最后，通过内容策略和多维变现扩充整体收入，让我们的青创资本有更多回收，让年化更大，最终的目标是让更多的资方与我们合作，能吸收更多的资金，生产更多的内容，让更多的导演和人才进入这个行业。

我的纪录片创作历程：从落地生根到阳光下的坚守

柴红芳

《落地生根》《阳光下的人们》导演

回首过往，我的纪录片之路，始于对真实故事的热爱与执着。我毕业于中国人民解放军南京政治学院新闻系，虽然学习的是纸媒，却在学校里就深深爱上了纪录片这种艺术形式。2003年转业后，我毅然决然地投身于纪录片的创作。

2023年4月在国内各地院线上映的《落地生根》，是我纪录片生涯中的一个重要里程碑。为了这部作品，我和团队在云南怒江傈僳族自治州的一个怒族村——庄沙瓦，与村民同吃同住了四年半。村庄经历了从没有路到有路，村里的族长阿大哥对路的期盼，代表着整个村庄对未来的憧憬。波罗从毛驴运货到买车运输，小腊八和妈妈走出大山，见识了外面的世界。一个怒族村庄，在脱贫攻坚的战役中发生了翻天覆地的变化，而我们的纪录片经过四年半的坚守完整地记录下了中国一个边远少数民族村庄命运的变迁历程。

在那四年多的时光里，我们人背马驮上了山，在村里废弃的小学安了家。我们学着怒族语言，做着山西面食请村民吃，真正与他们融为了一家。也正是因为这份融入和相互的了解尊重，我们才定下心来，安安静静地跟踪拍摄他们命运变迁的故事。

《落地生根》播出后，引起了社会反响。这部纪录片让更多的观众了解到了另外一个空间的一群人的生存状态和命运变化。它如同一个窗口，打开了人们对贫困地区脱贫攻坚这场战役的认知。观众们通过影片，看到了怒族村庄的人们在困境中不屈不挠的奋斗精神，感受到了他们对美好生活的渴望与追求。这种真实的力量触动了无数人的内心，引发了广泛的社会共鸣。

　　同时，《落地生根》也得到了社会各界的广泛关注。中交集团在影片中看到了村庄旅游发展的潜力，给村庄制定了旅游规划。这不仅为当地百姓带来了实实在在的经济收益，也推动了脱贫之后村庄旅游产业的发展，更为其他贫困地区的依靠本地优势发展产业提供了可借鉴的模式。可以说，拍摄和宣传一部有着脱贫事件全过程的纪录片，为一方百姓的旅游产业作出了巨大的贡献。

　　《落地生根》之后，2023年我来到了新疆，策划拍摄新疆4个不同地区的人们的生产与生活的纪录片《阳光下的人们》。影片有塔里木河旁用大型机械种植棉花的人，有不远万里来新疆20年创业养牛的比利时人，有江布拉克种植有机小麦的人，还有喀什古城一群十二木卡姆的音乐传承人。每一个地方、每一件事、每一个人物的故事，都是我们纪录片人的热爱与坚守。新疆地域辽阔，这4个地方在内地就是4个省的距离，我们必须精心统筹时间，才能确保每一个庄稼生长的季节、每一个节日、每一个民风民俗的故事不被错过。2025年，我们将完成这4集的故事创作。

《阳光下的人们》讲述新疆4个不同地区：喀什、沙雅、奇台、阿拉尔

　　我从军16年，是一个认定一件事就会坚持下去的人，而这种性格在纪录片创作上恰到好处。这与我的父亲对我的教诲密不可分。当我刚开始创作纪录片时，和父亲谈了我的想法，父亲告诉我，一个人只要认准这是一件值得用终身去努力做的事，就安心去做。不要东张西望、左顾右盼，否则啥也做不成。认真的事就深耕，即使能力有限挖不到泉水，挖到湿土也行，在湿土上种棵树苗让它长成参天大树。父亲的话，我一直牢记在心。

　　20年的纪录片拍摄生涯，我有了《菊娘》《人间喜事》《念想》《寻爱》《穿山》《挚爱一生》《云上人家》《落地生根》《阳光下的人们》等作品。《寻爱》是我最早完成的作品，讲述深圳瓷器厂两个年轻人的爱情故事；《穿山》是我在4700米海拔拍摄的"最高的作品"，两年半的时间记录了一群关中汉子为西藏人民修路的故事；83岁的窦国权爷爷是我拍摄的年龄最大的人物形象，一位西北民间画家，对家乡的爱落于画笔。这些作品创作最长10年，最短2年，我和团队用热情、耐心、倾听、体悟，抓拍这些在生命中努力向前的人物的经历与成长、希望与期盼。我们看似在拍摄别人的命运故事，实际上我们也在他们可爱的生命故事里学习、理解、信任、成长和爱。

现实类题材纪录片的拍摄在经济上回报有限，但这种现实状况不会影响我对它的热爱与坚守。我深知一个国家的现实类纪录片的艺术是无价的。它是时代最有价值的鲜活档案，具有不可估量的历史价值和意义。

中国不缺乏美好的故事向世界讲述，在这个信息爆炸的时代，纪录片以其真实、深刻、通俗的特点，有着不可替代的价值。精品的纪录片作品，展现出中国不同地域、不同文化、不同人群的生产和生活，让人们更好地了解和理解前行中的中国。

如今，在现实类题材纪录片拍摄一线坚守 20 年，回过头来看，我深感欣慰。因为当年父亲让我种的纪录片树苗，20 年后真的长成了一棵棵大树。

我的纪录片人生，是从落地生根的坚守，到阳光下人们的继续前行。我将继续用我的镜头，记录下更多中国平凡人真实而动人的故事，为这个时代留下珍贵的真实影像记忆。中国故事，世界看见！

新时代成就类纪录片的创新手法

杨忆媛

浙江广电集团浙江卫视《千万工程》
总导演

纪录片作为"国家相册",肩负着记录时代的重要使命。由国家广播电视总局、浙江省委宣传部联合出品,浙江广播电视集团浙江卫视制作的系列纪录片《千万工程》2024年在浙江卫视首播,并在全国卫视和地方频道进行了展播和轮播。

浙江是文化大省,也是因改革而焕发巨大活力的经济强省。我们有万年的上山,五千年的良渚,千年的宋韵,百年的红船,以及改变了万千乡村的"千万工程"。有数据统计,从2000年到2010年,中国在10年间消失了近90万个自然村。然而有乡村在凋敝,也有乡村在生长。自从浙江省启动了"千万工程"以来,把农村的生态生产一手抓,跑出了乡村振兴的加速度。

《千万工程》聚焦2003年,时任浙江省委书记的习近平亲自谋划、亲自部署、亲自推动的关于乡村振兴的工程,我们通过《又见江南》《万物生长》《心安吾乡》3集,记录了浙江省20年来探索了一条以人居环境整治为切口,引发乡村生态、经济、文化发展的系统性变革,赢得了国际社会积极反响,回答了乡村发展的中国之问、世界之问、人民之问和时代之问。

一、精品纪录片创制需强化田野调查和采访

在创制过程中,我们非常注重蹲点采访,到第一线去、到田间地头去、到人民群众中去,深入一线,把讲好领袖故事与讲好百姓故事有机结合起来。

习近平总书记曾在浙江工作了 6 个年头，留下了丰富多彩且富有生命力的故事。2002 年他一到浙江，就进行了密集的调研工作，用 118 天的时间深入 11 个地市 25 个县，系统谋划了很多对浙江乃至中国都具有重大意义的战略，其中一项就是"千万工程"。

20 年后我们这个近百人的年轻团队沿着他的足迹采访了数百位"千万工程"的亲历者和见证者，让我们理解了这个工程的伟大意义。

乡村是最小的组织，也是折射出中国人日常生活的一面镜子。大家都说"治大国如烹小鲜"，实际上，一村不治何以治天下。因为有了具体和深入的采访，我们就有了细节和故事。

有一次我们在浙江台州的后岸村采访调研，村书记给我们讲了一个"猪定律"。他说猪能吃的是易腐垃圾，猪都不吃的是其他垃圾，猪吃了会死的是有害垃圾，卖了可以买猪肉的是可回收垃圾，几句简单的话就把城里人都挠头的垃圾分类讲清楚了。

就是团队深扎调研发现了这些民间智慧和故事，把厚重的主题做得更加可感可知可及，既呈现了一场伟大的社会变革，也让这项前瞻性、突破性、基础性的工程更加深入人心，从乡村治理的"尽精微"中来感知"中国式现代化"的时代命题。

二、用好年轻力量，创新年轻表达

在这次纪录片创制过程中，我们打破了常规，将新闻记者与文艺导演组成了一支融合团队，涵盖了"70 后""80 后""90 后"各年龄段的电视工作者。他们中既有纪录片领域的资深导演，也有一线的新闻记者，还有刚刚入职的大学毕业生。

各个群体都有自己的专长和优势，通过这部片子我们锻炼了纪录片制作的人才队伍，也为今后创制精品文化节目培养了新的生力军。

乡村的发展实际上需要新生力量，《千万工程》的主角中有科技兴农的女拖拉机手，有大学毕业回乡创业的青年创客，还有把异乡作为故乡的年轻人。我们年轻的团队采访了大量的年轻人，以年轻的姿态和表达，既用人文视角阐述时代主题，又用新闻手法记录乡村变迁。

你知道开在浙江乡村一家小小的咖啡馆，一天能卖多少杯咖啡吗？浙江湖州安吉的这家利用废弃矿坑改造修建的咖啡馆，一天可以卖出 8000 多杯咖啡。咖啡店的老板是一位"00 后"的小伙子，他说乡村咖啡喝的是大自然馈赠的风景，卖风景、卖生态，现在的年轻人很买账。

位于浙江松阳的陈家铺村是一个有着 650 多年历史且保存完好的古村落，这对从小在一马平川的北方长大的"90 后"姑娘立夏米说简直太新奇了。在乡村书店落地陈家铺村时，村子里只有老人，是典型的"空心村"。但自从 2018 年书店顺利开业以来，村子热闹了，越来越多的年轻人回来了，这个偏远的小乡村也一度变成了网红村，去年旅游经济收入 2000 多万元。

三、坚持融合创新，打造现象级的传播

时代是创作的源泉，创新是文艺的生命，在移动互联网时代，作品不但要做得好，还需要推送得好。在广电总局的统筹指挥下，《千万工程》的播出采用了多平台矩阵式一体化的宣推传播，除了在全国各大兄弟卫视展播，《人民日报》、新华社、央视等国家媒体进行了多轮次的宣推，全国广播电视新媒体联盟100家成员矩阵式发布相关内容，有效地扩大了纪录片的传播影响，实现了破圈传播与有效触达。

"千万工程"意义深远，值得我们电视工作者深度关注，持续深耕。感谢这次大会主办方周全的安排，给我们提供了很好的学习交流的平台和机会。

浙江广电集团浙江卫视一直有着创作纪录片的优良传统，目前还在拍摄制作系列纪录片《江南》《文明之光》《吴越国》《灵隐寺》《大径山》《苏东坡》等，我们注重传承也勇于创新，我们回望经典也记录当下，最后欢迎大家来浙江走一走，给我们多提宝贵意见。

"深"入"短"出的文化记录
——微纪录片《中国官箴》创制分享

钟 山
芒果 TV 纪录片工作室负责人

《中国官箴》是由国家广播电视总局指导,并纳入"中华文化广播电视传播工程"重点项目,是湖南卫视、芒果 TV 双平台打造的一部文化微纪录片。《中国官箴》一共 7 集,每集 8 分钟,围绕垂训千古居官格言,从"修身、务学、齐家、重民、清廉、谨慎、勤政"7 个主题追溯官箴的由来与内涵,挖掘中华传统文化中的优秀行为规范,助力新时代廉洁文化建设。

官箴文化延续千年,浩如烟海,底蕴深厚。在节目策划过程中,我们不断向自己发问:如何揭开官箴的厚重外壳,让深刻的价值浅显易懂?如何消除历史的距离感,让久远的故事亲近人心?如何让古代官员的道德操守,触动今天的普罗大众?带着这些问题,我们开启了对中国官箴文化的深入调研,并在制作这部纪录片的过程中完成了解答。

这就是这个纪录片"深"的由来,流传至今的官箴文有近 300 篇,官箴书 100 多部,里面蕴含着丰富的为人、做事之道。在取其精华去其糟粕之后,这些故事和观点,更像是一封穿越时空的信函,让观众与古代贤达进行了一次思想的碰撞。

怎么样才能"短"出?在我们看来,这个"短"就是小而精、小而美的表达方式,让故事和观点深入人心。保留内容的深度和广度,同时又能契合互联网时代受众的观看习惯。在风格节奏上,将"鸿篇巨制"拆解成"短而美视频"。不做冗长、说教式的纪录片,而是采用短小精悍、节奏明快的短视频形式。在知识输出上,从"史料库"中摘选"精髓"。避免堆砌史料,重视观众的吸收理解。一集内容只聚焦一个主题、一位主要历史人物、一句官箴。

短视频传播在当下是比较流行的一种传播手段，甚至已经成为知识传播的重要途径。不管是传统媒体还是互联网，知识大众化浪潮已经形成，生动有趣的内容加上传统文化内涵使这种传播具备高效连接能力，形成较低的认知门槛和传播优势。

尽管我们在微纪录片《这十年》《党的女儿》《高质量 好生活》等作品中已运用短视频讲述社会热点与时代故事，也取得了较好的效果，但以"短视频"的风格重塑"官箴"这一传统文化垂类的惯性讲述思维，还是第一次，实践证明这是一次有益的尝试。

既然是创新尝试，索性就步子迈得更大一些，芒果 TV 有日趋成熟的技术团队可以加持，如今科技的力量让我们如虎添翼。在芒果智能研究中心团队的帮助下，我们曾在纪录片《超时空寻找》中利用虚拟现实技术为抗美援朝老兵再现他们梦想成真的时刻，在《向前奔跑的青春》中采用 AI 技术创作主题曲，在纪录片《中国》第三季、《马王堆岁月不朽》中以技术助力文物三维立体再现，将年轻艺术家画笔下的瞬间灵动呈现……多个技术实践的成果引领我们拥有了无限可能，《中国官箴》也正得益于此。

在《中国官箴》中，芒果大模型产出一系列创新性的叙事镜头，无论是 800 年前老长沙潭州城的繁华景象，还是朱熹与陆九渊在山水天地间讲学的雅致场景，或是汪辉祖家中宅院的烟火气息，都被栩栩如生地呈现在大众眼前。虽然团队也面临着在 AIGC 中对历史细节精细还原的行业难题，但技术团队通过训练定制模型结合原画引导的方式对历史细节进行了准确呈现。虽然离时间累加起来的最精致视觉呈现还有一定距离，但这次实战让我们对未来信心满满。

在短而美的表达中，刷新固有认知，传递真挚思考也是我们希望在这个节目中能达到的效果，比如对某些历史文物的解读，在这个节目中有了新的诠释。第 7 集中出现的《徐谓礼文书》，这原本是迄今出土最完整的宋代纸质文书，以往更多的研究是关于宋代的官僚制度、政务运作，但在我们的节目里，通过对文书史实内容的探讨，创造性地凝结了对这件文物的全新视角，不论官大官小，只要你"尽心职事"，做好自己的本职工作，就一定会被历史留存，一定会被人们记住。这件文物，在这个时代，有了更加深刻的内涵。

节目播出后，收到比较大的关注度。并获得广电总局官方媒体矩阵和各省广播电视局新媒体推荐，《人民日报》、新华社、《光明日报》等 140 多家权威机构与媒体报道超 300 篇次。节目还在中央纪委国家监委和中央组织部官方网站以及"学习强国"平台播出。这给了我们莫大的鼓励。

现在《中国官箴》的第二季及后续节目已经开始了策划，如果说第一季是从"内化于心"打开官箴故事，第二季、第三季我们打算以"外化于行"和"和衷共济"为锚点，带着更深的思考来策划和制作。在广电总局的指导下，湖南卫视、芒果 TV 有信心继续做好《中国官箴》后续创作，增强技术应用、实行 4K 超高清制作，为传统文化创造性转化提供来自芒果的一种探索。

新质生产力推动纪录片高质量发展

陈 宏
中国教育电视台副台长
中国视协纪录片学术委员会常务副会长兼秘书长

在波澜壮阔的时代洪流中,新质生产力以其鲜明的特征,正在为纪录片的高质量发展注入源源不断的动力。新质生产力,这一创新起主导作用的先进生产力质态,不仅代表着高科技、高效能、高质量,更是马克思主义生产力理论的中国创新和实践的生动体现。从纪录片的制作技术到内容选择,从叙事方式到创作理念,新质生产力都在推动着纪录片行业的变革与发展。

一、技术革新:拓宽创作边界

新质生产力带来的技术革新为纪录片创作提供了更为广阔的创作空间。视听艺术本来就诞生于科技,世界每次科技革命都极大地推动了影视艺术的发展。高清摄影设备、无人机拍摄、卫星遥感、数字摄影测量、雷达激光扫描、影视特效、虚拟现实技术等新兴技术的运用,使纪录片能够以前所未有的方式展现世界的真实面貌。这些高新技术手段不仅提高了画面的清晰度和细腻感,也让拍摄角度和拍摄方式变得更加多样化、更具灵活性。同时,后期制作技术的快速发展也为纪录片创作提供了更多的可能性,如特效处理、音效设计等方面都取得了显著的进步。

二、内容创新:紧贴时代脉搏

新质生产力对纪录片的内容选择也产生了重要影响。在新质生产力的推动下,纪录片创作者更加注重选题的创新性和时代性。他们深入挖掘社会热点、历史事件等题材，纪实美学的艺术张力呈现给观众。新质生产力为纪录片创作者提供了更加便捷的信息获取和资源整合途径。通过大数据分析和云计算等技术手段，创作者可以更加精准地把握观众需求和市场动态，从而调整创作方向和策略，使这些选题的处理更加符合当代观众的审美需求和文化追求。

三、叙事变革：强化人文关怀

新质生产力还影响着纪录片的叙事方式和创作理念。新质生产力强调人文关怀精神。在追求技术革新的同时，纪录片创作者需要更加关注人的生存状态和精神世界。在新质生产力的引领下，纪录片创作者通过生动的故事和丰富的情感表达，将复杂的历史事件和人物形象化、情感化，让观众更容易产生情感共鸣。特别是对普通人的生活经历、情感体验和精神追求的深入挖掘，纪录片能够传递出对人类的关爱和尊重，引发观众对生命和人生的思考。这种人文关怀精神正是新质生产力所倡导的，也是中国纪录片走向高质量发展的必经之路。在更广阔的视野上，体现中国式现代化特征的新质生产力在推动纪录片的创新实践过程中，强调深入生活，扎根人民，聚焦时代变革，注重物质文明和精神文明协调发展、人与自然和谐共生、走和平发展道路等，这些发展理念必将贯穿于新质生产力推动的纪录片创作的各个环节，使得创新实践更加符合中华民族现代文明建设和人类命运共同体的需要，创作具有中国特色、中国风格、中国气派的纪实精品。

四、跨界融合：推动产业升级

新质生产力对纪录片行业的整体发展具有巨大的推动作用。中国纪录片产业发展，过去主要依靠低成本劳动力和规模效应取得行业增长，但这种发展模式在当下已经难以为继。新质生产力将推动中国纪录片实现从传统业态向创新驱动发展转型。

从纵向产业链维度来看：人工智能（AI）可以深度参与纪录片的初期风险评估、剧本孵化、中期拍摄和制作剪辑环节以及后期的宣发环节，能减少对实景拍摄的需求，进一步压缩制作成本和周期。随着文生视频模型的不断成熟和规模化应用，纪录片IP的孵化周期将显著缩短，成本随之降低，而IP价值则会被放大，并持续累积数据资产，成为驱动纪录片内容创新与增值的重要催化剂。因此我们要用新质生产力的理念，系统重构纪录片创作流程、细化制作门类分工、推动专业团队协作、运用现代管理理念统筹全链条生产营销，升级制作、运营的效率和质量。从横向跨界融合维度来看：新质生产力引领产业结构调整和经济发展方向，赋能纪录片跨界融合，让纪录片长在各行各业的沃土里。纪录片讲述行业故事，传播行业声音，揭示行业发展规律，促进各行各业发展；同时行业的发展又反哺助力纪录片产业的发展。通过跨行业、跨领域、跨文化的融合与创新，推动纪录片产业的迭代升级。"舌尖"系列及《风味人间》引爆的美食风潮、《河西走廊》对甘肃文旅的拉动、《本草中国》对中医药材市场建设的推动、《我们的国家公园》对生态意识和旅游观念的塑造，还有《超级工程》《大国工匠》等引导人们读懂中国，读懂中国式现代化，都产生了良好的影响。

五、坚守原则：传承与创新并重

需要特别指出的是，新质生产力是对传统生产力理论的重大突破，更是在马克思生产力理论基础上的创新发展。新质生产力的"新"，应当是推陈出新的"新"、是守正创新的"新"。因此，新质生产力推动纪录片的发展要处理好"继承与创新""先立与后破"的辩证关系。纪录片的一些本质特征如真实性，纪实美学的一些基本原理如写实风格等，应该在创作中得以秉持甚至强化。OpenAI 对于再现历史人物与历史场景具有传统再现方式无可比拟的便捷与观感；Sora 能够从海量的视频素材中复现出各种风格的画面，这些画面不仅细节肌理丰富，还能模拟出复古胶片的色调、以及不同焦段电影镜头的效果，完全达到了视觉上的"以假乱真"。但对纪录片来说，真实的历史档案和现实镜像，是一部作品得以存在的基础。而目前文生视频等技术手段还处于发轫阶段，还有相当复杂的伦理准则、法律风险等待规范和确认。同时，新质生产力不仅要求我们在技术手段上不断创新，还要求我们在基于向上向善向美的价值观上选好题材，找准方向，深入发掘，以独特的视角和深刻的思考，揭示社会现象，传承历史文化，启迪观众思想。纪录片创作者应当借助新质生产力更加坚守人文关怀，激发家国情怀，为历史存真，为时代画像，为民众立传，用真实影像记录社会大变迁，用真实故事传递人间真善美。这，或许是变化世界中不变的准则。

真实力量　纪录美学

张同道

北京师范大学艺术与传媒学院教授
纪录片中心主任

我们正在面临一个转变的时代，传媒生态发生剧变，媒介融合日趋深入，短视频大潮涌起，碎片化、移动化、多屏化已成趋势。纪录片如何深入时代之心，探寻多元、丰富与幽微的生活之境，记录人类的困境、奋斗与追求，这是每一位纪录片工作者无法回避的议题。事实上，纪录片也正在行动：扎根大地，面向平凡人群；叩问历史，对话千年文明；聚焦自然，共建生态家园；仰望太空，探秘未知宇宙。

一、镜头下沉，景别张开，捕捉多彩生活

纪录片的基本使命就是记录，记录正在进行的生活，记录正在发生的变化，记录普通人的喜怒哀乐。特别值得关注的是，随着纪录片镜头的下沉、凝视，叙事景别正在扩张、丰富，呈现出生活的多彩、繁复与丰厚。如《脱贫攻坚》《落地生根》《承诺》《柴米油盐之上》等影片讲述脱贫故事，《人生第一次》《我们如何对抗抑郁》《我不是笨小孩》等影片关注普通家庭、平凡岗位，这些纪录片中勇敢、坚持的人物与故事渗透着爱、智慧与意志力，也饱含对生命、生活的珍视和敬意。

二、纪实扩容，类型扩展，着眼人类议题

21世纪以来，国际纪录片在类型化、工业化上取得长足进步，尤其是自然纪录片与科学纪录片，创造了历史新高。2010年以来，以中央电视台纪录频道的成立为标志，

中国纪录片开启了跨越式发展，内涵扩容，类型扩展，特别是人文类与社会类纪录片取得丰硕成果。近五年，自然类与科学类纪录片又取得突破性进步，而这两类纪录片讲述的对象正是人类面临的严峻课题：自然生态与太空宇宙。如《影响世界的中国植物》《国家公园：野生动物王国》《雪豹和她的朋友们》《众神之地》等作品代表了中国自然纪录片的最新成果，《飞向月球》等影片展示了中国航天的卓越成就，《数智纪》《智造美好生活》等影片探秘前沿技术，为观众呈现了一场场美轮美奂的科技奇观和视听盛宴。

三、人文传承，媒介融合，创造陌生美学

人文传承是中国纪录片的重要使命，也是突出特色。而创新思维、媒介融合与新技术为纪录片注入新动力，创造陌生美学。《故宫》《圆明园》曾为电视时代留下里程碑。进入互联网时代，《如果国宝会说话》开启了媒介融合的创新模式，挖掘人文历史纪录片的内在力量，在厚重的历史积淀与轻盈的表达方式之间找寻平衡，以短篇幅、轻记录的形式激活历史，悦活文化。同时，科技赋能纪录片，带来陌生化美学效果。VR、AR、CG 特效等技术的革新让纪录片的创作与传播由平面到立体、由单向到交互，从观看到体验，从感知到沉浸，纪录片的未来空间被无限扩展。

四、原创精品，品牌战略，推动国际传播

互联网重塑了媒介生态，整合了被地理分割的电视版图，短视频的爆发让实时观看、移动观看、碎片观看成为常态，数字化消费群体迅速增加，年轻人成为收视主体。中国纪录片如何在复杂的、激烈的市场竞争中发展，创造出具有全球影响力的国际品牌？这是摆在我们面前的重大课题。纪录片不仅是记录现实、传承文明的主要载体，也肩负国际传播、文明互鉴的重要使命。为此，在未来发展中，中国纪录片需要从两个方向发力。

第一，原创精品战略。整体看来，原创作品在国际主流媒体传播数量较少，在国际主要影视节展获奖的数量不多，文化影响力尚有巨大提升空间。在短视频爆红、人心浮躁的年代，原创精品不仅需要资金、技术的加持，还需要杰出的创造力、强大的行动力与坚韧的意志力。这既需要纪录片人个体的努力，也需要机制性的系统保障。

第二，品牌发展战略。纪录片核心价值在于品牌。不论对内还是对外传播，品牌都是核心竞争力，具有价值引领与文化塑造的强大动能，并将文化影响力转化为市场驱动力。如今，中国纪录片在品牌化道路上已走出了坚实的一步。不过，要建构具有国际传播力的纪录片品牌，仅仅依靠作品还不够，还需要品牌平台的扶持。唯有品牌才能让作品变成一个文化 IP，从社会价值、艺术价值转化为文化价值、产业价值，才能真正推动中国文化走出去，实现国际传播。

中华文明源远流长，黄河长江滚滚向前。960多万平方公里的辽阔土地上，千千万万平凡人正在书写不平凡的生活，普普通通的劳动者挥洒着智慧与汗水，也培育了明天的幸福与希望。这些平凡的人是纪录片永恒的主角，也是纪录片前行的力量。

综艺节目论坛
跨界融合 创"艺"无限

时　　间	10月12日 14:00—16:40
场　　地	郎园 Station 仓酷
指导单位	国家广播电视总局、北京市人民政府
主办单位	国家广播电视总局宣传司、北京市广播电视局
承办单位	北京广播电视台

领导致辞

杨国瑞

国家广播电视总局党组成员、副局长

很高兴和大家相聚在首届中国广播电视精品创作大会的综艺节目论坛。我谨代表国家广播电视总局对本次论坛的举办表示热烈祝贺！对各位关心、支持综艺事业发展的来宾表示热烈欢迎！

2024年是习近平总书记在文艺工作座谈会上发表重要讲话10周年，总书记在讲话中明确强调，文艺事业是党和人民的重要事业，文艺战线是党和人民的重要战线。作为大众喜闻乐见的文艺形式，综艺节目对满足人民群众多样化多层次的精神文化需求发挥着积极作用，一批优质综艺节目纷纷涌现，推动文艺事业发展迈入新境界。在这个信息化时代，综艺节目面临着广告效益下滑、互联网竞争激烈、创新乏力等多重挑战，党的二十届三中全会也对"优化文化服务和文化产品供给机制"提出了新要求。在此背景下，我们举办综艺节目论坛，以"跨界融合 创'艺'无限"为主题，邀请业界、学界的专家、学者共聚一堂，共同探讨综艺节目高质量发展路径，具有重大意义。

近年来，国家广电总局始终把推动电视节目创新创优作为一个重要的工作取向，其中，创优是目的，创新是前提。只有大力推动创新，电视综艺节目才能积蓄新的动力与活力。面对新的机遇和挑战，我们必须推动四个层面求新创新。

一是担当新使命。 习近平总书记强调，文艺是时代前进的号角，最能代表一个时代的风貌，最能引领一个时代的风气。综艺是社会主义文艺的重要组成部分。我们要认识到，综艺不是肤浅的娱乐、不是廉价的欢笑，而是有力量的精神文化产品。站在新的历史方位，综艺工作要肩负起推动社会主义文化繁荣发展，为中华民族伟大复兴凝心聚力、培根铸魂的重要使命。近年来，一些综艺节目深挖丰富内涵，取得了热度、口碑双丰收，《宗师列传》《最美中轴线》《乐在其中》《我在岛屿读书》等彰显了综艺在讲好中国故事、传播好中国声音，推动中华优秀传统文化创造性转化、创新性发展等方面不可或缺的作用。希望广大综艺工作者深入学习贯彻落实习近平总书记在文艺工作座谈会上的重要讲话精神，肩负起新时代新的文艺使命，用文艺的力量温暖人、

鼓舞人、启迪人，释放综艺作品激发情感、凝聚人心、匡正价值的独特功能，用文艺的力量为中国式现代化鼓与呼、推动建设中华民族现代文明。

二是树立新理念。如今，电视综艺在时代的浪潮中不断前行，已经迈入高质量发展的全新阶段。习近平总书记指出，发展新质生产力是推动高质量发展的内在要求和重要着力点。电视综艺的发展也需要培育和发展新质生产力。这要求告别一味追求"大投入、大制作、大场面"的发展模式。追求"小成本、大情怀、正能量"，不讲排场、不比阔气、不拼明星，从普通人的烟火生活和奋斗足迹中捕捉创作灵感，在火热的现实生活中寻找创作主题，立足现实、贴近时代，用真诚的态度去创作综艺、用真诚的力量去打动人心。要告别简单的复制、盲目的模仿，避免模式扎堆、内容同质化。坚持以质取胜，勇于突破创作上的惯性思维与内容套路，拓展综艺的题材类型，让更多的原创综艺模式脱颖而出，在提升思想性、创新性、艺术性、文化性上下功夫，着力打造思想精深、艺术精湛、制作精良的精品力作。

三是探索新样态。电视综艺作为大屏端的综艺节目，需在形式、内容、题材、播出渠道等方面不断创新，通过探索新样态形成独特优势，带给观众全新的收视体验。要突出直播优势。直播综艺以即时性、交互性，为观众提供在场感、交互感。比如，《歌手2024》作为全直播样态的综艺，对观众形成了很强的吸引力，带来了独特的收视体验。要加强技术赋能。综艺是体现"技术＋艺术"的一种非常明显的节目类型，在制作端，要加强AI、全息投影、VR等新技术的应用，为观众提供更加极致、更具沉浸感的体验。在播出端，要加快应用超高清技术。目前，国家广电总局正在大力推动超高清电视发展，这将使电视大屏的综艺观看效果更加震撼、更具现场感。要强化台网联动。电视综艺要强化互联网思维，打通大屏小屏、网上网下，与网络端更好融合起来。目前，很多台网同制同播的综艺都呈现良好局面。前不久，广电总局也发文部署丰富电视大屏内容工作，提出要建立优秀网络视听节目推荐展播机制，鼓励通过项目扶持和表彰奖励引导台网加强联制联播。今天，还有很多互联网平台代表来到论坛一起探讨。希望大家齐心协力，共同促进台网协同合作，共同开拓综艺节目新局面。

四是培育新生态。习近平总书记强调，优秀的文艺作品，最好是既能在思想上、艺术上取得成功，又能在市场上受到欢迎。综艺是媒体聚合广告资源的重要节目类型。面对广告市场的萎缩，综艺需要打破过分依赖广告的单一盈利模式，探索新的商业模式、形成新的商业生态。这需要我们不断拓展行业边界，与各行各业产生深入链接，探索综艺与艺术、影视、旅游、文博、科技、教育、体育等相关产业深度融合，实现"综艺＋产业"的联动效应，形成"综艺＋"的生态新布局。希望大家能够携起手来，共同重构综艺内容与商业的新关系，延伸文化产业链条，共同培育出综艺发展的新生态，共同书写文化产业繁荣发展的新篇章。

最后，预祝"首届中国广播电视精品创作大会"综艺节目论坛圆满成功！谢谢大家！

王杰群

北京市广播电视局党组书记、局长

金秋十月，万物丰盈。很高兴和大家相约郎园 Station，围绕"跨界融合　创'艺'无限"主题，共同探讨综艺节目融合发展创新路径。首先，我谨代表北京市广电局，向国家广电总局的悉心指导和大力支持表示衷心感谢！向本次论坛的成功举办表示诚挚的祝贺！向长期以来关心支持全国文化中心建设和"北京大视听"发展的各界人士表示衷心的感谢！

综万物之艺，谱精品新篇，成首善品质。北京市广电局始终以习近平文化思想忠实实践者的高度自觉，立足北京文化沃土，统筹优势资源，着力打造"北京大视听"文化品牌，引导培育思想精深、艺术精湛、制作精良相统一的综艺佳作，推出《最美中轴线》《博物馆之城》《登场了！北京中轴线》《种地吧》等一大批破圈传播作品。《最美中轴线》第三季荣获第 28 届中国电视文艺"星光奖"优秀电视综艺节目奖；2023 年以来《我是规划师》等 20 余部作品入选广电总局各类推优评奖活动；《登场了！北京中轴线》融媒体触达 34 亿次，入选中宣部"2023 优秀网络文艺作品年展"；《书画里的中国》全网话题阅读量破 27 亿次；《种地吧》为综艺节目与主流价值的有效衔接提供了创作借鉴，实现了破圈传播。

习近平总书记指出，推动文艺繁荣发展，最根本的是要创作生产出无愧于我们这个伟大民族、伟大时代的优秀作品。面对媒体深度融合催生的创作传播新生态，优质综艺节目作为文化传播的重要载体，肩负着彰显时代精神、描绘美好生活的重要使命。借此机会，与大家分享三点思考。

一是要以精湛的创作为时代放歌，开掘宏大命题的新视角。 综艺创作要始终坚持"二为"方向和"双百"方针，牢牢把握以中国式现代化全面推进中华民族伟大复兴的时代主题，立足大格局、放眼大主题，以小切口、微视角、新表达反映时代巨变，讴歌复兴伟业，凝聚精神力量，不断提升综艺创作的价值引领力。北京市广电局将不断完善综艺创作生产服务引导机制，强化方向引领，加大北京广播电视网络视听发展基金扶持力度，不断提升拍摄服务水平，做好对优秀作品的矩阵宣推，推进"京琅琊"人才培养工作，为综艺节目精品化发展固本强基。

二是要以艺术的新解为文化造像，激发中华美学的强认同。综艺创作要始终坚定文化自信，深刻理解和把握"两个结合"的重大意义，坚持从中华文化宝库中获取灵感、汲取营养，不断丰富综艺创作的题材光谱。近年来，"北京大视听"精品创作机制培育孵化了一大批彰显中国特色、中国风格、中国气派的文化类综艺节目，其中《上新了·故宫》打破故宫美学与年轻潮流的次元壁，《最美中国戏》将户外园林真人秀和戏曲实景创演秀有机结合，《登场了！北京中轴线》从"视、听、味、触"四个维度展现中轴线的历史底蕴。北京市广电局将不断健全综艺创作生产组织机制，抓好题材规划、源头创新和跟踪管理，精心打造大运河题材网络文化节目《闪耀吧！大运河》，着力推出更多传承弘扬中华优秀传统文化、激活中华文化生命力的优秀作品。

三是要以技术的创新为转型赋能，开辟跨界融合的大空间。超高清、人工智能、虚拟现实等技术为综艺创作拓展了筑梦空间，提供了无限可能。北京市广电局将牢牢把握全国率先开展超高清全产业链优化升级贯通试点机遇，计划每年投入5000万元支持运用超高清视听技术开展优质内容创作，不断提升综艺节目的数智化水平，加快培育沉浸式视听体验等新业态新场景，深化综艺创作与文旅、文博等行业及各艺术门类的有机融合，培育更多跨界破圈的爆款作品，实现线上线下同频共振，带动数字文化消费。

同志们、朋友们，首都广电方兴未艾，大有可为。新时代同心逐梦，新征程凯歌以行。希望广大综艺创作者坚守初心、携手同行，把向上向善向美的价值注入多姿多彩的视听表达之中，持之以恒推动综艺生态提质升级，着力打造艺术经典，使广电精品创作成果更好惠及广大群众，在新的历史起点上更好担负起新的文化使命。

最后，预祝本次论坛圆满成功！谢谢大家！

主题演讲

数据洞察力：
2024年综艺节目发展趋势与创新路径

滕 勇

国家广播电视总局
广播电视规划院副院长

近年来，在广电总局的大力推动下，广播电视综艺节目的发展取得了长足的进步。根据中国视听大数据（CVB）统计，2024年以来，全国卫视频道共推出379档电视综艺节目，较去年同期增加7%；户均收视时长达到29.5分钟，较去年同期上涨10%。同时，网络视频平台的综艺节目上新数量在第二、三季度，均比2023年同期增加10%以上。综艺节目2024年以来应该说交出了一份亮眼的成绩单，呈现出了以下的特点。

一是文化、文旅题材的综艺节目占据市场C位，聚力打造中国故事的全球舞台。当前，文化、文旅类的综艺节目影响不断扩大，已经成为展示中国形象的重要窗口。2024年前三季度，文化、文旅类题材的综艺节目观众收视达62.8亿户次，是上新量最大的部分，占比达到41%；同时，在2023年到2024年年前三个季度的网络综艺中，拥有文化、文旅标签的占比，也接近30%。

央视的《非遗里的中国》（第二季）2024年在CCTV-1播出期间，单期收视率均突破2%，平均收视率2.414%、收视份额达到10.362%，收视竞争力表现强劲。浙江卫视的《加康加年味》（第二季）春节期间开播，收视率保持2024年地方卫视文化类综艺节目的第一位。在网络端，爱奇艺、咪咕视频的网络综艺《登场了！北京中轴线》截至收官后一周，站内播放累计超1亿次。这些作品的热播，充分体现了文化类综艺节目的市场主导地位。

近年来，一些综艺节目走出国门，充分展示文化交流的积极成果。湖南卫视的《花儿与少年·丝路季》带领观众领略了"丝路"沿线国家的美丽风光和人文历史，播出期间，多期收视率位列同时段地方卫视节目第一，单季微博话题阅读量达 7.2 亿次，讨论量超 100 万。高质量内容为节目带来流量和热度，也赢得观众高口碑。

北京卫视的《第一次来中国》通过来首都北京旅行的外国人视角，向世界讲述北京故事、中国故事，北京地区收视率 2.537%，位列当地同时段地方卫视节目收视率第一。随着中国综艺国际化元素的增加，综艺节目的国际化制作能力也得到进一步增强，发挥了很好的国际传播价值。

二是音乐综艺持续发力，"直播"模式助力综艺收视新高。 2024 年音乐题材综艺在电视端累计触达观众 21.2 亿次；上新节目中音乐题材档数占比达到 16%，仅次于文化、文旅题材。

2024 年以来，音乐综艺守正创新，敢于突破原有模式，实现了可喜的变化。湖南卫视《歌手 2024》就开辟了电视直播竞演的新赛道，极大增强了观众的参与感和沉浸式体验，收视率创 2024 年地方卫视季播综艺节目新高，平均收视率 0.564%。这种节目模式有效发挥了广电视听特别是大屏的直播优势，直接带动了直播频道收视率的大幅上涨，有效拉动了大屏收视。在网上，这档节目全网传播总量超 1500 亿次，收获全网热搜 18000 余个，海外社媒平台累计播放量超 3370 万次，收获了很高的关注热度和良好的观众口碑。

爱奇艺和优酷分别推出的网络综艺《新说唱 2024》《说唱梦工厂》通过弹幕互动等方式，让观众的参与感得到了较大提升，节目热度分别居平台 2024 音乐综艺首位。

三是喜剧类节目强势回归，多元的节目形式，为综艺节目市场注入了强大的收视活力。 2024 年，喜剧类综艺集中回归观众视野，截至目前，大屏端累计观看户次达 17.2 亿，平均观看完成度较去年同期上涨 18.7%，观众收视黏性强；在网络端，喜剧综艺的上线数量较去年同期明显增多。

《今晚开放麦》（第二季）采取台网同播策略，在东方卫视播出时，收视率冲至今年地方卫视新播综艺第四；优酷、爱奇艺、腾讯视频播放热度均居平台综艺节目前列。网络综艺《脱口秀和 TA 的朋友们》《喜人奇妙夜》《喜剧之王单口季》的播放热度均进入平台 2024 综艺节目前五。

通过分析近两年现象级综艺节目的特点，除上述的深度挖掘文化内涵，将传统文化与现代元素巧妙融合外，这些节目还都非常注重真实情绪表达，强化情感共鸣，为观众提供积极饱满的情绪价值，通过技术创新引领，利用前沿技术为观众带来沉浸式的观看体验也成为当前综艺的一种发展新趋势。

《种地吧·少年篇》（第二季）、《快乐老友记》（第二季）、《焕新环游传》等节目，嘉宾通常是彼此熟悉的朋友，他们之间的互动自然、真实，为节目增添了轻松和真挚的氛围，其中《种地吧·少年篇》（第二季）在江苏卫视播出时全国收视率领跑 2024

年劳作纪实题材其他节目；上线爱奇艺后，播放热度居平台 2024 年综艺节目首位。

同时，技术革新正成为推动视听行业发展的关键力量。例如，湖南卫视《我们仨》、东方卫视《因 Ai 相约》、优酷自制综艺《盒子里的猫》在节目中引入人工智能技术，内容更加个性化，观众参与感、互动性很强，大屏端和网络端均有出色表现。

分析综艺节目发展历年来的数据变化，可以发现，2024 综艺内容生态的繁荣并非偶然，它背后有着深刻的内在逻辑和多重因素的共同作用。

总局通过多层次引导和调控机制，改进和提升了观众对广播电视和网络视听收视体验，促进了大屏、小屏的深度融合。2023 年 8 月以来，总局"双治理"成效显著，2024 年 8 月初，总局出台了关于丰富电视大屏的相关文件，对进一步发挥大小屏的融合优势做出了具体的顶层设计，发挥了重要作用。

2024 年前三季度大屏端播出台、网联合制作的综艺节目 53 档，同比增加 13 档；新播综艺中有 37 档节目为联合制作，同比增加 11 档，高质量作品赢得了观众和市场的认可。

2024 年 5 月，国家统计局批准、国家广电总局正式面向社会发布了《广播电视和网络视听收视数据统计调查制度》，在法规层面，全面贯通了传统大屏和网络视听收视数据的统计、分析工作，明确了中国视听大数据 CVB 作为唯一以大数据形式开展的收视统计调查系统，在支撑党委政府开展收视数据统计调查工作中的基础性作用，我们将认真履行国家交付给 CVB 的职责使命，确保数据的真实、准确、全面、及时，完整呈现广播电视和网络视听的收视情况。当前，中国视听大数据 CVB 正在着手建立综艺节目综合评价机制，加快完善系统建设，早日为综艺节目的高质量发展，提供有力的数据支撑！

媒体融合与文旅融合背景下的影视艺术发展趋势
——新时代精品文艺节目创新解析

冷 淞

中国社会科学院新闻与传播研究所视听研究室主任、研究员

我们通过新媒体联盟，不断助推文艺节目的创新传播，构建了媒介综合体。电视在今天越来越发挥出超级宣推、权威背书和精品创作的作用，而网络变成细分的圈层影院，微博和朋友圈变成了话题发酵价值高地的推广地，短视频和直播实现精准到达，四端联动实现了共情共鸣，选题、议题、标题助推我们文艺节目的创新。

新时代视听综艺的创新发展趋势出现了以下变化：边界消融、文化双创、跨界联盟、人设重塑、垂直细分和IP延展。

第一个变化是边界消融和价值升维。通过纪实主义和文化定位，双方赋能真人秀实现转型升级。真人秀已经从过去的"真人秀"升级为"真诚秀""真才秀"和"真知秀"。在这样的感召下人设出现了重塑，知识下山、学者登台。大家特别熟悉的各位学者、教授已经成为文艺节目和文化类节目的主流，他们把学术内容通俗化、大众化，使其进入综艺视野。

第二个变化是文化遗产的创造性转化和创新性发展。《最美中轴线》《登场了！北京中轴线》这两档中轴线节目，一档是建设型的音乐综艺，通过调研的形式发布新曲，另一档是视听的独特打开方式，通过时空列车实现穿越之旅。《万里走单骑》《遗产里的中国》和游历型综艺《诗与远方》，在诗遗里面做行与思，见与悟，他们的共性就是从游览到游历，把历史人文用文化学者的引领方式做通俗化的表达。

2024年和2025年还有两档关于大运河的节目，一档是《启航！大运河》，另一档是《闪耀吧！大运河》，两者共同的特点都是从引发围观到与己相关，通过溯源、诗意、审美、应用四种打开方式，把历史上战争线、交通线、生命线、融合线、漕运线升级为我们新时代的保护线、传承线和利用线。

第三个变化是跨界融合创新。第一个"跨"是跨艺术门类，我们的综艺已经包山、包海、包罗万象，最典型的就是把影视剧、戏剧、音乐剧、文学、曲艺等全部囊括进来，实现综艺的电影化、纪实化、戏剧化、MV化的升维。在传统访谈类、晚会类、音乐类等节目基础上，我们挖掘了文化寻访、纪实劳作、国风短视频等新类型，包括理论节目也在创新。

第二个"跨"是影视的短视频型的综艺在崛起，在这种感召下综艺节目出现了一些新变化，比如说去逻辑、轻结构、重场景、强科技、恋地性和怀旧性，越来越多的长综艺用短视频传播，比如《中国节日》系列的文物驱动、美学引领、技术逻辑和舞蹈为基的联通当代。2024年的《唐俑欢聚》和《秦俑下班》刷屏了。同时文化类选题也出现了系列化，《中国节日》之后还有《中国节气》《中国家宴》《中国神话》《中国发明》等系列内容。我们还看到两个新：一个是《新民族舞大会》；一个是《新民歌大会》。一档节目是通过文物诗词的方式把自然风光和舞技做结合，一档节目是实景的创演秀，展示从广西出发走向世界的舞台，这两档综艺把民歌和民族舞两项传统文化进行广义化的创新。同时央视也做了很多传统文化创造性转化的节目，比如把歌曲、古画，包括把中式美学的传统文化做国新国潮的创新。

第三个"跨"是跨生产流程，精品创作的背后还有精细传播，现在的晚会庆典越来越重视短视频的宣发和传播点的策划，以及情绪价值的输出。

第四个"跨"是跨行业的联盟，在跨行业联盟中，和其他文物、文学、文艺机构联合出品的节目开始越来越多。《非遗里的中国》通过街区市集、工坊体验和创新秀演的方式连接文旅，赋能消费，共享知识；《典籍里的中国》通过戏剧化的对话场来联通当代，把一本书读成一句话。

我们还看到两档非常棒的理论节目，一档《这就是中国》，它是以历史的深度、现实的维度和年轻的角度实现了一个高端学者的千里江山图，另一档是《认识你真好——习总书记的书单》，通过围坐畅谈，贯通中西，启迪当代。

第四个变化是人设重塑。《超级语文课》通过有魅力的老师进行PK，做了启发课堂，而且还有思辨的讨论，这才是我们期待的语文课。《海洋公开课》把环保与科技相结合，科普版的《中国正在说》做了演说家式的融合。《我在岛屿读书》是首档作家的慢综艺，而《黄河文化大会》通过细分思维，把黄河两岸的文物文学，民歌民俗做了融合。

综艺节目能够唤醒多重的情绪价值，比如爱国怀旧，我们通过《声生不息·宝岛季》和"港乐季""嘉年华"，让老中青三代的实力音乐人重温经典之音。《两岸家书》和《跨越时空的回信》是两档和信有关的节目，都是以家为锚点留下人的故事，通过诵读家书，真情回信跨越时空，对话缅怀英烈和英雄。

综艺节目具有治愈温暖的价值，比如从《向往的生活》到《你好生活》，能实现执着立志的情绪价值，比如《种地吧》通过180天的耕耘，相信土地的力量，无剧本，无预设，"十个勤天"成为热词。同时还有《燃烧吧月亮》在草原进行畜牧的实践。

探索求知的情绪价值中从《宗师列传》到《锵锵行天下》得以体现，让我们的历史细节有据可考、有理可依，形成一本行走的文学和历史的教科书。

第五个变化是垂直细分。综艺节目呈现更加垂直细分，引爆大众围观的趋势。比如说《手艺人大会》把美发这样三百六十行、行行出状元的内容纳入综艺节目的领域中来，呈现匠心。在音乐的细分中我们看到《歌手2024》的火爆，用直播决定对手，用演唱展示硬实力。《爱乐之都》是首档音乐剧的综艺，《好声音》转型做了"越剧季"，而《国乐大典》一直致力于打造我们的国潮乐团。

喜剧的细分中我们看到《开播！情景喜剧》的剧综融合，看到《一年一度喜剧大赛》和《喜人奇妙夜》里有笑点、有思考，喜剧的形式包裹万事万物，伴随正向情绪的抒发。

第六个变化是IP延展。通过真人秀的文旅化，文旅的消费化，消费的文创化导向文创的时尚化，真正实现了文艺和文化产业的连接。另外综艺也在助力文旅迭代升级，综艺节目为文旅提供了更多的美好瞬间，带火打卡点。我们制造了重聚的理由，构建了合家欢的场景，构建了学习型旅游的学习形式。同时，综艺节目帮助政府呈现出一种真诚服务的形象，在淄博和哈尔滨之后哪个城市会火，也得看我们的综艺节目。

文旅在综艺节目赋能之后从传统的衣食住行游购娱全面升级到了文商养学闲情棋。文化型、康养型、学习型、休闲型、情绪价值型旅游现在盛行，《博物馆之城》的文明探源，《非遗里中国》以及《花儿与少年·丝路季》实现国际传播，都是文旅综艺中的典型。

IP激活了这种长效的效应。综艺的传播效应在助推我们讲好中国故事，比如红色基因的、十年巨变的、开放包容的、历史传承的，等等。未来综艺发展趋势之一一定是走向电影化，智能化升维。

真人秀和纪录片的边界模糊，彼此深度借鉴。晚会兼容了宏大现场与细节共情。音乐和喜剧表演依然是我们的招商主流，并且持续细分。户外真人秀越来越走向文旅，走向美食。选题的垂直细分和受众的细分成为趋势。我们的平凡英雄，技能"大牛"

成为综艺的崇拜对象。学者成为邀约的主流，文化类主题从粗放走向了精耕。

综艺最重要的就是做 IP，IP 可以延展的文化产业前景是无限广阔的。IP 是没有标准定义的，一部小说、一个概念、一个节目、一首歌、一个创意、一个景点、一个名字都是一个 IP，具备知名度、影响力和潜在开发价值的人类智慧结晶都是 IP。

何以综艺，我认为综艺就是综合全类型艺术形式，呈现创意的价值观、世界观和人生观，在广电总局的领导下，在各地方广电局台的努力下，我们历经千锤百炼，呈现出千姿百态，连接千行百业，共情千家万户，也让我们的文化传承千秋万代。

以大都市美学探寻海派大型晚会的创新性表达

王磊卿

上海广播电视台（上海文化广播影视集团有限公司）党委委员、
上海文化广播影视集团有限公司副总裁

今天我与大家交流的话题是一直以来广受大家关注的电视文艺表现样态——电视大型晚会。1983年央视直播春晚首开大型文艺晚会之先河，40年来各家电视台生产的大型晚会异彩纷呈，充分彰显了电视文艺的无穷魅力。身处全媒体的时代，当我们正在重新定义电视综艺节目时，我们需要对大型文艺晚会这一重要的节目类型进行再定义，在媒体深度融合转型之下，电视大型文艺晚会的创新正呈现出以下几个特征。

一是特质化。近年来，随着广电总局文娱综合治理的不断深化，各台的大型晚会创制逐渐摆脱出拼流量、拼场面、拼舞美传统的创制套路，在风格样式上开始从各自的文化优势、地域特色以及平台的基本用户人群的要素出发进行内容聚合，并将自己的优势特长进行创新性的表达和审美的升格，打造出一系列特质差异显著的晚会特色品牌。

二是全媒体化。在全媒体的传播格局之下，电视大型晚会呈现出两种传播的样态。一种是卡段式传播，现在晚会的传播越来越短视频化，这也对单体节目如何在有限的时间里进行极致的创意表达和高品质的制作呈现提出了更高的要求。电视大型晚会也进一步转向更具互动性的多屏融合直播台，观众可以通过多种平台纪实性的沉浸参与，多视角多维度观赏晚会的实况。现在晚会的看点不止于传统意义的唱歌跳舞，有的时候互联网平台上的话题讨论热度也成为一台晚会重要的推手和成功的标志。

三是多场景化。迈向新时代的大型晚会在内容呈现样式上不断摆脱传统演播厅舞台化的方式，晚会场景的延展度越来越开阔，大量户外环境艺术的表达，大量电影化影像风格的高品质呈现，大量影视新技术的超感融入极大丰富了广大受众的视觉体验。

一直以来，上海广播电视台都在不断探索海派大型晚会的创新表达，从2021年上海世博会开始，我台一直致力于以上海为题，进行系列城市晚会的品牌打造。我们尝试从上海的城市优势出发，深刻把握人民城市定位，充分挖掘上海作为光荣之城、创新之城、开放之城和梦想之城的城市特色，表达海纳百川、追求卓越、开明睿智、大气谦和的城市精神，由此也形成了鲜明的特色。充分利用大都市空间，让上海这座城市成为创制大型晚会最好的舞台。我们不断尝试将上海各大特色地标融入晚会内容的创新创意当中，开创了以城市景观、江畔舞台、百年街区、文博场馆等优势城市资源为舞台的大型文艺创作。

2023年上海旅游节开幕式，我们在黄浦江上搭设了大型的水上舞台，打造了一场彩船花车以及无人机表演为一体的水陆空立体式都市环境艺术盛典。近几年创制的《朋月东方，秋晚系列》用丰富的艺术样态展现上海风格各异的赏月新地标。

当我们以城市为舞台时，空间就不是封闭的，而是开放的。城市的生命力和舞台的创造力在那一刻合二为一。

充分的精粹大都市的资源，将上海的城市特色聚合成为最独家的晚会内容，上海拥有丰富的历史文化资源、商业资源、时尚资源和科技资源。这些城市资源也给我们提供了生生不息的创作来源，经过开发、整合、创作、编排都已经成为海派大型活动的核心竞争力。这两年，我台创制的上海国际光影节被誉为"城市中流动的诗"，以百年建筑群为依托，通过建筑投影秀、光影秀、灯光音乐会等方式，展现极具魔都气质的烂漫上海，成为电视银幕上最璀璨的城市记忆。

同时我们也充分利用2024年举办奥运会资格系列赛的机遇，使城市的潮流体育资源与大型晚会相辅相成，在打造上海城市特质为核心的系列晚会的过程当中，我们也在不断探索海派大型晚会的大都美学表述。具体表现为四大审美特征。

一是融合之美，海纳百川、多元交融的审美表达。上海是一座开放的城市，多元交融是这座城市与生俱来的特色。近期由我台制作，在法国世界技能大赛闭幕式上亮相的"上海11分钟"，以中华传统纸艺为核心创意，展现了由再生环保纸制作的29套特殊高定的纸艺演出服饰，广受法国观众的欢迎，充分彰显了传统文化和当代艺术的交融表达。同时晚会把京剧的绝活和街舞表演的battle展现出来，不同文化形态的碰撞和交融嗨翻全场，多元交融成为海派大型晚会最重要的创新基因。

二是开放之美，开放包容、面向全球的无界联通。上海是向世界展示中国改革开放的一个重要窗口，2024年上海旅游节的直播盛典联通了全球16个国家和地区的艺术团体，构建了一个以南京路步行街为舞台的国际艺术嘉年华。2024年的中秋晚会我们还以当下上海最热门的古埃及文明大展为主题，邀请了艺人分设两角，以古埃及的月神和中国的月神嫦娥为对比形象，碰撞出中华文明和古埃及文明互动交融的火花，成为网上的火爆视频。我们创制大型文艺晚会的初心是创造人与人之间的欢聚，因此我们会继续寻找和世界联通的新方式。

三是科技之美，追求卓越、科技赋能的创新驱动。 在上海的大型晚会当中，新技术的运用一直是一个重要的亮点。早在21世纪初，我台便首创在大型晚会中采用跨国双向传送的直播技术，实现荧屏上相隔万里的同唱共演。我们在大型国事演出中最早尝试启用全息投影技术，对国粹节目进行创新演绎。面对智能化的时代，2024年我台确立了SMG AI的战略，在2024年的春晚，东方卫视自有的AIGC工作室从海量的创意当中筛选出158个具有代表性的月亮形象，打造了7部AIGC的短片贯穿整台晚会，高质量的制作赢得业界的广泛口碑。

未来SMG将全力推动大型晚会的全高清制作，在AIGC的技术赋能方面做更多探索，实现"思想+艺术+技术"更多的融合创新。

四是人文之美，扎根人民、温暖城市的共情表达。 我们将始终恪守以人民为中心的创作导向，坚持百姓视角、共情呈现、人性张力、文明底色的艺术追求，通过我们的大型晚会让更多的都市百姓成为明星。

2024年东方春晚的微型音乐剧《触摸到的爱》讲述了一个个努力生活的残障咖啡师的故事，让全国的观众知晓了上海街头的熊掌咖啡。电视剧《繁花》火爆荧屏，微短剧《朗月奇遇记》还上演了繁花外传，穿越30年的黄河路发展，共同感受城市发展的沧桑巨变，向全国观众传递上海这座城市的温度。

海派大型晚会的这四大审美特征，让大都市美学特质更显鲜亮生动。我们有两个特别的感悟，首先海派大型晚会所呈现的都市美学都是上海城市精神养料中开出的花，与上海的城市品格紧密相融。其次我们也深深感到未来不能仅满足于创制一台精品的晚会节目，更重要的是打造一个具有明确品牌标识、丰富的潮流互动体验，以及具有可长期运营的商业模式的城市文化IP，相信这些海派大型晚会的IP将成为推进上海文、商、旅、体、展融合创新的重要路径，让高质量带来大流量。

解锁 Z 世代：综艺节目创新策略与年轻观众吸引力法则

陈 洁

浙江广播电视集团党委委员、副总编辑

2023 年浙江广电集团开始构建以卫视大屏为主体，Z 世代与中国蓝新闻客户端为两翼的新型传播格局，综艺依然是其中主要的内容板块，成为聚合满足和引领 Z 世代的重要载体。

回顾多年来的耕耘和探索，我们一直在努力构建丰富多彩的综艺矩阵，给观众带来源源不断的温暖和欢乐，陪伴大家从童年步入青年，从校园迈向职场。

说起今天的综艺，我觉得用 12 个字可以概括：始于传承、终于创新、落在情绪。无论是音综、科普、美食还是文旅、职场，我们创作的底层逻辑都是捕捉时代热点，感知社会心理，呼应大众需求，提供情绪价值，具体而言就是努力做好四个"其"。郑重其事地定位，顺其自然地选材，投其所好地表达，恰如其分地引领。

策略一，郑重其事地定位。Z 世代思维活跃，见多识广，个性较强，乐于接受新生事物。综艺节目要对话 Z 世代，吸引 Z 世代必须重视这一特征，找到两者之间的联系，做到守正创新。在坚持正确导向、价值取向的前提下让节目拥有更独特的形态，更打动人心的内容，让有意义的东西变得有意思，让重要的变成需要的。

策略二，顺其自然地选材。兴趣趋势是 Z 世代的鲜明特征，只有深入分析 Z 世代的内容兴趣爱好，敏锐地把握年轻人的消费规律，顺其自然地提供文化产品，才能满足他们的个性需求。怎么选材？我觉得可以从以下几个方面着力。

一是契合垂直化偏好。对各垂类的深挖成为当下综艺的重要题材，比如说近年来国潮风在 Z 世代强势崛起，我们及时捕捉到这股风潮，创制了具有中国特色东方韵味的"中国心"系列节目，两年多先后播出了四季，分别是《妙墨中国心》《丹青中国心》《戏剧中国心》和《金石中国心》，分别以综艺的形式展示中国书法、绘画、戏剧、篆刻等垂类传统文化的魅力，让厚重的中华优秀传统文化以轻快有趣的综艺语言飞入寻常百姓家。

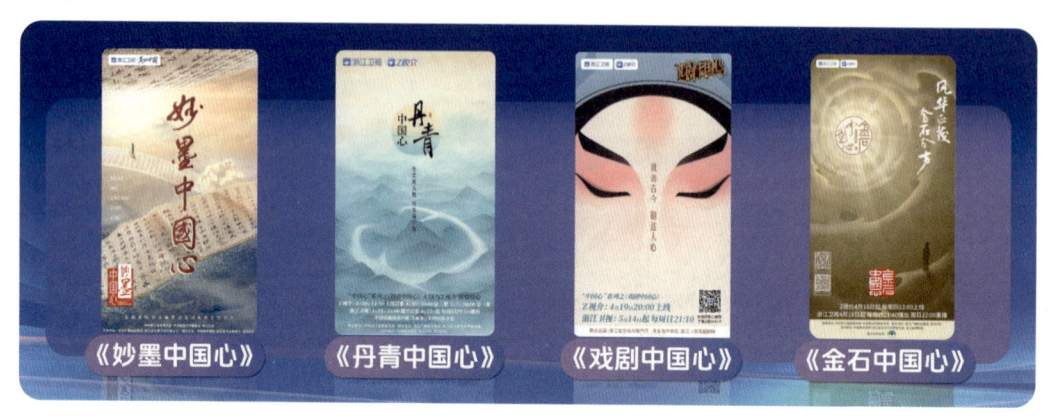

"中国心"系列节目

二是满足圈层化需求。Z 世代爱好广泛，圈层呈现多样的特点，这为我们综艺创新选材提供了思路。去年浙江小百花的越剧《新龙门客栈》以及"君霄组合"在社交媒体上形成了顶流之势，唤起了 Z 世代对戏曲的血脉觉醒。浙江卫视迅速把握这一契机推出 2024 越剧文化年，并在越剧发源地浙江嵊州举办开年大戏《龙年越剧春节晚会》，在浙江卫视连续播出了 4 个多小时。与它同样火爆的还有卫视的首个开年文化节目《龙耀 2024 追光正当然》，两者一起成为开年的文化双响炮，收获了大流量。

三是提供多元化选择。近年来我们打出综艺组合拳，推动节目形成集群和规模效应满足 Z 世代的不同需求，比如充分挖掘音综，2024 年连续推出了 4 档音乐节目分别是《天赐的声音》《闪光的夏天》《17 号音乐仓库》《越来越快乐》，营造出了高歌时代之声的多元舞台。我们又重磅推出了一档全新原创音乐节目《有歌 2024》，以赤诚姿态邀全网创作好歌，挖掘有才华的年轻创作人用综艺的力量扣击原创音乐发展的时代破局点。我们推出的 6 首原创歌曲中 2 首口碑爆棚，其中 1 首抖音点赞破百万，1 首破 50 万，目前数据仍在持续上升中。

策略三，投其所好地表达。 Z 世代有其独特的行为偏好，综艺节目想要被 Z 世代喜欢必须用他们喜欢的方式，熟悉的话语才能切实增强吸引力和感染力，具体四个关键词：趣味性、真实感、科技风、国际范。

第一，趣味性。好看、有趣、开心是综艺最吸引人的法宝，比如说历经 8 年的《王牌对王牌》，以幽默的方式传递正能量，各行各业的励志故事赋予了合家欢综艺新的精神感召。2023 年《奔跑吧生态篇》走进昆明滇池，通过趣味性的实地探访和创意的游戏活动，将生物多样性、环境治理等生态理念有效地植入节目，成为寓教于乐的典型。这类轻松有趣的节目在传播上也获得了大流量。

第二，真实感。全方位的真情互动是节目出圈的重要密码。有灵魂的综艺节目要真娱乐，不要假热闹要真互动，不要假高潮要真惊喜，不要假煽情要真情感，不要假表演。我们2024年全新升级的"生存实验季"，以年轻人近来广泛关注的荒岛求生题材为切入点，开启对话自然、开展实验、展现锤炼意志的真实故事。在节目拍摄期间突遇台风天气，节目组所有的成员困于荒岛36个小时，按照紧急预案，仅存的生活物资照最低限量分配，这段真实的经历成为节目中最生动的素材。比如《无限超越班》，重点围绕三个场：职场、片场、市场，进行了大刀阔斧的重构升级，大胆打破了演技类综艺采用舞台式表演的常规做法，呈现真实职业场景，为观众带来了沉浸又惊喜的纪录片式新型视听体验。其中有很多突发状况展现了青年演员们最真实的状态，他们鲜明的个性和真性情给观众留下了深刻的记忆点。

第三，科技风。借助科技赋能让综艺节目更符合Z世代创新跨界、穿越融合等审美取向。比如，我们的超级视频"国风无双"以及脱胎于丹青中国心的系列短视频"丹青游"，都利用了多种技术手段将优秀传统文化与时下的潮流融合呈现。

第四，国际范。Z世代从小生活在开放的年代，有着天然全球化的审美基因。我们的节目也应提升国际视野，实现国际传播。2024年7月，《奔跑吧》跑进联合国、奥地利、捷克、泰国之后又跑进了匈牙利，再度搭起中外文化交流的桥梁。在一季又一季的沉淀中，节目不断坚持以国家叙事同频，让观众领略了"一带一路"的发展成果。同时我们也通过打造国际范的综艺节目，推动文化出海。2016年以来，浙江卫视综艺节目的全球新媒体订阅用户超过千万，YouTube的平台触达人次超75亿，观看时长超过19亿小时。2018年，我们首个原创节目模式《演员的诞生》实现了北美落地。综艺节目用自信、开放、潮流的表达让世界领略了丰富多彩、清新灵动、和谐欢乐的中华文化之美。文化只有产业化才能真正走出去，近年来浙江卫视综艺版权的海外销售已经超过1亿元。

策略四，恰如其分地引领。综艺在创造欢乐的同时应该给人情感的慰藉、精神的启迪和价值的引领。扎根生活、推进情感，恰如其分、恰到好处地传递核心价值，引领主流舆论，也是综艺节目的责任所在。

对此我们也进行了多种尝试，比如"融入生活流"。用生活的温度和人心的温暖为Z世代提供重要的情绪价值。2024年《天赐的声音》第五季的推广曲《我们的生活》致敬平凡的人们，火爆全网的一首《若月亮没来》源自真实的生活场景和体验，戳中了一大批在外漂泊奋斗异乡游子的泪点。自驾旅行纪实综艺《向山海出发》，引入当下备受年轻人喜爱的自驾游和户外露营理念，即主张简化生活，亲近自然。美食节目《听说很好吃》已经播出了四季，嘉宾们走出演播室，前往哈尔滨、成都、上海等地探索每一座城市独有的美食故事和烟火味道。文化旅游节目《诗和远方》，以诗为媒，巧妙结合文化旅行两大元素，讲好各地的百姓故事。

比如"提供成长力"。为普通人创造展示才华，追求自我，实现梦想的机会。在《无限超越班》的后半程，演员们实实在在改变了以前无戏可演的现实困境，导师和艺人们在节目中拍摄了 21 部短片，拿了 77 份市场片约，推动综艺产品形成完整的新质业态闭环。《手艺人大会》为坚守匠心精神的新时代手艺人打开了职业发展的又一扇窗，极致的赛制、创新的形式开辟了一场先锋性美学的技艺比拼，实现了职业竞技类综艺的独创性表达。

最重要的是，"传递价值感"。综艺节目是润滑剂，更是催化剂，不仅让人放下压力，忘却烦恼，还能在热闹中带来积极向上的精神滋养。一些在日常生活中容易被忽略的小幸福被放大，感染了每一位观众，无论是成功时的欢呼拥抱，还是失败时的鼓励安慰，节目让人感到浓浓的温情和治愈，传递着不惧风雨的积极力量。还有马上推出的《奔跑吧特别季》，继续深耕重大主题，将推出"茶马古道篇"，带领人们探索有趣的非遗之旅。

让潮流融合主流，变成一流，让综艺的流量带来价值的增量，这就是我们的目标。期待和大家一起创造出更多与 Z 世代双向奔赴的综艺精品，为深入贯彻习近平文化思想，**繁荣发展新时代的文艺事业作出应有的贡献！**

综艺创新引领潮流　精准定位彰显特色

刘用通
福建省广播影视集团
党组副书记、总经理

近年来，福建省广播影视集团深入贯彻习近平文化思想，秉持以人民为中心的创作理念，聚焦新时代精品工程，成功推出一系列"小切口、大情怀、正能量"的精品节目，推动闽派文艺创作从"高原"迈向"高峰"。有一大批优秀的纪录片、影视剧获得国家级奖项，综艺节目也凭借鲜明的地域特色与深刻的文化内涵获得了广泛的好评。其中《海洋公开课》荣获第28届中国电视文艺星光奖"优秀电视综艺节目奖"，下面我和大家分享福建广电创新发展综艺节目的几点做法。

紧跟时代，塑造特色文化品牌。 福建作为海洋经济大省和中国古代"海上丝绸之路"的起点，拥有得天独厚的海洋资源和深厚的海洋文化底蕴。近年来福建省积极响应国家海洋强国战略，大力推进海洋经济发展，这为我们的综艺节目创作提供了丰富的灵感源泉，在此背景下我们紧跟时代步伐，精准定位，将海洋文化作为创造的重要方向之一。

《海洋公开课》正是我们深入挖掘海洋文化，精准定位受众需求的结晶。节目采用"电视公开课"的新颖形式，结合AR和XR等虚拟现实的技术，为观众打造一节生动的海洋通识课。我们邀请了多位海洋领域的专家学者，通过嘉宾讲演、现场实验、海上课堂等多种形式，将大众对海洋的浪漫想象与严谨的海洋科学知识相结合，让观众在享受视觉盛宴的同时收获满满的知识。

节目播出后不仅取得了同时段卫视排名前3的收视成绩，全网传播量更是达到1.7亿次，收获全网热搜榜单超出15个，充分证明我们的精准定位和创新尝试得到观众的广泛认可。此外我们还推出了全国卫视首个海洋节目日播通栏节目带，承办2024年全国海洋知识竞赛总决赛。这些综艺节目的成功不仅展示出我们在海洋文化传播方面的实力与担当，也为推动海洋强国建设作出主流媒体的应有贡献。

跨界联动，构建全媒传播生态。 随着互联网的迅猛发展，媒体融合已成为不可逆转的趋势。我们积极探索跨界融合新模式，努力构建全媒体传媒矩阵，提升节目的品牌影响力。在节目制作上注重打破传统节目的制作框架，引入互联网思维，实现大小屏的对接，线上线下的互动传播。

例如，《现在请开播》就是我们与国内头部MCN机构遥望科技合作，推出的一档电商主播成长真人秀，节目紧抓当下电商发展火热的社会现实，通过展示直播行业的真实全貌，让观众近距离了解主播圈的真实生态。节目在腾讯视频同步联播，成为腾讯"职场综艺榜"Top2，并获评国家广电总局2024年第二季度广播电视创新创优节目。

这不仅证明我们的跨界融合策略是正确的，也为我们后续的节目制作提供了宝贵的经验。我们还注重利用新媒体平台，扩大节目的传统范围和影响力，如"福建春晚"等品牌节目，通过人民日报新媒体端、芒果TV、哔哩哔哩、抖音、快手、优酷、爱奇艺等多个主流网络平台同步上线，形成了良好的网台互动传播态势，节目全网传播量、话题量、热搜数量均取得令人瞩目的成绩。

贴近民生，传递人文关怀的力量。 在快节奏的现代生活中，人们越来越渴望在节目中找到心灵慰藉和情感的共鸣。在综艺节目创作中我们始终紧贴生活脉搏，以朴素无华的故事为载体，传播充满生活气息与温度的正能量。《可以给你做一顿饭吗》就是这一创作理念的生动体现。

节目以做饭为线索，通过主持人刘仪伟走进普通家庭，为主人家亲手做一顿饭，并在饭桌上聊家常，引出社会热点话题。这种平实而真挚的叙事方式让观众在轻松愉快的氛围中感受到家的温暖和生活的美好。节目播出以来2次登上"综艺指数榜"前10，3次上榜微博热搜，全网话题阅读量累计超过1.5亿，短视频传播量超1.2亿。

这些数据的背后是观众对我们节目的认可和喜爱，也是我们文艺创作坚持深入生活、扎根人民，彰显人间真情的最好证明。我们还推出了《侣行》《鲁豫有约一日行》等一系列注重人文关怀的综艺节目，这些节目通过深入挖掘人物故事，展现人物光辉，为观众带来深刻的思考和感悟。这些节目的成功不仅提升了我们的品牌影响力，也让我们更加坚定在综艺节目创作中扎根人民、扎根生活的创作方向。

立足本土，激发综艺创新的活力。 福建是一个历史悠久，文化底蕴深厚的省份。拥有深厚的非物质文化遗产和地域的特色文化，我们在节目中深入挖掘这些文化资源，通过现代科技手段进行创新演绎，让观众在欣赏节目的同时也能感受到福建文化的独特魅力。例如，在"福建春晚"中我们通过实景拍摄展现福建壮美的山川大海，通过情境再现追溯福建历史的高光时刻，通过烟火气的生活场景品味福建的风土人情，以唯美的艺术表达展现福建人的精神面貌。这些创新尝试不仅让观众对福建有了更加深刻的认识和了解，也推动了福建文化的传承与发展。

未来的道路上我们将继续秉持"以人民为中心"的创作导向，和"找准选题、讲好故事、拍出精品"的创作要求，持续创新，不断突破，为观众带来更多高质量，有温度的综艺节目，在推动我国文化事业的繁荣发展中彰显地方媒体的国家担当。

推进综艺节目改革　舞动"新民族舞"风采

霍延敏

新疆广播电视台
党委委员、副台长

2024 年夏，《我的阿勒泰》让新疆成为全国旅游打卡胜地，在 2024 年暑期档，新疆广播电视台推出了一档原创舞蹈季播节目《新民族舞大会》，节目通过民主时尚的方式创新融合与展演，用舞蹈作品致敬经典，探索中国民族舞蹈的更多可能，诠释民族舞蹈的文化底蕴和时代风采。节目自 8 月 24 日开播，全网视频传播量破 700 万，话题量破 2 亿，节目传播量登上"微博综艺榜"影响力第 2 名。

《新民族舞大会》是新疆台创作团队体现新疆区域特色，不负歌舞之乡美誉，奉献给全国人民的全新舞蹈盛宴。作为 2024 年综艺节目的新面孔，《新民族舞大会》得到了如此的关注，正是新疆广播电视台近年来在文化类综艺节目上大刀阔斧进行改革，在精品创作、节目创新上不断深耕，加大多层次文化产品供给的结果。

《新民族舞大会》是 2024 年中宣部重点项目，是由中国舞蹈家协会支持，新疆维吾尔族自治区党委宣传部主办，新疆广播电视台、新疆舞蹈家协会联合创制的舞蹈季播节目，第一季播出 8 期，每期 70 分钟，每周六晚黄金时段在新疆卫视、爱奇艺、腾讯视频同步线上播出，新疆广播电视台的汉语、维吾尔语、哈萨克语视频号新媒体矩阵进行直播。从节目创作来看，我们有几个特点。

一是整合优势资源，为新民族舞赋能。新疆素有歌舞之乡的美誉，作为中国民族舞蹈资源的聚集地，民族舞蹈大会整合优势资源，舞蹈家阵容强大，同时由国内的知名综艺节目主持人和新疆台的主持人精彩互动，制作团队由 14 个组组成，创作班底聚集目前国内综艺和舞蹈以及音乐创作前沿各类顶尖人才。正是团队成员的通力协作，辛勤创作，最终呈现了8场美轮美奂的饕餮盛宴。

二是创新节目的表达方式，激活民族舞的活力。作为国内首档专注于民族舞的综艺节目，《新民族舞大会》确立了两大表现手法：一是户外创排展演；二是演播室致敬经典。节目开篇放在了户外，突破传统的剧场模式，让56位舞者在天山天池、吐鲁番等6地进行舞蹈创排，与当地各族民众随歌随舞，贯穿着浓郁的新疆风情与各民族的美好生活氛围，达到了以景驭歌舞，以情寄新疆的交融效果。

在舞蹈和音乐融合上，节目里的42支舞蹈全部进行了二次创作，在编舞中引入古典舞、现代舞、街舞等流行元素，与民族民间舞结合，创排出耳目一新的舞蹈作品。在编曲上加入了各类民族乐器，引入了电子音乐元素、流行音乐等。以"民族+时尚"的创新方式探索中国民族舞蹈的无限可能。

在综艺化上通过竞技性和互动性激发舞者的创作热情，台下观众随舞而动，在欣赏舞蹈的同时深入了解历史、文化，感受舞蹈的深厚底蕴。在数字化表达上首次应用了3D数字技术，AI虚拟主持人与主持人互动，共同引领观众走进充满风情与文化魅力的舞蹈世界。

三是会聚新生代舞者，推动民族文化的传承。让民族舞普及并流行起来，让更多年轻企业完成民族文化的传承，是民族舞大会的自觉和担当。培养舞蹈人才，创作出更多有理想、民族性、时代性的优秀舞蹈作品，是民族舞大会的责任与使命。节目组从全国300名报名选手中选拔了56位舞者齐聚新疆，通过训练、真人秀舞台展演、赛制淘汰，在时光旋律、经典舞蹈、传世诗词、文物起舞、非遗传奇、电影记忆、跨界之夜七大主题中完成竞演，他们的心路历程，背后的故事，舞台上的技艺呈现都成为精彩的内容。

四是保障中国元素的舞蹈，讲好中国故事。《新民族舞大会》体现了中华民族的精神和价值观、中国文化的自信心，节目的42支舞蹈中从齐舞声势，到梅花、到中国元素均可圈可点，比比皆是。节目将歌曲、文物、非遗、诗词、电影融会贯通，拓宽舞蹈的艺术边界，用舞蹈讲好中国故事，彰显出新民族舞的时代价值。

新疆广播电视台以《新民族舞大会》为切入点，立足新时代弘扬中华优秀传统文化的定位，重塑歌舞之乡美誉；启动了实景式音乐访谈跨屏互动秀节目《今晚谁在录音棚》；2024年10月下旬我们将推出演播式文化节目，与《新民族舞大会》联动形成新疆广播电视台"歌舞+文化"的节目构思和布局。

让文物说话　让历史说话　让文化说话
——文化类节目如何创新讲述"何以中国"

卢小波

中央广播电视总台总编室综合频道
节目部副主任

党的二十大报告中，习近平总书记提出了"推进文化自信自强，铸就社会主义文化新辉煌"的重大任务，并且明确指出，要"着力赓续中华文脉、推动中华优秀传统文化创造性转化和创新性发展"。党的二十届三中全会公报也强调：必须增强文化自信，发展社会主义先进文化，弘扬革命文化，传承中华优秀传统文化，激发全民族文化创新创造活力。

作为总台的旗舰频道，央视综合频道按照总台领导"要擦亮中华文明独特的精神标识"，做到"满屏皆精品"的要求，相继推出了《典籍里的中国》《宗师列传·唐宋八大家》《非遗里的中国》《简牍探中华》等众多大型文化节目，掀起了弘扬中华优秀传统文化的热潮，其中的《典籍里的中国》获得第27届电视文艺"星光奖"优秀电视综艺节目奖，第16届精神文明建设"五个一工程"优秀作品奖等荣誉，前不久，《宗师列传·唐宋八大家》《非遗里的中国》也入围第28届电视文艺"星光奖"。在这里我想主要结合这几个节目，和大家交流一些在文化类节目创作过程中的思考。

第一，守正创新，以小切口回望大历史，带领观众沉浸式穿越古今。

中华传统文化源远流长，博大精深，是我们取之不尽用之不竭的深厚宝藏。《典籍里的中国》《宗师列传·唐宋八大家》和《简牍探中华》分别以大家熟知或者不熟知的典籍、八大家的传世名篇和冷门绝学"简牍"作为题材，探寻中华文化绵延不断的文脉，追溯灿烂悠久的历史，从而让我们立足波澜壮阔的中华五千多年文明史去探寻文化自信,更探寻中华文明何以是世界上唯一绵延不断且以国家形态发展至今的伟大文明的历史依据,陪伴观众一起探寻"何以中国"。

守正创新,以小切口切入,来回望大历史,展现大家熟悉而又陌生的故事。比如《宗师列传·唐宋八大家》韩愈篇,为了让大家目睹唐朝时期长安"世界第一等繁华"东西市的盛景,选择是大家熟知的旷世名篇《马说》《师说》《祭十二郎文》等千古名篇,从观众耳熟能详的经典词句入手,以此为突破点,深入探寻大儒先贤的人生际遇、千古文章和文化底蕴,让观众认识并了解课本之外的"唐宋八大家"。

沉浸式穿越古今,也是我们守正创新其中的一种方式,这种方式我们最早是用在创作《典籍里的中国》,采用了"古今对话"的时空穿越方式。阅读典籍,是今人与古人对话的过程。典籍传承,也是一代代读书人在与前人对话中实现的。因而我们节目中就有了"当代读书人"和"古代读书人"的角色设定。"当代读书人"由撒贝宁饰演,这也是对传统主持人功能的一个较大胆的创新设计。我们希望通过当代人与古代人的对话,展现中华优秀传统文化在几千年里的传承,让我们知来处,明去处。

有了《典籍里的中国》时空穿越的成功创新,那么《宗师列传·唐宋八大家》"双向穿越"实现古今共振就顺理成章,首先,观众跟随着探访团视角通过探访八大家的"朋友圈",以及在与宗师"面对面"中,讲述唐宋八大家波澜壮阔的人生故事,直击"唐宋名篇"诞生的精彩瞬间。其次,宗师在节目中还会穿越到当代,踏上曾经踏过的土地,故地重游,在当代城市街头巷尾的游历中,不仅充分展示新时代中国大地的壮美图景,亦能捕捉到优秀传统文化传承赓续与崭新的时代表达。蒙曼教授撰文由衷感慨:"当置身店肆林立、商贾云集、人流如织的'大唐东西市',大唐风华的多彩画卷就此呈现在眼前的那一刻,我真的觉得我就是千年前唐代人的一员。这种第一视角沉浸式观感,带来的视听刺激,超越了文字与时光的桎梏。"

第二,以古人之规矩,开自己之生面,以时代精神激活中华优秀传统文化的生命力。

在《典籍里的中国》中,每一本典籍,它蕴含的思想内容也是复杂多样的,因此,我们要把握一个原则,要慎重选择、与时代精神有效衔接,对传统文化进行合理的扬弃、提炼与阐释,从而把传统文化中最具普遍意义也最有光彩的部分凸显出来,与当代精神相交融。我们通过节目《尚书》可以了解。

《尚书》被称为"政书之祖,史书之源",是中国最早的一部历史文献汇编,我们没有照本宣科,而是重点进行了选择。选择了"大禹治水定九州""牧野之战"为代表的书中故事,"大禹治水定九州"体现出华夏九州自古是一体的家国概念,而"牧野之战"体现出"民惟邦本,本固邦宁"的"民本"思想,这一民本思想最早就是出自《尚书·五子之歌》。时至今日,"民本"思想还在继续影响和延续。习近平总书记在党的二十大报告中再次强调:"江山就是人民,人民就是江山。"说的还是以民为本,一切为了人民，为人民谋幸福的历史观。

纵观我们做的每一部典籍，都是把传统文化中最具普遍意义也最有光彩的部分凸显出来，与当代精神相交融。这样才能真正体现优秀传统文化的当代价值，彰显优秀文艺作品的价值引领作用。节目体现的核心思想，都与党的二十大报告中提到的几个方面的精神价值相吻合。

《宗师列传·唐宋八大家》韩愈的责任担当、爱国情怀，柳宗元的是非分明、隐恶扬善，欧阳修的勤奋不懈、诚实守信，三苏父子的乐观豁达、洁身清廉，王安石的大胆创新、勇于改革，曾巩的正直忠诚、严谨自律，细致入微地展示着宗师们身上历久弥新的民族精神风范，重塑了宗师们的榜样力量。

《简牍探中华》里有一个例子，出土于云梦睡虎地 4 号墓的两枚木牍家书，是截至目前我国考古发现的最早的家书实物，写信者是墓主人"衷"的两位弟弟，征战前线的秦代士兵"黑夫"和"惊"，两封家书言语平常却令人潸然泪下，信中有兄弟俩对母亲的问候，有对妻子的叮嘱，在那个战火纷飞的年代，这两枚木牍是真正意义上的"家书抵万金"。细细品味家书的内容，既能读出兄弟俩对亲友的深切思念，也能感受到中华民族生生不息、渴望统一强大的家国情怀，这也为我们今天铸牢中华民族共同体意识打开了深邃的历史视野。

第三，以"戏剧+影视化+文化访谈"的跨界融合模式，实现"故事讲述场"的极致呈现。

在我们之前制作大型文化节目《故事里的中国》时，我们第一次在舞台设计和呈现手法上，借鉴了一些话剧呈现的布局方式，利用格子在空间上进行隔离、整合，以便于展开多线并行的立体叙事，这种手段将蒙太奇手段舞台化，为观众带来强烈的沉浸体验，也增强了电视棚内节目的表现张力。

《典籍里的中国》有了《故事里的中国》的制作经验，就更为大胆，我们在演播室现场建构了一个多空间、多维度的 270°"沉浸式舞台"，中间有一条连接不同时空的甬道，让不同时代的读书人和历史事件当事人经由这条一时空隧道在数千年历史长河中自由穿梭，串起古代和当下。

通过舞台变化，我们还创新了"戏剧+影视化+文化访谈"的融合模式。通过戏剧表演来讲好故事、塑造人物和表达主题。通过影视化拍摄，采用专业电影摄影机，用电影布光方式，按照分镜头剧本和分场次，保证了节目的高质感和故事情节、人物形象的塑造。

第四，以硬核技术赋能"文化表达"，让精品文化节目更接地气和更富朝气，得以动起来、炫起来。

AR、XR、CG 等先进技术的使用，不断延伸了内容表达的边界。比如《典籍里的中国》综合运用环幕投屏、增强现实（AR）、实时跟踪等新科技手段，架构"历史空间"和"现实空间",并以跨越时空对话的形式营造出多空间、沉浸式"故事讲述场",打造了一个更好地认识、理解中华文明博大精深的平台。

而在《宗师列传·唐宋八大家》的开头，就以 XR 技术打造虚拟空间，打破地域界线。虚拟空间内，集纳了和宗师有关的文物、画像、作品等，移步换景间动态呈现。当主持人和嘉宾触摸屏幕，一代宗师便还原成一个也在遭遇考验、面临抉择的普通人，他一生中的关键节点就在 XR 空间中缓缓展开、娓娓道来。

在《简牍探中华》中，为更好完成"实景戏剧"的影视化拍摄，节目搭建实景空间，并结合 AI 大模型、AIGC 等数字技术、外景拍摄，生动重现简牍中的故事场景。

总之，创新的表达，让文化节目更容易走进观众的内心，更能让文化内容生动和有趣，引起观众的共情。

当然，我们还需要以多屏互动，跨屏传播，拓展多维度破圈传播途径，不断打造衍生综艺、新媒体互动产品等，实现"大屏 + 小屏"的完美互动，达到电视、网络、社交多媒介平台的最大传播效果。

习近平总书记在《求是》杂志发表的重要文章《加强文化遗产保护传承 弘扬中华优秀传统文化》中指出："要让文物说话，让历史说话，让文化说话。系统梳理传统文化资源，让收藏在禁宫里的文物、陈列在广阔大地上的遗产、书写在古籍里的文字都活起来。"[①]我们愿和所有的各位同仁一起，深耕中华优秀传统文化，坚定文化自信，推动文化繁荣兴盛，为实现中华民族伟大复兴凝聚强大精神力量。

---

① 《加强文化遗产保护传承 弘扬中华优秀传统文化》，http://www.qstheory.cn/dukan/qs/2024-04/15/c_1130109121.htm?f=1，2024 年 12 月 13 日访问。

探寻中华文化新密码　激发国潮综艺新活力
——文化类综艺创作思考

张　苏
北京广播电视台卫视频道
中心主任

习近平总书记在文化传承发展座谈会上指出，要"推动中华优秀传统文化的创造性转化和创新性发展"，为我们明确了新时代的文化使命。北京卫视的《博物馆之城》和《最美中轴线》两档节目正是以此为目标，努力探索深耕中华优秀传统文化的创新方式。

一、因悠久而流行，探源中华文化源远流长的文明基因

为了探源中华文化源远流长的文明基因，北京卫视以每年一到两个节目的体量，形成了独具特色的"国潮"文化节目矩阵，力求把对中华文明历史的呈现引向深入。

文明的命题很大，一部系列纪录片或许都不足以阐释，又该如何以综艺的形态来表达呢？

2023年北京卫视《博物馆之城》第二季——"中华文明探源季"交出了我们的答卷，节目以博物馆之城的"城"为核心，创新"城"的阐释和维度，从"探寻"走向"溯源"，从博物馆走向考古遗址现场，也从北京走向了全国。

节目中"城"的第一重，是文物的故城。北京通州路县故城出土的炭化种子，反映了当时人们已经实现了五谷丰登。湘西里耶古城出土的简牍，描绘出秦代"大一统"的影响力；温州朔门古港出土的沉船与碎瓷片，看得出温州人通向新世界的勇气和信念。从博物馆的文物链接到文物出土地，无论是嘉宾还是观众都有更真切的"在地感"，

正如单霁翔老师在面对古港遗址时的有感而发:"这,就是博物馆之城!"

节目中,"城"的第二重是文物的新城,与第一季每集聚焦一家博物馆不同,第二季放大视野,将城市中的博物馆有机地结合在一起,共同阐释同一主题。在长沙,湖南省博物院与简牍博物馆互为补充,将各类型简牍一次看遍;在成都,成都博物馆与杜甫草堂博物馆一诗一咏,如同"诗歌之神"端起"一碗川酒",将诗酒文明娓娓道来。在北京,中国考古博物馆与中国工艺美术馆一古一今,共述玉文明的发展历程。

基于此,《博物馆之城》"中华文明探源季"整体架构搭建完成,我们希望通过这样的方式溯源中华文明基因密码,帮助观众对中华优秀传统文化形成更为全面的认知。

二、为传承而创新,完成中华优秀传统文化的创造性转化

北京卫视一直以来坚持守正创新,不断尝试拓宽文化综艺的表达边界。

为助力北京中轴线申遗,北京卫视在2021—2024年先后推出了三季《最美中轴线》。

如何让已有的品牌能够持续保有鲜活的生命力,是我们在创作新一季《最美中轴线》时始终在思考的问题。相比第一季聚焦北京中轴线"物理轴"的呈现,第二季侧重于对中轴线"文化轴"的品鉴。经过与专家团的多次研讨,我们把第三季的主题确定为"文脉季",从而将这一季的内容升级到了对中轴线"精神轴"的阐释。

一方面,本季《最美中轴线》用时空穿梭、古今对话的方式,构建了一个"思接千载,视通万里"的故事讲述场;另一方面,本季《最美中轴线》从"人民性"的立场出发,用扎根生活的视角,走近一个个具体的人,讲述一个个感人的故事。通过节目我们认识了以手绘为孩子科普古建的"网红"爸爸,认识了13年步履不停为古会馆寻求新归宿的老专家,也认识了让中轴线千年古建焕发新颜的年轻学者。他们每个人都以自己的方式成为中轴线故事的最佳"讲述人",让历史文化节目保持与时代同步的生命力。

三、借传播而破圈,展现中华民族深厚坚定的文化自信

中华民族的文化自信来自中华文明5000年的根基,如何激发年轻受众对传统文化的兴趣,让厚重的历史文化实现破圈传播,《博物馆之城》和《最美中轴线》从不同的维度给出了我们自己的答案。

《博物馆之城》尝试多种创新手段,如对新科技手段的应用,使用动画复原历史遗址等,帮助观众"沉浸式"理解中华文明的诞生,传承与发展。同时,节目以情感为纽带、以文化精神为核心、以综艺真人秀为载体,将历史、文物与当下生活联系到一起,力求从多个层面阐述文化自信的必然。

而《最美中轴线》则从第一季节目起,就开启了"文化+音乐"的融合方式,以

音乐为载体，通过为中轴线创作歌曲的方式，让音乐和文化实现双向奔赴。三季节目以来，嘉宾一路走访、创作的歌曲像《钟鼓楼》《雨燕回正阳》等，至今仍广为传唱。

四、借回溯而展望，助力优秀国潮文化节目的持续上新

通过《博物馆之城》和《最美中轴线》两档节目，我们对文化综艺节目的创作形成了自己的一些思考。

一是要文化为魂：善于提炼优秀传统文化的精神内核。当代观众能被跨越时空的力量所触动，需要创作者对中华优秀传统文化的精神内核进行高度的提炼。我们要善于把握中华优秀传统文化的精神内核，善于挖掘藏匿其中的生动故事，善于以微小的切入点触摸厚重的历史，拉近历史与观众的距离。

二是要古今衔接：实现中华优秀传统文化的"再创作"。作为创作者，我们要积极为中华优秀传统文化的当代表达创造新的形态，推动传统文化与新的技术，新的手段相融合，实现古为今用的"再创作"。比如《最美中轴线》的影视化呈现手法和《博物馆之城》的先进视听手段等，既能丰富融媒时代的视觉呈现，又能带给观众强烈的沉浸感和情境感，从而引起更广泛的共鸣。

三是要打破圈层：注重传统文化节目的新质传播。在媒体深度融合的当下，好的文化节目需要主动把握新媒体传播规律，找到传统文化与当下流行两者相融的契合点。同时我们需要放大传播的力量，找到大众审美的最大公约数。在传播路径、跨文化传播上发力，让传统文化真正兼具观赏和传播价值，助力传统文化破圈传播。

未来，北京卫视将继续深入践行习近平文化思想，通过文化节目的不断创新，推动中华优秀传统文化的创造性转化和创新性发展，以更为优质的文化内容输出，为赓续中华优秀传统文化、推动文化繁荣、建设中国特色社会主义文化强国贡献自己的一份力量。

直播革命：如何创新破壁捕获综艺新风口

洪 啸

芒果 TV 副总裁
节目中心副总经理
芒果娱乐总经理

《歌手 2024》结束差不多两个月了，这档节目引起了不少的社交议题，也有效促进了观众回归大屏。这些成绩绝大部分要归功于直播，所以，我想从直播这个角度出发，从创作者的角度聊一聊综艺节目面临的创新课题。

首先，不能为了创新而创新。《歌手》回归所有人都关注的一个问题是：今年请谁来？怎么比？还有哪些新东西？越是这种时刻，我们作为创作者越要明确歌手的回归能改变什么，为什么要变，不能变的是什么，为什么不能变。《歌手》系列一贯的底层逻辑是"成名歌手的真竞技"，一切的情绪起伏和人物塑造都是围绕这 8 个字展开的，所以这是不能变的。

其次，可变的是让歌手的维度和面貌更加丰富，于是我们找来更多的海外歌手和圈层化的歌手，让竞技更加极致，让观众更能代入赛事进程，让大家像看奥运会、世界杯一样关注赛果，所以我们用了直播这个方式。

以上两点从结果来看都算是有效创新，任何一档节目都是如此，在做突破时要知道所有的步骤都是实现核心内容的手段，都是强化故事逻辑的方式，不能因为"创新"两个字轻易改变品牌的根本逻辑和立身之本，要重回内容的深度和创作力。

近年来，新技术在综艺节目中的运用很多，但是要有机结合才能相得益彰，甚至新的技术能催生出新的内容。2024 年《歌手》决定做直播时一个值得我们解决的问题是，直播是既定的流程和严格的内容设计，而往季《歌手》中的真人秀部分也是非常出彩的，直播应该怎样弥补歌手们的真人秀呢？如何展现他们的个性，让观众觉得纯看舞台不枯燥呢？所以网端直播这一方式同步催生出了我们的新想法，就是增设在每个歌手房间和公共区域的全程直播的单机位，同步研发全民云导播多机位切换的功能，让观众除了看大屏的正片，同时还能打开三个小屏看直播，这才诞生了周五晚上很多观众开着电视，打开电脑，刷着平板和手机同时追看节目的情况。

也是因为直播，我们在芒果TV的站内设置了全民预测排名，实时竞猜结果，根据预约数值决定出场顺序，大家参与度最高的一次是第三期的节目，我们通过在微博的全网投票决定由谁迎战一位外国歌手，让亿万名观众真真实实地参与到节目当中，亲手决定了节目的走向。

所以直播《歌手2024》是"文化+科技"的融合命题，绝不是简单的相加题，而是更有含金量的综合题，这才是内容最终破圈的原因。

最后，切中情绪，让创新对观众和社会是有回应的。比起一个完美无瑕的标本，更能让观众们兴奋的是真实，不是每个综艺都要直播，而是尽可能地往真实的方向靠拢。纵观这几年综艺效果很不错的节目，都和"真实"两个字脱不开关系，比如说《种地吧》，种起地来真刀真枪，过程中小伙子们虽然不精致，但是成果肉眼可见。比如说《快乐再出发》也是最真实的朋友相处状态，没有商业互吹，也没有不能开的玩笑。

《歌手2024》也是建立在观众不满足于假唱，市场缺乏真才实干的歌手，还有观众对真唱诉求越发强烈的社会情绪上。不比业内人士，普通观众没有兴趣、没有耐心厘清所谓的电音、修音、半开麦、假唱之间的区别，哪怕这些专业名词有可能让作品最后的呈现质感更好，但对观众来说很多时候好都没有真实重要，制作任何题材综艺时都不能忽视真实的力量。

以前我们常说综艺造梦，但是时间久了我们的制作者容易深陷其中，成为梦境中的一员，脱离了现实和大众的根基。综艺内容一直以来都是社会情绪和社会氛围的重要投射，大众越来越希望在作品中获取情绪价值的提供，他们关注内容和自我的关系，强烈渴望我们的综艺要与我有关，成我所想，共情我想共情的人、事、物，所以任何的创新都需要更快速、更紧密地呼应这些需求。

要树立让创新对行业有意义的意识，当年我们在做一档叫《舞蹈风暴》的舞蹈节目时，首次将360°的子弹时间镜头纳入了专业舞蹈评判的维度当中，在当时看是一次小的技术创新。但是我认为在今天所探讨的行业创新意识以及在"文化+科技"的大语境下，并不能代表什么，我们应该深刻地理解到在当下的创新不仅是舞台上高难度镜头的使用，不仅是环节上"小"的改变，更是贯穿于创意策划、落地执行、数据分析、商业化等一系列链路当中的行为，应该是由点及面铺开、打通，有完整体系的创新。这样才能改变整个产业结构，产生应该有的深远的影响。

即便大家都觉得《歌手2024》的直播是创新，但是在我看来更像是回归，早在台中时代，湖南卫视的《超级女生》《快乐男生》等节目大多以直播的形式播出，2015年、2016年，游戏秀场直播平台兴起成为新的流量词，但是这个阶段的直播综艺节目明显是"直播"大于"综艺"，本质上是长视频平台面对流量风口时的被动转身，忽略了长视频本身的核心内容价值。

2024年《歌手》的直播与其说捕捉到了新风口，不如说它知道在起风时保持平衡，才不会趴下。

下一个风口是什么，或者说此刻的风口是什么？很多人都觉得是短视频，因为它抢夺了观众的注意力，所以长视频市场遇冷。但是在我看来重要的不是视频的时间长短，而是内容的营养和内涵，因为没有技术壁垒和创作沉淀的内容，再短观众也觉得厌烦，而充满了趣味和优质内容的视频，再长观众也会觉得短。

我相信有价值的优质内容永远是市场的重点，我们坚定信心，保持定力，回归本质，遵循内容的本位，守正创新！

沉浸体验+情绪认同　荔枝人文综艺出圈方法论

王　希
江苏省广播电视总台卫视频道总监

　　2023年以来，江苏卫视加速"广电+文旅"领域的布局，推出特色化的荔枝人文综艺矩阵，我们先后推出了《启航！大运河》《小小骑士一起冲》《非来不可》《我在岛屿读书》等节目，这些IP不仅在垂类赛道上收获了观众的喜爱，而且也深受品牌客户的认可。就平台而言，小而美的人文综艺与少而精的大批量的流量综艺并行，形成了内容创新的互促和互补机制。

　　如何在综艺节目里用更加喜闻乐见、润物无声的方式把所要表现的文化类题材展现好，既让观众看到热闹，也让受众看出门道，真正做到潜移默化，由内而外地增加文化自信，传递精神力量？围绕这一问题我们的体会是要打造一档兼具高品质、强传播的人文综艺，所需要具备的核心因素应当包含四个层次的价值认同。

　　分别是角色代入、情绪输出、跨界融合和国际传播。

　　第一，角色代入。要达成角色代入，就要让大屏前的观众成为节目叙事的参与者，一方面要构建足够生动有趣且合理的沉浸式的场景，与观众达成时空上的联结；另一方面，为观众设定合适的角色投射的对象，达成身份上的联结。

　　这两个联结具体到我们的做法当中是这样的，打造个性化的沉浸式体验场景，只有为观众打造出生动有趣的沉浸体验场景才能走入观众的心中。以我们正在热播的《非来不可2》这个节目为例，节目结合"西游"这个话题，让观众在孟非、刘震云等嘉宾组成的"非震式旅行社"的带领下，从新疆一路西行到乌兹别克斯坦，旅行社的成员穿越亚洲大陆腹地，走过雪山草原、湛蓝湖水、戈壁大漠、城市绿洲，打开了千年西域的壮美和奇幻，这样的西游奇遇记对观众来说是新奇的，是有代入感的。尤其是何广智让不少年轻观众联想到当下大热的国产游戏《黑神话：悟空》第一章中的"广智"这个角色，拉近了距离。

我们推出的读书类节目《我在岛屿读书》，邀请余华、苏童等文学大家来海岛聚会，在海岛上设立书屋，让作为爱书人、读书人的观众与写书人的作家形成直接的联结，使作家与读者相约岛屿，最后节目中呈现的唯美、烂漫、静谧的公共阅读空间是属于每个人的。

2024年国庆假期，位于海南陵水的分界书屋成了热门旅游打卡地，特别是分界书屋开发的一系列周边纪念品成为上岛游客抢购的人气产品，同名图书在众多连锁书店登上热销书架，文旅热潮增强了节目与观众的联结，提升了沉浸式的体验。

我们邀请不同属性的嘉宾为的是让观众完成自身角色定位的投射。《非来不可2》中，孟非和刘震云是行万里路和读万卷书的组合，代表了资深的旅行者，哈尼克孜则是青年女性视角，她拍摄的民族服饰大片正是女性观众在旅途中寻找美发现美的映照。何广智对旅行规划精打细算，武艺与父亲、弟弟同为一家人，消费理念却大相径庭，这些多样的角色设定，让那些喜欢全家旅行的观众像看镜子一样看到自己，正因为每个人都能在节目中找到投射，节目的走向从与我无关变成与我有关，并且是息息相关，使看节目有了看剧的爽感。

第二，情绪输出。人文综艺的创作要让情绪在编导和嘉宾中达成认同，通过节目让观众与嘉宾达成共情，编导把嘉宾的观点转化为视听语言的业务能力和嘉宾表达观点的情绪价值决定了一档人文节目的成色和底色。

节目要把核心的主题顺利传递给受众，与主创团队的执行和创意是密不可分的，团队自身把内容吃透，更要和嘉宾观念同频。从策划《我在岛屿读书》第一季到今天，主创团队的成员把阅读变为自己生活中自然而然的习惯，即使在非节目筹备的制作阶段，依然保持阅读，关注文学，正是这样的热爱让嘉宾们更加认可团队对文学、对阅读、对作家的理解。

2024年我们做的《启航！大运河》，对团队而言这不仅是一档节目，更是一个深入研究中国大运河的文化课题，编导们不仅要认真研究材料，阅读著作，观看纪录片，还要建立起对中国大运河的初步概念，更要梳理出节目制作的解题思路，节目呈现本质上就是团队全面生动地完成一次对中国大运河知识的电视化语言的表达。

而节目嘉宾是与观众直接进行情感交流的主体。要实现节目的情感引领，嘉宾属性必须与节目主题完美契合，《我在岛屿读书》三季制作下来一直秉承着让熟悉又陌生的嘉宾聊真实而有趣的故事这样的原则，一方面由这群最会讲故事的人带领观众阅读，不仅能迅速达到观点认同，更能输出大量极具含金量的观点；另一方面他们彼此熟悉而又性格迥异，在交流中碰撞出更多元的观点和表达，极大地激发观众的阅读兴趣，观众从对他们作品的熟悉到对写作品人的熟悉，到对作家的生活的熟悉。

亲子类人文节目《小小骑士一起冲》细分到摩托骑行这一领域，邀请了小小骑士和家长们一同面对骑行挑战，聚焦亲子话题，孩子的培养方式究竟是呵护还是放手？为什么说父母和孩子是相互成就的？不扫兴的父母有多重要？以上种种话题就像一个个钩子一样引发了节目外众多父母对亲子关系的深刻思考和讨论。

第三，跨界融合。当下融合传播以及新技术和新模式的运用是构成一档节目新质生产力的重要组成部分，也催生了节目新的呈现模式。应该说随着媒体的融合加剧，单一的呈现形式和传播载体已经不能充分实现优质内容的价值属性，《启航！大运河》这个2024年借着大运河申遗成功10周年的节点推出的节目，沿着运河去往了18个城市录制，在录制的过程中我们联动了六省两市的广电新媒体客户端，同时到了每一个城市都会深度联结当地的文旅资源，提高运河旅游的热度。

6月22日，在中国大运河申遗成功10周年当天，我们联合媒体进行接力传播，带领超过120万人次的观众感知大运河的水运文脉，策划了"运河百里图"，全国广电新媒体联盟百余家的媒体共同发布，展现运河沿线的景色之美，风物之美和文化之美。

当下AIGC形成数智转型新的生产力，利用新技术让人文节目具备时尚潮流属性是我们持续发力的方向。《启航！大运河》这档节目借助了人工智能、现实增强等技术手段，对运河沿岸的自然风光、历史文化进行数字化的复原和呈现，成为可亲、可见、可游、可赏的动态节目。

节目当中运用二维动画技术打造连环画般的视觉效果，动感十足，趣味满满。在单霁翔等嘉宾游览扬州运河三湾风景区时，利用人工智能生成的技术展现了大运河的未来景象，让抽象的概念具象地呈现。

第四，国际传播。国内一档优秀的人文节目不仅要让观众了解中华民族优秀的文化遗产，也要让海外人士了解和认可中华优秀传统文化的魅力。2024年，《我在岛屿读书》和《非来不可2》，两档节目的续集面向"一带一路"国家，传播高质量内容。《我在岛屿读书》第三季前往希腊的克里特岛，这里不仅是希腊最大的岛屿，还是西方文明的发源地之一，孕育了古老的文明。节目特别邀请了来自不同国家和地区的作家、译者、出版人、读书人加盟，以文学为纽带，见证属于文学的缘分和作家之间友谊的诞生。

《非来不可》第二季也将抵达乌兹别克斯坦，在那里见证多样的人文景观和文化魅力。

这四档节目是江苏卫视具有标签特色的人文综艺类代表，接下来我们将在人文综艺赛道上继续努力，推出弘扬长江文化之美的《出圈了！长江》，弘扬中国古建筑之美的《鲁班的后裔》，以及弘扬中华传统美学的《中国颜色》等，我们将在广电总局的关心和指导下进一步深挖人文综艺的内在魅力，创新呈现形式，丰富传播渠道，持续打造高品质的精品人文综艺。

《戏宇宙》：以"破题""破壁""破圈"打造戏曲文化节目新标杆

张 立
山东广播电视台电视卫星频道
常务副总监

山东是孔孟之乡，是文化大省，是中华优秀传统文化重要的发源地，2013年习近平总书记在曲阜发出了大力弘扬中华优秀传统文化的号召。2024年5月习近平总书记再次来到山东，给予山东新的定位，那就是担负起新时代的文化使命。

牢记习近平总书记的嘱托，山东卫视坚守"悠久文明 青春中国"的定位，深耕齐鲁人文沃土，发力文化"两创"，在广电总局的指导和大力支持下，统筹做好文化综艺类节目，文化纪实类节目，文化短视频节目，以及大型文艺演出四条节目线。

尤其是近3年我们陆续突出了《黄河文化大会》《戏宇宙》《超级语文课》《行进中国》《中国礼 中国乐》《馆长来了》《中华家庭诗词擂台赛》等节目，构建了山东卫视的文化节目宇宙。

《戏宇宙》获得了第28届中国电视文艺星光奖"电视戏曲节目奖"，另外还有3档节目获得提名。下面我就以《戏宇宙》为例分享一下我们的创作心得。

第一是破题。"五用为纲"，路径创新。有朋友会问我们为什么叫《戏宇宙》，宇宙是一个巨大的时空概念，而戏曲作为最具中华美学精神的艺术门类，核心意蕴正在其化繁为简、以形写神、跨越时空。可以说《戏宇宙》这个题目本身为我们提供了大量丰富的创意和创造的空间。

我们经常探讨是什么构成了源远流长？灿若星河的戏曲文化？是唱念做打？还是生旦净末丑？或者是舞蹈、对白、音乐、武术还是杂技？答案是精华在于所有中华戏曲的各种元素之中，《戏宇宙》要做的就是把这些戏曲的元素提炼出来和各种当代艺术结合，让戏曲与潮流进行极致碰撞，让传承与创新奏出和谐乐章。

在创作思路上我们不断创新内容生产的方法论，坚持"五用为纲"，即古为今用、科为意用、网为戏用、影为视用、洋为中用。节目提出了戏曲"创演"的概念，邀请表演者围绕指定主题，对传统戏曲经典进行创造性转化，汲取了戏曲精华之后结合当代艺术，潮流元素，全新创作文艺作品。

第二季参与创演的国家级戏曲表演者包括 8 位梅花奖得主，近 20 位国家一级、二级专业演员，表现出了强烈的创新意识，他们与多位年轻的戏曲演员互相配合，共同演绎了 10 多部传统与当代融合的全新创演作品。这些作品一经发布在社交平台引发了广泛的关注。

我们的作品《定军山》由"梅花奖""白玉兰戏剧奖"的双料得主国家一级演员凌珂，与国风音乐团队共同演绎，老将黄忠与"00 后"少年上演跨时空的对话，将京剧，微电影等多种艺术形式相结合。《戏宇宙》第三季的文旅季，将地方剧种和当地的文旅有效嫁接，将溯源地方戏曲的土壤与追寻时代浪潮相结合，寻找中国戏曲新的打开方式。

第二是破壁。立意求新，价值破壁。我们坚持以人民为中心，以精品奉献人民的创作导向，以"戏曲+"为创作思路，扎根本土，深耕时代，深刻把握中华文明的五个突出特性，深入挖掘中华戏曲文化富矿对戏曲艺术进行立体关照，创作团队秉持"守正不守旧，尊古不复古"的艺术追求，始终怀揣敬畏之心，认真听取戏曲艺术家和研究者的意见，尊重传统，致敬经典，坚守艺术的根脉、魂脉不变味。

77 岁的戏曲泰斗朱世慧携弟子创编的《徐九经拒礼记》，借由电视剧《狂飙》上演，表达反腐主题，既有传统章法，又与现实结合，增强了节目的现实关照力。《戏宇宙》不仅关注戏曲舞台上的唱念做打，更关照现实和时代，关注戏曲人群体的孜孜不倦和他们的苦心孤诣。《戏宇宙》是一档关注戏曲人的节目，展现的那些关于坚守、传承、创新、发展的动人故事，赞颂"戏比天大""守戏如痴"的专业精神，同时关照现实、直面困惑，探讨戏曲艺术传承创新的未来之路。多个话题火爆出圈，引发了戏曲人的强烈共鸣和大众对戏曲的广泛关注。

我们希望通过努力，助力戏曲生态的繁荣，让更多的人走进戏院，爱上戏曲，实现我们节目价值的破壁。

第三是破圈。科技赋能，青春表达。《戏宇宙》是一档面向当代，面向未来的节目，对科技元素进行充分的应用，节目中可以看到 AR、VR 等各种虚拟现实技术带来的炫酷舞台效果和沉浸式的体验，在舞美的设计上体现了十足的未来感，舞台的整体造型是一个太空舱，代表戏曲抽象符号的梅花点缀其间，虚拟与现实、传统与现代、古风与时尚巧妙嫁接，互相融合，营造出全新的视觉体验，展现了浓浓的科技感和时尚感。

节目通过形式的持续创新吸引了很多年轻人参与其中，比如说"鲜克乐队"，他们是中央戏曲学院3名"00后"的大学生，他们以摇滚乐的方式演奏昆曲曲牌，全网播放量达到1.3亿次。《戏宇宙》第三季，创演嘉宾邀请了"00后"大学生和小学生观看表演，表演者本人也大多是"00后"的从业者，像浙江婺剧团这样的地方院团，通过对戏曲内容和形式的持续创新走近观众，吸引更多的年轻人。从这一点上讲，《戏宇宙》并不是独行者，是有很多同道中人。可以说《戏宇宙》已经突破了原有戏曲受众群体，在多方位的全新表达中创造了戏曲舞台艺术之外更大众、更广泛的圈层，实现了传统戏曲在新时代的文化赓续。

不破不立，守正创新。不管是破题、破壁还是破圈，内核都在于创新，创新题材、创新形态、创新内容、创新路径，唯有创新才能赋予节目持久的产品力、品牌力和生命力，唯有创新方能守正。

下一步，我们将积极培育发展广电新质生产力，围绕《戏宇宙》等节目的IP化、产业化持续发力，加速打造优质文化内容生态，力求推出更多思想精深、艺术精湛、制作精良的精品内容，加快向新型主流媒体和综合文化服务运营主体转型。

如何重塑综艺内涵 实现内容价值的传递

徐　娜
河南广播电视台卫星频道
总编室总监

从 2023 年开始，河南卫视的口号变为"新时代 新文化"。河南卫视一直深耕中华优秀传统文化，致力于文化创作，擦亮我们品牌的文化。《"中国节日"系列节目》我们做了 4 年，制作了 28 期节目，收获了 1400 亿的流量，海外传播 7500 万次。

2024 年，河南卫视获得"全国民族团结进步模范集体"，当时我们去申报这个奖时才突然发现，河南卫视这些年做的这么多节目里面，竟然有那么多和少数民族相关的文化类节目。我们经常讲什么是好的文化类节目？好的文化类节目离不开几个要素，其中之一是信息的聚合化、焦点化和逻辑化。河南卫视坚持科技赋能、创新表达、美学引领和艺术点亮，这 16 个字说起来简单，但是应用到每一帧画面时都是要经过无数次对创新和创意的思考。

只有不断创新和不断超越，大屏的电视观众才能接受我们的节目，小屏的网友们才能转发、评论和点赞。我们用潮流的手段激活传统文化，找准了节目创作的内涵，打造了一个三维立体模型。这个模型里，传统文化与当代文化实现了交融，传统文化是古，当代文化是今，以此练就我们以古鉴今、以今鉴史的能力。

要做到经典与当下的共鸣和共情。比如河南卫视 2024 年春晚的作品《龙舞》，节目中使用了高跷这一传统文化艺术表现形式。高跷一般多出现在民间民俗活动中，比如庙会、农事活动。在《龙舞》中，我们将西宁鲁沙尔社火高跷、重庆铜梁龙舞和少儿街舞进行混合，高跷是传统的、龙舞是非物质文化遗产、街舞是当下的，当这三项元素结合在一起时,《龙舞》这一在龙年展现龙能量的节目应运而生。

我们的节目离不开科技赋能,"科技+文化"如何打通"最后的一公里"？要用科技来展现文化创作的外延。2024年河南卫视春晚节目《凤鸣朝阳》中的"凤凰"形象,是在CG特效的加持下完成的。当舞者妖娆的身姿被CG特效环绕之后,就形成了我们在节目中看到的"凤凰"画面,契合了春节的氛围和灵动状态的表达。《"中国节目"系列节目》的每一期都有和民族舞蹈相关的主题,不管是祖国的大西北还是大西南,只要是和民族节目相关的舞蹈,我们每期都有囊括。

不管是通过科技手段还是艺术手法,节目呈现出来后,还得要宣传。我们是党的"喉舌",也是每一个小小互联网的端口。一定要在节目创作初期就开始进行宣传方面的思考,在制作节目时,我们所有的内容导演组和宣发组是同时进行的,宣发团队一定是有着新闻视角的、快速反应的团队,并且懂得利用互联网的力量进行传播。

线上宣发一定要及时反映、即时反馈。我们也组织线下活动,核心目的是让观众看到河南卫视的气质、看到我们IP的人设,让大家感受到我们的温度。打造文化综艺品牌、塑造文化品牌,要用潮流的手段塑造文化,借助Z世代的潮流感讲文化。不管是线上传播还是线下落地,都要用延伸的转化拓展文化。

2025年,我们计划打造以"蛇舞山河万象新"为主题的河南卫视春节晚会,相信河南卫视会给观众带来一个意想不到的蛇年春晚。

我们将继续做传统文化挖井人、做现实世界的观照者、做城市文化的记录者、做中国文化的讲述者。

此前所述皆为序章,欢迎大家到河南去,用脚步丈量一下河南。

优酷人文在文化旅行类综艺中的探索
——以《闪耀吧！大运河》为例

王晓楠

阿里大文娱集团优酷人文
总经理

2012年，优酷在中国网络视频平台当中，率先推出了人文内容频道。12年过去了，优酷人文至今仍是全网唯一的人文内容频道。这12年来我们一直专注于制作人文类内容，坚持以文化人，坚持安顿人心。目前制作出品的节目已经超过了百部，从最早的《侣行》到《圆桌派》《局部》，还有近几年的《锵锵行天下》《念念青春》《众声》等。人文频道还收录了央视的《百家讲坛》，凤凰卫视的《凤凰大视野》和《冷暖人生》，希望优酷人文能够成为齐聚华语优秀人文类内容的平台。

我们重点做两类节目，第一，深耕语言类节目，坚持人文在人，以文化人为创作核心来构建谈话场，我们相信聊天就是人类最普遍的精神交流方式。像《圆桌派》到2024年已经是第七季了，我们以《圆桌派》来讨论热点文化现象，以《第一人称复数》代入女性视角，以《众声》洞察社会情绪，以《她的房间》倾听和抚慰人心。第二，创作研发文化旅行类综艺，在读万卷书，看百样人之后是行万里路。我们以《锵锵行天下》丈量世界，以《何不秉烛游》去随风潜入夜，开启记录城市夜游。还有《闪耀吧！中华文明》和《闪耀吧！大运河》通过多人结伴，贴近我们民族文明的宏大壮游。

《圆桌派》到2024年已经是第七季了，我们最出圈的有两期选题，一期是《繁花》，很多观众是被其中的人物故事、命运和爱恨纠葛所牵引，我们请来原著作者金宇澄老师做客节目是希望能够延展畅聊在剧集背后的文学创作背景、方言文化以及时代和个人命运之间的关系。

另一期是被网友们一致"封神"的《悲喜》，这期我们请来了作曲家陈其钢先生，他带病坚持录制，在节目当中侃侃而谈，他的真知灼见和艺术品格，以及他自己在艺术上的孜孜以求和对年轻人的帮助打动了非常多的人，大家纷纷转发分享，以至这一期一经播出，陈老师冷门的自传《悲喜同源》已经卖到脱销。

《圆桌派》成功推出多季之后，我们希望再推出一个女性视角的聊天节目，当前的女性聊天节目仿佛比较多局限在了时尚、育儿或者是亲密关系这些议题，我们希望能有一档展现女性精神生活的聊天节目，我们推出了《第一人称复数》，在节目开展过程中我们发现，当女性在彼此之间构建起情感联结和情感接纳之后，反而会更加直言不讳地去表达反对的意见，在这样的情境当中，我们会让一个话题具备更多的维度，从而得到更加深化的展开。

第二季我们拍了90岁的艺术家徐小虎老师，用她90年来的女性生命体验向大家传递她是如何保持一颗赤子之心，以及为守护这颗赤子之心愿意付出生活的代价，保持她在艺术创作和生命当中的真谛。

《锵锵行天下》第三季是豆瓣评分最高的一季。节目采访了近60位在各行各业为传承中国传统文化默默奉献的人，涉及丝绸、篆刻、造纸、国画、民乐、昆曲等领域。《锵锵行天下》第三季非常大胆地呈现了长达40分钟的昆曲表演，以至那一期节目长达2个小时。即便如此，这一期节目的完播率仍然接近50%，这证明了如果内容足够优质，长短根本不是问题。

一位"90后"的网友寄来手写书信，表示他在看节目时被古籍修复师所打动，明白了有多少人在默默为中国传统文化的传承作出贡献，他特意寄来这封手写信，希望我们的古籍修复师们人寿百年。

《闪耀吧！大运河》是我们做过难度最高的节目。2024年恰逢大运河成功申遗十周年，在国家广电总局的指导下，在北京市广电局的策划下，我们得到了北京市委宣传部以及大运河岸六省二市宣传文旅和广电部门的大力支持，为我们推荐历史影像资料。这是一档群策群力、共同创造的节目。这档节目全程会用4K拍摄和制作，也会使用AI的手段来去复现历史上的名场面。

整个阿里大文娱的数字人会化身成大运河的小精灵全程陪伴，节目在2024年10月20日启动拍摄，这次选录的运河城市第一站是宁波绍兴，我们一路由南向北，一路向上3000公里。回到节目创作本身，这个题材的难点在于大运河和我们每个人休戚相关，正因为太过日常我们往往浑然不觉。所以破题方式还是回到"人"身上、回到生活里，运河是人决定开凿的漕运利器，也是人类孜孜不倦去改造的家园热土，同时更是不断滋养和哺育我们的温柔水脉。

我们成立了大运河"走运团"，由来自历史、哲学、文学、经济、建筑、水利等各个跨学科领域的专业学者，以及众多知识型青年共同组成走运团，走运河，开大运，系国运。我们的"走运之旅",以宁波和绍兴为例,走入任何一个运河城市都将从城市探寻开始。"走运团"兵分三路:一路体验运河人家生活,体会运河之上世代更迭的生活方式;二路看运河岸边的文化遗址和建筑,探访历史故事;三路专门探寻熠熠生辉的运河儿女,体会宁波独立潮头的开拓精神,绍兴坚毅勇敢的文人风骨。晚上我们会召集"开运会",交流各自在白天探访的心得,入夜,"走运团"的成员们在绍兴的船上观看火上游龙,体会鲁迅笔下的绍兴社戏。

我们将同步制作大运河的"闪耀路书",在开播日和宁波等地做万人走大运的运河沿岸之旅,我们和每座城市做开运大礼包,也就是大运河文创,比如宁波麻将、小黄鱼、汤圆还有年糕等。

"你我的人生之问,大运河都有答案",回到创作原点,回到生活,我们认为大运河是带给人幸福和安定的河,这么多年见证着岸边人们的生活。我们会竭尽全力把节目做好!

聚合 联动 在场
——直面变化 创新求索

赵婧
腾讯在线视频天琴工作室
负责人

我以"聚合、联动、在场"三个关键词,和大家一起分享腾讯视频综艺如何直面变化,创新求索、如何创新优质内容,聚合效应、如何促进市场的竞争力。

当前用户的观看习惯发生了深刻的变化,海量、快速的碎片化的内容吸引了观众越来越多的时间。综艺节目如何在这种环境下站稳脚跟,成为长视频平台急需解决的问题。

观看习惯的改变,用户使用时间方式的调整对我们而言是挑战,更是机遇。腾讯视频的《喜人奇妙夜》就是一个抓住机遇,让长短视频融合的例子。作为"笑吧"喜剧联盟的重点项目之一,《喜人奇妙夜》不仅在站内外多项榜单和收视指标蝉联第一,还是短视频平台首个破 10 万想看的综艺。

目前,《脱口秀和 Ta 的朋友们》同样在短视频平台数据不俗,这证明了有优质内容为基础,长视频、短视频可以实现双赢。腾讯视频始终坚信内容为王,每个节目的创作都有对当下观众生活现象的观察,有对时代情绪的回应。制作团队把握内容深度和节奏感的平衡,让观众既能收获及时的解压快乐,也能展开广泛的话题讨论。

《喜人奇妙夜》的成功是腾讯综艺应对挑战、开拓创新的一个缩影,给予了我们坚持开发优质内容的信心,好内容也是长视频节目在短视频浪潮中保持竞争力的核心。与此同时,我们也看到了内容创作中蕴含着的新生机和新机遇。腾讯视频在渠道合作和生态联动方面也进行了更加积极的探索,我们可以看到在渠道上腾讯视频积极地探索电视台，探索大小屏联动的台网融合新模式。例如《轻轻松松喜剧节》在东方卫视播出，综艺《鲜活唱游团》《炙爱之战》《宵夜江湖》也分别在湖北、四川、江苏卫视播出，其中《炙爱之战》《势均力敌的我们》，还有《宵夜江湖》在卫视播出期间获得同期收视率第一的成绩，实现了大小屏有效联动。

在商业生态方面，我们一直不断积极探索，新鲜上线的《有歌2024》由腾讯视频和浙江卫视联合制作、联合出品、联合招商，这种台网协同，大小屏联动的模式，不但为品牌带来更多的传播机遇，也为创作者和高质量内容提供了更多的空间。

新老IP的持续发力是我们的重要策略，目前观众对综艺的消费从被动接受转向主动选择，其中既包括对欢乐解压的需求，也包括对轻松治愈、热血上头的期待。观众个性化的需求更新促使我们在节目内容和形式上不断进行创新。例如，《轻轻松松喜剧节》《喜人奇妙夜》等新喜剧节目抓住了观众对笑声的渴望。

音乐综艺也在发生着变化，观众不再局限于传统的竞演模式，而希望通过节目获得音乐的真实力量和看到新鲜面孔。这一趋势在《奔赴！万人现场》中得到很好的体现，《奔赴！万人现场》用线上线下融合的方式，让音乐人直面票房的考验，也让观众沉浸现场，获得音乐的深度体验。

2025年《奔赴！万人现场》推出第二季，继续实现观众与音乐的双向奔赴。此外经典IP的持续火爆也体现了观众对优质内容的忠诚度，比如《哈哈哈哈哈》《桃花坞》《心动的信号》《令人心动的offer》系列节目依旧稳扎稳打，引领潮流。通过新节目和经典IP的双线布局，我们不仅紧扣观众对综艺消费需求的改变，还通过内容创新保证了平台的核心竞争力。

后链路升级让好内容和用户始终在场，以优质内容创作为前提，我们始终致力于提供一个完整的综艺生态链，最大化释放综艺的长尾效应，这个生态链不仅涵盖节目制作播出，还延伸到衍生综艺、IP联动、人才支撑等后续环节，进一步提升内容的市场影响力以及可持续性。

衍生综艺是提升IP内容生命力的手段之一，随着《桃花坞》系列的热播，我们通过推出《团建不能停》这样的节目将IP热度延续，综艺有售后的模式可以增加话题性和社会讨论性，提升节目的品牌价值。

IP联动是构建生态链的又一关键举措，通过跨节目、跨平台的综合资源丰富了用户的体验。例如，《喜人奇妙夜》也参与了《心动的信号》的衍生节目，这种跨IP联动为演员增加了在场的机会，帮助我们打通不同节目的受众群体，收获更大范围的生态圈。

在整个综艺生态链中，人才的扶持和成长是至关重要的一环，不仅为优秀的内容创作者提供展示的平台，更通过多类型的节目和影视剧资源联动，帮助年轻演员拥有更多的舞台机会，在喜剧综艺中崭露头角的演员在大剧《庆余年》（第二季）中担任非常重要的角色，这类从综艺到影视的跨界延展，发挥了我们在构建人才成长路径上的独特优势，也为行业输送了更多的新鲜力量。

创新是综艺节目焕发生命力的不断源泉，无论是渠道创新还是内容创新，腾讯综艺认为创新的关键在于深度洞察用户的情绪需求，不断地迭代好内容，给观众带来持续的新鲜感，让行业内的所有从业者，内容方品牌方共同受益。希望腾讯视频的观众们收获极致的情绪满足感。

文学 IP 影视化论坛
文学力量　影视表达　双向赋能

时　　间	10月12日 14:00—16:30
场　　地	郎园 Station 准点剧场
主办单位	国家广播电视总局电视剧司、发展研究中心，中国作家协会社会联络部、北京市广播电视局
承办单位	中国电视剧制作产业协会

领导致辞

朱咏雷

国家广播电视总局党组成员、副局长

金秋十月，我们相聚北京，探索广播电视精品创作的理念与方法，分享文学IP影视化的经验与体会。首先，我代表国家广播电视总局，对本场论坛的举办表示衷心的祝贺！对莅临本次论坛的各位嘉宾表示热烈的欢迎！

在丰富的文艺门类中，文学与电视剧、网络剧、网络电影渊源很深、联系密切、互动频繁。浩如烟海的文学作品为影视创作提供了丰富充沛的源泉活水，优质的影视化改编助力原著文学焕发生机、历久弥新。党的十八大以来，文学IP影视化佳作频出、硕果累累，《平凡的世界》《大江大河》《装台》《人世间》《繁花》《三体》《人生之路》《庆余年》《长安十二时辰》《我的阿勒泰》等大量文学著作转化为优质影视作品，贯穿了党史、新中国史、改革开放史、社会主义发展史和中华民族发展史，创造了经得起历史检验的文化经典。文学改编还有一大批重要作品在路上，如《千里江山图》《主角》《父父子子》等。今天，其中一些作品的制片方、原著作者、影视编剧和演员代表来到现场，结合实际创作经验分享心得体会，期待你们的发言。在这里，我抛砖引玉，就促进优质文学IP影视化，实现文学和影视行业高质量发展与大家分享几点看法。

一要坚持思想性、艺术性、观赏性相统一，充分发挥文学和影视作品浸润人心的重要作用。文学和影视工作者要坚持以习近平新时代中国特色社会主义思想、习近平文化思想武装头脑，深入学习领会习近平总书记关于文艺工作的系列重要论述，自觉承担新时代文化使命，将个人文艺创作工作融入建设文化强国、培育中华民族现代文明的大局当中，丰富当代文艺经典，铸就社会主义文化新辉煌。

二要坚持出成果和出人才相结合，厚植文学IP影视化人才土壤。人才是推动文学和影视行业高质量发展最强大最持久的动力，广电总局高度重视人才工作，常态化组织制片人、导演、编剧、演员、经纪人、内容管理人员的系列培训班和"深入生活、扎根人民"研修交流实践活动。在2024年9月刚举办的第34届电视剧"飞天奖"、第28届电视文艺"星光奖"颁奖典礼期间，广电总局启动实施"飞天——星光计划"人

才培养五年行动，组织对导演、演员、编剧等电视剧人才进行专门培训和重点发现培养，推动人才"第一资源"转化为高质量发展"第一动力"。

三要坚持抓作品和抓环境相贯通，形成文艺精品和文化环境相辅相成的生动局面。 广电总局不断改进电视剧创作生产服务、引导、组织工作机制，致力于搭建文学与影视资源共享、信息互通的平台，2022 年，与中国作家协会签署战略合作协议，在版权、文艺批评、人才培养、国际传播等各个环节加强机制化的合作交流，推动文学与影视的互动从个体的、自发的、随机的，上升为有常态机制、有组织保障、有计划安排的交流合作，为文学 IP 影视化保驾护航。

同志们，希望今天的论坛能够为大家探索文学 IP 影视化的理念方法提供有益的借鉴，我们共同努力，聚焦"国之大者"，发挥各自优势，推出更多精湛鲜活、丰富多彩的文学作品和影视剧作品，勇攀新时代文艺高峰，实现文学和影视行业双向赋能和高质量发展，更好地满足人民群众日益增长的精神文化需求。

陈 彦

中国作家协会副主席

文学和影视都是宣传思想文化的重要组成部分。文学，作为人类文明的瑰宝，以其深邃的思想、独特的情感和精美的文字，构筑了一个五彩斑斓的精神世界。影视，凝刻着家国记忆，抒写着世情烟火，展现社会的繁荣发展和时代的变迁。文学IP的影视转化，则是这两大艺术形式完美交融的成果，它让文学作品以更加直观、生动的形式呈现在观众面前，让更多人能够领略到文学和影视的共同魅力。回顾我国文学与影视融合的经典案例，如今诸多"扛鼎大剧"的背后，都有文学作品的坚实支撑，如电视剧《平凡的世界》《白鹿原》《装台》《人世间》《三体》《繁花》《我的阿勒泰》等。这些影视作品因改编自文学而收获了更多口碑和人气，成为现象级爆款，赢得广泛的赞誉。

中国作协和国家广电总局十分重视文学与影视的融合发展工作。2022年中国作协和广电总局签署战略合作协议，双方在加强重大项目合作、推动版权再创作再生产、联合开展推介评价、共同加强人才培养、共同做好国际传播推广等方面达成共识，制定相关举措。充分发挥文学在各艺术门类中的"母本"作用，为文艺工作者创新创建广阔平台，推动社会主义文艺事业繁荣发展。

自协议签订以来，中国作协认真履行协议内容，在文学创作、编辑、出版和传播各个阶段采取多种措施，推动文学与影视融合发展。**一是**加强文学源头创作生产各方面协调联动。组织实施"新时代山乡巨变创作计划""新时代文学攀登计划"引导作家创作更多反映人民生活、展现新时代恢宏背景的文学作品。同时组织导演、编剧、影视行业从业者、学者等参加选题会、改稿会、研讨会，对文学作品创作全过程跟踪，选取适合影视改编的文学作品及时进行影视转化、打造优质影视作品。**二是**建立优秀文学作品版权转化机制。中国作协联合爱奇艺、优酷、腾讯、芒果、华策、正午阳光、完美世界等影视机构成立文学作品著作权开发联席会议，探讨文学改编影视的创作规律和难点突破，促进文学IP转化。**三是**强化工作抓手，积极与各单位开展合作。中国作协社联部与北京广电局共同举办动画周、纪录片大会、网络视听大会、电视剧大会等活动，整理茅盾文学奖、鲁迅文学奖、少数民族文学创作骏马奖、儿童文学奖获奖及申报作品，选取质量上乘、适合影视改编的作品向影视公司及制作机构推荐。中国作协还先后参加平遥电影节、第 26 届上海国际电影节、第 37 届大众电影百花奖、广州电影产业博览会等影视活动，举办文学影视转化论坛，邀请作家及影视行业从业者共话文学影视双向赋能，并现场推荐优秀文学作品。2023 年，中国作协共向各影视公司、影视制作机构推荐 800 余部文学作品，大批优秀文学作品目前正在影视改编、有声剧、舞台艺术、剧本游戏、数字文创数字沉浸式体验等领域进行多元化深度开发。

文学是影视的源头活水，影视又让文学熠熠生辉。展望未来，我们希望文学与影视行业从业者可以共同携手，促进文学影视相生相长。在此，我也提出几点意见供大家参考。

一、加大力度深化合作，推动文学影视双向赋能

探索建立文学与影视行业之间的常态化交流与合作机制，促进双方在创意开发、项目策划、制作发行等方面的深度合作。通过定期举办文学作品推介会、影视项目创投会等活动，搭建起文学与影视之间的桥梁。通过资源共享、优势互补，促进文化精品的创作与传播。

二、扩大文学作品供给，畅通文学影视交流渠道

中国作协将深度挖掘、精心筛选著作权保护与开发平台、《人民文学》《小说选刊》《中国作家》等报刊上的优秀作品，推荐茅盾文学奖、鲁迅文学奖、少数民族文学创作骏马奖、儿童文学奖获奖及申报作品，以争取扩大优秀文学作品的影响力，推动更多文学作品版权转化。

三、完善文学转化影视产业链

与相关部门合作，建立健全文学作品的版权登记、保护和运营体系，确保作家的合法权益得到充分保护。共同建立和完善优秀文学作品版权改编、衍生、转化的有效机制，定期举办交流会、研讨会、选题会、培训班等活动，加强双方的沟通与合作，共同探讨文学转化影视的新思路、新方法。

"内容为王"始终是全媒体时代的大势所趋，文学经典佳作的生命力也永不枯竭。本次文学 IP 影视化论坛希望各位嘉宾通过主题演讲和圆桌沙龙等多种形式，能够畅所欲言，分析当前文学影视转化的机遇与挑战，碰撞出文学影视融合发展的思想火花，共同为新时代文学事业发展和新时代影视事业发展贡献新的力量。

主题演讲

后浪推前浪　更上一层楼

梁晓声

著名作家，
《人世间》作者

　　从总体上讲，文艺并非纯粹表达自我的方式。最初的文艺，如歌舞、诗画，固然是那么起源的，但后来的戏剧、小说、电影、电视剧，越来越具有了社会性，其价值也越来越受到社会性评估——接受时间的检验，实际上便是接受由一代又一代人组成的社会的检验。当然，社会也越来越意识到尊重并尽量理解创作者自我情绪释放的必要。这体现了社会在文艺理念方面的进步——歌、诗、绘画乃至雕塑，目前仍部分地存在着、产生着此种想象。

　　但电影和电视剧难以那样。这两门艺术，绝非个人所能完成，都需要资金或大宗资本的介入，商品的属性不言自明，而且是团队合作的产物，一经问世便需要人们花钱去看，需要由电影院和国家公器电视台来播放。

　　人们看电视剧如同逛公园。公园即曰公园，即使免费，进去过的人也还是有权表达满意与否，这是一种不可让渡的特权。比之于电影，电视剧所面向的观众更为广泛，这决定了人们对其价值的评估更具有社会性。面向大众的而非小众的，这是电视剧的宿命。

　　我觉得，文艺像接线板，可以想象它是多插头的，但在我看来，实际上只有两处插头：一端连着古代和近代；另一端连着现在。全赖有这样的接线板，近代的人、事仿佛昨日的人、事，古代的人、事可引起我们的种种共鸣。这块接线板也好比电视剧与古代和当代的关系。

文艺并非仅仅批判和歌颂两种功能。呈现历史，昭示国家及民族的精神特质，弘扬之、赓续之，乃是各国对文艺形成的共识之一。在特定的历史时期，它是号角，是战鼓，是悲壮的誓言，是团结的大愿，这一点，中国之文艺于抗日战争时期发挥的作用，在全世界是罕见的。

我关注到，我们的电视剧在以史为镜这一点上，近年来产生了不少优秀作品。

我也关注到，在现实题材方面，同样产生了不少优秀之作，如《大江大河》《山海情》《人世间》，最近播出的《山花烂漫时》等。

中国影视剧的历史资源甚为丰富，但绝非取之不尽用之不完的，它是恒产，必然用多剩少。我认为目前已到了瓶颈期，如何进行再生性的开掘、利用，尚需拭目以待。

这使我特别关注中国电视剧在现实方面的表现。这方面的成果，主要由中青年电视剧主创者们提供，估计平均年龄属于"80后"。

我给这一艺术群体的实践打高分。因为我知道，面对几乎同质化的当代生活，几乎千篇一律的当代人的日常，几乎无关生死的喜怒哀乐、酸甜苦辣，完成一部堪称优秀的现实题材电视剧，实在是很难的。故我一向持包容态度。

我对年轻的朋友们有以下建议。

一、处理好讲故事和塑人物的关系，为人物的情节另有天地。

二、在推进情节的同时注重细节，好的细节能使情节更生活化。

三、处理好情节和情怀的关系。自己内心里稀缺的，何谈奉献给世人呢？现实题材的电视剧，若只是情节连环，不能使人感受到应有的情怀温度，即使收视率高，那也功亏一篑啊！

年轻的朋友们，加油！向做难事的你们致敬！

《千里江山图》创作及影视转化的若干想法

孙甘露
著名作家，
《千里江山图》作者

非常荣幸地向大家汇报《千里江山图》小说创作的相关情况，以及影视转化过程中遇到的有趣事情。

实际小说的创作多年前就在上海市委宣传部的关心和支持下开始准备，读过小说的读者知道，它讲述了中共中央早期在上海，从1921年到1933年撤离，这12年尾声阶段发生的故事，这个领域之前较少有作品涉及，相关作品也不是太多，实际是比较重大的挑战。

在整个准备过程中，我请教了很多党史、军史、上海史、地方史专家，比如原来上海党史办的主任徐建刚先生，还有党史军史专家刘统先生，特别要感念地说一句，这本书出版之前，刘统先生通读全书并且写了书面的审读意见，我是在书出版之后才知道，那个时候他已经病重，是抱病做的这项工作，后来大概不到半年去世。还有上海马克思列宁主义思想的研究者、上海现代文学的研究者，从他们那里获得很多的教义。

这段历史虽然写的是《千里江山图》行动计划，但是把它的背景放在从晚清一直到1921年中国共产党在上海建立，整个大的历史过程脉络，在此背景下考虑故事的写作，所以小说的改编确实挺有挑战性。

这本书的写作还有怎样处理这样的历史题材这一考量，一是上海方面，二是最初小说就列入中国作协的重点创作计划。

当然也有评论者强调，要把20世纪30年代初的上海具体的历史环境，把一些重要的元素汇入小说的创作中，而不是浮光掠影、比较随意或者粗略地把它安在某一个时间点上，实际所有关于1932年、1933年发生的重大历史事件，一些重要的社会新闻，以及重要人物的行迹，我都做了目录和考察。

里面人物的设置，有很多无政府主义者，当时的思潮也是风起云涌，在这样的背景下，怎样凸显中共中央早期在上海12年战斗的历程，也是上海市委宣传部领导一直强调要重点关注和表现的历史内容。

涉及的历史场景、道路、报纸以及杂志发表时的配图，包括里面人物的设置，都跟当时的时代环境、人物真实的出身，与他们的职业、工作相匹配。我一直有一个观察，一个谍报人员如果牺牲，对日常的人来说，通常可能意味着两个人不见了，实际是在不同的层面，从事日常生活和特殊身份的工作，有时候重叠，有时候是分开的，在这样的背景下考察笔下人物的行为。

文学创作有很多部分，通常写跟亲身经历有关的内容，比较有感触和切身体会，同时还有一个方法，英国有一位作家曾经分析莎士比亚的办案方法，他觉得讲述别人的故事，才能更好传达我们所要传达的理念，就像人的成长一样，渐渐从自己可以接触到更广阔的社会背景时代，到从更广泛的人群观察所要反映的时代，诸如此类有很多文学史上的借鉴。

另外，影视转化最早的是广播剧《千里江山图》，由上海广播电视台融媒体中心的侧耳团队推出，是他们新闻主播组成的团队制作的，在喜马拉雅平台上播出，接近80集，到目前为止已经有500多万的收听量，这是最早被改编的经历。

由上海评弹团倾尽全力把它搬上舞台，这是一次非常特殊的改编，因为评弹有说、有唱，用的又是南方的方言，是讲上海那个年代的故事非常合适的方式，改编也非常精彩。开幕的音乐是请评弹界非常有名的音乐家、作曲家写的一首《蝶恋花》。

上海话剧中心后来改编成话剧，第一轮演了32场，票出得非常好，现在也在修改做第二轮的演出。再就是现在修改的电视剧剧本，由腾讯视频、新丽电视、上海SMG尚世影业共同出品，目前还在剧本阶段。

还请了三位连环画家，希望能给影视创作提供一些素材。还有音乐剧，中国歌剧舞剧院已经着手在改编，小说联播在中央人民广播电台于2023年播出。

上海图书馆做了一场非常大的关于《千里江山图》的展览，很有意思的是去档案馆、音像资料馆，找了很多那个年代的影像资料，还有历史档案和物品，参观有近10万人，起到很好的党史宣传教育作用。

还会有微短剧，目前还在洽谈中，这是《千里江山图》创作最初的想法和改编，这些改编为接下来的影视创作提供良好的借鉴。

新丽团队还专程去上海看了话剧的演出，工作做得非常细，我是电视剧的观众，看了很多电视剧，但实际是外行也不懂，我认为专业的事情要交给专业的人来做，相信他们一定会把这个作品做好。

响与不响

秦雯
《我的前半生》《繁花》编剧

从 2015 年开始接手改编亦舒的小说《我的前半生》，到后来的《流金岁月》《繁花》，以及参与编剧工作的《叛逆者》《赘婿》《你是我的城池营垒》，不经意间做的都是小说改编影视剧。一路走来，虽不是刻意为之，但是在这个过程中我逐渐体会到了改编的乐趣，同时也在不断地思考总结其中的规律与方法。

《文心雕龙》说，改章难于造篇，难就在"改"要兼顾两头，既不能脱离原文，又要有新的表达。文字到文字如此，文字到影视更是。文学和影视既有互文性，但又是各自独立的、不同的艺术形式。读小说的人和看影视剧的人可能是同一批人，但也可能是不同的人。所以这两者分开单独去赏析时，他们是独立的，都应该各自让读者、观众分别感受到它的艺术价值，而当两者互通去欣赏时，又能让读者、观众感受到他的相互关照和承接，那么这在我看来是一次合格的改编。

作为改编者，要热爱原著，要尊重原著。这一点我认为是一切工作的源头，这保证了我们播种的是同一颗种子，未来工作中做的核心思想的表达是相同的，只是我们可能因为介质的不同而长成的不同形态。拿《繁花》举例，金老师在小说中反复说的"不响""男女之间的空门""人生是一场荒凉的旅行"等要义金句，也是我从最初见到王家卫导演开始，他就一直耳提面命的。《繁花》被称作"上海小说的里程碑"，它以多线叙事和丰富的语言特色，展现了 20 世纪 60 至 90 年代上海社会变迁下的众生百态，犹如书名几十个故事，几百个人物争奇斗艳，尽管都爱不释手，但终归要抽丝剥茧，排列组合，用王家卫导演的话说，我们不能说，不想说，或者说了会为难自己、为难别人的，那么我们就保持沉默，也可以说是不响。那我们挑选出来的，有代表性的，有感而发的，比如阿宝、沪生、小毛三人中选择了阿宝，比如汪小姐是书中包括梅瑞等在内的第一批女白领代表，比如玲子是书中一众上海女老板娘典型等，那就要着意表现和渲染，让他们响起来，让他们的故事编织起来可以符合现在电视剧需要的节奏性、连贯性和悬念性，做到集集相连，环环相扣。

有时候我们做减法，有时候我们要做加法，中篇小说改编长篇连续剧时就会遇到这个问题。但是本质上原则是一样的，是从与原小说互通的主题出发，从原小说富有生命力的人物和人物关系出发去生成符合影视剧规律的故事。

王国维先生说"凡一代人有一代之文学"，其实这句话也同样可以应用于影视剧改编，我们知道很多IP被改编多次，每一次改编都是不同的改编者对当时观众审美需求的探究。拿《我的前半生》改编举例，小说原来说的是20世纪80年代香港的故事，我们在做影视改编时，首先想到的就是把它移植到当代大陆如何落地生根，不是简单改一个时间地点，而是从人物前史开始就分毫必较地做移植。同样，《繁花》在改编初期，王家卫导演就反复提醒我们，剧集将要面向的是海内外两代甚至三代观众，如何让他们都看得懂、喜欢看是我们要研究的课题。今天我们会说金宇澄老师的小说《繁花》，王家卫导演的剧集，当作品因为不同的形式而呈现出不同的强烈的创作者个人风格，被打上创作者独特的个人烙印时，这对创作来说，无疑是成功且令人振奋的，这也是我们总是乐见不同的名家来改编名篇的原因。

再拓展来说，每一次改编，最终是IP作者、改编者和观众一起完成的。有人评论剧集《繁花》，"一千个观众眼里有一千种繁花"，正是说明观众在不声不响中已经参与到改编中来，代入了剧中人物的命运起伏，共情了其中的情感体验。当我们在茶余饭后，听到宝汪党、宝玲党、宝李党的讨论，这种"响"声，是我认为改编最终完成的、生动的样子。

当然，改编也不可避免地会带来一些遗憾，比如某些细节不得不被舍弃，某些情节可能无法完全忠实于原著。这就要求改编主创者不断提高自己的艺术才华和人文情怀，并且在经验技巧上日臻完善。

文学和影视就像两条平行的河流，虽然流向相同，但在各自的河道中展现出不同的风景，我们可以从中看到艺术的多样性和创造力的无穷魅力。作为改编者，行舟其中，要时刻秉持对经典的敬畏之心，坚持精品化导向，以不响的工匠精神，赢得巨响的品质口碑。

从"字"到"影"
精品化推动文学与影视的双向奔赴

曹华益
新丽传媒集团有限公司董事长

作为当下两种最广泛的艺术表达方式,文学和影视的关系,从来都不是割裂的,而是相互启发,共同成就的。

新丽传媒成立十七年来一直将文学IP改编作为影视项目开发的重要来源,制作的许多优秀的电影、剧集的开发创作都改编自文学作品。其中,无论是根据茅盾文学奖改编的《白鹿原》《人世间》,还是取材于畅销出版物的《父母爱情》《我的前半生》《流金岁月》《玫瑰的故事》,再到《风筝》《叛逆者》《风起陇西》等谍战精品,都获得了观众的广泛认可。

近十年网络文学影视化兴起之后,我带领团队积极探索网络文学的影视化改编,陆续推出了《庆余年》系列和《赘婿》《雪中悍刀行》《卿卿日常》《与凤行》等成功作品。

我认为,优秀的文学作品是影视改编的金矿、是创作的沃土。文学在影视化的过程中,观众对两者表达疆域的接纳程度也各有不同,因此在不同类型作品改编中,会有不一样的改编方法。

下面,就具体的改编方法与大家分享一二。

一、在严肃文学的改编上,剧作应最大程度保留原著灵魂,在选角和制作上贴合原著气质

影视剧本身是一种大众艺术,严肃文学与观众之间有一定的断层,让观众看到严肃文学的精神气质和美学价值是我们影视化的目标之一。越是严肃文学的改编，越要追求艺术性、观赏性、商业性的统一。

在人物塑造和选角上，要贴合原著气质；在文本改编上，要通俗易看；在拍摄制作上，要还原原著年代气质和地域文化，如《白鹿原》《人世间》就是在遵循了这些基本创作规律的同时，最大限度地展示原著中描写的独特空间影像，做到了完整的审美化表达，因此获得了高口碑和巨大的影响力。

接下来，在我们的创作计划中的有第 6 届茅盾文学奖作品《张居正》、第五届茅盾文学奖作品《尘埃落定》、第 11 届茅盾文学奖作品《千里江山图》。

其中，《风禾尽起张居正》全剧本已完成。该剧本历时 3 年，剧本体量高达 50 万字。目前该剧经过北京市广播电视局、国家广播电视总局以及中国历史研究院多位专家的审看、评定，已于 2023 年获得了国家广播电视总局电视剧引导扶持专项资金。

二、保持都市情感剧改编优势，抽取现实典型，拿捏改编尺度，契合当下情绪，实现情感共鸣

2017 年爆款都市剧《我的前半生》开启亦舒小说的改编热潮，我们又陆续推出了《流金岁月》《玫瑰的故事》。3 部作品在改编过程中都深度挖掘和表达了女性社会话题，追求大众情绪最大程度与当下观众联结。

现代都市题材的影视化改编不同于严肃文学作品的改编，核心在于关照现实、贴近生活。不限于原著的时代和地域特点，找到作品情感内核与当下社会群体的共鸣，可以不拘泥于"形"，而是要抓住"神"。

《玫瑰的故事》自播出后，不仅收获了极高的收视率和播出热度，其相关的话题也在微博、抖音、小红书等社交平台上断崖式领先，剧中出圈的场景和台词也带动了北京当地文旅发展，实现了文化效益和社会效益双丰收。在成功打造了"亦舒作品三部曲"后，我们正在拍摄第四部亦舒同名小说改编的《独身女人》。

三、优秀网络文学作品改编，以中华优秀传统文化创造性转化、创新性发展作为创作原则

网络文学作品的兴起，符合当下年轻观众审美需求。经过多年探索，基于网络小说庞大曲折的故事情节，复杂多变的人物关系，我们在开发布局上，采取季播化和系列化的形式。

2024 年 5 月播出的《庆余年》（第二季），在承接第一季古今碰撞的创新性基础之上，更加注重内容深度的挖掘，着重理想主义式的精神内核。我把它定义为奇幻类的古装现实主义作品。

该剧在 Disney+ 全球同步播出之后，获得了港澳台以及海外数十个国家和地区观

众的喜爱，特别是风靡我国台湾省和香港地区之后，6月12日国台办为此专门发文，表扬该剧弘扬了中国传统文化，海外同胞同文同种，同根同源。由此可见，成功的影视改编作品能够得到全世界华人的情感共鸣。

基于《庆余年》《赘婿》等作品的成功开发经验，后续我们开发创作中的作品，包括改编自优秀网络文学《大奉打更人》《赘婿》（第二季）等。

在当下市场中，观众对剧集的审美品位越来越高，高质量内容产出成为核心需求。剧集生产也正在变成品质的艺术、剧本的艺术、导演的艺术、表演的艺术、思考的艺术、沉浸的艺术、情绪的艺术。

这也使得我们必须从源头开始，在IP筛选上下足功夫，在剧本改编上下足功夫，在拍摄创作中下足功夫，以更年轻的思维洞察观众需求，以精品化作为作品创作前提，将视角聚焦在大众情感共鸣层面，也唯有这样，我们才能创作出更多观众喜闻乐见的作品，实现文学和影视作品双向赋能。

承百代之流　会当今之变
打造熔铸古今　汇通中西的精品佳作

戴 莹
爱奇艺高级副总裁

我站在平台制片人的角度，给大家分享这些年在选择内容，尤其是有文学作品为基础的内容，重点思考哪些维度，之后选定这个作品。核心有几点。

1. 作品有非常优秀的文学基础和市场认知。

2. 作品是否在当下具有一定的创新性。有时候新就是旧，旧就是新，大家可以思辨地考虑。

3. 作品的普适性、价值观是否在当下可以引起强烈共鸣。

4. IP 延展性。

这么多年来，文学和影视都是在交相呼应的，我们也看到非常多优秀的影视作品，是扎根于文学而生发出来的。

作为制片人，当我们在选择项目时，有很多选择项目的维度，比如作品被改编成音乐剧、话剧等，其实我们在选择项目时，也会从这些领域反向来看，有没有优秀的可以转换成影视作品的内容，但是在所有媒介中，能够转换成影视作品的，最为快速和最为成熟的，还是文学作品。

在此基础上，我们也看到非常多优秀的成功文学作品，其实具有非常强的市场认知性和共鸣性，在此基础上，如果选择这样的作品去改编，相较来说在改编之前，用户已经对作品产生非常强的认知，同时也对作品改编成影视作品产生极强的好奇心。也就是说，当我们真正改编成影视作品时，成功率也会大大加大，这里面不得不提的是跟梁晓声老师合作的《人世间》，因为这部作品具有极强的时代共性、人物特点、人物共鸣。

所以当我们改编成影视作品时，内部探讨时认为这是年代戏，当下的年轻人是否会有共鸣和认知，可是无论生活在哪一个年代，基本的人物情感关系都是一样的，所以当《人世间》出来时，各年龄层的观众都会为一家子的悲欢离合而感同身受，这就是优秀的文学作品，在做改编时，能够给我们提供的巨大空间。

梁老师的《父父子子》也在改编的路上，这部作品是具有独特视角性的，具有年代性和时代性的作品，有一个非常独特性和创新性的视角。当下看到的很多作品，没有讲特定年代下，唐人街对国内的华人有怎样的帮助，以及在那个时代下，唐人街的人们的生存状态是怎样跟我们交相呼应的。同时这部作品的年代跨度也非常大，特别有幸得到梁老师的信任，把这部作品交给爱奇艺，这部作品现在正在有条不紊地改编故事大纲和人物小传。

在专业判断下，作品的创新性如何也是挑选作品时重要的一点。无论是成功的影视作品，还是文学作品改编而来的剧集，都需要在专业的判断下，也就是对于现有的市场有一定的认知和了解的积累下，才能够判断出什么是创新性。《风吹半夏》这部作品改编自阿耐的小说作品《不得往生》，看上去也是一个不错的题材。大概在二十年前，《外来妹》也是这样的主题，放在当下会发现，已经有很多年没讲那个特定时期，也就是改革开放初期，大家都在从商的热潮中去南方的故事了，所以在这样的判断下，尤其是当里面主要的人物许半夏，是一个把野心写在脸上，可以跟男性平分秋色的角色时，非常具有当下时代的人物共鸣性和属性。

在此基础上，我们决定制作《风吹半夏》的剧集，还有《显微镜下的大明之丝绢案》，由一个小事件，去讲一个传奇的故事。我们改编的文学作品，都是在既有的题材层面上做创新，包括迷雾剧场走到一定阶段，一定要做结构性的悬疑，大家还是对人物命运更感兴趣，所以像《三大队》进入悬疑故事的视角，虽然上来已经告诉你凶手是谁，但希望观众跟我们探究人物的命运，这是在不同题材类型上，找寻不同优秀的题材视角问题。

包括 2024 年已经拍完的改编自赵德发老师的《缱绻与决绝》，听上去也是很旧的作品，讲人与土地的故事。但这样的一个视角大家很多年没见了，人与土地是中国人最密不可分的关系，没有哪个国家像我们一样对土地有这么深刻的情感和关系。

改编一个作品，这个作品和当下有没有时代的共同价值，包括时代的特性，也是我们考量的非常重要的一点。因为有时候文学作品会更偏向于作者表达。作者表达有的时候未必真能引起大众共鸣，所以我们选择作品时，能和大众层面上有"响"的作品也是我们非常看重的类型。

2024 年已经播出的《我的阿勒泰》就是这样的作品，它非常具有时代情绪的共振性。它的剧作结构那么朴实，但仍然能够得到当下的年轻人和整个市场的认可，这就说明这部文学作品具有一定的时代共振价值，这也是我们去做《我的阿勒泰》这样一部作品非常重要的动因。

同时，作为制片人、作为平台，也会考虑有一部分文学作品的改编要具有 IP 的延展性。因为无论是当下国内的影视环境还是全球影视环境大家都在探索 IP 能带来延伸的赋能。

好莱坞院线收入是 45%，剩下可能 55% 或 60% 都是用于 IP 衍生。如果有优秀作品能够被改编，它的商业价值也会不断地拉大。

比如《风起洛阳》《苍兰诀》《莲花楼》《唐朝诡事录》这些作品，我们做线下衍生部分就多了很多探讨和思考的维度，作为平台制片人，选择 IP 时就是围绕这几点来做。

当我们一味趋同，做市场认为好像是创新的内容时，制作出来两三年之后可能就是一个旧内容。有时《人世间》《风吹半夏》《生万物》这样的作品看上去是很旧，但是当把它推向市场，它对这个市场有巨大的引领和帮助，因为它有很大的时代共性，所以能引起非常大的共鸣。

我们要以开放的心态接受现在所有 AI 技术对内容的冲击以及帮助，同时也要以开放的心态迎接更多优秀的年轻团队和创作人加入创作的阵营里。协作更多是指政府部门、平台、创作者之间的互相协作。希望大家共渡难关，一起加油。

坚守人民立场　坚持首善标准
奋力谱写"北京大视听"文学影视融合发展新篇章

刘梅英
北京市人民政府副秘书长

北京是文化沃土，是影视精品创作的热土。近年来，我们坚持首善标准，持续打造"北京大视听"文化品牌，丰富精品影视内容供给，在备案发行电视剧数量、央卫视频道及主要视听平台首播电视剧数量、围绕重大主题节点创作电视剧数量、获国家广电总局电视剧引导扶持资金总量、网络视听作品入选总局年度推优数量等多个方面处于领先水平，涌现出《我的阿勒泰》《玫瑰的故事》《南来北往》等一大批优秀京产影视作品。

在中国文艺的发展历程中，影视与文学始终携手前行，通过电影、电视剧、网络剧、网络电影等多样形式来讴歌时代、赞美生活、刻画人生。网络剧《我的阿勒泰》创造性对原著散文集进行改编，拓宽了文学作品影视化的题材光谱，将意涵隽永的散文文字转化成富有诗意的影像语言。《繁花》从文学佳作到荧屏好戏，实现了破圈传播。以《人世间》《风吹半夏》《大江大河》为代表的现实主义文学改编剧作成绩亮眼。从四大名著等古典文学，到风靡大江南北的《四世同堂》《围城》等现代经典作品，再到题材新颖、受众广泛的网络文学，这些作品经由影视语言的演绎诠释，走近读者、走上荧屏、走出国门，不仅是对文学作品的再创作，更是对原作价值的深度挖掘和广泛传播，让文学作品在银幕荧屏上焕发出新的生机与活力。

习近平总书记指出:"文艺只有植根现实生活、紧跟时代潮流,才能发展繁荣;只有顺应人民意愿、反映人民关切,才能充满活力。"①北京作为全国文化中心,将持续发挥广播电视网络视听资源优势,靠前发力,精准施策,推动文学影视有机融合,培育更多叫好又叫座的精品佳作,使优质视听内容更好惠及广大群众。

我们要把握好三个关键词。

一是"风向标",即要着力树牢精品创作的"风向标"。精心打造"北京大视听"文化品牌,始终坚持社会主义先进文化发展方向,加强政策集成、宣讲辅导、典型引领,持续举办政策解读会、创作指导会、精品研讨会,引导影视创作者向兼具"大格局"与"烟火气"的现实主义文学作品开掘,坚定现实主义道路,以优秀文学力作为出发点,以精品视听佳作为目的地,实现从文字到影像的艺术跨越,推出更多增强人民精神力量的优秀作品。

二是"加速器",即要着力打造融合发展的"加速器"。不断完善"北京大视听"精品生产引导和组织机制,以重大题材、重要节点牵引选题规划,着力培育重大现实题材、重大革命和历史题材、新时代发展题材、北京题材等重点题材的文学影视融合作品,精心培育具有大国气象、首都气派的精品力作。坚持扶优扶强,不断强化北京广播电视网络视听发展基金、国际传播专项资金的引领示范作用,推动优秀文学作品向优质影视作品转化。充分利用"北京大视听"系列品牌活动平台,加强资源对接,推动项目落地。

三是"大舞台",即要着力拓展国际传播"大舞台"。党的二十届三中全会提出,要构建更有效力的国际传播体系。北京将牢牢把握"四个中心"战略定位,强化优秀文学转化作品的国际传播,讲好中国故事、传播中国声音,用心展现可信可爱可敬的中国形象,展示新时代首都高质量发展成就。深入实施全国首个省级视听国际传播专项政策《关于加强和改进北京新视听国际传播工作的实施意见》,从内容创作、精品译配、平台建设等方面系统发力。办好"北京大视听"国际传播品牌活动"北京优秀影视剧海外展播季",不断增强内容的丰富性、渠道的多元性和传播的实效性。

新时代的北京文化建设气象万千、动能强劲。我们将坚持以习近平文化思想为指导,更好担负起新的文化使命,用自强不息的匠心创作和厚德载物的创造性转化,推出更多影视精品力作,为全国文化中心建设增添光影魅力,为铸就社会主义文化新辉煌作出更大贡献!

---

① 《习近平在文艺工作座谈会上的讲话》(2024年10月15日),http://jhsjk.people.cn/article/27699249,2024年12月13日访问。

圆桌对话

圆桌对话一

探索文学 IP 影视化的更多可能性

安 宁
· 中央广播电视总台影视剧纪录片中心电视剧项目部负责人

杨 晨
· 阅文集团总编辑、副总裁

鲍 坚
· 作家出版社社长

戴 钦
· 豆瓣阅读 CEO

李尔云
· 腾讯在线视频影视内容制作部副总经理

白一骢
· 灵河文化创始人兼CEO

吕　帆
· 北京大学融媒体中心音视频办主任、副研究员

吕帆： 想问安老师，在文学改编的这条赛道上，总台怎样既符合主流价值观的引导，又能够让广大观众喜欢上这部剧集，有没有一些方法论可以讨论？

安宁： 央视作为专业平台，用平台参与的方式，与一线影视公司和网络公司联合制作来购买播出文学影视改编的作品，这种影视改编的文学作品，在央视平台上占有很大分量，刚才专家领导谈到很多的电视剧、影视剧，90%以上都是在我们平台播出。近些年，央视影视剧的改编，从四大名著，一直到《白鹿原》《人世间》《繁花》《我的阿勒泰》，甚至在二十年前，曾经做过《钢铁是怎样炼成的》改编作品。

目前文学改编作品在央视播出，也取得很好的收益和效果，包括获得"五个一工程"奖、"飞天奖"、"金鹰奖"，参与度比较高，获奖率在80%—90%，所有获奖作品里，我们平台播出量是最大的。

具体情况要具体分析，文学作品在改编之初怎样参与，举例来说，《人世间》这部剧创作之初，项目负责人、影视部的领导都高度重视、高度参与，在创作过程中给予很多建议和意见，包括让制作方了解平台的要求、底线，同时也对内容细节做一些把控和风险规避。毕竟文学作品还是小众化的，影视作品受众广大，对不同年龄段的观众、性别，其文化程度、接受程度需要一起考量，这个过程中会存在既有收视、又有口碑，同时还有好的传播效果的考虑，还要把握住文学作品中原创的精髓，不能让创作者感到遗憾，这也很关键。

要提亮作品的底色，因为我们是央视平台，面对的观众和要求、诉求也不一样，文学作品呈现的年代不同，受众的接受程度也不同，时代发展变化、观念更新也很快，如何让他们看懂、理解，就要把作品中一些灰色、负面的内容进行调整和提亮。

影视改编不一定是纯文学方面的个性化表达，肯定要上升到普罗大众的精神引导和价值观的普及塑造，在这方面我们进行了比较细致认真、稳妥的修改。

还有一些电视剧，如《尘埃落定》，有些情节也是在央视播出基础上，进行一些建议和修改，比如男一号在小说原著里的结局是去世，在影视播出里，他的结局改编为很幸福和美满。

另外，《我的阿勒泰》增加了妈妈的爱情故事，作者李娟主观的暗恋变成情感纠结，所以在方方面面，文学作品改编影视既相似又不相似，既保留原著的精髓，又能做到大众化的影视普及，让受众和观众非常喜欢，这是今后影视制作可以坚持的一条道路。

吕帆： 刚才提到转化，现在谈源头问题，阅文是中国 IP 资源非常多的集团之一，请问杨晨老师：从文学到影视转化的最大壁垒是什么？最核心的转化能力又是什么？

杨晨： 阅文确实有非常多的作品得到转化，我感觉这两者之间并没有绝对的壁垒，看起来文字创作和影视创作有很大不一样，一个是用键盘写故事，一个是用镜头表达故事，但其实都是在讲故事，且很多时候还是讲同一个故事。所以我觉得它们的共通之处会比差异更多，当然在这个过程中，需要正视里面的细微差异点，正视各自的优势和劣势，知道彼此擅长的点在哪里，这样有助于两者之间更好地相互赋能。

举一个例子，文学作品转化成影视，集团买的很多 IP 都是高人气的 IP，有很多粉丝，很多人认为这是 IP 最大的价值。这些粉丝肯定是有价值的，但肯定不是真正的价值所在。真正的价值在于，因为有这些粉丝喜欢，证明这些书、这些故事是千军万马杀出来的好故事，好故事本身就是最大的价值。

同样，我们卖的也不是故事文本本身，而是与之配套的一整套数据，包括千千万万条评论，评论可以很好地指出作品的精华在哪里，读者喜欢的点在哪里，喜欢的又是什么，这样可以让整个改编充满确定性，这是影视项目非常需要的东西。

当然我们也非常需要影视改编来反哺文学 IP，一方面通过改编可以成倍扩展粉丝基础和拓展人群；另一方面通过二次演绎，呈现故事不同视角的另一种美。比如《庆余年》，经过王老师的改编，用不一样的视角呈现这样一个好故事。在《庆余年》热播过程中，我们做了上下游很多的联动，比如围绕剧里面出场不多但非常受欢迎的角色叶轻眉，做了"叶轻眉日记"，也使我们的起点平台在当时用户量创新高。同样在剧的播出期间，做了非常多的各类周边，比如相关的卡牌、衍生品、手办、盲盒都得到热卖，这种互动是今后要不断探索、不断研究的。

吕帆： 作家出版社以出版严肃文学著称，鲍老师您怎么理解严肃和娱乐这两个词？

鲍坚： 这既是文学作品影视改编中需要考虑的问题，同时也是文学创作中需要考虑的问题。

先说为什么在文学创作中需要考虑。文学作品是满足广大人民群众的精神需求，主要通过三个层面满足。

1. 打发时间。这是金字塔底部的需求，既然是底部，需求人群非常多。
2. 从中获取知识，以及跟知识相关的信息。
3. 在塔尖层面，以启迪为主的高层次需求。

越是在顶端的，给你启迪的思想性越强的作品，相对而言可读性弱一些。每一部作品都具有这三种特性，但其中占据的分量有多重，决定作品在于读者的态度。

如果一个作品的思想性很强，又有一定的知识性，同时又有很强的娱乐性，那么这个作品是广受欢迎的，不仅在读者圈中，而且对专业人员，从社会管理的角度来看也是受欢迎的，这种作品要涌现出来就是文学精品，如茅盾文学奖评选出来的获奖作品，《千里江山图》就是如此。

已经获奖的作品，各个层面都给予充分肯定的文学作品，它的占比不完全一致，但总体而言，好的作品趣味性相对弱一些，这种情况下怎么办。从文学创作角度，当今时代读者对文学作品的需求，生产习惯已经产生变化，对趣味性和知识性的需求越来越多，那么严肃作品和好作品，在有思想性的同时，能否更充分考虑到读者对其他两个属性的需求，这是目前文学创作摆在作家、出版机构面前的话题。

在文学 IP 改编过程中，文学作品中有思想性、艺术性、文学性的内容，特别是有观赏性、趣味性的内容，怎样更直观、更充分地展现在影视作品观众面前，需要编剧充分创作。这时作家应当给予编剧充分的自由和巨大空间，在他们忠于作品内涵、属性、灵魂的前提下，尽量把其中具有观赏性的一面展示出来，这是现在需要考虑的重要问题。

吕帆： 影视和文学之间的互融是双位的问题，但找到交集之后，还要面向大众，把精品和引领的价值让更多人看到，这是一个更难的问题。

鲍坚： 我非常赞同，文学作品再好，如果不能被广大受众，包括文学读者和影视剧的观众所接受，那么社会性会打折扣。文学作品不是文学读者多了才是好作品，如果改编成非常好的影视剧，被更多的受众所接受，也是对文学作品水平的肯定。

吕帆：一定要从单维到多维。戴老师，豆瓣在青年的创作者中，跟严肃文学、现实主义有什么不同，在做文学改编影视化的过程中，更看重改编团队的哪些特质？

戴钦：豆瓣阅读是小说创作平台、网文平台，平台比较繁荣的类型有女性小说、都市小说、家庭小说、言情小说、悬疑小说。这些类型跟原来的网文市场相比有一定的稀缺性。有些人通俗形容，豆瓣阅读小说像有"出版风格"的网文，比较有当代性。2023 年到 2024 年播出的作品就能看出我们的内容特点，比如《小敏家》《装腔启示录》《好事成双》《春色寄情人》《半熟男女》《隐身的名字》，都是女性、都市、家庭、言情、悬疑等类型作品。

影视行业需要创作者群体，创作者有些是编剧，有些是制片人，有些是导演，或者有些是公司内部的评估或策划部门，我们统称为行业从业者。我其实代表编辑，辅助作者写出小说。任何一部小说得到其他创作者的青睐，我们都很开心，因为我们觉得一个好的项目，可以从各个角色中发芽。比如导演看好一个故事，就是这个故事有可能成为项目的机会。我们会尽力争取机会跟大的公司和制片平台合作，也会跟具体的创作者团队，比如制片人、编剧或导演合作，看到种子在不同的形式下长起来。

吕帆：腾讯在影视和文学的双赛道共融上，取得极大的成功，李老师，您在改编中遇到哪些大的困难，有什么值得分享的经验。

李尔云：平台怎么选 IP 我归结为三点。第一点是 IP 本身的人气数据。这个作者是不是"大神"，作者本身的数据是考量标准之一。但数据并不是我们看到的简单数据，而是依据底层评论等多维度比较深层次的数据去做分析和判断，因为人气高的 IP 可以加持作品影视化之后的技术数据，这是毋庸置疑的。

第二点是回归内容本身，它是"大神"作品也好，不是也好，人气数、保存数、浏览量高还是低都要看小说本身，文学作品不管中篇、短篇、长篇都要看完，看完之后看故事本身的硬指标。无外乎就是故事和人设有不有趣，人物关系有没有极致性和当下性，情节桥段等和故事内容相关的东西，同时也会看题材和类型定位。

平台和影视公司不一样，每年进平台的项目很多、量很大。我们不把自己定义为创作者或者影视公司，而是定义为平台。拿到 IP 后我们首先看题材类型，看平台已经储备的同类型有没有考核，市场上其他竞争对手或影视公司在开发的同类型有没有饱和。因为盲目跟风，开发出来它一定会失败，所以题材类型的评估和分析很关键。第二个硬指标是和内容本身相关，是最为重要的甚至比第一点更重要。

第三点最务实，就是 IP 价格，这个价格和 IP 本身的价值能否让我们觉得划算、合理。我个人觉得第一点、第三点和第二点（内容本身）比，最重要的一定是第二点。

如果第二点各方面维度都是 100 分的话，第一点和第三点可以忽略。IP 是不是大神无所谓，但是也不能完全忽略价格。

选择完一个 IP 之后，平台制片人就开始进入开发阶段，我们也会考虑 IP 的可改编性，怎么改编等。这时候会把它分成两个层面：一个叫剧作层面，另一个叫制作层面。简单来说，剧作层面可以看作把小说、短片改编成一个剧本的过程。平台会采用两个方式：一是自己的制片人去找编剧或先去做剧本策划，有大概的方向再找编剧过来一起把文本产出，产出之后找制作公司参与到制作；二是拿到 IP 之后去找成熟的、带开发研发能力的影视公司一起进入，比如说《三体》，就是拿到 IP 后第一时间就和老白（白一骢）合作，所以这些年很多剧本开发是老白这边承接。

剧作层面也看两点，第一点看可改编性，符不符合当下社会潮流和观众情绪。现在长视频或者电视剧要满足观众的很多情绪，可以满足观众当下最新产生的情绪需求。比如，我们平台播了《春色寄情人》《故乡别来无恙》，这两部剧我们称为返乡剧，而返乡的情绪源于后疫情时代产生的新情绪，大家产生了一种反内卷、返乡的情绪，这时就会有这样的作品产出，观众也非常喜欢看。第二点是观众对影视作品常年不变的情绪。比如《玫瑰的故事》它满足了什么？因为亦舒这部小说满足的其实是女性电视剧观众一直以来没有变过的对极致情感的需求，所以这也是满足观众当下的情绪需求。

第二部分还是回到故事情节，情节有没有加分，情节是单一的还是恢复做类型叠加，对抗人物关系好不好看，甚至有没有一些猎奇的桥段、猎奇的事件，当然要在审查允许范围内。如阅文的 IP《大奉打更人》一出来就很火，而阅文和新丽曹总很快就拿下来，就是因为它可改编性非常强。它集所有元素于一身，有玄幻、探案、穿越、喜剧等元素。我也看了送审的样片，非常好看，而且它还满足了当下观众最需要的燃和爽的情绪，非常具备时代性。

接下来是制作层面，有些 IP 在文字层面非常好看，或者题材类型非常创新。但是如果当下国内或制作工艺还达不到这个水平的话，我们也会慎重，有些会先去做动画片、动漫之类的作品。

无限流相对好一点，《开端》就是特别好的例子，也是改编落地非常好的作品。还有很多做成漫画的无限流或东方赛博等非常创新的类型，很受年轻人喜欢。但做电视剧是不是真的合适，要打个问号，就是看制作工艺能不能达到，达不到最后做出来可能是减分项。

最后一点是主创团队的选择，这一点非常重要。特别是选对编剧、导演、制作公司对 IP 的加持很大。举两个例子，《三体》我们选择了白一骢，他花了很多精力去做。还有《繁花》，作为严肃文学不是商业性的，为什么对斥巨资有信心，因为是王家卫导演自己发起和主导创作，他对严肃文学 IP 的加持，让我们对这个项目成功性有很大的信心。所以 IP 的选择和 IP 的可改编性是平台看重的。

吕帆： 在变中学不变是很难的事情，白老师是《三体》的总制片人，科幻文学一直是想象力的产物，怎样做到可落地的想象力？

白一骢： 我们做《三体》完全是一个尝试，没有找到更多可借鉴的案例，在整个前期开发中，团队做了很多尝试，做完之后，感受是做科幻作品对读者来讲是有想象的，但对观众来说，每个人的想象不一样，所以在影视开发时，我们寻求所谓的最大公约数，更多的观众可以接受什么样的东西，这个过程并没有太多的捷径，我们当时用了非常笨的方法，把很多有可能展现的方式，先把它做出图来，之后大家再评判。

实际上没有太多捷径，对以后的作品，比如《深渊》《银河英雄传说》等科幻作品，做的时候同样会用这样的方式，也会在前期做很多准备。从科幻作品本身来说，目前在国内还处于比较早的状态，没有太多经验，只能是在比较有基础的作品上，尽可能做对文学作品本身的展示，没有对原著做特别大的颠覆，也是希望在这个过程中先积攒一点制作经验。

吕帆： 作为观众非常感谢你们，在摸索和不成熟中，让整个行业有了新的标准。对文学改编探讨的角度，想问杨晨总、鲍坚总和戴钦总，结合各自平台的特点和大数据分享，能否分享当下及未来文学创作中，有哪些社会情绪与思潮会受到读者的关注？

杨晨： 纵观网络文学这么多年的作品，可以发现早期作品跟现在真的不一样，受整个时代的变化，乃至于经济发展的形势不同而产生变化，自己感受最深的是作品外在形象，或外在气质在发生变化。

早年作品更像是西装笔挺，特别严肃拘谨的气氛，主角一般都是苦大仇深的，一般都是日夜不停修炼，积极努力，并且目标非常单一，就是传统意义的成功，要么天下第一，要么世界首富，或者宇宙之主，都是这一类的目标，故事都是这样的内核。

但是这几年的作品有了明显变化，一种松弛感不由自主地散发出来，现在作品主角其实也是努力的，也是积极向上的，但努力之余主角会给自己放假，节假日会出去玩，追求也会不太一样，考第一名当然很好，考第二名其实也挺好，如果是世界前100名也是很厉害的事情。

所以大家的追求不太一样，包括追求个性化的东西会非常多，有的主角就是追求艺术，有的主角甚至就是追求平平淡淡、柴米油盐的生活，觉得这样很幸福，而且读者也同样感受到这样的幸福，所以我觉得这是很大的不同。

但在不同中间，有些东西是自始至终不变的，比如亲情、友情、爱情，以及中国人骨子里的侠义精神，包括不畏强权、人定胜天的精神，创作中把握变与不变，把它作为筋骨和血肉进行很好结合，才会创造出真正经受住市场考验的好作品。

鲍坚： 我对社会情绪的理解比较宽泛，如果稍微精准一点来说，社会情绪无外乎围绕两个词：生存、生活。

生存相对来说更朴实，更贴近人最基本的需求，在生存过程中，可能会遇到很多艰难困苦，怎样把艰难困苦的生活，用文学的方式、艺术的方式表现出来，这是大众比较关注的方面。

生活可以说是在生存问题基本解决之后，更乐观向上的一种需求，刚才讲到对文学艺术娱乐性的追求，本身就是生活需求的组成部分，当然从文学角度来说，更高的两个层面也是如此。

社会情绪并不代表文学和艺术的创作题材，都仅限于当下和当代，社会情绪由多方面因素调动，比如能够契合现在生存需求和生活需求这个话题的题材，都可能被称为引爆大众情绪的话题，如历史题材、革命历史题材、古代文化题材、战争题材都是如此，还包括其他科技方面的话题，都有可能引起大众的兴趣，都可能会成为当下社会情绪的表现和组成部分。

先从文学创作的角度来说，凡事、凡物、所有的题材，都有可能跟当下情绪结合的点，关键是怎么把它结合好，我自己也是作家，在写历史题材、过去题材时，心里想的是怎样让这些过去的话题，能够引起人们对当下的生存和生活，对这种环境的共鸣，相信有很多作家本身具备这个功底。如果做得好，凡事都是当下的社会情绪，这方面的潜力很大。

影视的改编也是如此，尤其是影视改编在细节表现上、故事情节表现上，有其直观的优势，文学作品中有些跟当下情绪结合不太紧密的情况，在影视作品改编中，可以把它解决得更好，对于怎样跟当下的社会情绪结合，我是比较乐观的。

戴钦： 最近有两个有意思的事情，一是有很多小说女主角的野心、情绪、行动、愿望变得更强，角色会变得更主动，概念一点说是大女主，但它在古言、无CP的类型里面更好表达，女主可以站到很强的位置，或者得到很大的权力。但在现实主义的平台里，怎么表达大女主，或者怎样表达更强的、更自我的女性，是非常有意思的主题，往往需要写得更精确、复杂和综合。

我们平台在2023年和2024年有很多作品，比如《致我那菜市场的白月光》《杀死恋爱脑》等，这些作品中女主的形象都有大女主的地方，更有意思的一点，比如大家读言情小说，言情线是最重要的，其中人物的成长线、职业线都是工具，这些东西服务于言情线。

2024年会觉得有些头部、热门的小说反过来，甚至觉得言情线是服务于人物成长线，恋爱谈不谈或怎么谈，要服务于女主角的成长，这是非常有意思的变化。当然不仅仅是豆瓣阅读的变化，整个网文普遍都有大女主，但豆瓣阅读的会有特别之处，因为我们有自己的题材特点。大女主肯定跟读者的意识和读者的社会情绪或思潮有关，这种表达会体现在创作里面。

二是回到故乡久别重逢。刚才提到返乡题材，其中关联词是治愈，在大城市觉得很疲惫，或由于各种原因回到故乡。故乡是风景优美的小镇或乡下，很世外桃源，感到被治愈，也收获了爱情，这是常见的写法。但也有一些并不完全是治愈，治愈不是故事主线，而就是一个纯言情故事。主角回到故乡久别重逢，会见到故人，展开一段新恋情，这种回故乡的言情是最近两年特别热门的类型。为什么选择故乡久别重逢的类型和语境，我认为故乡和久别重逢这件事有一个锚点，让读者对言情这个期望多了一个锚点，可能也跟社会情绪有关，可以写各种类型的言情小说，但为什么这两年大家会喜欢有锚点的言情小说，这也是挺有意思的情绪。

吕帆： 从三位老师的表述中听到，不是社会情绪，更多的是社会情绪价值，还是应该在情绪之外找价值，比如刚才讲到贴近和结合，没有说要迎合这种情绪，但怎样贴近，并且结合起来影响给更多人实现价值引领，这件事更重要。想问安宁总，我们总是在讲创新，但是创新是当下的事，一个剧做出来再播出，可能两三年之后，社会情绪在那个时候又会有所变化，怎样理解在影视改编中变与不变的问题？

安宁： 我原来做新闻，后来做影视剧，所以认为影视剧跟新闻相比较不具备时效性，对滞后性有些不同的理解。一部作品经过长时间的积淀，其文学魅力和自身的价值，肯定是随着时间的推移，魅力和价值越发浓郁，这是优秀文学作品具备的气质。

因为央视平台的特殊性，选择播出的很多剧，实际都获得过茅盾文学奖、鲁迅文学奖，还有其他国内国际的大奖作品，这些作品经得住历史和时间的考验，但在改编过程中，要迎合观众、迎合市场。也不能说绝对迎合，在作品中有损其气质，但现实题材，还有古装题材，怎么贴合当下观众心理和它的气质，以及让观众理解，或者会心一笑的语言表述，能让有历史感的作品，在当下绽放出火花，这是很关键的。

所以我觉得滞后性是相对而言的，举两个例子。十多年前，获得茅盾文学奖的周大新老师的小说《湖光山色》写完不到一年，在改编的过程中遇到很多困难，换了几次编剧和导演，因为大家都抓不住故事的核心，觉得故事很好看，但写出来又不是那回事。周老师是乡土作家，所以对家乡的热爱、对未来的迷茫，写得很抓人心，但里面也有些灰色的东西。在改编过程中，因为已经过了好几年，而且创作时也是往后推迟几年，这些环境变化、乡村变化、政策变化，在改编时要做加法和减法。改编一部小说可能会更难，用的时间和精力、花费的功夫，包括投入的资金都会比创作一个新的剧本要困难。后来抓住乡土的概念、家乡的情怀，把这个底色提亮，让大家看到希

351

望和前途，最终作品获得了"五个一工程"奖。

在这个工作中，平台会有优势，很多一线公司、出品方，包括刚才听几位年轻的一线创作者，都身临其境地谈了进入工作状态的感觉，探讨剧本，推出新剧。

现在中央一套文学作品改编影视，大部分是比较厚重的传统文学和古典文学名著，另外因为受众不同，也与网络形成互补，这样轻松愉快的女性励志草根的作品也比较多。

我们平时会与作者、制片方有接触，对一些我们觉得有价值的内容，还是有很强的敏感性。有一个制片人，平时交流中说新看了一本小说，就是《奇葩奇葩处处哀》，觉得挺不错，小说很薄，不到十万字，获得了2017年的百花文艺奖。小说讲述的是老年丧妻的男性，在不断与几个女性相亲的过程中感到力不从心，对老年生活的哀叹，失去把控感的感觉，用喜剧的方式写出来，后来制片人跟王蒙沟通很长时间，买下了小说的版权。买了之后也是琢磨很久，前后过了几年时间，2023年才把剧本写出来，现在在拍摄过程中，因为几万字的小说改编成40万字的剧本，中间要做很多的加法，要提炼很多东西。让我比较期待的是，最后选取了几位重要的女性，以轻喜剧的形式呈现，另外定的主题是最美不过夕阳红，这本身对小说是一个颠覆，只是拿到一个框架结构，并在此基础上进行颠覆性修改，这也是很大胆的。

所以我觉得文学改编成影视作品，不是很容易的事情，但又很有价值。因为所有文学作品，对所有观众来说，是心灵的慰藉，同时满足大众的情感需求、阅读需求都是存在的。通过作家体现出来的世界，以及世界观、宇宙观，与普通人还是有区别的，所以我很推崇把文学作品影视化，但是滞后性就需要创作者运用智慧和各种手段进行弥补。

吕帆：今天的主题是探索文学IP影视化的更多可能性，怎样把情绪、情感和情怀融合在一起，李老师和白老师怎样理解变与不变。

李尔云：刚才安老师讲的是在替我们做广告，那个项目最后在腾讯视频通过，7月底已经杀青，8月把准备好的5分钟片花和资料送往总台，这是一部老年相亲题材的剧。其实所谓的IP评估，我们有自己的评估体系，刚才这个不是一个头部IP，也没多少字，但当时还是非常坚持拿下项目。老年相亲题材一开始没有想要，后来想到团队刚好来了个制片人，他是从综艺过来的，具备综艺思维。他说在B站上和很多网络上，很多卫视和地方台做的老年相亲节目特别"奇葩"，年轻人看得很开心，它的内核是喜剧，符合当下情绪需求。我们拿到这个IP也是一年前了，也要预判当下需求。回归到IP，也是要用一个非常合理和价值对等的成本来做。这个项目大家能想到的50—70岁跨度的内地电视剧老戏骨都来演了，还是非常好看的。回到会不会过时这个问题，其实是会的。但因为央视能拿到厚重一点或文学性比较强的内容多一些，所以它又不太会过时，比如《人世间》《玫瑰的故事》《庆余年》，其实都是很久的 IP。

特别是《庆余年》一、二两季之间隔了三四年。但是当它改编完后播出，其实没有受到任何影响，也没有过时。它的元素是多样的，这些都是比较稀缺的真正内容向的好内容，是真正的头部全民向大 IP。但是这样的 IP 并不多，或者说已经被开发完。当然这些 IP 更需要大的制作公司、大的主创加持。其他平台因为需求量很大，要给观众提供各种品类的内容，一定有很多判定为商业价值的作品。当然这个商业价值向的作品，并不是快餐，它是有品质的。对于这样的 IP 确实会出现潮流过去，两三年之后过时的问题。

那我们该怎么做？第一点毋庸置疑是加速开发，不然真的会过时。第二点我们必须找到好的主创、对的主创，而这个主创核心人物就是编剧和导演。这个 IP 也许在开发过程中两年或三年之后它的内核有些过时，或者它在当时的亮点可能被一个微短剧把它抄走了，最核心的特点没有了，怎么让长剧作品被人看到，编剧、导演很关键，他们作为项目核心人员，一定对项目有独一无二的表达和审美体系。这种表达和审美体系一定是附加在这个 IP 价值本身以上的额外的东西。如果选对做好就是"1+1＞2"，如果不对就是纯靠 IP "吸血"，这个 IP 不流行了，整个项目就会失败。

之前我们对仙侠做过研究，它演变历程可称为仙侠 1.0、仙侠 2.0，现在还没有 3.0。1.0 的代表就是《仙剑奇侠传 1》，那时候是以男主为核心人物，是从武侠演变出来的，因为以前是看武侠，武侠看腻了，就给这个人增加一些超能力变成了仙侠，仙剑就出来了。后来 2.0 代表是什么？我们觉得它是《花千骨》，也就是仙侠的主角从武侠的男频变成了女频，开始了虐恋等。从《花千骨》像小骨和师傅白子画之间的虐恋一直到《三生三世十里桃花》。中间也逐渐开始转变，像《苍兰诀》还没有到 3.0 仍是 2.0，因为它的情感模式还是固定的，但是人设更极致，在一些制作美学上增加了很多东西。

所以像仙侠这种类型永远有年轻观众，每年暑期都要看。像小时候我也看《欢天喜地七仙女》《春光灿烂猪八戒》。那我们怎么做加持？新丽今年做的《与凤行》其实也是一个仙侠，它的叠加我们称为"仙侠＋喜剧"。别人嘲讽这么大年纪拍仙侠，但是导演擅长喜剧，演员的一些表演比较稳定，男主的喜剧梗接得也比较好，它就会有一些额外的加持。我们觉得做叠加、主创选择得正确就会对这个项目的未来潮流会有一些把握。

最后还是用户导向。我觉得平台是真正的创作者，是导演编剧和观众之间的桥梁。所以一定要时刻面向观众，但不是谄媚观众，而是要随时知道观众现在的情绪怎样，需要获得怎样的情绪价值，坚定地与观众站在一起，就不会被观众抛弃。

白一骢： 我认为IP会过时，但好的IP不会在一两年、两三年的短时间内被淘汰掉，很多好的IP至少在十年内不会出现大问题。如果真的遇到有可能被淘汰掉、过时的内容，团队很重要，从另外的角度来说，作为台上唯一的乙方，如果不是想赚快钱，必须找真正好的IP。

文学IP影视化论坛 | **02** 平行论坛

圆桌对话二

转型与转化，文学影视双向赋能

王 倦
- 《庆余年》《雪中悍刀行》
  《千里江山图》编剧

陈 晓
- 《人生之路》主演

彭奕宁
- 《我的阿勒泰》编剧

周木楠
- 《少年歌行》《少年白马醉春风》
  作家、编剧

吕 铮
- 《三叉戟》编剧
- 《双刃剑》作者

吕 帆
- 北京大学融媒体中心
  音视频办主任、副研究员

355

吕帆： 首先说一下《庆余年》，王倦老师您是怎样处理好文学与影视之间的平衡？

王倦： 每一部作品有自己不同的处理方式，《庆余年》只是一个个例，不能当成范例来说。每一个改编的作品，要明确需要的是什么，比如有的作品看重其精神内核，情节方面可以做取舍；有的看重情节，要再赋予自己的表达。《庆余年》属于人物关系和情节全都要，所以在改编过程中，总体平衡偏向原著而不是改编。

我喜欢的情节和人物关系，在做人物设定时，基本有三个类别的改编。

1. 微调甚至不调。主要角色基本保留原著色彩，既满足原著和读者的需求，也能把第一时间看到的感受，通过这样的方式传递给观众。

2. 扩充。可能原著里的一些配角，本来的戏份不是太多，在不改变人物设定、人物情节命运的情况下，会有相应的扩充，更好体现出原本的表达。

3. 彻底地改编。有些角色与原著里面完全不一样，只是名字相同，但是这样角色的选择会非常小心，在原著中基本没有什么戏份，只有一个名字、观众也是记不住的，才可以考虑做这样的改编。因为这样改编的目的还是回到最初，要表现原著的内涵、情节和人物，一定要为这些服务，基本是从这三个角度做平衡。这个平衡表现在《庆余年》的故事里，我偏向原著。

吕帆： 大家都知道有原著粉和剧粉的区别，您在改编过程中，如果要做一些比较大的调整，会不会对原著粉的不满有某种担忧，怎样做好改编？

王倦： 既然选择改编，当然会考虑原著读者的感受，说实话我自己也是原著读者，也是书粉，所以明白某种情况下，有很多书粉认为，改编把它还原出来就好了。但我们改编的过程中，一直在考虑有没有更好的影视化方式，因为书面的语言和影视化的表达还是有些区别，影视化之后可能有些改变，但最后表达的目的和内容还是符合的，确实会有一些尝试，观众如果可以理解或不理解都能接受。但是作为编剧，想更好完成这个作品还是需要付出努力，希望让观众从更多的维度，可以感受到原著的内容，尽我能力做好，怎么评价还是留给观众。

吕帆： 陈晓老师，您是今天圆桌环节唯一的演员代表，演员也是创作的主体，很多演员在做剧本分析时也会看原著，您怎么理解文学上的人物形象，以及影视化的转变过程。

陈晓： 实话实说，怎么转变演员不是太懂，但演员好就好在可以拿到一个优秀的文学作品，本身就是一份幸运，就好像在一片特别肥沃的土壤上，身边有平台、有导演、有创作团队和编剧，其实所有的人都比演员更加专业，懂得该怎么转化。

这时，我的经验就是给自己减负，不要让自己有大的压力，因为当你知道面对的是非常优秀的作品时，其实很多双眼睛都在盯着你，每个人都会觉得自己心目中有一个那样子的人物，很多时候就会有杂念，就会想要怎么演，才能让大多数人接受，怎么演才能让那些想看我笑话的人尽量少说点坏话，就会有很多压力放在自己身上，但要相信身边的团队，要相信作品本身的力量，就会慢慢把自己的那些杂念抛开，这样想反而效果会更好。

吕帆：其实演员的纯粹初心，是要把剧演好。《我的阿勒泰》可以说在改编上独树一帜，而且特点鲜明。它是散文改编，但我们在看作品的时候，都觉得里面有故事性，但在故事内核上，如果往戏剧性上改编是比较难的，想请问彭老师在看完作品之后，找到的改编策略和方式是什么？

彭奕宁：其实滕丛丛导演一开始找我改编时我是拒绝的，一方面是我过去十几年都是记者，《我的阿勒泰》是我第一个作品；另一方面是散文集，非常缺少影视剧需要的人物、人物关系、戏剧冲突，这实在太难了，不知道怎么办，而且更关键的是茫茫一片旷野，不知道往哪走，以前也没有先例。

非常感谢滕丛丛导演，给了我非常大的创作自由，她说没有先例就按照心目中最活的故事写就可以，没有给我任何的束缚，而且大纲一遍就过，当然这样的自由也是基于信任。我认识她是十年前，处女作《送我上青云》，姚晨老师扮演的角色是调查记者，当时我正好采访马航MH370的事件刚回来，她说有一个剧本是写记者的，让我帮着看一下，我们就这样认识了，过去十年一直在聊创作，我写小说她写剧本，我想导演和编剧之间的配合，可能是这一次改编成功特别大的因素。

我们决定开始改编之后，首先就是找出主要人物，保留原著中女孩儿的一家人，包括外婆和妈妈，因为有很多美好的女性角色，又创造很美好的男性角色，再把他们感情上的起伏作为戏剧的张力。同时引入一个汉族家庭在哈萨克族世界中的冲突和融合，也作为其中的看点之一，之后做了大量的功课。

因为我与滕丛丛导演都没有在新疆长期生活过，对哈萨克族的文化也非常陌生，前几天还找出各种书籍，有哈萨克族的文化、史诗、历史、小说等，希望尽可能通过学习，去弥补我们在这方面的空白，我们还进行几次非常深入的采风，到那里参加当地人的婚礼、葬礼、舞会，这跟我的经历非常类似，好像到基层采访，也收获了非常多鲜活的素材，当时都把这些素材融合进改编的过程中。散文的感情非常优美，但是信息量非常少，所以在改编过程中，主要是填补上这部分信息。感谢遇到爱奇艺、滕丛丛导演这样优秀的团队。

吕帆：可以听出来，改编的难度不比长剧小。接下来两位都是双重身份，问同一个问题。怎样在编剧和作者中做到平衡，或怎么把加法变成乘法。

周木楠：平常跟朋友聊天，生活中最快乐的事情就是写小说，因为感觉是在创造一个世界，心中很多的情绪都可以通过文字表达。生活中最痛苦的事情就是写剧本，做过很多工作，但写剧本的工作是内心最煎熬的。因为写小说是创造一个世界，写剧本是在别人的"指指点点"中创造一个世界，有落差感。我从小说作者转变为编剧，会比一般人更适应一些，因为我最早是做制片人的，就是那些"指指点点"别人的人。

但是我坚持的原则主要是变，会为一切的现实原因进行现实上的改变。比如他们会觉得我写的书大量场景、大量特效，没时间没有钱没有技术方面做出这些改变，其他依然能坚持的是小说内容内核上的表达。具体来说，我可能最早参与《少年歌行》剧本并不深，作为总监制、总策划的身份介入，一段时间过去再回头看剧本，一个江湖故事已经变成了三角恋的故事，对我产生了比较大的冲击。从那之后我坚定了要自己做编剧的想法。我永远不变的是如《少年歌行》里一直坚持的少年意气。坚持要做落地武侠，坚持以少年燃和热血的特性进行后面的创作。我觉得今后在作者和编剧的角色上依旧会坚持我认为的变和不变。

吕铮：刚才周木楠老师说的我特别感同身受。因为相比之下，我现在做的剧集路子比较窄，主要是涉案剧。从二十年前一直到现在一年一部成片。现在做编剧工作，但是大部分也是参与到自己的剧集改编过程中。为什么这么做？因为涉案剧确实有门槛。如果粗分类，涉案剧就是涉案人和案中人，以他们为主视角进行推动。另外办案的，就是以公安、警察或司法的调查人员为主视角去做。我由于职业属性，现在主要是做以警察为主视角。

第一，众所周知做涉案类主视角，它是一个封闭的结构，必须是正义战胜邪恶。即使有余音绕梁的开放，也不能有太过激的。

第二，一旦展现办案人员的主视角，就逃不开警察或公安内部的警察生态，包括他们的对话、他们的台词，服、化、道这些东西都只是表象。但你要说到根上，由于种种原因，内部人员也不能过分黑化，能展现的男女主或双男主和而不同，只能是办案理念的分歧或技术手段的差别。所以大家看过很多剧，比如说心理侧写师还得挂上刑警，法医也要挂上刑侦，因为他们必须有办案权。

第三，要处理好人和案之间的关系。到底是人物推动故事还是像原来《重案六组》组一套人马，用单元性的剧集展现案件本身。受这些影响，20部小说正好齐齐整整地分前10部和后10部。前10部现在反观，虽然有三四部卖出影视版权了，但改编得不成功的原因是以案件推动人物。

我到了30岁出头时还比较困惑。为什么每一个改编后的作品呈现都变成案例集？后来有幸在30多岁遇到一个资深的影视人，我给他写了三个半月的剧本。写剧本的过程中，他和我说了两句话。第一句话是吕铮你要是能把警察去掉了，从一个旁观者去写你现在的故事，那就不一样了；第二句话是一切不如惊险奇特入人心。这两句话我觉得从我30岁出头一直到《三叉戟》，到后来开始创作小说，可能是我从文学作品到影视作品一个比较好转换的分水岭。什么才是从文学到影视最重要的？可能还是它的核心价值观，是你想表达的东西。人物的姓名、性别都可以变，输出的理念和价值不能变。

举个例子，2017年我做完《三叉戟》，一直在做《双刃剑》。因为《三叉戟》写的是老三类的故事，有点温吞，我想写一个凌厉的刑警故事。但是没想到从2017年收集素材一直到现在共采访7年。为什么用这么长时间？因为我一直在收集相关案例，2020年之前把现在国内比较牛的刑警都采访遍了。我印象是每周末都在和单位请假，然后出差。只要我能通过渠道找到他们，无目的地采访。但是采访完很多案例以后，我突然觉得技术手段都是重复的，没什么意思。

2019年我采访一个年轻警察，是外地一个刚上班4个月的警察，他在追逐一个身负30多起案件的嫌犯时，被人家拿一把匕首扎中心脏，离心脏只有一寸差点牺牲。我觉得这绝对是一个惊天大案，后来就去找了那个小孩。因为我本身也是警察职业，我就问你为什么，这是一个什么样的惊天案？他们一开始遮遮掩掩，后来我一听30多起案件是划汽车还有扎自行车胎的。案件宣传可能没有那么大，但我更感兴趣的是这个人物，我说他为什么义无反顾？他说他所在的是一个比较大的城市，但他是个农村孩子，到这个大城市很简单，就是想落实户口，就是想光宗耀祖。但是这个案件发生之前，他为什么可以凌晨3点钟蹲守，凌晨5点钟发现嫌疑人？因为他父母该来了，他特别想破这个案件，甚至想好了父母来到那个城市时，能照一张穿着制服的合影，这就是他的存在感和价值感。

但是没想到当他抓嫌疑人时，由于经验不够丰富，抓人的时候紧跟着嫌疑人跑，正好撞上嫌疑人的回手刀。当时他感觉刀都已经扎中胸口了，那是一个冬天，全身湿透其实都是血。嫌疑人也愣住了，他把嫌疑人铐上以后，就痴痴地坐在花坛上。那时这个人物就出现了，他觉得天旋地转，看着远处、看着天空慢慢曚昽亮时，听见了鸟声，花坛的花特别香，他突然特别沮丧，他觉得得活下去，得坚持着父母看到他的那一刻，得和他们合影。这是2019年采访的内容，其实我准备了很多案例。

为什么我一次一次推翻？就是这7年间警务变化太快了，就像上一个论坛所说，你想着当下写完东西会不会过时，涉案题材是会过时的。如果你现在看有些悬空的剧，看到很多办案手段都是20世纪90年代的，但手段一直在更新。我在2023年采访了一个案例，找到一个北京资深警察，聊完以后很沮丧，他说的很多东西都可以被我所有的案例覆盖。后来我问你有没有觉得干得比较牛的事？他说我干了一件比较牛的事，锦旗就挂在墙上，你想看看吗？我一看他那个锦旗上面字都是贴的，特别简易。一天，刑警队接到报案，一个70多岁的老头说丢了辆自行车，想到来刑警队报案。

警察问自行车值多少钱？老人说可能卖废铁有二三十块钱。警察问为什么要到刑警队办案？老人说几年前老伴得了癌症，他一次次拿着旧的自行车载着老伴，从他们家一直骑到北京肿瘤医院，承载着老伴的生命，一次一次看着老伴慢慢虚弱直到去世。那个自行车虽然破旧得不能骑了，他就拴在他们家门口电线杆上，什么时候一出门他看着那辆车就觉得世界上不止留下他一个人，他还有活下去的希望。就这么一个事，刑警那帮兄弟看完以后一下就"起范"了，就说我们一定把这事给您办了。

虽然不够立案标准，但那帮小伙子用了24小时就把自行车给老头找回来了。老头做了一面锦旗，是以最便宜的价格做的，但那帮人觉得这才是警察的荣誉。我觉得七年写一部作品值得，所以这是《双刃剑》的过程，而且这部作品里面每一个细节都是从现实中来的，之后进行艺术的生发，这才是从文学到影视双向赋能中比较重要的点。

吕帆：双向赋能，我们一直在讲"赋"，那"能"是什么？其实还是创作者的表达，相信刚才讲的两个故事，大家脑海中都有很多的形象感和画面感，期待这样的故事尽早与观众见面。王倦老师，在《千里江山图》的改编过程中，有没有可以跟大家分享的故事？

王倦：《千里江山图》不是我一个人改编，是与金海曙老师一起合作改编的。拿到作品看了小说之后，第一反应不是觉得难改，因为这是一部很优秀的作品，既有表达，又有内涵，情节很丰富又很精彩，人物树立得很完整，几乎找不到缺陷，各方面全都有，那么对改编来说，第一反应是没有什么难度，正常按照原著列出来，做一些小调整就可以，结果在改编过程中遇到困难。

改编的困难说得简单一点，一是影视化的现实因素，二是时代背景的诉求不同。第一点，影视化改编的现实因素是什么？这部小说因为情节非常紧张，一环扣一环，那么在改编过程中，对影视化改编的量还是有要求，需要多少情节。第一个否决的是原著不动的情况下，把情节伸长、把对话拉长、把节奏放缓。这是很不负责任的改编方式，只能在保留原著情节的情况下，加一部分内容进去，要完成这个容量是最实在的。这个时候遇到了很大的困难，因为这部作品的每一个细节、每一个对话，人物可以是虚构的，故事可能是假的，但每一个细节都是在历史上有依据的。孙甘露老师刚才也说，是调查很多资料之后，才把所有的精华融合在作品里。

要添内容时也会出现这个问题，要添加的细节会做大量工作，查阅很多资料，一定要做到每个细节出现的场景是历史中有过的，在当时的时段确实是这种状况。这时候不能有偏差，也就是真实性，故事是虚构的没有关系，但如果所有的细节都真实的，观众就会相信，如果观众不去相信，没有办法跟进人物和故事，可能就达不到想要的效果，所以在这方面花了大量的时间。除了真实性，还要有机融合到现有的故事中，让观众觉得不是太突兀，原著里面有可以深挖的细节。

第二点，时代背景改编上遇到的难度。现在是信息时代，观众看剧和以前不太一样，以前是个人与媒体的交流，现在观众看剧既是个人的媒体，也是很多人在面对同一个媒体，像论坛、弹幕，信息随时是在共享和交融的，不是单向的而是多向的，所以在改编时面临的问题，要完成《千里江山图》计划的实行和初步成功，包括抓到故事里面浅层的，如特务、间谍。我非常担心的就是在电视剧第一集时，就有人发弹幕说叛徒是谁，上来就进行剧透，这是无可避免的，因为这是很成功的作品，有很多忠实的读者，直接告诉你答案是谁，这也是非常困惑的。

《千里江山图》最本质的是人物关系，是每个细节背后，是一个时间段的这些人，这些人身上的小细节可以看到时代整个变化的过程，不仅仅是情节，如果看进去，根据人物关系，可以看到时代大潮下，每一个人物绽放出的光芒，会看到很多东西。

其实叛徒是谁或许不重要，但问题是有一部分观众没有看过原著，不知道精彩的地方在哪里，本能地觉得这就是破案剧，事先知道坏人是谁，本质的悬念就没有了，怎么吸引这部分观众看下去。这中间有很多考虑，比如把原著的叛徒换了，但考虑很久觉得这个方向行不通，等于完全改变原著的结构，因为原著选择的人物关系有特定的选择，并不是随便选择一个人，要服务的不仅是一个情节，而是服务人物之间相连的关系。再如叛徒的代号是"西施"，其实不仅是一个人，这些人还藏着一个，这个人之后再跳出来，特务背后还藏着一个，甚至已经选中这个人是谁，他与主角的关系还非常密切。当时还觉得很兴奋，在认真研究之后，觉得还是不行，一旦这样做了之后，观众的视觉重点会自然而然地转移到这两个人身上，会破坏原有的人物关系和结构。

我们可以改编原著、可以变化情节，但不能破坏原著真正的内涵和表达。不能把原著人物关系中最精华的部分，自作主张抽离掉，而且偏离新的人物关系，所以不能转移观众的视线。这部剧比较特别的是，男主角登场时，他与女主角这场关系已经结束了，是在关系终结之后，进入这个故事。我们考虑过，是不是把女主角和男主角关系的终结放到故事中，比如他们俩之间的关系终结，用三段故事放在中间一段做一个告别，如果悬疑暂时没有跟上，跟着情感会更容易跟进主角，考虑了很多。最后放弃的原因很常规，原著中已经结束的关系，但就是因为已经结束，所以这个关系永远不会结束。已经跟他告别的人，一直在推着人物往前走，他被影响了，正是因为有了这场告别，所以这两个人永远没有办法分开，这个表达很特殊而且很有魅力。最后我们选择的是不改动。

但是在不改动时，尽量做到每一集有自己的悬念，尽量做到让观众知道最后，可能知道叛徒是谁，但依旧有悬念和兴趣追着这个人物和故事看下去，这可能是一种尝试，但费了这么大力气兜兜转转，我们觉得这个尝试的方向是有意思的，愿意尽力去完成的。

吕帆：这才是一线创作的声音，包括刚才说作品难，就是因为完美的东西比较难改，可能兜兜转转半天又回到起点，但做得还是有所成就。问一下陈晓老师，《人生之路》这部作品的改编本身就是延续性的书写，给了我们很多开放的空间，请问您怎样做经典的文学作品，我们可能有更广阔的叙事空间，这样的人物又该如何把握，尤其是在《人生之路》后半部分的人物塑造上。

陈晓：这主要是阎建钢导演的想法，我也很信任他，也很信任他的团队，所以就这么演。《人生之路》是先在上海拍的后半程，但其实最紧张的是前半程，当时封城两个月，基本上人物的状态慢慢就没有了。后来找不到感觉时，一到清涧就感到好喜欢，在清涧越拍越开心，还问过阎建钢导演，感觉上海那部分拍得很差，那时是没有找到状态，后期才找到状态，但他想办法帮我弥补了。

吕帆：其实也是回到原著之中，反而可以感觉到人物的延续性，非常复杂很难讲，但从您的直觉来看，比如在塑造一个经典的人物形象时，带给您最大的挑战是什么？

陈晓：还是如我之前所说，开始时要杜绝很多声音，你身边会有很多朋友，包括我的父母都是小说的读者，他们会跟我讲很多东西，包括身边的同学朋友也会跟你说，我觉得这个人物应该怎么样，大学时排过这个人物，当时排的时候应该怎样。如果被迫听了这些事情，就选择赶紧忘掉，回到创作中来，把其他的外界声音都忘掉。所以我说清涧那个地方很好，因为那个地方很安静，山清水秀，在黄土高坡上。只有到了那个地方之后，整个人才能静下心来，才能感觉到高加林为什么拼命要从这里出去，一切的东西就顺理成章了，还是要让自己的心安定下来。

吕帆：彭老师，您以前是记者，也受过专业的新闻训练，对于调查和影视剧的改编，影视创作有没有值得分享的小心得？

彭奕宁：现在看到越来越多的现实主义题材在影视剧中诞生，包括刚才讲的好几个故事都非常感动人，其实都是艺术源自生活，我觉得这种扎实的功课，以及那种做调研的精神，是作为编剧、记者、作家，应该具备的基本素质，而且我本人也是很享受这部分，在素材的海洋中游泳，素材越多，写起作品的底气就越大。

刚才说导演找到我要做《我的阿勒泰》时是拒绝的，因为那个世界对我来说太陌生，真正说服我参与到这个项目的，真的是现场采风，还不是看那些书。当时是疫情期间，大家都很焦灼，我个人也在人生很不确定的过程中很沮丧，作为记者常年跑新闻现场，也很辛苦，作为母亲和妻子，也在自己人生即将进入40岁时很迷茫。

那个时候滕丛丛导演说你就去，我怀着免费去旅行的心态到阿勒泰，结果一到那儿，真是从封闭隔绝的小区里，一下被释放到了广阔的天地当中。因为那种大自然的力量，那种辽阔、壮美，的确会非常影响人心。我还记得当时开了一辆吉普车，跑在新疆又平又直的旷野上，我负责全程给大家放音乐，当时我们一边开一边找有哪些音乐适合放在剧里面。记得当时都找到叶尔波利老师冬不拉的声音，后来这个放在我们电视剧里了。当时我们就一边听着冬不拉叮叮当当的声音，开在一个看不到尽头的公路上，周围暮色四合，感觉像开进了一个时间隧道一样。我觉得可能这个剧治愈大家之前，主创人员先被阿勒泰治愈了。

我们焦虑、困惑和对未来充满不确定。当时滕丛丛导演距离她发布第一部作品已经过去五年，这本书的版权也马上就要过期了。我俩都处于沮丧的灰头土脸过程中，当我们走在新疆的雪山和草地当中，一下子就觉得要做点什么。当时我们一路往乌鲁木齐开，一边开一边觉得天空变小了，被楼房、被电线杆逐渐遮蔽起来了，心里就有一种，我要回到那个世界当中去的感觉。所以一下车我就对她说决定了要做这个项目。我不知道怎么做，她也不知道怎么做，我说没有关系，我们就来试试看。我们从现实生活中得到了力量，而不是在书房里苦思冥想怎么样是一个好故事，就像我们在剧里说的，去爱、去生活、去受伤，走进那个生活。于是我们在那遇到了巴太的原型，那样帅气的哈萨克族小伙。

文秀甚至一部分就是我，就是一个苦苦挣扎的作家，遇到了很多特别可爱的哈萨克族的女性。我参加了他们的婚礼、葬礼，为他们的率真、可爱和那种不在乎死不在乎生的感觉所感动，和他们通宵喝酒、唱歌。我才发现自己真是不会唱歌，一句歌词都背不下来。跟着哈萨克族的朋友，一支冬不拉在我们手中一个晚上来回传递，传到谁那就演奏一首，干掉一杯白酒，我们就这样度过一个非常美妙的终生难忘的夜晚。

后来在剧中出现过那棵"巴太树"，我就摸着那棵树说请给我一个好故事，通过这样有点傻乎乎的仪式感的行为说我要郑重地承诺进去。后来做完《我的阿勒泰》也接触了很多其他项目。大家说我们要怎么策划、预判一下社会情绪，这其实挺难的。可能对创作者来说就得写打动自己、感动自己、治愈自己的东西，特别想写的东西才能写好，甚至有可能支撑你经过若干年改变的折磨、反反复复才行。所以衷心期待下一个属于我的故事的到来。

吕帆： 彭老师，对世界和对他人的关注，这种好奇是在任何行业都不过时的，您不能算是转型的代表，做的依然是原来那件事。周老师，您做的都是少年系列，作品中的少年感是怎么保持的？

周木楠： 我觉得少年感这事跟我以前看过的一部电影有关，那部电影不怎么好看，但里面有句台词，就是说有些人是注定不会为时间改变自己。我一直记得这句话，怎么坚持做自己，做一个不被时间改变的人。我觉得少年感就是始终相信一些比较天真的东西。从现实来说，不停地阅读是保持少年感非常好的方式。因为大家的故事更爱讲年轻人的故事，包括剧、小说，其实你看一些文学作品和小说，流行也好，经典也好，里面都有一种少年之气。

再就是保持内心的善良，善良是少年必须要有的特质。另外一个是要保持一颗不妥协的心。包括写剧本时也会有不妥协的时候出现。刚才彭老师说的我特别认可，写特别想写的东西才能写得好，才能做出好的东西来。保持少年心是一直有热爱的东西，热爱的东西就要去创造它、去写它，对我们来说就是去写它。

吕帆： 您目前有没有对下一种类型的期待？

周木楠： 其实我下一个类型还是想保持少年感的同时，做一些题材上的拓展。因为技术层面上一部戏用了虚拟拍摄的内容，虚拟拍摄技术越来越成熟，如果我写的武侠能够和科幻元素进行结合的话，应该是一个让创作者感到兴奋的领域。

吕帆： 吕老师请您总结一下，还有没有类似的故事或您想和大家分享的？

吕铮： 王倦老师前面讲的《千里江山图》的改编我特别感同身受。因为我参与改编自己作品时也有一个问题，涉案悬疑里是有"扣"的，这个"扣"在图书的出版中已经创作完了，怎么在影视剧集中让观众继续看下去？因为只要花两块钱买一本电子书就全都一目了然了。《三叉戟》这本小说是 2016 年出版的，经过漫长的改编过程。2016 年的案件写的以 PTP 为背景，但上映是 2020 年，之所以案件不会觉得旧，就是因为选取了影视改编中保留主线案件过程并加入民生案件。当时定了三个"调"。

第一个"调"是绝对不做别人的惊险奇特。反观整个迷雾剧场都在做惊险奇特，《三叉戟》怎么能做出不同？就是做民生案件，不要血腥暴力，所有的暴力镜头都不展现，我们就想试试行不行。

第二个"调"是保人物，一切都保人物，经侦、刑侦、预审三大警种，分别代表犬、狼、狐。经侦最重要的是忠诚，因为每天面对的都是利益诱惑，刑侦就是狼的行动力，狐狸的睿智代表预审。这三个人物保障过程中，其实人物关系会进一步催化。

第三个"调"是以人物推动案件。你展现的是什么,不学别的剧集探讨社会问题,揭露阴暗面,深挖人性阴暗之处,而是体现出温暖。所以这个剧集出了以后,被很多观众戏称为"下饭剧",其实我也不懂什么叫"下饭剧",我的理解就是不咄咄逼人,能随风潜入夜地给观众输出核心价值观。

《双刃剑》也是如此,图书只要出版,里面层层的"扣"都会出来。但是我力求每一个五千字都扎实,每一个细节都能做到与众不同,所以做了一年半的时间。如果讲故事的话,可以讲最后一个故事,那个故事没用上但是我觉得挺有意思。

前段时间有个年轻的女刑警,我采访她,她和我说了很多惊险奇特的案件,其实并没有太多意思。刚才我讲的两个故事:一个是关乎人的,警察的私心和荣誉;另一个是时代的变迁,警务手段、大数据、AI什么的全都可以用于办案手段。这个女孩儿正好处于人和案之间,我就问什么令她感同身受?她说上班三年了,现在令她感同身受的还是上班第一次抓捕犯人。她是贵州那边的,第一次参与抓捕是一个女犯罪嫌疑人杀人碎尸,在一个山里。一个女孩儿为什么要参与抓捕,因为抓女性犯罪嫌疑人,必须要有女刑警,她跟着一帮男刑警,在不知道案情的情况下,在一个清晨就开着警车去了。那个描绘的场景,特别像《沉默的羔羊》开篇,在雾气重重的山里面,慢慢接近要抓捕的目标,不知道未来是什么,也不知道嫌疑人长什么样,因为只是跟着男刑警办案的,脑子里想了很多怎么反抗的画面,恶贯满盈的、残忍的、极端的,甚至拿好了警棍,有种低血糖的感觉,放在手里面瑟瑟发抖。

结果到了那里之后,男刑警让她侦查,没想到她没有经验,一看就不是山里的人。刚到房间门口就碰到嫌疑人,一碰到嫌疑人突然觉得人设跟想象不同,是非常普通的,看着甚至比较善良的女人。之后她就马上行动,跟着男刑警抓到那个人,那个人就提了一个要求,所有都可以配合你,但你能不能让我回到屋里,给女儿梳头、编辫子。女刑警带着她回到屋里,发现整个布置特别整洁,小女孩儿在清晨的微光中一头乱发。这个嫌疑人,杀人碎尸的母亲,慢慢地给她梳头,一遍遍编辫子,编完之后又拆开,因为她知道这是最后一次自己跟女儿接触。后来女刑警就被颠覆了,一瞬间是恍惚的,这到底是恶贯满盈的杀人碎尸犯的嫌疑人,还是一个母亲。最后了解案件,杀人碎尸是因为她的情夫虐待她的女儿,这才是通过人物看到背后的东西。

其实我也不知道现在想表达什么,只不过现在的写作从文学开始,一直到影视,对我至关重要的是想让广大的观众和读者看到社会的真实,这是我们编不出来的,这是激发创作力和肩负使命的重中之重。

吕帆: 吕铮老师铁骨铮铮,但是铁汉柔情,其实影视剧也是一样。经过这么一个漫长的访谈环节,相信大家可以感受到一点,从头到尾刻意避开精品两字,一提精品好像就有一种导向,但其实今天每位嘉宾谈论的内容,句句都不离精品,有很多问题都是即性发挥的，真的可以感受到舍我其谁的背后，其实是久久之功，所以通过优秀的主创和平台，以及政府主管部门，我们的剧集创新可以越来越好。我们共同期待未来文学和影视，都将带给观众更好的作品和更繁荣的市场！

微短剧论坛
焕新业态　丰盈视界　微短剧"何以赋能"

时　　间	10月12日 14:00—17:30
场　　地	郎园 Station A7 OurTimesHere 中庭
指导单位	国家广播电视总局、北京市人民政府
主办单位	国家广播电视总局网络视听司、北京市广播电视局
承办单位	中国网络视听协会、芒果TV

领导致辞

董 昕

国家广播电视总局党组成员、副局长

很高兴在金秋时节，与大家在微短剧论坛相聚，进一步凝聚共识、汇聚力量，更好发挥微短剧反映时代生活、体现时代精神的积极作用，更好满足人民群众文化需求。广电总局和北京市对本次微短剧论坛高度重视，期待论坛能在推动微短剧赋能千行百业、推动行业高质量发展等方面取得良好效果。

党的二十届三中全会强调，文艺创作要坚持以人民为中心，创作出既有艺术性又有人民性的文艺作品；要深化文化领域的改革，优化文化服务和文化产品供给机制。这为推动微短剧精品化、规范化发展提供了根本遵循。近期，在大家的共同努力下，微短剧"国庆档"推出了一批有思想内涵、有艺术追求、有制作品质的微短剧，为庆祝中华人民共和国成立75周年营造了浓厚氛围。因此，这次论坛邀请了不少参加"国庆档"微短剧创作的嘉宾和发言代表，希望大家在今天的讨论中畅抒己见，在后续的工作中继续努力。

微短剧以主题鲜明、剧情紧凑、篇幅精练的特点而深受观众喜爱，在推进文艺创新、赋能经济社会发展等方面发挥着重要作用。据统计，截至2024年10月，微短剧用户规模达5.76亿人，网民使用率为52.4%，成为丰富人民精神生活的重要文艺形态。要使微短剧行业发展更加可持续、更加高质量，在未来的网络视听生态中发挥更大作用，既需要广电总局优化管理、改进服务，也需要全行业规范流程、加强自律。下面，我谈几点看法，与大家分享。

一、胸怀"国之大者"，唱响主旋律最强音

微短剧是"轻量化"的网络视听文艺类型，是宣传思想文化工作的生力军。大家要始终贯穿学习宣传贯彻习近平新时代中国特色社会主义思想这条主线，充分发挥微短剧春风化雨、润物无声的优势，紧扣大主题、善用小切口，推动聚人气、接地气、暖人心、有生气的微短剧作品广泛传播，讲好中国故事、讲好时代故事，生动鲜活地

传递向上向善正能量。微短剧具有后发优势，在小屏端的传播已经取得一定成效。广电总局正在推进大小屏内容双向供给，大家要充分准备，通过共同创作、共建平台等方式，借助大数据、人工智能等手段，助力微短剧实现大小屏协同传播，在主题宣传中发挥更大作用。

二、深耕内容建设，满足人民文化需求

提升微短剧内容品质是当前和今后一段时间的发展主题，微短剧行业的"运动员"和"裁判员"都要从制度、流程、产品、品牌等多方面入手，坚持以人民为中心，着眼于满足人民群众更高标准的精神文化需求，树牢内容为王、以质取胜的鲜明导向。要发挥微短剧新时代大众文艺的独特优势，鼓励引导人民大众参与文艺创作，善于通过"小人物""小故事"来抒写大时代，从人民的火热生活中发现创作主题、捕捉创意灵感，以生动的画面、优美的旋律、感人的形象，创作传播人民群众喜闻乐见的优秀微短剧作品。

三、鼓励创新创造，激发行业发展动能

微短剧因技术而生、由技术而兴，天然具有创新的基因。大家要统筹发展与安全、活力与秩序，积极吸纳创新人才，主动拥抱人工智能等新技术，探索智能角色与场景生成、后期制作优化等应用场景，扩大元宇宙、AR、VR等技术应用范围，更好激发创意灵感、丰富文化内涵、表达思想情感、提升创作效能。要注重积累总结、畅通渠道，注重夯实基础、提升效能，让微短剧插上科技的翅膀，生产出具有跨时空、跨行业影响的优秀作品，充分展现微短剧"艺术＋技术"的独特魅力。

四、营造良好环境，构建行业健康生态

广电总局作为微短剧行业的行政管理部门，将坚持服务为本、"放水养鱼"，推动微短剧行业繁荣发展；坚持建强品牌、扩大合作，推动微短剧赋能千行百业。要进一步推进"微短剧＋"行动计划，深入实施"跟着微短剧去旅行""跟着微短剧来学法""微短剧里看品牌"等创作计划。同时，更好发挥政策引导、平台反哺、行业自律合作等多方面作用，引导市场分配机制由流量推广向内容创作倾斜，严厉打击违规行为，努力营造健康、可持续发展的生态环境。

优秀的作品永远不会过时。让我们团结起来，努力打造更多微短剧佳作，用创意创造精品、用品质聚拢观众、用情感温暖人心，为观众带来更加绚丽多彩的视听盛宴，更好践行广电视听传播党的声音、服务人民群众的初心使命。

最后，预祝本次论坛圆满成功！

司马红

北京市副市长

今天，非常高兴与大家相聚在首届中国广播电视精品创作大会微短剧论坛，在这个小而美的空间，共同探讨小而美的微短剧的发展。首先，我代表北京市人民政府对各位嘉宾的到来表示热烈的欢迎，也向长期以来关心、支持北京文化建设发展的各位朋友表示衷心的感谢！

微短剧以其强情节、快节奏、微传播的特点受到了观众的热烈欢迎，也呈现出非常快速的发展态势。北京在广电总局的大力支持和指导下，也在大力推进微短剧产业发展。北京的微短剧平台数量约占全国的2/3，抖音、快手、点众、中文在线等重点企业云集，全市有影视节目制作机构1.7万余家。2023年以来，北京微短剧规划备案公示千余部，35部精彩佳作入选了总局的推优评奖，各项数据都领跑全国。

北京有一个要求，就是要以首善标准提升业态的提质升级，在精品创作上要走在前、做示范，不断发挥推动引领作用。北京下一步也将认真贯彻落实习近平文化思想，把微短剧精品创作作为"北京大视听"品牌建设的内容，积极培育叫好又叫座的微短剧作品，使优质视听内容更好惠及广大群众。

今天的论坛主题是"何以赋能"，北京用三个方面来赋能。

一是文化资源赋能。更好地发挥文化资源优势，持续推进"跟着微短剧去旅行·短剧游北京"创作计划，搭建好各区、制作机构以及播出机构的合作平台，着力培育"微短剧+文旅"融合的作品，以小切口、微传播来讲述源远流长的古都文化、丰富厚重的红色文化、特色鲜明的京味文化、蓬勃兴起的创新文化，更好地发挥北京广播电视网络视听发展基金的带动作用。我们将对以北京市为主要取景地、赋能北京城市形象宣传、带动关联消费的项目给予重点资助，推动更多的微短剧拍摄地成为北京的热门打卡地。

二是政策服务赋能。更好地发挥政策服务优势，强化"北京大视听"精品生产机制引领带动作用，精心实施"首亮微光"创作计划，汇聚主管部门、行业协会、播出平台、制作机构四方合力，做好重点项目全链条跟踪服务。引导广大创作者积极深入生活，抓好彰显社会主义核心价值观主题作品创作，推出更多健康优质的视听文艺作品。充分发挥影视文化产业园区的承载和集聚作用，吸引优质微短剧企业和创作团队入驻，培育壮大产业集群。

三是技术创新赋能。 更好地发挥技术创新优势，以新技术、新手段带动微短剧的模式创新、内容创优。2024 年，北京推出了国内首部采用虚拟制片技术制作的微短剧《柒两人生》、开创性应用生成式人工智能技术创作的微短剧《三星堆·未来启示录》，都得到了网民的广泛好评。下一步，我们还将继续发挥北京国际科技创新中心的优势，用好北京市超高清视听产业发展基金，推动超高清人工智能、虚拟拍摄等技术，更好应用于微短剧的创作，加快技术创新和精品创作双向赋能。

北京是文化的沃土，有非常丰富的取景资源，有生动鲜活的题材故事，也是灵感和创意的诞生地，是好剧本、好作品的策源地。北京是创业的沃土，影视园区配套完善、活力无限，优秀的编剧、导演、演员齐聚，影视创作氛围浓厚。北京是服务的高地，着力优化产业支持政策，鼓励企业创新发展，提升人才服务水平，为优质项目保驾护航。我们热忱地欢迎播出平台、制作机构和优秀人才能够在北京投资兴业，拍摄制作出优秀的微短剧作品，共创微短剧行业繁荣发展的美好明天。

最后预祝本次论坛取得圆满成功，谢谢大家！

主题演讲

微短剧：普法宣传教育的新路径

丁海东

最高人民检察院新闻办公室副主任

党的二十大强调，"深入开展法治宣传教育，增强全民法治观念"。党的二十届三中全会指出，中国式现代化是物质文明和精神文明相协调的现代化，要优化文化服务和文化产品供给机制，加快发展新型文化业态，激发全民族文化创新创造活力。加强法治题材微短剧创作生产，以潜移默化、润物无声的方式开展普法宣传教育，向全社会弘扬法治精神、增强全民法治观念，是深入贯彻党的二十大和二十届三中全会精神，纵深推进全面依法治国战略实施，积极适应网络时代人民群众法治文化需求的新的重要途径。

近年来，检察机关深入学习贯彻习近平法治思想、习近平文化思想，在坚持高质效办好每一个案件的同时，持续加强和改进检察宣传文化工作，充分运用法治力量服务文化强国建设，在加强法治微短剧创作方面进行了一些积极探索。2024年3月28日，第十一届网络视听大会在成都召开，检察机关普法网络微短剧《石俊峰办案记》被评为"2023年度优秀网络微剧"，获得观众和业内人士好评。此剧的走红，是主动适应社会公众视听需求进行法治宣传教育的一个成功范例。2024年8月，最高检新闻办积极响应国家广播电视总局网络视听节目管理司"跟着微短剧来学法"创作计划，推出第一批涵盖检察、法院、公安等题材优质剧目，涵盖了12部精品创作计划微短剧片单。最高检新闻办指导最高检影视中心联合策划出品的《即将出庭》《少年田野》《未来已来》《进去吧，骗子！》等4部检察题材微短剧入选其中。

在全面依法治国的当下，如何让法治种子在人民群众心田生根发芽？如何将社会主义核心价值观融入法治进程？如何实现法治与德治相辅相成、相得益彰？创新加强普法宣传尤为重要。检察机关将积极顺应时代新发展和人民群众新需求，不断加强和改进检察宣传文化工作，深入实施"跟着微短剧来学法"创作计划，努力开拓"微短剧+"等普法宣传新路径，推动全民普法宣传教育深入人心，凝聚全社会法治最大"公约数"，勾画法治中国"同心圆"。我们认为，工作中要把握以下四点。

一是坚持发展壮大主流价值、主流舆论、主流文化。将主流价值作为法治微短剧创作的核心理念，用主流价值观驾驭"算法"，始终将坚持正确的舆论导向放在第一位，积极传播社会主义法治文化。从中心思想入手对价值失范、不良价值导向等问题进行规范引导。在生产、制作微短剧过程中注重向上向善、积极温暖、发人深省等建设性价值导向，杜绝"拜金炫富""极端复仇""恶性竞争"等不良价值观"看点"的内容创作。促进加强平台传播者、微短剧创作者的价值观培育，从生产与传播的源头注入主流价值观。

二是坚持以人民为中心的创作导向。国家广电总局印发《关于推动短剧创作繁荣发展的意见》指出，短剧为人民所需，符合精神文化产品化的发展规律，已成为一种新趋势，应当大力倡导推动。一些微短剧之所以火爆，是因为其切中了观众的情绪点，引起了强烈的情感共鸣。微短剧应关注人民群众最真实、最迫切的精神需求，对国家发展、社会痛点、生活难点以及日常温情进行聚焦、剖析和呈现，达到大流量和高质量的有机结合。比如，由最高检影视中心联合有关单位出品的微短剧《即将出庭》，以每集15分钟，共20集的紧凑微短剧，通过展现年轻检察官在处理未成年人犯罪案件时揭示"原生家庭""家暴"等社会热点问题，传递法律对弱势群体的关爱与保护，让观众感受到法律背后的人文关怀。

三是坚持把"以案释法"作为创作特色。近年来，最高检党组贯彻落实习近平总书记"努力让人民群众在每一个司法案件中感受到公平正义"的重要指示，鲜明提出了"高质效办好每一个案件"目标要求，检察机关办理了许多典型案例，这些案例正是法治微短剧策划创作的"宝藏"资源。一个案例胜过一沓文件。每一个典型案件都折射出人民检察官对法治的考量和对公平正义的追求，案件背后都有一个不一样的人生，是扣人心弦、令人感慨的故事。这些都非常值得我们去深入挖掘，通过艺术创作达到微短剧故事写实、普法宣传教育接地气的目的，让微短剧如同散开的珍珠，串起社会的良知，彰显"微剧成光"的力量。

四是坚持检察题材微短剧精品化发展方向。近年来，《人民的名义》《检察风云》《二十条》《九部的检察官》等系列检察题材影视剧引起社会关注，让社会公众对法治建设、检察工作有了更为直观深刻的了解。但从整体看，当前有较大社会影响力的检察题材微短剧依然偏少，其精品化发展仍需努力。检察题材微短剧精品化，亟须在塑造典型人物上下功夫，通过细腻的演绎逐步推出一些可敬可信、深入人心的新时代检察干警形象，这是检察题材微短剧发展的重要形式。比如，20集检察题材纪实微短剧《反诈精英——人民的检察官》，反映了"杀猪盘"、地宫诈骗、裸聊诈骗等检察机关办理的6个案件，与相关视频平台进行独播合作，话题量破6.3亿次，取得显著收视效果。要进一步加强检察题材微短剧策划制作，通过与有影响力的账号、平台联动等方式，努力"破层出圈"，打造爆款，实现普法宣传教育的最大效果。

我们相信，微短剧将呈现更加丰富多彩的表现形式和内容，检察题材微短剧在普法宣传教育中将发挥更加重要的作用。最高检新闻办将继续深化微短剧在普法宣传教育中的应用，探索更多创新性的方法和手段，充分发挥微短剧在普法宣传教育中的优势，不断提高普法宣传教育的效果和质量。下一步，我们将继续落实"跟着微短剧来学法"创作计划，在国家广电总局的指导下，协同各政法兄弟单位、媒体平台和影视制作机构，充分发挥各自资源优势，联合策划推出更多的为人民群众所喜闻乐见的微短剧精品，进一步传播法治理念、弘扬法治精神，为全面推进中国式现代化营造良好法治文化环境。

微光成炬　以质行远
引领创作生产精品化　共筑行业繁荣长赛道

王杰群

北京市广播电视局
党组书记、局长

微光启航，剧短意深。很高兴在金秋十月与大家相聚在首届中国广播电视精品创作大会微短剧论坛，共鉴微短剧提质升级新成果，共绘高质量发展新愿景。在此，我谨代表北京市广电局，向本次论坛的成功举办表示诚挚的祝贺，对各位领导和嘉宾的莅临致以热烈的欢迎！借此机会，向长期以来关心支持全国文化中心建设和"北京大视听"发展的各界人士表示衷心的感谢！

近年来，微短剧这一新兴网络文艺形态迅速发展，市场规模预计将超过500亿元，成为大视听格局中增速最快、最具潜力的板块之一，在拓宽网络文艺类型光谱、丰富文化内容供给的同时，与文旅、文博等业态实现双向赋能，为生成式人工智能、虚拟拍摄等新技术提供了广阔的应用场景，成为促进广电视听繁荣发展的生力军和新引擎。北京作为全国文化中心，集聚了长信、华策、完美世界等1.7万余家影视节目制作机构，以及爱奇艺、优酷、抖音、快手、点众、中文在线、掌阅等上百家重点网络视听企业，微短剧平台数量约占全国总数的2/3。2023年以来，北京微短剧规划备案公示超千余部，核发《网络剧片上线许可证》近200个，其中35部京产网络微短剧入选总局各类推优评奖，数量领跑全国。

北京市广电局始终坚持首善标准、首位担当，深入学习贯彻习近平文化思想，全面落实党的二十届三中全会精神，按照国家广电总局和北京市委、市政府的部署要求，以"北京大视听"文艺精品创作机制为牵引，认真落实"找准选题，讲好故事，拍出精品"重要的要求，着力改进微短剧创作生产服务、引导、组织工作机制，推出《柒两人生》《大过年的》《三星堆·未来启示录》等一批主题鲜明、题材多样、形式新颖的优秀作品，不断增强京产微短剧的示范引领作用。借此机会，我将从四个方面与大家分享关于推动微短剧行业高质量发展的北京实践和思考。

一是着力打好政策"组合拳"，全链全程培育优秀作品。北京市广电局始终高度重视微短剧创新创优，充分发挥"北京大视听"资源优势，做好选题策划、剧本创作、拍摄制作、宣传推广等创作播出全链条全流程协调保障工作。围绕主题主线，聚焦重大时间节点，着力强化选题规划和剧本创作引导把关。依托专家资源，构建重点选题专家论证体系，会聚行业资深专家与一线创作人员担任创作导师，实施定制化"一对一"跟踪指导策略，手把手、点对点提升项目品质。充分发挥北京广播电视网络视听发展基金效能，为优秀微短剧项目提供剧本扶持、摄制宣推扶持、奖励三种形式的资助，单部微短剧作品最高可获得300万元，截至目前已有21部微短剧获得基金资助。此外，我们对以北京市为主要取景地、赋能北京城市形象宣传、带动关联消费的项目给予重点资助，进一步提升微短剧创作对全国文化中心建设的助力作用。

二是着力树好创作"导向标"，用心用情实施精品计划。2023年9月，北京市广电局推出北京大视听·网络微短剧"首亮微光"扶持计划，首批发布的20部作品中多部入选总局各类推优评奖活动。2024年，我们全面创新升级，实施"首亮微光"扶持计划2.0版本，联动北京"16+1"区、行业协会、重点网络视听平台等各方力量，携手推动微短剧生态向好向新。我们积极响应国家广电总局"跟着微短剧去旅行"创作计划，制定发布"短剧游北京"工作方案，密切联动北京市各区委宣传部，形成市区两级同向发力，为各区、播出平台、制作机构搭建合作平台，建立共赢互惠机制，前期已有《我的归途有风》《这世间如你所愿》等10部作品入选国家广电总局"跟着短剧去旅行"创作计划推荐片单。此外，我们通过调研采风、实地探班、路演推介等措施，加快项目储备和转化，推出《小王子带你游中轴线》《三井胡同的夏天》等12部"微短剧＋文旅产业融合"的新模式作品。

三是着力提升发展"软实力"，多措并举优化营商环境。近年来，北京市广电局持续优化营商环境、打造"活力广电"北京服务，出台了一系列支持视听企业高质量发展的政策措施。我们深入实施《关于推进新时代首都影视产业高质量发展的若干措施》，进一步完善影视拍摄服务保障机制，全力服务优秀微短剧项目在京取景拍摄，编制服务指南、取景地清单、政策汇编，建设"北京风景"数字影像库，为剧组提供信息咨询和1000多个点位的拍摄协调服务。统筹北京市视听产业资源，促进微短剧产业项目对接孵化，推动微短剧企业签约入驻城市副中心，百度短剧和点众科技达成精品微短剧战略合作。在全国率先建立微短剧分级分类处置措施和跨省域管理会商沟通机制，进一步规范行业发展秩序，构建清朗创作生态。

四是着力用好传播"助推器",矩阵发力放大宣推声量。 我们有效运用"视听北京传播矩阵"资源,对优秀微短剧作品开展跨终端、多平台、广触达的宣传推介,进一步增强头部作品的引领示范作用,带动行业生态提质向好。统筹协调《人民日报》、新华社、《光明日报》、《北京日报》等主流媒体,视听中国、国家广电智库、广电时评等行业权威公众号以及行业资深专家,加大微短剧文艺评论力度,开展形式多样的短评、微评,为一线创作者带来更多有益借鉴和创作启示。指导抖音、快手、红果、河马等重点微短剧平台加大对优秀作品的流量扶持,助力好作品实现好口碑、获得好收成,形成社会效益和经济效益有机统一的正向循环。

首都广电方兴未艾,大有可为。我们将深入贯彻习近平文化思想,始终坚持以人民为中心的创作导向,贯通大屏小屏、网上网下,凝心聚力推动微短剧行业高质量发展,以优秀作品书写"北京大视听"精品创作的微短剧篇章,为推动全国文化中心建设作出新的更大贡献。

汇聚行业磅礴之力 共促微短剧高质量发展

赵依芳

中国电视艺术家协会微短剧专业委员会会长
中国电视剧制作产业协会常务副会长
华策影视集团创始人、董事长

我今天作为一个长剧的"老兵"和微短剧的"新兵",跟大家简要分享两个方面。

一、中国微短剧行业三大优势

2024年5月,中国电视艺术家协会正式成立微短剧专业委员会,旨在推动微短剧艺术创作的健康发展,以此丰富人民群众网络视听新内容,助推文化强国建设。专委会成员涵盖了微短剧行业头部机构、大学院校、传媒集团、广播电视台、视频播出平台、影视制作机构等各类机构代表。他们是当前微短剧产业发展的核心队伍、中坚力量。

在这个过程中,我本人为了更多地学习,走访了许多微短剧机构,同时也走访了美国、英国、越南、俄罗斯以及中东多国,调研国外包括微短剧在内的视听产业发展现状。相比之下,我们中国的微短剧行业发展呈现出几大优势。

第一,微短剧的内容创作精品化已成为行业共识。在总局"跟着微短剧去旅行"以及各类精品推优、创作提升工作的引导下,全行业在微短剧的创作上不断向上向善,提质升级。从最开始的粗放式甚至鱼龙混杂的产业,发展到今天类型化、精品化、多样化、主旋律化、主流价值化的这样一种生态,微短剧在从次品到精品的迭代发展之路上稳步前行。2024年6月,总局微短剧管理新规正式实施以来,行业反响热烈,新规从源头上确保了内容质量,避免低俗、有害内容的传播,效果立竿见影。《我在长征路上开超市》《南辕北辙的我们》《大力村超人》《重回永乐大典》等优秀的新概念精品微短剧，正在创作和播出中。

《大力村超人》是在贵州省委宣传部指导下，咪咕和华策短剧团队联合创作的精品短剧，直面贵州"村超"的热门故事。我们的团队在"村超"当地体验生活、实地取景拍摄，团队创作力非常强，非常起劲。所以说微短剧微而不弱、微而有为，行业在用切实的好创意和我们的创作实践，验证了精品的同义词不是曲高和寡，流量和口碑能够达成双向奔赴。这和我们长剧的经验也是相通的。我们深刻地认识到微短剧只有走高质量、精品化的道路，才能长久可持续的发展。

第二，年轻且高素质的人才队伍为行业发展提供了坚实保障。 微短剧行业的从业人员大部分来自海内外的影视专业机构、MCN机构、网文机构，还有各路热爱这个行业的精英，他们年轻有为，对新内容、新技术有天然的感知力，对作品的艺术创作规律拥有自己的见解和思路，在创作上不断拓宽题材，在模式上不断扩大边界，用积极的探索致力于提升行业，提高行业的天花板，为影视内容创新创作注入了新的创造力和生命力。

第三，产业发展迅速趋向成熟。 我们用很短的时间完成了从粗放型的发展到成熟精品化发展的转变，微短剧的兴起不仅带来了内容创作变革，也带来了整个内容产业生态、内容行业参与者的变革，包括传统影视机构、媒体、电视台、地方文旅等政府机构在内的各方纷纷入场，微短剧从剧本产出、拍摄制作、投流分销、宣传播出、国际传播，每个环节都涌现出了大量的专业机构和平台，我国微短剧产业的成熟度在全世界范围内首屈一指。

我们的微短剧是中国文化输出中的最新"土特产"，我想我们大概有三大"土特产"：中国的游戏、中国的网文以及中国的微短剧。微短剧以其轻体量、快节奏的特点，在与文旅、品牌、AI、电商等领域的结合中，呈现出了强大的生命力和独特性，不仅为这些领域注入了新的活力，也为自身的发展开辟了更广阔的道路。微短剧的蓬勃发展，为视听产业培育了新力量、带来了新动能，已逐渐成为网络视听内容建设中的生力军。

二、微短剧专委会工作着力点

"焕新业态　丰盈视界"这一主题定位，给我们带来了更多的鼓舞。中国视协微短剧专委会作为联系微短剧专业领域艺术工作者的桥梁和纽带，我们将立足职能、积极作为，持续发挥组织优势和专业优势，从以下几方面着力，为凝聚行业力量、共促行业行稳致远贡献力量。

以内容回归作品属性为基础，推动微短剧产业提质升级。 华策作为文化产业、文艺战线上的一名"老兵"，深知只有优质的作品才是吸引观众的最好的企业和最好的产业的关键。经过野蛮生长期的微短剧，只有回归到作品的属性，将我们初级阶段的"比下限"转向"比上限",将我们的强注意力经济、强流量经济融入我们的影响力经济,融入我们的高质量发展文化经济,微短剧的未来才会为观众带来优质的文化体验,才能有更多的跨界空间和发展前景。我们将从创作源头、内容安全、制作流程、播出规范等各个方面,与同行一起积极团结引领从业者进一步自强自律,激发责任意识、质量意识、版权意识,出精品、创佳绩,以大流量弘扬正能量,以精品内容为行业的长期主义发展注入最强的可持续发展的动力。

以科技赋能和人才培养为两翼,助力微短剧跨越式发展。科技驱动的大视听时代,倒逼着内容创作形式、理念和机制发生深层变革。我们行业协会要不断优化职能、建立健全对微短剧创作生产主体的引导、扶持、赋能等工作机制,激发和保护从业者的创作热情和创造活力,为精品内容建设做好人才保障。鼓励和推动从业者将科技创新服务于行业的跨越式发展,在新质生产力与艺术的深度融合中挖掘出微短剧行业的巨大潜能。

以价值引领、文化传播为使命,开拓微短剧华流出海新阵地。依托于成熟的制作生产体系和 AI 技术的加持,大量优秀的中国微短剧在海外播出,已成为海外微短剧市场重要的增长驱动力。中国微短期出海在快速火爆之后,各家平台在运营上采取了差异化的战略。我们如何长期、稳定、可持续地在海外得到更大的发展,接下来也将面临更多的新挑战和新机遇。在北美,我们也看到了点众、九州、中文在线、TikTok 以及 60 多个中国微短剧 App,非常热闹,但也面临如何国际化的新课题。

放眼未来,微短剧将作为中国文化华流出海的重要载体,成为价值引领、文化输出的新阵地。因此我们要融入更深层次的文化表达、展示我们特有的东方美学,用这一独特的内容形态讲好中国故事,这也是我们在国际市场长久立于不败之地的重要法宝。下一阶段,我们专委会希望听取大家的意见,组织积极参与国际文化交流活动,扩大与国际视听机构和人员的业务合作、友好往来,探索丰富的海外传播路径和形式,以价值引领、文化传播带动微短剧华流出海,在世界舞台绽放灿烂文明的中华文化魅力。

推动微短剧行业的高质量发展,需要我们在主管部门的领导下,上下同心合力、携手共进,不断地探索新时代新环境下的精品创作路径。在微短剧创作发展的道路上,我们行稳致远,为推动文化繁荣、推动文化强国建设作出我们特有的重要的一份贡献。

我们遇上了一个好的环境,所以我们要努力、要自强自觉,在这样一种"短快爽好"、老百姓又这么欢迎的形态上,我们要做出创新创意的世界级精品短剧,为我们这个时代文化产业和文化强国建设去服务。

微短剧成为广电业务增长新亮点
为打造"长中短"贯通的芒果超级平台贡献"微力量"

刘幕天

芒果 TV 副总裁、大会员中心、
微创新中心总经理

目前，微短剧行业正向上生长，行业规模预测未来五年内有望突破千亿元。各视频平台、头部公司影视纷纷入局，行业竞争日趋激烈。

在这个领域，芒果 TV 作为率先入局的长视频平台，依托制播互通互融的制作优势和芒系爆款 IP 的内容优势，成功跑出了一条"芒果特色"微短剧的新路。

2024 年 5 月 17 日，湖南广播影视集团湖南卫视、芒果 TV 双平台召开会议宣布了微创新中心的成立。"微短剧已成为芒果的一颗新火种"，对整个芒果生态而言，这是又一次基于行业前瞻的战略升级。

特别成立的"微创新中心"，正在集合一支青年突击队，从具体内容到行业生态，在品牌、互动、商业变现各个维度上，努力实现全新突破。我们计划通过三到五年时间，打造出微创新内容产业集群，实现跨越式发展，为打造"长中短"贯通的芒果超级平台贡献"微力量"。

在微短剧业务发展上，芒果有这些具体的打法和经验。

一、共振双平台 打造全国首个微短剧黄金档

湖南广电充分整合资源和扩张品牌影响力，发布了一系列内部扶持政策，培育内容创作生态。

为进一步引领微短剧走向大屏，触达更多群体，我们通过台网联动，首开先河，

率先推动了一批优质微短剧上星。

2023年12月，《风月变》成为全国首部上星微短剧，湖南卫视也成为首个推动微短剧上星的省级卫视。2024年1月，湖南卫视后晚间时段首次开辟微短剧剧场"大芒剧场"。9月，推出全国首个黄金档微短剧剧场"730大芒剧场"。通过剧场渐进化组合拳进一步让卫视730和后晚间"闲置时段"活起来。

同时，我们通过大小屏的贯通，对微短剧内容提出更高要求，在台网联动下以精品内容强势出圈，进一步推动了微短剧行业高质量发展，展现出主流媒体的责任使命。未来，将进一步丰富大屏优质内容供给，探索创新微短剧大小屏融合互动模式，形成链接湖南卫视、芒果TV与社交媒体"三位一体"的营销传播体系。

二、领创"微精品"争树青年价值引领新标杆

在广电总局引领下，以"微短剧+文旅""微短剧+学法"为创作方向的微短剧，已经成为精品化的主要题材。芒果TV是最先响应总局号召的平台之一，我们勇立潮头，以匠心精神去探索精品化内容，以青春正能量为创作基石，驱动内容创新。除了在古言、民国、青春等热门题材上发力，更重点打造了一批"跟着微短剧去旅行""跟着微短剧来学法"精品短剧。

"微短剧+文旅"方面，融合传统文化、旅游资源与线下经济，已推出近10部文旅微短剧，其中6部被列入广电总局推荐片单。从《你的岛屿已抵达》的桃花源仙境，到《别打扰我种田》的青山竹海，再到《我等海风拥抱你》的惠安渔村风情，不仅带领观众领略了地方民俗与文化的独特魅力，更显著推动各地文旅的蓬勃发展。以"高质量"激发"大流量"，为文旅产业提供了更深入、更持久的价值赋能。

"微短剧+学法"方面，我们在最高检的指导下，策划了微短剧《少年田野》，作为此次总局"跟着微短剧来学法"计划首批推荐片单，引领和推动行业提升创作激情，打造更多佳作。

未来，还将通过打造独家主题展播，构建文旅和普法微短剧作品矩阵。并结合颁奖典礼，主题峰会等形式，加强优秀作品评优和行业交流，不断为行业注入新鲜、青春的人才力量与优良的精品内容。

三、探寻"新模式"多元生产形态赋能短剧未来

在经历内容和用户的阶段性积累后，我们正在迈入平台化建设的全新阶段。

从2024年年初起我们开启了竖屏短剧赛道，迅速推进多部竖屏短剧开机，2024年将生产200部竖屏剧，内容上贴近用户需求，在普遍使用的情绪逻辑创作手法中融入戏剧逻辑，打造精品。

7月，我们在中剧领域开始启动推动"芒果短剧星火计划"，锁定行业优质影视资

源，链接头部编剧、导演人才，优化剧本创新。

8月，首部VP虚拟拍摄竖屏微短剧《安全撤离赛博世纪》正式开机，运用高分辨率的LED屏作为背景，呈现出极为细腻、真实的画面效果，尝试打破传统拍摄中对场景的限制，增加拍摄自由度，为影片注入更多创意元素与想象空间。

为激发内容创作创新活力，提高供应产能，我们将进一步精细化布局，全面打通芒系长中短内容矩阵，放大芒系爆款剧综IP的衍生开发，为品牌提供长短营销互补的"一鱼多吃"策略。并联动芒果TV特有的艺人资源、传播体系，借助AI、AR、虚拟棚拍等新技术，探索互动影音、互动短剧等更多前沿形态。

为打造长中短贯通的芒果超级平台，我们将精细化布局微短剧赛道，放大芒系IP，提供长短营销互补策略，并利用平台和技术优势，在内容互动和平台交互上创新，与湖南卫视形成双平台资源矩阵，赢得竞争优势。同时，我们也将担当社会责任，以精品化、创新化、规模化推动微短剧行业发展，共创繁荣未来。

"微短剧+文旅"如何破圈赋能

沈 玲
苏州市广播电视总台党委书记、台长
苏州广电传媒集团董事长

2024年伊始，国家广电总局印发了《关于开展"跟着微短剧去旅行"创作计划的通知》，得到业界、学界的热烈回应，微短剧创作迎来了蓬勃清朗的春天。在广电总局的号召和推动下，精品短剧频出，主流媒体入局微短剧，是一场致力精品化创作并赋能文旅的双向奔赴。

怎样破圈和赋能呢？这一课题的实践解答，对推动文旅融合发展和激活媒体新质生产力，具有重要的意义。苏州台有三个方面的探索。

一、立足本土，讲不一样的故事

苏州台几年前就开始了对微短剧的试水，当时我们做了每集10分钟共12集的《面若桃花》，2024年启动和完成了这部剧的第二季，入选"跟着微短剧去旅行"创作计划第三批推荐剧目，被列入广电总局网络视听司发布的微短剧国庆档推荐片单，片单有29部优秀微短剧入选，是微短剧献礼中华人民共和国成立75周年的集中展示。

2023年10月和芒果TV一起开拍的《一梦枕星河》是"跟着微短剧去旅行"第二批推荐剧目，2024年入选了广电总局网络视听节目精品创作传播工程扶持项目和江苏省网络视听项目库重点项目。

2024年国庆长假期间，苏州的文旅市场热力十足，7天累计接待游客1285.6万人次，从频频刷爆朋友圈的苏州话题来看，苏州符合人们的情绪需求，情绪旅游作为一种新兴的趋势，尤其适合当下年轻人的旅行体验，所以我们坚持用现实主义的手法来创作现实题材。

《人民日报》8月27日刊发的《微短剧，精彩呈现大世界》，肯定了《一梦枕星河》"立足当下观照现实，题材突破有新意"。

如何讲好立足本土的微短剧故事，我觉得有两个重要的支撑点。一是突出地域性，二是彰显时代性。剧情内容结合苏州人的现实生活和微短剧的叙事方式，苏式生活和古城保护、非遗文化与现代园区融合到一起，充分利用文化资源，结合地域特色进行创作。

《一梦枕星河》的女主人公是国家级非遗项目苏扇的传承人，我们不仅看到了她"从一事，终一生"的传承，也看到了女主人公求新求变的当代工匠精神，更看到了依然活跃的苏州手艺，比如苏绣、缂丝等，一部剧让你走进了姑苏城，体验了华彩梦苏州的意境。男主人公是"古城细胞解剖"工程师，这是一项从事古城保护更新的新职业，苏州是首批国家历史文化名城，古城里的一街一巷，乃至一砖一瓦都被视为构成古城肌理的"细胞"，工程师要做的就是深入"细胞"所在地，了解并记录其功能承载、历史沿革、价值意义，从而为古城保护和更新提供数字化的资料。

二、致力精品，要流量更要质量

2024年3月，第十一届中国网络视听大会微短剧创新发展与国际传播论坛提出"微短剧要向上向好向美，做到与时代同向，与人民同心，与创新同行"，如何实践这一要求，我们的体会是故事出立意，细节出质感，情感破圈层，让微短剧从高流量走向高质量。

2023年7月，习近平总书记在江苏考察时指出："苏州在传统与现代的结合上做得很好，这里不仅有历史文化的传承，而且有高科技创新和高质量发展，代表未来的发展方向。平江历史文化街区是传承弘扬中华优秀传统文化、加强社会主义精神文明建设的宝贵财富，要保护好、挖掘好、运用好，不仅要在物质形式上传承好，更要在心里传承好。"[1]我们把《一梦枕星河》的主要取景地放在了平江历史街区核心位置的方宅，这是一处占地2400多平方米的文保单位，历史建筑的时空感确保了场景的影像质感。细心的观众会发现，在剧集中隐藏不少文旅用心。比如，爷爷招待求学归来的孙子，第一道菜就是苏州特色菜碧螺虾仁，碧螺用来增香提鲜，而虾仁在苏州方言和"欢迎"是同音。除了非遗传承古城保护，本剧也展现了苏州工业园区的成长历程，我们主人公的出生时间设置在1994年，那一年苏州工业园区正式启动开发，打下了第一根钢

---

[1] 《习近平总书记考察江苏纪实》（2023年07月09日），https://mp.weixin.qq.com/s/AReOYjyamf9FTIEke0usIQ，2025年1月3日访问。

筋混凝土预桩，30年后男女主重游故地，见证了苏州翻天覆地的变化。

好的故事是微短剧精品化的开始，我们与合作方芒果 TV 和潘越导演团队，精心打磨故事，创新策划宣推，实现了倾情转化和大平台推送、大数据推流，在传播上有了不错的表现。该剧先后在芒果 TV、苏州台、湖南卫视和新加坡新传媒播出，不仅上线上星还做到了出海。

在传播效果上也有了较好的流量和风评，多次夺得猫眼有效播放日榜和周榜冠军，作为首部登陆湖南卫视晚间黄金档的微短剧，各期均位于全国省级卫视同时段的收视前5，在湖南本地是同时段的首位，目前播放量达到2亿多，微博话题超过1亿多，抖音话题超过5个亿，40多家主流媒体和行业大号给予报道肯定，《人民日报》四度关注点赞。

文旅不只是故事的背景板，而是融在剧情中，赋能文旅融合发展，就是要推动线上观看转化为线下的打卡，让"网红"成"长红"，将"流量"变"留量"。《一梦枕星河》在新加坡大小屏同播之后，起到很好的国际文化交流互鉴的对外传播效果。中国驻新加坡大使馆推特发文"值此中新首个政府间合作项目苏州工业园区开发建设30周年，让我们通过该剧一同回顾苏州古城和苏州工业园区的发展变迁"。在小红书、去哪儿网等平台上，"平江路""苏州"搜索量环比上涨103%，《一梦枕星河》使该地的影响力、传播力、吸引力持续提高。

三、双向赋能，从内容到产业的探索

广电总局倡导创作"微而不弱，短而不浅，剧有品质"的微短剧，其目标是达成双向赋能。对文旅主题微短剧来说，它既是赋能文旅融合发展的突破点，也是赋能融媒高质量发展的新质生产力。目前苏州台的实践主要是两类，一类是定制化生产，另一类是直接面向 C 端，也就是单体客户或用户的开发，包括周边和垂类的开发。

比如《面若桃花》第一季，在面对 C 端方面有了较多的进展与成果，第一季以12碗姑苏面带出12个暖胃暖心的苏州故事，剧集获得成功以后，团队迅速完成剧集 IP 的版权保护，并丰富内容创新，成功引入社会资本。2023年以来"面若桃花"同名的面馆陆续落地江苏多个文旅目的地，比如苏州的平江路、山塘街、苏州园区 CBD 和盐城国家湿地公园建湖县九龙口淮剧小镇，开创以线上微短剧品牌牵引，线下实体店场景塑造的"微短剧+文旅"新业态。每家店都以"面若桃花"品牌入股占比20%，实现 IP 的有效转化。

现在第二季也即将要上线，这一季以文化 IP 唐伯虎为借力点，以跨越500年的穿越故事讲述姑苏古城文脉与青春热爱的情感碰撞。剧集用了穿越，但实质呈现的是古城历史文化的魂，穿越是希望借此更好实现历史与现实的对望和对话，呈现江南生活方式的与古为新。

这部网剧的创意制作团队苏州更广科技文化传播有限公司，是苏州广电首个市场化运作并成功孵化为公司的内容团队，2024 年还获得了全国广播电视媒体融合体制机制改革典型案例提名。微短剧的创新实践也为公司打响了知名度，目前公司正在积极开拓苏州以外的市场，先后承接了省市区各级政府、各大高校、企事业单位等宣传片、招商片、微电影等视频创制。

2024 年以来，我们进一步多维度探索"城市广电＋文旅"新赛道，还开发了不少垂直化、IP 化新项目。如与张家港合作《我在张家港遇到河神》，与常熟合作《虞笙有秦川》。这两部剧在国庆长假推出，引发了许多关注，吸引了长假游客来到取景地"追剧"。

以"微短剧＋文旅"为触发点，我们还探索了更多的"微短剧＋"形态，比如"微短剧＋非遗传承"《我是苏非非》，"微短剧＋实体经济品牌"《跨时空的药柜》，"微短剧＋法治宣传"《来尔公司发家记》，"微短剧＋大健康"《是谁动心了》等，这些都为微短剧内容创作和市场赋能带来了更多发展空间。

苏州广电将深入挖掘现实题材与社会热点，积极参与"跟着微短剧去旅行"等主题类微短剧创制，持续丰富艺术类型与风格，提升作品思想性、艺术性和观赏性，创制更多精品化、品牌化优质产品，推动微短剧成为网络视听新增长极。

"微短剧里看宁波"
放大影视"乘"文旅效应

应建勇

宁波市文化广电旅游局
党组书记、局长

《宁波 144 小时》中英双语制作，相关报道在 40 多个国家发布，近千家主流媒体广泛转载，全网浏览量累计超过 1 亿人次。《河姆渡的骨哨声》一经上线，全网话题破亿，播放量破 1600 万，被业内誉为"跟着微短剧去旅行"创作计划现象级样板作品，纳入"中非情缘"（第五季）——中国影视节目展播活动。两部剧同时入选了国家广电总局国际微短剧传播项目。

2024 年年初，国家广电总局推出"跟着微短剧去旅行"创作计划后，宁波积极响应、及时行动。目前宁波市共有完成制作和正在制作的微短剧 60 余部，其中 9 部进入省厅目录库，5 部入选总局推优作品及展播计划。

我们的主要做法是三个"干"。

一、说干就干，抢抓"微短剧"助力文旅流量风口

总局有指令，宁波见行动。2024 年年初，广电总局作出部署后，我们说干就干，立即谋划制订"微短剧里看宁波"创作计划，抢跑微短剧新质生产力赛道，努力让微短剧"流量"赋能文旅"留量"。

一是争分夺秒抓时效。第一时间召集全市各县（市、区）广电部门负责同志，专题部署、下达任务。把"跟着微短剧去旅行"创作列入广电年度重点工作，及时制定下发计划通知。调拨专项资金，鼓励全市各级广电部门、播出制作机构开展微短剧创作。

二是精益求精抓选题。 聚焦风景、风俗、风情、风物、风雅"五风"创作方向，提炼思路、谋划选题、激发创意，主动出击制作精品，引导网络视听平台和制作机构积极申报，建立重点选题专家论证制度，推动选题规划转化落地。聚焦微短剧引流文旅，契合文旅景区景点特色，精心设计故事情节，通过一部剧带红一个点、带火一座城。聚焦传播效果，守正出奇，创新拍摄技法和表现形式，努力让"小剧"产生"大流量"、把"正能量"变为"大流量"。聚焦宁波在地文化，以宁波独特的河姆渡文化、藏书文化、港城文化、阳明文化、商帮文化为灵魂，讲好宁波故事，赋予微短剧历史的厚重和人文底蕴。

三是强化比拼抓激励。 注重指导服务，发布"微短剧里看宁波"年度目录，建立重点剧目月度跟踪指导机制，提供全程全链的专业指导和跟踪服务。实施通报晾晒机制，激发各县（市、区）创作积极性，每月向省厅上报推荐一批导向积极、契合主题、创意新颖的优秀微短剧。

二、干就干好，激发创业创新创造源泉充分涌流

主动搭建多方合作桥梁，推进网络视听平台、影视制作机构与文化广电旅游部门、景区景点资源共享。

一是组织行业培训，加强创作指导。 专题组织"微短剧里看宁波"创作培训会，邀请国家、省行业主管部门、头部平台相关专家及优秀创作者，从政策、投资、选题、创意、制作、宣发等方面进行专题培训。开展爆款分析，从行业价值、用户价值、商业价值等方面对微短剧进行创作指导，引导全市影视制作机构与文旅跨界融合，以新技术、新业态、新表达赋能微短剧内容创作。

二是组织创投对接，促进资源共享。 搭建合作交流平台，邀请重点网络视听平台、影视制作机构、发行机构、行业协会与县（市、区）文化广电旅游部门、景区景点、投资机构开展资源对接、项目签约，帮助好故事找到好主题、好剧本找到好取景、好剧目找到好平台，实现微短剧制作效率最大化、传播影响最广化、产业赋能最强化。

三是组织征集竞赛，激励精品创作。 2024年6月起，面向全国开展"微短剧里看宁波"创作征集竞赛，北京、上海、杭州、苏州、广州等地创作者踊跃参赛，共征集到60余部作品，评出《追上我就爱上你》等5部优秀微短剧作品，并进行荣誉推介、主题推优和奖励表彰。为确保微短剧创作"长流水、不断水"，4月以来，我们面向全球开展"北纬30°短片周"作品征集，9月下旬，启动2025年度"微短剧里看宁波"创作征集。

三、干事无忧，打造"微短剧"创作最佳环境

夯实多元要素支撑，努力为微短剧企业提供"有求必应、无事不扰"的优良创作

生态，让市场主体安心创业、干事无忧。

一是搭建服务平台，提供特色服务。以宁波象山影视基地为龙头，打造博地（宁波）影秀城、宁波民和文化产业园等特色平台，争创国家级网络视听产业基地。发挥东方1910等影视产业服务机构作用，搭建影视大数据管理一体化平台，优化信息发布、数据收集、产品交易等功能。利用影视云平台，提供编辑、制作、存储等云端业务，为微短剧提供全流程配套服务。

二是提升政务效能，优化营商环境。推进政务服务增值化改革，推出视听企业审批"无感智办"、视频核验、远程评审等服务。优化网络剧审查分中心运作，降低企业运营风险，打造"手续简、成本低、办事畅、效率高"的政务服务环境。

三是完善政策体系，加大扶持力度。修订《宁波市文艺精品专项资金管理办法》《宁波市数字文化产业专项资金管理办法》，把微短剧纳入补助、奖励范围，宁波象山影视基地出台《象山网络剧高质量发展十条意见》。我们还对面向全国征集到的重点项目实行清单化管理、全流程服务，并给予重点政策倾斜，2024年以来，已有5个剧组得到奖励补助，真正实现好作品有好收益、微短剧赋能文旅高质量发展。

微短剧里看宁波，跟着微短剧去旅行。宁波转身就是美景，转角就是美食，是全国人民心目中的渔人码头；宁波奇山秀水、四时风光，是人们奔赴山海的诗意花园；宁波文光射斗、文脉浩荡，是人们思接千载、视通万里、丰沛思想的精神原乡。我诚挚邀请各位领导、各位嘉宾、各位朋友，跟着微短剧游宁波，常来宁波这座滨海时尚之都走走看看，品山海美味、观四时美景，留下"宁波不了情"的传奇与佳话！宁波，来了就欢喜！

紫禁城影业微短剧业务探索的一点思考

朱礼庆
北京广播电视台影视频道中心主任
北京紫禁城影业有限公司董事长

紫禁城影业是北京电视台的一级企业，我们是新中国成立以后第一部贺岁片《甲方乙方》第一出品方，还有后来的《不见不散》《天下无贼》等都是我们的作品，包括《离开雷锋的日子》，这个诞生于1997年的影视公司，为什么入局微短剧，这是我接下来要分享的话题。

2020年开始，为了实现北京台从单纯的播剧到参与制剧的转变，紫禁城影业作为具有丰富影视剧制作经验的台属企业，主动承担起了北京卫视自制剧创作的重任。从《天工之城》到《生命缘》，再到《迷墙》，一系列即将开机的项目，不仅展示了我们在自制剧领域的全面发力，更体现了我们对高质量影视作品的执着追求。在北京市广电局发布的片单里提到了《天空之城》，我们公司为什么发力微短剧，在公司业务里肯定是长剧、短剧、大剧、小剧都要进行综合布局。应该说多年来致力于电影和长剧集生产的影视公司，入局微短剧的初心或者原因就是因为变化。

当今时代唯一不变的就是变化，政策利好、技术进步、产业生态的完善、商业模式的创新、内容创新和多样化，以及社会文化因素等构成了微短剧市场发展繁荣的底层逻辑。

第一是政策利好。在各级广电部门指导之下，近两年微短剧的生产从野蛮生长的局面，加速进入全面提质区，呈现广阔发展的一片蓝海。

第二是使命使然。智能时代只有不断地调整生产关系，才会适应变化，在人人皆媒的竖屏时代，人民群众有了新的身份，他们叫作观众、用户、网民，他们创作内容、传播内容也反哺内容。微短剧更需要优质内容，人民群众的注意力在哪里我们就转向哪里，百姓喜闻乐见的节目形态是什么我们就生产什么，数据表明经常观看微短剧的用户占比已经超过了综艺节目，高达39.9%，仅次于长视频剧集和电影。广电媒体作为主流阵地的内容生产者，躬身入局也是必然选择，向着规范化、精品化发展的微短剧不仅为机构带来更多的价值，也为受众提供向善向美的情绪价值，为观众提供思想精深、艺术精湛、制作精良的内容是我们的职责所在，也是使命使然。

第三是"微短剧+"赋能优势明显。有望作为电视剧、综艺节目之外又一重要的大屏内容支撑。在2024年9月27日国务院举行的推动高质量发展的系列主题发布会上，广电总局领导肯定了微短剧在推动文艺创新，助力经济社会发展方面发挥的重要作用，"微短剧+"形式赋能千行百业。

紫禁城影业围绕赋能文旅产业，推动文化传承与创新，孵化创作了6部微短剧，其中3部已经入围广电总局片单。《三井胡同的夏天》作为北京市广电局短剧创作计划的重点项目，通过温暖的故事表达，赋能西城文旅产业，擦亮天桥、北京坊等多个文化地标。在第二届北京视听网络大会上，紫禁城影业凭借3部影片入选，占据了入围作品总量的1/4。

我们通过不同维度的创新实践，推动微短剧与主旋律表达、文旅产业、传统文化等领域的深度融合。如我们和点众合作的《这世间如你所愿》，也入围了总局片单，作为精品的主旋律微短剧，不仅是内容尝试的创新，更是主旋律表达的创新，是微短剧创作的成功实践。在"微短剧+传统文化"创作方面，我们深入挖掘中华优秀传统文化的内涵和价值，以中草药、博物馆、大运河为主题进行创作，这些作品不仅展现了中华文化的博大精深，也为传统文化的创新性表达，创造性转化，提供了有益借鉴。

紫禁城影业作为台属制作机构，入局微短剧我们做了以下四个方面的工作。

第一，借东风，多方联手释放内容潜力。以"短剧游北京"项目为例，在北京市广电局的靠前指导下，紫禁城影业、西城区委宣传部与抖音平台三方"结对子"，共同打造了《三井胡同的夏天》这一微短剧，市局的指导和政策扶持，为项目提供了坚实的后盾，西城融媒的支持确保了制作的精良，而抖音平台凭借内容数据和运营优势，为项目在推广和传播上，注入了强劲的动力。

第二，担道义，探索微短剧主旋律的商业化表达。作为国有影视公司在微短剧的创作上依然要唱响主旋律，微短剧小体量也要有正能量，正能量也要有大流量。我们2024年"十一"期间上线的微短剧《这世间如你所愿》，与微短剧的流量大户点众合作，探索主题主旋律题材的创新性表达，以精品化树立新的微短剧行业标杆，目前《这世间如你所愿》位列抖音短剧榜第二名，是唯一一部入榜的付费微短剧。

第三，创模式，耕耘"微短剧+"的商业模式。如何带来新契机，紫禁城影业正在孵化其他的项目，在微短剧的商业化进程方面，让我们看到了市场的需求，围绕中医草本植物等展开创意创作，与线下文化体验馆，形成商业关系，让内容有所依，制片有所养。

第四，挖潜能，丰富大屏内容，激发运营潜能。入局微短剧以后，迅速链接北京广播电台的人才资源、内容资源、广告资源，让微短剧成为真正意义上的新质生产力的内容。为了实现这一目标，我们采取了一系列的措施，如提升制片投入，确保微短剧的创作高品质；对外发布创投计划，吸引更多的优秀创作者、投资者加入，共同推动微短剧产业的繁荣发展，确保微短剧内容的多样性和创新性；建立制片制度，明确各环节的责任与流程，确保项目的高效推进，通过优化资源配置和团队协作，进一步提升项目的执行效率，为微短剧的快速上线和商业化运营提供有力保障。

未来紫禁城影业作为台属制作机构，将依托北京台的丰富资源和技术赋能，深耕微短剧领域，进一步丰富大屏内容，在策划创意、项目投融资、制片管理、商务运营中不断推陈出新，探索一条广电媒体与机构一体化发展的新路径。

基于大语言模型的网络微短剧剧本自动创作

邱章红
北京大学艺术学院教授、影视学系主任、
北京大学数字媒体实验中心主任

我们看到网络剧、网络短剧目前面临的问题很多。第一个问题就是剧本，网络微短剧由于它的体量特别大、数量特别多，所以对优质的网络资源、网络文学和文学资源的开发，基本是野蛮式的开发，很多时候大部分优质 IP 资源被破坏。第二个问题是同质化非常严重，在前段时间一部好的剧，换皮换了 6 次，然后在不同的平台进行播放，只改了一些名字和职业，在逻辑层次上是很单一的。第三个问题是素材、桥段、主题等方面搬抄成为行业里的一个创作规律。第四个问题是过于纠缠社会热点、网民喜好，太讨好观众，自身不存在艺术性，包括当下制作的微短剧在质量上还是很过硬的，而绝大部分的剧，基本上是跟风，跟着喜好，是讨好的，没有艺术倾向。第五个问题是现在很多的微短剧的文学剧本，也就是文学单元，过于依赖 AI 的自动创作，缺乏想象力。以前我们上学时，一天只能写 1 万字，今天看网络作家，每天工作 2 小时提交 4 万字的文稿，这是通过 AI 自动创作的方式。AI 创作的方式，它本来就差一些，你再用到剧本上无异于雪上加霜，因此，在微短剧的这个领域里，面临的最主要的问题就是优质剧本、合格剧本的缺乏。

基于大语言模型的智能化自动创作将是一条切实可行的路径，也将重构影视工业结构，编剧从集体创意者变成个体合作者，同时需要从智能体创作的海量剧本中挑选出优质作品。然而现有的通用性大模型并不适合创作影视剧剧本，需要发展专有模型，2—3 年人工智能将彻底取代微短剧编剧。

我们承担的国家自然科学基金的重大项目，国家给了我们 3400 万元进行开发，但是它不是为了让我们开发微短剧的，而是开发电视剧剧本，但是太难了开发不出来，正好网络微短剧相对比较简单，然后在这个基础上就开发出这一套剧本自动写作系统。我举一个例子，一部电影出来，刚上映第一天，假如说我们看到它火了，就是说成为热点，大概有 10 个剧本就能写出来，而从剧本到剧拍出来然后到剪辑出来 15 天左右，很多的电视剧还没有播完，相应跟风的这些剧就已经出来了。

在这个情况下，我们这个系统里，一个成熟的编剧一天能够生产 10 个合格的剧本，即得分在 80 分以上的剧本，而真正的一个网络短剧的剧本，创作周期是 30 天，因此说这个时代已经变了。在这个基础上我们可以看到，我们大模型是基于自己开发的大模型，同时也接入了其他 GPT 等模型来为我们做相关的研究。

我们在此基础上进行了大部分的"魔改"，这是我们大概的技术方案。我举一个例子，一个 5000 字长篇电影剧本，扔给我们的大模型，首先我们取一个名字《吉隆坡老大身陷局中局》，因为它觉得这个电影的名字已经不是短剧了，所以自动生成出来的名字是《吉隆坡迷案》，还有几个名字不好意思给大家看，更土。我们就要求在这个基础上，把 5000 字的故事梗概按照网络微短剧的格式，分成 50 集，然后系统就给分出来了，时间是 20 秒，在这个基础上再进一步要求，依据情节点的顺序，对第一集进行分场：时间、地点、事件，大家看到跟我们人工分场很相近。在这个基础上又要求把第一集情节点细化成具体的情节，然后我们再对第一集的第三点进行细化，每个事件要有反差，有转折，然后写出分镜，时长 20 秒。在这个基础上我们再进一步要求，依据分集情节安排为每个场景添加：场景描绘、动作、对话，5 秒钟时间就出来了。

目前很多人都在议论大模型，在进行相应的开发。现在做通用大模型的，除了大厂基本上都倒了。我们的大模型，根本任务是把通用大模型转化为专有大模型，包括我们自己开发的大模型，也转成一个专有模型，在细分赛道里开发出细分模型。

我们是采取了神经对抗网络 GAN 来做的，然后通过冲突烈度向量再进行划分，构建出 50 个情节点，再进行中间点之后高低位差开始颠倒，在此基础上进行训练，刚才提到的《吉隆坡老大身陷局中局》就是自动生成对抗线，线出来之后整个故事就出来了。在此基础上导入"递归"的思路和算法，把所有的元素进行密集的设计。微短剧它的意义是密集型的，我们做了一系列的工作，同样也增加了一些艺术性的要求。更主要的我们在后面做了一个评分，也就是打分，是通过内部迭代来完成的。

电影故事是需要约束的，如何来约束，我们针对微短剧建立专业性很强的"知识库""规则库"和"向量数据库"，对机器进行线性约束，不让它随便发散，而是按照编剧预期进行"定向"写作。同时对故事迭代，包括拍摄有一个王家卫风格的故事这类要求。然后调入进来，同样我们涉及一系列模块，目前谈得最多的是文旅方面的，针对文旅故事，我们形成一个模块专门服务于地方文旅。

微短剧+：激发媒体深度融合新动力

赵 晖
中国传媒大学视听艺术研究中心
主任、教授、博导

2019年，当短视频刚刚兴起的时候，我们的学术团队就已经进入这个领域进行研究，2024年已经是第八个年头，所以对微短剧也好，短视频也好，非常荣幸有这样的机会，跟在座的各位领导和业界翘楚来共同分享。

接到这样的一个会议主题时，我们对之前的研究，做了一些方向性的调整，比如说应对一个新鲜的事物，这个事物叫大屏小屏同频共振，一个是固定端，一个是移动端，如何做到两者之间的相融相生，并且可以相爱不相杀，从以下四个点来给大家分享我的一些思考。

第一是2024年微短剧整个产业情况的变化，第二是微短剧如何与广电进行资源上的互通，第三是微短剧与融媒体平台相向而行，第四是对前景的展望。在新媒体时代，以小屏撬动大屏，双屏互动，比翼齐飞，恐怕是在新的历史发展阶段中，我们对微短剧可以为大屏赋能领先、如何赋能作出的一点思考。

从这样全媒体的矩阵来看，应该说信息无所不在，信息无所不能，在这个语境下，大屏如果可以做到全媒体的矩阵式的传播体系，必然要面对从内容、人才、组织架构，甚至是文化支持上的全面改革，创新无处不在，改革无所不有，我们恰好面临一个大广电的系统性改革的语境。

在这个语境下，总结出四点方向：第一是主题创作精品意识，第二是资源整合网台同步，第三是长短互融的平台经济，第四是精细化运营的品牌。我们可以看到长短视频以及微短剧的赛道中，找出一个融合和对话的空间，也就是 UGC 到 PGC 再到 PUGC 的转化，微短剧在我看来是短视频向高阶数字形态发展的必然阶段，而长视频平台和微短剧行业，更好地集聚人才的创作力，所以从整个广电的改革来看，全国的广电基本实现这样一个机制性的融合，目前来看是从内容融合、观点融合到架构融合到机制性的融合，应该是一个系统性的改变。

全媒体时代对整个社会来讲，是前所未有的一次媒介革命，我和复旦大学联合写了一本英文著作，中文版在上半年也出版了，叫作《视听化社会》。视听化社会到来，媒介深入参与到社会化当中，标志着一种新的文明形态的出现，对文化体制改革、经济体制改革，媒介无孔不入，已经从原来的宣传功能扩大到服务型功能，我们今天面对的观众已经不是简单的观众了，而是我们的用户。既然是用户，就意味着我们从广告，从我们的内容形态，以及为我们用户提供哪些方向的，哪些方面的服务，就显得非常重要。

所以微短剧在我看来，它本身就是一种融合叙事形态，不仅仅是艺术创作形态，更是一种业态，是往前生长的在持续中不断创新发展的业态。基于此来讲也可以从理论和科学实践中推演出来，微短剧方兴未艾，可能代表着我们剧集发展，短视频发展，甚至媒介改革发展前沿，应该说是前景广阔的。

短视频已经成为整个互联网中最大的应用，微短剧已经成为这个持续性增长业态中的重要力量。小屏是以社交网络为基础的，领先于全球的媒介网络，大屏和我们社交媒体可以做什么样的相互融合和调节呢？我们来去解决它的垂类生产，也就是微短剧垂类千行万业，赋能千家百户，我们生活当中所有的文化形态，吃喝玩乐旅游品牌，包括我们今天的法律等一系列都可以通过微短剧来呈现。

我们已经进入视听化的社会，从拟态化的场景到拟态化的生活，通过微短剧小屏撬动大屏是不是可以实现全屏时代的到来，也有学者把它叫作无屏时代的到来，也就是屏幕无所不在，无所不有。我们身在媒介中成为媒介人，站在未来的影像当中，形成高低错落有致、长短整齐的创新、虚实相生的媒介空间，在媒介空间讲故事是人类与生俱来的一种天性，所以它仅仅是刚刚开始。

对整个微短剧行业来讲，如果从剧集行业当中去看的话，正在与传统的长剧以及网络剧融合互动。对微短剧来讲，从 1 分钟到 25 分钟，可以划分的题材范围，可以形成的叙事形态是非常多样化的，微短剧的数据、备案、时长、集数反映出的受欢迎程度与长剧和网络剧不同。从市场规模来讲，微短剧一般是以男性用户为主体，也就是男爽剧，男性是付费用户的主体。

以小屏撬动大屏，微短剧是其重要的叙事形态和重要的业态，将形成用户和内容生产商之间的闭环联系。从 2024 年 6 月到 8 月相继释放对微短剧创作利好的一系列信息，各大卫视相继入局，大小屏同步播出，2024 年国庆档推出 29 部剧，都是非常新鲜大胆的创作尝试，创新主旋律创作，所以它必然形成这样的格局：全民共创、全民共建、全民共享、全民共赢。

付费的和免费剧集对我来讲有三种模式：一种是会员剧，一种是跟文旅合作的免费剧，一种是小程序付费剧，我们今天看到有二、三之间进行融合，也进行一、二、三相加的融合，不是等于6，而是远远大于6，可以看到微短剧在行业体制当中充当缓冲媒介的作用，从创新的动能来讲可以持续激发创业者的热情，不只是文旅，不只是诗与远方，上下5000年，几乎无所不能，以正面态度来回应了什么叫作微短剧，微短剧怎么赋能生活、赋能产业、赋能我们的传统行业当中。

对59部剧，从它的时长、集数还有题材的取材范围，我们也做了相应的分析。我看到了诗与远方不光是在脚下，因为小屏的出现也在我们的掌心，因为大屏的出现，在我们的眼前，正在形成一种融合式沉浸式叙事体验。它可以是成熟IP的试水器，会产生催化的效果。微短剧和品牌的融合，以及提供情绪价值，这不是一个新的概念。从人类诞生故事并且写作故事，驱动故事开始，艺术创作就与人类欲望息息相关，而我们今天更加把潜在的欲望都放到镜头之下，让更多的人、陌生的人在社交网络当中找到了朋友，找到了对话的前景空间。

产品的目的不是在于宣传，而是同时形成我们的社交网络和社交群落，也就是我们永远的朋友圈的建构，所以一系列技术的辅助实现，无非是让我们找到这样的社交圈层，帮助我们形成固定的约会机制，大屏是不是能够形成看不见式的约会机制，使大小屏之间小屏成为驱动器，包括价值圈层的锁定、情绪价值，以及流量的扶持，良性的促进，还有人才的培养，以及新技术、新理念的试验田，能不能形成真正的中国式话语体系和中国式传媒体系的建构，我认为微短剧大有可为。内容为王、渠道为王、用户为王、创新为王，大小屏联动开发，实现资源的优势互补，推动微短剧产业链的深度融合，从品牌建设来讲，也会提高用户的友好度和产品的推广以及社会的责任度，所以微短剧不是只有低俗的，微短剧可以大放异彩，是可以以人民为中心来创作的，是可以体现中国价值，成为海内外的中国叙事的样板。接下来小屏会不会掀起一个新的时代，我相信这是拭目以待的事情。

从微短剧可以看得出来，故事中的场景就在我们身边，今天这样的场景非常的魔幻，也非常具有故事的观感，犹如一个电影的一面墙。小屏牵动大屏系统性的改革，从架构融合到行动融合，到生态融合，从产业融合到我们业态融合，相信微短剧在讲好中国故事，传播中国故事方面，将会呈现小而美、小而精、小而有力量的作用。

圆桌对话

微短剧创作持续火热，精品化成为行业共识

周 裘
- 芒果 TV 大芒计划工作室总经理

李 啦
- 腾讯视频影视内容制作部副总经理

钱立立
- 抖音精品短剧负责人

印小天
- 微短剧《神都狐探》主演

侯京健
· 微短剧《石俊峰办案记》主演

蒋龙
· 微短剧《大话大话西游》监制、主演

何天平
· 中国人民大学新闻学院视听传播系副主任

何天平： 就像现在这个场子这么火热一样，微短剧这种火热已经天然地形成了一个焦点区，走到哪里都是人从众，微短剧已经经历了短暂的潮流阶段，进入稳态发展，微短剧如何做大做强，是现在行业内外共同关注的一件事情。今天我们邀请了6位嘉宾，他们都是微短剧行业中非常具有代表性的大佬，跟我们探讨在目前作为一种行业共识的微短剧精品化，它何以可能，何以可为。大芒计划是整个行业很有代表性的项目，是中短视频领域的一个厂牌，微短剧在大芒计划占什么位置？

周袤： 微短剧创新是湖南广电的集团战略，大芒就是在这个战略引导下践行微短剧的深耕和发展，微短剧对湖南广电来说是一个正在蓬勃发展的赛道，我们战略定位就是这样。

何天平： 现在的大芒计划中对微短剧的精品化战略或布局有什么实践吗？

周袤： 相对于传统媒体来说我们有芒果TV，相较于视频网站来说我们有湖南卫视，这是湖南广电的幸运。我们所有的创新、传播与发展，都是围绕双平台来进行一个独特的推广和探索，针对大芒来说会通过芒果TV和湖南卫视的双频共振，探索大小屏互动的模式，来形成连接芒果TV和社交传媒的"三位一体"的微短剧营销和传播的链路。具体来说有四个主要打法：第一是利用双平台独有的传播优势，在精品微短剧上，像

15分钟的S级和A级的中短剧我们不追求绝对的数量，而是追求质量，对S级和A级通过双平台的互动，给予相当于长剧的曝光和站内流量推广，保证每部优质剧在多平台触达，保证播出的效果出圈、出彩又出色，保证每一个创作者的优秀作品，可以得到最全面的推广。

对双平台的创作能力赋能来说，我们文旅剧做得非常多，可以看到双平台对文旅剧和商业剧的赋能，以及出海的作用，这是平台的放大效果。

第二是IP的放大。对内，湖南卫视、芒果TV有很多综艺大IP如《我是歌手》《披荆斩棘的哥哥》《妻子的浪漫旅行》，这些大IP有很强的受众黏性，我们会打通这些IP的内容、艺人和场景，系列化地形成综艺IP衍生的微短剧矩阵，成为大芒独有的微短剧的产品。

对外，我们通过"星火计划"进行广泛的合作，与头部的编剧、制作公司形成战略合作，针对平台受众打造孵化一批头部爆款微短剧作品，跟我们合作的有琼瑶的公司，饶雪漫作家、黄晓明等艺人，通过他们的IP赋能及制作能力、人脉朋友圈共创了一批微短剧，正在逐步地孵化出来，不久就会在平台上线，接下来会逐渐地扩大我们的朋友圈，让更多的公司一起共创联创，这是在IP维度。

第三是技术维度，刚才介绍了智能生产的剧本模型，我们给大家分享的是"文化＋科技"，这一直是湖南广电的精心和降本增效的核心生产力，芒果技术团队开发了山海智能系统，这是基于芒果大模型制作的一个智能生产平台，从微短剧的市场洞察、剧本筛选到广告与内容的结合，到成片初审，再到微视频素材的批量生产，集结了各种各样的功能，是第一个针对微短剧研发的自动化的生产平台，这个平台上线之后将对我们微短剧的质量和效率的提升，以及创效能力的提升带来极大的赋能。

最后大芒在团队上也有一些新鲜打法，刚才也介绍了微创新中心，通过微创新中心将源源不断驱动综艺团队，甚至长剧团队持续进入微短剧赛道，为微短剧规模化赛道持续赋能，持续提供生产能力。

何天平： 芒果TV在微短剧上有不同的打法，长视频平台腾讯视频应该也有不同的打法，李啦总之前推动建立的"十分剧场"是国内第一个微短剧剧场，长剧的剧场化、平台化已经形成很鲜明的经验，在微短剧赛道里做剧场有什么意义？

李啦： 对，其实在微短剧的发展初期，整个行业的精品化内容是非常稀缺的，那个时候微短剧的标签就是良莠不齐，我们在2021年就发布了首个精品微短剧剧场"十

注：S级、A级指按照剧本IP大小、演员知名度、制作团队、投资成本四个方面，由视频制作频台划分的评定等级，主要分为S+、S、A+、A、B五个等级。

分剧场"，希望通过这个剧场来引领整个行业向精品化的方向发展，这是我们的初心。发展到今天，"十分剧场"不仅是行业的首个微短剧品牌剧场，也已经成为精品微短剧的品牌标识。

平台对这个剧场化的运营来说，有两个意义：第一点是我们可以帮助这个赛道建立用户心智，用户有比较强的心智以后就会在平台里面消费他喜欢的内容，同时我们就可以帮助片方、我们的作品来更好地精细化运营这个剧场。

第二点是剧场化的标识，也有利于为微短剧精品剧场的品牌化、圈层化运营提供进一步的支撑。整体来说就是可以更加有力地推动整个微短剧行业向精品化、规模化方向发展。

何天平：腾讯在精品化的道路上有什么不同的打法？

李啦：腾讯团队在 2019 年就开始研究微短剧这个新物种，当年年底就开始着手做。在 2020 年，向行业颁布首个 IP 合作计划"火星计划"，到今天已经 16 期，通过 IP 计划的牵引，当时的初心是希望让行业向规模化发展，到 2021 年倡导精品化，发布了"十分剧场"的精品剧场，近期我们也对火星计划做了一次升级——"火星计划 plus"，希望更进一步地推动优质 IP，把它改编成更多精品微短剧内容，近期也会对微短剧的政策做一次新升级，大概是在 10 月底，希望大家多多关注。

何天平：抖音平台在整个短剧生态中是一个具有独特位置的存在，钱总你觉得相对长视频平台而言，短视频平台发展微短剧有什么独特的机会空间或风险？

钱立立：长短视频平台确实是有各自的特点，像抖音这样的短视频平台，有两个特点比较鲜明。第一点是用户的竖屏体验，用户的体验和用户的消费与长视频沉浸式和投入式的观看体验是很不一样的。第二点是庞大的 UGC，从创作者中生发而来，用户的场景以及创作者的源头是抖音平台发展短剧很不同的特点。

何天平：短视频平台和长视频平台在做精品化时，它的路径是不一样的，包括面临的生态不一样，抖音在这方面做的精品化探索有什么布局？

钱立立：有可能我们路径不一样，但我们目标都是一样的，因为目标都是精品化。对精品短剧我们的理解是，短剧能够从当下发展起来，比较有特点的是从情绪价值出发，进一步发展成能够去承载更经典的故事价值，并且进一步有当下的作品，像春节档的爆款《大过年》，就是从离婚冷静期出发，其实没有非常狗血的扯头发情节，讲的是现代婚姻和亲密关系中的看见和被看见,这部剧有超1亿用户观看,这个结果给了我们非常大的信心,超越情绪价值之上有更经典的故事价值支撑,以及对当下集体情绪和期待的洞察,这种人文关怀其实是有更好的爆款和品质效应的。

何天平: 刚才听了三位平台方代表介绍了微短剧布局和打法上的尝试,下面有三位耳熟能详的主演,也纷纷加入微短剧的赛道上。首先问问印小天老师,在传统长影视作品创作和微短剧创作中,体验和经验上有什么不同?

印小天: 短剧创作和传统影视创作,从表演上来讲,是没有区别的,对演员来说都要做到真听真看真感觉。

何天平: 你的作品《神都狐探》是微短剧市场中很受欢迎的一部古装题材剧,在《神都狐探》的创作过程中有没有一些做精品微短剧创作上的心得?

印小天:《神都狐探》要做到精品化,首先要做到剧情的真实,虽然这个戏不是真实故事,或者说是杜撰的,但是我们要做到真实的故事逻辑,真实的案件逻辑,才让观众相信这是一个真实的故事、真实的案件,才能吸引观众看下去。其次是做到人物的真实,从创作过程中不管是演好人坏人都要真诚地表现出来,然后让观众真诚地相信,让我们的表演更加真实自然,这需要各方面的配合,包括摄影、灯光以及服化道,帮我们塑造人物,各导演一块去共同努力,最后体现出剧本的精髓。

何天平: 从创作者角度来说,微短剧未来的创新空间对创作者来说如何体现?

印小天: 我觉得太好了,微短剧能出现就证明市场有需要,然后观众也需要,随着时代的发展,生活节奏加快,我相信高质量的精品短剧会越来越有市场。

何天平: 侯京健老师创作了《石俊峰办案记》,这个作品列入了前段时间广电总局发布的"跟着微短剧来学法"专项计划,能不能结合你的创作来谈谈这类题材微短剧创作的心得和经验?

侯京健: 觉得自己特别幸运,在这个阶段可以接触到微短视频和微短剧,因为这确确实实是我们时代所需也是观众所需,我最大的感触是自己的感观。从毕业到现在参加工作,大多数拍的是长剧,长剧其实在它的筹备包括创作中都会留有很多空间,有长度有宽度,但是第一次接触短剧的时候有两个变化。第一是思想有变化,第二是工作方式有变化。思想上有变化，以前认为微短剧的特点就是微和短，在影视创作中对演员来讲是轻量级的，或在某些方式和方向上是很容易完成的，但当真正接触到微短剧时才发现并不是如此，微短剧对一个演员的要求更高。比如说在拍长剧时演一场戏可能需要铺垫，完成一个情节可以在前面后面埋很多的线，可以欲盖弥彰。但是我觉得微短剧表演上要更加精准，因为短，必须要精，演员的表演要更加地精准，而且在精准的同时要更加地理解好整个剧的方向和所需，才能迅速地点对点地推动故事的发展，所以对演员的表演提出更高的难题。我也是经过这次拍摄才觉得其实自己的表演是需要技术革新的，演员思想也需要不断地更新转变，所以觉得收获真的颇大。

何天平： 微短剧整个创作市场活力很足，有各种多元的题材，为什么会选择这样的现实题材进行创作呢？

侯京健： 第一是感谢导演和剧组，因为演员是被卷的，也要感谢最高人民检察院给我这次机会。第二是在以往的一些剧里，演正面的角色比较多，对这种题材有偏好和热爱，觉得短剧也好长剧也好必须心中充满热情。第三是创作起来有特别复杂的心理，包括大男主可能需要多条线，在短剧的创作上，需要特别精，观众有时就是为了娱乐生活而看剧，有一些朋友通过这样的方式来学习，比如说学法以及知识，如果真的能够通过观众喜欢看这些，多输出一些知识，输出一些社会正能量，这是演员最高任务也是终极任务。在这次学习中，因为媒介的变化，演员应该也有变化，它的变化以前是叫作我们演什么观众看什么，而现在有了短视频，应该是观众想要什么，我们尽量输出什么。

何天平： 在刚刚火热发布的第四批"跟着微短剧去旅行"中有蒋龙老师的作品——《大话大话西游》，请蒋龙老师分享创作这部作品的心得。

蒋龙： 我们拍了短短的 14 天，这个背后的心路历程可以给大家多多分享。我们从开机到最后，24 集只用了 14 天，动用了前半生所有的人脉和关系，包括摄影、指导以及美术老师，所有人几乎都没有酬劳，就等于大家都是凭着热爱完成一部作品。现在短剧是大势所趋，2023 年年底，我跟周星驰先生也聊了很久，他也感受到这可能是比较受关注的新兴业态，可能像当年网剧的出现。果然这几个月越来越印证这件事情，而 2019 年我看了大量的短剧，也写了很多短剧的剧本，那个时候国内短剧还没有成熟的体系，我写的那些剧本大都搬到其他的舞台上用了。这次用短剧方式拍摄，女主角找到了张大爱老师，加上 32 位朋友，包括奥运冠军，近似一次创作汇报，展现我们在舞台上没有做到的事情，希望可以更好地展现和升级。

何天平： 三位主演老师创作的题材不同，而蒋龙老师做的是喜剧题材的作品，你觉得它会是微短剧的一个重要赛道吗？

蒋龙： 我觉得应该会，喜剧是大家的刚需，在我们不开心时，观看喜剧能获得短暂的快乐和安慰，而且在短剧里喜剧是更难创作的。我们看过很多的东西，短剧也学习很多，今年大家很多喜欢的电视剧也在学习短剧的结构，短剧就是快，让我们整体的节奏更快，不能有一句废话，像刚才说的稳、准、狠，不允许你有一点点的走神，这些会激励我们把故事讲得更加成功。

更难得的是想要实现艺术创作和实际操作中的平衡，我们这 14 天几乎可用四个字来概括——"拥抱变化"，没有特效的钱我们研制新的物理特效，甚至在垃圾堆上拍出决战巅峰的感觉，所以不一定跟硬性成本有关系，只要愿意动脑子，最重要的是真诚和热爱，所有人都希望把这个做得更好，我们也不想做什么"天花板"，但是真的希望更上一层楼。

何天平： 蒋龙老师做了很好的总结。无论是平台方还是创作者可能有不同的路径、不同的打法、不同的手段和不同的选择，最后的目的就是把微短剧的精品化做大做强变成现实。短短两三年时间，微短剧从一个什么都不是的新内容，现在已经成为新的稳态的增长极，对整个大视听行业的构造性和改造性清晰可见，也期待我们的平台和创作者，能够做出更多的探索，在微短剧赋能千行百业过程中把精品化做得越来越好。

超高清视听科技发展论坛
推动超高清端到端全链条优化升级、贯通发展

时　　间	10月13日 9:30—12:30
场　　地	郎园 Station 仓酷
主办单位	国家广播电视总局科技司、北京市广播电视局
承办单位	中广互联

领导致辞

朱咏雷

国家广播电视总局党组成员、副局长

很高兴与大家相聚首届中国广播电视精品创作大会，共话超高清视听科技发展。我代表国家广电总局，向出席本次论坛的各位嘉宾致以诚挚的欢迎！向长期以来关心支持超高清发展的各界同仁表示衷心感谢！

党的二十届三中全会提出，高质量发展是全面建设社会主义现代化国家的首要任务，提出探索文化和科技融合的有效机制，加快发展新型文化业态。当前，超高清已经成为全球视频技术发展的大趋势，不仅是引领大小屏视听体验革命、促进视听产业提质升级的新动能，同时也对发展壮大数字经济，促进经济、文化等领域高质量发展意义重大，正成为发展新质生产力的重要驱动力。

党和政府高度重视超高清发展，"加快超高清制播能力建设，推动超高清视听技术和装备研发"已列入国家"十四五"规划和2035年远景目标纲要。2024年，超高清发展列入了国家"两重""两新"政策支持范围。为深入贯彻落实国家超高清发展战略，我们坚持系统布局、协同联动，积极联合国家发展改革委、财政部、工信部、文旅局、总台等部门单位及地方党委政府，加强政策指导、规划引导、资金扶持、项目牵引，围绕做好产业支撑、推动创新应用、规范产业秩序、保障服务质量等完善配套机制，为超高清发展营造良好政策环境；我们坚持以点带面、重点突破，以北京、广东、上海为龙头，全领域全链条实现超高清发展，同时选取若干地区重点推动省级卫视超高清播出，形成"3+X"发展格局，在此基础上推动我国超高清全产业链优化升级、整体跃升；我们坚持统筹兼顾、一体推进，统筹广播电视和网络视听、传统媒体和新兴媒体、电视大屏和手机小屏，围绕内容生产、节目播出、网络传输、终端呈现等端到端全链条各环节加强系统布局，着力构建全链条协调发展的产业格局。

总局在首届中国广播电视精品创作大会上设立超高清视听科技发展论坛，就是要以先进技术为支撑、优质内容为根本，推动科技创新、内容创作紧密协同、双向赋能。我们将以电视剧率先超高清化为突破口，以发布《电视剧母版制作规范》等标准为契

机，全面推动电视剧网络剧拍摄、制作全流程的超高清化，引导带动纪录片、综艺、动画片等各类节目超高清创作生产，以超高清赋能精品创作，助力实现"更多精品、更广传播、更佳体验"。

超高清发展前景广阔、机遇无限，让我们以习近平新时代中国特色社会主义思想为指导，贯彻落实党的二十届三中全会精神和习近平文化思想，凝心聚力、携手奋进，加快超高清全产业链优化升级，加快推动广播电视和网络视听高质量发展，加快建设文化强国，为以中国式现代化全面推进强国建设、民族复兴伟业作出新的更大贡献！

最后，期待各位嘉宾的真知灼见，预祝本次论坛圆满成功！谢谢大家！

张家明

北京市政协党组副书记、副主席

很高兴与大家相聚在秋高气爽的北京，共同参加首届中国广播电视精品创作大会超高清视听科技发展论坛。首先，我作为北京市的代表，向出席论坛的各位领导和嘉宾表示热烈的欢迎，向长期以来关心支持北京工作和首都广电事业发展的各界朋友表示衷心的感谢！

习近平总书记强调，要以科技创新推动产业创新，特别是以颠覆性技术和前沿技术催生新产业、新模式、新动能，发展新质生产力。超高清视听作为新一代视频技术，带动视频产业链各环节发生深刻变革，在满足人民高品质视听需求的同时，将有力促进文化产业和数字经济发展，是新质生产力的重要体现。

近年来，北京市在国家广电总局的大力支持下开展了全国首个超高清电视全产业链优化升级贯通试点，开通全国首个8K超高清试验频道，设立全国首只专项扶持基金，聚集视听企业1100多家，推动一批重点项目加快落地，为发展超高清产业作出了应有贡献。

本次论坛，深入贯彻党的二十大和二十届三中全会精神，以更好满足人民群众对美好视听生活的新需求新期待为目标，邀请来自全国各地的权威专家、企业家、广电系统的领导和专业人士开展高端对话、头脑风暴，必将为超高清视听科技发展注入创新创造活力，也将为北京市广电事业发展带来思想智慧启迪。

北京市将以这次论坛为契机，与各方携手努力，推动超高清视听全产业链贯通发展，努力打造国际一流的数字视听制作中心。为此，我们将着力做好以下几方面工作。**一是**全面落实北京市超高清视听先锋行动计划，打好全产业链优化升级的组合拳；**二是**发挥北京资源优势，营造充满活力的产业发展生态；**三是**协同开展技术攻关、推进产业带建设，积极培育新场景、新业态、新模式；**四是**促进营商环境进一步优化，吸引更多国内外优秀人才、创新团队和重点机构在京落地。我们也非常期待能有更多机会同大家分享工作中的经验和体会。

北京是文化发展和科技创新的沃土，开放包容、充满活力。希望大家深入交流研讨，广泛凝聚共识，为北京市超高清视听全产业链优化升级提供更多有益支持，为推动超高清产业进一步发展贡献聪明才智。

姜文波

中央广播电视总台编务会议成员

当前，广播电视正处于向全媒体超高清升级换代的关键时期，超高清论坛，对推动超高清视听产业发展具有非常重要的意义。首先，我代表中央广播电视总台，向长期关心和支持总台工作的各位朋友表示衷心感谢！

党的二十届三中全会就发展新质生产力、构建支持全面创新体制机制作出进一步部署，提出"统筹强化关键核心技术攻关""探索文化和科技融合的有效机制""推进主流媒体系统性变革"等重大举措，这为广电行业进一步深化改革，深化媒体融合，推进媒体科技创新，实现高质量发展指明了方向。

总台成立以来，高度重视媒体科技创新，以超高清国家重点实验室为依托，联合企事业机构，构建"产学研用"一体化科创平台，积极推进超高清关键技术研究，在超高清制播、人工智能媒体应用和全媒体传播方面取得突破，并以4K/8K超高清电视频道、"百城千屏""央视频"等一系列重大项目为牵引，培育壮大超高清视听产业新业态、新模式、新消费，推动我国在超高清电视领域实现从并跑到领跑的跨越。

2024年巴黎奥运会期间，总台"中国红"4K/8K超高清转播车绽放巴黎，总台牵头研发的超高清装备投入巴黎奥运会转播，引发国际同行赞叹。总台首次完成夏季奥运会"4K/8K+三维声"电视国际公共信号制作，成为世界领先的体育赛事制播机构。

2024年，广电总局牵头，工信部、总台、文化部与北京、广东和上海签署了《超高清行动先锋计划备忘录》，旨在统筹广播电视和网络视听、传统媒体和新兴媒体、电视大屏和手机小屏，推动超高清端到端全链条优化升级和贯通发展。

按照超高清先锋计划要求，总台持续推进超高清电视节目源站建设，与总台新媒体集成分发平台、公有云CDN资源和"双千兆"网络，建设了面向广大用户的云网分发平台，实现了总台超高清电视信号直达用户手机和客厅电视机，初步构建了"央视频"大小屏融合传播的超高清电视服务平台。用户不仅可以通过"央视频"收看精彩的奥运赛事，还可以通过手机投屏到超高清电视上收看；在投屏操作中，手机具备电视机、机顶盒和遥控器三个功能，投屏操作全过程只需 5 秒钟；同时，用户还可以通过耳机收听到双耳渲染的三维菁彩声电视伴音，用户体验极佳。国际奥委会主席巴赫称赞总台奥运转播报道开辟了新阶段。

数据表明，巴黎奥运会期间，有上百万用户每天通过央视频投屏看赛事电视节目时长达 138 分钟。根据用户反馈，通过投屏到电视机观看电视节目，视频质量高，观看过程无卡顿。巴黎奥运会大小屏融合传播实践表明，可以通过"央视频"提供手机小屏和电视机大屏的融合传播电视服务，有望成为新的电视服务方式。

后续，总台将持续优化和完善总台超高清云网传播全链路各个环节，推进"央视频"大小屏超高清电视融合传播实践，不断满足广大人民群众日益增长的高质量视听文化需求。

科技兴则民族兴，科技强则国家强。中央广播电视总台将与各界朋友共同努力、开拓奋进，围绕超高清、人工智能等媒体领域关键技术，持续开展科技创新，培育新质生产力、新质传播力、新质竞争力，共同开创全媒体超高清发展更加美好的明天！

主题演讲

数字创意赋能视听产业发展

丁文华
中国工程院院士

2023年9月，习近平总书记在黑龙江考察期间提出新质生产力的重要概念，这是国家继"互联网+"、数字经济后非常重要的一点。李强总理在2024年政府工作报告当中，提出要大力推进现代化产业体系建设，加快发展新质生产力。新质生产力有三个核心要素，包括技术革命性的突破、生产要素的创新配置和产业的深度转型升级，体现了"三高"：高科技、高效能、高质量，视听产业恰恰应该是新质生产力一个重要的元素。

涉及产业深度转型里的三个维度：传统产业的转型升级、战略性新兴产业的拓展以及未来产业的勾画。近十年我一直参加中国工程院和发改委战略新兴产业发展的工作，从"十三五"规划开始，数字创意产业是非常重要的战略性新兴产业。按照国家要求，战略性新兴产业到2025年"十四五"末期，占整个GDP的比重达到15%，2022年年底已经达到13%。

在战略性新兴产业的数字创意产业中，政府正在考虑重新把视听产业重新构造成国家非常重要的产业链环节，视听产业中除了广播电视一直起到主导作用外，实际上已经纵深和拓展到非常宽的领域，包括数字制造、虚拟社交这些方面。今天，我聚焦超高清产业链和AI大模型发展与大家交流。

从2018年广电总局等四部委推动超高清产业发展开始，国家这几年的超高清产业发展迅速，国内电视机平均尺寸保守估计达到64寸以上，这比全球的平均水平高出很多。从整个比例来看，由于10.5代线、11代线的生产，65寸、75寸变成主流。

数据显示，预计在2024年全球的UHD出货量接近10亿台，但这并不是家庭保有量。我做了一个相关计算，2018年超高清电视机生产比例低于50%，可能在之前有一些累积，但这个累积应该最多是千万量级。2019年起连续五年，国家工信部发布的电视机生产量目前保有量累计已经超过2.1亿台，还不包括2024年前9个月的时间。

超高清电视机占比保守估计在70%以上，并且逐年递增到现在的接近90%，预计中国超高清电视在家庭的保有量应该超过2亿台。可能估算偏保守，但2亿台就是一个很大的电视机市场。

说到超高清，全球现在基本不再说4K/8K，只说超高清UHD，从2023年开始，8K的统计在国际口径中不再单独统计计算。但是，我仍然找到了一些数据，即使到2024年，全球8K保有量不超过200万台，我国保有量预估在40万台左右，如果按2亿的总保有量来计算，也就是0.2%的量级。

电视发展的几十年都是基于人眼视觉来定义，经常用到的五个维度都是有条件的。分辨率是一个显示器的标准，最后是观看效果，观看效果实际上和观看距离有关；亮度也不是一味地追加，还会涉及动态范围；色域和显示机理有关，现在是基于LCD背光的显示方式，还有激光的显示方式，实际上色域都不一样，印刷的显示方式更不相同；帧率和视角的范围有关，如果我们看一个32寸电视，50i隔行扫描就满足要求。如果看一个65寸、75寸电视，50P逐行扫描是基本要求；位深和产业实现有关，产业界有不同的观点，当年定义10比特时，杜比曾经拿出一个测试标准，人眼应该达到12比特，特别是在暗部，但是这个并没有得到产业界的认同，因为在当时会给整个产业链条带来非常重的负担。现在即使在4K超高清电视机这么便宜的情况下，要求屏幕驱动达到10比特，实际上仍有相当部分的屏幕驱动妥协采用8比特，利用抖动技术做这方面的变换。总体来看，在这五个维度上应该非常接近满足我们的视觉水平要求。

当前视听产业链非常宽，广电更多关注的是在内容提供领域。4K的采集手段这几年发生了很多变化。从十年前开始，专业相机开始支持视频采集，现在完全可以达到4K+的水平。当然，照片实现8K没有任何问题，而且从核心的镜头水平来看，已经从数字单反，进入无反的技术（MILC），就是完全微单技术，而且这样的效果已经完全可以满足专业制作的要求，这个产业领域中日本产品占90%以上。

从消费端可以看出，现在的手机都已经能支持视频采集，而且由于手机的特殊环境，采取多镜头拍摄，亮度和彩色可以分开采集。像潜望镜技术，甚至液体变焦，加上后来的图像处理，支持4K的采集在消费端已经非常优异了，应该说极大地丰富了艺术表现的手段。在这方面，我们国家处于世界领先地位。小米做手机这方面的研究团队有3000多人，华为这次三叠屏的Mate XT，在被制裁之前，视觉水平达到了全球顶尖水平。

在专用广播电视摄像机领域，总局已经推进了好多年，总台也在推进，就是如何来解决超高清产业链 4K 摄像机的这个环节。总体来看，面向电影的摄影机，目前电影基本还是 2K 投影的环境。制作端按照 DCI 的要求是 5K（5120×2160）以上，现在的拍摄体系主要是 S35 和全画幅，是单片 CMOS 的拜耳滤波器体系，基本上能够满足电影镜头语言的超薄、锐镜头效果等。2024 年 4 月的 NAB，现场没有一台 8K 摄像机，只有电影支持 6K、12K。这样大靶面的特性是与电影制作动态范围有关，但是不适用于电视转播。

我们最近和央视一起，基于 S35 把全画幅靶面尺寸降下来，规划了一系列电视制作的镜头，只能勉强覆盖演播室拍摄，支持体育外场的转播确实遇到非常大的困难。对广播电视制作，实际上 4K 的制作是最核心的，大家一致认同，演播室要到 5 倍、20 倍，户外到 100 倍，需要大景深，现场制作便携等特点。所以，基本上当年形成的统治广播电视口径的 B4 卡口加上 2/3 寸三片的传感器，光电技术、分光棱镜、镀膜这些广电的核心技术，亟须我们去解决和突破。

产业链中的另外一个环节是后期制作平台。随着频道、内容的发展，我国在 2000 年年初就已经处于全球广播电视大国行列。我们曾在 2012 年做过专门评估，我国的文件化、网络化的制作水平已经处于国际领先地位。然而，这种模式当前仍是我国电视台主流使用的模式。虽然在 2014 年曾讨论过我国在云计算方面的早期布局，即混合云的技术路线，当时主要思考如何将公有云与私有云相结合。在此过程中，一些领先的电视台部署了部分私有云。但是，2015 年至 2017 年，我观察到国外的体系出于成本考虑，基本不再使用私有云，而是直接转向公有云，实现整体轻资产化。这一转变对我们的技术系统来说是一个艰难的过程，但是"No Pain No Gain"。国外广播电视媒体采用公有云为主的机制，在 2K 高清领域上成功走通。我注意到在 2024 年的 NAB 已经有经济上可行的 4K 超高清公有云的方案。因此，我们需要思考的是在继续推进云化的过程中，应该考虑从混合云转向公有云为主的轻资产方式。

随着大模型的兴起，智能生产成为一个新话题，它需要基于云支撑。我们如何拥抱大模型，这是我们面临的一个全新且更具挑战的问题。2024 年以来大模型发展迅速，例如 Llama 3.1 这样的开源模型已经出现，到 10 月份 405B 的模型已经开始下载。这意味着面向个人终端、企业和云化的大模型基本形成了三个层级。还有 OpenAI 的 o1 大模型，为我们提供了全新的启示。

作为广电系统，我们关注的不仅是大语言模型，还包括多模态能力，特别是 AIGC。如 2024 年年初的 Sora 和 10 月的 Movie Gen，它们的 native 生成已经能够实现相当可接受的画面。在多模态大模型应用方面，我们已经有了一定基础，国内正在探索两条主要路径。一种是 AI 的辅助生产，即大语言模型根据脚本、文本和设计意图生成分镜头本，这对节目制作是非常有意义的。另一种是在已有的镜头本和拍摄素材基础上，利用文本和视频对应的Clip技术，进行文本和已拍摄好视频的配对，挑选出符合要求的镜头，并根据文本的长度、解说和节奏决定每个镜头的长度，最后在应用层面组接完成片段。这种方式被很多人视为AIGC内容，我个人认为这是一种很实际的应用方式。

此外，关于AI能否帮助我们创作，我认为当前并不应过分依赖像Sora或Movie Gen这样的原生图像生成。相反，我们可以利用文本数据信息生成一些静态甚至动态图表，这些多模态功能非常有价值。另外，通过文本描述和大模型，我们还可以制作动画、铅笔画等，这在纪录片制作中非常有益。最近上映的《里斯本丸沉没》，它再现历史镜头时使用了大量的类似动画、铅笔画的内容，在水面等部分环节加入动态效果，这种格式现在完全可以基于AI技术实现，能够很实际地帮助我们完成纪录片中情景再现的任务。

在OpenAI新发布的o1大模型中，强化了所谓的思维链（Chain of Thought）技术，这一技术使得模型能够处理更加复杂的问题。通过思维链，可以将完整的问题拆分成若干个问题分别导出，并将这些链条串联起来。这种技术也需要时间，并不能立即给出结果。这种技术路线的提出，会给人工智能、大模型发展提供一个类似于人类的慢思考方向。

关于AI的管理，首先，大模型的推理方式是要求与人类思考一致，还是尊重现有技术实现的程度，这是一个需要探讨的问题。同时，对大模型的需求逻辑，是否一定要达到完备状态？因为任何一个技术环节都不可能完全拟人化。其次，如果思维链技术合适，那么大模型的后部管控应该如何进行，是否可以在思维链中进行管控，以避免出现不良输出或非价值观问题。

此外，基础模型和垂直模型的发展也是一个重要议题。大模型的发展有一个优胜劣汰的过程，当前不同的用户需要不同的模型去完成。腾讯正在探索做一个类似中间桥梁的架构，不同的用户群可以通过中间件对接不同的大模型。这个过程会逐渐把一些基础模型淘汰，而胜出的模型会更有优势。另外一个就是垂直模型，垂直模型不完全等于行业模型，可能根据业务需求或科学问题来构建，面向特定行业或领域。对垂直模型的开发，是选择专有数据重新训练还是集成若干面对具体科学问题的基础模型，也是一个需要讨论的问题。

终端大模型的推理部署也是一个重要趋势。当前，终端AI On-Device是全球非常关注的话题，要高可靠而且要离线推理，不一定要在线推理，如车上的AI系统。目前，芯片技术已经发展到可以在手机部署大模型。特别是参数量在10B以下，甚至降低到1B以内的模型。这样的推理速度，一秒钟处理20个Token，相当于25—30个汉字，而且具备生成图像的能力。

AI部署不仅限于移动终端，它涉及整个层次架构，即使在使用公有云的情况下，要大力发展边缘计算节点，不仅是共有边，还要发展私有边。企业层面仍要部署相关能力。未来的家庭网络不再是只有一个 Wi-Fi 网关，而是包括计算、存储、联通的私有边缘节点。

首先，我们国家已经成功建立了一个较为完善的超高清体系，下一步应该集中力量突破采集设备和 AI 智能生产的技术瓶颈，实现全自主的产业链。其次，随着大模型的出现，我们必须开始着手解决垂直应用问题，即如何将这些大模型应用到各个行业中。这无疑是当前和未来的重要方向。考虑到整个视听产业，以及数字战略和战略性新兴产业的发展，国家已经在政策层面进行了明确布局，推动这些领域实现高质量发展。

聚力向"新" 以"质"取胜

王杰群
北京市广播电视局
党组书记、局长

党的二十届三中全会提出，必须以新发展理念引领改革，立足新发展阶段，深化供给侧结构性改革，完善推动高质量发展激励约束机制，塑造发展新动能新优势。当前，超高清正成为视听技术发展新趋势，同5G、人工智能等技术深度融合、相互赋能，在满足群众高品质视听需求的同时，有力促进文化产业和数字经济发展，对推动科技创新、加快发展新质生产力、助力经济社会高质量发展意义重大。

北京作为全国文化中心和国际科技创新中心，坚持把超高清视听产业发展作为培育壮大新质生产力的重要内容，率先在全国开展了超高清端到端全链条优化升级贯通试点，超高清视听产业发展迈入了快车道。率先推出全国首笔8K超高清视听作品专项扶持资金，开通全国首个8K超高清试验频道，设立全国首个国家级超高清视听产业园区。全市超高清视听相关企业1100余家，涵盖制播域、传输域、终端域，国家级重点实验室4家、广电总局（重点）实验室17家。超高清视听内容供给能力保持领先，高清和超高清用户占有线电视用户近九成。

2024年4月25日，在中关村论坛开幕式之前，国家广电总局、工业和信息化部、中央广播电视总台和北京市人民政府共同签署《"中国（北京）超高清电视先锋行动计划"合作备忘录》，支持北京打造国际一流的中国数字视听制作中心，形成全链贯通、全面覆盖、全域联动的强大合力。

我们坚持高位谋划领航方向。国家广电总局和北京市委、市政府高度重视试点工作，明确提出对标国际一流标准的工作要求，多次进行专题调度，开展实地调研，推进重大项目建设，指导我们更好地实现工作目标。

我们坚持政策先行强化支撑。研究制定《北京市超高清视听先锋行动计划（2024—2026 年）》《北京市关于支持超高清视听产业高质量发展的若干措施》及配套的产业项目管理办法、实施方案、申报指南，印发了《政策汇编手册》，为试点工作提供有力政策保障。

我们坚持协同发力推进落实。坚持市区联动、部门协作、政企协同，组建超高清全产业链优化升级工作专班，排出任务书、挂出作战图、定出时间表，定期研究全市产业发展重大事项，审议配套制度及产业政策，开展专家委员会论证咨询，确保工作科学推进。

我们坚持扶优扶强繁荣生态。设立北京市超高清视听产业发展支持资金，聚焦产业链关键环节，从超高清视听技术应用、视听制作中心建设、超高清入户、场景创新、产业生态集群建设等方面进行引导扶持，推动有效市场与有为政府更好结合，激发市场主体活力，促进产业生态发展。

科技创新是"北京大视听"的鲜明属性，是首都广电高质量发展的题中之义，推动超高清全产业链优化升级是北京培育壮大广电领域新质生产力的重要着力点和切入点。下一步，我们将按照"四着力、四确保"的工作思路，开辟新格局，增强硬实力，优化软环境，全面落实超高清视听先锋行动计划。

一是着力提升超高清内容供给力，确保高品质节目量质齐升。 明确内容生产目标。到 2025 年年底，由北京市广电局备案立项拟在总台以及北京、上海、江苏、浙江、山东、湖南、广东、四川、深圳超高清频道播出的电视剧和网络剧，在爱奇艺、优酷、腾讯、芒果 TV、咪咕视频、哔哩哔哩等网络视听平台首屏首页播出的电视剧和网络剧，能够基本实现按超高清的标准提交成片。加大支持引导力度。用好北京市超高清视听产业发展支持资金，支持运用超高清视听技术开展优质内容创作，单个项目最高奖励 500 万元。研究编制《支持超高清纪录片高质量发展的若干举措》，探索优化超高清电视剧和网络剧的审查流程。推动频道改造升级。作为纳入部市合作备忘录的重点工作，指导北京广播电视台围绕系统建设、内容准备两大主线，加快推进北京卫视频道改造工作，预计将于 2025 年两会后实现高清超高清同播。

二是着力提升超高清技术创新力，确保科技成果有效发挥支撑作用。 加快技术设备创新。支持加大电视机底层技术研发投入，开展电视机机顶盒一体化方案设计研究。京东方集团在京建设的第 6 代新型半导体显示器件生产线预计 2025 年投产。指导中联超清协同中心牵头开展国产设备研发，推进内容分发模式创新。构建协同创新平台。联合市经济和信息化局，推动建设硅基 OLED 产业基础公共服务平台、3D 显示产业基础公共服务平台、"5G ＋ 8K"产业基础公共服务平台等产业支持平台。加大超高清电视推广。联合市商务局将超高清电视机、激光投影电视等终端设备纳入京彩绿色消费券、绿色智能消费品以旧换新补贴范围，带动C端超高清设备普及应用。加快推进科影融合。联合市科委中关村管委会成立科影融合沙龙，实施"通堵点、破难点"攻坚行动。组织开展"新视听体验空间"系列沉浸式主题展览，使广大民众零距离体验超高清视听技术发展最新成果。

三是着力提升超高清网络承载力，确保传输覆盖范围持续扩大。 提升网络承载能力。北京歌华预计2024年年底实现承载9套超高清频道，2025年年底增至20套。北京IPTV预计2024年年底实现承载10套超高清频道，2025年年底增至20套。开展超高清入户行动。支持提升有线电视超高清终端覆盖能力，对新增超高清业务终端进行奖励。推动超高清终端普及。指导北京歌华、IPTV、重点网络视听平台等开设4K/8K超高清内容专区，加快超高清电视一体机、可穿戴设备、车载屏幕等新型数字视听场景建设，降低超高清体验门槛，扩大消费人群。

四是着力提升超高清生态发展力，确保充分释放产业要素资源潜能。 推动产业集群发展。支持央视超高清示范园和中国（北京）高新视听产业园高质量建设，抓好超高清视听产业重点项目建设实施，吸引优秀国内外视听科技企业来京落户，鼓励国家级视听产业园和北京新视听艺术园区打造超高清公共服务平台和产业孵化器。鼓励政策先行先试。确定门头沟区为北京市超高清视听创新应用示范区，签订战略合作协议。经开区计划设立2亿元超高清产业基金，预计引进培育100家超高清企业，超高清产业收入突破千亿元。通州区研究制定了《关于城市副中心促进网络视听产业高质量发展实施细则》。确定国家大剧院为舞台艺术视听应用创新中心。会聚行业高端人才。实施《北京大视听人才行动计划（2023年—2025年）》，打造"京琅琊"人才品牌，为国内外超高清高端人才和创新团队来京发展提供全流程服务。

首都广电方兴未艾，大有可为。下一步，我们将认真落实国家广电总局和市委、市政府的部署要求，深化政策落地实施，强化重大项目牵引，细化项目支持举措，建强产业链、形成聚能环、构建大生态，吸引更多头部企业、隐形冠军、专业人才来京筑梦圆梦。北京是文化沃土和创业热土，北京市广电局将精心做好全链条全方位全周期服务，在以超高清视听产业发展培育壮大新质生产力的新征程中展现更大作为，为全国文化中心和国际科技创新中心建设作出更大贡献！

中央广播电视总台超高清技术应用

徐 进
中央广播电视总台技术局局长
中国电影电视技术学会理事长

在中央广播电视总台"十四五"科技发展规划中明确提出了建设超清化、移动化、智能化新型媒体融合技术体系，推进从传统技术布局向"5G+4K/8K+AI"战略格局转变的目标。"十三五"期间，我们开展了超高清技术的跟踪调研和生产实践。2014年，原中央电视台成立了超高清技术工作组；2015年年底，第一部超高清4K专题片《聆听中国》拍摄制作完成；2018年10月1日，中央广播电视总台4K超高清频道上星播出，同年，发布了"超高清电视技术体系建设总体规划"，明确了总台超高清系统建设的原则和目标，对采集制作、外场转播、核心交换、播出分发等领域进行了统筹规划和全面部署；2019年2月，总台与工业和信息化部、国家广播电视总局联合印发了《超高清视频产业发展行动计划（2019—2022）》，明确提出了"4K先行、兼顾8K"的技术路径，大力推进超高清视频产业发展。新中国成立70周年大庆、2020年春晚、2021年建党百年等重大活动，总台都以超高清、高清同播方式，在不同频道向用户呈现；2021年，总台奥林匹克超高清、高清同播频道开播，同年还发布并实施了总台"组播地址规划"；2022年，总台超高清8K频道开播，北京冬奥会转播实现了"科技冬奥，8K看奥运"目标，"百城千屏"项目也随之走入百余座城市的千余块户外大屏，为用户提供了北京冬奥、总台春晚、总台秋晚、《航拍中国》等各种类型的超高清内容；2024年，总台"中国红"超高清转播车亮相巴黎街头，进入法兰西体育场，完成了田径赛事和巴黎奥运会闭幕式的超高清8K公共信号制作。

在推进超高清技术应用这条主线的同时,我们还在其他几条技术路径上协同前行,包括系统的 IP 化进程,国产装备的研发推广,5G 和云网一体化的适配应用,AR、MR、VR、XR 的节目实践,人工智能辅助内容生产的大量尝试,以及网络安全的实时跟进和纵深防御的调整完善。可以说,这几方面是齐头并进,相互依托,集成式发展,共同构成了总台围绕超高清技术大小屏应用的新型媒体融合技术体系。

这些历程背后,我们在超高清信号采集、传输交换、后期制作、外场转播、移动生产、大小屏播出分发、超高清公共服务平台等系统建设、流程适配和内容生产中遇到了诸多问题。依靠 2019 年组建的超高清视音频制播呈现国家重点实验室机制,我们与设备供应商、系统集成商、电信运营商、软件开发者,以及院校和科研机构,特别是总局的规划院、广科院等单位,开展了大量的科技攻关和设备研制,以"技术实验 + 节目实践"的方式,在超高清技术应用的重点环节和重要系统中实现了多项技术突破,并大量采用了国产装备。

广播电视调度传输领域(总控)常年被国外技术和设备垄断,在超大规模、超高清信号调度分发环节存在技术空白。2020 年开始,我们在充分调研的基础上,以国产路由器、交换机为抓手,依托国内广电企业资源,自主设计和建设了全国产化大规模超高清、高清信号调度和分发系统,在"芯片、设备、系统、技术"多个方面完成了国产替代,应用了国内自主开发的 SDN 软件,发明了实时无阻塞调度算法、PTP 时间戳智能识别处理等技术方法。目前,该系统已经在总台复兴路办公区和光华路办公区 7×24 小时不间断运行,承担着日均 1000 小时的超高清和高清信号的调度分发任务。

对转播而言,在开始设计超高清转播车时遇到的几乎所有问题都可以归结为一个核心内容,就是技术架构的选择。要在三个方面找到解决问题的平衡点:一是系统制作能力和规模,二是既要兼容高清制作还要考虑超高清 8K 直播,三是系统安全性和可靠性。架构的核心点就是如何选择超高清信号的传输方式。是 4*3G SDI 无压缩,还是 12G SDI?是使用 TICO 编码的 3G SDI,还是 TICO 编码的 IP 传输?是 NMI 协议的单流 IP 传输、还是 2110 协议的 4 流 IP 或者单流 IP?我们最终选择了 2110 协议单流 IP 传输的技术架构,实现单链路双向多路远距离传输和超大规模制作,可以使用 IT 行业的商用货架(COTS)交换机;全链路采用了符合 2022-7 协议的设计;制作格式选择了 4K HDR,质量方面在高清向超高清过渡时期采取了以高清信号为主的技术控制方法。

5G 媒体应用方面,我们于 2019 年年初与国内企业和电信运营商合作开发 5G 背包。到今天,以 5G 背包为核心的移动互联传输系统,已经可以支持多路超高清信号的帧级同步传输、多运营商的链路聚合、动态码率调整和多通道智能切片传送,可以完成多路信号源的本地切换及 Tally 和通话功能。5G 移动传输不但在北京冬奥火炬接力、马拉松、登顶珠峰、春晚及大量常态化内容生产中部署使用,而且,在刚刚过去的 2024 年 9 月 29 日授勋仪式直播中,沿途 14 个拍摄点位,有 9 个使用了 5G 超高清信号传输,码率稳定在30M。5G已经成为总台常态化转播传输的技术手段。不仅如此，总台在5G媒体应用方面还提出了云网一体的技术思路，逐步构建起了"云边端"（CET）的技术制作架构。网络上依托总台MPLS VPN多业务融合承载网和5G及互联网等广域传输链路，云资源上以总台私有云、运营商边缘计算为支撑。既逐步实现了总台内部岛域制作向云化生产的转变，也完成了重大体育赛事（如奥运、亚运、大运、全运）、重要文艺晚会（如秋晚等），外场制作终端和CMG媒体云边缘节点，边缘节点和总台核心节点的高效互联，素材文件的便捷共享，节目信源的灵活调度，全媒体内容的协同制作。跨地域的媒体云和新闻云已经成为总台从传统制播模式向深化内容生产供给侧结构性改革转变的基础支撑。

一方面，在建设超高清、高清同播系统之前，我们就制定了《中央广播电视总台4K超高清、高清电视节目同播技术规范（暂行）》《中央广播电视总台HDR视频制作白皮书》等文件，核心就是对整个制播流程进行质量控制，规定了拍摄、变换、监看和后期等设备的参数设置和转换曲线，使全流程制作环节上不同厂家设备的处理效果尽可能统一，基本解决了超高清、高清兼容制作的一致性问题。另一方面，我们在同播的直播流程中还设置了一个环节，即PGM信号下变换为高清信号的监看监审，便于技术人员与导播、编导同时对下变换的高清图像质量进行确认，也是所审即所播的主观保障。

对总台来讲，"同播"已经不只是传统的超高清、高清频道同时播出，还包括了在新媒体端，比如央视频、央视体育及第三方移动端的呈现。出于网络安全的考虑，目前，总台是以新媒体集成发布平台进行多码率、多格式的处理，结合自主研发的高动态LUT曲线、CDN自动调度技术、China DRM 2.0和加密相结合的技术方案，以及超高清流媒体内容源站，实现了移动终端超高清内容的播放适配和版权保护。同时，用户也可以通过"央视频"手机投屏方式观看总台的超高清内容。

此次论坛的主题是"推动超高清端到端全链条优化升级、贯通发展"，对于从传统广播电视媒体向国际一流原创视音频内容制作发布的全媒体机构转变的总台来说，我们会持续推进超清化、移动化、智能化技术体系建设，抓住技术自主创新和国产品牌应用这个核心要素，做好系统的优化升级，助力产业的贯通发展。有以下几点考虑。

1. 信号传输：我们会跟进5G-A落地情况，推动浅压缩超高清制作在5G-A网络下的工作模式，当然，还有深压缩双向超低延时技术在全媒体内容生产中的应用。希望在总台门头沟超高清示范园的超大型演播室内，以5G端到端全无线传输方案，通过网络切片、5QI等服务保障，实现演播室信号采集的"剪辫子"方式。广域网方面，深挖SDWAN技术潜力，比如在跨境节目传输分发上降本增效；尝试使用RoCE等新型传输协议构建广域高质量网络，研究低时延圈网络的体系架构，进一步提升超高清节目数据传输能力和节目分发效果。园区网方面，探索使用分段路由（SR）、VxLAN、随流检测（iFit）、网络切片、无线安全接入（白噪声）等技术，结合 SDN 构建具有业务随行特点，可以提供确定性服务的有线、无线一体化超高清网络支撑架构。

2. 标准应用：AVS3 标准作为我国第三代自主音视频编码标准，具有显著的技术优势，能够大幅降低传输成本、存储成本和能源消耗。总台已将其应用到超高清 8K 节目编码压缩中。一方面我们希望进一步拓展其应用领域，比如采用 High Profile 模式提高编码效率，另一方面发挥其对高清视频编码极高效率、极低带宽的优势，在新媒体内容传输分发，包括在线视频平台、社交媒体、短视频等领域实施 AVS3 标准的广泛应用。针对超高清制作过程中素材存储、数据传输、并发带宽等技术环节资源占用率较大的问题，也可以考虑 JPEG-XS 浅压缩编码和 NVI 视频接口协议的应用，有效降低超高清图像对数据存储、传输及处理的压力，在带宽、压缩比、画质与主观感受之间找到更好的平衡点。

3. 版权保护：3D 资产、虚拟数字人等越来越多地出现在总台的节目中，其资产版权交易需要版权保护机制；FAST 等新型视听服务的出现也对版权保护提出了新要求；终端智能化对版权保护也带来了新的安全挑战。因此，我们在节目传输上不能再依靠传统的 DVB-CA 模式，要考虑采用内生支持的自主视听内容编码封装格式加密与签名保护方法，保障全流程端到端的安全可信，防止内容泄露和篡改。

4. 针对目前生产运营系统、经营管理系统 7 类信息产品国产替代的要求，总台技术系统面临很多挑战。比如国产 CPU、GPU 芯片基础算力不足、国产操作系统为基础的软件调改和持续优化缓慢、国产数据库与广播电视和网络视听内容生产、播出分发系统适配性有待提高等。对算力而言，我们目前在推进算力资源池化工作，通过调度算法集中管理和动态分配计算资源，提高利用效率，适当降低成本；尝试浅压缩编码的应用，在一定程度上减少数据冗余，降低数据处理和传输所需的资源开销。另外，我们希望扩大与国内企业的设备研发范围，比如超高清、高清同播需要的基于动态色调映射技术的动态变换器研发和测试等。

5. 人工智能：2019 年开始，总台就将判别式人工智能引入节目制作中。今天来看，在视音频内容生产流程的一些环节引入人工智能辅助生产是可行的，基本达到了提升效率的目的。像人物识别、智能剪辑、语音合成、字幕、唱词制作、多语种译制、横竖屏转换、图像风格迁移转化、三维场景动态构建、数字人生成等。人工智能将作为总台技术发展的核心驱动力之一，一方面我们会继续挖掘判别式人工智能在内容生产中的应用优势；另一方面，我们会细致研判生成式人工智能在节目制作中的哪些环节能够展其所长，推出有品质的生成式人工智能作品。

6. 网络安全：总台现在建设和使用的节目制播系统已经完全是 IT 基础支撑、IP 协议连接的大量软件定义的生产系统。因此，需要我们在网络安全和数据安全上提升认识，时刻以"进不来、看不见、拿不走"作为网络安全和数据安全的基础要求，时刻分析存在的风险、隐患、漏洞和危险，把高水平抵御外界攻击，高素质防范内部危险作为广播电视和网络视听系统持续优化升级的重中之重。

最后再提一点，可以尝试较低分辨率、高帧率（HFR）、高动态范围（HDR）、高色深（HCD）、宽色域（WCG）视频技术的使用。例如 1080P HDR 既可以适当减少数据量，也可以降低对算力的需求。1080P 已经基本能够提供细腻的画面效果，与 HDR 技术结合，图像质量将得到进一步提升；针对体育赛事，还可以加入高帧率 HFR 参数。在小屏端，我们通过 2024 年的"竖屏看春晚"，已经实现了"HDR + 50P + 菁彩声"的呈现方式。

超高清技术的应用场景是非常广泛的，包括广播电视、网络视听、影视制作、数字娱乐、远程教育、智能制造等多个领域。在不同应用场景下，我们应该推荐使用不同参数的超高清技术，这样，既可以很好地满足不同领域的视频呈现需求，又能够在质量、效率、成本三者之间寻求到最佳平衡点，更好推动国内超高清技术在广播电视和网络视听领域有品质的应用，更好推进国内超高清技术在产业方面可持续的贯通发展。

《电视剧母版制作规范》解读

付明栋
国家广电总局广播电视科学研究院
副院长

2021年，广电总局发布了《GY/T 357—2021 电视剧母版制作规范》行业标准，对电视剧母版时长、署名、图像、声音、字幕、封装格式、制作质量等进行了技术量化和统一规范，给出了电视剧母版声画质量主观评价方法建议，保证电视剧制作机构、版权方及内容播出平台在母版制作和交换时采用统一的参数和封装格式，减少转换处理，提高生产效率，强化标准引领，大幅提升了电视剧制作水准及规范化水平。

当前，广电总局正大力推动超高清端到端全链条优化升级、贯通发展。按照广电总局的总体工作部署，在电视剧司、科技司指导下，我院组织对2021年发布的电视剧母版标准进行了修订。主要修订内容包括：去除了高清电视剧母版制作相关内容，新增了HDR Vivid、Audio Vivid等自主音视频技术在电视剧母版制作中的应用要求，这些新技术的应用将显著提升电视剧的视觉和听觉效果，为观众带来更加沉浸式的视听体验。

标准规定了电视剧母版时长、署名、字幕等方面的内容，还对电视剧母版的图像和声音要求及封装格式等技术指标进行了规范。

4K超高清电视剧母版图像和声音应满足六个方面的技术指标。

一是分辨率应支持4K。随着视频分辨率的提升，用户水平观看视角从高清的32°扩展为4K超高清的58°，更加接近人眼水平最大观看视角，从而为用户呈现更加真实细腻的画面。

二是帧率应至少满足50P。对相同的内容，随着观看视角的提升，对应的帧率也要增加，才能避免出现伪影、闪烁或运动模糊等现象。对运动特别剧烈的场景，帧率需提升到100P、120P才能保证画面运动的连续性和流畅性。因此，未来电视剧母版还可以考虑进一步提升至100P或120P。

三是量化精度应至少支持10bit。 为了保证HDR效果，视频量化精度应至少为10bit，才能实现亮度和颜色平滑过渡。考虑到节目存储和传输压力，4K超高清电视剧量化精度采用10bit，未来可进一步扩展为12bit。

四是色域应满足BT.2020色域。 BT.709色域可表示的人眼可见颜色范围为35.9%，BT.2020色域将颜色范围扩展至75.8%，结合高动态范围，能更好地还原真实世界的色彩。因此，4K超高清电视剧母版应采用BT.2020色域。

五是动态范围应支持PQ和HLG高动态范围（HDR）。 自然界真实场景的动态范围可以达到1015∶1，受到感知能力的限制，人眼可以感知到的典型动态范围是105∶1。目前我国高清频道采用标准动态范围（SDR），最高亮度100尼特，动态范围仅为1000∶1。高动态范围（HDR）的最高亮度为1000尼特及以上，动态范围可达到100000∶1，让人眼获得最接近自然光的亮度感知。从主观体验来看，HDR是目前最能提升超高清画质的指标，能够极大丰富图像亮暗细节和层次。采用PQ时，应符合HDR Vivid规定的元数据相关要求。

六是声音方面，高质量的视频发展需要音频技术的同步提升和配合，才能真正为用户带来极致的视听体验。 广播电视和网络视听音频从标清时代的双声道立体声发展为高清时代的环绕声，再逐步演进为超高清时代的三维声，目标是通过采用更多的音频要素，为观众提供个性化的交互方式和沉浸式的音频感受。三维声能够打破声道的限制，将声场还原为更接近真实世界的三维声场，极大提升用户听觉体验。电视剧目前声音包括双声道立体声、5.1环绕声和三维声，采用三维声格式时，元数据宜符合Audio Vivid相关规定，未来推荐更多的电视剧采用三维声制作，进一步提升用户听感。

目前拍摄环节，主流设备已经能满足4K、50P、10bit、BT.2020、HDR的拍摄要求，但在制作时，还存在一定数量的25P、8bit、SDR等不符合标准要求的内容。为了给观众提供更清晰、更真实、更具沉浸感的观看体验，电视剧无论是拍摄还是制作，都应该按照《电视剧母版制作规范》的要求，满足上述技术指标。

封装格式方面，建议采用MXF、MOV或IMF格式进行封装，并规定了每种封装格式对应的编码方式与编码码率，在保证电视剧母版声画质量的基础上，增强母版的兼容性和交换便利性。

综上，国家广播电视总局对电视剧母版标准的制修订，顺应技术发展的趋势，为超高清电视剧高质量发展提供了技术支撑，通过引入先进的音视频技术，提升制作规范，将有力推动电视剧超高清化制作进程，为观众带来更加优质的视听体验，促进行业的繁荣和发展。

超高清赋能精品影视创作的思考与践行

滕俊杰
上海市文学艺术界联合会副主席
上海电视艺术家协会主席

在我们看来，当今世界领域超高清已经是一个战略的命门，除了广播影视，还包括国家战略的各个层面，谁敏感捕捉到这一战略，就有可能超前、加速并抢到新一轮竞争的"局点""赛点"，拥有真正的今天和明天。

当下，在国家广电总局和各有关部门，包括北京、上海等各省市的通力合作下，精心谋划、科学发力，实质推动超高清项目，立意高远、价值深远、意义久远，抓到了国家的战略要点。

2025 年是世界电影诞生 130 周年、中国电影诞生 120 周年。在整个影视发展过程中，从默片时代到超高清 4K/8K 时代，经历了七个阶段。第七个阶段就是超高清阶段。

我来自上海，是一个从事了近 40 年的影视导演。从 2017 年开始，我带着上海广播电视台为主的团队开始了超高清 4K/8K 长片电影的探索。截至 2024 年，已经拍摄了 6 部超高清长片电影，其中 5 部是 8K 电影，1 部是 4K 电影。当下，在超高清的短片方面，美国、日本等其实有很多很好的作品。但是，在超高清 100 分钟以上的长片里面，目前还是空缺。由此，我们在这个领域里面暂时跑到了前头。

中国影视长期在欧美影视的后边陪跑、跟跑，但是，在超高清长片影视这个领域我们超前了。2020 年 1 月 22 日，上海广播电视台与北京国家大剧院联合拍摄，由我执导的世界上第一部 8K 全景声长片电影《这里的黎明静悄悄》在美国洛杉矶国际先进影像协会年度颁奖典礼上，荣获世界上第一个 8K 长片电影金奖——卢米埃尔奖，欧美、日本等各国同行纷纷投来赞赏或惊讶的目光，与我们热烈商讨合作的可能性。这些都说明我们在这个领域里的作为，让发达国家的相关领域开始关注我们。

同时，在6部长片电影之外，我们还创作了5部超高清的8K长纪录片。包括《敦煌·遥远的清晰》《感知青绿》《为了忘却的纪念》《汤翁笔下的运镜》《张火丁与锁麟囊》等，这些8K纪录片长片有的在电视频道播出，有的将走大银幕院线。

从专业角度来说，由"高到低"降下来，其呈现的质量会非常好，所以从8K降到4K或2K的电视播出，清晰度、色域度依然都是名列前茅的。当然，我们也清晰地知道，在全球激烈的超高清领域竞争态势下，今天的领先都是暂时的，我们必须继续努力，继续加速度地朝前走。

为纪念2025年世界电影诞生130周年、中国电影诞生120周年，我在巴黎与法国国家电影资料馆一起筹划、拍摄了一部8K长纪录片《第一束光》（暂名），第一个镜头是从巴黎目前正在展出的世界上第一部电影放映机开始。我作为这部超高清纪录片的导演，设想用这样的作品来表达我对"过去未去，未来已来"的超高清时代必须的认知与硬核加持。

这几年，我原来工作的上海广播电视台，除了同为上述超高清8K长片电影和长纪录片的第一出品方或联合出品方之外，上海广播电视台同时在其他超高清纪录片拍摄，包括MV，还有在长电视连续剧方面作出了很好的尝试。上海广播电视台这几年拍摄的8K长纪录片，在世界和国内获得了多个奖项。

2017年，上海广播电视台就尝试制作了8K的MV《YES·上海》，导演是戴钟伟、杨晨等，他们也成为中国8K影视短片实操第一方阵。上海广播电视台于2019年创作、拍摄完成的电视连续剧《两个人的世界》，是世界上第一部8K长片电视连续剧，共38集。我想这一定会成为中外影视史上的一个纪录。日本也制作过8K长片电视连续剧，但体量上只有10集左右。当看到我们38集的8K电视连续剧后，日本的同行是吃惊的。另外，上海广播电视台这几年还在超高清领域，布局了8K制作的大型演唱会、庆典晚会等。这些尝试都对上海超高清科技的发展提供了很好的示范案例。

我们做了一些不完全统计后认为，上海广播电视台已成为中国广电影视系统原创、导演超高清前后期全流程自制、完片率最高的机构（不包括转播，因为转播的量更大，但非原创），也成为当今世界范围内超高清影视创作作品完片率最高的机构之一，美国和日本的同行都曾给予了专业的评价。所以，从此角度讲，上海在这方面的实践蹄疾步稳，走得比较早、很扎实。

如果要问：我们为什么会超前关注超高清？答案：被倒逼。

众所周知，2018年12月1日，日本NHK电视台正式开播8K频道。随之生产了80万台超大型的8K大屏，准备"汹涌"地投放市场。如果没有疫情，日本人雄心勃勃地准备以2020年东京奥运会为契机，开启世界超高清8K元年。但是因为疫情，整个计划搁置了。2021年，东京奥运会在全封闭、"气泡式"管理中收场，超高清视频大规模的应用场景受到重创。而世界超高清8K的真正元年，我认为是以2022年1月24日中央广播电视总台的超高清频道的开播和北京冬奥会的8K大量直播，取得令人赏心悦目的优异效果为标志，将超高清视域实质性地从原来的"后卫"推到了"前锋"之一。

事实上，在世界超高清领域的发展中，影视技术和通信技术一定是两个重要的方面。只是我们是影视人，所以我们从自己职业的基因延宕中，自然而然地更关注内容创作中的最新技术赋能，提前捕捉国内外超高清起步的"蛛丝马迹"。为此，我们超前思维，恶补知识，跨前一步，多次自掏腰包，在南京路步行街、外滩、杂技场等多个场景开始了多轮的试测、试拍、试放、详研究。何以如此？因为我们的内心有一种挥之不去的紧迫感、使命感。

由于连续多年的专业关注、实操感受和比对，就影视行业而言，我认为超高清价值正日益凸显。一是视听效果上，它在清晰度、色域度等方面有崭新的提升，所有的画面与原来的相比已不可同日而语，十分养眼。二是倒逼了影视创作各环节的品质提高，在舞美、灯光、服化道到声音等，我们提出了全方位的要求——超过新郎、新娘的细腻化妆，像做精品家具一样做道具。这对各工种都是一次专业业务的促进和"逼迫"。"超高清展示"还成了最新的时尚打卡地，2021年、2022年中国（北京）国际服务贸易交易会连续两届邀请、布展了我们上海的8K超高清作品观影区，观众特别是年轻人排着队观看8K电影，成为最踊跃的区域之一。三是战略层面，中国的敦煌在世界上独一无二、无与伦比。但是，若用一般的标清摄影机拍摄敦煌洞窟内的雕塑、壁画，其效果跟肉眼所视差不多。而用8K摄影机拍摄，观赏辨析、互动沉浸感就强多了。我在导演、拍摄《敦煌女儿》这部电影的同时拍了一部8K的长纪录片。我曾去过荷兰的梵高纪念馆，当时正在放映一部关于梵高的8K短片，细枝末梢之清晰，色彩还原之逼真，令人叹为观止。更有甚者，在这部8K短片中，还把凡·高画作的层面撕开来，看到了梵高在夹层中自画的小小诙谐图像，趣意盎然，信息量奇特。

七年多来，我们默默耕耘了，做了一些特殊的努力。一开始喝彩并不多，工作开展起来也有点难。但我们咬紧牙关，不言放弃，在做好每天的本职工作之后，如痴如醉地做实验，直到现在渐渐进入了良性阶段。

有人感觉"8K的拍摄很贵"。其实，它八年前在起步阶段是很贵的。但这些年来随着科技的进步、高速迭代，其算力、码流提升很快，价格便明显下降，只是比标清稍微贵一点点，价值有了多重加持提升，很划得来。

在上海广播电视台所属技术中心及魔D电影工作室为主的团队众志成城不懈努力下，我们用激情、格局、创新和坚持在超高清8K领域做了一些小小的努力，收获了"七个第一"。

1. 培养了第一支超高清8K全流程制作的年轻专业团队（这里讲的是原创导演、

拍摄，不仅仅是转播）。

2. 初步绘成第一本超高清 8K 全流程制作的工作宝典。

3. 建成了第一条从前期拍摄、后期剪辑到特效、校色、合成各环节齐全、完备的超高清 8K 制作流水线。

4. 建成了第一个小型的超高清 8K 原创影视片库。

5. 建立了世界上第一个超高清的 8K 影院，并按照上级要求，在探索、梳理 8K 影院的各项操作规范和制度。

6. 在 2019 年 10 月 18 日南昌的国际 VR 大会上获得了中国第一个超高清 8K 电影奖。

7. 在 2020 年 1 月 22 日的美国洛杉矶国际先进影像协会年度颁奖典礼上，获得了世界上第一个超高清 8K 长片电影金奖"卢米埃尔奖"。

一切都刚刚开始，一切都还在发展当中。超高清科技在现代城市景观营造方面也有巨大功能和价值，上海广播电视台也和上海各个层面一起在超高清创造性运用方面持续发力、推进。

2024 年步子迈得更大，在上海市委、市政府的指示要求下，将 2023 年的静安国际光影节升格成 2024 年首届上海金秋国际光影节，主会场在上海展览中心，全市 12 个区联动，时间跨度一个月，吸引了 1620 多万人次的海内外观众观看，带动增量消费超 38 亿元，全媒体传播超 30 亿次，开创了观影人数最多，展示空间最大，参与国家众多，创意品质顶格的 A 类国际光影节的新品牌。作为主导机构之一的上海广播电视台幻维数码公司在整个项目中起到了统领、主创的重要作用，获得了海内外的广泛赞誉和双重效益。而这一切中，超高清科技的娴熟、大量的应用是最新质的要素，否则，将是一片混沌，毫无视听冲击、互动和美学意义。

站在国家战略的层面上，继续高度关注世界超高清科技的走向、发展。我们要保持冷静的头脑，所有的领先都有被超越的可能。现在，我们在 8K 长片电影方面是领先的，但这种领先有可能是暂时的。只有咬紧牙关，毫不松懈，才是保持领先的唯一前提。学会孤独中成长、成熟。在一个创新事物出现的前期过程中，必然伴随着接踵而至的各种困难和挑战，也一定少有鲜花与喝彩，让人产生孤独感，要学会"豪饮孤独当美酒"。

我们要一刻不停地抓紧学习最新知识。看脚下、更看天下，跑出超高清影视科技领先、产业赋能提级增值的加速度。在世界超高清影视的赛道上，我们要争取领先，更要争取滔滔不绝。这条路很长，这是一场马拉松，我们绝不能懈怠！

超高清生态下的视听新质生产力创新实践

郑 勇
阿里大文娱集团 CTO

今天想和大家分享两方面：第一，虚拟拍摄的技术突破与应用；第二，帧享超高清，这是优酷在超高清产业中的一个自主品牌。

虚拟拍摄已经在影视行业中出现了很多年，从 2019 年开始，在美剧《曼达洛人》中首次应用，到今天这项技术已经获得了迅猛的发展。优酷也是从 2019 年开始投入虚拟拍摄的研究，截至今日，我们已经在五个项目中使用了虚拟拍摄，并不断提升虚拟拍摄的应用比例，未来也会持续在更多项目中使用。虚拟拍摄之所以能够真正落地应用，因为它在成本与效率方面，相比传统拍摄方式展现了明显的优势。虚拟拍摄作为一种新的制作方式，正在为剧集拍摄带来全新活力。

在优酷探索虚拟拍摄的几年间，我们发现了虚拟拍摄应用的四大痛点，会直接影响它的落地效果。首先，现有的 LED 屏幕很难达到拍摄的要求，比如亮度、暗度、点间距等，都会直接影响到摄影机中的呈现效果。其次，因为虚拟拍摄包含多个系统和设备，包括跟踪系统、虚实与灯光匹配等，每一次场景和镜头切换都会导致比较长的等待时间，影响拍摄进度。再次，因为虚拟拍摄呈现"所见即所得"的拍摄效果，因此成片的后期修改难度会比较大，相较于传统 CG 会更加耗时。最后，LED 屏中展示的数字资产制作周期会比较长，前期需要预留出大量的时间进行资产制作与调整。

针对这些问题，我们在技术上进行了大量的投入，逐个解决。

从硬件上来看，优酷现在已经自研了自有知识产权的定制屏幕，专门为摄影机打造，能够在摄影机前呈现最佳拍摄效果，屏幕亮度超过国际指标三倍，刷新率达到国际标准两倍。无论是日光还是夜晚的戏都能达到真实的呈现效果；动作戏这类对帧率要求较高的戏也能够很好地完成。

在 AI 算法上，我们在颜色、灯光、虚实匹配上进行了有针对性的 AI 算法研发，现场调试的时间从两个小时提升到十五分钟，让现场工作人员不用停工等待调试，大大提升了虚拟拍摄在实际中落地的可能性。

刚刚提到拍摄好的内容不可修改这一点，我们现在通过在拍摄过程中留存两套介质：一套是绿幕介质，可以通过后期抠绿的方式进行修改；另一套就是直接通过虚拟拍摄完成了效果合成的介质，能够直接使用。另外，我们也在研究虚拟拍摄与数字人的结合，LED 屏幕中的数字资产涉及远景的人物，正在用数字人来实现，进行实时合成呈现。

最后，针对数字资产的制作周期问题，优酷自研了一套完整的数字资产 AI 算法能力，能够快速扫描一个实体资产，将其快速在三维软件中进行重建与修复，只需要有数字影棚，就能直接还原一个数字场景。目前，我们在北京、横店、青岛、周庄都已经有数字影棚落成，用于项目拍摄与技术测试，我们也会持续扩大数字影棚的规模。

2023 年 5 月，我们在青岛影棚中完成了一个虚拟拍摄测试片的拍摄，这是一个科幻题材的故事，现在国内的剧集市场中，科幻题材仍然是稀缺品，因为无论是成本还是制作难度，科幻题材都对拍摄团队提出了非常高的要求。但现在，通过虚拟拍摄、数字资产等技术的不断突破，我们相信未来会有越来越多的优质科幻题材作品与大家见面。从生产端到消费端，为了给用户提供最佳的视听效果，优酷打造了帧享超高清，其背后是一整套技术能力的支撑。首先，内容源的质量评估与品控，我们对每一个上传到平台上的内容，都会进行机器审核打分，对视频是否存在重影、是否是"真 4K"等问题进行检测，发现了任何问题都会打回制作端进行修改。其次，在重制过程中，我们始终坚持需要人工进行调色，我们有帧享的调色师，提供 AI 工具进行调色、在重制过程中，也有人工进行监督，而并非是 AI 一键生成的超高清内容。转码传输也非常重要，优酷在这个方向已经积累了比较多的技术能力，能够做到原盘转码，还原影院质感。

最后一步，我们希望超高清内容能够在完成了认证的设备上进行播放，以保证最好的效果。帧享会严格对设备进行把控，上市前进入帧享实验室进行认证，我们会对它的色彩合理性、色域达标、渲染精度等多个维度进行评估，并从超高清应用场景出发给出设计建议，在最终合格之后发放认证书。目前，市场上超过 80% 的影音播放设备已经使用了帧享超高清认证服务。

历时五年，优酷目前已经积累了超过 5000 部帧享超高清片源，和主流设备厂商一道，为超过 1 亿用户带去了超高清观影体验，也通过"帧享影院"在商业化进行探索。超高清产业在不断发展，也非常感谢广电总局、北京市广电局始终大力支持在超高清方面的投入，相信超高清产业会更加快速地发展，为用户带来更极致的视听体验。

超高清产业发展趋势

张文刚
世界超高清视频产业联盟秘书长

视听已成为人们日常生活中的基本需求，目前视频流量在整个网络中所占的比例已经超过 70%，预计 2024 年将超过 74%。三大运营商的千兆光网用户已达到 1.93 亿，5G 用户也已达到 11.85 亿。因此，超高清是支撑双千兆网络的一个重要支柱，它也需要更优质的内容支持。对新一代的 Z 世代用户，他们的需求也在不断变化。从过去的长视频、短视频，到现在的微剧、AIGC 以及虚拟体验，都带来了许多新的变化。

超高清从终端设备端来说还处于转型阶段，虽然电视机总体的发货量在减少，但是整个高端的占比应该是在增加的。预计 2024 年 70 寸以上的大尺寸电视机会增长 22%，这应该说是一个可喜的变化，除此之外，高端电视增长也超过了 15%，还有一些 VR 产品，包括超高清芯片、显示面板的发货量也是非常高的。

同时，从 2024 年上半年的总体情况来看，电视平均单价稍微有所下降，下降幅度比以前减少，但是零售总额增加了 10%。这说明人们对高端产品的需求非常大。

从超高清整个产业政策来说，这几年国家和地方的政策也在不断支撑超高清产业的发展。从"三年行动计划"到 2023 年工信部、广电总局以及总台等七部门签发的视听产业指导意见，都提出了很高的要求。从广电总局最新的介绍来说，到 2027 年超高清电视频道要达到 50 个。广电总局分别和北京、广东、上海签发了"超高清先锋行动计划"的备忘录，广东、湖南、山东、深圳等地也纷纷响应，出台了相关政策，北京也有明确的政策出台和相关的激励措施。

应该说，在用户、用户需求、技术驱动和应用拉动以及各种政策扶持的情况下，预计2030年超高清产业规模将达到8万亿。目前，文创在中国国内GDP的综合占比是8%，麦肯锡报告发达国家应该是在18%—25%。从用户端来说，其对产业的需求就是希望在任何时间、任何地点、任何业务和任何终端以及任何内容上都可以享受到整个视听产业的贡献。

近年来，国内新创标准有了很大的提升，之前我们主要还是应用国际标准，无论是从编解码，包括声音、图像、版权保护、接口等，这几年我们看到包括AVS3、Audio Vivid、HDR Vivid China DRM也已经作为总局的行标，在整个标准和生态建设方面取得了很大进展。超高清在个人、家庭、车载、影院、文旅、体育、商业等各个场景都会有广阔前景。

从超高清十大产业发展趋势来说，用户体验应该说是"369"，从原来的6个维度增加到现在的沉浸感、3D效果以及互动方面。另外，人工智能技术会覆盖整个超高清产业链，特别是加速内容制作，使超高清商业盈利模式成为可能。

从最终用户来说，还是要从清晰、流畅、真实出发，再加上声音，就是6个方面，包括新的需求如3D、互动和沉浸感，双Vivid技术也是作为电视剧母版制作的基本标准，成为重要的支撑。另外，AI技术将会覆盖超高清的全产业链，对未来超高清产业产生巨大的影响，无论音频、视频、设计、互动、内容编辑，还是影视推广和预测，都会得到非常广泛的应用。

超高清产业发展商业模式难以闭环是一个问题。但是，随着AIGC和AI的使用，整个成本效率都会得到很大的提升，加速超高清的盈利。另外，从拍摄、制作到发行的全过程，将会通过云分享、云协作以及云算力，全面支撑高质量内容的制作和效率的提升。在端侧，AI的发展也是非常快的，包括裸眼3D、虚实融合、互动以及终端的SOC芯片，特别是我们在终端的SOC芯片有一些突破，包括在OS操作系统上，都会对终端产品带来一些革命性的影响。

另外，关于新型显示在虚拟制作的广泛应用，包括LED影院也会带来很大变化，目前世界超高清视频产业联盟已经在推动这方面的工作。同时，中国在整个超高清建设方面，特别在基础网络是具有绝对优势的，我们的千兆光网现在也在向万兆光网不断地演进，5G-A也开始投入商用。测试设备和装备对超高清的发展其实非常重要，应该能保证研发、测试。内容安全在创作、传播和交易方面也是非常重要的，涉及各种技术的应用。

随着超高清的发展，对低碳、绿色和环保方面必然提出很高的要求：一方面超高清不断发展；另一方面无论从制作、传输、还是到终端、大屏等，也要加强绿色环保方面的工作。

圆桌对话

圆桌对话一
超高清频道高质量建设

毕 江
- 北京广播电视台党组成员、副台长

林云川
- 上海广播电视台技术中心主任
- 上海东方传媒技术有限公司执行董事、总经理

黄天文
- 广东广播电视台党委委员、副台长
- 广东卫视总监

朱皓峰
- 湖南广播影视集团有限公司（湖南广播电视台）党委委员、副总经理、副台长

朱广皓
- 四川广播电视台党委委员、副总编辑

宁金辉
- 国家广播电视总局广播电视规划院制播研究所所长

宁金辉： 在国家广播电视总局和相关部门的指导和支持下，省级卫视的 4K 超高清频道建设正在如火如荼地进行。以下两个问题供各位嘉宾讨论：关于 4K 超高清卫视同播频道进展情况如何？时间上有哪些具体安排？

毕江： 北京台在广电总局和北京市委、市政府的指导下，从 2024 年 7 月份开始正式立项。目前，一期主体项目已经发标，预计 10 月底大部分项目能够开标。根据经验，从合同签订到执行完成大约需要半年时间。原计划 2024 年一季度实现频道的转换和开播，但现在看有一定困难，因为接下来要经历跨年、元旦春节和 2025 年的两会等，所以压力特别大。不过，北京台仍在紧锣密鼓地推动，争取在实施周期内尽快完成，具体开播时间还需根据实际情况确定。

林云川： 上海台分三个阶段进行。第一阶段是规划和建设阶段，计划到 2025 年 7 月 1 日之前完成所有建设和设计相关工作，内部目标是 2024 年 11 月完成技术系统的设计，12 月启动招标，在 2025 年全国两会后启动系统建设。第二阶段是试播阶段，2025 年 7 月 1 日开始启动有线电视和 IPTV 的试播测试。第三阶段是正式上星播出阶段，计划在 2025 年第四季度 10 月左右启动。

黄天文： 广东台自 2024 年 6 月接到任务后，组建专班、倒排工期，计划在 2025 年 6 月前开通超高清频道。目前，已于 8 月和省工信厅举办了超高清设备供需见面会，有 10 多家国产超高清设备厂商进行了产品介绍。计划 10 月底上报概算给省发改委，12 月左右完成挂网公示，2025 年 1 月进行招投标，4 月设备到位，争取 5 月安装调试，6 月实现试播。资金情况、审核情况、国产设备匹配情况以及安装调试进展等，都是我们面临的挑战，但我们有信心如期完成任务。

朱皓峰： 湖南台在超高清能力建设上实施较早。我们将严格按照总局要求，在资金到位后 3 个月内启动，一年内完成试播。我们正在探索 4K 超高清节目的高动态范围视频和沉浸式音频制作技术，构建高清与 4K 超高清并行的孪生制作的新模式。利用云计算、AI、5G 等技术降低研发成本，建设快速上云、智能检索、审编自动化等。此外，将在芒果 TV 端开发下一代 4K/8K 音视频核心编解码算法，以确保关键技术的自主可控。

目前湖南卫视总编室已在初步摸排与规划，并确定了一套品类均衡的排播方案。借助湖南卫视 4K 频道的设备更新项目，对新闻的前期拍摄和后期系统进行了 4K 升级，确保新闻节目与专题片的 4K 化，目标是日均可增加 1.5 小时的 4K 播出时长，并通过引进 4K 电视剧和纪录片、自制 4K 综艺节目、4K 直播各类活动和晚会，确保试播期间达到每天 4 小时超高清节目的播出目标。

在内容 4K 化的过程中，录播综艺节目特别是真人秀的升级成本是最高的，我们通过初步讨论，提出了以下降本增效的思路。一是规划安全和成本俱佳的同播流程，在技术系统建设到位后不增加额外的技术运维成本。二是优化后期剪辑流程，拟大量采用代理码流剪辑，提高超高清视频的剪辑速度，保证剪辑效率，同时降低存储与算力成本，未来我们还计划结合自研的芒果 AI 智能体，开发创影剪辑平台与融合存储平台，打造支持 AI 能力的 4K/8K HDR Vivid 和 Audio Vivid 音视频剪辑平台，以进一步提升剪辑效率并降低存储成本。三是逐步推广扩大 XR、VP、AIGC 等新技术的应用场景，以数字资产代替实际舞美，实现了节目总体制作成本的降低。四是加强技术系统的统筹规划，基于"芒果云"整合基础硬件与其他云资源，打造"云+边+端"三体协同的生产传播体系，优化了实时内容处理与分发流程，提升了节目现场内容流的编解码效率，降低硬件建设成本。五是加强与央视总台、北京台、广东台的学习与交流，争取在实践过程中少走弯路，实现人力成本的"零增加"。

湖南卫视的制作体量相对较大，第一期 2.5 亿元的优化基本能完成基础播出。如果要完成整个体系的 4K 化，预计还要投入大概 3 亿元才能完成制作域的改造。

朱广皓： 四川台作为西部地区的代表位列首批建设名单中，这既是对四川台过去几年成绩的肯定，也体现了行业对西部广电未来发展的殷切希望。四川省是除广东省以外全国超高清产业链布局较为全面的省份之一。超高清建设从内容引领和消费触达入手，对行业未来发展的促进作用是非常大的。我们把此次卫视的超高清和高清同播作为全台推动高质量发展和创新转型的重要抓手，成立了以台长牵头的领导小组，统领整合各个部门建设超高清频道。

在技术系统建设方面，四川台已经打下了一定的基础。新闻主演播室、副演播室以及 A 级转播车均已配备。但是四川台的媒资系统、非新闻演播室以及总控系统运行时间已经相当长，与那些已经进行过设备更新的台相比，需要构建一个既能支持超高清又能兼容高清的大系统来取代现有的老旧系统。总体而言，四川台计划 2024 年年内完成主要项目的招采，2025 年年初全面铺开建设，年中完成播总控机房的改造，年底完成所有设备安装。

在内容储备方面，从 2024 年 6 月开始，四川台的长尾节目，包括纪录片已经全部实现了超高清化。随着技术系统的逐步完善，在满足各项条件的基础上，未来新制作的节目也将全部超高清化。

在节目编排方面，我们搭建了一个超高清和高清同播的测试平台，从现在开始做编码和信号上下变换的测试，并验证其中可能存在的问题。

我们深知，超高清不仅是技术规格的升级，更代表着新的内容形态和市场运营的机会。因此，我们的技术团队在广电总局科技司的带领下已经先期进入相关领域探索和实践。未来，我们的内容团队和运营团队将共同努力，营造多元化应用场景，打造更多的视听产品，为视听市场再赋新能。

宁金辉： 4K超高清频道建设时间紧迫，大家都在与时间赛跑。另一个问题是关于节目安排的。4K频道除了系统建设以外，内容建设也尤为关键，老百姓更关注的是4K频道中将播放哪些体现超高清优势的节目。同时，超高清节目制作成本高，这个问题也困扰行业多年，请各位嘉宾从技术角度或本台安排角度谈谈有哪些降本增效的措施。

毕江： 各台的节目形态、节目构成都不一样，一般会针对自己的节目构成考虑相应策略。北京台对开播时间的要求比较紧迫，我们计划分期完成。具体而言，会先推出卫视自制节目中的一些典型节目，以确保早期开播时间与技术系统建设的匹配度。而其他节目则计划留待2025年的第二期项目再行跟进。在节目的制作成本及后续运转成本方面，质量、效率和成本是三个相互关联、相互制约的要素。对整体运行成本的控制或降低，可能需要一个逐步推进的过程，在系统投入运行且节目开始运转后，再逐步寻求更为有效的成本控制方法。

在超高清频道的建设和未来的内容生产中，谈论效率问题和成本问题本身就具有非常重要的意义和价值。通常，每一次技术质量的进步都可能伴随着成本的增加以及对效率的短期影响。从宏观角度看，超高清频道的建设有助于推动整个行业的高质量发展。从中观角度看，这涉及电视台内部卫视业务的迁移和升级。从微观角度看，还需要解决超高清和高清同播在过渡期内的质量保证问题，以及全链条的质量跟踪问题，包括终端质量的最终呈现效果。总体而言，这是一项非常系统化、综合性的工作，面临的挑战也非常大。因此，我们特别希望在广电总局以及北京市广电局的领导下，同时学习借鉴其他兄弟电视台的经验，大家一起尝试和探索，在探索中逐步降低成本、提高效率。

林云川： 上海台制定超高清规划时，尤为重视超高清技术在三类节目中的呈现效果。第一是纪录片，如《大美江山》《文物》等，能够比较好地呈现江山和文物的一些细节。第二是大型综艺，结合全景深能够有更好的视听体验；第三是体育赛事的超高清内容创制。这三类节目有很高的IP价值和再利用潜力。此外，上海台还在新闻、财经资讯以及外购或自制的影视剧等三个类型中推进超高清制作。这六个方面共同构成了东方卫视的主要版面。在推进过程中，我们也遇到了一些节目支持相关的问题，但正在积极寻求解决方案。

在降本增效方面，我们认为可以从以下三个方向进行考虑。

一是技术系统的重新设计和规划。通过云化和集约化的设计，我们可以实现IP架构的弹性扩展，后期制作也将全面向云化靠拢，包括数字资产的应用等。例如，我们在奥运会期间采用的数据中心转播功能，成功取代了原本需要四个转播车才能完成的工作。未来，我们计划在台内推广这一模式，以降低相关使用成本。

二是流程再造。AI 技术能够助力产能升级和数字资产再利用，与节目部门的紧密沟通则能进一步降低成本。在超高清同播方面，如果不用两套系统同时建设，将能显著降低成本。虽然我们目前规划还是会做两套系统，但会进一步讨论并优化方案。

三是对节目内容进行分层，并采用项目制的方式推进超高清频道建设。对可能产生二次利用价值的前三类节目，我们会加大投入并实现商业变现。而对后三类节目，在保证质量的前提下，会考虑采用手机拍摄、AI 技术、云技术等轻量化的手段进行降本增效。此外，国产化的应用也是降本增效的一个重要方向，例如服务器搭载云算力，并部署国产化软件和操作面板等。

黄天文： 在超高清频道建设领域，广东台有一定的实践经验。早在 2018 年，广东台综艺频道便成为首个地面省级超高清频道。多年来，广东台整合资源，精心打造了一批优质的 4K 节目，涵盖纪录片、综艺、体育赛事及全运会等多个领域。截至目前，我们通过制作、引进、合作及合拍等多种方式，已储备了超过 5000 小时的满足 50 帧 4K 播出标准的节目内容。

广东卫视超高清频道计划于 2025 年正式开播。在开播的第一年，计划原生的超高清视频首播时长约为 4 个小时，其中自制内容约占 1.5 个小时，引进内容约占 2.5 个小时。这些节目将涵盖黄金剧场、新闻节目、纪录片及专题栏目等多个板块，且每年原声超高清节目的首播总时长将按照 15% 的比例逐年增长。

在节目内容方面，计划 2025 年率先推出一批有湾区特色的 4K 超高清内容。其中，《大美南粤》是一档 4K 超高清慢直播节目，通过在全省的文旅景点、地标建筑布设超高清的摄像头，实现常态化的大小屏的慢直播。此外，我们还将全面实施超高清制作，推出《老广的味道》《秘境神草》《行进大湾区》等品牌纪录片，《云上音乐季》《大湾区春晚》《跟着国乐去旅行》等几档微综艺节目等。

在降本增效方面，广东台也积累了一些经验。一是大力培养 4K 制作的人才队伍。在超高清制作的前期、拍摄后期的包装、调试等方面积累大量实践经验，并通过优化流程大幅压缩节目制作时间。二是通过技术赋能降低成本。我们携手索贝、大洋等厂商进行了一系列研究测试，在后续制作工艺体系进行了改造，整体上降低了整个 4K 制作的周期和制作成本。此外，我们还实现了高质量的 4K 电视剧重置，使经典电视剧重获新生，降低了非黄时段的播出成本。

目前，广东台在整体 4K 超高清制作的平均成本已经能控制在高清制作成本的 1.3 倍至 1.5 倍。未来，我们将继续推动生产流程的标准化、规范化和工业化，并积极运用人工智能、AIGC 等技术手段，力争在 2027 年之前将超高清的平均制作成本降至高清制作成本的 1.2 倍以下，以实现降本增效的目标。

朱皓峰： 目前，湖南台自筹的 1 亿元资金已经启动，主要用于购置 4K 超高清转播车以及整个卫视播出系统的升级。接下来，详细介绍一下湖南台的节目规划。

首先，对新闻的前期拍摄和后期进行 4K 的系统升级，确保新闻节目与专题片的 4K 化，目标是日均可增加 1.5 个小时的 4K 播出时长。其次，通过自制和引进 4K 电视剧，每天确保 1—2 小时的超高清电视剧内容播出。再次，湖南卫视计划在周末黄金档全年进行超高清直播，预计全年播出 50 期，加上各类活动和晚会直播，总时长全年预计 150 小时。最后，棚内常规综艺《你好星期六》在 4K 升级后，每年的播出时长大概 80 个小时。预计 2026 年全年首播的 4K 超高清节目总计达到 1500 个小时，满足每天首播 4 小时 4K 超高清节目的需要。

朱广皓： 从影像所传递的信息看，一大类是文本化的内容，如字幕、解说等，这部分体量不大。另一大类就是影像和声音所传递的非文本化的感受性的信息，这一特点明确了超高清节目应该往哪些题材和哪些方向去努力。四川是影像资源大省，历史、人文、自然、生活等影像资源相当富集，四川卫视将据此打造超高清精品文化带，呈现健康、文旅、音乐等多元化的精品节目。到了岁末年初，还有《花开天下》跨年演唱会、川渝春晚等节目，给观众提供视听双重体验。

在成本控制方面，就传统节目而言，这次大规模设备更新和固定投资完成后，对节目的直接成本支出上升幅度已经相当有限，只是对服化道的精细度提出了更高的要求。由于 AIGC、XR 棚这些全新的制作方式的引入，我们的生产效率将得到提高，同时相应的成本也会降低。

此外，四川还有一个比较独特的优势，即有几个国家级的视听制作基地落户成都，整合运用好这些条件，一方面可以推动整个产业链的发展，另一方面能降低节目的制作成本。所以，节目制作成本这一以往的难题现在看来已经不是最大的障碍。

宁金辉： 从各位的发言中，我深刻感受到了大家对 4K 频道建设的坚定信心和决心。我也非常期待在明年的这个时候，我们能够再次相聚在这个会场，共同分享 4K 频道的建设经验和成果。

圆桌对话二

超高清内容创作与技术赋能

余 珂
· 爱奇艺副总裁

江文斐
· 优酷技术中心总经理

朱子荣
· 腾讯视频技术总监

卢海波
· 芒果 TV 副总裁、CTO

许 飞
· 中国移动咪咕公司 副总经理

金启棣
· 国家广播电视总局中广电广播电影电视设计研究院有限公司系统集成中心主任

金启棣：总局提出要逐年提升平台超高清内容占比，到 2026 年实现年新增节目中超高清节目占比超过 50%，并加快推动首页首屏新增内容，尤其是电视剧的全面超高清化。我们对网络视听平台的超高清化充满期待，同时也深知这个任务是非常艰巨的。在前期工作中，网络视听平台已经取得了一些阶段性成果。首先请爱奇艺的余珂先生分享一下，爱奇艺自制剧《我的阿勒泰》播出后受到广泛好评，在超高清技术的加持下，该剧从阿勒泰的高山美景到小人物的生活相辅相成，爱奇艺目前超高清节目制作情况如何？

余珂：目前，爱奇艺新增内容中超高清占比达到 25%。在总局的统一规划下，计划 2025 年将这一比例提升至 55%，到 2026 年实现超高清内容在新增内容中的占比达到 65%。

金启棣：围绕总局设定的超高清目标，爱奇艺的具体进度安排是怎样的？何时能够实现首页首屏新增电视剧的超高清化和全面超高清化？

余珂：关于首页首屏，目前新增的电视剧已经实现了 100% 超高清化。具体到各频道，除儿童、动漫频道外，电视剧、电影、综艺、纪录片等频道的内容也基本实现了 100% 超高清化。计划到 2025 年，实现全面的首页首屏超高清化。为了实现这些目标，我们计划采取以下措施。

在制作端，我们制定了超高清制作规范，并不断扩大其应用范围。对自制内容，基本都会要求采用超高清标准；对采购的内容，基本都会要求内容提供方采用超高清规范。同时，我们还将通过"AI+手工"的方式，不断扩大存量内容的重制范围。

在播放端，我们构建了帧绮映画 MAX 技术品牌，它包含了超高清的各种优质技术，如 HDR Vivid、Audio Vivid、双 Vivid 以及高帧率的、三维声等。我们将与手机、电视等厂商合作，促进整个生态的发展，并通过设备认证确保端到端的优质体验。通过与相关产业的合作，不断扩大超高清内容的播放占比。

金启棣：谢谢余珂先生的精彩发言。2024 年优酷长视频产生了多部爆款，其中不乏《墨雨云间》《边水往事》这样的黑马作品。想请江文斐先生谈谈优酷在推动超高清内容方面的具体措施和目标，以及在节目制作、引进、修复等方面的规划。

江文斐：我们认为，满足 4K、60 帧、HDR 等技术规格并不等于真正的超高清，真正的超高清应该是用户能够明显感受到观剧体验的改善。为了验证用户的认可，我们将用户的付费意愿作为一个简单直接的标准。从 2023 年开始，优酷率先尝试超高清内容的商业化。在技术层面对片源进行了严格的筛选和把控，在终端设备上也进行了真机实测认证。采用高达几十兆带宽的大码率传输，确保用户能够获得真正的超高清体验。事实证明，只要服务保持在高水平，用户的付费意愿是很强的。过去两年里，每月为超高清付费的用户数量都在增长，这给了我们信心。关于节目的制作、引进和修复，我们会采取多种手段。关键在于超高清片库的入库标准，无论内容来源如何，只要达到了超高清的标准就能入库。

金启棣： 此外，请江总介绍一下优酷在超高清内容出海方面有哪些成绩？

江文斐：《边水往事》已在马来西亚的电视台播出，计划2024年年底登陆Netflix。《风起东方》2023年也在阿拉伯地区的22个国家以阿语版播出。代表中国文化的内容在全球的曝光会越来越多，这是我们观察到的趋势。

金启棣： 感谢江文斐先生的精彩发言，听到我们在内容出海方面取得的成绩，令人振奋。接下来，我们请腾讯视频朱子荣先生分享。腾讯视频在借助人工智能、云直播等新一代技术发展超高清内容创作方面取得很大进展，从生产编码终端、品控认证技术环节、上下游推进突破攻关、打造巩固臻彩视听超高清品牌，到广泛运用AI超分、AI超帧、AI调色等技术修复超过100部港片，100部经典连续剧、电影和动画片，获得用户非常好的反响。请朱总介绍一下腾讯视频现有的超高清内容和下一步发展，以及何时实现首页首屏新增电视剧的超高清化和首页首屏全面超高清化？

朱子荣： 目前腾讯视频通过制作、引进，以及AI的应用，已经积累了20万小时左右的4K内容，并将持续在这条道路上探索。

下一阶段重点有三个方面。第一，在总局超高清行动计划领导下，预计2025年我们的超高清制作比例达到50%，2026年达到65%左右。第二，我们将确保超高清内容端到端的整体播放体验，我们将关注内容输入的质量、转码过程中的质量、数据的质量以及播放的质量，最终汇聚成用户对品牌的认可。第三，我们将继续支持并制作更多的双Vivid内容。关于首屏的超高清内容覆盖，预计在2026年上半年实现电视剧内容的超高清全覆盖。全品类的内容，如引入的内容、版权采购的内容。这需要全行业的版权采买共同努力，希望未来在这方面取得突破。

金启棣： 腾讯视频作为互联网平台在超高清技术、内容及业务的引领者，在利用超高清深化用户体验，赋能内容艺术性、观赏性和吸引力方面进行了哪些探索和尝试？在打造超高清品牌方面有哪些经验和积累？

朱子荣： 腾讯视频一直以"科技+艺术"双轮驱动引领精品内容制作。我们相信，新技术的应用可以帮助艺术作品传播得更加深远。腾讯视频在超高清技术方面一直是积极的实践者，比如很早就引入 IMAX Enhanced、杜比以及双 Vivid。在双 Vivid 方面，2024 年开始制作 Audio Vivid 的内容，大概 20 部；在 HDR Vivid 方面，已经积累了约 1000 部作品，未来计划将所有内容都升级为 HDR Vivid。

在超高清品牌建设方面，我们始终围绕双 Vivid、杜比等超高清技术打造品牌，并推出了"臻彩"和"臻悦"两个视频和音频品牌。超高清的呈现效果很大程度上依赖于用户设备。因此，我们与汽车厂商、电视机厂商、手机厂商建立了广泛合作，通过他们的设备去呈现我们的内容。我们的目标是更扎实地做好产品技术，提供更多好的内容。

金启棣： 感谢朱子荣先生的精彩发言。接下来，我们请芒果 TV 的卢海波先生谈谈 AIGC 对文化内容策划、制作、宣传等多个维度的影响。芒果 TV 推出了首个 AI 导演"爱芒"，请卢总介绍一下"爱芒"等 AI 技术如何助力芒果 TV 的超高清创作？

卢海波： 在超高清内容制作方面，我们自研的超高清云直播平台已经投入应用。这个云直播平台支持国产双 Vivid 标准，将超高清的直播成本降低至高清的 1.3 倍，产能增加了 3 倍。同时，我们利用超高清感知算法技术，大幅降低了带宽成本。对非超高清的存量内容，我们也有比较成熟的算法技术积累，目前正在大量应用，例如将《我是歌手》等以往的节目转化为超高清。为了响应超高清行动计划，我们今年也临时大幅增加了转化算力的采购，目前正在进行内容转化工作。我们通过这两个手段响应总局的号召，制作一批、修复一批、引进一批，确保完成超高清的内容投放任务。

金启棣： 在利用超高清技术深化体验、赋能艺术性、观赏性、吸引力方面芒果 TV 做了哪些尝试？在超高清内容出海方面取得了哪些成绩？

卢海波： 芒果 TV 是较早加入世界超高清联盟的企业，解决了很多从端到端的卡点、断点技术问题。我们利用 HDR Vivid 技术制作了很多新综艺和电视剧，如最近播出的电视剧《日光之城》，展现了西藏的唯美风景。此外，在 Audio Vivid 三维声方面，我们也进行了研发积累，并计划 2024 年正式应用于新的音综，特别是在车载音响系统中的应用，声音效果是非常好的。

关于出海方面，2024 年我们全新升级了芒果 TV 海外版，并在 10 月增加了支持超高清内容投放的能力，预计可以支撑第一批小几千个小时的超高清内容。同时，与越南合作制作了新的节目，如《披荆斩棘的哥哥》（越南版）、《妈妈是超人》（越南版），均采取超高清技术制作。

金启棣： 感谢卢海波先生的精彩发言。下面请许飞女士介绍一下咪咕目前超高清内容资源拥有状况，在保证超高清节目技术质量，打造超高清品牌方面有哪些经验和积累，以及何时实现首页首屏超高清化。

许飞： 咪咕目前全平台有超过6万小时的超高清视频内容。作为中国移动的全资子公司，咪咕依托移动"5G+"算力能力，着力"文化+科技+融合创新"，努力为广大用户提供数实融合、沉浸体验的新质内容。我们积极融入国家科创体系，承载有关大视频子链和元宇宙子链"链长"单位职责；聚焦大视频超高清，利用5G、AI和XR等新技术为用户提供更多智能交互的数字内容。按照广电总局部署，平台加大超高清视频供给力度，2024年新增的视频内容中超过五分之一为超高清，预计2026年达到50%及以上，同时也在有序推动首页首屏超高清化进程。作为国内体育第一内容平台，咪咕在体育转播方面的超高清化节奏会更快，2024年预计实现40%的体育赛事直播超高清化，2025年有望超过60%。

金启棣： 在利用超高清技术艺术赋能，提升节目艺术性、观赏性、吸引力方面，咪咕做了哪些探索和尝试？

许飞： 咪咕积极响应广电总局号召，较早探索布局超高清技术应用，始终促进科技与文化、体育、艺术等的有机融合。例如，2018年世界杯开始超高清直播，2021年与国家话剧院合作建党100周年文艺演出《伟大征程》，通过"5G+8K"的超高清技术实现了即时摄影、瞬时导播和实时呈现现场的高品质艺术享受。

目前在技术赋能艺术上主要体现在两个方面：一方面是存量老片子的修补，如利用AI技术修复《女篮5号》等经典影片；另一方面是超高清内容的全新制作，从分辨率、帧率、色域等方面进行视频内容超高清化提升。在视频服务领域，我们始终关注用户体验，以"三个是否"为标准提供超高清的内容服务，即是否能提供更高清的视觉，是否能减少卡顿，是否能提供更好的音视频融合体验。

近期，咪咕也在积极尝试大小屏内容的融合，我们的短剧制作已经开始超高清化。在广电总局2024年的国庆档精品短剧推荐中，最近上榜的咪咕短剧《大力村超人》采用了6K技术进行影视拍摄。

总的来说，我们希望能够为用户提供更多超一流的高品质数字内容，通过不断的探索和创新，向海内外用户传达中国审美、讲好中国故事。

金启棣： 感谢台上各位嘉宾的精彩发言。在推进超高清发展过程中，国家广电总局坚持统筹广播电视、网络视听、传统媒体和新兴媒体、电视大屏和手机小屏，强化内容生产、内容播出、网络传输、终端接收等全链条系统布局，各环节重点突出和体系化生产建设。在政策支持和科技创新推动下，我国超高清视听产业正在加速发展，驶入了快车道，我们期待网络视听平台为观众带来更多超高清精品力作，也盼望中国网络视听平台积极出海，打造一张中国网络视听超高清的最闪亮的金色名片。

影视文旅论坛
以文塑旅 以旅彰文：影视文旅深度融合的场景与机遇

时 间	10月13日 14:00—16:30
场 地	郎园 Station 仓酷
指导单位	国家广播电视总局、北京市人民政府
主办单位	国家广播电视总局电视剧司、发展研究中心，北京市广播电视局
承办单位	《综艺报》社、首都视听产业协会

领导致辞

朱咏雷

国家广播电视总局党组成员、副局长

很高兴在金秋十月与大家相聚在首都北京，共同参加首届中国广播电视精品创作大会影视文旅论坛。首先，我谨代表国家广播电视总局，向与会的各位嘉宾和影视行业、文旅行业的各位同仁表示热烈的欢迎！

本次论坛主题是以习近平文化思想为指导，推动影视文旅深度融合、探索共同发展的新机遇。习近平总书记指出："文化产业和旅游产业密不可分，要坚持以文塑旅、以旅彰文，推动文化和旅游融合发展，让人们在领略自然之美中感悟文化之美、陶冶心灵之美。"广播电视和文化旅游工作者应当充分认识到，这是我们共同承担的重要文化使命。

近年来，影视作品与文旅行业"双向奔赴"，从自发到自觉的意识不断增强，"一部剧带火一座城"现象接续上演。《山海情》《我的阿勒泰》《去有风的地方》《繁花》《玫瑰的故事》《长安十二时辰》《日光之城》《大海道》等一大批精品剧集，不仅为观众奉献了精神和视觉盛宴，还为助推当地文旅产业和社会经济发展作出了重要贡献。今年以来，广电总局与文化和旅游部加强联动协作，开展了系列富有成效的工作，如联合举办"锦绣荧屏　精彩视听——电视陪你看中国"主题活动，推介文旅主题优秀节目、推介文旅资源；再如发布"跟着微短剧去旅行"创作计划，吸引更多网民前往旅游打卡；尤其值得一提的是，广电总局与文化和旅游部有关部门，共同策划指导《我的阿勒泰》"读一本好书、追一部好剧、去一个好地方"影视+文旅活动，让今年暑期阿勒泰地区乃至全新疆旅游成为热门，大美新疆成为今年最令人瞩目的旅游"打卡地""网红地"。总体来看，文旅融合模式在促进文化传承与创新、带动区域经济转型升级方面的作用日益凸显。

新时代新征程，新机遇新挑战。广大从业者要以习近平新时代中国特色社会主义思想为指导，完整准确全面贯彻新发展理念，坚持守正创新、融合发展，踔厉奋发、开拓进取，进一步深化交流合作，充分发挥"1+1＞2"的积极效应。

我们要关注时代，凝聚共识，描绘新征程上的伟大画卷。新时代的中华大地风光无限，是影视创作的富矿。希望大家为时代立传、为时代放歌，用充满魅力的故事和画面，吸引广大观众走入祖国大好河山，真切感受新时代伟大成就，为建设好中华民族共有精神家园贡献力量。

我们要心怀人民，贴近生活，讲述平凡人生的动人故事。《山海情》《人世间》《繁花》《漫长的季节》等表现普通百姓生活的电视剧佳作，不靠奇绝美景，也能吸引观众远赴取景地，去体味一番人间烟火。剧中的鲜活人物和生动故事，体现了日常生活美感和平凡生命美学，让拍摄地有了活的灵魂，成为持久助力文旅发展的核心支点。

我们要秉承美美与共、互相成就的合作理念，全面实现影视文旅的交融共通。广电和文旅部门要为艺术家"下生活"采风和进行创作提供更加便利的条件，启发灵感、获取滋养，写出更加真实、立体、有温度的故事，为观众提供沉浸其中的情感联结。要不断创新，实现以剧造景，打造文旅新引擎，在更广阔的文化空间中，满足人民精神文化新期盼和新需求。还要认真探索影视文旅深度融合的锚点，寻找产业新的突破点和增长点。

同志们、朋友们！

影视和文旅深度融合大有可为，任务艰巨而光荣！让我们承担起时代赋予我们的庄严使命，以这次论坛为契机，为服务文化强国战略、实现中华民族的伟大复兴作出积极贡献！预祝论坛圆满成功！

司马红

北京市副市长

习近平总书记指出,要坚持以文塑旅、以旅彰文,推动文化和旅游融合发展。文化是旅游的灵魂,旅游是文化的载体,影视是链接的桥梁和纽带。近年来,一座城孕育一部剧、一部剧带火一座城的实践蔚为大观,跟着影视去旅行成为新风尚。中国旅游研究院的数据显示,24.5%的游客会因观看影视综艺作品而对新的目的地或景点动心,影视文旅双向奔赴机遇广阔,动能强劲。

近年来,一大批"北京大视听"文艺精品在推动文旅融合、促进文化消费、提升城市形象等方面发挥了积极作用。电视剧《玫瑰的故事》在鼓楼、后海等北京260个点位取景拍摄,台词"北京到底有谁在啊"全网传播,点燃打卡热潮;网络剧《我的阿勒泰》热播出圈,激活观众对大美北疆的向往之情,带动同名图书和文创产品热销;"短剧游北京"活动征集项目72部,《我的归途有风》等10部京产作品入选国家广电总局"跟着微短剧去旅行"创作计划推荐片单。

北京作为全国文化中心,将深入贯彻习近平文化思想,全面落实党的二十届三中全会关于健全文化和旅游深度融合发展体制机制的部署要求,努力把历史文化资源、旅游资源和影视资源更好转化为高质量发展优势。

一是将着力培育好作品。 深入实施《关于推进新时代首都影视产业高质量发展的若干措施》,更好发挥"北京大视听"精品创作工作机制的引领带动作用,抓好影视文旅融合题材作品的创作生产,把人物、故事与场景有机结合,将文化底蕴、城市风采有机融入影视表达,使观众更直观、更深层感受北京的文脉悠悠、古都新韵。

二是将着力拓展新场景。 超高清、生成式人工智能、虚拟拍摄等新技术加快应用,艺术与技术的交融互促为影视文旅融合开辟了崭新天地,创造了梦想空间。北京将抓住全国率先开展超高清全产业链优化升级贯通试点机遇,围绕知名影视IP,以景区、文博场馆、休闲街区等多元场景为载体,运用全息影像、增强现实等软硬件技术,打造沉浸式旅游新场景,更好满足人民群众高品质文化需求。

三是将着力推动大融合。 积极推进文化领域供给侧结构性改革，整合影视和旅游资源，深化网络视听平台、影视制作机构与各地区和旅游企业的对接合作，打造主题旅游新产品、新品牌，使游客从赏景人成为景中人，推动旅游体验向多维互动升级，打造城市更新的示范田和首都文化建设的新亮点。

北京文旅资源丰富多样，历史与现代交相辉映，传统与创新相得益彰，影视文旅融合具备得天独厚的条件，市场前景广阔。我们将始终坚持首善标准，不断增强"大视听＋大文旅"动能，强化政策集成、服务保障，培养跨界创新人才，汇集发展合力，更好担负起新的文化使命、开创文化建设新局面。真诚期待各位嘉宾在这场盛会上分享真知灼见，热忱期待重点机构、优质项目、创新人才来京发展、共创未来。

主题演讲

光影为媒　奔赴山海

王兆楠
爱奇艺公司
副总裁兼总编辑

近几年，中国经济发展正处在新旧动能持续转换、经济转型升级的关键时期。影视行业提倡降本增效、提质减量，对创作投入更加慎重，各地政府为推动文旅产业发展也在不断寻求新的经济增长点。在这样的大背景下，影视跟文旅的深度联动，及其取得的经济和社会效益，让我们在上下求索中看到了破题的新方向。

一、城市是书写在中国广袤大地上的 IP，"种草"城市最好的方式就是影视

无 IP 不文娱，挖掘 IP、生产 IP、开发 IP 是文娱产业的核心。这几年城市的 IP 价值逐渐进入创作者的视野，作为地域文化的集中承载地，每一座城市都有独特的文化底蕴、自然风光，也都有一群鲜活的人们在过着热气腾腾、有滋有味的生活。形形色色的城市里有人间烟火，有故事悠长，是文艺创作值得深挖的一座座富矿。这几年，"网红"城市接连涌现，重庆、成都、开封、柳州、淄博、天水等，你方唱罢我登场。但"网红"城市也面临着共同的问题——流量很难常驻，在短暂的火爆之后，怎么能让人和城产生长久的情感联结，这是需要我们去破解的课题。

意大利著名作家伊塔罗·卡尔维诺曾经在《看不见的城市》中写道："对于一座城市，你所喜欢的不在于七个或是七十个奇景，而是在于它对你提出的问题所给予的答复。"影视创作要"种草"城市，核心和难点在于，如何借助城市这一有形的载体传递无形的生活理念、价值观点，让观众从中找到问题的答案、生活的勇气。《人世间》带

火了吉林长春，是因为我们通过周家三兄妹看到了无数个普通家庭几十年生活的变迁；《狂飙》带动了广东江门，是因为我们看到了时代洪流下普通人命运的不可知和种种偶然；《我的阿勒泰》让阿勒泰火爆出圈，是因为它用自然、豁达，放松治愈了城市青年的精神内耗。

影视"种草"城市，根本上是因为它能满足人们在生理本能和物质本能之外追求价值感、意义感的精神本能。

二、近年来影视内容题材的丰富包容、场景消费和体验经济的崛起，为影视文旅联动带来了新的契机

近年来，爱奇艺围绕"一部剧带火一座城"进行了影视文旅联动的丰富实践。从2021年围绕古都洛阳推出剧集《风起洛阳》，进入"一鱼十二吃"的商业模式探索，到2024年在广电总局电视剧司、文化和旅游部产业司指导下，推出《我的阿勒泰》文旅合作新生态。4年来，爱奇艺相继与20余个省、自治区、直辖市合作打造影视文旅IP，共同拓宽IP生态的长度、深度和广度。

影视文旅的双向奔赴和深度联动之所以开局良好、初见成效，主要得益于两个因素：一是影视作品对人精神本能的满足，对城市形象塑造具有不可替代的作用，特别是近年来，现实题材创作持续火热，主题不断深化，让作品里的城市与现实中的大众产生了更多的情绪共鸣和情感联结；二是场景消费的崛起，让影视文旅联动的商业化、产业化成为可能。过去消费注重的是实用性、性价比，场景消费注重的是个性化、智能化，追求的是包含内容和体验在内的新的生活方式。2024年6月，国家发展改革委等五部委联合印发《关于打造消费新场景 培育消费新增长点的措施》。从政策层面鼓励和培育场景消费，也是为了充分释放这一新的消费模式对于经济增长的拉动作用。

在打造消费新场景方面，爱奇艺基于影视IP进行了一系列探索。2023年，奇巴布乐园落地北京延庆，《风起洛阳》VR全感剧场落地上海、洛阳等地。2024年首个爱奇艺周边主题体验店"奇小贝"落地上海杨浦，《苍兰诀》VR全感剧场、《唐朝诡事录之西行》国潮沉浸剧场落地澳门、深圳、北京等城市。多样态的场景满足了观众日益个性化的消费需求，也释放了IP的商业价值，让影视和文旅联动形成了互促互进的正向循环。

三、实现影视文旅联动的可持续发展，关键在于IP的多元化开发，持续放大IP价值，延长IP的生命周期

影视文旅联动方兴未艾，如何将散点状的成功个例总结提升为值得推广的成熟模式，仍有很长的路要走。未来影视文旅联动可持续发展的关键在于IP的多元化开发。从爱奇艺目前的实践来看，有两种模式可供参考。

第一种是《我的阿勒泰》模式。通过作品挖掘、呈现城市的内在气质，以多层次

的互动合作释放 IP 的长尾价值。《我的阿勒泰》剧集中展现的豁达、洒脱、自由的生活观与阿勒泰地区的自然之美、当地牧民的人性之美交织，为观众营造了一个现实的"乌托邦"。在剧集播出前，我们提出了"读一本好书，追一部好剧，去一个好地方"的文旅联动口号。在剧集播出后，我们与新疆文旅厅、阿勒泰地区文体广旅局共创文化符号、共设旅游专线、共建会员机制、共办文化活动，不断强化观众对 IP 的认同，放大 IP 价值，延长 IP 的生命周期。阿勒泰地区，特别是拍摄取景地哈巴河县的旅游人数和旅游收入也因此实现了乘数级的增长。

第二种是《唐朝诡事录》《苍兰诀》模式。通过"影视 IP+先进科技"的方式打造数字文旅的新业态，推动地方旅游资源的迭代焕新。目前爱奇艺的 VR 全感剧场已经在全国 10 余个主要城市落地，取得了良好的市场表现和观众口碑，成为 2024 年暑期文旅消费的新热点。

优质的头部内容不仅在热播期是成功的，而且具有持久的长尾效应。随着国内线下商业和文旅消费用户的行为变化，优质内容 IP 对场景的赋能作用日渐凸显，这一点在传统的游乐场与迪士尼、环球影城的经营现状中可见一斑。继续推进内容的 IP 多形式开发，放大 IP 价值，推动影视文旅深度融合的重要路径，也是爱奇艺长期持续的重要工作。

面向未来，我们相信影视文旅的深度联动将会给行业带来许多意想不到的惊喜。爱奇艺将继续以创作为本，用优质内容描摹世道人心；也将以文旅为用，借助多元场景构建美好生活，让影视作品为助力文化繁荣、助推经济发展发挥更大的价值！

在影像中重建"地方感"：诗和远方的互文与转译

张 铮

清华大学新闻与传播学院副院长、
清华大学文化创意发展研究院副院长

在众多传播策略和传播手段中，影视是最为重要的文旅推介方式。相比其他传播内容和载体，长剧集、大制作的作品带来的深度沉浸感，是其他短平快、碎片化传播的内容和载体不能具备的。从这个角度看，我们是在影像之中重建"地方感"。今天与各位分享一些基本想法：诗和远方是如何在影视和文旅的深度融合中实现了互文与转译，这种地方感是如何建立的。

一、文旅产业中的"无地方性的危机"

近年来，文旅产业中出现了"无地方性的危机"。这一观点源于学者提及的"消失的附近"现象。人类学家项飙指出，人们往往热衷于讨论天下大事，却对近在咫尺的事物视而不见，甚至漠不关心。在旅游领域也有这个现象。我们越来越被打卡和"网红"照片吸引，而远方的目的地也不再像过去那样遥不可及。这主要得益于近10年我国交通建设取得的显著进步，尤其是高铁和大量的二、三线城市机场的建设，使出行变得极为便捷。例如，从北京出发，仅需约4小时的高铁即可抵达中国大部分地区，远方已变得触手可及。

此外，人们的旅游方式也在发生变化。如今人们更多地带有目的性去旅游，如休闲度假、亲子游、爬山、下海等，而不再仅仅是为了"到某一个地方去"。

当今社会，人们的生活方式从"住房子"到"找乐子"，从注重场景到追求氛围，扁平的"网红"并不能够满足人们的立体需求，需要更加多元化的旅游产品和服务。在这个过程中，文旅沉浸也成为大家共有的追求。比如IP，当提及这样的内容符号时，游客在旅游过程中更希望获得有深度的人文体验，感受独特的魅力。这要求我们重建对地方的感受。

二、影视作品与现实生活的"互文"与"转译"

从认知层面看，人们在游览或者欣赏文学艺术作品的过程中，追求的是一种持续的、不间断的、深度的心理体验。只有通过这种方式，才能让内心的丰盈感和满足感达到高峰。此时，影视作品的故事感可以让人们深度共情人物的命运，影视作品的生活感又可以让人们置于某一个时间和空间的年代氛围。因此从认知上，影视作品让这些文旅消费者发现另外一种生活，这种生活有时是通过影视作品直接呈现的，但目的并非仅仅展示那些经过镜头滤镜美化的画面。相反，我们希望通过这层滤镜，深入挖掘并展现地方的真实风貌，呈现当地人的日常生活，以及了解该地具体的历史变迁和社会现实。这便是影视带领我们发现的另外一种生活。

从情感层面看，影视和文旅之间的深度融合带有其他媒体内容和载体无法替代的重要优势，它可以将我们深度代入角色命运之中，即通过与影视人物产生深度共鸣和自我投射，完成若干不同维度上的个体与人物之间的联结，这种联结与人物背后的生活、成长经历、喜怒哀乐形成深度共情，进一步与人物在剧集中有关的地点、场所、空间和氛围产生情感共鸣。这种角色命运的代入是其他短视频化的内容无法取代的。在这一过程中，我们观察到影视剧集的"粉丝"、爱好者以及同人共创的创作者，他们以一种近乎朝圣式的心态去旅游，并在旅游过程中完成对剧集的二度创作，塑造出专属于自己对影视作品的解读和体验，这种仪式的塑造甚至已经脱离了原始影视剧文本。同时，浪漫元素可以被商品化，而商品也可以被赋予浪漫色彩，文艺作品赋予文旅商品的滤镜，为文旅目的地、产品和服务带来不一样的附加价值。

从行动层面看，文旅消费者可以"走入"消费的场景之中，将目的地旅游和目的性旅游进行深度融合。既可以上山，也可以下海，更可以完成某个带有非常强烈目的

电视剧《繁花》中的城市景象

的旅游行为，这种方式可以将一个具体的旅游目的地和一个具体的旅游产品结合在一起。因此，这种走入具体消费场景的方式，也是文旅和影视结合非常典型的手段。随着《繁花》等影视作品的热播，我们跟随其步伐在上海 City Walk，同时也有许多"80后""90后"因喜爱动漫作品而展开海外游。当前，China Travel 成为热点，众多海外游客深受中国文化艺术精品的吸引，纷纷前来中国旅游。

在行动层面，文旅活动已不再局限于对原影视剧集场景、情节和桥段的简单复制。相反，我们见证了大量的具有强烈的二次创造意味的创新，影视作品提供的 IP 在这一过程中完成了衍生和转化。例如山东某景区推出的"跟着团长打县城"旅游项目，就深受年轻游客的追捧。这种项目不仅能为游客带来深度的角色沉浸体验，而且将影视作品与文旅活动进行了深度的结合。

三、挑战与对策

影视作品带来的时效性非常显著，能在一定时间内吸引大量观众。然而，同质化问题也日益凸显，导致一些拍摄地的旅游景观和旅游产品重复出现。建议从以下几个角度做工作。

一是融内容。 将鲜明的地方风物挖掘出来，融入影视作品之中。同时，通过影视作品推动地方的文旅产品进一步优化。

二是扎根基。 要从民生三感上做文章，让当地居民和游客同时产生获得感、幸福感和安全感，这也是我们推动文化旅游工作的出发点和落脚点。

三是优服务。 影视和文旅进行结合，最终经由文旅转化为线下的消费行为，在线下消费和体验过程中，目的地服务水准非常重要。因此，需要更多旅游目的地强化实力、强化创意，用"绣花功夫"进一步提升本地文旅产业服务能力，让文旅产业回归服务本质。同时，也需要更多地方的文化领域工作者，进一步健全地方数字化文化旅游产品体系，提升文旅在增强地方依恋感上的能效，让更多地方文化要素能够有条件、有能力融入文旅产品，融入影视精品之中。

最后祝愿影视和文旅之间的互动能够更加密切，也期待着跟各位携手，我们一起作出应有的贡献！

影视与旅游的双向奔赴

葛 磊

中国旅游协会副秘书长，
南开大学幸福与创造实验室高级研究员

"没有旅游的时代，只有时代的旅游。"每个时期旅游的发展都与时代的需求、时代的崛起有关系。2024年5月17日，全国旅游发展大会召开。习近平总书记提出了旅游强国的建设目标，同时也提出了旅游业的五大发展使命：服务美好生活，促进经济发展，构建精神家园，展示中国形象，增进文明互鉴。这给旅游业提出了"大旅游"的发展要求，要求旅游业从传统的只关注景区、酒店、旅行社等，提升到如何提高人们的幸福感，如何拉动第三产业的综合发展，如何促进文旅融合、激活传统文化，如何创造全世界范围内更好的中国形象和中国品牌。融合发展是旅游业的时代需求，旅游业正在与教育、体育、商业、农业、影视等多行业开启深度融合的发展路径。

2024年国庆，我国旅游收入、游客数量均超过了2019年，在旅游业经历了历史上最严重的冲击后，在不到两年的时间内恢复元气，展现了旅游业的韧性。旅游消费在整个国庆达到7000亿元人民币以上，2024年全年有望突破6万亿元人民币。这为旅游和多产业融合提供了充分的市场基础，每个融合诞生的都可能是百亿级、千亿级甚至是万亿级的市场规模。

一、用旅游的场景拍电视

第一个案例是关于乌镇。在江南众多古镇中，乌镇面临着激烈的竞争环境，它如何出圈？第一次出圈是在2003年，电视剧《似水年华》让乌镇从一个寂寂无闻的江南水镇成为顶流,首次吸引了全国众多观众的目光。这部影视剧的主演刘若英长期担任乌镇的形象代言人,她的气质跟乌镇的气质高度契合,刘若英的"粉丝"和喜欢乌镇的游客彼此间产生了强烈的移情和共情,相互赋能。这部剧的另外一个主演和导演黄磊也长期与乌镇保持联系,为乌镇带来了一个IP——"乌镇戏剧节",还邀请了孟京辉、赖声川,共同与乌镇打造出目前中国最具国际影响力的戏剧节,为乌镇带来了新的文化赋能。

从旅游目的地的角度来看,我们不仅希望与影视剧有一时的交集,更渴望找到那些能够同频共振、长期合作的影视剧作品。只有这样,双方才能建立更加长远、深刻且持久的赋能关系。"来过便不曾离开。"这是乌镇在《似水年华》拍摄后留下的推广语,希望每个到这里的人永远与乌镇都有情感的羁绊,都有彼此的思念。

第二个案例是关于阿勒泰。在走遍阿勒泰的山山水水后,我深感这是一个极其美丽的地方。尽管多数人选择在夏天前往阿勒泰,欣赏哈纳斯湖和可可托海的美景,但我却有幸在秋天造访,实属幸运。我深信一句话:"人生不在于呼吸了多少次,而在于你有多少个无法呼吸的瞬间。"在阿勒泰的四季里,一定能找到那些让人屏住呼吸的瞬间。

阿勒泰的冬天被称为"中国雪都"和"人类滑雪起源地",这里是人类最早学会滑雪的地方,也是中国雪量最大的地方。近年来,阿勒泰的滑雪项目逐渐发展成了世界级产品,阿勒泰山脉的粉雪雪质和高山滑雪条件堪比阿尔卑斯和落基山脉,吸引了众多明星和滑雪爱好者。

阿勒泰的走红并非仅凭一部电视剧,而是其得天独厚的自然风光孕育了李娟的文学作品,而这些作品又进一步催生了电视剧《我的阿勒泰》。在当年为阿勒泰做规划时,我们提炼了一个关键词叫"纯净"。这片土地上有纯净的山水、纯净的空气、纯净的文化、纯净的人心,只有在这样纯净的环境中,才能滋养出来像李娟那样自然流畅的文字,才能滋养出《我的阿勒泰》那样拥有疗愈心灵、缓解迷茫焦虑能力的影视作品。因此,希望更多的编剧不要局限于室内创作剧本,而是深入中国的山山水水,每一个地方、每一个秘境、每一个小城、每一个乡村都有独一无二的故事和气质,能够帮助创作出更好的剧情。

二、用影视的思维做旅游

几年前,我曾赴河北协助提升正定的旅游业,到达后才了解到,中国首个影视基地——正定荣国府,早在1984年便开始建设,并于1986年竣工开业。习近平总书记在正定工作,曾将《红楼梦》剧组邀请到正定,提出在这里打造一个影视城,并明确要求影视城的建设不能是"纸糊"的场景,而必须使用真材实料,确保其成为百年经典。随着《红楼梦》的播出,这座影视城迅速成为热门旅游景点,仅用一年时间便收回了全部建设投资。这无疑是中国早期影视与旅游融合的成功案例之一，更是通过影视思维打造的旅游爆点。

在访问中国最大的影视城——横店时，我原以为只是参观一个影视拍摄基地，却发现这里已经远远超越了传统影视基地的范畴。不同风格的影视场景、丰富的娱乐内容、众多影视剧的场景重现，使得横店已经转变为一个以影视文化为核心的主题公园。近年来，又出现了一种新的趋势，即将热门影视IP打造成沉浸式的旅游空间。例如，河南目前最热门的景区——开封大宋武侠城，就利用了《水浒传》的IP。它与西安的"长安十二时辰"有相似之处，一是拥有一个极具影响力的影视IP，二是精心构建了影视中的场景，三是通过非常沉浸化的现场表演，为游客带来强烈的沉浸感。

最近还出现了一个新现象，即并非完全依赖某个特定IP，而是运用影视思维来推动旅游业发展。比如江西目前最热门的景区之一望仙谷，它通过在悬崖上建造特色民宿，让山谷的夜晚变得流光溢彩，从而吸引了大量游客。这其实是得益于近年来仙侠剧的火爆，让喜欢仙侠文化的人产生了强烈的共鸣。再如山东临沂的红嫂村影视基地，原本只是有几个小演出，现在却让游客参与到表演中，跟着"县长"去打县城等。这些活动并不局限于某个特定影视剧情，而是开始运用影视思维来打造旅游体验。

我总结认为，早期的中国旅游是摄影师的思维，注重拍摄出好照片，如张家界、雪乡、九寨沟等，都是通过拍出好照片来构建景区，这是静态的。后来，旅游业进入了舞台剧思维阶段，如印象系列、宋城演艺等，通过舞台表演让游客听故事。如今的中国旅游正在全面进入影视思维时代，旨在让游客入戏而不出戏，让他们在场景和环境中自己发生故事，成为故事的主角。影视和旅游的最大共性是"造梦"。因为人生短暂，人们希望在有限的生命中体验不同的人生和故事，并渴望成为主角。因此，旅游人和影视人共同为游客和观众造梦。

我们也非常感谢短视频，目前短视频是旅游的第一流量入口。但短视频带来的"网红"效应转瞬即逝，推动了同质化旅游产品的形成。因此，希望每个旅游目的地都能迎来一部好的电视剧，这部电视剧不仅能娱乐观众和游客，更能滋养人的心灵。

最后，我发出邀请：旅游行业足够广大，希望导演、编剧甚至舞美，不仅在旅游目的地拍电视，还能够转换角色加入旅游业，创造更加美好的中国旅游。

影视 IP 再造沉浸式新场景
提升旅游新体验

王 东
中国旅游景区协会
沉浸式文旅专业委员会专家组长

在数字科技和人工智能迅猛发展的时代，如何利用这些先进生产力促进文旅融合，是我们面临的重要课题。

首先，我们需要深刻思考现象级影视 IP 对旅游流量的影响。这种火爆现象是被动还是主动形成的？观众变为游客后，他们的需求发生了哪些变化？为了回答这个问题，我们必须深入理解当下时代用户的需求变化，以及内容消费与体验消费的不同之处。

其次，文化可以通过创意转化为 IP 内容，也可以通过产业创造转化为体验业态。因此，需要从内容 IP 和文旅 IP 两个角度去探寻背后的产业机会。具体来说，不仅要考虑影视 IP 如何创造文旅价值，还要思考如何通过互联网、短视频等数字化手段塑造和传播 IP，进而形成大众共识。

在数字科技的应用方面，除了传播功能，我们还应探索更深度的应用，如数字化交互体验形成的沉浸式场景。这种沉浸式业态包括视听沉浸式，如光影秀、裸眼 3D，项目沉浸式如 VR 大空间，以及业态沉浸式。如何将这些 IP 贯穿始终，放大其价值，形成新的业态沉浸式，是文旅融合的重要方向。要实现这一目标，需要从以下几方面入手：一是文旅产业需要 IP 化的提升或顶层设计来注入、赋能；二是影视 IP 需要有更大的价值空间释放需求；三是文旅融合需要注入新质生产力。要"上接天，下接地，中间注入新质生产力"。核心就是在文旅融合过程中，需要顶层设计、二次创作、数字赋能，以项目为单位在地方落地，将城市、景区作为一个整体业态来打造，只有这样的 IP 和体验才完整。

此外，我们还需要关注当前用户需求与文旅产业发展的状况。

一是游客消费目的在变化。游客的消费目的正在从观光向休闲度假、主题游、社交体验游等多元化方向转变。因此，我们必须从以空间构建价值的旅游业态，转向以空间承载精神产品创作的新业态。

二是科技带来的体验。通过元宇宙、AI、人工智能等技术赋能，我们可以让电影人物走出二维平面，与游客进行互动体验。

三是业态融合创新。数字技术与 IP 的结合构成了新型的生产力，这种技术与各种业态的深度融合，既需要深入挖掘文化价值，也离不开数字科技的强大支持。元宇宙的兴起，其影响力远不止于文旅领域，它正在引领我们迈向一种全新的社会形态和生活方式。回顾过去，传播内容已从二维平面进化至三维立体，从传统的广播电视发展到如今的全息高维形态。与此同时，人们的需求也从物质层面逐渐转向精神层面，通过意识的内容化催生出新的业态，这一转变蕴含着巨大的价值，也是未来可见的发展趋势。

当前体验价值与空间价值融合的理论和实践中，有意识和真实空间的融合、数字和真实空间的融合、原生创意和数字的融合、原生创意和文化的融合等。未来这四种"人"将共存于我们的空间中：自然人（肉体）、机器人、数字人以及虚拟人。其中，数字人是现实世界的孪生体，而虚拟人则是文化创意的产物，它们都是由人类的创意构建而成的新集成架构，并有望与各种业态紧密结合。

在影视 IP 和文旅发展的阶段和创新思路上，我们可以分为三个阶段：第一阶段是通过内容传播形成流量落地；第二阶段是将内容与空间融合创造沉浸式项目；第三阶段是从内容创作到沉浸式业态的整体打造。在这个过程中，我们需要注重文化资源的挖掘和创新利用，以及数字科技与产业业态的深度融合。

中国有大量的文化资源，这种文化资源需要新的文化创意。一方面体现在内容端，将其变成影视内容；另一方面体现在业态端，需要用新的数字科技手段和新的产业业态设计。在国内能够率先创作，进而引领文化出海，是未来的发展机会。

实现这一目标的关键在于以项目创作为核心，通过由点到面、再到二次创造的方式，推动景区的全面升级，这其中包括对业态的精心打造。在创作过程中，顶层设计至关重要。过去我们之所以难以实现有效的融合，很大程度上是因为缺乏融合的思维。同样，流量之所以难以持久，也是因为从一开始就没有用长远的眼光来规划。如今，我们看到文化和旅游部与广电总局正在加强协同合作，这预示着未来在地方和产业端将形成更为紧密的创作合力。

当前，VR 大空间项目备受瞩目，如国外的 IP《消失的法老》在中国取得了巨大的成功，其创新的 MR 技术与空间深度融合，为观众带来了前所未有的体验。我们目前正在四行仓库打造一个红色文化体验项目，其中日军角色能够由数字人驱动，与观众产生强烈的互动，营造出逼真的战场氛围。这个项目不仅运用了人工智能和算法驱动技术，还提供了极具互动性和体验感的场景。

为了有效推动这一进程，要在新的理念层面和技术层面，特别是数字科技的应用及落地方式上，与地方政府或核心景区建立紧密的合作关系。这是一个需要广泛参与和共同努力的过程。对样板的打造，其重要性不言而喻。样板能够让更多人直观地看到成果，从而激发他们的兴趣和参与意愿。未来，我衷心希望有志于此的各方能够携手合作，在国内率先打造出三个、五个乃至十个具有示范意义的样板项目。这些样板项目将运用最新的数字科技和影视 IP，形成新质生产力，为地方政府赋能，助力地方产业实现高质量发展。

影视文旅论坛 | 02 平行论坛

圆桌对话

以文塑旅 以旅彰文
影视文旅深度融合的场景与机遇

德丽达·那比
- 阿勒泰地区文化体育广播电视和旅游局党组副书记、局长

杨志伟
- 横店影视城董事长

贾尧
- 华策集团副总编辑

梁超
- 《长安十二时辰》总制片人

郑中莉
·《玫瑰的故事》制片人

黄 星
·《繁花》制片人

陈 竞
·北京广播电视台

陈竞： 今天我们有幸邀请到了几位深耕创作一线的创作者，以及文旅部门的代表。首先请德丽达·那比局长进行交流。2024年夏天，一部《我的阿勒泰》让无数观众领略到了阿勒泰的绝美风光，让许多人对这座城市产生了深厚的喜爱，对阿勒泰人民的生活充满了无限向往。为何一部剧能够产生如此巨大的吸引力？您对此有何看法？

德丽达·那比： 之所以这部剧能够产生这样好的影响，原因是它带来了流量，带来了变化，更重要的是真正拍出了属于阿勒泰的精神内核。我作为土生土长的阿勒泰人，在看了这部剧后才发现，那些我们习以为常而忽略的事物，其实是外界所珍视的。《我的阿勒泰》拍出了阿勒泰的山川美景，让观众将熟知的哈纳斯、可可托海与阿勒泰联系起来。阿勒泰不仅有旖旎的风景、风光，还有非常好的人文环境。生活在阿勒泰土地上的人们非常松弛，不内卷。这种松弛感来源于人与自然的和谐共生，敬畏自然、顺应自然，是阿勒泰的各族人民独特的生活方式。依托《我的阿勒泰》的呈现，2024年更多都市白领前来阿勒泰旅游，提高了文旅客单价，游客也在阿勒泰感受到放松和治愈。

陈竞： 很多人看完《我的阿勒泰》后表示，这部剧治愈了他们的精神内耗。这部剧之所以能够引起广泛共鸣，不仅是因为剧中展现的美丽风景，更在于影视创作者通过镜头所讲述的故事。这个故事既是阿勒泰地区人民的生活写照，也是大家所向往的生活。期待未来能有更多像《我的阿勒泰》这样的作品出现，看到更多"我的某某地"。这部剧热播后，阿勒泰地区的文旅客单价有所提升。今天我们一直在探讨如何以文塑旅、以旅彰文，实现影视与文旅的更高维度融合，这无疑是一个很好的起点。最后，请您谈谈对未来阿勒泰文旅发展以及与影视深度融合的看法。

德丽达·那比： 我之所以要特别提到客单价的变化，是因为在过去，我们的旅游人次增长总是高于旅游收入的增长。然而，今年因为《我的阿勒泰》的热播，我们的消费群体发生了变化，客单价得到了提升。截至目前，2024年阿勒泰的旅游人数达到了3555.2万人次，增长了25%，而旅游收入则达到了313亿元，增长比重为27%，这是我们首次实现这样的增长。

谈到未来的发展，刚才有位老师提到了用影视的思维做旅游，这给我很大的启发。这部剧的成功为未来的发展奠定了坚实的基础。阿勒泰是一个既古老又现代化的地方。说它古老，是因为这里是人类滑雪的起源地，拥有通天洞遗址等古迹，填补了新疆旧石器时代考古的空白，并出土了碳化黍粒和麦粒等珍贵文物。说它现代，是因为阿勒泰现在拥有世界级的滑雪场地，吸引了全国各地的滑雪爱好者前来体验。

我们希望为各种影视剧提供好的场景和素材。比如通天洞遗址非常适合拍摄《七月雪》等武侠剧；乌伦古湖面积广阔，非常适合拍摄浪漫的短剧，现在已经有剧组前来拍摄；禾木哈纳斯非常适合拍摄《我的阿勒泰》这样的剧集；我们还有几条公路也非常适合拍摄公路片。在这里，我诚挚地邀请大家多到阿勒泰取景拍摄，尤其是综艺类节目，此前我一直在邀请《快乐再出发》节目组来阿勒泰取景。对阿勒泰的未来发展，我们希望能够实现更多的融合与创新。

陈竞： 从德丽达·那比局长的分享中，我们可以感受到《我的阿勒泰》已经将阿勒泰与文旅影视紧密地融合在了一起，从综艺到短视频，再到影视剧，无论是古装剧还是现代剧，都能够在阿勒泰地区找到灵感。我们对此充满期待。

如果说阿勒泰治愈了我们精神内耗，那么横店也许是很多现在年轻人梦想的摇篮。现在"横漂"这个词非常流行，很多人特别期待去横店工作和生活，同时横店也从一个单纯的影视基地转型成了大型的旅游度假观光区。在影视与文旅深度融合方面，横店一直以来走在最前沿。到目前为止，还有哪些新的探索？

杨志伟： 横店确实是影视文旅融合的受益者。从40年前的小乡镇、小山村到现在的"中国好莱坞"，我们在这过程中做了大量探索和实践。横店之所以能够吸引年轻人，主要有三个原因。一是深厚的影视文化氛围。这要感谢大量剧组和明星的入驻，以及众多影视产品在横店的产出。这样的沉淀让我们形成了独特的影视文化氛围，这是吸引年轻人的重要原因之一。二是丰富的就业机会。依托影视产业，我们的产业链已经涵盖服、化、道、机、灯、美各个环节，这也创造出非常多的就业机会，给年轻人一个展现自我和实现梦想的舞台。三是创新的旅游体验。我们正在从影视旅游的 1.0、2.0 迈入 3.0 时代，即沉浸式和互动式旅游产品的时代。这些与影视文化深度融合的互动式产品，是年轻人消费新趋势，也是吸引他们来横店旅游休闲的重要原因。

关于度假区，我们始终秉持着打造以大横店为目的地的度假区概念，并进行了一些实践。一是景区产品的沉浸式、互动式升级。二是一些配套设施的改造和升级，如结合影视文化的主题酒店集群，富有影视特色的餐饮产品等。通过这样的方式让游客有全方位的沉浸式体验。此外，我们还打造了许多影视主题活动，如 OST 音乐节、横店马拉松等音乐和体育活动，以及引进国家话剧院"走进景区"的活动等，极大地丰富了度假区的内容和客群。

陈竞： 横店影视城无疑是文旅与影视融合的杰出代表，我们期待在这里看到更多文旅与影视深度融合的新尝试。接下来请贾尧先生分享。对影视创作者来说，IP 的打造或许是我们肩负的最重要责任和任务。比如《去有风的地方》播出后，其影视 IP 的长尾效应显著，从剧中的场景到美食，都引领着消费者，特别是年轻人去追随、打卡，这样的 IP 商业价值不言而喻。在这条创作道路上，华策与各地区的文旅有着怎样的合作计划，未来又有哪些 IP 打造计划？

贾尧： 从影视与文旅的角度来看，影视在前，文旅在后。我们先要创作出好的作品，即"内容为王"，这是制造一个爆款出圈内容的基础逻辑。《去有风的地方》是原创 IP，从采风、调研、写剧本到后面的每一步制作，都秉持着把内容做好、做扎实的初心。编剧团队在大理待了两年多时间，沉浸式感受大理本地人、旅居的新大理人、"非遗"传承人等不同身份人们的心理状态，采集编纂故事。同时，结合扎染、木雕、鲜花饼和乳扇制作等大量的"非遗"文化，请教了很多国家级"非遗"传承人，并让剧组演员沉浸式感受。在这个过程当中，我们形成了上百万字的手稿和调研，为打造一个集大理美好温暖的治愈元素、田园浪漫元素和"非遗"元素于一体的内容打下坚实基础。

在制作阶段，团队跑遍整个大理。剧中的主场景"有风小院"，位于一个有着上千年历史的茶马古道经过的南诏古村落。其他场景如有风小馆在沙溪，扎染"非遗"体验、麦浪在喜洲，有风马场在云龙，海边浪漫步道在文笔村等。这些地名大家可能比较陌生，实际上不同地区间需要 2—3 小时的通勤和调度，距离非常远。剧组克服了诸多困难，花费大量时间进行转场拍摄，希望能够给观众最美、最自洽且最符合艺术作品文化调性的呈现，这就是制作精良。

习近平总书记对文艺创作提出明确要求：要坚持思想精深、艺术精湛、制作精良相统一。我们在整个创作过程中都秉持着这一原则，才有了好的内容呈现，才能吸引观众。所有这些场景和元素都是大理已有的,我们只是很好地把它们提取出来并呈现给观众。

文旅运营方面,我们也做了很多新的尝试。现在,"有风小院"已经被改造成了一个咖啡店,里面保留了许多剧组当时的道具陈设,人们可以在这里品尝到剧中同款的餐饮和美食。谢之遥的院子被改成民宿,后山也改造出许多茶室,在海边还复制了一个有风马场。人家可以沉浸式地体验剧中场景,让剧中的感觉与现实中的文旅体验相呼应、再沉淀、再激发,从而达到影视与文旅真正的深度融合。

陈竞: 在内容创作上,坚持"内容为王",并在每一个环节上追求极致,才能取得成功。《长安十二时辰》是影视与文旅深度融合的经典案例,请总制片人梁超先生分享一下成功经验。

梁超: 影视与文旅的融合已经进入3.0阶段,所有影视人都在摸索如何与文旅并肩前行,实现相互融合和破圈。从《长安十二时辰》及后续作品中,我们可以看到一些实践和尝试。一个风口是"内容+流量"。内容方面,需要好的IP、精品制作以及能够爆款破圈的影视剧内容;流量方面,阿勒泰等地区的游客就是我们的流量。我们需要思考的是,如何承载这些流量,如何将内容与流量有效地结合起来,并让它们产生最大化的效果。这是在文旅3.0、文旅4.0时代需要解决的主要问题,也是我们正在深耕的领域。

即将开机的《长安二十四季》,是一部与24个节气有关的主题内容,我们正在与西安探讨如何打造文旅的3.0、4.0版本。拉斯维加斯有一个标志性圆球,我们计划通过24个与节气相关的不同内容,打造一个代表东方文化的出海标志物。同时,我们也在与新疆的克拉玛依、安徽黄山等地的政府进行深入洽谈,探讨如何通过真正的内容来盘活和承接所有的流量。

回想当年的《海上牧云记》,我们在拍摄完成后,成功带出了新疆的美丽风光。大家通过这部作品了解到中国的山河有多么壮丽、多么辽阔。而"长安"是一个古老的词语,每个人每天都会经历十二时辰。我们巧妙地将内容与流量结合,从而达到了破圈效果。《长安十二时辰》播出时,无论是火晶柿子、水盆羊肉等美食,还是"我要回大唐""我要看长安"等话题,都引发了广泛的关注和讨论。携程、飞猪等平台的搜索量也大幅增长。影视人需要坚持深耕内容,在政府管理部门的支持下,将内容的精湛性与文旅相结合,这将是打开文旅4.0时代大门的关键。

陈竞: 期待《长安二十四季》的诞生。本次论坛举办地郎园Station,是北京很多年轻人热衷打卡的地方,这里也让我想到了电视剧《玫瑰的故事》中的一个热梗"北京到底有谁在啊"。电视剧和文创园能够抓住观众尤其是年轻观众的心，关键在于引发共鸣。请问《玫瑰的故事》制片人郑中莉，这个影视作品的创作背景是什么？

郑中莉：《玫瑰的故事》自2020年起开始剧本创作和策划。这部作品改编自同名的小说，整体跨越了20多年的时光，讲述了一个女性的成长故事。在与编剧讨论时，我们决定将电视剧的时间设定在2001年，把故事发生的城市设置在北京。2001年是一个很特殊的年份，那一年北京申奥成功。刚好编剧李潇也在2000年前后来到中戏读书，毕业后也一直留在北京，在北京生活了20多年，导演汪俊也常年生活在北京，他们都对北京有着深厚的感情和了解，这也是我们选择在北京拍摄的原因之一。此外，北京是一个极具多元文化色彩的城市，既有传统的地标建筑，也有现代的都市风光，这与主角20年的成长是同频共振的。因此，我们基于这样的时空背景开始了《玫瑰的故事》的创作，并在北京选取了许多拍摄景点。

陈竞："北京到底有谁在啊"这句话，也许代表了所有看这部剧的观众尤其是年轻观众心中的梦想和热爱，这都是与观众最大的共情点。接下来想请黄星先生分享一下，看完《繁花》后，很多人跟着《繁花》去上海City Walk。《繁花》在展现上海的城市风貌和历史人文方面下了很多功夫，从创作的角度，是如何找到这些特点并将其拍摄出来的？

黄星：人们说跟着《繁花》在上海City Walk成为年轻人热衷的旅行方式，实际上不只是年轻人，我这样的"80后"中年人也是在《繁花》播出完的那个春节的假期去了上海，度过了一个充满回忆的小长假。我还去了剧中至真园的原型苔圣园打卡拍照，在国际饭店的西点铺排队半个多小时，为了买爷叔最喜欢的蝴蝶酥，但遗憾的是没有买到，因为已经售罄。

在剧集播出期间，关于上海的搜索热度居高不下，其中取景地和平饭店的旅游热度飙升了415%。旅游平台上线了多条跟团线、私家游、一日游产品，游客可以跟着线路去城市漫步，重温20世纪90年代摩登又充满烟火气的上海，打卡外滩的万国建筑群、思南公馆、复兴公园等地标。除了这些热门打卡点，像泡饭、黄鱼面、排骨年糕这些传统本帮菜，以及剧中和平饭店和至真园的原型苔圣园推出的"繁花套餐"，也都成为美食顶流。以剧中提到的排骨年糕为例，一度在外卖平台的搜索量暴涨670%，带动整个旅游餐饮业的消费增量价格预估达到了25亿元，这还只是在岁末年初一个多月的播出期间的数据。

最新的数据还没有及时更新，但经过了半年多，很多人可能还像我一样对《繁花》的热播记忆犹新。上海也是一个令人欣喜的城市。关于在展示上海景观创作层面下的功夫，我不敢代表整个创作团队发言。但任何优秀的影视作品，甚至一切的文艺作品，都应该是直指人心的。《繁花》以上海这座城市为背景，重现了20世纪上海市民的心灵史，展现了在时代变革中那些百姓的勤奋与坚韧、浪漫与奋斗、智慧与深情。这可能是《繁花》能够取得一定成绩的原因。我也引用导演的一句话："没有大时代的加持，阿宝也成为不了宝总。"

陈竞： 没有大时代的加持，也许就不会有影视与文旅这么深度的融合，我们遇到了一个最好的时代。刚才，我们从各自的角度探讨了影视与文旅的深度融合，并看到了实践中的尝试。德丽达·那比局长提到《我的阿勒泰》播出后，当地文旅的升温和变化，也为大家介绍了很多新的场景。对未来，您认为还有哪些新的思路或配方值得阿勒泰地区思考或准备？

德丽达·那比： 这个问题我们一直在思考。作为文旅人，希望文旅能够带动老百姓致富。我来自西北之北的基层，非常偏远，来过阿勒泰的人都知道，这里的老百姓想要致富。阿勒泰没有工业，主要依赖旅游和第三产业，未来我们要做的第一件事就是完善基础设施，第二件事是提升服务，第三件事是丰富业态。前两部分需要各方通力合作，而丰富业态则是我们需要重点关注的。很多人喜欢阿勒泰，是因为那种松弛感，甚至有点无边界感的相处方式。我们在打造场景时，会与爱奇艺等合作伙伴一起，举办一些音乐会、草原婚礼等，包括摸小狼等活动，让游客近距离体验。对我们来说，被看见是第一步。很感谢大家已经看到了它，希望能进一步丰富它、展现它，让阿勒泰展现出更多的魅力。希望阿勒泰能成为大家放慢脚步、静下心来体验的一个地方，让大家住得舒服、吃得安心、玩得开心。

陈竞： 如果大家在阿勒泰住得舒服、玩得开心，那么阿勒泰的人民生活也必将更加幸福。这也许是影视与文旅双向奔赴后，我们最愿意看到的结果。接下来，想问问杨志伟董事长，相较于其他影视城，横店影视城有一个非常完善的发展体系。在这个体系下，您认为未来横店影视城能为合作伙伴提供哪些更便捷、更有效，或区别于其他影视城的服务与支持？

杨志伟： 虽然横店影视城已经是全球最大的影视拍摄基地之一，仍然战战兢兢、如履薄冰。我们一直在追求五个"最"的目标：规模最宏大，要素最集聚，技术最先进，成本最低廉，服务最完善。规模最宏大，我们已经有2000多个拍摄实景，130多个摄影棚，包括高科技数字虚拟摄影棚和最完善的设施。要素最集聚是指围绕拍摄基地，我们在30多年的发展里已经培育起了最完善的影视生态，包括服、化、道所有产业链的资源和人才，也包含了非常著名的有13万注册人数的"横漂"大军。技术最先进是我们最初的目标，横店建设了全国首个影视产业集聚平台"影视产业大脑"，还与合作伙伴一起落地了领先国际标准的数字化摄影棚装置。依托规模效应和集聚效应，我们可以让所有来这里取景拍摄的剧组实现综合成本最优。最后一点是服务最完善，这依托我们30多年的实践和经验。我们已经打造了一支非常专业的服务团队，不仅可以保障各剧组在横店的拍摄需求，还可以最大化地保障所有人在横店的衣食住行等生活需求。这就是我们一直追求的目标，虽然还有很多可以改善和提高的地方，但我们仍会继续努力。

陈竞：接下来与贾尧先生探讨一下。刚才德丽达·那比局长提到了文旅部门能为影视创作者提供的条件，杨志伟董事长也提到了从创作者的角度如何挖掘城市的富矿。《去有风的地方》让我们看到了当地丰富的人文风情。从您的角度来看，如何推动影视与当地的文旅融合？

贾尧：以文塑旅、以旅彰文，其中蕴含着很深层次的逻辑和智慧，实际上，影视与文旅是不同的行业，是差别很大的赛道。内容制作本身就很难，是一个漫长的过程，做好文旅的运营也非常困难，我们成立了文旅公司运营"有风小院"。举一个现实的例子，剧中看到的好吃的、好喝的，只要看起来好、演员表演到位就行了，不一定真吃，也不一定真的像表现得那么好吃。但在做文旅运营时，我们必须打造剧中同款，比如香水柠檬茶是大理的蔚山茶，咖啡是普洱的咖啡，核桃仁是漓江的核桃仁，都要选最好的材质，才能让消费者在携程、大众点评、美团、抖音等平台上下单并给出好评。这就是影视与文旅的天然区别，只有经历这个过程，才有更深层次的理解。

我们打造的拍摄场景"有风小院"带火了整个村，村子的游客数量从每天十几个增加到上万人。但游客流量是分散的，如果前置性地把地图规划得更大，可以与地方共同进行区域化改造，将整个业态进行良性分配和分布。结合影视作品，甚至可以将整个城市定制化。最开始没有这样做是因为没有尝试深度运营，对运营能力和"内容+文旅"的贯穿融合能力没有信心。但经历这些后，在文旅升级赛道上会有更多方向和更大潜力，好的文学作品和影视作品不仅为旅游注入了灵魂，还能为作品带来更大的长尾效益，同时真正带动地方经济发展。希望广大影视创作人员未来在与地方政府合作时，能前置性地把逻辑想得更通，把蛋糕做得更大。

陈竞：在影视与文旅的双向奔赴过程中，从0到1是最难的，但当我们创造或摸索出这个1后，从1到100也许会有更快的速度。其中，最核心、最重要的是年轻受众。抓住了年轻受众，我们也许就能有更大的市场，开发出更多的消费场景。下面以《长安十二时辰》为例，请梁超先生和大家聊一聊，这样一个偏传统的内容是如何抓住年轻人的喜好，紧跟时代潮流，做到传承与创新兼顾的。

梁超： 中国剧集在往前不停地进步，比如《边水往事》等优质电视剧在类型化方面一直在创新发展，这也是优酷官宣《长安十二时辰》时就提出的愿景。市场上有美剧、英剧、韩剧、日剧的分类，却没有华剧。中国剧集的制作、内容以及编导、导演人员都已经达到了最先进的水平，中国的内容要走出去。我们一定要把内容多元化、精品化，才能让所有观众喜欢。现在是"影视+文旅"最好的并行时代，因为我们等来了内容的深耕，剧集正在向更精品化、更流量化、更多元化发展，可以看到《长安十二时辰》《繁花》这样广受喜爱的精品内容。

陈竞： 说到精品内容的呈现，从另一个角度也可以看到大家接受程度的改变。比如《玫瑰的故事》播出后，网络上出现了很多以短视频为代表的二次创作，不仅有观众的二次创作，还有文旅部门的二次创作，为这部剧引流不少。作为制片人，有哪些二创作品让您眼前一亮或有所启发？

郑中莉：《玫瑰的故事》播出期间，剧中林更新饰演的方协文有一句非常破圈的台词"北京到底有谁在啊"，这是他为了阻止女主角黄亦玫回北京而说的话。这句台词播出后，出现了很多二次创作的视频。第一个是关于北京文旅，通过"北京到底有谁在啊"这句话转场介绍了很多北京著名景点和小吃，甚至还配了京剧等。后来新疆文旅利用了这句台词和北京大兴机场的场景联动，内容是在北京大兴机场乘坐飞机飞往新疆，由此介绍了新疆的大美风光。之后，全国各省市的文旅部门都通过这句台词加上北京大兴机场、北京首都机场、北京西站、北京站等各种交通枢纽，连接起全国各大省市和景点。这一现象让我们很惊喜，一个好的内容、好的电视剧能够赋能文旅。同时，在大家观看二次创作短视频时，也能感受到祖国的大好风光、大好河山。

陈竞： 这些源于剧情的共情点让大家产生了更多创作灵感，是真正的双向奔赴。说到二次创作，还请黄星分享一下在《繁花》的制播过程中，上海文旅部门起到了哪些助推作用？从创作者的角度来看，对文旅部门有什么样的建议、期待或需求？

黄星：《繁花》是一部历时五年多的漫长和复杂的工程，在这一过程中，上海各级领导部门对我们非常支持，甚至成立了专班，从立项、拍摄、制作后期到宣发播出，提供了全流程的专门协助。在一些场景道具的使用、影像资料的提供上也不遗余力，包括静安区、黄浦区、普陀区等各区以及和平饭店等，都把《繁花》视为一个上海的原创IP并给予了高度关注和关照。

关于建议，文旅与影视的双向奔赴是一个需要很多资源和智慧的事情。作为影视人，我们首先要做好自己的职责。未来无论是让大家看到一个城市的优秀作品，还是在一个优秀作品中展现一个城市，首先都得有一个不错的作品。以郎园为例，这里不仅是热门的旅游打卡地，也聚集了众多影视公司，特别是后期制作公司。对制片人而言，制作更多更好的影视作品是首要任务，只有这样，才能为后续的故事打下坚实基础。

陈竞："深耕内容、脚踏实地、行稳致远。"接下来请德丽达·那比局长以《我的阿勒泰》为代表，谈一谈文旅应该如何留住流量、留住热点？

德丽达·那比： 第一，基础设施是关键。新疆景色虽美，但地理位置偏远。目前阿勒泰区域内已有三座机场，2024年还新增了15条航线，包括武汉、银川、广州、杭州等地，交通网络非常完善。同时，新疆的宾馆、酒店等接待设施也在不断提升品质。

第二，提升服务也很重要。由于新疆地处偏远，当地人的服务意识可能还不能完全满足现代游客的需求。因此，新疆正在不断加强培训，邀请专家教授来授课，通过技能竞赛等方式提升服务人员的服务意识。

第三，丰富业态、培育市场和规范市场也是重要环节。新疆文旅部门非常关心市场的质价相符问题，努力确保游客在不被欺客、宰客的情况下享受合法、合理、合规的服务。只有市场有序，才能留住回头客，让游客爱上新疆，愿意再次游玩。

陈竞： 无论是文旅部门还是市场，都需要做好本职工作，抓住热点，延续效应，提供优质的保障和服务。请贾尧先生谈一谈，《去有风的地方》这样一个经典IP可不可以复制，在未来的实践里又该如何复制？

贾尧： "影视+文旅"这条赛道非常有魅力，能产生非常深刻的经济效益和社会影响，我们要坚持深耕这条赛道。在打造《去有风的地方》时，我们自主构建了一个主场景，并意识到整个区域都蕴含着巨大的文旅价值。基于此，我们勇敢地迈出了自己运营文旅项目的第一步。这种模式成功后，它将为当地经济发展注入新活力，充分展现影视IP的长尾效应，为粉丝和观众带来独特的体验，同时积极响应国家政策方针，助力人文情怀的传播。我们后续的很多作品也将进行前置性规划，根据剧本内容的指向性选择拍摄城市、思考如何打造场景，并计划后续产生的业态。《去有风的地方》这个经典IP是可以复制的，我们也将积极拓展"影视+文旅"的赛道。

陈竞： 接下来请梁超先生介绍一下，在《长安二十四季》等新项目中有哪些新探索？

梁超： 现在是一个内容和文旅融合且多元化的时代，我们在思考如何在内容方面做出裂变，如何在文旅方面承载更多流量。随着内容的深耕，越来越多的文旅玩法和文旅落地都相应地产生。只有"好内容+多元化文旅"裂变，才能让所有人持续选择并前往旅游目的地。

陈竞： 请郑中莉制片人谈谈在接下来的创作中，如何将当地的文化气质与影视创作结合，影视创作要如何更好地抓住当地的风情？

郑中莉：《玫瑰的故事》中的黄亦玫，出身于书香世家，其父母是大学教授，哥哥是建筑师，而她自己是美院毕业。基于这样的背景设定，剧组选择了文化氛围浓厚的北京作为拍摄地。2024年，另一部热门电视剧《与凤行》的主要拍摄地在横店。该剧前6集中男女主角相识的场景，选择在浙江丽水仙都景区的鼎湖峰内搭建的"行云小院"。拍摄结束后，这个小院并未拆除，而是保留了下来。2024年3月电视剧播出后，吸引了大量游客前来"行云小院"打卡，他们穿着剧中的服饰，与剧中人物共情，这无疑是影视与文旅双向融合的生动案例。此外，目前正在拍摄中的《独身女性》也与文旅有所结合，敬请期待。

陈竞： 请黄星先生聊一聊《繁花》，通过《繁花》创作过程、制作过程，未来地方文旅与影视剧创作还有哪些方向可以探索？

黄星： 如今IP这个词被频繁提及，在日常工作和业务当中也是不陌生的。除了文学IP、游戏IP或者国外的影视IP，未来还可以加上城市两个字，形成城市IP。我们应该从源头去打造和挖掘一个具有潜在价值和魅力的城市IP。

陈竞： 今天，我们与深耕一线的影视创作者、文旅部门代表共同探讨了在精品创作过程中影视和文旅的融合，未来，影视与文旅将达成天然的密不可分的状态。影视与文旅融合，为观众带来无限可能，是一部剧情的欣赏，是对一个地方的了解，更多的是对我们伟大时代的书写。

广播节目论坛
感受声音的力量

时　　间	10月13日 14:00—16:30
场　　地	郎园 Station 橙色空间
指导单位	国家广播电视总局、北京市人民政府
主办单位	国家广播电视总局宣传司、北京市广播电视局
承办单位	北京广播电视台

领导致辞

董 昕

国家广播电视总局党组成员、副局长

广播电视事业是在党的领导下创立起步的，有着光荣的传统与辉煌的历史。1940年12月30日，延安新华广播电视台开播，标志着红色广电的诞生。在党的领导下，延安广播成为宣传革命理论、组织动员群众、开展对敌斗争的重要武器，鼓舞了很多有志青年投身革命，被称为茫茫黑夜中的灯塔。

1949年10月1日，开国大典实况通过人民广播传遍了大江南北，标志着中国人民广播事业新纪元的开始。经过80多年的发展，中国广播事业持续繁荣，精品佳作不断涌现，产业市场生机勃勃，呈现出蓬勃发展的良好态势。

讲起这一段的历史，无论是我们的老同志还是年轻同志都非常的自豪，催人奋进。再看党的二十届三中全会对深化文化体制改革作出了重要部署，为我们继续推动广播高质量发展提供了根本的遵循。

中国广播下一步的发展，无论形式上是什么样，是坚持传统的赛道，坚持传统的基因，还是踏上新的互联网思维，大家的共同愿望或共同责任就是要始终坚持正确的政治方向、舆论导向、价值取向、审美趣向，为强国建设、民族复兴伟业提供坚强的思想保证，强大的精神力量，有利的文化条件。不仅是我们自己在做这件事情，要通过我们的努力，带动更多同行，更多的有志于投身广播事业的有志之士来把有关的工作做好。

我跟大家分享三方面的体会，供大家参考。

一、广播事业有关的工作

首先要坚持正确导向，习近平总书记对我们有明确具体的要求，他在指示中指出，只有坚持党性原则，坚持以人民为中心的工作导向，才能确保新闻媒体始终为人民服务。以人民为中心是我们最主要的导向，只有赢得了人民的认可，我们的党，我们党的事业才能够基业常青，我们在工作中才能够有价值。"人民广电为人民"我们已经讲

了很多年了，所以要坚持为民、惠民、服务民生，把话筒对准人民，切实践行群众路线，发挥广播传播覆盖优势，健全应急广播体系建设，加强广播基本公共服务能力建设，切实实现好、维护好、发展好最广大人民的根本利益。

二、坚持精品创作

要使广播行业、广电行业能够健康地发展下去，除了解决当下的应急性问题，最主要的是建立制度、建立流程，做出产品、创出品牌，精品创作对于广播也非常重要。精品代表着高质量，是那些能够长期吸引听众、让广播工作者离不开的优质产品。在权益保护和资产积累方面，品牌和专利的重要性不言而喻。只有获得了人们认可的品牌或有价值的专利，我们的产品才能真正被称为精品。

习近平总书记明确指出，内容永远是根本。我在企业工作过，内容为王，产品为王，无论是发展还是盈利，它的根本就是产品。广播是深受人民喜爱的文艺形式，要把创作生产优秀的作品作为中心环节，紧扣时代脉搏，深耕精品创作，提升艺术感染力，强化与听众的情感联结。一个电波或一个声音、一个图像，可能将来发展的最高境界是分不开广播和电视，分不清互联网，分不清OTT、IPTV，它可能是一个让大家非常容易接受的、用起来非常方便的、又能够长期保存随时调用的。现在有大数据、人工智能、元宇宙、虚拟空间，这种情况下产品的融合性是非常重要的。

提升沉浸感和加强互动性是发展的一个重要方向。未来，我们期望不仅自己制作广播节目，还能开放平台，让更多人都能在此创作和发布广播性质的内容。当然，在广播内容的播控权或传播权方面，无论是政府还是行业协会，都需要进行一定的监管。在鼓励创新的同时，也要确保秩序，避免因为个别不良行为对整个产业造成破坏。因为当前的技术手段，如区块链，已经能够提供极高的安全性，确保每个动作都能被准确记录，无论经过多长时间，都能追溯到具体的行为人和时间点。这样的技术保障，使我们能够打造出优质且持久的产品，这些产品将成为创作者永久的标志。因此，我们期待未来能出现一个百花齐放、百家争鸣的发展局面。

三、坚持融合创新的问题

习近平总书记特别重视创新，特别支持国人做一些能够自主可控的原创技术。党的十八大以来，无论我在企业工作还是到政府工作都能感受到这一点，融合创新非常重要。总书记特别强调，对历史最好的继承就是创造新的历史，这个新的历史既有当下的工作行为，更有我们当下使用的一些工作方法。

回顾过去，广播历史非常辉煌；展望未来，广播前景广阔。是不是我们的战场？能不能把握这个战场？有没有能力去做？我们的科技创新，包括队伍建设就显得非常重要。

随着科技的进步，仅凭传统手段已难以满足当前需求，需要在应用场景、内容快速采集与播出等方面积极探索新方法。在财力、物力及现有科技能力尚无法完全独立支撑的情况下，我们应充分利用周边企业的优势，如大数据能力、平台能力和原始创新能力，来助力事业发展。

在全领域积极拓展业务边界，将来广播事业应该无处不在。人类作为高等动物，沟通是其核心需求。从单向的广播沟通，到双向的互动沟通，再到未来群像式的点面结合沟通，沟通方式在不断演变。在同一空间或广播行业内，人们虽身处相近，但沟通方式与内容可能大相径庭。面对这样的趋势，我们既要敢于想象，又要勇于实践。通过不懈努力做深、做精产业，加强技术赋能，探索融合创新，致力于打造一个"广播+"的品牌，实现多元化的广播发展格局，推动广播在新的时代条件下焕发生机，迸发活力。

希望与大家一道共同努力，携手并进，推动中国广播行稳致远，为推动文化繁荣，建设文化强国，建设中华民族现代化文明贡献广电力量。预祝论坛圆满成功！

王 求

中国广播电视社会组织联合会副会长

作为信息传播媒介的一种手段，广播传入中国已经超过百年，在一个世纪的发展中，电波里的声音从原来的收音机、大喇叭变成了现在的车载广播、App、智能音箱，广播是党和政府的重要宣传阵地，是传播先进文化、反映民生诉求、推动社会发展的重要媒介。在新闻节目之外，广播节目也串起了听众休闲、娱乐、生活里的碎片时间，是陪伴大众左右的贴心朋友。

新时代、新征程，战略机遇和风险挑战并存，广播在与各类媒体的合作中不断成长，其发展也面临着新形势、新任务。借此机会，我也分享三点思考。

一、以主流宣传为出发点，坚守媒体初心

党的二十届三中全会明确指出"构建适应全媒体生产传播工作机制和评价体系，推进主流媒体系统性变革"，旗帜鲜明坚持正确的政治方向、舆论导向、价值取向，是新时代广播媒体的生命线。

要深入学习宣传贯彻习近平文化思想，坚定担负起传播好党的声音和服务好人民群众的使命，找准新时代、新征程广播工作的方位、定位，着力提升新闻舆论"四力"，办好新时代主流媒体，确保全媒体传播沿着正确导向发展，让正能量更强劲、主旋律更高昂。

二、以精品内容为发力点，做到守正创新

内容生产是媒体的立身之本，以内容取胜是主流媒体的看家本领和以不变应万变的重要法宝，越是面对海量信息，高价值的优质内容就越是珍贵。

全媒体时代，广播节目必须以新理念、新手段、新形式传播主流价值，壮大主流思想舆论，不仅要让人听得到，更要让人听得进；不仅要说得好，更要传得开。要深耕精品内容创作，发挥自身独有的资源优势、人才优势、区域优势，从传统文化宝藏

中挖掘创意，在人民群众的火热实践中发现灵感，用接地气、有质感的优质广播节目持续讲好中国故事。

三、以创新思维为突破点，强化以新提质

当前，信息技术加快迭代，AI、虚拟数字人等新技术、新应用、新产品层出不穷，为广播的发展提供了很多有益的资源。

广播媒体应该树立创新思维，加强对传媒领域新技术的研究和应用，借助大数据、人工智能创新内容生产模式，助力内容分发，优化节目播出形式，提升内容生产效能，用新媒介平台与传播网络赋能自身发展，将新技术转化为广播节目的新质生产力。

相信在总局党组领导下，在大家共同努力下，我们一定能够推动中国广播高质量发展，进一步壮大主流舆论，让党的声音传得更开、传得更广、传得更深入，为在新的起点上继续推动文化繁荣、建设文化强国、建设中华民族现代化文明贡献广播的力量！

刘梅英

北京市人民政府副秘书长

这个论坛的主题是"广播：感受声音的力量"。其实说起广播我们一点都不陌生，小时候听"小喇叭开始广播了"，上学了以后开始听单田芳的小说，每天中午吃完饭就在收音机前等待，到北京以后班车上放得最多的就是103.9北京的交通台，这也是一直以来我们每天必听的一个台。北京市政府搬到了副中心后，我每天听的是河北广播电视台105.3，早晚虽然只有15分钟或10分钟左右，但是我每次都要把这个台点开，锁定这个台，感谢这个台给我们在上下班堵车路上提供了很多丰富的内容。跑步的时候听得最多的是各种专项的频道，现在主要依托手机这种载体来收听广播。

我们这一代人一直在感受广播给我们带来的魅力。广播作为广电视听的重要组成部分，一直以来也是信息传播的重要渠道，随着科技的迅速发展，尤其是互联网和移动通信技术的发展，如何在新的传播环境中来保持广播媒体的活力，实现创新发展，是摆在我们面前重要的课题。

近年来，北京充分发挥全国文化中心的优势，深入贯彻习近平文化思想，奋力推进广播电视和网络视听的高质量发展，持续深化广播电视"头条"和网络视听"首页首屏首条"建设，着力打造媒体创新融合示范高地，不断增强主流舆论传播力和广电媒体的引领力。

党的二十届三中全会也指出"构建适应全媒体生产传播工作机制和评价体系，推进主流媒体系统性改革"，为推动广播高质量发展做优做强广电新媒体指明了前进的方向。从北京的角度，我们也有三个重要方向。

一、聚焦使命任务，着力巩固壮大主流思想舆论

坚持以创新姿态宣传阐释好习近平新时代中国特色社会主义思想，推出更多适应全媒体竞争态势的广播产品，在千帆竞发中勇担使命，在百舸争流中壮大主流，大力提升"头条工程"传播实效，这是北京作为全国文化中心我们的担当、我们的使命、我们的首要任务。

二、坚持内容为王，着力推出更多受众喜爱的品质佳作

广播是声音媒体，具有独特的表现张力，触动情感，启迪思想，要在创作中更好展现中华优秀传统文化创造性转化、创新性发展的全新世界，记录中国式现代化进程中热气腾腾、活力满满的感人瞬间，刻画新时代首都发展的亮点成绩、生动故事，持续推出娓娓动听的广播佳作，让用户身临其境、回味无穷。

三、坚持融合创新，着力拓展广播发展的数字空间

积极拥抱创新技术，深化媒体融合传播，持续探索 AI 主播、三维声、智能算法等新技术的研发应用，打造沉浸式的体验，更好发挥北京广电媒体资源优势，强化多领域联动，持续打造视听北京的传播矩阵，用好京津冀广电新媒体协作体机制，办好京津冀新媒体融合学院，深化三地广播媒体交流合作。

有一句话可以说从北京广电局到媒体人都知道，就是首都广电"方兴未艾、大有可为"，这八个字现在特别适合形容广电事业蓬勃发展的气象。未来包括广播在内，我们相信广播永远是在我们身边的一个重要的信息传播渠道。

北京也是文化沃土和创作的热土，我们将更好发挥"北京大视听"品牌的引领带动作用，精心做好优质服务，充分发挥北京广播电视网络视听发展基金的引导扶持的作用，加大对优秀音频节目的培育和资助力度，持续培养"京琅琊"广播创作优秀人才，支持听听 FM 等重点平台做大做强，以更优质的声音传播描绘时代新画卷，讲好中国式现代化的精彩故事。

最后，预祝本次论坛圆满成功！

主题演讲

新传播时代广播的融合转型

王跃进

央广传媒集团党委书记、
董事长、总经理

过去这十年，随着互联网、移动互联网的迅猛发展，广播媒体内容生产能力得到了极大提升，信息的传播速度、广度和深度都达到了前所未有的高度。但是，在这场颠覆性变革中，我们也深切地感受到，虽然传统广播内容生产能力越来越强了，但面临的发展压力越来越大了。造成这种情况的原因，主要有四点。

一是媒体关注度弱化。 互联网、移动互联网时代，媒介多元，受众被分流，单一媒体的聚焦能力降低，影响力也随之下滑。

二是内容分发渠道被打破。 声音媒体的传播渠道已经由传统内容分发渠道向"传统内容分发渠道+互联网内容分发渠道+移动互联网内容分发渠道"叠加转型，原有无线广播渠道触达人群出现萎缩。

三是接收终端被替代。 新传播时代，广播媒体的接收终端正在由传统终端向"传统终端+互联网终端+移动互联网终端"叠加转型，传统终端的触达人群不可避免地被分流。

四是传播模式被颠覆。 传统广播"我说你听"的单向传播模式被移动互联网交互传播模式颠覆，影响力、竞争力下降。

传媒经济本质上是"注意力经济"和"影响力经济"，广播当前面临的问题实际上是由受众萎缩和影响力下滑造成的。在新传播时代，传统广播要想重新找回地位，必须利用新技术建设新传播形态，以融合传播转型应对新媒体和新技术带来的冲击和挑战。如何转型？向何处转型？要重点把握好三个方面。

一、广播融合转型的核心是实现"一个重塑"

一是彻底摆脱传统广播经验主义，全面拥抱移动互联网传播逻辑。需要深入理解移动互联网的传播规律、传播手段、传播方式，把广播媒体传播逻辑和移动互联网传播逻辑深度融合，实现传播形态的再造。

二是革新传统广播运营方式，建设移动互联网运营组织新生态。移动互联网音频平台强调内容运营、渠道运营和用户运营，强调交互式传播、个性化服务，组织模式也更加灵活。必须改变"我说你听"的传播方式，建设以用户为中心、与移动互联网传播规律高度适配的传播运营新模式。

三是从根本上改变传统广播经营模式，建立全新的数字营销生态。传统经营模式以广告为主，靠媒体影响力驱动，而数字化时代的媒体营销则是由数据驱动、技术驱动。广播融合转型应充分利用大数据和智能推荐技术，实现精准用户定位和个性化内容推送，完成从受众营销向用户营销的转变。

二、广播融合转型的关键是做好"两个建设"

即移动互联网音频新平台建设和移动互联网音频媒体新生态建设。

一是建设移动互联网音频新平台。要打破传统广播内容线性传播的时空局限，建立以用户为中心的内容供给体系。移动互联网音频平台的内容集成点播模式，打破了传统广播按时间轴、线性传播的限制，用户可以随机、便捷、不受容量边际限制地选择内容服务。广播融合转型需要遵循互联网、移动互联网传播规律，打破传统广播内容触达受众的时空局限，深入了解用户的收听习惯和喜好，不断创新内容形式和生产方式，建立以用户为中心的内容供给体系。

要打破传统广播单向传播模式，建立平台和用户双向交互的新传播模式。平台和用户双向交互是互联网媒体的最鲜明特征和最显著竞争优势。平台既是内容的发布者，又是内容的集成者和把关者；用户既是内容的使用者，又是内容的生产者和发布者。平台和用户互动关系的深刻转变，要求广播从"我说你听"的单向传播向"你听你选+你说你传"的移动互联网智能交互传播转型，重构平台与用户的新关系。

要打破传统广播"千人一面"的内容分发模式，建立基于用户数据算法的智能推荐模式。传统广播面向受众无差别分发，而在新传播时代，基于用户数据算法的智能推荐，更精准满足用户个性化内容需求，有效提升了用户的使用体验。

二是建设移动互联网音频媒体新生态。聚焦新生产生态建设。打破传统广播内容生产生态，由PGC（专业生产内容）向PGC+PUGC（专业用户生产内容）+AIGC（AI技术生成内容）等多元生态转型，实现内容生产能力的几何级跃升。

聚焦新产品生态建设。以用户思维和产品思维为导向，推动内容生态升级与重构，建设内容产业生态链，实现由单一媒体节目生产向全媒体产品生产、由文化创意产品向文化创意商品的转型。

聚焦新终端生态建设。推动广播终端生态由传统收音机终端向"手机＋车载智能屏＋智能家电＋智能终端＋智能可穿戴设备"等全场景、全渠道终端叠加转型，提升终端触达力、渠道渗透力，提升平台影响力和市场竞争力。

聚焦新营销生态建设。核心是从受众营销向用户营销转型，建构基于用户营销的营销生态圈，更好地释放媒体商业价值。

聚焦新服务生态建设。顺应数字化、智能化发展趋势，借助语音识别和人工智能技术，积极探索技术创新与服务升级，优化完善人机智能交互服务，让平台更智能，让用户体验更便捷。

三、广播融合转型的保障是实现"四个再造"

在广播融合转型过程中，还要坚持系统集成思维，以发展战略再造、组织结构再造、人才队伍再造和组织文化再造激发转型活力、保障行稳致远。其中，发展战略再造，要制定与移动互联网传播逻辑高度契合的差异化竞争战略；组织结构再造，要实现高效响应、高度协同的组织结构重塑，提高内部响应速度和协同效率；人才队伍再造，要打造一支既具职业情怀又有高创新力和学习力的专业人才队伍，建立完善的激励考核机制；组织文化再造，要以创业精神培育和市场化考核激励实施为基础，重建组织文化，激发员工干事创业的内驱力和创造力，培养员工的归属感和使命感，增强凝聚力。

融合传播转型是广播突围破局、涅槃新生的必由之路，这是一场深远而复杂的变革，唯有坚守信念，坚定信心，敢于创新，才能让广播在新传播时代的浪潮中抓住机遇，迎来转型发展的美好未来！

构建多元化"广播+"全形态传播格局

李秀磊
北京广播电视台
党组成员、副总编辑

虽然广播和电视现在发展面临着这样和那样的困境，但是很感谢广电总局在首届广播电视精品创作大会上设立了特别的广播节目论坛，让我们一起有机会探讨广播未来破局的一些想法，能够一起为广播寻找未来。

说到寻找未来，首先是不能够忘记我们从哪里来，我们的初心和使命到底是什么。广播是一个拥有100多年历史的高龄媒体，1940年12月30日，延安新华广播电台开播，这标志着我们新中国的广播有了真正的起步与发展。

20世纪的40年代至80年代，广播作为中国最重要的媒介形式，始终处于优势地位。到了20世纪80年代后期，广播一度呈现了市场萎缩、人气走跌的迹象，1992年改革开放的步伐进一步加大广播功能的开发和实现，进入了一个多元化的时期，调频103.9北京交通广播就是开办于那时，广播进入了再次腾飞的阶段，也成为百姓生活非常亲密的陪伴者。

除了陪伴，广播还有应急功能和社会动员能力。2023年7月，北京市遭遇了史上最强的一次降雨，我们的记者向险而行，多方采访，第一时间就在现场通过电波和网络发回了现场报道，同时我们还制作了大量的新闻精品专题，比如"四天三夜被困门头沟列车乘客大救援"，是2023年新闻百佳作品之一。这个作品全景展现了灾情的影响和北京属地铁路队伍、当地群众针对受灾群众受困列车开展的陆空大救援，在交通受阻、通信中断的情况之下，北京广播的灾情报道及时传递了党和政府的权威信息，有效安抚了群众的焦虑情绪，在危急时刻彰显了广播的巨大价值。

尽管现在广播确实面临着困难、问题，也有很多唱衰传统媒体包括广播的声音，但是我们依旧可以自信地说，广播收听方便、快捷，"只需要用耳朵"这样低门槛的优势依旧没有改变，广播作为社会中枢系统的指挥调度功能依然存在。在北京这样超大城市，移动人群收听广播时间加长的趋势也并没有得到逆转，所以坚守传播党的声音的主阵地、主渠道是我们的使命，做城市的忠实记录者和坚定的守护者是我们的责任，成为听众可以随时随地聊天，也可以放心依赖的朋友，就是我们的初心。

当然也必须承认，移动互联网的飞速发展让广播也面临着百年未有之大变局。在新的传播环境下，受众注意力的转移特别是车载场景受众注意力的转移，导致广播传播力的下降和广告的下滑，相信在座的每一位广电人特别是广播人一定是能够深切感受到。面对着这样的困境，如何破局是我们必须思考、必须解答的一个问题。

以内容为本，通过从线上到线下的延伸，让声音更有效地链接用户，构建起多元化"广播+"全形态传播格局，或许是一个答案。

基于这样的认识，北京台坚定落实脚力、眼力、脑力和笔力"四力"要求，以内容为本，用专业态度、权威报道和优质内容来吸引听众，我们的作品多次获得了中宣部"五个一工程"奖和中国新闻奖等重要奖项。同时以这些优质内容为基础，通过延伸线下服务和活动，实现了声音在社会更多领域的拓展和触达。

北京台有一档延续了很多年的节目叫《教育面对面》，这是北京地区唯一一档广播日播教育专栏，在教育领域具有权威力、影响力。我们将节目拓展到线下，每年举办30多场公益活动，累计覆盖超过百万人次，全年累计视频直播超过200场，受众超过2000万，实现了影响力的巨大转化。

在音乐领域，2022年，我们推出了音乐剧《觉醒年代》，吸引了2.5万人走进剧场。2024年，我们又孵化了音乐剧《北上》，首演期间全网声量总计超过了1亿。在刚刚过去的中秋节期间，我们全新升级的"大运河音乐节"吸引了超过5万名乐民会聚在了北京城市副中心的绿心森林公园。

在文艺领域，2021年，我们推出了话剧《恋爱吧！人类》，10场演出上座率达到100%。2023年，我们又推出了话剧《七平米》，购票网评分高达9.2分，得到了年轻受众的高度认可。

在交通领域，北京交通广播最新一期节目"时光聚会汽车生活节"在3天的时间里吸引了3万余人到场，创造了超过3.6亿元的消费带动，活动体量以及成交规模都创新高。

广播频率和各节目组通过打通线上线下活动资源，逐步实现了广播的多领域拓展和延伸。如果仅仅止步于此，广播面临的问题依然存在。我们的用户到底是谁，我们的用户到底在哪里？为此，我们将目光锁定在官方客户端听听FM，经过反复讨论，听听FM制定了和广播多元化发展战略相匹配的用户策略，通过节目互动链接用户，通过用户运营沉淀用户，通过新媒体宣发引导用户。

具体来说，听听FM在2019年上线了节目互动聊天室，设计了留言精选、节目预约、投票、点赞等交互功能，目前累计开通的广播节目聊天室超过90个，月均互动人次超过130万，实现了北京广播链接用户的目标。在此基础上，2024年9月，听听FM又推出了用户运营支撑系统，可以实现活动报名、票务核销、表单登记、问答竞猜、积分兑换、在线购物等多种用户运营功能，并且可以通过H5的形式向全网进行传播和用户的积累。

通过这一用户运营平台的打造，我们把听听FM以及频率、节目组和内容创作人员各自的用户都汇总到一起，让频率、节目组和制作人员既能够分级管理各自的用户，又能够根据用户的行为特征、用户画像有针对性地借力传播引流。

接下来，听听FM还会在节目互动和用户运营的基础上重点构建新媒体的宣发能力，最终达到构建多元化"广播+"全形态传播新格局的目标。

在构建上述新格局的过程中，客户端为广播频率的延伸发展提供了载体和工具，让用户变得清晰可见、触手可及，而广播频率为客户端提供了实实在在的内容和活动内核，让客户端有了发展的核心和灵魂。

对北京台而言，新格局的构建还需要付出大量的努力，还需要克服大量的困难和问题，但是我们坚信通过多元化的布局和线下延伸，广播能够将更多高品质的内容及其衍生的生活方式传递给用户，这将为新时代的高质量发展提供媒体助力。从这个角度来看，新时代广播的春天才刚刚开始。所以，让我们一起在探索广播带来的无限可能的进程中享受快乐，也享受成长！

构建传播新格局　打造城市"新声态"
——上海广播的融合发展创新实践

尹　欣

上海广播电视台
副台长、副总编辑

近日，上海广播电视台发布《改革行动方案》，全面实施"新闻立台、文化兴台、融合强台"的核心战略，推进主流媒体系统性变革。改革方案受到社会关注，很多同行关心上海广播精简精办、关停四个频率。这次精简精办，不是简单的关停，而是要超越传统广电思维，重构资源配置模式，"瘦身"是为了强体，让频率定位更精准、特色更鲜明、效率更突出，把我们的人力、精力、注意力都进一步集中在出品好声音、打造好平台、拓展好市场上，让我们的声音更有力量。

当下，媒体生态发生大改变，平台阵地发生大迁移，广播的声音如何能够传得更远、更广、更有穿透力，我们认为，必须自我革新，构建新格局，融合新发展，打造"新声态"。

广播有非常强的地域属性，和城市同频共振，城市的色彩往往也是广播的色彩，可以用几种属于上海这座城市的色彩，反映上海广播在融合发展过程中的一些探索。

第一种颜色是红色：广播＋党课，主旋律有新 YOUNG 态。

上海是党的诞生地，初心始发地，红色文化是上海文化的鲜明底色，红色基因烙印在上海广播的血脉中。新时代怎样讲好红色文化，怎样让深奥的理论走进大众特别是年轻人心中，让他们听得懂、听得进、听得津津有味，这是摆在我们面前的一道必答题。我们与上海市委党校合作，组建了一支由记者编辑和党校老师共同组成的"黄金宣讲团"。"给 90 后讲讲马克思""百年大党正青春"这些年轻态有网感的创新理论宣讲节目，让"广播+党课"一出道就出圈。我们还联合B站向青年群体定向传播，让理论宣讲更有针对性、更具感染力。

第二种颜色是绿色：广播+治理，沟通疏通才畅通。

上海是绿色的，不只是生态，也是城市治理。习近平总书记在上海提出了"人民城市"重要理念，2024年正好是这一重要理念提出五周年，作为主流媒体，我们能为这座2500万人口的超大城市做什么，让政情更畅通，让民心更顺畅，让社会治理更流畅？我们创新打造"人人议事厅"等一系列社区共治的民生节目。聚焦老百姓关心的"流浪猫怎么管""公园该不该24小时开放"等社会治理难题，把广播演播室搬进社区、搬进公园、搬到听众中间。请各方代表坐在一起，共商解决之道。每场讨论都吸引百万人次线上收听收看直播。大家一起想出了不少"金点子"，很多都成了解决现实难题的"金钥匙"。网友说，让不同的声音被听到，都能参与社会治理，这不正是人民城市最该有的样子吗？

第三种颜色是蓝色：广播+都市文化，打造融合新IP。

上海达江入海，是一座可用蓝色描绘的活力之城。上海广播主动融入城市，打造城市流量新入口，培育都市文化新IP。

比如，我们成功举办了12届的"辰山草地广播音乐节"，已经成为当下世界知名、国内顶级、售票体量最大的户外古典音乐节。每年5月，我们都邀请世界顶级古典乐团，在上海辰山植物园最大的一片草坪上举行户外音乐会，每场音乐会都吸引5000多位听众现场观演，直播收听收看达千万人次。音乐节现场还会配置餐饮、文创市集等，把流量变为流水，实现商业变现，带动文化新消费。

第四种颜色是五颜六色：广播+平台，应用场景无限可能。

红绿蓝是三原色，可融合成五颜六色，汇聚成多彩的世界。上海是五颜六色的，上海广播也是五颜六色的。这种多色彩就体现在我们通过转型平台阿基米德打造无限可能的应用场景，让我们的广播不仅有声还有形。目前已实现3个版本迭代。

1.0版本，是广播与城市空间的融合初体验。我们在上海网红街愚园路建了一个独特的文化空间——阿基米德愚园路电台。这里既是广播节目直播间，也是城市文化会客厅，还是实体咖啡馆。愚园路电台现在已成为City Walk的网红打卡点。

2.0版本，是广播参与街区开发运营。2024年国庆假期前，阿基米德与无锡方面历时3年合力打造的"天上村前"历史街区4个文化展示馆正式启用，我们聚合资源，用创意赋能，让这些展馆更有文化味、时尚感、体验值。"十一"期间，天上村前每天客流量超5万人次，超出预期，开门即红。

3.0版本，是阿基米德"100″焕新计划。未来的我们将深度融入城市空间，用3年时间与100个社区携手，共同打造以声音为主题的"阿基米德城市电台"，让我们的声音走进社区、走进生活、走进听众。

当然，光用这四种色彩，不能囊括广播融合发展的所有探索，但这几个色彩这几个案例，却可以代表我们广播人不变的四颗心。

红色是广播人的初心，无论走多远，都不忘为何出发。

绿色是广播人的决心，坚持用对的方式，做对的事。

蓝色是广播人的匠心，努力向下扎根，就能向阳花开。

多彩是广播人跃动的心，永不满足，不断自我更新。

"梦想的力量"，是上海广播电视台的品牌主张，无论经历多少变化，面临多少挑战，只要心怀梦想，逐梦前行，我们广播人就一定能闯出一条大路新路，因为我们始终相信声音的力量，我们始终向新而声！

初心不改　向新而行

曾庆怡
黑龙江广播电视台
党组成员，副台长

黑龙江广播电视台（黑龙江省全媒体中心）由原黑龙江人民广播电台和黑龙江电视台合并组建。黑龙江人民广播电台是中国共产党领导下的第一座地方人民广播电台，成立于1945年，70多年来，从1套频率发展成8套频率，从单一的内容发展成多样化内容矩阵。在融媒发展的大环境中，黑龙江广播电视台以声音的力量赋能融媒发展，在特色传播、产业运营、文化传承等方面持续释放新动能。

一是赓续红色血脉，续写广播文艺的时代新篇。1945年10月，我们的老台长写下了中国第一部广播剧《宁死不当亡国奴》，开启了黑龙江广播长达近80年的精品广播剧创作之路。80年来，黑龙江台始终坚守传播时代先声、讴歌民族精神、弘扬红色文化的信仰，创作出了一部部感人至深、影响广泛的精品力作。广播剧《地质师》《周总理与王铁人》《那个春天的故事》《中国有个北大仓》《中国北斗》等15部作品先后获得"五个一工程"奖，黑龙江广播人真正做到了以初心守匠心，以匠心致初心。

二是厚植家国情怀，创新文艺实践的叙事表达。黑龙江音乐广播持续打造高流量IP《歌声里的黑龙江》，2022年第一季，以10首"老歌+视频"的形式唤醒全国人民对黑龙江的记忆。《咱们工人有力量》《我为祖国献石油》，每一首歌都写满黑龙江的故事。2023年第二季，打造"听是一首歌、看是一幅画、传播起来是一把火"的网络视听精品，实现全网话题52.68亿的流量，以音乐为桥梁，传递时代声音，诠释家国情怀，实现情感共鸣。

三是坚守初心使命，做好精品内容的全媒传播。众声喧哗、人人都有麦克风的新环境里，黑龙江广播更加坚定地担当和践行社会责任，不断创新方式手段。"龙广植树节"是我们连续举办了 13 年的公益品牌活动，2024 年 4 月，活动升级为全媒行动，"短视频＋话题＋直播"，7 天实现 5000 万传播量。我们联合吉林、辽宁、内蒙古兄弟台交通广播频率，共同推出公益行动"爱心送考　筑梦远航"，"短视频＋话题＋直播"的全媒传播量突破 1 亿。

置身新时代，扎根黑土、向上生长，黑龙江广播迎来更蓬勃的发展，不论时代如何变化，黑龙江广播人的初心，依然如同 80 年前的红色电波一样，光芒闪耀、薪火相传。

广播媒体在数智化浪潮下的突围之路

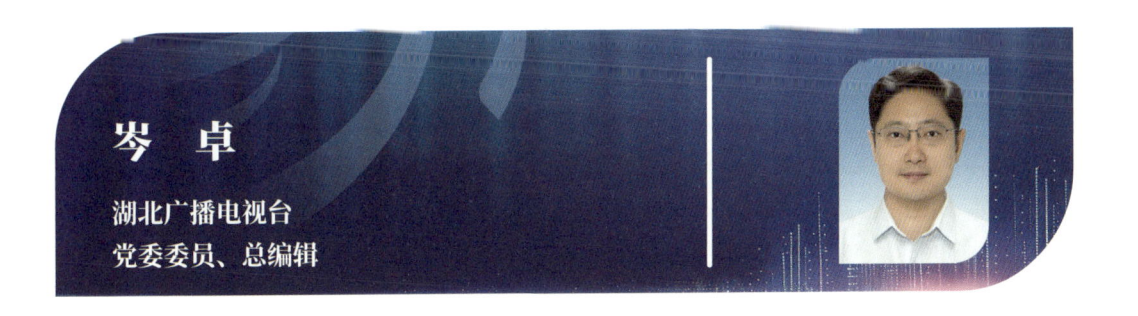

岑 卓

湖北广播电视台
党委委员、总编辑

党的二十届三中全会明确指出,要"构建适应全媒体生产传播工作机制和评价体系,推进主流媒体系统性变革"。湖北广播抓住系统性变革的重大机遇,坚持以全面深化改革为驱动,秉持"主流新表达、传播新矩阵、垂直新生态、发展新格局"的工作思路,克难奋进、向难求成,事业发展呈现稳中向好态势。

具体在广播的转型发展中,我们坚持内容破圈、运营破局、平台破界,强化与用户、市场的深度关联,通过自我调适、迭代升级,培育新质生产力。有以下三点体会。

一、实施精品创优工程,引领内容破圈

以"揭榜挂帅"机制为抓手,做有品质的广播。每年对标重大主题、重大奖项的要求,精选一批项目,作为重点扶持对象,从台层面加强选题规划、创作引导、资金扶持、宣推支持,为创作团队提供宽松的环境和条件。近年来,我们先后扶持创作了《汉水人家》《问天》《生之歌》等一批广播剧。近4年,获得中国新闻奖、中国广播电视大奖、"五个一工程"奖、"飞天奖"、"星光奖"等国家级政府大奖有53件;其中,广播获奖作品有23件。还有两位广播主播获得中国播音主持"金声奖"。我台的广播剧生产创作实力位居全国第一方阵,3次荣获全国"五个一工程"奖。

以移动化、可视化为优先,做看得见的广播。采用"传统广播+多网络终端"的形式,音频为主,配以图文、短视频、网络直播等多种样式。《长江说法》《健康合伙

人》《林木先生的茶》《逐浪新闻》等多档热门栏目已在广播融媒直播间开展视频直播，同步推流到长江云、各视频号、抖音号等平台。2023年联合多家广播媒体联合推出的特别报道《对话长江——新潮逐浪》、特别直播《大江奔流，千年回响——湖北、浙江、四川三省交通广播探源长江文明》，都是通过网络联动，生动呈现各地繁荣发展的丰硕成果。

以服务民生需求为目标，做有力量的广播。2024年"中国（武汉）3·15问题车展"系列融媒报道，全网总观看量达到1.48亿次，引起社会广泛关注，并推动问题得到有效解决。电台汽车维权节目《江楠说车》转型融媒体节目，主播影响力与热度不断提升，一场2.5小时维权视频直播，观看量168.2万人，帮助车主挽回经济损失近300万元。2024年低温雨雪冰冻灾害、迎战持续暴雨等极端天气报道中，发挥广播应急服务作用，24小时滚动播出气象、交通、民生保供等方面的最新信息，并将信息同步到长江云新闻、微博、微信等新媒体矩阵端口，成为广大群众重要的信息来源渠道。逐浪新闻抖音《2024迎接暴雨》合集，累计播放次数达到1.6亿次。

二、践行跨界融合理念，撬动运营破局

以融媒工作室为支点，撬动市场需求。全面推广融媒工作室制度，将选人用人权、薪酬二次分配权、资源调度权下放至工作室，激活基层创新改革活力。主持人阿喆融媒工作室在内容创作、编审流程、营收模式等方面进行了大胆探索，挺进商业直播领域，实现产业孵化与培育。目前，主持人阿喆账号矩阵粉丝量近千万，多个爆款产品流量破亿，获得索福瑞2024省级台融媒主播新媒体短视频传播指数、发布量、播放量、互动量四项第一。阿喆融媒工作室入选国家广电总局2024媒体融合体制机制改革十大典型案例。红色音乐党课工作室将党史宣讲与音乐表达结合起来，培育了党建文化融合创意产品——红色音乐党课，形成了完备的内容输出线、宣讲业务线、人才培育线和传播扩散线。目前在全国各地的宣讲总场次超过540场，线上线下覆盖面超过5000万人次，累计创收上千万元。

以场景服务为先导，布局垂类赛道。深耕房产、求职、养生等多个垂直领域，设置特别节目收听、特色商城及互动平台等多元化的服务板块，为用户搭建起全新的沉浸式场景和全新的视听体验，让服务更专业、更贴心。《职为你而来》通过对高校专业的沉浸式探访，展现专业解读和生动实例，目前已探访70多所大学近300个学科专业，直播带岗企业100余家。

以粉丝经济为模式，优化社群运营。当听众变成网友，主播则转型为达人。为适应媒体环境的变化，我台广播节目线上聚集忠实的粉丝受众，建立社群驱动的粉丝经济模式，进而实现商业变现。《林木先生的茶》节目聚焦茶文化，服务茶产业，深耕茶垂类，打造茶IP，进行直播带货、品牌广告、活动承接等，累计收入500多万元。亲

子有声阅读平台"袋鼠听听"充分发挥音频制作与传播优势，开展定制服务。自2020年运营至今，"袋鼠听听"付费用户数量已达11万，依托用户群开展各类亲子活动100余场。

三、推进技术革新战略，实现平台破界

数智化时代的到来深刻改变了传统广播节目的媒介生态。我们通过搭建传播平台、再造生产流程、探索AI智能应用，转型升级打造数智化媒体。

一是借船出海与造船出海相结合。一方面，搭建自有平台——长江云新闻客户端、九头鸟FM客户端，锻造湖北台云端新质生产力，目前新媒体总用户量3.51亿。另一方面，借助商业平台影响力打造矩阵大号，提升内容覆盖率与触达率。湖北交广构建"逐浪新闻"融媒矩阵，截至目前，粉丝量达到5000万+，为全国省级广播新媒体头部平台。"长江云说法"是我台倾力打造的首个"广播+电视+新媒体"多维一体的政法品牌IP，目前粉丝量达到1395万。

二是再造内容生产流程。2023年，湖北广播电视台整体搬迁至位于光谷东的湖北广电传媒基地，以此为契机，按照"全台一云"的技术路线建设了"大基座、大制作、大播出、大总控、大媒资、大安全"整体技术框架，为融媒体生产提供一站式、全链条技术支撑。目前我们的广播制播系统结合主流的IT技术实现了云端节目生产与外网送播。

三是开展AIGC智能应用。我台选取第二届中国播音主持"金声奖"得主、湖北之声主播周恬极具辨识度的嗓音，启动建设自有技术与版权的AI语音大模型。音乐广播推出了数字人主播大麦和小麦，在两套频率中进行资讯播报。此外，我台搭建的AIGC可视化视频生成系统平台，借助AI模型对广播音频节目进行语音识别与文本分析、智能化匹配及场景化创作，自动生成轻量级的视频节目，让广播节目不仅是声音的传递，更是视觉的盛宴。

各位同仁，当前广播行业面临严峻的生存挑战，随着数智化浪潮汹涌而至，我们还在不断探索"广播+AIGC"智能应用的新路径，希望能走出一条转型升级、创新发展之路。也希望在今天的论坛上，能汲取更多宝贵的见解与智慧，借鉴同行们好的经验与做法，共同助推广播事业迈向更好的未来。

深耕内容 深化融合
推动广播高质量发展

范 易
广西广播电视台
党委书记、台长、总编辑

融媒时代，新媒体发展迅速，传统广播媒体话语权被分化，影响力被削弱，内容为王是否已经过时？我们的答案是否定的。不管舆论生态、媒体格局、传播方式如何变化，内容为王仍然是主流媒体应该坚持的基本原则。全媒体时代，省级广播尤其要深耕内容，深化融合，谋求高质量发展。

一、坚守主流媒体责任，专注于优质内容供给，让广播节目入耳入脑入心

坚持以人民为中心的创作导向，持续提供高质量的作品，满足人民精神文化需求，是广播媒体必须担负的责任。近年来，广西台各广播频率一直坚守主流媒体责任，深耕优质内容。2009 年，原广西电台开始新一轮改革，于 2012 年完成了对所有广播频率的重新定位，停播所有专题广告，专注于优质内容的生产。广西新闻广播喊出"我们只做新闻"，广西文艺广播唱响"就是爱音乐！"……各频率都用一句口号概括定位，产品内容形成了差异化竞争，收听率、广告收入、社会影响力等齐头并进，广播事业发展和产业经营达到高峰。之后，广西台各广播频率一直延续深耕优质内容的做法。即使在近几年广电行业发展遭遇困难的大环境下，各广播频率也没有再播出专题广告。

对优质内容的推崇推动广西台广播节目特别注重可听性，以小切口表现大主题，用平凡人、平凡事"软化"硬新闻，带动精品创作取得了一定成绩。

广西教育广播推出的广播评论《谋发展不能满足于有　更要满足于好》，以广西有

些地方和部门谋划经济建设时满足于"有没有"，没有追求"好不好"的事例为事实依据，以广西部分国企舍不得科研投入的现象为典型事例，阐述高质量发展的主题，在众多媒体中最先从该角度切入报道，获得第33届中国新闻奖二等奖。

广西综合广播在第4个中国农民丰收节当天策划推出广播直播《稻花香里话小康》，展现小康第一年的幸福与喜悦，回顾广西脱贫路上难以忘怀的人和事，展望乡村振兴的美好前景。节目用小细节刻画大成就，以小人物展现大发展，获得第32届中国新闻奖三等奖。

2024年是邓颖超同志诞辰120周年。广西文艺广播推出戏曲专题节目《南宁女儿邓颖超》，讲述邓颖超与广西南宁的故事，通过她早期为女权而斗争、长征时期与周恩来生死相依、新中国成立前夕邀请宋庆龄北上等重大历史事件，勾勒出"时代之变、中国之进、人民之呼"，获得国家广电总局2024年第二季度广播电视创新创优节目。

二、深化媒体融合，让优质广播节目和新媒体产品相互引流，同时发力探索"广电+文旅"跨界融合新路子

全媒体时代，受众获取信息的渠道更多地从传统媒体向新媒体转移，处于这样的大环境，广播媒体不可避免地陷入到达率受损、影响力下降、发展举步维艰的困境。加快推进媒体融合，实现转型发展，成为广播媒体迫在眉睫的现实问题。广西台各广播频率坚持内容为王，让优质广播节目和新媒体产品相互引流，实现线上线下同频共振，在扩大传播力引导力方面成效显著。一批广播新媒体账号影响力不断提升。广西教育广播930老友记微信公众号、抖音账号、微博账号用户量均超100万，广西文艺广播微信公众号用户量突破100万。

2024年广西"三月三"期间，广西台围绕"潮起三月三 奋进新征程"活动主题，发起#浪漫三月三春从广西来##广西三月三多巴胺狂欢#等71个网络话题，相关新媒体产品全网点击量16亿次，151次登上热搜榜。2024年年初，广西与黑龙江南北互动成顶流。广西台全台统一策划推出系列融媒体主题报道，话题#小砂糖橘宝贝回家了#登上微博全国热搜榜第32名，广西经济广播原创相关系列短视频总浏览量破亿。

对新媒体平台，广西台秉持不求所有、为我所用的原则，放弃投入大量资金去建设、运营自有平台的做法，积极拓展与第三方平台的合作。台里与抖音持续合作开展"合声计划"，组建运营团队，为台属合声主播提供直播技巧、内容策划服务，旨在通过与抖音直播长期深度合作，孵化更多具有流量优势的主持人KOL账号。目前，合声主播已完成年俗文旅、"三月三"、世界读书日等594场主题抖音直播活动。其中，广西文艺广播主持人人海的"中国旅游日"山水秀场直播获抖音全平台画风TOP1主播。

同时，广西台各广播频率深耕融媒体新模式，发力跨界融合，探索"广电+文旅"的路子。广西教育广播参与出品的微短剧《孤单旅行团》讲述一群孤独人士在春节组

团旅游,在广西桂林打卡象鼻山、龙脊梯田等景点,被美景美食和同行者疗愈心灵的故事。该剧较好地把广西山水旅游资源呈现给各地用户,2024年2月推向市场后,播放量迅速突破1亿次,入选全国100部"跟着微短剧去旅行"优秀微短剧第二批推荐目录作品,也入选国家广电总局主办的第9届海峡两岸青年网络视听优秀作品展10部最佳作品之一。

在2024年4月举行的"广西三月三·八桂嘉年华"文化旅游品牌活动期间,广西经济广播以"水果自由来广西"为主题,创意策划并搭建了超800平方米的互动展区,设置了水果融媒直播间、创意打卡墙、水果超市等丰富多彩的主题场景,让游客和网友感受到广西"三月三"的"多巴胺快乐"。融媒项目《广西三月三空气都是水果味》将文旅产品与消费场景有机融合,从179件海内外作品中脱颖而出,荣获第19届"东方畅想"广播创新活动——"品质新声 融媒案例"。

三、用产品思维打造品牌节目,以用户精准画像找准节目定位,强化互动服务,让节目牢牢黏住用户

融合时代,内容就是产品,受众就是用户。产品思维的核心是用户。广西台各广播频率强化产品思维,通过对用户精准画像后量身定制出多档垂类节目,根据用户体验及时修正节目形态,还找出关键用户为他们提供高价值服务,增强节目对用户的黏性。

2024年上半年,广西教育广播针对市场变化和受众需求,新推出《消费新主张》《老友酒馆》等网络融媒体节目,继续锁定目标受众群。广西文艺广播强化FM950的音乐属性,重点打造《国风有新声》《950音乐榨菜》等线性音乐单元,提升节目可听性。广西交通广播锚定"大交通"定位,《交广大家帮》《走读广西》等节目不断丰富有车生活。

黏性增强促进节目传播力影响力持续回升。由广西经济广播参与举办的2024世界奶茶节于9月26日至28日在南宁举行,活动通过线上广播和新媒体平台同时发出邀约,吸引了上百家奶茶及供应链品牌企业参展,16家企业初步达成合作意向,预估年意向订单合作金额达3000万元,活动现场3天人流量15万+,产出奶茶10万+杯,全网话题曝光1.5亿+,在传播广西作为新茶饮辅料资源"一站式采购"的头部品牌地位方面成效显著。该活动的成功举办有力地印证了广西台广播节目影响力的回升。

媒体融合是一项系统工程。党中央给主流媒体提出了"构建适应全媒体生产传播工作机制和评价体系,推进主流媒体系统性变革"的最新要求。省级广播媒体深化融合,实现高质量发展,方向已明,路在脚下,我们将不辱使命,继续探索。

跨界探融合　声音造奇迹

骆 伟
河北广播电视台
交通频率群总监

一、广播融媒转型面临的痛点

广播转型目前面临诸多问题，我经常问自己三个问题。

1. 视频强势崛起，广播何去何从？
2. 广告持续下滑，平台如何生存？
3. AI迅速发展，广播如何借力？

于是我们从转型、生存、发展三个方面开始了探索。

二、河北交通广播融合发展路径

（一）解决转型问题：三级办视频　打造"广播新视听"

为什么广播人要会做视频？电视都发展这么困难了。

价值导向方面，抖音、快手等一大批以视频分享为代表的App迅速崛起，音频价值被低估，单一广播渠道影响力在下降；受众体验方面，在信息爆炸、媒体多样化的时代，视觉对信息的刺激比听觉更丰富；传播渠道方面，视频比音频在互联网上更容易裂变。做视频的人在哪儿？转化一批，引导一批，引进一批。尝试构建简介广播特质并与新媒介深度融合的传播新场景。

1. 第一级平台：频率办视频

转化一批，传统的广播端要下决心减产能，一批懂摄像、会导演、能剪辑的新广播人要转化起来。我们提出记者要会摄像、小编要懂剪辑、制片人要能做导演。河北交通广播一直有一档汽车维权节目，收听率也不错，但最大的问题就是挂电话商家不接受采访，与互联网各类打假主播相比，新媒体端不好展现，影响力逐渐衰减。2022年"3·15"全媒体节目"992特报团"正式上线，音频端不接受采访，视频直播直接去，很多现场鲜活的素材被采集，短视频很受欢迎。

将"听"路况升级为"瞰"路况。

将"听"应急直播升级为"看"应急直播。

2. 第二级平台：节目办视频

引导一批，通过绩效考核这一指挥棒，鼓励各栏目组制作融媒体节目。推出旅游节目《小镇故事多》系列专题片，推广河北乡村旅游品牌；推出民宿体验类融媒节目《一天零一夜》系列。

3. 第三级平台：个人办视频

培育多元IP创新，探索更大变现机遇。引进一批，专业的人做专业的事，用精品内容扩大广播影响力。视频制作团队还凭这条短视频获得央视《中国短视频大会》视界赛道年度十佳荣誉创作者。

在一切生产力中，人最重要、最核心。只有重组广播的生产结构；重造内部的生产关系；重塑具有新媒体思维、融媒手段的新广播人，才能让广播走得更快一些。

（二）解决生存问题：广播造"新岛" 打造IP生态圈

如果把广播平台比作一座"岛"，现有"岛"的产出已经不能满足广播人的生存，这就需要我们去造"新岛"，去打造具有持续造血功能的新IP生态圈，我们提出"聚用户、建社群、拢数据、做服务"的营销理念。

"新岛"之一：打造系列大IP活动。打造"河北汽车文化节"品牌，目前已成为河北省规模最大、消费最高、最具影响力的汽车消费展，单展会带动消费近10亿元，2024年参观人数达到14万人次；打造以爱心助学、爱心送考、跨年爱心盛典为代表的系列"公益+"活动，在传递社会正能量的同时，将晚会搬上"卫视"的舞台，开创了交通广播领衔做卫视跨年晚会的先例；打造了全新的广播视频直播间，策划推出全国首档音视频沉浸式季播音乐节目《闪光的你》，以活动带动收听，音视频同步竖屏直播，让大学生重回广播，全网浏览量3.8亿次，收听份额由9.04%上涨至14.04%，创下历史新高。

活动IP是什么？是为平台赋能，引导行业关注进而带来广告收益的措施，仅承接外部合作方大型活动具有短时效益，以平台自身为中心，多方受益打造设计的产业活动项目生命力会更强。

"新岛"之二：研发特色产业项目。2022年3月23日，自主研发"992代驾"项目，省会日订单峰值1182单，全省在职司机人数600多人。研发上线"992代检车"和"992

代客泊车"等服务。

"新岛"之三：乘势发展电商平台。新闻考验从业者的敏感度，经营同样是，"1024乐商城"在2021年迅速崛起，建立起广播听众、微信粉丝、商城用户、私域复购的有效转化链路，有别于很多媒体电商的是，平台具有自主选品能力，仅以快消品为主体的平台，2024年GMV将突破6000万。

（三）解决发展问题：AI赋能广播 构筑新质生产力

智能时代AI能帮广播做什么？我们依托自己的"视频实验室"也稍作尝试，还很稚嫩。

1.AI技术迭代广播节目服务力

AI智能语音系统播报用它播报新闻、播报路况，这项技术很多广播的同仁早就在用了，在一定程度上起到降本增效的作用，我们目前在微信上尝试路况信息库的建立和整理，利用语音唤醒，数据运算，智能回复等功能，打造具有交通特色的智慧语音服务，让数智广播的服务更加便捷。

2.AI技术延拓广播应用场景

2024年农历二月初二，推出我台首支全流程AI制作短视频《龙抬头》，用电影级的手法讲述传统节日背后的传说故事。

2024年5月，首次使用AI技术赋能2024河北（第十二届）汽车文化节：一是复活再现"现代汽车之父"——卡尔·本茨，并现场与主持人互动对答；二是以AI全流程制作完成开场视频，去深度展现汽车在产业发展中的角色变化；三是推出我台首支原创AI全流程制作歌舞节目《SPPED UP——就现在》。

3. 将文生视频升级为音生视频

这段时间我们在作尝试，以AI技术还原"古人"虚拟形象，将原音频节目《古人泰酷辣》，升级为有趣、有料、有知识的融媒体视频节目。其实这比很多大场或者兄弟台的制作还显得很稚嫩，但这种尝试对广播来说何尝不是降本增效，打破视频制作技术壁垒，控制人员成本的措施？我们没有更多调动科研资金和招募技术研发人员的能力，但是我们一定要有应用最新技术的手段。

广播人要始终保持旺盛的好奇心，能永远做第一个吃螃蟹的人、去跨越不同领域的壁垒，才能创造出真正意义上的融合+创新！

新闻广播　如何作为

王卫刚

江苏省广播电视总台
新闻广播总监

江苏新闻广播是全国第一家省级类型化新闻台，从 2007 年开播至今，始终坚持类型化新闻广播定位并不断守正创新，每天原创新闻栏目长达 16 小时。节目以权威性、服务性、贴近性、互动性在江苏地区享有很高的知名度和美誉度。2024 年，江苏新闻广播南京地区平均收听市场份额 36%+，高居榜首。

一、初心与底气

我们精心打造强势传播平台，树立了一批广受社会和市场肯定的广播节目，也收获了业界的高度认可，展现我们不变的广播情怀和新闻初心。

《新闻早高峰》：90 分钟单座主持类新闻节目，主持风格鲜明，曾被浙江大学、南京大学等学界作为研究对象。17 年一直高居收听市场最前列。收听率长期保持在 4% 左右，是全省和业界最具影响力的节目之一。

《晓东有话说》：强互动、高黏度的头部节目。2024 年初，《晓东有话说》联动江苏广播大蓝鲸客户端上线"过年回家带点啥"互动策划，超 200 万听众真情分享。节目从数千条留言中挑选连线对象，讲述中国人过年的温情故事，并赢得中石化品牌赞助。该策划将节目品牌、营销赞助、价值输出三方面有机结合，以策划撬动广告客户，再通过广告赞助反向强化节目影响力，为深度整合营销提供新思路。

《政风热线》：以舆论监督推进社会治理。

近年来，中国第四大淡水湖洪泽湖非法捕捞现象频发，违法分子在获取暴利的过程中，伤亡事件时有发生，且破坏了生态环境。记者调查揭露偷捕现象及背后灰色产业链，引发江苏省有关部门高度重视，成立工作专班开展非法捕捞综合整治行动，要求全省坚决打非断链，保护水生资源和生态环境。报道播出之后，抓好洪泽湖保护治理写入江苏省政府工作报告。

舆论监督是广播直播节目保持影响力的重要功能，坚持建设性监督，有效满足群众合理诉求，促进政策制度的完善，推动社会进步，广播节目大有可为。

《新闻评谈》：评论强台的决心和努力。

汇聚各方观点，解读热点事件，纵向深耕评论内容，横向延展互动形式。节目获评首届中国广播电视百佳，并被总局专报点评表扬。

最新统计显示，江苏新闻广播直播流在头部音频App年度收听次数4亿+；App年度累计收听人数6000万+。

守牢阵地是履行好媒体职责使命的前提，在新的传播格局和舆论竞争环境中，广播尤其是新闻广播应该首先强化平台打造，不能轻言放弃，盲目"转型"。

二、突破与创新

在移动互联网浪潮下，广播媒体积极探索实践融合传播，音频产品是优势突破方向。近年来，江苏新闻广播立足移动互联网平台，实施"短音频战略"，以多样态的音频产品释放声音力量，赢得大流量。

（一）立足节目　二次传播

王牌节目《军情观察》长期位于头条热播榜前10，累计收听达13亿次。除《军情观察》外，《晓东有话说》《新闻故事》《大林评论》《高爽说法》等节目在互联网平台也有不俗的收听效果。

（二）形式突破　重塑内容

1. 现场音响的新力量

《听见急诊室》：采访团队在医院急诊室蹲采超过5000分钟的原始素材，制作成5集时长8分钟，纯现场声剪辑完成的声音纪录片作品。全网点击量超600万，广播端收听触达数千万人次。

该作品获评第三十三届中国新闻奖、国家广电总局广播电视年度创新创优节目、中国广播电视联合会中国声音大会最高奖。

2. 访谈节目创新呈现

《百兽之王沈志军》：让静态访谈"动"起来、"活"起来。国际生物多样性日，主播对话近来火爆的南京市红山森林动物园园长沈志军，采用"主场景访谈+几组行进式访谈"的形式，带着受众走进动物园，生动呈现所见所闻所感，探讨生命的价值。

产品融合传播，音视频访谈节目、拆条短视频同步在微博、抖音、视频号上线。微博话题＃百兽之王沈志军＃登上微博同城热搜榜，总点击量超500万。

3. 声音资源的新开发

艺术党课《追光》用艺术呈现党史理论和新时代奋斗故事，通过主持人串讲、诗歌朗诵、沙画、短视频、嘉宾解读、记者讲述等形式，传送党的伟大领航，感受祖国的日新月异，激发全省干部群众的爱国爱党热情和身逢盛世的自豪感。

把采访的内容进行故事化的加工，变身为独家讲述资源，具有极大的现场震撼力，更是对媒体资源的充分利用。该项目通过线上线下融合运营，已走进全省近百个区县、街道、社区、企业单位，现场参与党员群众超5万人，全网视频观看量超千万。

三、不止于声音

（一）创意短视频实现主题报道有效传播

江苏新闻广播以精品创意短视频为载体，探索运用短视频的优势来提升主题报道的传播力，以轻量化传播手段实现重大主题报道全网广泛传播。

以全国两会为重大主题报道创新阵地，围绕政府工作报告解读推出一系列角度生动鲜活、创意出新的短视频，屡次获中宣部和国家广电总局表扬。

"报告里的我"，联动全国29家新闻（综合）广播，发起自拍短视频征集，展现基层小"我"的奋斗故事，火热征集联动覆盖大半个中国，有效触达亿万人群。

"水墨丹青看两会"系列短视频，将国画、书法艺术江山图传统文化和两会报道相结合，打磨"千里江山图"等产品，全网阅读量破千万+。

"数说两会——我是见证者"，国内各行各业的奋斗者，扎根中国多年的外国友人，以"见证者身份"在充满生机活力的工作和生活现场来解读数据，更有客观的视角、真实的力量、贴近的温度。

（二）以短视频引导核心价值观

短视频传播正能量情绪价值，极具网络传播优势。

新中国成立70周年之际，江苏新闻广播推出策划《我觉得，这就是爱国》选取外卖小哥、飞行员、青年演员、海外留学生等群体，表达核心论点——奋斗，做好自己的事，就是和平年代每个人爱国的样子。视频、H5发布后，一天时间收获全网点赞550万+。大蓝鲸上线互动专区，百万听众、网友分享自己的爱国行动。

主题策划既有微观感知，也有宏大叙事。新中国成立75周年之际，我们推出《华章》，通过对75年间一个个值得记忆时刻的回顾，展现其对当时和之后的长远影响，激发亿万中华儿女内心深处的共鸣与认同、自信与骄傲，并以此凝聚成持续奋斗的澎湃力量。

（三）短视频生产 IP 化

短视频专栏《心潮视频》在微博平台总播放量超 6 亿，产生了数十款传播超百万的爆款短视频，得到了《人民日报》、人民网、新华社、央视新闻、《环球时报》等央媒的多次转发。

《心潮视频》专栏紧跟社会热点。《以条热线全天候值守 32 年帮助近 20 万人》聚焦青少年心理健康，挖掘南京中小学生心理援助热线"陶老师"热线的温情故事。《"00后"在老年大学治愈焦虑》讲述老年大学里的"00后"教师和老年学生双向奔赴，倡导代际相融。多个短视频以温暖的触感直抵人心，均登上微博热搜，引发社会共鸣共情。

展现媒体实力，市场化运作拓展视频业务。江苏新闻广播联合常州天宁区，连续3 年主创冬训宣讲视频《常州"上新"》《常州好"丰景"》等，均成为全省评比的优胜作品。联合《群众》杂志深化党纪条例学习教育，主创《党性的光辉》微短剧。关注银发经济，培育"乐养在江苏"视频号，打造多个百万、千万级爆款短视频。

四、经验和思考

（一）音频产品具有强大的生命力

2022 年，全球播客听众数量为 4.242 亿，较上年大幅增加 4000 万（央广网）。艾瑞咨询发布《2023 年中国网络音频产业研究报告》，2023 年中国网络音频用户 3.1 亿（索福瑞的数据是 6 亿多），同时，出于旺盛的消费意愿和对生活品质的高要求，用户普遍对音频内容付费持积极态度，对契合个性化需求的优质内容不吝惜维持并增加相关投入。从广播的角度来看，也必须始终坚信，并持续打造音频新鲜感和吸引力，发掘音频产品的优势潜力。

（二）毫不犹豫地强化正向情绪价值

核心价值观同样可以引发强大共鸣，用正能量赢得大流量。"宣传也是生产力"。准确把握新闻传播新形势新特点，然后才能因时而变，顺势而为。不断创新内容、载体、平台、技术、体制、机制等，加快推动媒体融合发展。

（三）扬长避短拓展视频创作

广播机构做视频，须扬长避短，要充分发挥媒体获取选题的资源优势和讲故事的能力，在此基础上再兼顾画面和视觉效果。从传播的角度看，视觉画面和故事内容能兼顾当然最好，但从产品打造的角度看，能可持续生产才是关键。

（四）提升适应新传播格局的内容表达能力

真正全媒体化的，是广播。图文音视频都能常态生产的，是广播。但在全平台更活泼、生动地表达内容，和受众之间的强互动、强转化等方面，广播尚有很大提升空间。

（五）新媒体运营仍缺乏"新媒体思路"

一手热搜事件的挖掘能力和影响力塑造待提升。爆款和单点突破确实不少，但媒体平台整体影响力仍面临重大挑战。人才支撑、技术支撑、渠道建设、成本控制等都是制约。未来的广播媒体，必须成为互联网上重要的内容提供商之一。

在技术浪潮的推动下，江苏新闻广播以"新广播"姿态主动融入新理念、新场景、新渠道。在始终占领权威音频传播制高点的同时，新闻广播更要用好互联网平台，坚持价值坚守与转型创新并重，在更大平台上拓展广播的广度、深度和力度。

从广播剧《南海榕》看广播内容如何扣紧时代脉搏

高明洁

深圳广播电影电视集团
广播融媒体中心首席

我是深圳广电集团广播融媒中心的主持人，这些年我一直在尝试声音内容的可视化、实体化和体验化，积极探索广播节目新媒体的市场化。

我主持的节目《快乐反斗星》衍生创作的120分钟动画片《星际奇缘》已经制作完成，入选了第13届德黑兰国际电影节特别展映和2024年韩国釜山国际艺术节。我和腾讯TME合作的影视作品《斗贼》同名广播剧，也是"2023腾讯TME年度经典榜单专辑"。由我带领团队创作的广播剧《疍家小渔村》《罗湖桥》《南海榕》3次获得中宣部"五个一工程"奖，2024年还创作了以霍英东传奇一生为主线的《我的中国心》。这些年在广播剧的策划和创作中，我也有一些体会，以《南海榕》为例，向大家分享。

一、把握"时代主题"，坚持以人民为中心展开创作

《疍家小渔村》《罗湖桥》《南海榕》《我的中国心》都是紧扣重大历史时点的时代背景，通过典型人物、典型故事、典型场景，映射时代潮流，传递主流价值。《南海榕》的故事，历史跨度超过了40年，所涉及的人物、历史原型和故事非常多，除了小平同志外，剧中很多人物的原型都以丰富史料为基础，又进行了深度提炼，通过不断的戏剧冲突为之"赋能"，展现出了丰富的人物个性和闪亮的品格。为了更真实地还原历史情境，我们团队花了一年半的时间开展调研工作，翻阅大量文字资料，实地走访专家学者和各类展馆，同时邀请中共中央党史和文献研究院专家担任该剧总编审。历经3

年，该剧才完成走访、调研、构思、策划，最终制作推出。由《疍家小渔村》《罗湖桥》《南海榕》3部作品构成的"深圳三部曲"，记录了中国改革开放40多年来波澜壮阔的发展，以声音艺术致敬了这一伟大历程。

二、讲好"深圳故事"，以小切口呈现大格局

《疍家小渔村》《罗湖桥》《南海榕》3部作品，都以小切口来看大时代，以深圳故事呈现大格局，紧扣时代脉搏。《南海榕》的故事跨度超过40年，我们选用了具有时代象征意义、广东最常见的南海榕为核心艺术意象，用发生在首都北京和特区深圳的两条并行的故事线索，折射出深圳走过的改革开放进程，见证了中国走向繁荣富强的历史，成为中华民族迈上伟大复兴之路的声音印证。

《南海榕》讲述的故事发生在20世纪70年代末，改革开放总设计师邓小平做出了建立经济特区的历史性决策。同时剧中的主要人物还有在深圳的一支建筑工程队、一个参加特区建设的工程兵连队和一些有意向投资内地企业的港商，每个人都投入时代的洪流中。

前3集的内容是："时间就是金钱，效率就是生命。"这样的特区观念，一石激起千层浪，影响着时代浪潮中的每一个人。主人公琼花和周连长在改革开放一线的惊涛骇浪中不断成长，在"姓资姓社"等争论中洗练着改革先行者的本色。1984年，邓小平第一次南巡，做出了"深圳的发展和经验证明，我们建立经济特区的政策是正确的"的战略判断，犹如定海神针，增强了特区建设者的信心。1992年，他再次视察南方，在深圳亲手种下一棵榕树，寄望特区在改革路上一马当先，响应号召。以琼花和周连长为代表的建设者在改革开放的奋进历程中不断劈波斩浪，他们的个人命运也在这片热土上跌宕起伏，见证了这片土地上的传奇。第4集的剧情是：莲花山下，杜鹃正红。党的十八大以后，习近平总书记离京考察第一站就来到深圳，在这里再次种下南海榕。中国特色社会主义进入新时代，深圳扛起了新使命。琼花等深圳第一代改革者遇到了新机遇、新挑战。前海大开发，再次唤起了他们的新时代拓荒牛精神，续写崭新的春天故事。两棵迎风摇曳的南海榕，见证着这个伟大时代的不朽传奇。

《南海榕》的两条叙事线明暗交织：一条主要的叙事线聚焦基层的改革奋斗者，另一条叙事线聚焦伟人，讲述党和国家对改革开放事业的推动。听众在听的过程中好像是在观看一部历史大片，我们在剧中放入了很多当时年代的流行歌曲，比如《年轻的朋友来相会》《在希望的田野上》《我爱你中国》《春天的故事》等，这些歌声也好像是不同年代历史的温度，通过声音的艺术，在听众的耳边滚烫。为了让历史的声音逼真重现，我们在制作中调用了大量采样音效，比如蛇口工业区开山第一炮的原声、香港回归交接仪式的原声等，让听众有身临其境的感受。同时，我们也刻意在剧中放入了很多广东元素，如广东方言和广东音乐等，凸显浓郁的岭南风貌，整个剧的音乐创作、

人物言行、环境设置都经过精心设计，地域特色鲜明，特别是把岭南地区人民喜爱的"榕树"设计成为核心意象，以树喻人、以树映史、以树现精神，极大增强了作品的艺术表现力和文化共鸣。中国的改革之路波澜壮阔，充满艰辛，读懂历史、悟透历史，再去重现历史，就足以为这部属于深圳的作品带来充沛的故事性。

三、打造"精品工程"，把守正创新作为立身之本

深圳市委、市政府一直在狠抓重大主题宣传和精品工程建设，集团一直从队伍建设，机制配套、资源整合等方面狠抓，为精品生产提供制度保障。我有三点感受特别深：一是集团培养全员精品意识，将精品创作和日常节目生产相集合，鼓励我们一线业务部门不断创新创优；二是集团健全完善精品创优激励机制，持续激发创作队伍的创优热情；三是集团一直重视重大题材、重大时点精品的策划组织生产工作，根据项目情况，抽调骨干、建立专班、整合资源、推出精品。我们团队10年来共3次捧回中宣部"五个一工程"奖，实际是得益于市委宣传部和集团坚持长期打造精品工程的氛围和机制。根据市里对宣传文化建设工作的整体部署，集团将继续加快深度融合，2024年年底深圳广播也会再次改革，将成立面向精品创作、面向音频产业市场的"声音工作室"，希望可以生产出更多"网感强、样态新、互动强"的爆款IP，不断擦亮品牌建设，提升传播力。作为业务骨干，我们一线团队将坚持守正创新，以深圳先行示范的生动实践去激发文化创造的活力。

唯有每天奔腾不息的生活，才是艺术永远的底色。置身新媒体时代洪流，内容永远为王，紧扣时代脉搏，形式紧贴用户需求，就抓住了变动的流量密码。相信广播未来的人，也是期待明天的人。

广播 IP 如何立足当下，做深做精产业
——融媒转型下的广播发展路径探索

周 亮
陕西广电融媒体集团（陕西广播电视台）
文艺中心主任，
音乐广播、青少广播总监

发展新质生产力，做大做强广电主业优势

以"主业＋产业"为广播媒体融合转型发展目标，以产业链来重塑和布局内容生产链，坚持深耕地区资源优势和特色垂类赛道，创新整合、参与互动、跨界合作、技术赋能，坚持网生化、精品化、市场化，做优、做强、做大广播核心竞争力。

广播媒体在新形势下的定位思考

广播打破以频率内容生产和广告经营为自循环的狭小空间，打开边界，主动拥抱社会、经济、文化、生活、用户等真实需求，从大市场中求突破求发展。陕西广电融媒体集团文艺中心定位是音乐与艺术的运营商、文化资讯整合商、潮生活观点供应商、优质听觉视觉开发商、注意力经济制造商，以"壮大主流文化、彰显地域文化，根植传统文化、引领国潮文化"为己任，打造符合新时代传播规律和市场规律的全媒体视听 IP 产品。坚持"垂直化、场景化、产业化"，重构并实践新产品、新业态、新消费、新模式，稳步提升平台价值，为不同用户提供个性化服务。坚持内容生产与运营一体化，品牌 IP 化、IP 集群化，"强 IP""大 IP"一体多元、网生态、链条式运营，用 IP 聚集用户，用产品创造价值，聚合产业资源，打造"内容＋政务商务服务"的经营生态。全面提升内容影响力，实现商业模式迭代升级。

音乐广播的新质生产力

文艺中心两套音乐频率（FM98.8 陕西音乐广播、FM105.5 陕西青少广播）在长达

20年的深耕精种下，拥有了不俗的市场口碑和良好的用户基础，但如何将唱歌转变为歌唱，关键要从市场找出路。2023年中国音乐产业总规模约4696亿元，同比增长10.75%，音乐消费呈现蓬勃活力。围绕着音乐产业在核心层、关联层、拓展层的三个层次，文艺中心布局内容生产链，其中包括核心层的"音乐IP版权"和"音乐演出"、关联层的"音乐教育培训"及拓展层的"音乐评奖与排行榜"，我们明确"以产品为核心，以市场为导向，以创造用户价值为根本"，深耕音乐、演出、少儿、国潮等资源高度适配、市场规模稳定增长的板块，通过时间变现、品牌变现、用户变现，有效解决广电变现的难题，实现价值转化。

实践路径一：做大做强IP

《西安人的歌》这首原创歌曲是文艺中心音乐人程渤智在2016年创作首发，2022年文艺中心将其创新发展为融合广播音乐栏目、大小屏音乐综艺视频节目、活动比赛、演唱会等IP集群，两年内先后制作推出6季节目，IP全网收获流量破100亿，屡屡被央视、新华社、人民网等央级媒体采用转发。国家广电总局评价其是"陕西独特文化传播的典型载体，营造出'中华优秀传统文化出圈'的媒介景观，展现了陕西广电融媒体集团显著的IP运营能力"。音综节目累计招商达626万元，2023年全国落地巡演，实现了集团重大精品的项目盈利，IP更成为"文旅融合"模式下的爆款、流量入口和地方政府提振消费经济的重要抓手。

文艺创作离不开广大人民群众，群众在哪里，我们就在哪里；用户在哪里，我们就在哪里。"在鱼多的地方下网"，实现从"送文化"向"育文化"的转变。目前《西安人的歌》正全力打造全民秀场（Xi'an Live Show）。项目选址在西安大唐不夜城，建立融合广播电视网络一体化的透明直播间。文艺中心以打造集团在全网头部IP为目标，联动集团各中心和公司，将集团旗下各优质IP场景式下沉、沉浸式体验，广电XR、VR、大空间新科技赋能，全民参与的"大唐TV秀"与广电MCN"男团女团直播秀"结合，流量爆款与口碑效应相得益彰。坐拥长安盛唐文化，集团的主持人就是国潮代言人，线上潮生活与精品艺术百花齐放，线下汉服与国潮音乐节是最强搭子，原创爆款与联名文创各领风骚，"国潮正当时"为内容供给侧带来充足的想象空间，释放强劲生产动能，《西安人的歌》全民秀场，实现广电品牌视听能量的集中输出。

实践路径二：做深做精产业

文艺中心旗下星势力影视文化传播有限公司拥有集团唯一的国内外演出资质，我们曾经创造了令业界瞩目的成绩，2015—2019年演出总场次超过150场，观演人数超过30万人次，收入超过6000万元。

2023年，国家发展和改革委员会发布《关于恢复和扩大消费的措施》，有力推动了包含音乐演出在内的文化娱乐产业消费的强劲反弹。大型演唱会、音乐节数量激增，关注热度空前，总体市场规模达到264.19亿元，同比2022年增长122.33%。2024年以来，我们及时调整产业内容供给侧，优化《西安演出指南》等融媒产品，并迅速上线"超麦购票小程序"，线上吸粉，线下参与了陈奕迅、张学友、Westlife 西城男孩、草莓音乐节、银杏音乐节等 30 余场演出活动，业务收入呈阶梯式增长。下一步工作重点是创新运营机制，合纵联合拓展产业资源，重塑我们在大音乐时代的市场定位；与粉丝强链接、稳黏性，再造自主演出品牌，打造一系列的"西安人的音乐节""西安人的脱口秀""西安人的网红盛典"等，挺进产业核心，形成产业闭环，快速成长为本土音乐演出第一品牌与交易平台。全国省市级音乐广播如江苏音乐广播、湖北音乐广播、广西音乐广播等都做出了令人瞩目的音乐演出产业成绩，大家也都达成共识，组建以音乐广播联盟为主导的合作体，联制联营，资源共享，利益共赢。

2023 年，音乐教育培训产业总产值 1616.7 亿元，同比增长 14.6%。其中音乐考级产业总产值约 1494.58 亿元，音乐艺考培训总产值约为 122.12 亿元。未来线上线下相结合模式（OMO）将成为音乐教育行业发展的主流形态。文艺中心深知数字背后的机遇，多年来一直致力于打造少儿文艺 IP，陕西少儿春晚与陕西少儿文艺账号业已成为集团乃至全省少儿的头部品牌，下一步，我们在集团层面整合少儿文艺资源，线上 IP 赋能冲入全国全网，线下落地陕西广电少儿艺术团、合唱团，与全国广电同仁携手实现"规模经济"的发展态势。

新案例　新经验　新价值
——广播行业洞见

赵黎黎
央视市场研究（CTR）
媒介智讯总经理

当前，国内经济正在以稳健的步伐向前发展。根据国家统计局的数据显示，2024年上半年GDP增长5%，全国居民人均可支配收入增长5.3%。随着国家经济环境的持续向好，消费促进与扩大内需成为主旋律。商务部将2024年定为"消费促进年"，并通过一系列的举措进一步激发消费市场活力。在刚刚过去的2024年国庆假期，据文化和旅游部的数据显示，出游人数同比增长5.9%，出游消费增长达到6.3%。可见，当前市场的消费意愿回升，市场整体焕发活力。

然而从营销市场上看，2024年广告主的营销预算投入更倾向于维稳。CTR与中国传媒大学联手发布的广告主营销趋势调查的结果显示，不增加营销费用的广告主占比达到75%，而这种趋势在我们收集的广告花费数据上也有所体现，2024年1—8月广告市场同比增长3.1%，相比此前，2024年的增速在放缓。

作为主流媒体的重要组成部分，广播广告的收入在波动中展现出降幅收窄的趋势，月度花费持续波动，近几个月的同比和环比有明显回升。

从行业投放角度看，广播广告的主力行业如食品、商业及服务性行业、娱乐休闲的广告花费同比都有提升，值得一提的是，食品、商服对广播广告的增收贡献。作为广告行业的支柱型行业，食品行业2024年1—8月在全媒体的花费同比下滑了5.5%，而在广播广告的投放中却呈现了9.3%的增长，涨幅高于该行业在全媒体的投放增长，表明广播广告在支柱型行业中的吸引力增强。

广播广告作为主流媒体的重要组成之一，凭借主流媒体价值优势，吸引了众多大型企业的积极投放。从广播广告的投放数据看，教育培训、家电企业、通信企业、电信运营商等均在广播广告显著增投。从广告主的调查结果看，超过九成的广告主认可主流媒体新媒体在内容公信力上的优势，超三成的广告主看重其在资源联动、内容合规性和流量获取等方面的能力，从而促使更多预算向主流媒体倾斜。

广播媒体的创新从未停滞，始终积极探索新的增长路径。总结表现为五个方面。

第一，广播媒体近年来积极打造多渠道传播方式，不断突破音频媒体的局限，尝试多种媒体融合方法，从传播方式、互动方法、服务能力等多方面创新提升。云听、听听FM、阿基米德等优秀的广播电台App，将原电台的优势集中输出到互联网化的应用中，为听众提供多元化的节目和互动方式；广播媒体也积极建立自己的官方微信、微博、短视频账号等，建立粉丝互动渠道，拓展广播内容传播的方式；车载收听人群是广播收听的主力军，随着汽车产业的快速发展，从收音机、车载广播到智能车机，收听广播节目的工具越来越智能化，与车企合作，将广播集成在新媒体平台，拓宽了广播的传播渠道。

第二，广播媒体的内容丰富多元，通过持续打造多元内容形式，例如有声书、广播剧、知识课程等，满足不同听众的收听需求。云听在热播剧《庆余年》（第二季）播出前，推出《庆余年》总台主持人版有声书，不少观众评价其为"神仙阵容"，吸引众多听众收听。北京广播电视台的燃剧社以打造广播剧IP为核心，进行广播剧、有声剧、微短剧的内容创作及市场运营，促进北京广播电视台的媒体融合转型及优质融媒体内容生产，实现社会效益和经济效益的双丰收。2024年5月精品广播剧《马兰的歌声》在北京、河北两台多频率播出。此外，利用App平台进行多重内容创新，例如云听提供的知识课程类产品。这些多元的内容，不仅为听众提供海量收听资源，也为品牌营销提供多样化、个性化的选择。

第三，打造线下互动场景，构建品牌交互场所。广播媒体以声音为载体，通过打造创意线下互动场景，为听众提供事件化沉浸体验，如杭州FM90.7城中山野艺术生活节，瞄准当代年轻人对咖啡、集市、露营、音乐节等元素的追求，联合宝马、奔驰、沃尔沃等10家品牌举办小型车展，打造沐心岛网红露营打卡地，在现场还设置了帐篷互动体验区，满足各阶层群众对吃喝玩乐的需求。此外，从兴趣入手，通过深入兴趣用户的活动场，与受众实现深层互动也是较为创新的方式。如云听携手中央广播电视总台"总台IP进校园"走进北京航空航天大学，与学子们亲密接触，增强体验感。

第四，随着电商、直播等模式的兴起，广播也积极与这些新模式相结合，创新"广播+"从"听"到"买"，实现品效兼顾。如原产地电商模式，联动全国68家广播媒体，开启原产地电商模式，主持人实地探访体验，安利好物，实现单品单日传播影响人数突破5亿，同时促进销量转化。

第五，打造广播实体空间，将广播文化融入城市生活是较为新颖的一种模式尝试。通过对多元文化和生活体验的杂糅，碰撞出新的创意与新鲜感。例如，上海的"愚园路电台"，它既是网红打卡点又是街角咖啡厅，还是城市会客厅，以及电台主播的工作场，在广播文化的沉浸之下，多重场景和文化的碰撞融合，呈现出全新的广播文化，是广播媒体在实体空间领域的突破创新。

展望未来，广播将围绕更智能、更创新、更个性、更具参与感的方向展开，推动行业不断向前发展。通过数字化与智能化融合、跨媒体与多渠道融合、内容创新与品质提升、打造受众细分与个性化、增强互动性与参与感等方式，广播媒体将为广大听众和广告主带来更多新体验和新价值。

我们相信，蓄力创新发展之下，声声不息，广播行业将用新发展，开启未来美好的新篇章，CTR也愿意通过我们专业的市场分析和洞察助力行业发展。

03

配套活动

北京之夜
政策信息发布和交流会
创投会
纪录片提案大会
电视剧创作大师班
北京纪实影像周系列活动
"科影融合 AI 赋能——AIGC 与视听产业发展"交流讨论会
"北京到底有谁在"创作行

北京之夜

时　　间	10月10日 19:00—20:40
场　　地	郎园 Station 准点剧场
指导单位	国家广播电视总局、北京市人民政府
主办单位	北京市广播电视局
承办单位	北京广播电视台

2024年10月10日晚,一场汇聚广播电视及网络行业精英的活动——首届中国广播电视精品创作大会·北京之夜在京成功举行。此次活动以展示和推介广播电视精品为核心,旨在推动行业创新与发展,吸引了众多领导、嘉宾及媒体朋友的热情参与。

为进一步推动广播电视精品创作,国家广电总局与北京市人民政府联合主办首届中国广播电视精品创作大会,以精品为约,聚创作之力,启发展新篇。"北京之夜"作为此次大会的重要活动之一,深入贯彻习近平文化思想,在习近平总书记主持召开文艺工作座谈会并发表重要讲话10周年之际,大会现场全面盘点"北京大视听"文艺精品项目,发布"北京朝阳建设国际一流影视制作基地计划",启动"北京大视听"金融助力计划,推介多部正在创作的电视剧、纪录片、网络文化节目,举办2024年北京广播电视网络视听发展基金项目和公益广告扶持项目推优仪式,全方位、多角度展现"北京大视听"精品创作成果。

活动伊始,伴随着"北京大视听"精品创作集锦短片,天使童声合唱团带来动人的歌曲《星辰大海奔你而来》,为现场营造了浓厚的艺术氛围。

国家广电总局党组成员、副局长朱咏雷,北京市副市长司马红上台致辞,表达了对首都广播电视事业发展的殷切期望和对本次活动的祝贺。北京市广电局党组书记、局长王杰群发布了"2024年北京大视听文艺精品项目",共计120部作品,覆盖电视剧、电视动画片、电视纪录片、广播电视节目、网络剧、网络电影、网络微短剧、网络动画片、网络纪录片、网络文化节目、网络综艺节目11个类别,展现出首都视听文艺领域主题鲜明、视角多元、品类丰富的创作格局。

活动中,多部优秀电视剧、纪录片、网络文化节目的主创代表进行了精彩推介。电视剧《安全危机》《人鱼》《嘘,国王在冬眠》《有你的时光里》《即刻上场》,纪录片《何香凝》,网络文化节目《闪耀吧!大运河》的导演、制片人及主要演员分享了创作心得和幕后故事。其中《安全危机》导演刘江,主演张鲁一、高圆圆的精彩分享获得掌声不断;悬疑剧《人鱼》主创带来的剧情线索,引发了现场观众的浓厚兴趣;电视剧《嘘,国王在冬眠》将为观众展现全民冰雪季的时代号召,该剧选取国民参与度极高的冰雪运动作为背景,希望借此更好地推广中国冰雪运动;电视剧《有你的时光里》,主创分享职场金句台词,进行台上台下轻松有趣的互动解读;电视剧《即刻上场》主创则为更多即将就业的年轻人"答疑解惑",分享初入职场的感悟;网络文化节目《闪耀吧!大运河》在中国大运河申遗成功10周年之际正式启航,即将为大家呈现一场运河之魂的流淌与传承。纪录片《何香凝》则由主创介绍了该片聚焦我国近现代著名的民主革命家何香凝的事迹,旨在展示何香凝为社会主义革命和建设、为祖国的团结统一事业、为加强同世界各国人民的友谊和争取世界和平作出的贡献。

值得一提的是,2024年北京广播电视网络视听发展基金的发布成为本次活动的亮点之一。该基金旨在扶持和推广优秀的广播电视和网络视听作品,为行业发展注入新的活力。活动现场，相关领导及多位重量级行业嘉宾为72部优秀项目代表颁发了证书。

同时，在此次"北京之夜"活动中，朝阳区发布了"北京朝阳建设国际一流影视制作基地计划"，大力推动影视拍摄服务高质量发展，全力打造国际一流、国内领先的影视制作基地。北京银行携手北京市广电局，重点围绕"北京大视听"文艺精品项目库，倾心打造——"北京大视听金融助力计划"，共创新时代视听佳作，守护首都视听璀璨，以金融引擎助推精品项目的创作生产。

与会者纷纷表示，首届中国广播电视精品创作大会·北京之夜是一项聚集创作资源、鼓励文艺创新、提振行业士气的活动，全方位展现出首都文艺创作新气象、新活力和新趋势。希望本次发布的120部作品，能充分有效发挥示范引领作用，催生出更多具有首都特色、中国气派、国际视野的文艺精品。

文化是民族的精神命脉，文艺是时代的号角。习近平总书记强调："广大文艺工作者要坚持以人民为中心的创作导向，把人民放在心中最高位置。"[1]首届中国广播电视精品创作大会·北京之夜的成功举办，不仅为嘉宾带来了一场视觉与听觉的盛宴，更加激发了广播电视和网络视听行业的创作热情。让我们共同期待，在不久的将来，更多优秀的视听作品走进千家万户，丰富人民文化生活，振奋人民精神力量。

---

[1]《习近平：在中国文联十一大、中国协作十大开幕式上的讲话》（2021年12月14日），https://www.gov.cn/xinwen/2021-12/14/content_5660780.htm，2024年12月13日访问。

政策信息发布和交流会

时　　间	10月12日 14:00—17:00
场　　地	郎园 Station 橙色空间
指导单位	国家广播电视总局、北京市人民政府
主办单位	国家广播电视总局电视剧司、规划财务司，北京市广播电视局
承办单位	中广联合会电视制片委员会

影视发展扶持政策信息发布

共建"北京大视听"品牌 共创影视发展新未来

张 苏

北京市广播电视局
党组成员、副局长、一级巡视员

在9月19日"2024北京文化论坛"开幕式上，北京市创建"北京大视听"品牌成功入选"全国文化中心建设2023年度十件大事"，引发社会各界广泛赞许。

近年来，北京市广电局着眼做好首都文化这篇大文章，充分发挥首都资源优势，健全体制机制，逐步擦亮了"北京大视听"这张名片。为深入推进行业高质量发展，现将"北京大视听"品牌主要政策作如下发布。

一、以政策为引导，赋能产业发展

一是深入实施《关于推进新时代首都影视产业高质量发展的若干措施》。2024年2月，北京市出台《若干措施》，分别从强化政治引领、优化产业结构、加强创新能力、完善政策体系等方向，为影视产业发展提供支持与保障。

二是深入实施《关于推动北京动漫行业高质量发展的若干意见》。2023年9月，北京市印发《若干意见》，明确提出了六项重点工作。

三是制定出台《北京大视听公益广告精品创作提升工程若干举措》。2023年12月，北京市广电局印发《若干举措》，实现公益广告全链条、全要素的服务和管理。

四是制定出台《北京市关于支持超高清视听产业高质量发展的若干措施》。2024年，部市共同签署《"中国（北京）超高清电视先锋行动计划"合作备忘录》，我局联合有关部门发布《若干措施》，探索超高清视听产业发展北京路径。

五是制定出台《北京大视听"京琅琊"人才专项实施办法》。2024年4月，北京市广电局印发实施办法和2024年实施方案，为选拔培养行业人才提供了有力支撑。

二、以资金为支持，激发企业动力

一是设立超高清视听产业发展支持资金。支持范围为推动北京市超高清视听产业高质量发展有显著成效的项目。

二是设立北京广播电视网络视听发展基金。对优秀的广播电视和网络视听节目给予资助。资助方式分补贴和奖励两种。

三是设立北京市提升广播电视网络视听业国际传播力奖励扶持专项资金。专项资金为全国首支省级国际传播力奖励扶持专项资金，设立 5 年来已奖励扶持项目 473 个。

四是设立北京市广播电视公益广告专项资金。主要扶持广播类、电视类优秀作品和优秀传播机构 3 类，同时也特设扶持项目。

五是设立北京市广播影视春燕奖。"春燕奖"是北京市评比达标表彰项目之一，在人才评定、职称评审等方面极具含金量。奖项分为作品综合奖和个人单项奖，共 8 类。

六是设立北京市广播电视媒体融合发展扶持资金。主要支持融合发展模式探索、技术研发应用推广、媒体融合内容制作 3 大类项目。5 年来，共遴选优秀技术项目 200 多项，奖励先导单位 14 家，典型案例 32 个，成长项目 29 个。

三、以机制为保障，优化营商环境

一是提供高效便捷的注册和审批服务。制定开办影视企业注册指南，推广告知承诺制，设立许可证办理、备案公示和成片审查"绿色通道"。

二是提供优质的影视摄制服务保障。启动市区两级影视摄制服务机制，针对在京取景拍摄单位的具体需求提供服务。

三是实施"一剧一策"精品孵化服务。对重点剧目，建立"一剧一策"服务机制，实施全流程跟踪服务。

四是完善"一企一策"送政策进企业服务。为企业量身制定服务举措，协调解决实际问题。

在"北京大视听"工作机制的统领下，一大批立意高远、题材新颖、意蕴深厚、制作精良的京产作品闪耀大小屏，彰显了"北京大视听"品牌的时代魅力。下一步，北京市广电局将着眼更好地担负起新的文化使命，深耕"北京大视听"品牌建设，加大政策服务力度，促进行业繁荣发展。欢迎行业机构和企业积极参与，我们携手同行，共同书写新时代影视发展亮丽答卷。

建设习近平文化思想最佳实践地
加速建成上海全球影视创制中心

罗 毅
上海市文化和旅游局党组成员、副局长
上海市广播电视局副局长

新时代以来，上海围绕建设习近平文化思想最佳实践地的决策部署，全力打响"沪产电视剧"品牌，努力推出更多增强人民精神力量的优秀作品。《功勋》《超越》《大江大河》《三体》《风吹半夏》《繁花》等十余部作品先后荣获"五个一工程"奖、"飞天奖"、"白玉兰奖"、"金鹰奖"。2024年已有《城中之城》、《庆余年》（第二季）等9部剧集在央视黄金档首播并引发观剧热潮，数量创历史新高。

十年来的硕果丰收，离不开行业同仁的俯身耕耘、匠心细作。上海市委、市政府以及各级行业主管部门也在不断加强顶层设计、优化资源配置，逐步形成了有力推动行业发展的政策支撑体系。

一、市级层面相关政策

（一）上海市文化发展基金

上海文化发展基金会成立于1986年，是应上海文化事业发展需要而建立的国内最早的文化类公募基金之一。受市委宣传部和市财政局委托，基金会每年面向全社会接受本市文化艺术项目的申报，组织专家评审并对资助项目实施监管。目前，上海文化发展基金资助包含对电视剧、网络剧选题孵化、剧本创作、拍摄资助等方面的支持。

（二）上海市促进文化创意产业发展财政扶持资金

2010年9月，上海成立包括市委宣传部、市发改委、市财政局等17家委办局在内的上海市文化创意产业推进领导小组及办公室，主要职能是研究编制全市文化创意产业发展规划和政策，协调推进本市文化创意产业发展。每年开展的上海市促进文化创意产业发展财政扶持资金评审，包括在建扶持、成果资助和产业研究三大类。成果

资助类中设网络视听专项扶持资金，资金额度约为 680 万元。

二、影视摄制服务

2014 年 10 月，上海成立影视摄制服务机构，为各类主体来沪拍摄影视剧免费提供四大类 116 项咨询和协调服务。十年来，上海影视摄制服务机构不断创新工作机制、细化服务内容，逐步形成了一套符合产业发展现状、社会现实环境和上海城市特点的影视摄制服务体系，并因其高质量的服务，被许多剧组称誉为"超级保姆"和"总制片人"。

三、区级层面相关政策

近年来，上海各区也纷纷研究出台了一系列推动影视产业发展的政策服务。

（一）静安区相关影视政策

2014 年 6 月，按照上海市委、市政府重大战略部署，静安区最重要的影视产业载体"环上大国际影视产业园区"项目全面启动，着力打造"以全球化电影后期制作为核心的上海文化创意产业集聚地"。2017 年，静安在全市率先出台区级层面的影视产业专项扶持政策；2021 年，出台了 2.0 升级版产业政策，简称"静九条"。至今已累计支持影视项目 200 多个，拨付专项扶持资金近 1.2 亿元。

"静九条"的主要亮点有：一是吸引行业领军人物和头部企业入驻静安；二是丰富产业发展亟须的载体空间和平台；三是围绕技术研发、内容创意、金融资本、衍生开发等关键环节做深、做长产业链；四是推动产业发展成果为全城共享共用。

（二）松江区相关影视政策

2017 年，上海明确打造"1+3+X"影视产业发展格局、在松江建设国际一流的大型高科技影视创制基地即松江科技影都；2024 年，上海进一步提出构建以上海科技影都为核心的"1+X"影视产业发展格局，建设全球影视创制中心。松江区按照"科创芯""世界窗"的异质双核发展理念推进上海科技影都建设，目前已集聚 8000 余家影视企业。

近年来，松江持续升级完善影视产业政策，目前的《松江区关于促进上海科技影都影视产业高质量发展的若干规定》共 18 条内容，对影视企业重点项目建设、影视项目改造升级、影视后期制作、影视剧在松拍摄、获奖影视作品等进行扶持。截至目前，共扶持 144 个项目，合计拨付金额 7529 万元。

未来，上海将继续加强研究探索，从主体培育、分类管理、扶持激励、市场规范等各个方面，做好资源整合和政策创新，推动产业发展良好生态循环，激发行业创新创造活力，加速建成上海国际影视创制中心。

好政策赋能好作品
为打造更多传世之作营造优良环境

吴以桥

江苏省广播电视局党组成员、副局长

一、用好全程覆盖的扶持政策，为精品创作加油添薪

江苏省委宣传部、省广电局联合省财政厅作为政策施策主体，以重大题材文艺创作资助、优秀文艺成果奖励、广播电视发展专项资金精品创作扶持等政策为主体框架，形成了省级层面的广播电视精品创作扶持体系，实施全周期覆盖的分段扶持奖励。其中创作拍摄最高扶持1000万元，播出最高奖励500万元，获奖最高奖励300万元。近几年，我省用于精品生产的扶持奖励资金超2亿元，一大批优秀作品通过扶持奖励，取得了丰硕成果。例如，获得第34届"飞天奖"的电视剧《人世间》扶持奖励1700万元，实现了我省广电精品创作"立原攀峰"的历史性突破，扶持奖励政策的效果鲜明卓著。当前，我们联合省委宣传部、省财政厅正在进一步整合、优化政策资源，集中力量强化对广电精品创作的扶持和奖励，新的优化政策有望近期出台。

此外，我省13个地级市、2家国家级影视产业基地、9家省级广电视听产业基地也都制定了覆盖广播电视精品创作的扶持和奖励举措，形成了层次丰富、合力推进的广播电视精品创作扶持格局。例如，我省加大市场主体培育力度，指导协调南京江北新区成立扬子江数字视听产业基金20亿元，奖励扶持优质内容生产机构落户南京；无锡市对新增头部平台型投资项目，最高扶持1亿元。对重大单个项目最高扶持1000万元，播出最高奖励200万元，获奖最高奖励300万元，重大事项可"一事一议"给予重点扶持奖励。

二、落实供需相适的服务举措，为精品创作排忧解难

一是尊重艺术创作，强化服务效能。全面压缩行政审批和专家审核周期并向社会

承诺，首轮审查周期不超过 20 日。坚持专家独立审查和一剧一会的集体研究相结合，优化审查流程，确保审查意见坚持原则、尊重艺术、准确具体，具备帮助项目把握底线提升品质的服务价值。

二是发挥协调优势，拓展服务边界。配合不同项目的个性化需求，创造性形成了备案、完成项目专家论证、预审服务，特殊场地采风、取景对接协调服务，播出平台对接服务，等等，坚持"有求必应"，帮助创作主体解决实际问题。

三是打造数智平台，优化服务体系。2024 年，我们启动贯通线上线下的"苏服拍"广播电视和网络视听文艺创作服务系统建设，依托网络平台集纳省内广电视听文艺创作的政策、题材、企业、项目、外景、影棚、设备、服务等各类资源，提供智能化检索、查询、对接服务，系统目前正在进行后期测试，年内将正式上线，为全国影视机构在江苏开展精品创作提供服务。

三、坚持纵横对标的规划引导，为精品创作把舵定向

为推动发掘优质题材，有序推进精品创作。我们建立了电视剧、纪录片、动画片、网络视听重点项目库，按年度梳理更新，建档跟进项目创作、摄制、宣发、排播情况，努力实现在重大主题宣传中有作品，在重要时间节点上不缺位，强化广播电视文艺创作在配合中心工作、推动主题宣传、引领主流舆论方面的担当作为。运用纵横坐标法，将重点项目的创作规划与精品扶持、创作服务等挂钩，协同推进重点项目高效有序的精品化创作，形成储备一批、创作一批、播出一批的主题创作格局。

省市县联动　全流程服务
营造优质广电视听创作生态

徐　晓

浙江省文化广电和旅游厅党组副书记、副厅长

一、电视剧发展概况

近年来，浙江电视剧的备案立项、发证数量、央视播出、获奖数量都有一定的提升，提质增量比较明显。电视剧的备案、发证数量保持全国第2。多部作品央视播出，2023年有3部在央视一套播出、9部在央视八套播出；2024年已有2部在央视一套播出、6部在央视八套播出。第34届电视剧"飞天奖"，有4部浙产剧获奖，获奖数与上海并列第一，创历史最佳成绩。

二、出台立体扶持政策

通过设立专项资金、优惠政策、省市县三级联动等措施，采取前扶、中补、后奖的模式，全面扶持影视剧精品创作。

一是省级政策支持。在前扶阶段，浙江文化艺术发展基金，每年出资1.3亿元，单个项目资助金额1000万元，设立"一事一议"机制，资助金额可达2000万元。此次获"飞天奖"的《狂飙》等4部作品均获资助。2023年，电视剧项目兑付金额超5000万元。2024年在基金中新增"网络微短剧"子类型。在中补阶段，央视一套播出的电视剧每集补助25万元，央视八套播出的电视剧每集补助15万元。在后奖阶段，我们还将设立"之江潮"杯文化大奖，获"五个一工程"电视剧奖励600万元，获"飞天奖"的电视剧奖励500万元。

二是省市县联动机制。在省级政策的宏观指导下，全省11市90县区各级政府，制定出台影视扶持奖励政策，与省文化艺术发展基金形成互补、全覆盖，市县扶持资金与省级资金不冲突。2024年，杭州市余杭区率先出台2亿元的微短剧发展基金，制

定微短剧扶持政策黄金10条，构建微短剧全产业链。湖州市南浔区，对来浔拍摄的影视剧组进行转场费、主创人员交通费等一次性补助，2024年上半年支出扶持资金2000多万元。

三、营造优质创作生态

省政府率先出台《关于加快推进大视听产业高质量发展的实施意见》，因地制宜拓展大视听产业链、价值链，全力完善全流程服务，营造优质广电视听创作生态。

一是打响"浙产好剧"品牌。实施推出浙产好剧"四个一百"工程，遴选推介百个重要题材、提升百个影视外景拍摄地品质、重点培育百家具有成长性、创新性的影视剧创作生产机构，推出百部优秀影视作品，并对纳入工程名录的培育对象开展全周期管理。打造浙江影视拍摄"宝典"，组织创作更多具有浙江辨识度的"浙产好剧"。

二是项目全流程管理。深化实施工作推进专班机制、题材规划调整机制、剧本审读引导机制、拍摄跟踪督导机制、完成剧的预审机制、专家培训责任机制等六条全流程服务管理措施，实现从立项、拍摄、审片到播出全方位服务，争取让制作企业办事"零跑腿"。

三是加强动态管理。注重分级分类指导，动态管理年度选题规划、"十四五"重点选题规划，每年充实和更新重点创作题材项目库，建立策划一批、生产一批、储备一批的梯次推进机制。

四、提供全面"地接"服务

初步形成全产业链、全流程化的"地接"服务体系。

在支持服务方面，我们有省网络视听协会等5个协会。在横店、象山等6个地方设立网络微短剧地方审查分中心。每年举办中国国际动漫节等4项活动。培育了横店影视城、之江视听创新创业基地等国家级基地，23个省级广电视听类产业基地（园区），成立基地（园区）联盟。

在剧本孵化方面，我们有位于西溪湿地的之江编剧村，为来浙江创作的编剧提供吃、住、行一条龙服务，方便编剧深入生活掌握第一手素材。

在全域协拍方面，我们有之江影视拍摄服务中心，积极探索建立全省"一张网、一盘棋"的协拍联动机制。搭建"来浙拍"线上数字化应用平台，为来浙江拍摄的影视剧组提供"保姆式"服务。

深化"拍在福建" 深挖"福建故事"
——为影视精品创作生产打造有福之地

张文珍

福建省广播电视局党组成员、副局长

福建,是文化璀璨、群星灿烂的首善之区,是全国唯一以"福"命名的省份,是影视剧创作生产的有福之地。

一、福建是影视剧创作的资源宝地

福建是习近平新时代中国特色社会主义思想的重要孕育地与实践地;福建文化多元交融,"福"文化、红色文化、朱子文化、闽台文化、海洋文化、船政文化、侯官文化等多元共生、兼容并蓄;福建传承中原文脉厚重源流,开海洋文化外向气度,是古代丝绸之路的东方起点、21世纪海上丝绸之路的核心区。福建历史底蕴深厚、文化多元交融、侨台特色鲜明,是影视创作的题材富矿。中国之治福建实践,中国故事福建篇章,为影视剧提供了最丰富的创作灵感和创作素材。《山海情》《绝命后卫师》《绝境铸剑》《绝密使命》《爱拼会赢》《一诺无悔》《一代匠师》《幸福草》《破密》等一大批影视精品在这里孕育生产。为帮助创作者更好地找准选题,我们推出《闽派电视剧选题项目(第一辑)》30个福建故事;推动文学与影视双向奔赴,发布第一批具备影视化改编潜力的12部福建优秀文学作品。我们真诚欢迎各影视制作机构来闽采风采访、合作创作,共同讲好中国故事、福建故事。

二、福建是影视剧拍摄的首选之地

福建是中国最"绿"的省份之一,素有"天然摄影棚"之称,气候舒适宜人、基础设施完备、资源要素充沛,可满足剧组常年拍摄的气候需求。福建有山河湖海,有红砖青瓦,有坊巷烟火,古往今来东西方文明交织绽放;万国建筑、民间手艺、传统风味、民俗风情,应有尽有。福建多地影视服务基地,可满足剧组取景的全部需求;福建市市通高铁、县县通高速,立体化的交通网络,能满足剧组的高效转场。《开端》《对手》《以家人之名》《对你的爱很美》《向风而行》《春色寄情人》等每年100多部影视剧在福建取景拍摄。因此,"清新福建"能满足剧组常年实景拍摄、高效转场的任何需求。

三、福建是影视剧扶持的政策洼地

电视剧创作是一项系统工程。要出一部好的作品,不仅需要制作机构精心创作出来,还需要行政管理部门扶持推动。从2020年起,福建省级财政在已有的文化、文艺专项资金基础上,专门新设"福建省电视剧网络剧创作生产专项资金",旨在对电视剧采风、剧本创作、专题研讨、拍摄制作、宣传推广、对外传播、拍摄服务体系建设、重要活动,以及播出奖励、获奖电视剧奖励等创作生产10个环节进行全流程、全周期扶持。同时,构建了省、市、县相互联动、三级叠加的电视剧扶持政策体系,累计超4亿元专项支持,以政府扶持、市场运作,实现社会效益和经济效益有机统一。

四、福建是电视剧发展的服务高地

从2020年开始实施电视剧"拍在福建"推广行动,构建了"五个一"工作体系,为剧组来闽拍剧提供全方位的高效服务。一是一批协拍机构。每个地市都成立官方影视产业服务机构,实行"一窗口对外、一条龙服务",统一负责剧组来闽拍摄各项协调工作。二是一本服务指南。每年发布《拍在福建——电视剧拍摄服务指南》,全景式呈现福建各地影视拍摄取景地资源、全方位介绍福建各级影视产业扶持政策、全链条梳理电视剧拍摄服务流程等,努力实现"一册在手、拍摄不愁"。三是一个综合平台。上线"拍在福建·影视剧拍摄服务平台"微信小程序,设置拍摄景地、政策、群演、选题、案例等8个模块,1000个AR场景供剧组初步勘景选景,让福建拍摄资源资讯尽在"掌"中。四是一套便利措施。建立与中央和国家机关有关部委司局、省直行业主管部门、故事发生地党委政府间的高效协审机制,推行电视剧政务服务事项"一趟不用跑、最多跑一趟"、完成片审查"边剪边审边改,同步审查、一并修改"等具体举措,将电视剧审查时限压缩至法定的1/3。五是一组推广机制。建立联合宣传工作机制,让福建电视剧主旋律有高频率、正能量有大流量。福建服务宗旨就是坚持"随叫随到、说到做到、服务周到",让大家在福建好办事、快办事、办成事。

我们热切期盼广大影视制作机构来闽投资兴业、拍摄制作,在更加宽广的领域开展更深层次的合作,实现互利共赢、共同发展。

优政策　搭平台　强服务
努力打造最优内容创作生态

刘国华

山东省广播电视局党组成员、副局长

近年来，山东广电局认真学习贯彻党的二十大和二十届三中全会精神，深入贯彻习近平文化思想，按照"找准选题、讲好故事、拍出精品"，用好山东经济优势、文化优势、人才优势，组织推出一大批内容精品。如电视剧《幸福草》《南来北往》《警察荣誉》，网络剧《不完美受害人》《黑土无言》，网络电影《勇士连》《中国青年》等，做到了品质上乘、双效俱佳，纪录片《大河之洲》《大泰山》《武梁祠》，微短剧《那一年》《熊猫与你滚滚而来》，动画片《动车侠·未来高铁城》《丝路》，电视节目《戏宇宙》等精彩纷呈。

第一，着力打造健全完善的政策环境。 视听行业高质量发展，政策是关键。省委宣传部牵头出台了《关于支持鼓励优秀文艺作品创作生产的十项措施（试行）》，对列入中央和国家规划重大工程，或者围绕重大时间节点和省委、省政府重大主题指定创作生产的项目，每部最高扶持 1000 万元；对荣获中宣部"五个一工程"奖的优秀作品，按所获奖金 1∶3 奖励，荣获其他常设全国性文艺奖项的按所获奖金 1∶1 奖励；对在央视一套黄金时段首播的电视剧、电视纪录片、专题片，每集奖励 30 万元，动画片每集奖励 3 万元；对在央视八套黄金时段首播的电视剧每集奖励 10 万元；对在国内主要视频网站上线播出的网络剧、网络电影，最高奖励 100 万元。省广电局印发《山东省省级广播电视和网络视听创作传播资金管理实施细则》，建立"事前扶持＋事后奖励"的扶持机制，对获得国家级奖项，以及在卫视以上黄金时段、头部平台首播的精品项目给予 100 万元至 500 万元的奖励。

市级层面，青岛市对符合条件的影视项目，给予每个剧组最高 500 万元的补贴；在一线卫视黄金时段首播的电视剧，在国内重点视频网络平台播出的网络电影、网络剧，给予最高 200 万元的奖励。烟台市级财政每年安排 1500 万元影视产业专项扶持资金，用于影视产业补贴及相关工作。济南、淄博、济宁、威海、日照等也相继出台了奖励扶持政策。需要说明的是，省、市、区三级扶持政策可以叠加享受。

  第二，着力打造保障有力的要素环境。我们着力强化要素支持，让大家减轻负担、专心创作。一是重点项目"跟踪式"服务。发布重点制作机构名单，建立剧目重点选题项目库，实行常态化调度、动态化调整、台账式管理，确保专人负责、一包到底。二是影视拍摄"一站式"服务。搭建"齐鲁嗨拍"小程序，整合 16 市 80 个主要影视拍摄基地的影视和服务资源，为影视从业机构提供"一站式"服务。三是税费政策"精准式"服务。认真执行《关于延续实施宣传文化增值税优惠政策的公告》等税费优惠减免政策，在 5 年优惠期内可减免约 5 亿元。

  第三，着力打造高效便捷的政务环境。山东人民热情好客，山东营商环境优质高效。一是统一规范"标准办"。制定《国产电视剧拍摄备案工作指南》等实用手册，梳理 87 项政务服务事项，形成标准规范的基本目录、实施清单和办事指南，实现同要素管理、无差别受理、同标准办理。二是流程再造"极简办"。推进"免证办""减证办"，直接取消证照证明材料 21 项，压减证照证明材料 20 项。推进高频事项"提级办"，开通机构直报省局业务。三是靠前服务"安心办"。推进容缺受理、边审边改改革，畅通审查绿色通道，增加备案审核频次，每月两次集中审核，初审周期缩减 50%。

  山东资源禀赋好、服务环境优，欢迎大家到山东发展，欢迎将优质项目落地山东。我们将坚持真诚热诚、优质高效，为大家提供最满意的服务、最有力的支持。

构建上下贯通的创作生产全流程支持体系

钟庆才

广东省广播电视局党组成员、副局长

党的二十大以来，为了进一步推动广东省影视产业繁荣发展，充分激发行业活力和积极性，在省委省政府、省委宣传部的大力支持下，广东省广电局坚持全省"一盘棋"，统筹整合省市区三级资源，力争为影视创作提供最全面、最直接、最高效的扶持和服务。省内主要城市也纷纷发力影视创作和影视拍摄，形成了省、市、区三级共振、上下贯通的影视创作生产全流程支持体系。

一、资金扶持政策

在省级扶持资金方面，依托广东省文艺精品扶持专项资金，对在广东备案立项的电视剧、网络剧、网络电影、微短剧项目，按照项目的不同阶段，安排剧本孵化、精品创作、发行播出共三个扶持专项。其中孵化扶持专项面向剧本创作阶段，电视剧网络剧的扶持力度是每部100万元，微短剧每部10万元；创作扶持专项面向拍摄制作阶段，其中电视剧网络剧分了若干个梯次，最高的可按"一剧一议"达到每部2000万元，微短剧每部20万元；播出激励专项面向播出阶段，在央视一套、八套或重点网络平台播出的，根据播出效果给予激励，比如央视一套播出的可每集奖励30万元，央视八套播出的每集20万元，每部最高可得1000万元。

对获得国家级奖项的项目，另有丰厚奖励。比如电视剧网络剧项目获得中宣部"五个一工程"奖，奖励800万元，"飞天奖"奖励400万元，"金鹰奖"奖励300万元，单项奖比如最佳导演、编剧、男女演员等，都有相应的奖励。以上各项累加，一个优质项目仅在广东省本级就可以获得最高3800万元的支持。

此外，广州、深圳、珠海、佛山等城市，均已推出扶持措施，包括资金扶持、金

融支持、土地使用、场景搭建、拍摄协助、园区运营、人才培育等各个方面。省市区三级扶持叠加，可以为创作项目提供有力支撑。

二、项目服务支持政策

具体有以下"粤十条"：

一是完善选题规划，建立选题的规划机制、推荐机制、协调机制，布局跟踪未来3年到5年的项目；

二是加强创作引导，鼓励影视机构在项目策划阶段即与我局共同谋划，完善项目前期建设性把关和年度片单发布机制；

三是提高审查效率，无论是我局内容审查，还是跨部门协审，都将协调最权威、最高效的资源，微短剧规划备案审查每月3批次，完成片审查不超过15个工作日；

四是支持取景拍摄，整合拍摄资源形成拍摄手册，组织影视机构来广东采风，推动组建影视产业服务联盟解决协拍难点；

五是拓宽交易发行，建立面向播出渠道的发行推荐机制，依托行业组织和各类节展促进投资合作和版权交易；

六是构建行业集群，启动建设"湾区国际数智视听服务谷""湾区国际创作者生态谷""智慧视听和数字文旅产业（广州）发展研究院"及"超高清技术创新与应用（智慧视听）国家广电总局重点实验室"；

七是加大资金扶持，依托广东省文艺精品扶持专项资金并整合省市区三级政策，形成影视项目的全生命周期扶持机制；

八是注重科技赋能，鼓励引导以超高清制作、生成式人工智能等技术手段助力内容生产；

九是力促内容传播，打造"微短剧+""+微短剧"融合创新的广东模式，在全国率先组建精品微短剧传播矩阵，推动微短剧跨界合作，抓好"跟着微短剧去旅行"，开展"跟着微短剧看品牌"创作计划；

十是延伸文旅文创，发挥广东巨大文旅市场和完备文创产业链的优势，鼓励影视IP以文旅景区街区、衍生文创产品等形式进一步延展后端价值。

总而言之，欢迎大家到广东走一走、看一看，希望大家把广东故事想一想、讲一讲，期待大家能合作把广东项目捋一捋、做一做，共同努力推动影视行业高质量发展，在广东形成新的增长极。

好风凭借力　光影绘未来
——四川出台扶持政策勇攀文艺高峰

李晓骏

四川省委宣传部副部长
四川省广播电视局党组书记、局长

四川省人民政府办公厅出台的《重大文艺项目扶持和精品奖励办法》在试行两年后，2024年初进行了修订和优化，"3个亿"至今也是热词。我想真金白银的背后是我们创优创新的决心，是我们出精品、出人才的信心，是我们"攀高原、登高峰"的初心。所以，3个亿，每一分都会花在刀刃上，都会落在好作品上。

第一，扶持是培养基，奖励是导向标。四川每年"3个亿"的重大文艺扶持资金池广电占了多少。一是广电视听扶持资金1.5亿元、精品奖励资金8320万元，用于广播电视和网络视听文艺精品全流程扶持和精品奖励。扶持加奖励，电视剧每部最高可获2780万元、广播电视节目每部最高可获1650万元、网络影视剧每部最高可获1260万元。二是对纳入历史文化遗产保护利用重点工程的纪录片、动画片和电视文化节目（含宣传片）给予扶持，每部作品最高补助500万元，2024年扶持总额为2133万元。三是对微短剧、微短纪录片及短视频进行扶持，"神秘蜀韵 百部川扬"活动扶持外宣作品、年度扶持1130万元，"时代光影 百部川扬"活动扶持内宣作品、年度扶持200万元。上述三方面累计扶持超2.5亿元。此外，成都市及其郫都区、大邑县，遂宁市大英县等地因地制宜出台扶持政策，省市县形成联动效应。

第二，"一核多极"，全链支撑。出精品、出人才需要"输血"，更需要"造血"，尤其需要产业链"活血增肌"。最近，四川省委十二届六次全会将"建设'视听四川'新型传播服务体系，推进超高清视频全产业链发展"写入省委《进一步全面深化改革奋力谱写中国式现代化四川新篇章的决定》，足见四川之决心。我们将继续深耕"大视听"和"超高清"赛道，构建"成都一核、全省多极"的全产业链布局。一是做强平台支撑，聚集创新资源。依托中国网络视听大会、中国（成都）网络视听产业基地、中国（成都）超高清视频创新应用产业基地、国家超高清视频创新中心、虚拟现实视听技术创新与应用广电总局实验室等国家级平台，筑巢引凤、盘活存量、扩大增量、提升质量，加快培育本土链主企业。二是做优发展环境，服务影视企业。成都影视城凭借良好的基础设施、人才储备和政务服务，吸引了几十部影视剧来此拍摄制作，完美世界、喜马拉雅、爱奇艺、鼎盛佳和等 50 多家机构入驻。除成都，四川还有遂宁大英县、宜宾、凉山、攀枝花、雅安、乐山等多个特色影视基地。三是做新空间布局，培育新型业态。全省各地因地制宜，建设"影视+文旅""影视+科技""影视+科幻"特色园区，打造影视文化新空间和特色街区、特色村（社区），延伸大视听产业链条。

第三，打造"一平台、三品牌"。"一平台"指的是"视听四川"平台，是为建设新型传播服务体系而搭建的省平台，也是首个入驻广电总局"中国视听"的省平台。"三品牌"分别指的是国内传播品牌——"百部川扬"：聚合主流媒体和社会机构力量，三年来以作品征集模式创作了 8000 多个短视频，并达到"多元化生产、多层次播出"的传播效果；国际传播品牌"神秘蜀韵"：聚焦"三国三苏三星堆，非遗蜀道大熊猫"等选题，创作有地域特点的作品向海外传播，爆款微短剧《逃出大英博物馆》全网曝光量超 27 亿人次；影视服务品牌——"拍在四川"：打造线上线下"一站式"拍摄服务体系，已吸引上百个剧组来川拍摄。网络剧《边水往事》就是因为四川的服务而落户下来的代表。

好风凭借力，慢工出细活。文艺创作如酿酒一般，需要时间的发酵。四川最高峰贡嘎山 7556 米，但离世界最高峰珠穆朗玛还有 1292 米。大道至简，只管登攀。在这里，我向全国影视同行们发出诚挚的邀请，欢迎大家到四川采风创作，期待更多人才、机构、项目加入我们，共攀文艺高峰，共绘光影未来！

视听产业基地（园区）宣介交流

北京朝阳国家文化产业创新实验区

科影融合创新发展
——朝阳区全力建设国际一流影视制作基地

李 强

北京朝阳国家文化产业创新实验区党工委书记、管委会主任
北京市朝阳区委宣传部副部长（兼）

一、影视产业蓬勃发展，全力打造国际一流影视制作基地

朝阳区深入学习贯彻习近平文化思想，始终把文化建设摆在重要的战略位置，依托长期积淀的影视传媒产业集群发展基础，大力发展影视产业，形成了影视高端要素聚集、产业链条完备、投资兴业环境优良的良好产业生态。截至2024年10月，朝阳区登记注册影视企业3274家，规模以上影视企业406家，核心指标均居北京市首位。全区百家文化产业园区中，影视特色园区58家，各园区拥有专业影视配套资源400余个，总面积超过40000平方米，硬件设施先进完备，实现了影视作品各环节高效衔接。

凭借优质的影视生态环境和国际化优势，区域内自发集聚和引育了大批创意型、专业型影视文化人才，众多知名主创团队均在朝阳区成立了影视公司或工作室，中国传媒大学、中央美术学院等高校为影视产业人才培养和输出提供了优势条件。近年来产出了《流浪地球》系列、《你好，李焕英》等大量爆款、优质的影视作品，在海内外市场获得广泛好评。

二、影视政策贴心暖心，持续推动创新融合产业发展

我们在全市率先印发实施《朝阳区建设国际一流影视制作基地工作计划（2023年—2025年）》，围绕政策先行、空间布局优化、平台建设、精准服务、人才引育、品牌提升等6个方面确定了22项重点任务，加大影视企业培育力度，在影视技术研发创新、制作公共服务平台搭建、拍摄服务支持等方面持续发力。

同时，我们持续优化朝阳区促进文化产业高质量发展的若干措施，用好用足产业引导资金，增设支持影视产业创新发展相关条款，在影视企业落户、精品创作立项、

关键技术创新、影视平台建设开放等方面给予重点支持。

三、影视服务一应俱全，全面推动首都影视业繁荣发展

朝阳区积极响应市级政策，成立"北京朝阳影视服务中心"和朝阳区影视产业联盟，安排专人负责影视摄制咨询、项目沟通及跟踪对接，提供全流程服务。梳理辖区优质拍摄取景资源，发布《朝阳区影视拍摄服务手册 2.0》，涵盖五大板块百余个点位。目前已有《一路朝阳》《欢迎来到麦乐村》等近 500 部影视剧在朝阳区拍摄取景。

此外，持续提升政务服务水平，在莱锦园区设立政务服务工作站，在 8 家影视特色园区试点设立广电政务审批帮办窗口，下沉七大类共 20 项行政审批事项。不断提升朝阳影视品牌知名度和影响力，推动北京国际电影节北京市场、中国·北京电视剧盛典等品牌活动落地朝阳。

四、积极拥抱 AIGC 新技术，构建生态赋能影视发展

我们紧抓技术迭代、产业升级新趋势，联合华为、华鲲振宇、生数科技等科技生态伙伴，中影、阿里、墨境天合、鼎盛佳和等影视头部企业，以及中国科学技术大学、中国传媒大学等科研机构，共同推动建设朝阳区 AIGC 视听产业创新中心。中心集展示交流、综合测评等多功能于一体，常态化开展资源链接、数字视听创新大赛等活动。通过关键技术研发创新，打造一批视听领域垂直模型，推动一批示范性应用场景落地，着力构建面向视听全行业开放共享的公共技术服务平台。

下一步，朝阳区将按照国家、北京市关于影视产业高质量发展的有关部署要求，积极争取更多政策先行先试，持续优化营商营文环境，加快完善制作发达、技术领先、资源集聚、人才云集、精品荟萃的影视产业体系，推动建设国际一流、国内领先的影视制作基地，逐步将朝阳区打造成具有全球影响力的国际影视创新示范高地。

浙江横店影视产业实验区

聚力打造"四高地 · 窗口"
——建设横店国际影视文化创新中心

周明翔

东阳市横店影视文化产业发展服务中心主任

2024年,对横店来说,是意义十分特殊的一年。因为在20年前,也就是在2004年4月,国家广电总局正式批准设立了全国首个国家级影视产业实验区——浙江横店影视产业实验区。20年来,我们始终牢记习近平总书记的殷殷嘱托,在广电总局、浙江省广电局的关心、支持下,无中生有、点石成金,走出了一条影视文化产业高质量发展之路。

一、打造全国影视精品创作生产高地

一是实施"横店出品"战略。春节档票房前四皆为入区企业出品,《刺猬》荣获第26届上海国际电影节金爵奖;《与凤行》、《庆余年》(第二季)一度位列全网热度第一,《不完美受害人》荣获第29届上海电视节白玉兰奖,第34届电视剧"飞天奖"共7部作品斩获10项大奖。二是聚焦强链补链。横店现已具备全产业链配套服务,同时吸引了14万余名"横漂演员"和各类专业人才前来追梦,基础工种人数全国首位。三是增强影视科技实力。电科所华东创新中心落户横店,29个高科技摄影棚已建成使用,爱奇艺、优酷等企业虚拟拍摄项目入驻,与杭州电子科技大学合作建立的智能交互与沉浸式呈现技术创新实验室正式挂牌,与浙江音乐学院合作开展的沉浸式音频关键技术相关课题获浙江省科技厅批准实施。

二、打造中国影视业综合改革创新高地

改革方面,近年来成功创建和入选国家文化和科技融合示范基地、国家旅游科技示范园、国家级文化产业示范园区等多项国家级荣誉。创新方面,立足优化产业生态,

2004年东阳市人民政府出台《关于支持浙江横店影视产业实验区发展的若干政策意见》，创全国影视产业扶持政策之先河。近年出台了《关于进一步支持剧组来东拍摄的意见》《关于2023年推进影视产业稳进提质的政策措施》等政策，2023年以来累计拨付各类奖励资金2.98亿元。

三、打造中国影视文化产业的数字变革高地

推进数字化改革迭代升级，率先在全国县级层面启动影视文化产业大脑建设，并成功推出了"横影通""横好拍"等一系列数字化应用。目前，影视文化产业大脑已优化迭代二期，访问量超500万次，帮助群演参演47.5万次，服务剧组1242个；完成"供应链平台""政企通"建设，已入驻供应链配套企业49家，完成剧组采购的特种车辆、灯光等订单5200余个；完成影视产业大脑门户建设，接入企业数据1200余家，为企业提供专业影视数字化服务。

四、打造促进共同富裕的精神文明高地

围绕党中央决策部署，我们高质量完成浙江省共同富裕示范区"打造精神文明高地领域"试点建设工作。全面实施"影视文化+"产业拓展升级行动，带动乡村旅游、餐饮住宿、商贸服务等三产发展，截至2023年，横店镇已建成主题酒店、民宿等1500多家，农户出租收入达4.38亿元，从事三产劳动力约7.5万人，村集体经营性收入350万元，城乡居民收入倍差为1.34，远低于全国2.5的倍差。

五、打造国际影视文化传播的重要窗口

一是推动优秀作品"走出去"。新丽传媒、欢娱影视入选2023—2024年度国家文化出口重点企业名单，数量占浙江省1/10；新丽传媒、欢娱影视、欢瑞世纪入选"2023—2024年度浙江省文化出口重点企业"名单，《传家》《尚食》等6个项目入选"2023—2024年度浙江省文化出口重点项目"名单，占总数的46.2%。二是扩大品牌影响力。2023年创新举办横店影视文化产业博览会系列活动，国产影片推介会永久落户横店，吸引近10万人次参展参会。三是强化交流合作。加强与香港贸促会、澳门影视产业发展促进会的战略合作，将更多的优秀影视作品推向国际。2024年3月中旬，组织8家头部影视企业参加香港节展，达成中外合拍片拍摄意向30余部、出海意向15部。

光影逐梦二十载，风鹏正举九万里。下一步，我们将继续锚定"建设横店国际影视文化创新中心"这一目标任务，为全国影视文化产业发展作出更大贡献！

合肥国家广播影视科技创新实验基地

规划引领　平台服务　聚力推进合肥广电科技基地建设

赵晓晖

合肥市包河区委常委、宣传部部长，
合肥国家广播影视科技创新实验基地管委会常务副主任

合肥市，是安徽省政治、经济、文化中心，近年来，围绕"大湖名城，创新高地"的战略定位，在"科里科气"之城，彰显"文里文气"。

包河区，居八百里巢湖之滨，全国百强区第36位，全国文化产业竞争力百强区第16位，是国家级文化和科技融合示范基地。

2023年，省委省政府明确提出，做大做强国家广播影视科技创新实验基地，高位统筹调度，强化政策扶持，促进广播电视和网络视听产业集聚发展。

一、基地建设

1. "五中心、四平台"发挥作用。通过"揭榜挂帅"，8家企业承接建设任务，开展广电网络视听关键技术攻关、重要标准研制、应用场景创新等工作。

2. 体制机制创新、三级共建。省广电局统筹规划；合肥市领导小组负责要素保障；包河区成立管委会，负责基地建设。专家咨询委员会研究发展规划；实行"管委会+公司"模式，做到政务、商务服务同步推进。

3. 开放合作、携手共进。联合中科大等提供人才支撑；滨湖金融小镇提供金融支持；以总局三院为依托强化技术合作；以北京CCBN展会、深圳文博会等为平台开展对外交流。

二、主要做法

1. 强化项目服务。区长任基地管委会主任，区委常委、宣传部部长任常务副主任，基地办公室负责产业规划、项目招引和政策兑现，区文投公司负责日常管理服务。成立产业链党委和专班，构建"五个一"工作机制，政府、企业、商协会"三位一体"推进项目落地。

2. 优化产业布局。结合总局批准的基地科技发展规划，构建"核心区、集聚区、辐射区、拓展区"四区联动的发展格局。

3. 聚焦招大引强。精准对接广电网络视听产业龙头企业，神州数码、京东方、华为等一大批重点项目先后落地。

4. 项目提级调度。积极争取省级支持，解决土地指标、林地指标等资源要素，5个项目列入安徽省十大重点文化产业项目。

5. 突出科技赋能。争取总局三院的支持，超高清虚拟平台开工建设，华光超高清摄像机生产线建成投产，全自主知识产权的"千眼狼"高速摄像仪实现量产。

6. 培育新兴业态。重点发展数字影视、超高清、虚拟现实制作、微短剧、短视频直播、数字音乐等新兴产业。

7. 强化开放合作。建立皖川渝文化产业园区携行工作机制，组建长三角数字创意联盟，承办全国性广播电视和网络视听重大活动。

三、产业平台

一是滨湖卓越城，基地核心区，规划面积14平方公里，主要引进广电网络视听、数字内容生产等科技型企业和总部基地。二是安徽数字文化科技产业园，建筑面积6万平方米，已建成虚拟摄影棚、实景影棚等；主要引进内容生产和后期制作企业。三是安徽数字新媒体产业园，建筑面积3.5万平方米，拥有1栋综合楼，4栋拍摄棚，1万平方米外景场地，主要引进微短剧和短视频制作企业。四是安徽直播经济总部基地，建筑面积8万平方米，全省短视频直播集聚平台，主要引进微短剧制作和短视频直播企业。五是骆岗公园，面积15平方公里，利用原航站楼、机库等进行改造，88栋特色建筑，是独具特色的历史建筑和大场景影视外景地。六是滨湖森林公园，4A级景区，占地面积1万亩，城市人工森林公园，是独具林区特色的影视制作外景。

四、扶持政策

一是依托"包河经济大脑平台"，落实惠企政策"免申即享""即申即享"，推动更多惠企政策资金"直通、直达、直享"。二是围绕技术研发、固定资产、品牌建设、内容生产等，通过产业基金、贴息贷款、事后奖补等，建立具有广电特色的政策支持体系。三是省市区三级产业政策叠加享受，基地先后发起数字创意和文化产业基金等10家创投基金。

合肥国家广播影视科技创新实验基地建设，已成为推动区域经济高质量发展的重要板块，我们将按照总局关于打造高质量视听产业基地（园区）的要求，完善规划、健全机制、强化措施，为广电网络视听产业发展贡献应有力量。

中国（长沙）马栏山视频文创产业园

聚力科文融合向新　奋楫开启新智而行

胡朝晖

马栏山（长沙）视频文创园
党工委委员、管委会副主任

2024年3月，习近平总书记在湖南考察时指出："要探索文化和科技融合的有效机制，加快发展新型文化业态，形成更多新的文化产业增长点。"科文融合，马栏山如何向"新"而行？今天，我想和大家分享一下马栏山的"四大新质生产力"。

第一个"新"，是战略机遇上的"新动能"。

马栏山有两个"唯一"：一是习近平总书记唯一视察过的文化产业园区；二是2018年以来国家广电总局唯一建立部省共建机制的视听产业园区。2020年9月17日、2024年3月，习近平总书记两次考察，都对推进"文化和科技融合"作出重要指示；湖南省、长沙市领导高度重视园区建设，多次就算力、电力等事项专项调度。马栏山迎来了重大历史机遇。

这个"新动能"，概括来说就是"三湘四水能够兼容兼优"的战略优势。

第二个"新"，是数字产业上的"新生态"。

园区产业楼宇现累计建成投产约96.96万平方米，物理空间充足。同时，我们也在"新生态"上持续发力。

一是良好的产业生态。马栏山是"广电湘军""出版湘军"大本营，集聚芒果TV、中南传媒、电广传媒、中广天择等头部企业。综艺制作方面，19个专业影棚服务全国约60%综艺录制，全链条制作了《声生不息》《歌手》《乘风破浪的姐姐》等爆款综艺；数字文博方面，"山海"App上线3天用户数即破百万，致力打造国际领先文物数字化平台；3D动画方面，中影年年、掌阅动画、凌云光等头部相继落地，预计2024年动画产量将占全国市场约30%。游戏方面，我们与创梦天地、网易、华为、中国移动等共建游戏产业生态，华为长沙研究所将导入预计约3000名技术研发人员。

二是良好的研发生态。国内首个音视频大模型万兴"天幕"在园区发布；视频云平台、超算中心、共享制作中心等公共技术平台，渲染时间和成本均下降约 30%；汇聚 16 家科研机构，推动人工智能、虚拟制作等技术研发和应用；马栏山音视频实验室加速建设，着力构建音视频领域全链条能力。

三是良好的金融生态。设立 1 亿元"马驹计划"专项资金、组建 5 个亿产业引导基金，培育优质企业；成立文创金融信贷风险补偿资金等，为企业提供金融服务。

这个"新生态"，概括来说就是"创新创造能够循环互促"的体系优势。

第三个"新"，是资源禀赋上的"新基建"。

我们强化"四大平台"建设，提升讲好中国故事的能力。

一是多云融合调度平台。打造开放兼容的云资源和 AI 算力资源服务平台，为垂类人模型训练提供强大支撑。二是渲染平台。建成离线渲染、实时渲染与 3D 云桌面的统一渲染平台，实现离线渲染相比单机百倍提速。三是网络平台。建设网络智能管理系统，通过园区内外"一张网"，实现网络资源的高效利用，助力企业降低宽带成本。四是数据平台。充分发挥园区企业音视频算料积累和新算料产出能力，搭建算料交易平台，盘活企业海量的数据资产。

这个"新基建"，概括来说就是"产业事业能够深耕深植"的底座优势。

第四个"新"，是营商环境上的"新服务"。

引进优质教育资源建设马栏山文创小学、文创中学等优质教育资源，建设 1766 套人才公寓，让人才安居乐业；打造"中国V链"内容智审系统，微短剧备案审核时效由 3 个月缩短至 3 个星期；落地中国版权保护中心华中版权服务大厅、成立马栏山知识产权法庭、建设 2 个版权服务中心，搭建数字资产保护及交易平台，形成独特的马栏山知识产权保护生态。

这个"新服务"，概括来说就是"爱商富商能够共识共为"的服务优势。

我们热切期盼、诚挚欢迎各位领导、广大企业，来到长沙、来到马栏山，在橘子洲头忆峥嵘岁月，在浏阳河畔品湘式早茶，感受文化湘军的热情与温度！我们将全力提供最优质的政务服务、最优越的创业环境，与您一道乘势而上！

中国广电·青岛 5G 高新视频实验园区

数字技术赋能实体经济

——加快培育高新视频新质生产力

王文彦

青岛海发产业园区运营管理有限公司总经理

中国广电·青岛 5G 高新视频实验园区（以下简称"5G 园区"）由国家广电总局和山东省政府、青岛市政府三方共建，作为广电总局在全国唯一布局的高新视频实验园区。5G 园区自 2020 年建成以来，承担"内容与科技融合创新""产业创新与成果转化"两大核心使命，被列入山东省重点文化产业项目、新旧动能转换重大项目库第一批优选项目。

园区总体规划为"一区五园"。其中，创智产业园为先行核心区，主要建设 5G 高新视频研发制作、企业总部集聚和配套服务三大功能区，形成 5G 高新视频研发创新、内容制作、应用集成和技术支持四大中心。

园区重点布局高新视频内容产品创新、高新视频云、软硬件设备研发生产、应用集成创新、内容监测监管与数字版权服务、高新视频产业运营等六大板块，构建高新视频生态圈，创新输出和推广高新视频新产品、新业态。

海发集团园区运营公司作为 5G 园区的市场化运营管理主体，秉持"与企业同行，与城市共生"的发展使命，聚焦国有平台资源整合、特色产业培育、企业深度服务三大核心竞争力，构建形成了"1+N"园区运营体系，赋能企业发展。

截至 2024 年 10 月，园区累计签约入驻企业 200 余家，初步形成以内容创新为核心，软硬件为配套，科研、人才、金融为支撑的产业业态。

一是坚持科研带动，打造产业发展新动能。聚焦产业技术难点和创新需求，搭建形成"总局科研平台＋高校研究院＋企业创新中心"的园区科研创新体系。共建国家广播电视网工程技术中心高新视频中心，引入 5G 高新视频应用安全重点实验室，成立浙大青岛求是工业技术研究院，构建具有重大引领作用的产学研合作及创新高地。

成立山东省 5G 高新视频创业共同体，实施协同关键技术攻关。引进山东省超高清制造业创新中心，已推出 4K 监视器、第二屏等多款新型产品。

二是坚持投引联动，创新产融服务新模式。 创新"产业投资＋园区运营"的产业运营新模式，打造集产业研究、资源配置、企业服务于一体的专业化产业赋能平台。推动设立园区产业发展专项扶持资金，建立基金投资项目返程落地产业园区的协同招商运营机制，完成多个项目投资并落地 5G 高新视频园区。

三是坚持赛会推动，搭建成果转化新平台。 以青岛影视博览会、山东省高新视频创新大赛、中国网络视听精品创作峰会等赛会为契机，汇集产业资源，挖掘产业成果，培养优秀人才，推动科研资源对接及产业成果转化。

在创新应用场景拓展方面。联合入驻企业推出 21 项高新视频示范应用场景，其中，4 项案例荣获广电总局首届全国高新视频创新应用大赛奖项，2 个案例入选广电总局 2022 年"全国智慧广电网络新服务"名单，2 个项目荣获全国第二届广播电视和网络视听人工智能应用创新大赛奖项。

落地全国首个 5G 高新视频党建教育基地，创新高新视频党建场景和教育体系，研发党建虚拟数字人，推出 MR 微党课等系列课程。

四是坚持产教融合，满足产业人才新需求。 引入清华青岛艺术与科学创新研究院、山工艺国家产教融合青岛基地，联合青岛电影学院建立完善人才引进和培训储备体系，目前已通过产教融合培养 1000 余名产业人才。

五是搭平台促培育，提升园区运营服务质量。 着力打造"1+N"园区培育体系，赋能园区高质量发展。一是搭建海发汇企业社群运营平台，为企业提供优质的产业资源和市场渠道；二是设立 5G 高新视频孵化器，提供全生命周期的专业服务和全链条的产业培育；三是完善产业服务体系，提供专业化服务。

未来 5G 园区将围绕视听产业，进一步将高新视频技术和内容融入行业应用场景中去，重点做好与移动端的融合发展，实现从技术提供商向平台提供商的转变。

中国（厦门）智能视听产业基地

大视听产业整合下的"双向奔赴"

宋 婷

厦门文广影业集团有限公司副总经理

中国（厦门）智能视听产业基地是由国家广播电视总局于（以下简称"总局"）2020年12月29日批复设立的国家级智能视听产业基地。作为基地运营管理主体，厦门文广影业集团在福建省广电局的指导下，聚焦"融合创新""扩区发展"以及"平台架构"三个关键词，现简要汇报今年基地建设的新进展。

一、高站位绘制蓝图，构建一体化运营体系

一是运营团队的融合。根据总局对基地拓展区的指导意见，"智能视听是大视听产业，建议把影视基地也纳入拓展区，同软件园核心区原业态和企业协同发展"。因此，我们将集美集影视文创园、厦门影视拍摄基地、中国（厦门）智能视听产业基地等产业园区进行统一融合发展。通过同一套管理班子，为下辖园区提供全渠道、全业态、全链条的一体化服务方案。整合后，2023年度实现营收约217亿元，营业利润约88.6亿元，从业人员约11200人，招商入驻企业1472家，实现"1+1＞2"经营成效。

二是业务管理体系的融合。2024年5月，厦门市建立全市统一的"一站式"协拍服务平台，并授权我们旗下的影服中心具体运营，为来厦剧组提供信息报备、拍摄协调、政策和产业招商对接服务，流程简易便行，一次报备、全市通用。"一窗口对外、一站式服务"体系出台后，2024年新增引进及受理来厦拍摄报备的剧组共13个，包含《仁心俱乐部》《时差一万公里》等头部影视企业制播作品。此外，我们协助制作《"拍在福建"福建省影视剧拍摄服务指南》及小程序，2024年福建省立项制作的电视剧数量再创历史新高，并在第34届电视剧"飞天奖"、第28届电视文艺"星光奖"中荣获3项荣誉、6项提名。

二、重谋划长远布局，实现基地扩区发展

按照厦门市构建"4+4+6"现代化产业体系的总体要求，我们进一步拓展基地发展新空间，选址厦门市海沧区落户厦门文广传媒集团总部。2024年7月，总局批复同意中国（厦门）智能视听产业基地扩区发展，形成多片区联动发展的新格局。

目前，基地由核心区和拓展区两部分组成。其中，海沧拓展区建筑面积约11000平方米，招商引资成果初步显现，累计总办公招商面积达到27411.93平方米；注册企业共计75家，总注册资本金3.38亿元。

三、宽视野抢抓机遇，公共服务平台作用逐步凸显

基地充分发挥产业链条的孵化作用和集聚效应，搭建了教育培训、生产宣发、内容审核、版权交易、产业交流、金融服务、云服务基建等7大智慧化公共服务平台。

2023年，党中央、国务院出台支持福建探索融合发展新路、建设两岸融合发展示范区的意见。2024年，基地以海沧拓展区为载体，先行先试建设AIGC两岸智能视听内容创作平台，已纳入总局产业公共服务平台项目扶持单位。

下一步，中国（厦门）智能视听产业基地将聚焦"文化＋科技"的双轮驱动，持续提高招商引资、品牌建设、平台搭建效益和核心竞争力。

一是以智能化引领招商引资，打造智慧园区。我们将吸引汇聚大模型、大数据、人工智能、AR/VR等尖端科技领域的骨干企业，助力基地智能视听的补链强链。

二是加强精品创作，建设AIGC两岸智能视听内容创作平台。我们将以基地建设为基础，以福建省出台《关于试点允许台湾从业者在闽投资设立广播电视节目制作经营公司的实施细则》为契机，争创福建省首批两岸青年创新创业孵化基地。

三是发展超高清新视听产业，抢位视听技术革新潮流。我们将以厦门广电集团增设超高清频道为契机，引进培育一批超高清视听企业，推动超高清产业上下游不断拓展。

四是发力微短剧赛道，助力文旅"造流引留"。我们将致力于福建省微短剧的传播"破圈"，打造具有鲜明地域特色、深受观众喜爱的精品力作，并参选总局"跟着微短剧去旅行"创作计划推荐目录。

新时代新征程下，厦门力量正在加速腾飞。我们诚邀各位莅临基地指导，共同见证厦门影视与智能视听产业融合发展的新动能！

中国（之江）视听创新创业基地

校地协同为基　科技文化融合
——奋力打造全国视听艺术产业创新高地

杨均均

杭州市西湖区艺创小镇发展服务中心党委委员、副主任

我们基地地处浙江省之江文化产业带和杭州市西湖区"环之江文化创新圈"的核心区，以浙江省级特色小镇西湖艺创小镇为载体，有着"半边山水半边城"的自然和人文环境，时下风靡全球的3A游戏《黑神话：悟空》的出品和制作企业杭州游科互动就入驻在基地内。

一、基地的独特优势

教育资源充沛，是艺术高校集聚宝地。基地坐拥中国美院、浙江音乐学院两所全国一流艺术高校，每年毕业艺术生2500余名，为基地提供了大量人才和技术赋能。

产业平台丰富，是视听创新创业高地。基地拥有全国首个由水泥厂改造的文化创意园、全国唯一一个以艺术创意为特色的国家大学科技园、全省首个由城中村改造而成的文化创意艺术街区等层次丰富的产业平台，落户大视听产业市场主体超过2300家。

产业配套充裕，是视听企业成长福地。基地配置产业空间30余万平方米、艺术交流空间13万平方米，地铁、公交、快速路等纵横交错，建有三甲医院3家、优质中小学6所、人才配套用房近4万平方米。

二、基地的产业发展

高水平打造视听企业集群。基地设立以来新引育视听产业链企业600余家，形成了追光动画、卡盟文创为代表的数字动画制作、衍生品开发产业链，阿里影业、时光坐标为代表的影视拍摄制作、虚拟影像产业链，游科互动、艺高文化为代表的数字内容产业链。

高质量引育视听人才队伍。基地入驻动漫大师蔡志忠、奥斯卡动画评委刘健、国家一级演奏员杜竹松等国家级名家 20 余名，市级以上高层次人才、西湖英才 130 余名，形成了行业领军、产业中坚、创意新锐三级联动的人才梯队。

高标准出产视听精品佳作。基地企业和创意团队承担了杭州亚运会会徽、吉祥物、宣传片等国家级项目，出品或制作了《长安三万里》《流浪地球2》《功勋》《金山上的树叶》等主旋律作品。2024 年，基地企业出品或参与制作了《白蛇：浮生》《伞少女》等院线电影，动画剧《苏东坡》列入广电总局重点动画项目，微短剧《爱之城@》《别打扰我种田》入选广电总局推荐目录，网络动画片《怪兽小馆》获浙江电视"牡丹奖"，3A 游戏《黑神话：悟空》热销全球，生动诠释了基地企业的家国情怀、文化自信。

三、基地的产业服务

实施政策帮扶。出台"视听基地十条""网络微短十条"等政策，近年来为 200 余家大视听企业争取资金 3200 余万元。

搭建行业平台。设立全省第一家网络影视剧审查中心，引进网络影视艺术指导中心、省之江影视拍摄服务中心、省视听版权服务工作站，打造 2 万平方米短视频（微短剧）拍摄基地，充实基地产业服务力量。

优化公共服务。打造"十进艺创"为企服务场景和"10+100"视听活动矩阵，举办中国视听创新大会、中国青年动画电影周、杭州现代音乐节、小冰岛光影艺术节等品牌活动，构建文旅融合全民共享的视听艺术生活家园。

借此机会，我们真诚地向现场各位企业家和创业者发出"英雄帖"，诚邀大家带着奇思妙想与我们组成"发展合伙人""奋斗共同体"，视听西湖、艺创未来！

贵州大视听算力产业园

紧盯算力 赋能 产业三个关键

——服务全国大视听产业发展新格局

樊 俊

贵州广电传媒集团有限公司党委委员、副总经理

2021年2月,习近平总书记在贵州考察时指出,希望贵州"在实施数字经济战略上抢新机"。我们充分整合优势资源,高位推动贵州大视听算力产业园建设。2024年8月30日,省政府正式批准设立贵州大视听算力产业园。

目前,贵州大视听算力产业园以文化大数据产业为基础,大力发展数字基础设施建设,打造上下游联动的广播电视和网络视听产业,基本形成了"一园区多基地"的发展态势。

一、强服务,设立贵州省影视拍摄服务中心

近年来,贵州创作的多部影视作品频频在央视亮相,推动了贵州影视产业的快速发展,为更进一步培育壮大相关影视产业,促进贵州影视高质量发展,贵州省在2023年8月,成立"贵州省影视拍摄服务中心";在2024年3月贵州省出台《关于促进贵州影视高质量发展的若干政策》,从金融、产业市场、人才建设、资金支持等方面扶持影视产业发展。

"贵州省影视拍摄服务中心"的成立是贵州省构建多彩贵州一站式影视拍摄服务体系的重要举措,依托贵州广电传媒集团组建、管理。自成立以来贵州省影视拍摄服务中心通过一系列工作,吸引更多影视团队落地贵州创作、拍摄和投资,中心打造"贵拍无忧"服务平台,逐步完善专业化、多元化的贵州省一站式影视拍摄综合服务体系。

二、强基础,科学布局,有序发展

一是强化大视听新型基础设施建设。加快推进贵州省存、算、网一体化智能计算中心建设;全面服务于全国宣传文化系统和文化产业数字经济快速发展的智能计算中心。

二是推进视听算力技术应用新突破。围绕宣传文化计算能力、数字文化保护、超高清视频互动场景创新、未来电视集成应用、融合媒体网络终端等领域，开展人工智能、大数据、物联网等关键共性技术创新应用，除享受研发费用加计扣除优惠外，省科技厅支持企业提出科研问题清单，实施企业研发活动扶持计划。

三、强赋能，应用为先，提高效能

一是充分发挥数字经济在生产要素配置中的优化集成作用，发挥智慧广电已经形成的数字版权、数字电视、数字电影、电商等产业优势，积极拓展和孵化数字文旅、数字康养、多屏互动、虚拟直播等新业态，实现从战略到运营、从前端到后端、从客户端到运营端的线上线下融合数字化业务流程再造，建立高度互联互通的开放式创新生态体系。

二是加快推动"国家民族民间文化版权贸易基地（西南）"建设，鼓励视算产业园创建"数字服务出口基地"，鼓励视算产业园内符合条件的文化企业和文化项目进入国家文化出口重点企业和重点项目目录，按照国家规定落实税收、外汇管理等相关优惠政策。鼓励发展对外文化贸易，重点鼓励文创企业参与"一带一路"文化项目建设，条件成熟时，鼓励视算产业园打造中国（贵州）自由贸易试验区文化产业联动区。

四、强产业，东西联动，融合创新

一是鼓励超高清、多功能、多场景等智能终端视听企业，算力头部企业落户视算产业园。落地视算产业园的企业，依法依规执行我省的招商引资和产业发展政策措施。

二是编制试点方案，积极发展优势产业。结合我省实际，编制了《贵州省"未来电视"试点实施方案（2024—2026）》，并于2024年6月18日通过广电总局专家评审，提出到2026年建成具有贵州特色和较强区域影响力的省级"未来电视"示范点，并明确了高品质内容生产、自主化装备生产及应用、智慧信息服务平台、数智化协同创新、粤黔联动高质量发展等五大类19项重点工作任务。

我们也诚挚地邀请全国的行业伙伴到贵州投资兴业，正能量国家大数据平台，期待您的到来！

宁波市影视文化产业区

突出主业　融合创新
——奋力打造国家级大视听类产业高地

邵震洋

宁波市影视文化产业区管理中心主任

宁波市影视文化产业区位于浙江省宁波市象山县，包括象山影视城、中国海影城、706影视双创中心和象山影视学院等区块，总规划面积21.8平方公里，累计引进落户企业和明星工作室4300余家，拍摄《琅琊榜》《庆余年》《长安十二时辰》《和平之舟》等影视作品2200余部，2023年拍摄影视剧366部。

一、聚焦拍摄主业，打造配套齐全的精品创作平台

推动实景地建设，在襄阳城、春秋战国城、民国城和唐城等实景基础上，新打造江南水乡、朝天门码头等古装场景，建设医院、酒吧、办公等现代戏场景23处，满足多样拍摄风格需求。推动摄影棚发展，建成水下特效摄影棚、单体1万平方米高标准摄影棚和LED数字虚拟摄影棚等摄影棚集群35万平方米，2024年以来承接《长安的荔枝》《枭起青壤》《芬芳喜事》等大制作影视剧拍摄，引进万态幻影、中影年年等数字企业，共同搭建数字资产库，为《梦之海》《异人之下》等作品提供技术支持。推动外景地拓展，在象山全县域布局外景地70余处，与宁波市1910影视平台联动，挖掘用好市域内东部新城、南部商务区、老外滩等现代戏场景，外景储备覆盖上海、绍兴、台州等长三角区域。

二、聚焦要素保障，打造开放活跃的视听产业生态

强化平台支撑，建成投用6万平方米的706影视双创中心，搭建创业创新孵化平台，吸引制片发行、后期制作等63家产业链企业入驻，招引九州、容量、花笙等10余家短剧龙头企业落户，视听产业进一步集聚发展。强化政策引领，先后出台《象山网络

剧高质量发展十条意见》《产业区管理中心招商 20 条》等政策，在房租补助、贷款贴息、创作激励等方面给予支持，鼓励视听企业做大做强。强化金融赋能，成立规模达 10 亿元的文影影视产业基金，参投《好运家》《谷雨》《合成令》等电视剧项目，设立网络微短剧创投项目，为打造"象山出品"提供有力支持。强化人才支持，先后引进知名编剧秦雯、张永琛，著名导演曹盾、美术指导霍廷霄，与北京大学、上海大学、北京电影学院等高等院校加强在视听技术、人才培养等方面的交流互动和资源共享。

三、聚焦增值改革，打造高效便捷的产业发展环境

全面升级增值服务，紧盯企业落户、规划备案、剧组拍摄等 8 项核心需求，打造网络剧产业增值服务中心，实现执照办理、税务登记、银行开户等 50 多项事项的"一站通办"，迎合剧组拍摄需求，提供可定制的场景选择、技术支持和后勤保障等个性化服务方案。高效发挥备案审查作用，建成省级网络剧审查分中心，组建拥有 22 名专家的审查专家库，为企业提供网络剧规划备案初审和上线备案审查服务，共计审核重点网络剧规划备案 441 部（次），帮助企业节省时间成本、降低创作风险。一触即达智慧服务，打造"智治影城"系统，构建景区管理、产业服务、智慧旅游及综合治理四大应用场景，收录企业、剧组、游客、车辆及治理信息 20 余万条，重点为剧组提供线上勘景、证照办理、群演选角等线上办理服务，大幅提高剧组拍摄效率。

四、聚焦融合延展，打造"视听＋文旅"的创新消费业态

注重节庆创品牌，紧盯春节、"五一"、"十一"等时间节点，推出大庙会、嘉年华、踏青节等一批文旅活动，打造"唐宋奇妙夜"主题夜游新场景，推出梦华夜宴、城墙演艺秀、大唐长安梦等 20 余款演艺精品，近 3 年累计接待体验游客超 200 万人次。注重产品强体验，推出冰雪大世界、活死人墓、影视剧本杀等沉浸式体验产品，推动传统观光式旅游向体验式旅游转变，影视城成功入选浙江省大花园"耀眼明珠"高能级景区和浙江省首批未来景区试点。注重研学出精品，推出数字虚拍、潜水体验、军事教育等研学主题，先后研发《我就是演员》《一条新闻的诞生》《中国蓝少年特工队》等多款特色研学课程，累计接待研学中小学生超 15 万人。

江苏锡西文化产业创意园

产教融合　科技赋能
——构建影视服务完整产业链和全新生态圈

杨　斌

江苏锡西影视文化产业园董事长

近年来，锡西文创园以"影视+"为核心发展方向，紧抓影视协拍、助拍工作，坚持"三精"工作法，深挖影视资源、打造制片样板、凸显协拍成效，锚定无锡市惠山区锡西板块（影视科技文旅）功能定位，着力推动影视拍摄工作提质增效，构建影视服务产业完整链条和全新生态圈。

一、"精准发力"目标，打造协拍样板

锡西文创园于2020年正式成立，通过整合各地市区影视拍摄资源，搭建省域级影视拍摄服务平台，构建长三角一站式影视协拍服务体系，在搭建服务平台、编织协拍网络、深入剧组协拍、探索合作模式等方面多维度开展工作，为来无锡拍摄的影视剧组提供影视产业政策咨询和一站式拍摄协调服务。园区分为A、B两个区域，A区设立于锡西片区最大的商业综合体——百乐广场，B区设立于无锡科教城（无锡职教园）内的拍摄基地，园区可供拍摄场景总面积在40万平方米左右。

锡西文创园在无锡市政府、惠山区政府的领导下，实现每年营收同比增长25%。园区2020年至2023年累计获得政府颁发的影视园区贡献奖励共计1500万元。截至2023年，共有36家企业借助锡西文创园平台成功申报区级、市级的补助和奖励。

二、"精良装备"支持，打牢硬件基础

一是科技创新，赋能新质生产力。2024年锡西文创园与纳光传媒合作，淘汰传统绿布影棚，筹备建设运营LED智慧影棚项目。项目总投资1.5亿元，技术设备投资8000万元。此影棚运用国际最顶级的视效技术，将虚拟拍摄、动作捕捉等前沿技术提

档升级融为一体，在充分了解国内行业产品及行业需求的基础上，建立并逐步完善成为"中国标准"。项目成功运营后，将使影视拍摄制作的时间缩短 30% 至 50%。目前，此项目已取得江苏省投资项目备案证并通过国家重大建设项目库初审。

二是产教融合，构筑"人才蓄水池"。无锡城市职业技术学院与锡西文创园合作共建的二级学院——淘影学院，获得江苏省教育成果奖（高等教育类）。院长为香港著名导演及资深影视人文隽，每年为长三角地区培养上千名毕业生和近 300 名实习生，形成了一批面向新兴产业的产教融合学科专业和课程体系，推动了教育链、产业链、创新链的有机衔接。

三、"精心尽力"服务，着力提质增效

锡西文创园联合省市区三级相关部门，为摄制组报批、取景、拍摄、送审等各环节提供政策咨询、人才推荐，提供设备器材、取景场地、招商植入、影视基金资源对接等一站式服务，真正做到了为影视制作公司省心、省时、省力、省钱。

在锡西文创园，剧组可以直接表达诉求，并且可以得到及时和清晰的反馈，大大提高了拍摄的效率。2020 年至 2024 年上半年共服务影视剧组 112 个，行政协调 200 余次，在全市各区县及周边地区支持配合下协调拍摄场景 300 余处，受到了摄制组和制作公司的肯定和赞扬，无锡市和惠山区也多次对园区主体运营单位江苏锡西影视文化产业有限公司给予了表彰和奖励。

我们热忱欢迎大家来锡西文创园参观指导，与我们共同播下希望的种子，共同收获成功的喜悦！

北方微短剧影视基地

整合资源　赋能创新
——全面推动微短剧与文旅深度融合

徐振双

融创文化集团短剧事业部总经理
融创阿朵小镇项目总经理

随着近几年微短剧行业的蓬勃发展，为持续擦亮青岛西海岸新区影视之都的名片，在青岛市西海岸新区政府的牵头下，融创集团、海看股份发挥各自优势，三方战略签约，合力打造中国北方配套完善、产业链健全的微短剧拍摄基地。

2024年4月18日，在山东省网络视听大会上，三方正式签约。4月28日，在青岛影视基地揭牌仪式上，基地正式启动运营。

基地位于青岛西海岸新区藏马山旅游度假区，距离青岛西站高铁站车程约30分钟，交通便捷。藏马山是国家4A级景区，山清水秀，自然环境优美，有"东有崂山，西有藏马"美誉。每个季节都有不同的景色，春有百花秋有月，夏有凉风冬有雪。

基地依托藏马山自然禀赋，充分利用融创投建各文旅配套空间，为微短剧拍摄提供丰富的场景和完善的配套服务，通过影视赋能文旅，带动景区人气和曝光，是真正意义上的"跟着短剧游藏马"，实现了影视和文旅的双向奔赴、深度融合。

基地梳理出100余个场景。

室外场景有乡村田园、玫瑰花海、茶田、滑雪场、射箭、山地单车、越野赛道、通用航空机场、热气球、少数民族主题公园、儿童游乐场等，非常匹配微短剧的外景拍摄需要。

室内场景包含竖屏短剧最需要的医院场景、高端度假酒店、温泉、特色场景；超市、餐厅、咖啡店、电影院等商业场景；室内运动中心、网红婚礼堂、钻石宴会厅、朵朵飞毯会议厅、总裁办公室等现代短剧所需场景。基地还拥有独具特色的唐风小镇古装场景，适合古装剧和穿越剧。另外，基地有差异化的别墅场景，有中式合院别墅、文艺小别墅、海景欧式豪宅别墅。

藏马山影视外景地总占地 750 亩，由欧美街区、老北京街区、老上海街区、民国老青岛街区和封神西岐古城 5 个组团构成，欧美街区拍摄过《鬼吹灯之天星术》《超能一家人》等多部电影及多部广告片，非常适合出海短剧的拍摄；西岐古城是电影《封神》三部曲的拍摄地，提供古装拍摄场景外，目前筹备景区化运营。

此外，基地还与流亭国际机场、融控嘉年华商业综合体、金沙滩唐岛湾等各大景区、多所大学达成战略合作，作为基地分片场，实现了城市维度布局，为剧组提供丰富场景的同时，以微短剧赋能城市文旅发展。

在基地运营方面，初步落地运营中心、审核中心、编剧中心、成剧中心、剧服中心、演员中心六大服务中心，为剧组提供全链路的专业服务。基地运营中心已运营成熟，进行资源对接、宣传推广、剧组招引、产业链上下游企业招商等工作。审核中心依托山东海看股份省级广电审核优势，提高报审效率；同时基地也在推动成立分审核中心的相关事宜。

剧服中心为剧组提供餐饮住宿、演员、服化道等协拍服务，专人跟组，保障剧组拍摄顺畅、高效，目前已服务剧组 30 余个。编剧中心、演员中心和成剧中心目前还在搭建过程中，未来将为剧组提供投流分发的服务。其中演员中心与海发文化集团合作，目前已经进入测试阶段。

目前，基地已完成"一站式服务平台"的搭建，服务剧组近 70 个，满意度 100%，实现了剧组拿着剧本来，带着作品走。自 2024 年 4 月 28 日运营以来，共接待勘景剧组 200 余个，开机拍摄 70 余部，已上线 30 余部，累计充值破 800 万元的 16 部，爆款率较高。

政策层面，在行业很有竞争力。政府层面，青岛市和西海岸新区非常重视影视行业发展，都针对性出台了微短剧专项补贴政策。基地依托青岛影视基地完善的专业配套，以微短剧为切入口，盘活文旅业态，赋能文旅发展，是微短剧+文旅的成功案例。

创投会
2024 网络电影创投"新光计划"终评路演

时　　间	10月13日 9:00—12:00、13:30—19:00
场　　地	郎园 Station 准点剧场
指导单位	国家广播电视总局、北京市人民政府
主办单位	国家广播电视总局电视剧司、北京市广播电视局
承办单位	腾讯视频
联合承办	优酷、爱奇艺

"荐"证新光 "影"领未来

2024年10月13日,首届中国广播电视精品创作大会暨2024网络电影创投"新光计划"终评路演在北京举行,将这场跨度4个多月、备受大众瞩目的网络电影行业盛事推向了高潮。2024网络电影创投"新光计划"由国家广播电视总局电视剧司、北京市广播电视局指导,腾讯视频主办,优酷、爱奇艺联合主办,北京网络视听节目服务协会、中国电视剧制作产业协会青年工作委员会、北京电影学院、中央戏剧学院、中国传媒大学、北京师范大学特别支持。本次终评路演是对"新光计划"前期工作的一次全面总结,更是对入选项目的一次集中检阅与荣誉加冕,通过"路演评审""创投洽谈""荣誉颁发"三大核心板块,全面展现了"新光计划"在营造创作环境、汇聚资源、拓展机会、培育精品、推举人才方面的经验举措和丰硕成果,为中国网络电影健康发展贡献了重要力量。

一、嘉宾云集、共谋发展,开创网络电影创投盛举

活动当天,国家广播电视总局电视剧司司长高长力,北京市广播电视局党组书记、局长王杰群,北京市广播电视局党组成员、副局长王志等作为指导单位代表出席活动,腾讯在线视频副总裁王娟作为主办方代表出席,北京电影学院教授、博士生导师、国家电影智库秘书长侯光明,中国文联电视艺术中心主任赵彤,导演、编剧、监制陈嘉上,中国电影导演协会秘书长、北京电影学院导演系教授王红卫,资深影视制片人、登峰国际合伙人刘开珞,阅文集团旗下新丽传媒集团高级副总裁兼新丽电影CEO李宁,资深电影制片人、北京电影学院管理学院教授郁笑沣,北京大学副研究员、融媒体中心首视频办主任吕帆,腾讯在线视频电影内容中心高级总监卢洋,爱奇艺副总裁宋佳,优酷电影总经理陈国青11位嘉宾组成的终评评审团,与产业链条上影视创作者代表、影视公司、行业协会、影视专业院校师生、投资人、媒体人齐聚一堂,共同见证了这一重要时刻。

在活动致辞环节，国家广播电视总局电视剧司司长高长力表示，网络电影虽处低谷，但未来发展空间无限，是一片蓝海。文艺创作需要人才支撑，无人才则无精品，因此要坚持出成果与出人才相结合。当前有才华、有激情的年轻人缺乏机会，"新光计划"主要目标是发掘、培养年轻后浪，使其成为创作主力。同时，抓创作与抓环境相贯通，本次创投活动既是一个年轻创作者展示才华的舞台，也是为网络电影创造良好发展环境的契机，期待大家齐心协力，共同推动网络电影走向更加辉煌的明天。

北京市广播电视局党组成员、副局长王志指出，"新光计划"作为网络电影领域的重要活动，为网络电影创新发展提供了新的聚合融通平台。北京作为全国文化中心和网络电影发展重地，依托丰富的资源和技术支持，为网络电影发展提供了坚实基础。北京市广播电视局从内容、技术、国际传播等维度，对网络文艺精品给予全方位深层次的扶持与保障。他寄语"新光计划"与创作者："发挥头雁效应，引领行业发展；坚守人民立场，提升作品质量；注重艺术创新，拓宽创作题材，带动网络电影行业锐意争先的创作氛围，增强网络电影的吸引力、感染力，让网络电影成为展现多元文化、传递正能量的重要载体。"

腾讯在线视频副总裁王娟代表主办方发言，她表示，每一部艺术作品的创作，都是一个漫长磨砺的过程。"新光计划"不仅为优秀人才和项目搭建了市场桥梁，更重要的是，后续以开拍和播出为目标，致力于为每个项目全程保驾护航。2024网络电影创投"新光计划"是一个起点，创投作品不仅展现了网络电影的无限魅力和广阔前景，更彰显了新时代创作者勇于探索和敢于创新的精神风貌。这些坚持和努力，正是"新光计划"不断前行、不断超越的强大动力。

二、项目路演、创投洽谈，汇聚资源搭建行业交流平台

"新光计划"自2024年6月正式启动以来，在当前的市场环境下，引起了强烈反响和讨论，点燃了行业的创作热情并引发了积极参与，一个月内征集到487部有效作品，覆盖剧情、喜剧、悬疑、动作、战争等类型（见下图）。在坚持正确政治方向、舆论导向、价值取向、审美趣向，聚焦"新时代的主流网络电影"内容方向之下，经过腾讯视频、爱奇艺、优酷三平台专业内容团队的初评，选出了30部优质项目进入复评。这些项目多是立足时代精神、关照现实生活、多元题材、多样视角、多姿叙事，展现了在题材内容和创作方法层面的创新性。

8月26日至27日，由业内专家、知名制作人、导演、平台业务主管组成的10人专业评审团，对入选复评的30强项目进行了线下逐一的评审与指导，结合主题立意、题材新意、专业水平、视听表达、艺术呈现、商业价值、口碑价值等维度进行综合评判，最终选出终极路演15强项目。这些项目题材多样，从中可以窥见未来网络电影市场的发展趋势与方向。

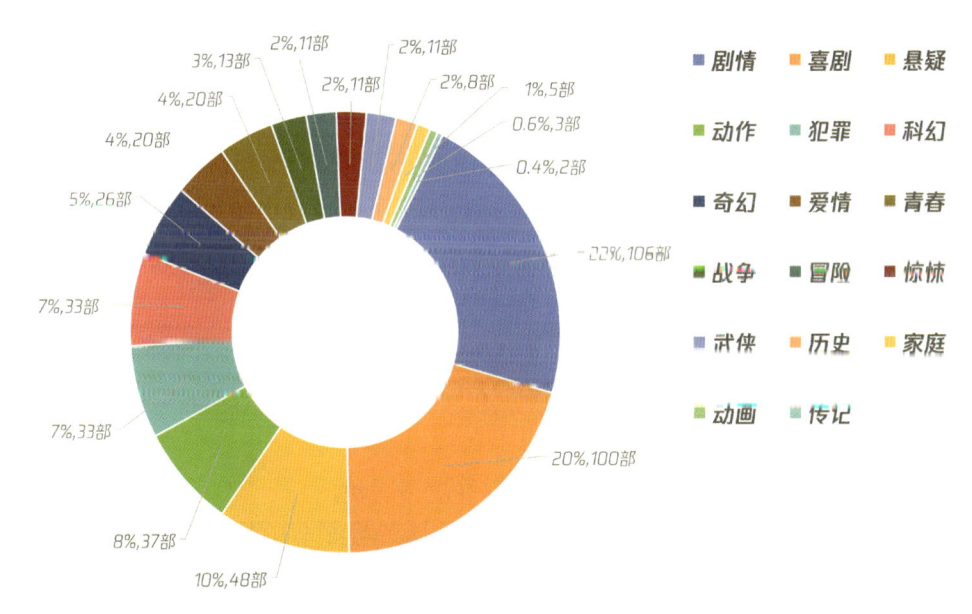

2024"新光计划"征集影片类型分布

在终极路演评审区,《穷途陌路》《生命摆渡者》《一线》《义无反顾》《无孤》《邻人可疑》《二龙湖车神》《黄金年代》《小有作为》《私人订制之好梦驾到》《推背图谜案》《太阳城》《猎战狂徒2大逃杀》《续命人》《奇奇》15部入围项目的代表依次登台进行项目阐述与内容展示。评审过程中,评审专家从项目的主题表达、类型定位、人物设定等不同角度给出了诸多建议。他们纷纷表示,此次项目路演较中期评审,选手们准备得更加充分、故事推进得也更为成熟,足以看见创作者的用心和努力。此外专家们多次提醒创作者,从情感入手塑造人物,让观众感受人物魅力,并寄语创作者,精心打磨剧本,用心创造内容,观众自会看见。

创投洽谈区作为活动的核心板块,致力于高效推动合作进程。构建了一个资源对接与创作交流的平台,使项目方、投资方以及产业关联方能够在此进行一对一的深度对话。通过鼓励持续的交流与开放式的讨论,创投洽谈区有效加速了项目的对接与资源的整合,为网络电影行业内各方实现共赢合作奠定了坚实的基础。

三、荣耀之夜、激励扶持,为优秀项目落地孵化保驾护航

经过一天精彩纷呈的项目路演展示,评委们结合项目的剧作水平、主创团队实力、可实现性等多个关键维度进行了全面评估,王红卫代表终评评审团总结发言,他叮嘱创作者:"不要责怪观众,不要抱怨环境。不要迷信数据,要好好创作剧本。步子不一定要快,但是胆子要大,老路行不通了,就要试试新路。对于一个国家来说,科技是第一生产力,对于创意来说,创新就是第一生产力。"

随后，王红卫揭晓、颁发了 2024 网络电影创投"新光计划"最受期待项目——《邻人可疑》。该荣誉由来自北京电影学院、中央戏剧学院、中国传媒大学、北京师范大学等四所影视专业高校的学生组成的大众评审团现场投票选出。"新光计划"启动之初便广泛发动四大影视专业院校毕业生及在校生积极参与，在终评路演阶段召集了一支由四大院校师生组成的 40 人大众评审团，一方面作为评审团评选出兼具市场性和专业度的优质项目，为在校学生提供良好的创作示范；另一方面也为未来的影视从业者搭建了可以直观感受市场观众需求和专业评审建议的学习平台。

最终，《一线》《无孤》《邻人可疑》《穷途陌路》《义无反顾》《二龙湖车神》《黄金年代》《小有作为》《推背图谜案》《太阳城》这 10 部作品脱颖而出，共同荣获 2024 网络电影创投"新光计划"优秀项目荣誉（见下表）。

2024 网络电影创投"新光计划"优秀项目

序号	名称	题材	导演/编剧/制片人	一句话讲故事	评委评价
1	《一线》	战争历史	导演：崔炎龙 编剧：邓华	志愿军战士柴云振带队在敌绝对优势下创造奇迹，坚守朴达峰防线	团队有同类型成功经验，资料研究深入，塑造人物独特，有历史文化价值
2	《无孤》	剧情儿童	导演：陈静 编剧：杨志炜 制片人：杨玉婷、徐鑫垚	为挣脱命运的泥潭，少年游走在犯罪的边缘；"不合格"的大学生志愿者能否将其拯救	关注孤困儿童，传递关爱，有社会引导作用
3	《邻人可疑》	悬疑剧情	导演：廉欣 编剧：廉欣、周易	新来的邻居很可疑，但视角转换之后，这户原住的三口之家，才是更可疑的人	剧本扎实，导演有低成本高口碑悬疑类作品，兼具创新性和可看性
4	《穷途陌路》	喜剧公路	导演：郑权 编剧：郑权 制片人：朱可	身患绝症身无分文的"民间艺术家"，从东北一路南下，抵达三亚，只为在女儿的毕业典礼吹响唢呐	剧本有进步，导演阐述佳，公路喜剧有探索创新价值
5	《义无反顾》	动作犯罪	导演：张太海 编剧：高凡、张太海 制片人：高凡	113 专列被早有预谋的匪徒劫持，曹硕与何萍联合乘客同匪徒斗智斗勇将其制服	题材真实，设计巧妙，动作类型下的独特体验，符合创新需求
6	《二龙湖车神》	喜剧励志	导演：张浩 编剧：佟大發 制片人：蔡高峰、程润国	送货工变身赛车手，状况百出且爆笑不断，在朋友帮衬下冲破重重阴谋，终登"冠军宝座"	有一定的 IP 价值，赛车喜剧可展独特风格，满足多元需求

续表

序号	名称	题材	导演/编剧/制片人	一句话讲故事	评委评价
7	《黄金年代》	剧情动作	导演：崔炎龙 编剧：何亮瑜、张飞帆 制片人：马睿	阿天、志仔和阿猫因一场误杀事件改变了命运。多年后，阿天出狱决心寻找六年前的真相	群像呈现，挖掘深入，展现变迁挣扎，展现了新的创作思路
8	《小有作为》	警匪动作	导演：殷博 编剧：张伯达 制片人：有为	一个"社畜"警察成为驻岛民警，在与126位"空巢"老人的相处中成长为一名合格的警察	创作高效，结构有反差，拓展了创作设定
9	《推背图迷案》	悬疑探案	导演：吴鹰翔 编剧：吴鹰翔、郭威、卢申露 制片人：沈博	鬼探与神探化敌为友，共同破解了由《推背图》预言引发的连环凶案	制作能力强，反转合理，呈独特悬疑气质，有一定文化属性
10	《太阳城》	警匪打黑	导演：黄照盛 编剧：黄二道 制片人：邹通	警方与黑帮斗智斗勇，揭露走私枪支迷案，最终正义战胜邪恶	导演展现了很强的个人风格，链接时代记忆，引发警民关系思考

在2024网络电影创投"新光计划"10强优秀项目荣誉颁发环节，高长力、王杰群为优秀项目颁发了荣誉证书，并对所有参与活动的项目表示祝贺与鼓励。优秀项目荣誉的颁发，不仅是对这些项目在创意、制作及故事讲述能力的赞誉，更是以实际行动展现了参与创投的各部门、视听平台以及广大行业人士团结一心，共同推动网络电影行业迈向更高层次、实现更加多元化与创新性发展的坚定决心。同时，本次评选出来的优秀作品，将由腾讯视频、优酷、爱奇艺三家平台领头进行项目孵化扶持和投资制作。

作为活动的主办方与联合主办方，腾讯视频、优酷、爱奇艺三家平台代表现场为每部优秀项目提供了30万元的前期扶持资金，以推进项目最终落地与孵化。这一举措不仅为优秀项目提供了实质性支持，也进一步提振了行业信心，相信会带动更多优秀创作者进行网络电影的生产制作，从而促进整个行业的正向发展。

随着荣誉颁发环节的圆满落幕，2024网络电影创投"新光计划"的终评工作也顺利达成了既定目标，为这一系列活动画上了完美的句号。该计划不仅在网络电影领域成功搭建了一个展示与交流的平台，更重要的是，实现了优秀项目与丰富行业资源的精准对接，为项目的孵化与成长奠定了坚实的基础。

在"新光计划"的助力下，一批有潜力的电影制作人才被发掘并得到精心培养，有效满足了行业对新颖创意与专业人才的迫切需求。同时，本次活动成功使从业者和投资方能够直观感受到行业主管部门的明确政策导向与强有力的支持，洞察到观众喜好与市场趋势。这一系列成果让"荐新光·影未来"的愿景变为现实，为网络电影行业的持续发展提供了有力支撑。展望未来，"新光计划"将继续发挥其核心引领作用，与广大合作伙伴携手并进，共同探索行业创新与进步。相信在所有人的共同努力下，网络电影行业将迎来一个更加辉煌灿烂的明天。

纪录片提案大会

时　　间	10月11日 9:30—17:30
场　　地	禄米仓新视听产业园
指导单位	国家广播电视总局、北京市人民政府
主办单位	国家广播电视总局宣传司、北京市广播电视局
承办单位	北京广播电视台

2024年10月11日，纪录片提案大会在北京·禄米仓新视听产业园成功举行。共吸引了来自全国各地的纪录片创作者、投资人、行业专家及专业观众近百人参加。

本次提案大会共征集近百部有效提案，其中纪录长片54部、系列短片16部、系列长片25部。这些提案不仅题材广泛、视角独特，还深刻挖掘了社会、自然、历史、文化等多个领域。经过业内专家学者的严格评选，15部优秀提案脱颖而出，进入终审环节。组委会特邀纪录片专家为入围项目进行了专业培训，确保了活动的专业性和权威性。

在为期一天的提案活动中，15个纪录片提案项目轮番上阵，提案项目通过终审评委的专业点评，获得了宝贵的建议与指导。与决策人的直接对话，更是让提案团队对市场需求和行业动态有了更清晰的认识，为项目的后续发展增添了竞争力。

大会还特别颁发了"十佳提案"荣誉证书及三项资源类奖项，表彰了10部在创意、制作及市场潜力等方面表现突出的提案作品。同时，活动通过图片直播等形式，吸引了超过9000人的在线关注，首都广电制作的Vlog也收获了近300条点赞与关注，宣传效果显著。

本次提案大会呈现出三个特点。

1. **创新卓著。** 本次入围的提案作品均展现出了极高的创作水平，许多作品在叙事手法、视觉呈现和主题挖掘上都进行了大胆尝试。如毕业于清华大学的青年创作者胡雅文从自身出发，探究当下青年人的心理疾病问题，创作的《当乌云降落》，展现了纪录片导演的社会责任感与敏锐观察力。

2. **跨界融合。** 多部提案巧妙融合了AI、动画等多种艺术形式和技术手段，如扈青萍的提案作品《金鱼变形记》就巧妙地利用了AI智能人作为串联纪录片的线索，为观众带来了全新的观赏体验。

3. **市场导向。** 多个提案在策划阶段就充分考虑了市场需求和观众喜好，力求在保持艺术性的同时，实现商业上的成功。如纪录片《成为大师》，因其良好的市场潜力，现场就获得了发行人的投资承诺，提供10万元宣发费用。

大会期间，与会者积极交流创作心得，分享行业经验，共同探讨纪录片行业的未来发展趋势。同时，多个提案项目在大会上达成了初步合作意向，为后续的拍摄和制作奠定了坚实基础。FIRST青年电影展相关负责人当场宣布，《当乌云降落》直接晋级明年FIRST纪录片实验室的奖项和扶持角逐。互联网平台爱奇艺纪录片频道负责人也对《无厘头人生》表达了播出与深度合作的意愿。

展望未来，我们将继续秉承"创新、交流、合作"的原则，优化提案大会的流程和机制，吸引更多优秀的纪录片创作者和投资人参与。同时，也将加强与国内外相关机构的合作与交流，推动纪录片行业的持续发展和繁荣。持续关注入围提案后续的走势，提供力所能及的帮助。希望帮助"好提案"更快、更好地变为"好作品"。我们期待在未来的日子里，能够见证更多优秀纪录片的诞生和发展。

电视剧创作大师班

时　　间	10月11日 14:00—17:00
场　　地	郎园 Station A7 OurTimesHere 中庭
指导单位	国家广播电视总局、北京市人民政府
主办单位	国家广播电视总局电视剧司、北京市广播电视局

电视剧精品创作的三个着力点

刘家成

知名影视导演、制作人
第十三届、十四届全国政协委员
第十届全国德艺双馨电视艺术工作者

2024年是一个非常重要的节点，我从1984年开始进入这个行业，提高了很多，经历了不少，今天主要跟大家谈一谈，我这么多年创作当中的一些感受。

如何创作无愧于时代的爆款剧？爆款剧有太多的偶然性和不确定性，作为制作人、制作方、创作人才，我们首先应该静下心来创作。精品剧不一定是爆款剧，但爆款剧一定是精品剧，先有精品才有爆款，最重要的是认真创作让自己满意的作品。

一、要在深入群众上着力

（一）群众是文艺作品推广的重要力量

小说是一种受到普遍关注、市场化程度高的文学形式，很多精英意识强烈的传统文人都羞于说自己是小说的创作者。但这些小说受到民间的广泛推崇，热度特别高。有了热度，很多民间艺人也帮忙推广，参与补充、创作，才有了后来的发展。所以很多精品文艺的最初成型是由精英创造的，但是离开了普罗大众的推广，推行就会出现问题。

（二）文艺创作最初来源于民间大众

大家现在都觉得京剧很高雅，其实京剧来自民间，本来是极为通俗、极为大众化的艺术形式，在民间极为受欢迎，成为极其火爆的艺术形式，最终走入宫廷。事实上，大众不只参与欣赏传承文艺作品，其本身也参与文艺作品的创造。比如《三国演义》《西游记》《水浒传》等小说都不是一蹴而就的，都是在民间流传了很多年，经过很多民间高手补充、修饰，才成为流传后世的精品。民间蕴藏着的创作智慧是无穷的。作为影视工作者，要把这种智慧利用好、运用好、发挥好，这对创作至关重要。

对京味儿年代剧，有人认为其地域特质过浓而无法"过江"，即地域局限性太强，长江以南的观众难以产生共鸣。但好的作品可以让人从老北京的精气神里感受到民族文化的筋骨，通过情感的共通性来打破地域的限制，得到观众的认可。所以，好的情感是共通的、没有屏障的、可以过江的。

这些剧之所以受到观众的认可，是因为它采用的叙述方式都是亲民的、贴近百姓生活的、充满烟火气的，这就是走好群众路线的体现。这些戏里有很深的价值观表达，展现北京文化中和而不同的社会观和与人为善的道德观。但没有从一个高高在上的角度去进行价值灌输，这种表达方式"招人烦"。作为创作者最重要的是放下身段、解放思想、亲近大众、亲近市场，不是一味迎合。做爆款剧就是要在高雅和通俗之间找到一条路，这条路很窄，但是它是我们必须面对的问题，是正道。只要掌握准确，就有可能成功。这条路可能很曲折，但是前途一定很光明。

二、要在创新上着力

当前，观众欣赏作品时，眼光极其高，这是我们正在面对的挑战，所以要不断地创新。

一是捕捉提炼新鲜事物。 创新不仅是讲故事的内容、手法、结构的创新，社会发展更新得这么快，有无数新鲜的事物远超于编剧的认知，关键在于会不会捕捉，会不会提炼。只有把这些最新鲜发生的事物、感情生动地提炼出来，才有可能创新。

二是有变化才能吸引人。 在创作中，有些东西是简单不变，有些东西则要重点展开。讲故事的手段要有一些变化才能够吸引人。

三是技术手段的更新。 影视创作离不开科技支撑，随着虚拟拍摄、AI技术的不断进步，影视要利用好这些技术手段，给观众带来前所未有的视听审美享受。当前科学技术进化得特别快，包括AI设计很快就会进入智能创作中。最初我们比较简单地利用这些技术展现基础背景，很快就发展到特效运用，当下已经开始虚拟拍摄中。通过后期制作能够完成很多导演想要表达的但是当前技术还达不到的效果。《海天雄鹰》就是利用技术克服了拍摄困难。比如前期准备制作了6个1：1飞机头模型，让演员完成真实表演，通过技术手段按照真实航母的比例搭构了同比大小的航母场景，以解决航母出任务的实拍问题。

四是体验生活对创作、写作剧本的重要性。 还是以《海天雄鹰》为例，很多我们不知道的训练过程、实际操作都是最重要的创作思路。比如实地观察航空军人的生活，将这些丰富的感受、细节体现在剧本上，通过语言进行强化。创作者感兴趣，那么观众也感兴趣。创作者需要发掘细节，补充到剧本中。

三、要在自我突破上着力

一是充分发掘地方特色文化。 还有一种创造性就是地方特色。我曾写过这方面的政协提案，通过鼓励地方特色电视剧来丰富中国文化。中国是一个多民族的国家，中国文化是一条源源不断的大河，地域特色文化就像是大河的支流，只有注入充足的水流才能成就它的汹涌壮阔。所以地方文化特色的繁荣是中国文化整体繁荣的必要源泉。反映云南、上海、阿勒泰等地方特色的剧都会让我们的观众看到不同地域的文化特色、人文风貌，一部剧代表一座城，这是最好的文旅结合。它还有作为一个作品的特有魅力，是我们作品当中能够突破的要点。

二是以人真实的细节支撑宏大的主题。 以《海天雄鹰》为例，当时飞行员每天都夜飞，最后一两天，我想看看飞行员刚从飞机上走下来是什么状态，恰巧最后一架飞机就在5分钟前降落，我和他们打招呼，他们却不看我。原来是因为飞行员的机舱很小、仪器很多，他们需要快速面对各种不同的境况，且没有迟疑的机会，只能凭着自己瞬间的判断来决定如何操作，进入了一种"无我"的、精神高度紧绷的状态，这就是特殊环境下特殊的人。所以刚下飞机时，他们这种状态还没有复原，便"目中无人"了。后来飞行员告诉我，他们每次出行都有可能是最后一次。一旦出现意外，枪是用来自卫的，匕首是用来割降落伞的，药膏吗啡是用来止痛的。我听完以后就觉得非常悲壮，我要把这种悲壮的感受放到片子里。

三是永远不变的就是情感。《生万物》描述了从1927年开始中国农民因为土地引发的爱恨情仇，展现了20世纪中国农民走过的沧桑路程和民族心路历程。这部剧面临的最大挑战是20世纪的农民，跟现在的农民有什么关系？跟现在的中国有什么关系？怎么才能让观众感动？我们发现永远不变的就是情感，包括人民与土地的关系。《生万物》女主人公从大地主阶级的小姐变成了农民阶级，有心理的落差。但是其表现出来的"我必须把命攥在自己的手里，变成自己想要的样子，把日子过出花来"的坚毅心态与现代女同志的心理有共通之处。农民承载的文化并没有消失，农民文化仍将具有巨大的影响力。他们的勤劳、善良、坚韧、朴实是我们文化的根，是我们这个民族不断适应各种生存环境活下来的基础。

创作者必须扎根生活，跳出自己的小圈子，去接触更大的世界，才有机会接触到更多鲜活生动的创作素材，提升思想境界，启发创作灵感。只要我们能够潜下心来创作，能够认真地打磨、从生活中提炼，我们就一定能迎来电视创作的繁荣前景。

剧本 72 变

王小枪
编剧、作家
北京紫禁城影业有限责任公司文学总策划、编剧
第 28 届上海电视节"白玉兰奖"最佳编剧（原创）奖
第 34 届"飞天奖"优秀编剧奖

我今天的题目叫作"剧本 72 变"，就是跟大家交流一下我自己在这个行业中的体会和心得。我从开始写作到第一个作品面世，感觉整个市场、整个行业包括自己所在的编剧工作，都发生了特别大的变化。

一、电视剧剧本题材类型的冷热变化

一方面，电视剧剧本创作的变化很大。首先是时长，一个剧要做多长时间、做多少集，其实不同的年代、年份，观众的需求是不一样的，变化也很大。其次，我们当下的观众喜欢看什么样的剧、什么样的题材，好像也不太一样。

另一方面，剧本易受到大众认知刻板印象的影响。因为编剧处于行业链条的前端，写东西时别人会要求你做一些对标。很多人最大的困惑是觉得谍战剧像家庭剧，不是典型的谍战剧。认为谍战剧每集都要有惊险刺激，大家认知里的当代国安一定会涉及核潜艇、导弹图纸等高精尖情报，或是会飞车开枪，所以剧本创新也会遇到类似的问题。

作为编剧要面临不断的变化。比如有一段时间，观众喜好谍战剧和谍战小说。我在写第一个剧本时，市场也在改变，像我们这样的新人没有机会创作一部原创的剧。当时我们曾改编一位南京编剧的作品，一边写一边拍，那时我对谍战剧的理解还不深，不懂什么是市场、什么是反馈。15 年前谈论美剧就像现在谈论 AI，大家都不懂，都在

摸索。谍战剧最重要的就是强情节、快节奏，但细分之下，其实风格完全不一样。《潜伏》和《黎明之前》完全不一样，《黎明之前》没那么多的情感线，《风筝》讲的是一个人物的命运，《和平饭店》讲的是密室杀人。我认为，即使在同一类型下，如谍战剧，其实还是有差异的，无法用一个大的类型来固定。在单一的大类型下，对小创新也有不同的变化。

涉案剧则涉及人性的深层次问题。我写完涉案剧以后，公司觉得收益还不错，认为强情节、快节奏对人物塑造并非特别重要，希望我应该继续沿着这个方向发力。当时，我们的作品和《甄嬛传》一起播放，收视率比《甄嬛传》要好。但其实我自己很清楚，《甄嬛传》在艺术、价值的表达上是以人物为主，它的文学性比我们要强。当时我也有点儿困惑，不知道怎么设计人物，由于没有其他的机会，所以后来就没有写这个涉案剧了。

随后，市场进入了婆媳剧的热潮，男性题材的新剧特别少。当时我连续好几年都和一个单位合作，我们经常会有一些和公司交流的机会，公司明确要拍婆媳剧，不要拍其他类型。于是，我们就用了新的方法来创作婆媳剧。但很快婆媳剧就慢慢变少了，接着就是抗战剧、年代剧等类型的兴起。大家和我聊的感受就是，电视剧剧本的火热题材每隔几年就会发生变化。

现在我们说要坚持自己很简单，但其实也挺难的。因为当你身边所有人都在追逐某一类型题材时，我们一定会面临火爆的情况，所有人都要开始做这种剧。这是一个事实，作为个体，尤其是编剧，还是有些被动的。后来我也写过年代剧。人们经常说年代剧好像有些过时了，现在都在写"现代管理"，为什么还要写这个东西？我觉得创新固然重要，但也应该有一些反思。好的内容、好的作品、好的表达，如果有好的东西能够打动人心，那么这部分就是有价值的。

二、影视公司对编剧进行剧本邀约的变化

（一）从市场追逐到重视内容

由于我曾经学过医，我能理解医生、护士在想什么，以及他们在职称晋升的道路上会遇到什么。医疗剧是一个极具诱惑但又特别不好写的题材，我在三甲医院看到的和电视上看到的医疗环境是不同的。在现实中，急诊大厅的紧张氛围足以让人在短短10分钟内崩溃。医护人员随时可能面临情绪失控的境地，而凌晨三四点他们的状态，以及病人们在医院中疼痛欲裂、奔走劳碌、停车排队的情景，都是电视剧中难以真实呈现的。拍摄医疗剧面临诸多困难，因为你不可能在真正的医院中进行拍摄。纪录片《生命源》中的医疗场景，仅仅观看几分钟就让人泪流满面，因为它太真实。

我们经常会分析观众的喜好，试图找出可能成为爆款的题材，并希望得到大导演

和头部资源的支持。但是归根结底，作为编剧，能打动人的才是真正好的剧本。一个动人的故事，首先要能打动自己，才能打动别人，观众会希望动人的故事永远不要结束。我们无须强求一个题材打动所有年龄段、阶级、身份或群体的人，或许我们不应该过于求全。

（二）追求创作的真诚真实

基于人物真实的故事来编剧本。以于敏先生的故事为例，我当时认为这个创作可能会相对简单，因为于敏先生这个人物没有任何冲突。作为研究氢弹理论的科学家，他每天的工作就是不停地计算和推理。当我尝试构思研究氢弹爆炸力度的商量过程时，却被告知这样的设定在当时的环境下是行不通的。由于这个人物是以真实原型为基础的，我不能随意改变他的经历。同时，我们还需要获得家属的授权，但由于疫情的影响，我无法亲自去拜访于敏先生的家属。我通过网上信息等多种途径寻找关于于敏先生的资料，但发现能找到的资料非常有限，且大多缺乏故事性。后来，我通过回忆录和纪录片找到了更多关于他的信息。于敏先生和他的妻子非常恩爱，一辈子几乎没吵过架，最严重的一次就是一晚上没讲话，第二天又和好了。于敏先生唯一的一次生气是当时氢弹实验失败了上千次，有人指责他浪费国家经费，他非常生气。这个人物看起来似乎有些虚假和苍白，连我自己都不相信。但我并没有改变这个故事。

要走进人物的内心来创作，能打动自己，才能打动他人。每个人物都有高光时刻，但不能从童年写起。在创作于敏先生的故事时，我将他的人生经历分为三个阶段：第一阶段包括在北京时实验的失败和在上海获得可能成功的理论；第二阶段在青海，把理论变成产品（氢弹）；第三阶段是新疆试验。其中，第二阶段给我的印象特别深刻。我当时真实的心态是每天都很焦虑，我在想，科学家们非常了不起，每天都在研究，每天失败，但第二天又接着研究，其实编剧写作也是需要每天去解决问题、每天想方案的，于敏先生和编剧也有点儿像。他每天在想什么，怎样坚持下来的，我和他找到了一些共通点。有一天，于敏先生在不知道有那么多人陪着的情况下，讲了一句话："氢弹理论研究终于获得成功。"这句话距离他第一次接触氢弹研究已经过去了很多年。当时鸦雀无声，他以为大家没听清楚或是他的音量太低，于是又说了一遍。过了一会儿大家才反应过来，响起了热烈的掌声。那一刻，我突然就找到了和于敏先生的共鸣，我特别真切地感受到了他辛苦了很久终于获得成功的心情。

我认为找到了一个创作的钥匙，如果能走进一个人的内心来进行创作，那么这一定是创作的重点考虑因素。我们无须过度依赖分析市场喜好、观众年龄段或性别喜好等因素。我相信，在创作过程中，我们应该更多地考虑人物内心的一些本真的问题，哪个人物能够打动自己，然后再通过剧本和台词来打动观众。而不是一味迎合市场，追求快节奏和强情节。

三、编剧如何适应日新月异的变化

（一）编剧进入竞争最激烈的阶段

现在编剧不仅局限于国内竞争，还要面临国外的竞争，因为观众已经和十几年前不同，网络上所有信息观众都可以进行参照。如今我们还要和短视频竞争，和同行竞争，所以编剧行业真的到了一个竞争最激烈的阶段。

（二）不盲从，坚持本真的东西、发展自己的优势

在这种竞争情况下，还是要从创作的本体出发，要有一些本真的东西。没有必要模仿外界，只有通过大量的剧本写作才知道怎样形成自己的风格。本质上还是不盲从，不放弃自己的坚持，不然可能会丧失自己的优势。

（三）善于体验生活，观察人物真实的一面

以前体验生活可能只是走形式，但现在不是，体验生活越长越好。如果只有3天，就没必要做采访，不如近距离长时间地观察人物，不然受访者肯定会在刚见面时把自己最好的一面展现出来。如此一来，写意和真实性完全被颠覆了。

北京纪实影像周系列活动

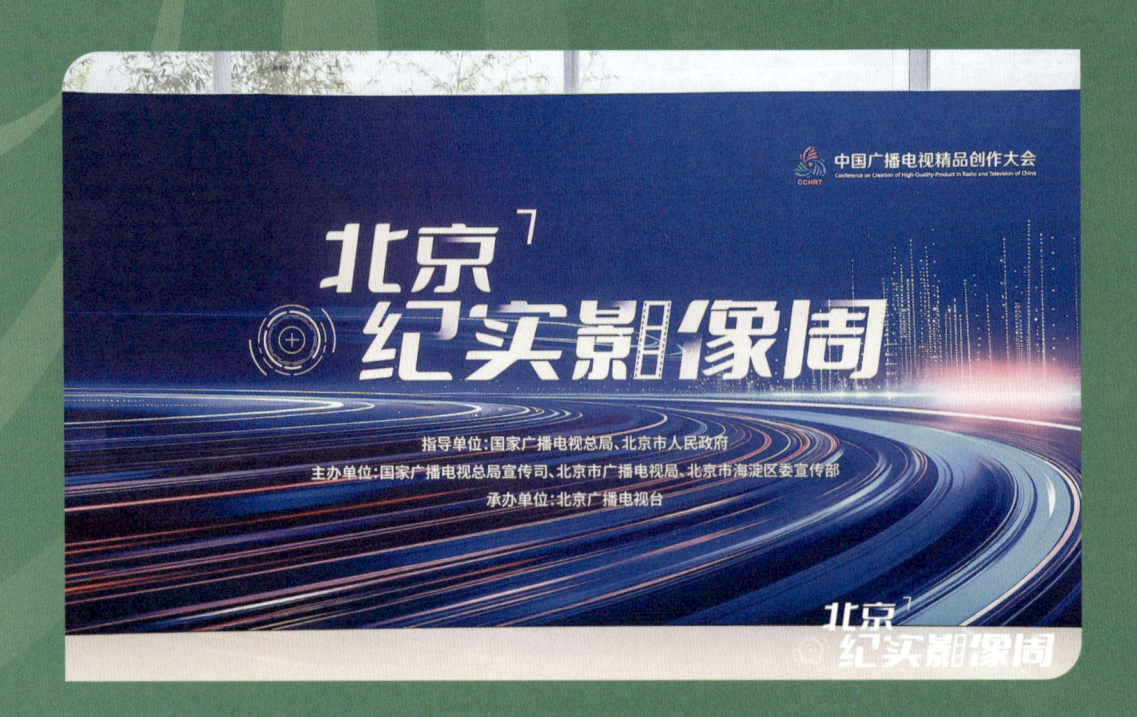

时　　间	10月13日 9:30—18:20
场　　地	北京中关村国际创新中心 G05
指导单位	国家广播电视总局、北京市人民政府
主办单位	国家广播电视总局宣传司、北京市广播电视局、北京市海淀区委宣传部
承办单位	北京广播电视台

北京纪实影像周为首届中国广播电视精品创作大会重要配套活动，包括纪录片提案大会、科技赋能纪实影像创新交流活动、科普视听创作者大会、纪实影像助力城市建设分享会等活动。

前沿透视·虚实相生
——科技赋能纪实影像创新交流分享会

2024年10月13日，"前沿透视·虚实相生——科技赋能纪实影像创新交流分享会"在北京中关村国际创新中心G05成功举办，并顺利落下帷幕。本次分享会由国家广播电视总局和北京市人民政府联合指导，得到了国家广播电视总局宣传司、北京市广播电视局、北京市海淀区委宣传部的大力支持，并由北京广播电视台承办。

北京市海淀区委常委、宣传部部长齐慧超和北京广播电视台副总编辑边建致辞，六位国内纪录片领域和AI领域的顶级专家学者及创新实践者，分享了他们在AIGC（人工智能生成内容）等高科技技术如何赋能纪实影像创作方面的专业见解和丰富经验。

国家广电总局广播影视发展研究中心战略研究所所长、中国广播电视社会组织联合会纪录片委员会会长赵捷分享的主题是"数智时代AI纪录片拍什么"。他认为，在人工智能不断发展的当下时代，纪录片可以聚焦科技创新背后的故事，展示AI技术在各个领域的应用，探讨AI技术的未来发展和对社会的潜在影响，站在前瞻角度探索未来人工智能的发展方向。

清华大学新闻学院和人工智能学院双聘教授沈阳分享的主题是"人机共生与影像发展"。他表示，AIGC可以分析大量拍摄素材，自动提取出最具冲击力的画面，优化剪辑过程，从而大幅降低后期制作的成本和时间。

中央广播电视总台技术局正高级工程师范晓轩在《探索AI在纪录片创作应用的新路径》的分享中表示，AI正在改变人们的创作方式，尤其在纪录片的创作中，它为人们提供了丰富的工具与全新的视角。

北京广播电视台电视节目制作中心郭豪珺的分享主题是"AIGC实战应用与探索"。他认为，在实战中更好地发挥AIGC创意能力，关键在于创作者深入理解其优势与局限性，并巧妙制定策略以扬长避短，甚至将技术劣势转化为新的竞争优势，将人类创意的深度和广度与AIGC技术的特性结合起来，形成互补优势，实现创意内容的高效和高质量产出。

北京虚拟动点科技有限公司研发总监崔超分享的主题是"让'黑神话'活起来——AI数字动捕技术分享及纪录片应用探索"。AI技术如今不仅应用于电影、电视剧、游戏等领域，纪录片中也已经得到应用。

北京电影学院副院长李伟分享的主题是"人工智能时代的纪录片真实"。他认为，真实不应该拘泥于素材选择和制作工艺上，更应该着眼于表达的内容和态度上。利用人工智能和数字技术等现代科技手段，往往能够帮助我们去逼近客观的真相。

本次分享会得到了与会者的一致好评。通过本次分享会，我们深刻感受到了科技对纪实影像创作的巨大推动作用，也期待更多从业者能够加入这个行列，共同推动纪实影像行业的繁荣发展。

科普视听创作者大会

北京纪实影像周系列活动·科普视听创作者大会于 2024 年 10 月 13 日在北京成功举办。本次大会由中国广播电视社会组织联合会科普视听宣传委员会、首都纪录片发展协会科学纪录片专业委员会主办，北京广播电视台、中央新影集团发现纪实传媒承办，是一次在科普视听领域具有重要意义的盛会。

活动在北京中关村国际创新中心 G05 举行。众多嘉宾和科普视听创作者齐聚一堂。包括中国工程院院士邬贺铨，国家广电总局宣传司陈伟，中广联科普视听宣传委员会孙苏川，北京市广播电视局领导孔建华等，来自上海台、北京台、苏州台等电视台代表，以及知名科普短视频创作者"科学旅行号"舰长步伟洋、"戴博士实验室"戴伟博士等。

邬贺铨院士在致辞中强调了科普视听创作者在知识传播中的关键作用，指出优质视听内容是科学与大众的桥梁。中广联科普视听宣传委员会领导以及北京市广播电视局领导等也分别致辞，强调了科普视听创作的重要性，并对创作者表示了支持和期望。

来自各地电视台和机构的代表分享了工作经验。上海台、北京台、苏州台代表分别介绍了自身在科普视听创作方面的探索和实践。中国科技大学梁琰博士分享了《科学这么美》的创作经验，五洲传播中心孔伟娜介绍了国际传播方面的经验。此外，视听科普官方账号介绍了短视频推荐运营工作，并与优质科普短视频博主进行了互动。还对科普短视频创作代表进行了互动采访，并向优质短视频作者代表颁发了纪念杯。

科学家代表与纪录片专家揭晓了"科学纪录片年度推荐片单"。该片单分为自然地理、工程制造、医学健康、科普教育、科学考古、科学传奇六大门类，共 18 部作品，涵盖了 2023 年 1 月 1 日至 2024 年 6 月 30 日期间播出上线的国产纪录片作品，评选过程注重科学性和严谨度。

活动为科普视听领域的从业者提供了一个广泛的交流合作平台，促进了不同地区、不同机构之间的经验分享、资源共享和项目合作。创作者在创作思路、技术应用、传播推广等方面进行了深入探讨，有助于提升整体创作水平。通过发布科学纪录片年度推荐片单，向全社会推介了优质科普作品，既为观众提供了优秀的科普资源，也为创作者树立了榜样，引导更多人投入科学纪录片的创作中。同时，对科普短视频创作者的表彰和推荐，激发了短视频创作者的积极性和创造力，有利于推动科普短视频的发展。

　　本次科普视听创作者大会的成功举办，在推动科普视听创作领域的交流与发展方面取得了显著成果，进一步强调了科普视听创作在科学普及中的重要地位，有助于吸引更多的关注和资源投入该领域。同时，也为行业发展指明了方向，鼓励创作者不断创新，提高作品质量，以更好地满足公众对科学知识的需求。

纪实影像助力城市建设分享会

2024年10月13日，北京纪实影像周·纪实影像助力城市建设分享会在北京中关村国际创新中心G05圆满落幕。本场活动由国家广播电视总局和北京市人民政府指导，国家广播电视总局宣传司、北京市广播电视局、北京市海淀区委宣传部主办，北京广播电视台承办，是一场视觉与思想的盛宴，更是纪实影像与城市发展共舞的美好见证。

活动现场，纪实影像如同一位无声的讲述者，以其独特的视角和深邃的情感，缓缓铺展出一幅幅关于城市变迁、人文情感与时代记忆的斑斓画卷。会上，6位纪实影像领域的杰出代表，以他们的亲身经历与深刻见解，为观众带来了一场视觉与心灵的分享。

中国纪录片导演、中国电视艺术家协会行业电视委员会副主任李成才先生以"用影像讲述城市的自然故事"为分享主题，深刻阐述了纪实影像在记录城市与自然和谐共生方面的独特价值。他强调，纪录片不仅是现实的镜像，更是情感的载体，每一帧画面都承载着对生活的深刻洞察和对自然的无限敬畏。

纪录片制片人、导演陈怡女士带来了《假如时光可以触摸》的精彩分享。她通过一系列跨越时空的影像作品，带领观众穿越历史长河，感受时光的力量与影像的魅力。感受到了纪实影像在传承文化、记录历史方面的重要作用，在传承文化、记录历史方面的不可估量的价值。

海淀区委宣传部副部长、区融媒体中心主任佟志伟的分享，将纪实影像与城市建设的紧密联系展现得淋漓尽致。他通过一系列生动的案例，阐述了纪实影像在塑造城市形象、提升城市文化软实力方面的重要作用。用主流价值反映社会众生，"有温度、有梦想、有爱心"是他们对人物创作的初衷。海淀在建设发展中践行着"大家商量着办""共建美好家园"的创新理念，他们用影像串联时空记忆，在文化坐标中找到了海淀的根和魂，用影像串起时代故事，在"人与城"中记录城市文明和音，用影像贯通传播维度，在创新浪潮中提升城市引力，用纪实影像缔造海淀形象！

北京广播电视台刘影慧女士通过《向前一步》践行城市"共治共建共享"理念的主题分享，展示了纪实影像在城市治理中的积极作用。她表示，《向前一步》搭建共建共享平台，拓展多元主体协商共治。直击城市痛点，破解城市难题。融入城市治理，锻造北京方案。让人们看到了城市发展中的每一步都是向前的一步！

中央新闻纪录电影制片厂导演吴琦先生以"城市，超大容量的记忆存储卡"为题，分享了纪实影像在记录城市变迁、传承城市记忆方面的独特作用。他强调，每个人都在用影像参与公共记忆的建构，去建构属于我们时代的文化记忆。

最后，中国摄影家协会理事、北京摄影家协会副主席赵瑞先生的纪实影像分享通过一系列穿越古今的摄影作品，展现了北京这座城市古老与现代的交响乐章，让观众在光影交织中感受到了北京独特的城市魅力。

此次分享会不仅是对纪实影像的一次集中展示，更是对未来城市发展的一次深情展望，激发了人们对城市建设的热情与思考。纪实影像，以其独特的视角和力量，讲述着城市与人的故事，传递着正能量，激发着我们对城市的热爱与归属感。未来，纪实影像将继续发挥其不可替代的作用，为城市的建设与发展贡献更多的力量与智慧。

"科影融合　AI 赋能——AIGC 与视听产业发展"交流讨论会

时　　间	10月12日 9:30—12:00
场　　地	郎园 Station 园区 D6 栋
指导单位	北京市广播电视局、朝阳区委区政府
主办单位	朝阳区委宣传部、国家文创实验区管委会
承办单位	首创郎园
支持单位	中影人工智能研究院、阿里云智能集团、中国传媒大学动画与数字艺术学院、中影人工智能研究院、中国科学技术大学网络空间安全学院、华为技术有限公司、北京电影学院管理学院

"科影融合 AI赋能——AIGC与视听产业发展"交流讨论会 | 03 配套活动

2024年10月11日至13日，由国家广播电视总局、北京市人民政府主办的首届中国广播电视精品创作大会在北京市朝阳区首创·郎园Station举行。本次大会设置1场开幕式暨主论坛、12场平行论坛以及9场配套活动，覆盖新闻、电视剧、网络剧、网络电影、纪录片、动画片、综艺节目、广播节目、公益广告、微短剧等多个领域，是广电视听创作传播领域规格最高、规模最大、阵容最强、影响最深的国家级活动，在个国广播电视行业发展史上具有标志性、里程碑式意义。

10月12日，作为首届中国广播电视精品创作大会的配套活动，由北京市朝阳区委宣传部、国家文创实验区管委会主办的"科影融合 AI赋能——AIGC与视听产业发展"交流讨论会在首创·郎园Station举办。

活动邀请了中影人工智能研究院、阿里云智能集团、华为技术有限公司等科技企业代表，以及中国传媒大学、中国科学技术大学、北京电影学院等高校专家学者进行了主题分享，邀请了数字棚生、聚力维度、亿维智形等AIGC技术和应用领域的企业代表，围绕"科影融合趋势下，供需适配如何破局？""AIGC视听产业创新中心，何为创新之源？"等主题进行了深入交流研讨。此外，活动还发布了朝阳AIGC视听产业创新中心招募计划，举办了首批生态伙伴入驻意向签约仪式。影视行业主管部门、影视特色园区及企业代表共200余人参加了活动，各媒体总计刊发推送宣传报道145篇。

近年来，北京市朝阳区深入学习贯彻习近平文化思想，始终把文化建设摆在重要的战略位置，依托区域长期积淀的影视传媒产业集群发展的深厚基础，大力发展影视产业，形成了影视高端要素聚集、产业链条完备、投资兴业环境优良的良好产业生态，已成为北京市影视产业高质量发展的重要支撑。为加快推动建设国际一流、国内领先的影视制作基地，2024年6月，朝阳区联合华为、华鲲振宇、生数科技等科技生态伙伴，中影、阿里、墨境天合、鼎盛佳和等影视头部企业，以及中国科学技术大学、中国传媒大学等科研机构，共同启动建设全市首个AIGC视听产业创新中心。中心以"1+4+5+N"的建设模式，开拓AIGC赋能视听产业发展应用场景，构建"软件+硬件+应用+服务"的全产业链生态体系，着力打造面向全行业开放共享的公共技术服务平台。中心规划部署一期约200P训推一体化人工智能算力，设置3000平方米产业承载空间，融展示交流、综合测评、企业服务等多功能于一体，常态化开展人才实训、资源链接、数字视听创新大赛、论坛沙龙等活动。通过构筑视听产业模型生态，促进关键技术研发创新，推动一批视听领域典型示范应用场景落地，着力构建面向视听全行业开放共享的公共技术服务平台，为中国视听产业工业化发展贡献朝阳力量。

下一步，北京市朝阳区将紧紧围绕首都"四个中心"城市战略定位，聚焦"1234"发展战略和"五宜"朝阳建设目标，紧抓"两区"建设契机，深入实施"文化+"战略，持续深化文化领域改革创新，积极推动文化科技融合发展，加快完善制作发达、技术领先、资源集聚、人才云集、精品荟萃的影视产业体系，推动建设国际一流、国内领先的影视制作基地，逐步将朝阳区打造成具有全球影响力的国际影视创新示范高地。

"北京到底有谁在"创作行

时　　间	10月13日 9:30—18:00
场　　地	北京市怀柔区
指导单位	国家广播电视总局、北京市人民政府
主办单位	北京市广播电视局、北京市怀柔区委宣传部
承办单位	首都视听产业协会、编剧帮

2024年10月11日至13日，由国家广播电视总局、北京市人民政府主办的首届中国广播电视精品创作大会在北京市朝阳区首创·郎园Station举行。大会以"1+12+9"的架构涵盖广电视听精品创作的各个方面，是全国广播电视行业近年来精品创作成果的一次大展示、大检阅、大交流。

在首届中国广播电视精品创作大会举办之际，由北京市广播电视局、北京市怀柔区委宣传部主办，首都视听产业协会、编剧帮承办的"北京到底有谁在"创作行活动于10月13日在北京市怀柔区举办。

作为首届中国广播电视精品创作大会的重要配套活动之一，活动邀请了青年编剧、导演、制片人等20余人，一同参观了博纳影业怀柔园区、海好实景基地、国际影视摄制服务中心、科学城创新小镇以及雁栖湖核心岛，亲身体验科学与艺术在这"一城两都"中交汇碰撞的独特魅力。

步入中国影都的影视基地，摄影棚内精心复刻的多样场景，让人恍如穿梭于电影情节之中；从高处俯瞰怀柔科学城，在占地4.4平方公里的核心区中，大科学装置巍峨耸立，交叉研究平台错落有致；置身雁栖塔上，眼前湖光山色与人文气息相互融合，这里张开怀抱，热情迎接来自五湖四海的宾客。

"我深切感受到北京市及怀柔区为我们艺术创作者提供了特别好的场域，去延伸自己的想象空间。"在参观中，独立编剧丁涵（代表作：电视剧《山花烂漫时》）表示，在怀柔能看到这样的场景，为自己的创作提供了很多灵感。

独立编剧刘亦萌（代表作：电视剧《扑通扑通喜欢你》）也感慨道："通过这次实地走访，我体会到怀柔影视基地的建设及其配套服务已经走在了全国前列。"

中国（怀柔）影视产业示范区是全国首个国家级影视产业示范区，目前已集聚中影、博纳等1000多家影视及相关文化企业，累计拍摄制作影视作品4000多部，注册企业达1.2万家，《满江红》《流浪地球2》《消失的她》《志愿军：雄兵出击》《梦中的那片海》《大决战》等影片和剧集均由怀柔影视企业领衔出品，是北京"中国影视高地"的重要承载地。

近年来，北京市怀柔区加快推动科学城统领"1+3"融合发展，中国影都也在不断探索影视文化产业数字化发展新模式、新路径，在"影视+科技"融合发展方面，不仅增加现有产品科技含量，引领全国虚拟拍摄发展，与此同时，还加强科学城与影都联动发展，精心筹划影都发展论坛、科学家走红毯等活动，推动科技、文化、艺术等元素在怀柔交相辉映，实现科技与影视的"双向奔赴"。

这无疑也为文艺创作者提供了丰富的创作源泉。北京八兄弟影业编剧、导演孙海涛分享了自己对精品创作的见解，"剧情+文旅""剧情+科技"将成为未来精品创作的重要方向。

通过此次首届中国广播电视精品创作大会及"北京到底有谁在"创作行活动，北京市怀柔区正以开放的姿态和蓬勃的活力，为中国乃至全球的影视精品创作贡献力量。